Dirk H. Bliesener

Aufsichtsrechtliche
Verhaltenspflichten
beim
Wertpapierhandel

BrV 12

Schriftenreihe der Bankrechtlichen Vereinigung

herausgegeben von

Walther Hadding, Mainz
Klaus J. Hopt, Hamburg
Herbert Schimansky, Karlsruhe

Band 12

Walter de Gruyter · Berlin · New York

Dirk H. Bliesener

Aufsichtsrechtliche Verhaltenspflichten beim Wertpapierhandel

1998
Walter de Gruyter · Berlin · New York

Dr. *Dirk H. Bliesener*, LL. M. (Yale), Maître en Droit (Panthéon-Sorbonne), Attorney-at-law (New York), Rechtsanwalt in Frankfurt am Main

∞ Gedruckt auf säurefreiem Papier, das die US-ANSI-Norm über Haltbarkeit erfüllt.

Die Deutsche Bibliothek – CIP-Einheitsaufnahme

Bliesener, Dirk H.:
Aufsichtsrechtliche Verhaltenspflichten beim Wertpapierhandel / Dirk H. Bliesener. – Berlin ; New York : de Gruyter, 1998
(Schriftenreihe der Bankrechtlichen Vereinigung ; Bd. 12)
Zugl.: Hamburg, Univ., Diss., 1997/98
ISBN 3-11-016220-2

Printed in Germany
Druck: WB-Druck, Rieden am Forggensee
Buchbinderische Verarbeitung: Lüderitz & Bauer, Berlin
Umschlaggestaltung: Angela Dobrick, Hamburg

Zugeeignet in Dankbarkeit
meinen Eltern
Alfred Bliesener
und
Ulrike Bliesener geb. von der Weppen

Vorwort

Die vorliegende Arbeit wurde im Wintersemester 1997/98 von dem Fachbereich Rechtswissenschaft I der Universität Hamburg als Dissertation angenommen und mit der Otto-Hahn-Medaille der Max-Planck-Gesellschaft zur Förderung der Wissenschaften des Jahres 1997 ausgezeichnet.

Für stete Förderung und kritische Unterstützung danke ich herzlich meinem Doktorvater, Herrn Professor Dr. Dr. Dres. h.c. Klaus J. Hopt, Direktor am Max-Planck-Institut für ausländisches und internationales Privatrecht in Hamburg. Zu Dank verpflichtet bin ich dem Korreferenten im Rahmen des Promotionsverfahrens, Herrn Rechtsanwalt Professor Dr. Claus Peter Claussen, für zahlreiche Hinweise sowie die (sehr rasche) Erstellung des Zweitgutachtens. Für die Aufnahme der Arbeit in die Schriftenreihe der Bankrechtlichen Vereinigung e.V. bin ich ihren Herausgebern sehr dankbar.

Ohne die Freiheiten der Forschung, die ich in den Jahren als Assistent am Max-Planck-Institut für ausländisches und internationales Privatrecht genoß, hätte die Arbeit nicht entstehen können. Ich bedanke mich bei allen Mitarbeitern, insbesondere der Bibliothek, die mich unterstützt haben. Maßgebliche Einblicke in die Praxis der Wertpapieraufsicht konnte ich als Referendar beim Bundesaufsichtsamt für den Wertpapierhandel im Jahr 1995 und nochmals 1996 im Rahmen der Vorarbeiten zur Richtlinie des Amtes vom 26. Mai 1997 nehmen. Dafür danke ich dem Amt und besonders meinen Ausbildern, den Herren Regierungsdirektor Dr. Günter Birnbaum, Abteilungsleiter im Amt, und Regierungsdirektor Markus Becker, Referatsleiter ebenda.

Frankfurt am Main, im April 1998 Dirk H. Bliesener

Inhaltsübersicht

Inhaltsverzeichnis

Abkürzungsverzeichnis

a.A.	anderer Ansicht
ABl. EG	Amtsblatt der Europäischen Gemeinschaften
abgedr.	abgedruckt
Abs.	Absatz
AC	Appeal Cases
A.C.	Law Reports, Appeal Cases
AcP	Archiv für die civilistische Praxis
ADV	Adviser
a.E.	am Ende
a.F.	alte Fassung
aff'd sub nom	affirmed sub nomine
AG	Die Aktiengesellschaft
AG	Ausführungsgesetz
AGB	Allgemeine Geschäftsbedingungen
AGBG	Gesetz zur Regelung des Rechts der Allgemeinen Geschäftsbedingungen
AGB-pB	Allgemeine Geschäftsbedingungen der privaten Banken
AGB-Sp	Allgemeine Geschäftsbedingungen der Sparkassen
AGB-Wp	Sonderbedingungen für Wertpapiergeschäfte
AktG	Aktiengesetz
All ER	All England Law Reports
allg. M.	allgemeine Meinung
AMEX	American Stock Exchange, Inc.
App.	Appendix
Art.	Artikel
AufenthG/EWG	Gesetz über Einreise und Aufenthalt von Staatsangehörigen der Mitgliedstaaten der Europäischen Wirtschaftgemeinschaft
Aufl.	Auflage
BA	Bundesanzeiger
BÄO	Bundesärzteordnung
BAKred	Bundesaufsichtsamt für das Kreditwesen
Banking L. J.	Banking Law Journal
BAV	Bundesaufsichtsamt für das Versicherungswesen
BAWe	Bundesaufsichtsamt für den Wertpapierhandel
BB	Betriebsberater
Bd./Bde.	Band/Bände
BdB	Bundesverband deutscher Banken e.V.
Beschl. v.	Beschluß vom
BFH	Bundesfinanzhof

BFHE	Entscheidungssammlung des Bundesfinanzhofes
BFLR	Banking and Finance Law Review
BFuP	Zeitschrift für betriebswirtschaftliche Forschung und Praxis
BGB	Bürgerliches Gesetzbuch
BGBl.	Bundesgesetzblatt
BGH	Bundesgerichtshof
BGHZ	Entscheidungssammlung des Bundesgerichtshofes in Zivilsachen
BIZ	Bank für Internationalen Zahlungsausgleich
BJagdG	Bundesjagdgesetz
BMF	Bundesministerium der Finanzen
BMWi	Bundesministerium der Wirtschaft
BörsG	Börsengesetz
BR-Drucks.	Bundesrats-Drucksache
BT-Drucks.	Bundestags-Drucksache
Bus. Law.	Business Lawyer
Butterworths JIBFL	Butterworths Journal of International Banking and Financial Law
BVerfG	Bundesverfassungsgericht
BVerfGE	Entscheidungssammlung des Bundesverfassungsgerichts
BVerwG	Bundesverwaltungsgericht
BVerwGE	Entscheidungssammlung des Bundesverwaltungsgerichts
BVI	Bundesverband deutscher Investmentgesellschaften e.V.
BVR	Bundesverband der Deutschen Volksbanken und Raiffeisenbanken e.V.
bzw.	beziehungsweise
c./ch.	chapter
CA	California
Can. Bus. L. J.	Canadian Business Law Journal
CBOE	Chicago Board Options Exchange, Inc.
CCH	Commerce Clearing House
CEA	Commodities Exchange Act
cert. denied	certeriori denied
CFTC	Commodity Futures Trading Commission
C.F.R.	Code of Federal Regulations
Cir.	Circuit
CJA	Criminal Justice Act
CMLR	Common Market Law Review
COB	Commission des Opérations de Bourse
CoB Rules	Conduct-of-Business Rules
Colum. Bus. L. Rev.	Columbia Business Law Review

Colum. L. Rev.	Columbia Law Review
Co. Law.	Company Lawyer
Comm. Fut. L. Rep.	Commodity Futures Law Reporter
Congr.	Congress
Conn.	Connecticut
Corp.	Corporation
CPOs	Commodity Pool Operators
CTAs	Commodity Trading Advisers
DAB	Direkt Anlage Bank GmbH
DB	Der Betrieb
D.C.Cir.	United States Court of Appeals for the Circuit of the District of Columbia
D.C. Ill.	United States District Court for the District of Illinois
dens.	denselben
ders.	derselbe
DepotG	Depotgesetz
dies.	dieselbe(n)
DIN	Deutsche Industrienorm
Diss.	Dissertation
DNotZ	Deutsche Notarzeitung
Doc.	document
DÖV	Die Öffentliche Verwaltung
DRB	Directly Regulated Business
DSGV	Deutscher Sparkassen- und Giroverband e.V.
DTI	Department of Trade and Industry
Duke L. J.	Duke Law Journal
DVFA	Deutsche Vereinigung für Finanzanalyse und Anlageberatung e.V.
DZWir	Deutsche Zeitschrift für Wirtschaftsrecht
-E	Entwurf
ebda.	ebenda
E.C.	European Community
ECOFIN	Rat der Europäischen Gemeinschaften für Wirtschafts- und Finanzfragen
éd.	édition
ed./edn	edition
ed./eds.	editor/s
E.D.N.Y.	United States District Court for the Eastern District of New York
E.D.Pa.	United States District Court for the Eastern District of Pennsylvania
EEA	Einheitliche Europäische Akte
EFSL	European Financial Services Law
EG	Europäische Gemeinschaften
EGBGB	Einführungsgesetz zum Bürgerlichen Gesetzbuche

EGV	Vertrag über die Gründung der Europäischen Gemeinschaften
Einl	Einleitung
endg.	endgültig
ESOP	Employee Share Offering Plan
et al.	et aliter / et alii
et s. / et seq.	et suivante / et sequens
EuGH	Europäischer Gerichtshof
EU	Europäische Union
EuR	Europarecht
Eur. J. Law & Econ.	European Journal of Law and Economics
Eur. Rev. Priv. L.	European Review for Private Law
EUV	Vertrag über die Gründung der Europäischen Union
e.V.	eingetragener Verein
EWG	Europäische Wirtschaftsgemeinschaft
EWS	Europäisches Wirtschafts- und Steuerrecht
f., ff.	folgende
F.A.Z.	Frankfurter Allgemeine Zeitung
FCMs	Futures Commission Merchants
F.2d	Federal Reporter, Second Series
F.3d	Federal Reporter, Third Series
Fed. Reg.	Federal Register
Fed. Sec. L. Rep.	Federal Securities Law Reporter
FESCO	Forum of European Securities Commissions
FG	Festgabe
FIA	Futures Industry Association
FIMBRA	Financial Intermediaries, Managers and Brokers Regulatory Association
Fn.	Fußnote
FS	Festschrift
FSA	Financial Services Authority
FSAct	Financial Services Act
F. Supp.	Federal Supplement (amtliche Sammlung bundesgerichtlicher Entscheidungen, erstinstanzliche Urteile)
Fut. & Deriv. L. Rev.	Futures & Derivatives Law Review
GewO	Gewerbeordnung
GjS	Gesetz über die Verbreitung jugendgefährdender Schriften
GG	Grundgesetz für die Bundesrepublik Deutschland
GmbH	Gesellschaft mit beschränkter Haftung
GmbHG	Gesetz betreffend die Gesellschaften mit beschränkter Haftung
GS	Gedächtnisschrift
GVG	Gerichtsverfassungsgesetz
GWB	Gesetz gegen Wettbewerbsbeschränkungen

Habil.	Habilitationsschrift
Hans. OLG Hamburg	Hanseatisches Oberlandesgericht Hamburg
Harv. C.R.-C.L. L. Rev.	Harvard Civil Rights – Civil Liberties Law Review
Harv. L. Rev.	Harvard Law Review
Hast. L. J.	Hastings Law Journal
HausTWG	Gesetz über den Widerruf von Haustürgeschäften und ähnlichen Geschäften
hg.	herausgegeben
HGB	Handelsgesetzbuch
h.M.	herrschende Meinung
HM	Her Majesty's
HMSO	Her Majesty's Stationary Office
H.R.	House of Representatives
HRefG	Gesetz zur Neuregelung des Kaufmanns- und Firmenrechts und zur Änderung anderer handels- und gesellschaftsrechtlicher Vorschriften
HR Rep.	House of Representatives Reports
Hrsg.	Herausgeber
IAA	Investment Advisers Act
ib./ibid.	ibidem
IBs	Introducing Brokers
ICA	Investment Company Act
i.d.F.	in der Fassung
id.	idem
IFLR	International Financial Law Review
IHK	Industrie- und Handelskammer
IMRO	Investment Management Regulatory Organisation
Inc.	Incorporated
IOSCO	International Organization of Securities Commissions
ISD	Investment Services Directive
ISDA	International Swaps and Derivatives Association
IW-Order	Interessewahrende Order
J.B.L.	Journal of Business Law
J. Fin.	Journal of Finance
J. Fin. Econ.	Journal of Financial Economics
JFRC	Journal of Financial Regulation and Compliance
JIBL	Journal of International Banking Law
J. Mon. Econ.	Journal of Monetary Economics
J.O.	Journal Officiel
J.O. CEE	Journal Officiel des Communautés Économiques Européennes
JuS	Juristische Schulung
JZ	Juristische Zeitschrift
KAGG	Gesetz über Kapitalanlagegesellschaften
KOM	Dokument der Kommission der Europäischen Union

KonTraG	Gesetz zur Kontrolle und Transparenz im Unternehmensbereich
KuK	Kredit und Kapital
KVStG	Kapitalverkehrssteuergesetz
KWG	Gesetz über das Kreditwesen
Kz.	Kennziffer
LAUTRO	Life Assurance and Unit Trust Regulatory Organisation
LBB	Landesbank Berlin
L.Ed.	Lawyer's Edition (U.S. Supreme Court)
LG	Landgericht
li.Sp.	linke Spalte
lit.	littera
LMBG	Gesetz über den Verkehr mit Lebensmitteln, Tabakerzeugnissen, kosmetischen Mitteln und sonstigen Bedarfsgegenständen (Lebensmittel- und Bedarfsgegenständegesetz)
LMBV	Lebensmittel- und Bedarfsgegenständeverordnung
Loy. U. Chi. L. J.	Loyola University of Chicago Law Journal
Ltd.	Limited
LTMs	Leverage Transaction Merchants
MA / Mass.	Massachussetts
MaBV	Makler- und Bauträgerverordnung
Management Sci.	Management Science
m. Anm. v.	mit Anmerkungen von
Mercer L. Rev.	Mercer Law Review
MHG	Gesetz zur Regelung der Miethöhe
Mich. L. Rev.	Michigan Law Review
Minn. L. Rev.	Minnesota Law Review
mi. Sp.	mittlere Spalte
Mio.	Million(en)
MLR	Modern Law Review
Mrd.	Milliarde(n)
MSRB	Municipal Securities Rulemaking Board
MünchKomm	Münchener Kommentar zum Bürgerlichen Gesetzbuch
m.(w.)N.	mit (weiteren) Nachweisen
NASD	National Association of Securities Dealers, Inc.
NASDAQ	National Association of Securities Dealers Automated Quotation System
N.D.Ala.	United States District Court for the Northern District of Alabama
N.D.Ill.	United States District Court for the Northern District of Illinois
N.E.	United States District Court Reports, North Eastern

NFA	National Futures Association
NJW	Neue Juristische Wochenschrift
NLJ	New Law Journal
NMS	National Market System
No.	numéro/number
Nos.	numéros/numbers
NRW	Nordrhein-Westfalen
Nr.	Nummer
NuR	Natur und Recht
NVwZ	Neue Zeitschrift für Verwaltungsrecht
Nw.	Nachweis
N.Y.	New York; New York State Law Reports
NYSE	New York Stock Exchange
N.Y.U.	New York University
o.ä.	oder ähnliche(s)
ÖBA	Österreichisches Bankarchiv
OECD	Organisation for Economic Cooperation and Development (Organisation für wirtschaftliche Zusammenarbeit und Entwicklung in Europa)
öVfGH	Österreichischer Verfassungsgerichtshof
OICV	Organisation Internationale des Commissions de Bourses de Valeurs
O.J. EC	Official Journal of the European Communities
OLG	Oberlandesgericht
OTC	Over the Counter Trading
OWiG	Gesetz über Ordnungswidrigkeiten
p./pp.	page/pages
para./paras.	paragraph/paragraphs
Pet.	Peter's Reports of Decisions in the Supreme Court of the United States
PIA	Personal Investment Authority
PAngV	Preisangabeverordnung
ProdHG	Gesetz über die Haftung für fehlerhafte Produkte
PSA	Public Securities Association
pt./pts.	part/parts
PUHCA	Public Utility Holding Company Act
Publ. L. No.	Public Laws Number
QIB	Qualified Institutional Buyer
Qu. J. Econ.	Quaterly Journal of Economics
RabelsZ	Zeitschrift für ausländisches und internationales Privatrecht, begründet von Rabel
RCH	Recognised Clearing House
RdW	Recht der Wirtschaft
Regs.	Regulations
Rel. No.	Release Number

Rev. Econ. Stud.	Review of Economic Studies
Rev. Sec. & Comm. Reg.	Review of Securities and Commodities Regulation
RG	Reichsgericht
RGZ	Entscheidungssammlung des Reichsgerichts in Zivilsachen
RICO	Racketeer Influenced and Corrupt Organizations Act
RIE	Recognised Investment Exchange
RIW	Recht der Internationalen Wirtschaft
rkr.	rechtskräftig
RMC	Revue du Marché Commun
RMUE	Revue du Marché Unique Européen
RPB	Recognised Professional Body
Rs.	Rechtssache
Rspr.	Rechtsprechung
RUSA	Revised Uniform Securities Act
RVO	Reichsversicherungsordnung
Rz.	Randziffer
s.	siehe
S.	Seite
s/ss	section/s
SA	Securities Act
sc.	scilicet
S.Ct.	Supreme Court of the United States; Supreme Court Reports (Entscheidungssammlung des Supreme Court)
S.D.Miss.	United States District Court for the Southern District of Mississippi
S.D.N.Y.	United States District Court for the Southern District of New York
S.D.Ohio	United States District Court for the Southern District of Ohio
SEA	Securities Exchange Act
SEC	Securities and Exchange Commission
S.E.C.	Securities and Exchange Commission, Decisions
Sec. Reg. L. J.	Securities Regulation Law Journal
Sec. Reg. & L. Rep. (BNA)	Securities Regulation and Law Reports (Bureau of National Affairs)
SECO	SEC-Registered Only
SEK	Dokument des Sekretariats des Rates der Europäischen Union
Sess.	Session
SFA	Securities and Futures Authority Limited
SFO	Serious Fraud Office
SI	Statutory Instrument
SIA	Securities Industry Association
SIB	Securities and Investments Board Limited

Slg.	Amtliche Sammlung der Entscheidungen des EuGH
S & Ls	Savings and loan associations
sog.	sogenannte(r)
Sp.	Spalte
SRO	Self-Regulatory Organization
Stanford L. Rev.	Stanford Law Review
Stat.	United States Statutes
StGB	Strafgesetzbuch
StPO	Strafprozeßordnung
str.	streitig
st.Rspr.	ständige Rechtsprechung
STVj	Steuerliche Vierteljahresschrift
Suppl.	Supplement
SZW	Schweizerische Zeitschrift für Wirtschaftsrecht
Texas L. Rev.	Texas Law Review
TIA	Trust Indenture Act
u.a.	unter anderem; und andere(n)
UCC	Uniform Commercial Code
U.K.	United Kingdom
UnSA	Uniform Securities Act
Urt. v.	Urteil vom
U.S.	Entscheidungen des Supreme Court of the United States
U.S.A.	United States of America
U.S.C.	United States Code
U.S.Const.	United States Constitution
U.S.Dist. (LEXIS)	United States District Courts (LEXIS file)
UStG	Umsatzsteuergesetz
UVV	Unfallverhütungsvorschriften
v./vs.	versus
VAG	Versicherungsaufsichtsgesetz
Va. L. Rev.	Virginia Law Review
Vand. L. Rev.	Vanderbilt Law Review
VDE	Verband deutscher Elektrotechniker e.V.
VerbrKrG	Verbraucherkreditgesetz
VersR	Versicherungsrecht
VersW	Versicherungswirtschaft
vgl.	vergleiche
VöB	Verband öffentlicher Banken e.V.
vol./vols.	volume/volumes
VuR	Verbraucher und Recht
VVG	Gesetz über den Versicherungsvertrag
VwVG	Verwaltungsvollstreckungsgesetz
VwVfG	Verwaltungsverfahrensgesetz
WAG	österreichisches Wertpapieraufsichtsgesetz

Wall St. J. (Europe)	Wall Street Journal (Europe)
WBl	Wirtschaftsrechtliche Blätter
W.D.Mich.	United States District Court for the Western District of Michigan
WiB	Wirtschaftsrechtliche Beratung (bis 1997)
WiSt	Das Wirtschaftswissenschaftliche Studium
wistra	Zeitschrift für Wirtschaftsstrafrecht
WiVerw	Die Wirtschaftsverwaltung
WL	Westlaw
WM	Wertpapier-Mitteilungen, Zeitschrift für Wirtschafts- und Bankrecht
WpHG	Gesetz über den Wertpapierhandel
Yale L. J.	Yale Law Journal
z.B.	zum Beispiel
ZBB	Zeitschrift für Bankrecht und Börsenwirtschaft
ZbFg	Zeitschrift für betriebswirtschaftliche Forschung
ZEuP	Zeitschrift für Europäisches Privatrecht
ZG	Zeitschrift für Gesetzgebung
ZGesKW	Zeitschrift für das gesamte Kreditwesen
ZGR	Zeitschrift für Unternehmens- und Gesellschaftsrecht
ZIP	Zeitschrift für Wirtschaftsrecht
zit.	zitiert
ZHR	Zeitschrift für das gesamte Handelsrecht und Wirtschaftsrecht
ZKA	Zentraler Kreditausschuß
ZRP	Zeitschrift für Rechtspolitik

Literaturverzeichnis

Die Orthographie und Interpunktion ausländischer Zitate, insbesondere aus dem britischen und U.S.-amerikanischen Schrifttum, ist nicht vereinheitlicht, sondern dem Original entsprechend wiedergegeben.

Abegglen, Sandro — Die Aufklärungspflichten in Dienstleistungsbeziehungen, insbesondere im Bankgeschäft. Entwurf eines Systems zu ihrer Konkretisierung, Bern 1995.

Abney, David L., Nadeau, Mark A. — National Banks, the Impassable „Chinese Wall", and Breach of Trust: Shaping a Solution, 107 Banking L. J. 251 (1990).

Adams, Gareth A. — Best execution – a rule for all eventualities, EFSL 1996, 244.

ders. — The regulation of financial conglomerates, 5 JFRC 215 (1997).

Adenas, Mads — Regulators, the regulated and private litigants: public interest privilege against disclosure?, (1995) 16 Co. Law. 1131.

Akerlof, George A. — The Market for Lemons, Qualitative Uncertainty and the Market Mechanism, 84 Qu. J. Econ. 488 (1970).

Alcock, Alistair — Conflicts of duty and financial services, EFSL 1997, 123.

Altendorfer, Christian — Die US-amerikanische Kapitalmarktaufsicht (SEC). Ein Modell für Österreich?, Wien 1995.

Arendts, Martin — Die Haftung der Banken für fehlerhafte Beratung nach der neueren deutschen Rechtsprechung, ÖBA 1994, 251.

ders. — Bankenhaftung – Kann Privatautonomie durch Aufklärungs- und Beratungspflichten erreicht werden?, in Jahrbuch Junger Zivilrechtswissenschaftler 1995, hg. von Christian Armbrüster u.a., Stuttgart et al. 1996, S. 165.

Arrow, Kenneth J. — The Economics of Agency, in Pratt/Zeckhauser, p. 37.

Artopoeus, Wolfgang — Globalisation of Financial Markets, 1997 International Business Lawyer 410.

Ashe, Michael — The continuing saga of PIA, (1994) 15 Co. Law. 207.

Assmann, Heinz-Dieter — The Broker-Dealer's Liability for Recommendations Under the U.S. Securities Laws and the Suitability Rules of Self-Regulatory Organizations, Frankfurt am Main, Bern 1982.

ders. — Prospekthaftung als Haftung für die Verletzung kapitalmarktbezogener Informationsverkehrspflichten nach deutschem und U.S.-amerikanischen Recht, Köln et al. 1985.

ders. — Informationspflicht des Anlagevermittlers und Mitverschulden des Anlegers, NJW 1982, 1083.

ders. — Konzeptionelle Grundlagen des Anlegerschutzes, ZBB 1989, 49.

ders. — Harmonisierung des Kapitalmarkt- und Börsenrechts in der EG, in Bankrechtstag 1993, S. 61.

ders. — Die rechtliche Ordnung des europäischen Kapitalmarkts, ORDO 44 (1993), 87.

ders. — Das künftige deutsche Insiderrecht (I), AG 1994, 196.

Assmann, Heinz-Dieter, Buck, Petra — Europäisches Kapitalmarktrecht, EWS 1990, 110 (I), 190 (II), 210 (III).

Assmann, Heinz-Dieter, Kübler, Friedrich — Staatliche Verbraucherinformation im Ordnungsgefüge des Privatrechts, Königstein 1981.

Assmann, Heinz-Dieter, Schneider, Uwe H. (Hrsg.) — Wertpapierhandelsgesetz, Kommentar, Köln 1995, zit.: Bearbeiter in Assmann/Schneider.

Assmann, Heinz-Dieter, Schütze, Rolf A. (Hrsg.) — Handbuch des Kapitalanlagerechts, 2. Aufl., München 1997, zit.: Bearbeiter in Assmann/Schütze.

Bachof, Otto — Über öffentliches Recht, in Verwaltungsrecht zwischen Freiheit, Teilhabe und Bindung, Festgabe aus Anlaß des 25jährigen Bestehens des Bundesverwaltungsgerichts, hrsg. von Otto Bachof, Ludwig Heigl, Konrad Redeker, München 1978, S. 1, zit.: FG BVerwG.

Bähre, Inge Lore, Schneider, Manfred — KWG-Kommentar, Kreditwesengesetz mit den wichtigsten Ausführungsvorschriften, 3. Aufl., München 1986.

Baltensperger, Ernst, Dermine, Jean — European Banking: Prudential and Regulatory Issues, in Dermine, Jean (ed.), European Banking in the 1990s, Oxford 1990, p. 15.

dies. — Banking Deregulation in Europe, 4 Economic Policy 63 (1987).

Balzer, Peter	Verhaltenspflichten der Kreditinstitute nach dem Wertpapierhandelsgesetz bei der Verwaltung von Wertpapiervermögen, in Deutsches und Internationales Bank- und Wirtschaftsrecht im Wandel, hg. von Harald Herrmann, Klaus Peter Berger, Ulrich Wackerbarth, Berlin, New York 1997, S. 21, zit.: FS Horn.
ders.	Anlegerschutz bei Verstößen gegen die Verhaltenspflichten nach §§ 31 ff Wertpapierhandelsgesetz (WpHG), ZBB 1997, 260.
ders.	Discount-Broking im Spannungsfeld zwischen Beratungsausschluß und Verhaltenspflichten nach WpHG, DB 1997, 2311.
Bar, Christian v.	Verkehrspflichten, Richterliche Gefahrsteuerungsgebote im deutschen Deliktsrecht, Köln et al. 1980.
Barnett, Will	Fraud enforcement in the Financial Services Act 1986: an analysis and discussion of s 47, (1996) 17 Co. Law. 203.
Basedow, Jürgen, Schwark, Eberhard, Schwintowski, Hans-Peter (Hrsg.)	Informationspflichten – Europäisiserung des Versicherungswesens – Anerkannte Grundsätze der Versicherungsmathematik, Versicherungswissenschaftliche Studien, Bd. 2, Baden-Baden 1995, zit.: Bearbeiter in Basedow/Schwark/Schwintowski.
Basedow, Jürgen, Meyer, Ulrich, Schwintowski, Hans-Peter (Hrsg.)	Lebensversicherung – Internationale Versicherungsverträge und Verbraucherschutz – Versicherungsvertrieb, Versicherungswissenschaftliche Studien, Bd. 4, Baden-Baden 1996, zit.: Bearbeiter in Basedow/Meyer/Schwintowski.
Baumbach, Adolf, Hopt, Klaus J.	Handelsgesetzbuch mit GmbH & Co., Handelsklauseln, Bank- und Börsenrecht, Transportrecht (ohne Seerecht), Kommentar, 29. Aufl., München 1995.
Baumol, William J.	The Stock Market and Economic Efficiency, The Millar Lectures No. 6, New York 1965.
Baums, Theodor	Universal Banks and Investment Companies in Germany, in N.Y.U. Symposium, p. 124.
Baur, Georg	Die Wohlverhaltensrichtlinie des BAWe, Die Bank 1997, 485.
Beaudoin, Lise I.	Le contrat de gestion de portefeuille de valeurs mobilières, Cowansville (Québec) 1994.

Beck, Heinz	Gesetz über das Kreditwesen, Loseblattkommentar, Bde. 1-3, Heidelberg 1961, Stand September 1996.
Becker, Joachim	Das neue Wertpapierhandelsgesetz, Berlin 1995.
Benston, George J.	The Origins and Justification for the Glass-Steagall Act, in N.Y.U. Symposium, p. 31.
Berle, Adolf A., Means, Gardiner C.	The Modern Corporation and Private Property, New York 1932.
Berril, Sir Kenneth	Regulation of Financial Services in the United Kingdom, in Dufour/Hirsch, p. 27.
Bertschinger, Urs	Sorgfaltspflichten der Bank bei Anlageberatung und Verwaltungsaufträgen, Zürich 1991.
Bettermann, Karl August	Vom Rechtsschutz und Rechtsweg des Bürgers gegen Rundfunk-Rufmord – Bemerkungen zu BGHZ 66, 182, NJW 1977, 513.
Bialkin, Kenneth J.	Conflicts of Interest and the Regulations of Securities, A Panel Discussion, 28 Bus. Law. 545 (1973).
Bines, Harvey E.	Modern Portfolio Theory and Investment Management Law: Refinement of Legal Doctrine, 76 Colum. L. Rev. 721 (1976).
Birnbaum, Günter	Stichwort „Churning“, wistra 1991, 253.
ders.	Erläuterungen (zur Richtlinie gemäß § 35 Abs. 2 des Gesetzes über den Wertpapierhandel (WpHG) vom 26. Juli 1994 (BGBl. I S. 1749), geändert durch Gesetz vom 18. Dezember 1995 (BGBl. I S. 1959) zur Konkretisierung der §§ 31 und 32 WpHG für das Kommissions-, Festpreis- und Vermittlungsgeschäft der Kreditinstitute vom 26. Mai 1997), in Kümpel/Ott, Kz. 631/1, S. 15.
Bistritzki, Walter	Voraussetzungen für die Qualifikation einer Norm als Schutzgesetz im Sinne des § 823 Abs. 2 BGB, Diss. München 1981.
Bitz, Michael	Erscheinungsformen und Funktionen von Finanzintermediären, WiSt 1989, 430.
Black, F.	Bank Funds Management in an Efficient Market, 2 J. Fin. Econ. 323 (1975).
Blair, William, Olive, Christopher D.	Derivative Sales Liability: Approach of the English and US Courts, (1996) 7 JIBL 263.
Blair, Michael	Financial Services: The New Core Rules, London 1991.

Blank, Manfred — Spannungsverhältnis zwischen § 7 MaBV und §§ 9 Abs. 2 Nr. 1, 11 Nr. 2 a AGBG, DNotZ 1996, 501.

Bleckmann, Albert — Zu den Auslegungsmethoden des Europäischen Gerichtshofs, NJW 1982, 1177.

Bloomenthal, Harold S. — Securities Law Handbook, 1996 ed., Deerfield IL et al. 1996.

Blume, Marshall — Modern Portfolio Theory, reprinted in Freidman, Encyclopedia of Investments, 2d ed., 1990, p. 850, zit.: in Freidman.

Böttger, Günter — Financial Services Act 1986, Übersicht über die Regelungen und die Problemfelder für deutsche Institute, WM 1988, Blg. 5, 2.

Bonfman, Corinne, Lehn, Kenneth, Schwartz, Robert A. — US Securities Markets Regulation: Regulatory Structure, in Steil, p. 37.

Bonino, Emma — Finanzdienstleistungen – eine Priorität der Europäischen Verbraucherpolitik, WM 1996, 1617.

Bonneau, Thierry (éd.) — La modernisation des activités financières, Paris 1996.

Borries, Reimer v. — Das Subsidiaritätsprinzip im Recht der europäischen Union, EuR 1994, 263.

Botschen, Günther, Koll, Oliver, Noisternig, Monika — Zählen nur Rendite und Risiko bei der Anlageentscheidung?, Die Bank 1995, 500.

Bourgoignie, Th. — Eléments pour une théorie du droit de la consommation, Paris 1988.

Brechmann, Winfried — Die richtlinienkonforme Auslegung. Zugleich ein Beitrag zur Dogmatik der EG-Richtlinie, München 1994.

Breidenbach, Stephan — Die Voraussetzungen von Informationspflichten beim Vertragsschluß, München 1989.

Brendle, Armin — Amtshaftung für fehlerhafte Bankenaufsicht?, Darmstadt 1987.

Breuer, Rolf-E. — Neues Leben für den Finanzplatz Deutschland, Die Bank 1994, 444.

ders. — Die Bedeutung des Rating am Kapitalmarkt, in Anlegerschutz und Vertrauensbildung an den Finanzmärkten, hg. von Wolfram Engels, Frankfurt am Main 1992, S. 75.

Breuer, Wolfgang — Finanzintermediation und Reputationseffekte, KuK 1995, 516.

Bromberg, Alan R., Lowenfels, Lewis D.	Securities Fraud & Commodities Fraud, 4 vols., 2d ed., New York et al. 1995.
Bülow, Peter	Verbraucherkreditgesetz, Kommentar, 2. Aufl., Köln 1993.
Büschgen, Hans E.	Bankbetriebslehre, 3. Aufl., Stuttgart, Jena 1994.
ders.	Direktbanken – Konkurrenten im eigenem Haus?, WM 1996, 1529.
Büschgen, Hans E., Schneider, Uwe H. (Hrsg.)	Der Europäische Binnenmarkt 1992 – Auswirkungen für die deutsche Finanzwirtschaft, Frankfurt a.M. 1993, zit.: Bearbeiter in Büschgen/Schneider.
Bub, Wolf-Rüdiger, Treier, Bernhard (Hrsg.)	Handbuch der Geschäfts- und Wohnraummiete, 2. Aufl., München 1993.
Bundesaufsichtsamt für den Wertpapierhandel	Jahresberichte 1996 und 1997, Frankfurt am Main 1997 und 1998.
Burghof, Hans-Peter, Rudolph, Bernd	Bankenaufsicht, Theorie und Praxis der Regulierung, Wiesbaden 1996.
Buxbaum, Richard M.	Die private Klage als Mittel zur Durchsetzung wirtschaftspolitischer Rechtsnormen, Karlsruhe 1972, zit.: Karlsruher Forum.
Buxbaum, Richard M., Hertig, Gérard, Hirsch, Alain, Hopt, Klaus J. (Hrsg.)	European Economic and Business Law. Legal and Economic Analyses on Integration and Harmonization, Berlin/New York 1996, zit.: Bearbeiter in Buxbaum/Hertig/Hirsch/Hopt.
Buxbaum, Richard M., Hopt, Klaus J.	Legal Harmonization and the Business Enterprise – Corporate and Capital Market Harmonization Policy in Europe and the U.S.A., Berlin, New York 1988.
Cahn, Andreas	Grenzen des Markt- und Anlegerschutzes durch das WpHG, ZHR 162 (1998), 1.
Campbell, Tim S., Kracaw, William A.	Information Production, Market Signalling, and the Theory of Financial Intermediation, 35 J. Fin. 863 (1980).
Calabresi, Guido	The Costs of Accidents, A Legal and Economic Analysis, New Haven, London 1970.
ders.	A Common Law for the Age of Statutes, Cambridge, MA, London 1982.
Callery, T. Grant, Wright, Anne H.	NASD Disciplinary Proceedings – Recent Developments, 48 Bus. Law. 791 (1993).
Canals, Jordi	Universal Banking: international comparisons and theoretical perspectives, Oxford 1997.

Canaris, Claus-Wilhelm — Bankvertragsrecht in Hermann Staub, Handelsgesetzbuch, Großkommentar, 3. Aufl., Teil 1 in 3. Bearb., Berlin et al. 1988, im übrigen 2. Bearb., Berlin et al. 1981, zit.: Bankvertragsrecht.

ders. — Gesetzliches Verbot und Rechtsgeschäft, Schriftenreihe der Juristischen Studiengesellschaft Karlsruhe, Heft 160, Heidelberg 1983, zit.: Karlsruher Forum.

ders. — Schutzgesetze – Verkehrspflichten – Schutzpflichten, Festschrift für Karl Larenz zum 80. Geburtstag, hg. von Claus-Wilhelm Canaris, Uwe Diederichsen, München 1983, S. 28, zit.: FS Larenz (1983).

ders. — Verfassungs- und europarechtliche Aspekte der Vertragsfreiheit in der Privatrechtsgesellschaft, in Festschrift für Peter Lerche, hg. von Peter Badura, Rupert Scholz, München 1993, S. 873, zit.: FS Lerche.

Carlson, Charles B. — Buying Stocks Without a Broker, 2nd ed., New York et al. 1996.

Cary, William L., Eisenberg, Melvin A. — Cases and Materials on Corporations, 6th ed., Westbury, New York 1988.

Caspari, Karl-Burkhard — Die geplante Insiderregelung in der Praxis, ZGR 1994, 530.

ders. — Diskussionsvotum in Insiderrecht und Ad-hoc-Publizität, hg. von Jörg Baetge, Düsseldorf 1995, S. 171.

Chaikin, David A. — Commodity Investment Fraud, 6 Co. Law. 261 (1985).

Childs, Anne-Louise — The SEC begins to produce considered view on the Internet, IFLR, August 1996, 13.

Claussen, Carsten Peter — Bank- und Börsenrecht, Handbuch für Lehre und Praxis, München 1996.

ders. — Insiderhandelsverbot und Ad hoc-Publizität, Köln 1996.

ders. — Das neue Insiderrecht, DB 1994, 27.

Claussen, Carsten Peter, Loistl, Otto, (Hrsg.) — Das neue Kapitalmarktrecht in Frage und Antwort, Beiträge zur Wertpapieranalyse Nr. 31, Deutsche Vereinigung für Finanzanalyse und Anlageberatung (DVFA), 1995.

Clucas, Sir Kenneth — Report concerning the future structure of the SROs, 28th Feb. 1992.

Cohen, Stephen B.	The Suitability Rule and Economic Theory, 80 Yale L. J. 1604 (1971).
Comment	Market Manipulation and the Securities Exchange Act, 46 Yale L. J. 624 (1937).
Commission des Opérations de Bourse	Observations de la Commission des Opérations de Bourse relatives au document de travail présenté par M. David Walker, en vue de l'atelier no. 2 de la 14ème conférence annuelle de l'OICV (Venise, sept. 1989), Paris 1989.
Corcoran, Andrea M.	Prudential Regulation of OTC Derivatives: Lessons from the Exchange-traded Sector, in Ferrarini, p. 157.
dies.	The Argument for a Professional or Wholesale Futures Market – Where is it Going in the United States – an Why?, Report, International Regulators Meeting (London, June 1996), Washington 1996.
Coym, Peter	Broker, in Gerke/Steiner, Sp. 354.
Craies, William Feilden	Craies on Statute Law, 7th edn. by S.G.G. Edgar, London 1971.
Cramer, Jörg E., Rudolph, Bernd	Handbuch für Anlageberatung und Vermögensverwaltung, Methoden und Instrumente des Portfoliomanagements, Frankfurt am Main 1995, zit.: Bearbeiter in Cramer/Rudolph.
Cranston, Ross	Insider Dealing – Informational Imbalances and Financial Business, in Hopt/Wymeersch, European Insider Dealing, p. 203.
Cretney, S.M.	The Law Commission: True Dawns and False Dawns, (1996) 59 MLR 631.
Cruickshank, Christopher	The Draft Directive on the Protection of Investors, in Ferrarini, p. 271.
Currie, Caroline	Civil enforcement as a regulatory device: the use of the civil law as a means of enforcing securities law violations, (1996) 17 Co. Law. 139.
Dale, Richard	The Regulation of Investment Firms in the European Union, in Ferrarini, p. 27.
ders.	International Banking Regulation, in Steil, p. 167.
Dalhuisen, J.H.	The new U.K. securities legislation and the E.C. 1992 program, Amsterdam et al. 1989.
Dalwigk zu Lichtenfels, Reinhard Freiherr von	Das Effektenkommissionsgeschäft, Köln et al. 1975.

Damm, Reinhard — Entwicklungstendenzen der Expertenhaftung, Vermögensschutz und Drittschutz auf dem Markt für sachkundige Informationen, JZ 1991, 373.

Dannhoff, Martin — Der Entwurf des Zweiten Finanzmarktförderungsgesetzes, DZWir 1993, 521.

Dänzer-Vanotti, Wolfgang — Richtlinienkonforme Auslegung und Rechtsfortbildung, StVj 1991, 1.

Dassese, Marc — Comments on the European Commission Green Paper – 'Financial Services: Meeting consumers' expectations', 5 JFRC 107 (1997).

Dauses, Manfred A. (Hrsg.) — Handbuch des EG-Wirtschaftsrechts, Loseblattsammlung (Stand: November 1996), München 1997, zit.: Bearbeiter in Dauses.

Dauses, Manfred A., Sturm, Michael — Rechtliche Grundlagen des Verbraucherschutzes im EU-Binnenmarkt, ZfRV 1996, 133.

De Meo, Francesco — Bankenkonsortien, Eine Untersuchung zum Innen- und Außenrecht von Emissions-, Kredit- und Sanierungskonsortien sowie zur Haftung für das Handeln von Konsortialvertretern, München 1994.

Depenheuer, Otto — Der Wortlaut als Grenze, Heidelberg 1988.

Deutsch, Erwin — Entwicklung und Entwicklungsfunktion der Deliktstatbestände, JZ 1963, 385.

Deutsches Aktieninstitut e.V. — DAI-Factbook 1996, Statistiken, Analysen, Grafiken zu Aktionären, Aktiengesellschaften und Börsen, Frankfurt am Main 1996.

Dewatripont, Mathias, Tirole, Jean — The Prudential Regulation of Banks, Cambridge, Mass., London 1994.

Diamond, Douglas W. — Financial Intermediation and Delegated Monitoring, 51 Rev. Econ. Stud. 393 (1984).

Di Fabio, Udo — Richtlinienkonforme Auslegung als ranghöchstes Normauslegungsprinzip?, NJW 1990, 947.

Dingeldein, Klaus Rainer — Chancen und Grenzen der Beratung, bank und markt 6/1984, 9.

Dingeldey, Thomas — Das chinese wall-Prinzip im Bankrecht der Vereinigten Staaten, RIW 1983, 81.

Dörner, Heinrich — Zur Dogmatik der Schutzgesetzverletzung – BGH NJW 1982, 1037 und NJW 1985, 134, JuS 1987, 522.

Dompé, Marie-Noëlle — Les règles de bonne conduite, in Bonneau, p. 205.

Dufour, Alfred, Hirsch, Alain (eds.) — Colloque Le droit du marché financier suisse, organisé par le centre d'études juridiques européennes de la faculté de droit de Genève, Études suisses de droit européen, vol. 31, Genève 1987, zit.: Bearbeiter in Dufour/Hirsch.

Dufour, Alfred, Hertig, Gérard (eds.) — Kolloquium Erwerb von Beteiligungen am Beispiel der öffentlichen Übernahmeangebote (Genf 12.-13.4.1989), Lausanne 1990, zit.: Bearbeiter in Dufour/Hertig.

Easterbrook, Frank H., Fischel, Daniel R. — Corporate Control Transactions, 91 Yale L.J. 698 (1982).

Ebke, Werner — Wirtschaftsprüfer und Dritthaftung, Bielefeld 1983.

Eichhorn, Franz-Josef, Binsch, Mario, Frank, Michael — Discount Brokerage: Die Akzeptanz bei jungen Anlegern, Die Bank 1997, 410.

Eichmann, Bernd — EG-Richtlinien mit Auswirkungen auf das Wertpapiergeschäft, Der langfristige Kredit 1993, 178.

Eisele, Dieter — Insiderrecht und Compliance, WM 1993, 1021.

Engels, Wolfram — Das Trilemma der Finanzmärkte, in Anlegerschutz und Vertrauensbildung an den Finanzmärkten, hg. von Wolfram Engels, Frankfurt am Main 1992, S. 11, zit.: Engels.

Engisch, Karl — Die Einheit der Rechtsordnung, Heidelberg 1935 (Nachdruck Darmstadt 1987).

Erichsen, Hans-Uwe (Hrsg.) — Allgemeines Verwaltungsrecht, 10. Aufl., Berlin et al. 1995.

Erwe, Peter, Waltz, Peter — Zur unmittelbaren Geltung der Wertpapierdienstleistungsrichtlinie für deutsche Zweigniederlassungen von EU-Wertpapierfirmen, WM 1997, 806.

Esser, Josef — Grundsatz und Norm, 4. Aufl., Tübingen 1990.

Esser, Josef, Schmidt, Eike — Schuldrecht Band I, Allgemeiner Teil, Teilbände 1 und 2, 7. Aufl., Heidelberg 1992 bzw. 1993.

Everling, Ulrich — Zur direkten innerstaatlichen Wirkung von EG-Richtlinien: Ein Beispiel richterlicher Rechtsfortbildung auf der Basis gemeinsamer Rechtsgrundsätze, in Einigkeit und Recht und Freiheit, Festschrift für Karl Carstens zum 70. Geburtstag, hg. von Bodo Boerner u.a., Köln 1984, S. 95; zit.: in FS Carstens.

Faber, Diana — The Work of the Law Commission, [1997] Butterworths JIBFL 199.

Faber, Heiko — Verwaltungsrecht, 4. Aufl., Tübingen 1995.

Fama, Eugene F. — Efficient Capital Markets: A Review of Theory and Empirical Work, 25 J. Fin. 383 (1970).

Fallone, Edward A. — Section 10(b) and the Vagaries of Federal Common Law: The Merits of Codifying the Private Cause of Action Under a Structuralist Approach, 1997 U. Ill. L. Rev. 71.

Farrant, Richard — Stellungnahme in Michael Taylor, What Role Should Regulation Have in the Wholesale Markets, [1996] Butterworths JIBFL 423.

Federal Reserve Bank of New York — Principles and Practices for Wholesale Financial Market Transactions (August 17, 1995), erarbeitet unter der Federführung der Federal Reserve Bank of New York von Emerging Market Traders Association, Foreign Exchange Committee (Federal Reserve Bank of New York), International Swaps and Derivatives Association (ISDA), New York Clearing House Association, Public Securities Association (PSA), Securities Industry Association (SIA).

Ferrarini, Guido (ed.) — Prudential Regulation of Banks and Securities Firms, European and International Aspects (Siena Seminar), London, The Hague, Boston 1995, zit.: Bearbeiter in Ferrarini.

ders. — Introduction, in Ferrarini, p. 3.

ders. — Towards a European Law of Investment Services and Institutions, 31 CMLR 1283 (1994).

Fikentscher, Wolfgang — Wirtschaftsrecht, Band I (Weltwirtschaftsrecht, Europäisches Wirtschaftsrecht), München 1983.

Fischer, Hans-Georg — Zur unmittelbaren Anwendung von EG-Richtlinien in der öffentlichen Verwaltung, NVwZ 1992, 635.

Fischer, Reinfried, Klanten, Thomas — Bankrecht, 2. Aufl., Köln 1996.

Fishman, James J. — A comparison of enforcement of securities laws in the UK and US, (1993) 14 Co. Law. 163.

Fishman, Gerald L. — Broker-Dealer Obligations to Customers – The NASD Suitability Rule, 51 Minn. L. Rev. 233 (1966).

Fliegner, Michael	Verantwortung als Gestaltungskriterium für die Beziehung zwischen Bank und Kunde, Düsseldorf 1987.
Flume, Werner	Allgemeiner Teil des Bürgerlichen Rechts, Bd. II, 3. Aufl., Berlin 1979.
Forster, Denis M.	Derivatives: Procter & Gamble v. Bankers Trust – An Analysis of the Holdings and Their Potential Impact, [1996] Butterworths JIBFL 320.
Frankel, Tamar	The Regulation of Money Managers, The Investment Company Act and the Investment Advisers Act, Boston, Toronto 1978, Suppl. 1983, Suppl. 1991.
Freshfields	Securities Regulation in the U.K., London 1987.
Froehlich, Arndt-Justus	Die Haftung von Anlageberatern für fehlerhafte Dienstleistungen nach deutschem und U.S.-amerikanischem Recht, Göttingen 1996.
Fülbier, Andreas	Einflußnahme des Bundesaufsichtsamts für das Kreditwesen auf das Bankprivatrecht, in Deutsches und Internationales Bank- und Wirtschaftsrecht im Wandel, hg. von Harald Herrmann, Klaus Peter Berger, Ulrich Wackerbarth, Berlin, New York 1997, S. 50, zit.: FS Horn.
Futures Industry Association	Financial Integrity Recommendations For Futures and Options Markets and Market Participants, Washington, D.C. 1995.
Gardener, E.P.M.	International Bank Regulation and Capital Adequacy: Perspectives, Developments and Issues, in Norton, p. 97.
Gaßner, Otto, Escher, Markus	Bankpflichten bei der Vermögensverwaltung nach Wertpapierhandelsgesetz und BGH-Rechtsprechung, WM 1997, 93.
Gebhardt, G., Gerke, W., Steiner, M. (Hrsg.)	Handbuch des Finanzmanagements, München 1993, zit.: Bearbeiter in Gebhardt/Gerke/Steiner.
Gentzsch, Rainer-Dietmar	Das Leistungsangebot der Universalbanken – Struktur und Gestaltung, Berlin 1985.
Gerke, Wolfgang (Hrsg.)	Bankrisiken und Bankrecht, Fritz Philipp zum 60. Geburtstag, Wiesbaden 1988.
ders.	Informationsasymmetrien am Markt für Beteiligungen an mittelständischen Unternehmen, in Gebhardt/Gerke/Steiner, S. 619.
Gerke, Wolfgang, Pfeufer, Gabriele	Finanzintermediation, in Gerke/Steiner, Sp. 727.

Gerke, Wolfgang, Philipp, Fritz — Finanzierung, Stuttgart 1985.

Gerke, Wolfgang, Steiner, Manfred (Hrsg.) — Handwörterbuch des Bank- und Finanzwesens, 2. Aufl., Stuttgart 1995, zit.: Bearbeiter in Gerke/Steiner.

Germain, Michel, Noury, Marie-Aude — La loi du 2 juillet 1996 de modernisation des activités financières, Sem. Jur. (JCP) Éd. G, no. 21, Doctrine 4022, p. 217.

Geßler, Ernst, Hefermehl, Wolfgang, Eckhardt, Ulrich, Kropff, Bruno — Aktiengesetz, Kommentar, Band II, München 1973, zit.: Bearbeiter in Geßler/Hefermehl.

Gilson, Ronald J., Kraakman, Reinier H. — The Mechanics of Market Efficiency, 70 Va. L. Rev. 549 (1984).

Gierl, Heribert, Helbich, Grit — Die Kompetenz des Bankberaters, Die Bank 1997, 540.

Glaser Tomasone, Helena — Amtshilfe und Bankgeheimnis: insbesondere im Bereich der Banken-, Anlagefonds- und Börsenaufsicht, Zürich 1997.

Goldberg — Fraudulent Broker-Dealer Practices, New York 1981.

Goldstein — A Swan Song for Remedies: Equitable Relief in the Burger Court, 13 Harv. C.R. – C.L. L. Rev. 1 (1978).

Gonson, Paul — Recent Judicial Developments, Outline, Washington, D.C., March 8, 1996.

Goodman, Jordan Elliot — Barron's Dictionary of Finance and Investment Terms, 3rd ed., Hauppauge, N.Y. 1991.

Gower, L.C.B. — Review of Investor Protection – A Discussion Document (HMSO), London 1982.

ders. — Review of Investor Protection – Report: Part I (HMSO), London 1984; Part II (HMSO), London 1985.

ders. — „Big Bang" and City Regulation, (1988) 51 MLR 1.

Gowland, David — The Regulation of Financial Markets in the 1990s, Aldershot Hants 1990.

Grabitz, Eberhard, Hilf, Meinhard (Hrsg.) — Kommentar zur Europäischen Union, Loseblattsammlung, Stand: Juli 1997, zit.: Bearbeiter in Grabitz/Hilf.

Gramlich, Ludwig — Recht der Bankwirtschaft, in R.Schmidt, § 5, S. 421.

Gramlich, Bernhard	Mietrecht, 6. Aufl., München 1995.
Grill, Wolfgang, Gramlich, Ludwig, Eller, Roland, (Hrsg.)	Gabler Banklexikon, 11. Aufl., Wiesbaden 1995, zit.: Gabler Banklexikon.
Groeben, Hans v.d., Thiesing, Jochen, Ehlermann, Claus-Dieter (Hrsg.)	Kommentar zum EWG-Vertrag, 4. Aufl., Baden-Baden 1991, zit.: Bearbeiter in v.d.Groeben/Thiesing/Ehlermann.
Gröschner, Rolf	Das Überwachungsrechtsverhältnis, Wirtschaftsüberwachung in gewerbepolizeilicher Tradition und wirtschaftsverwaltungsrechtlichem Wandel, Tübingen 1992.
Grundfest, Joseph A.	Disimplying Private Rights of Action Under the Securities Laws: The Commission's Authority, 107 Harv. L. Rev. 961 (1994).
Grundmann, Stefan	Der Treuhandvertrag, insbesondere die werbende Treuhand, München 1997.
ders.	Das Europäische Bankaufsichtsrecht wächst zum System, Heidelberger Forum, Bd. 68, Heidelberg 1990, zit.: Bankaufsichtsrecht.
ders.	Richtlinienkonforme Auslegung im Bereich des Privatrechts – insbesondere: der Kanon der nationalen Auslegungsmethoden als Grenze?, ZEuP 1996, 399.
ders.	EG-Richtlinie und nationales Privatrecht, JZ 1996, 274.
Gurley, John G., Shaw, Edward S.	Money in a Theory of Finance, Baltimore 1960.
Hadding, Walther, Hopt, Klaus J., Schimansky, Herbert (Hrsg.)	Aufklärungs- und Beratungspflichten der Kreditinstitute – Der moderne Schuldturm?, Bankrechtstag 1992, Berlin, New York 1993, zit.: Bearbeiter in Bankrechtstag 1992.
dies.	Deutsches und europäisches Bank- und Börsenrecht, Bankrechtstag 1993, Berlin, New York 1994, zit.: Bearbeiter in Bankrechtstag 1993.
dies.	Das Zweite Finanzmarktförderungsgesetz in der praktischen Umsetzung, Bankrechtstag 1995, Berlin, New York 1996, zit.: Bearbeiter in Bankrechtstag 1995.
dies.	Vorzeitige Beendigung von Finanzierungen – Rating von Unternehmen, Bankrechtstag 1996, Berlin, New York 1997, zit.: Bearbeiter in Bankrechtstag 1996.

Häuser, Karl	Kapitalmarkt, in Gerke/Steiner, Sp. 1123.
Hafner, Bernhard	Die Bank der Zukunft, WM 1997, 810.
Haghofer, Thomas, Mayer, Gottfried	Die Wohlverhaltensregeln des Wertpapieraufsichtsgesetzes (WAG) aus der Sicht des Konsumentenschutzes, ÖBA 1997, 583.
Halbe, Christoph R.M.	Nochmals: Makler- und Bauträgerverordnung und Bürgerliches Recht, NJW 1977, 1437.
Hall, Maximilian J.B.	Barings: The Bank of England's First Report to the Board of Banking Supervision, [1996] Butterworths JIBFL 128.
ders.	Banking Regulation and Supervision: A Comparative Study of the UK, USA and Japan, Aldershot, Hants, 1994.
Hammen, Horst	Das Vollmachtsstimmrecht der Banken in der Aktienrechtsreform, WM 1997, 1221.
Harwood, Richard	The SIB's exercise of its enforcement powers, (1995) 16 Co. Law. 271.
Hausmaninger, Christian	Insider Trading: eine systemvergleichende Untersuchung amerikanischer, europäischer und österreichischer Regelungen, Wien 1997.
Hazen, Thomas Lee	The Law of Securities Regulation, 3d ed., St. Paul, Minn. 1996.
ders.	Implied Private Remedies Under Federal Statutes: Neither a Death Knell Nor a Moratorium – Civil Rights, Securities Regulation, and Beyond, 33 Vand. L. Rev. 1333 (1980).
Heeb, Günter	Börsentermingeschäftsfähigkeit und Aufklärungspflichten nach der Börsengesetznovelle, Diss. Tübingen 1993.
Hein, Manfred	Struktur des Bankwesens in Großbritannien, 4. Aufl., Frankfurt a.M. 1989.
Heinsius, Theodor	Pflichten und Haftung der Kreditinstitute bei der Anlageberatung. Zugleich eine Besprechung der Entscheidung des BGH v. 6.7.1993 – XI ZR 12/93 (Bond-Anleihe-Fall), ZBB 1994, 47.
ders.	Anlageberatung durch Kreditinstitute, ZHR 145 (1981), 177.
Heinsius, Theodor, Horn, Arno, Than, Jürgen	Depotgesetz, Kommentar, Berlin et al. 1975.

Hellwig, Martin — Banking, financial intermediation and corporate finance, in Giovannini, Alberto, Mayer, Colin (eds.), European financial integration, Cambridge et al. 1991, p. 35.

Henssler, Martin — Risiko als Vertragsgegenstand, Tübingen 1994.

ders. — Anlegerschutz durch Information, die Neuregelung des Börsenterminrechts durch die Börsengesetznovelle vom 11.7.1989, ZHR 153 (1989), 611.

Hepp, Camill — Makler- und Bauträgerverordnung und Bürgerliches Recht, NJW 1977, 617.

Herrington, Tim — Stellungnahme in Michael Taylor, The Problems of Retail Regulation, [1996] Butterworths JIBFL 475.

Herrington, Tim, Staple, George — UK plans new Super-SIB, August 1997 IFLR 25.

Hertig, Gérard — Imperfect Mutual Recognition for EU Financial Services, in Buxbaum/Hertig/Hirsch/Hopt, S. 218.

Herzel, Leo, Colling, Dale E. — The Chinese Wall and the Conflict of Interest in Banks, 34 Bus. Law. 73 (1978).

Hettich, Günter — Struktur, Funktion und Effizienz betrieblicher Informationssysteme, Diss. Tübingen 1981.

Hiller, Bruce A., Gilman, Neil K. — The SEC's Use of its Cease-and-Desist Authority: a Survey, 23 Sec. Reg. L. J. 235 (1995).

Hippel, Eike v. — Verbraucherschutz, 3. Aufl., Tübingen 1986.

Hirsch, Alain — Un droit du marché financier suisse, in Mélanges Robert Patry, Lausanne 1988, p. 85, zit.: in Mélanges Patry.

Hirte, Heribert — Berufshaftung, München 1996.

Hockmann, Heinz — Trends im institutionellen Portfolio Management, ZGesK 1995, 768.

Hoeren, Thomas — Selbstregulierung im Banken- und Versicherungsrecht, Karlsruhe 1995.

Holl, Volker H., Kessler, Oliver — Die US-amerikanische Churning-Doktrin im Recht der Termingeschäfte, RIW 1995, 983.

Hopt, Klaus J. — Der Kapitalanlegerschutz im Recht der Banken, München 1975, zit.: Kapitalanlegerschutz.

ders. — Die Verantwortlichkeit der Banken bei Emissionen, München 1991, zit.: Verantwortlichkeit.

ders.	Rechtssoziologische und rechtsinformatische Aspekte im Wirtschaftsrecht, BB 1972, 1017.
ders.	Inwieweit empfiehlt sich eine allgemeine gesetzliche Regelung des Anlegerschutzes?, Gutachten G für den 51. Deutschen Juristentag, in Verhandlungen des einundfünfzigsten Deutschen Juristentages, Bd. I, Stuttgart 1976, zit.: Gutachten.
ders.	Vom Aktien- und Börsenrecht zum Kapitalmarktrecht?, ZHR 141 (1977), 389.
ders.	Berufshaftung und Berufsrecht der Börsendienste, Anlageberater und Vermögensverwalter, in Festschrift für Robert Fischer, hg. von Marcus Lutter, Walter Stimpel, Herbert Wiedemann, Berlin, New York 1979, S. 237, zit.: FS Fischer.
ders.	Nichtvertragliche Haftung außerhalb von Schadens- und Bereicherungsausgleich – Zur Theorie und Dogmatik des Berufsrechts und der Berufshaftung –, AcP 183 (1983), 608.
ders.	Aktuelle Rechtsfragen der Haftung für Anlage- und Vermögensberatung, RWS-Skript 65, 2. Aufl., Köln 1985, zit.: Anlage- und Vermögensberatung.
ders.	Die Haftung des Wirtschaftsprüfers. Rechtsprobleme zu § 323 HGB (§ 168 AktG a.F.) und zur Prospekt- und Auskunftshaftung, in Festschrift für Klemens Pleyer zum 65. Geburtstag, hg. von Paul Hofmann, Ulrich Meyer-Cording, Herbert Wiedemann, Köln et al. 1986, S. 341, zit.: FS Pleyer.
ders.	Diskussionsvotum in Dufour/Hirsch, S. 55.
ders.	Legal Harmonization on the Way to Europe 1992: Banking and Capital Markets, (1990) 4 BFLR, 309.
ders.	Insiderwissen und Interessenkonflikte im europäischen und deutschen Bankrecht, Festschrift für Theodor Heinsius, hg. von Friedrich Kübler, Hans-Joachim Mertens, Winfried Werner, Berlin, New York 1991, S. 289, zit.: FS Heinsius.
ders.	Europäisches und deutsches Insiderrecht, ZGR 1991, 17.

ders.	Funktion, Dogmatik und Reichweite der Aufklärungs-, Warn- und Beratungspflichten der Kreditinstitute, in Bankrechtstag 1992, S. 1, zit.: Bankrechtstag 1992; zugleich in Festschrift für Joachim Gernhuber, hg. von Hermann Lange u.a., Tübingen 1993, S. 169, zit.: FS Gernhuber.
ders.	Zum neuen Wertpapierhandelsgesetz – Stellungnahme für den Finanzausschuß des Deutschen Bundestages –, WM-Festgabe für Thorwald Hellner zum 65. Geburtstag, WM-Sonderheft 1994, S. 29, zit.: FG Hellner.
ders.	Anlegerschutz, in Gerke/Steiner, Sp. 67.
ders.	Grundsatz- und Praxisprobleme nach dem Wertpapierhandelsgesetz – insbesondere Insidergeschäfte und Ad-hoc-Publizität –, ZHR 159 (1995), 135.
ders.	Bank- und Kapitalmarktrecht in Deutschland – Eine kritische Bestandsaufnahme, SZW 1995, 235.
ders.	Ökonomische Theorie und Insiderrecht, AG 1995, 353.
ders.	Kontrolle und Transparenz im Unternehmensbereich, in Festschrift für Friedrich Kübler, hg. von Heinz-Dieter Assmann, Tomas Brinkmann, Georgios Gounalakis, Helmut Kohl, Rainer Walz, Heidelberg 1997, S. 435, zit.: FS Kübler.
Hopt, Klaus J., Rudolph, Bernd, Baum, Harald (Hrsg.)	Börsenreform – Eine ökonomische, rechtsvergleichende und rechtspolitische Untersuchung, Stuttgart 1997, zit.: Bearbeiter in Hopt/Rudolph/Baum.
Hopt, Klaus J., Wiedemann, Herbert (Hrsg.)	Aktiengesetz, Großkommentar, Einleitung A-D und §§ 121-130, 4. Aufl., Berlin, New York 1992 bzw. 1993, zit.: Bearbeiter in Großkomm z. AktG.
Hopt, Klaus J., Kanda, Hideki, Roe, Mark J., Wymeersch, Eddy, Prigge, Stefan (Hrsg.)	Comparative Corporate Governance – The State of the Art and Emerging Research –, Oxford 1998, zit.: Comparative Corporate Governance.
Hopt, Klaus J., Wymeersch, Eddy (Hrsg.)	European Insider Dealing, London et al. 1991, zit.: European Insider Dealing.
Horn, Norbert	Die Aufklärungs- und Beratungspflichten der Banken, ZBB 1997, 139.

Horst, Peter Michael	Kapitalanlegerschutz, Haftung bei Emission und Vertrieb von Kapitalanlagen, Eine juristische und ökonomische Analyse, München 1987.
Horst, Matthias	Anmerkung zur BVerwG, Urt. v. 23.1.1992 – BVerwG 3 C 33.89, Union Deutsche Lebensmittelwerke GmbH, Hamburg, gegen das Land Berlin, EuR 27 (1992), 305.
House of Commons	Report of the Board of Banking Supervision Inquiry into the Circumstances of the Collapse of Barings, House of Commons Paper 673, 1995.
Huber, Ernst Rudolf	Wirtschaftsverwaltungsrecht I, 2. Aufl., Tübingen 1953.
Hüffer, Uwe	Aktiengesetz, 3. Aufl., München 1997.
Immenga, Ulrich, Schäfer, Frank A.	Die Schaffung eines europäischen Binnenmarktes, WM 1985, 2.
Ipsen, Hans-Peter	Europäisches Gemeinschaftsrecht in Einzelstudien, 1. Aufl., Baden-Baden 1984.
Jacobs	Litigation and Practice under Rule 10b-5, 2d ed. 1988.
Jaffe, Sheldon M.	Broker-Dealers and Securities Markets. A Guide to the Regulatory Process, New York et al. 1977; 1991 Cumulative Supplement.
Jarvis, Kit	Law Commission Report on fiduciary duties and regulatory rules, (1996) 17 Co. Law. 110.
dies.	Does the fiduciary bell toll?, (1996) 17 Co. Law. 51.
Jaskulla, Ekkehard M.	Direct Banking im Cyberspace, Handels- und Wertpapiergeschäfte im Internet und das amerikanische Kapitalmarktrecht, ZBB 1996, 214.
Jendralski, Michael, Oehlenschläger, Detlef	Vermögensverwaltung und -betreuung, Frankfurt am Main 1992.
Jennings, Richard W., Marsh, Harold, Coffee, John C.	Securities Regulation, Cases and Materials, 7th ed., Westbury, N.Y. 1992; 1996 Supplement.
Jensen, Mark C.	Abuse of Discretion Under Rule 10b-5: Churning, Unsuitability and Unauthorized Transactions, 18 Sec. Reg. L. J. 374 (1991).
Jensen, Michael, Meckling, William	Theory of the Firm – Managerial Behaviour, Agency Costs and Ownership Structure, 3 J. Fin. Econ. 305 (1976).
Jentsch, Werner	Die Entstehung der Wertpapierdienstleistungsrichtlinie, WM 1993, 2189.

Jereski, Laura — SEC Fines Tudor Investment $800,000 Over Violation of Agency's Uptick Rule, Wall St. J. Europe XIV, No. 159, September 16, 1996, p. 6:1.

Jerusalem, Konrad — Die Regelung der Mitarbeitergeschäfte im Bankgewerbe durch Compliance, Berlin 1996.

Joerges, Christian — Verbraucherschutz als Rechtsproblem, ZHR-Beiheft 51, Heidelberg 1981.

Johnston, David T. — Understanding the Dynamics of Commodity Trading: A Success Story, 35 Bus. Law. 705 (1980).

Jost, Fritz — Vertragslose Auskunfts- und Beratungshaftung, Baden-Baden 1991.

Junker, Klaus — Anlegerschutz im Recht des amerikanischen stock-broker, Berlin 1977.

Jünemann, Bernhard, Schellenberger, Dirk — Investmentpsychologie – ein modernes Anlagekonzept, Die Bank 1997, 562.

Kailich, Norbert — Qualität der Bankberatung im Firmenkundengeschäft, Bergisch Gladbach, Köln 1990.

Kaiser, Andreas — Die Sanktionierung von Insiderverstößen und das Problem der Kursmanipulation, WM 1997, 1557.

Kaiser, Dirk — Finanzintermediäre am Markt für Unternehmenskontrolle, Wiesbaden 1994.

Kalss, Susanne — Zur Umsetzung der Wohlverhaltensregeln nach der Wertpapierdienstleistungsrichtlinie, ÖBA 1995, 835.

dies. — Überlegungen zu den Wohlverhaltens- und einigen ergänzenden Regeln des Anlagegeschäfts, in Konsumentenpolitisches Jahrbuch 1994-1995, Verbraucherrecht, Verbraucherpolitik, Band 15, hg. von Gottfired Mayer, Wien 1996, S. 7.

Kanzleiter, Rainer — Die zivilrechtlichen Auswirkungen der Makler- und Bauträgerverordnung, WiVerw 1981, 96.

Kessel, Wolfgang — EU-Richtlinie über Systeme für die Entschädigung der Anleger, AG 1997, 313.

Kienle, Christopher — Discount-Broking und §§ 31 ff. WpHG, Rechtliche Anforderungen an Discount-Broker-Geschäfte, Vortrag, Seminar der Börsen-Zeitung/WM am 22.5.1996 in Frankfurt a.M.

Klügel, Karl — Bankenaufsichtsrecht und Skalenerträge, Vergleich US-amerikanischer Commercial Banks und deutscher Geschäftsbanken, Wiesbaden 1996.

Knauth, Klaus-Wilhelm, Welzel, Hans-Joachim — Finanzkonglomerate im Aufsichtsvisier, ZGesK 1993, 28.

Knobl, Peter F. — Wohlverhaltensregeln und Anlageberatung, Zur Umsetzung der Wertpapierdienstleistungsrichtlinie, ÖBA 1995, 741.

ders. — Die europarechtlichen Vorgaben für die Ausgestaltung von Bankverträgen, in Hans-Georg Koppensteiner (Hrsg.), Österreichisches und europäisches Wirtschaftsprivatrecht, Teil 3/1: Bankenrecht, Veröffentlichungen der Kommission für Europarecht, Internationales und Ausländisches Privatrecht Nr. 15, Wien 1996.

ders. — Ein Meilenstein im Europarecht der Bank- und Wertpapierdienstleistungen sowie im Anwendungsbereich der Dienstleistungsfreiheit, Das EuGH-Urteil „Alpine Investments BV" vom 10.5.1995, Rs C-384/93, WBl 1995, 309.

ders. — Die Wohlverhaltensregeln der §§ 11 bis 18 des österreichischen Wertpapieraufsichtsgesetzes, Teil 1, ÖBA 1997, 3; Teil 2, ÖBA 1997, 125.

Knöpfle, Robert — Zur Problematik der Beurteilung einer Norm als Schutzgesetz im Sinne des § 823 Abs. 2 BGB, NJW 1967, 697.

Koch, Hans-Dieter, Schmidt, Reinhard H. — Ziele und Instrumente des Anlegerschutzes, BFuP 1981, 231.

Köhler, Helmut — Zivilrechtliche Aspekte des Mindesthaltbarkeitsdatums bei Lebensmitteln, DB 1985, 215.

Kölsch, Martin — Discount Brokerage auf dem Kontinent: eine internationale Dienstleistung mit nationalen Besonderheiten, WM 1996, 1169.

Köndgen, Johannes — Selbstbindung ohne Vertrag. Zur Haftung aus geschäftsbezogenem Handeln, Tübingen 1981.

ders. — Überlegungen zur Fortbildung des Umwelthaftpflichtrechts, Umwelt und Planungsrecht, 1983, 345.

ders. — Die Entwicklung des privaten Bankrechts in den Jahren 1992 – 1995, NJW 1996, 558.

ders.	Wieviel Aufklärung braucht ein Wertpapierkunde? Bemerkungen zum Richtlinienentwurf des Bundesaufsichtsamts für den Wertpapierhandel zu § 35 Abs. 2 WpHG, ZBB 1996, 361.
Kötz, Hein	Zur Effizienz von Haftungsausschlußklauseln, in Travemünder Symposium, S. 189.
Kolbeck, Rosemarie	Universalbankensystem, in Gerke/Steiner, Sp. 1858.
Kollar, Axel	Emission von Wertpapieren, in Gerke/Steiner, Sp. 500.
Koller, Ingo	Interessenkonflikte im Kommissionsverhältnis, BB 1978, 1733.
ders.	Wer ist „Kunde" eines Wertpapierdienstleistungsunternehmens (§ 31 f. WpHG)?, ZBB 1996, 97.
Kopp, Ferdinand O.	Verwaltungsverfahrensgesetz, Kommentar, 6. Aufl., München 1996.
Koppensteiner, Hans-Georg	Wirtschaftsrecht, Inhalts- und funktionsbezogene Überlegungen zu einer umstrittenen Kategorie, Rechtstheorie 1973, 1.
Krämer, Ludwig	EWG-Verbraucherrecht, Baden-Baden 1985.
Kramer, Ernst A.	Die Krise des „liberalen" Vertragsdenkens, München, Salzburg 1974.
Krimphove, Dieter	Das zweite Finanzmarktförderungsgesetz, JZ 1994, 23.
Kroeber-Riel, Werner	Konsumentenverhalten, 5. Aufl., München 1992.
Kropholler, Jan	Internationales Privatrecht, 2. Aufl., Tübingen 1994.
Kübler, Friedrich	Anlageberatung durch Kreditinstitute, ZHR 145 (1981), 204.
ders.	Müssen Anlageempfehlungen anlegergerecht sein? Zum Stellenwert der amerikanischen „suitability"-Doktrin im deutschen Recht, in Festschrift für Helmut Coing zum 70. Geburtstag, Bd. II, hg. von Norbert Horn, München 1982, S. 193, zit.: FS Coing.
ders.	Rechtsfragen des Rating, in Bankrechtstag 1996, S. 115.
Kümpel, Siegfried	Bank- und Kapitalmarktrecht, Köln 1995.
ders.	Wertpapierhandelsgesetz – Eine systematische Darstellung –, Berlin 1996, zit.: WpHG.

ders. Börsenrecht – Eine systematische Darstellung –, Berlin 1996, zit.: Börsenrecht.

ders. Das Effektengeschäft im Lichte des 2. Finanzmarktförderungsgesetzes, WM 1993, 2025.

ders. Die künftige Kapitalmarktaufsicht und die europäische Rechtsangleichung, WM 1994, 229.

ders. Die Organleihe im Rahmen der neuen Kapitalmarktaufsicht, WM-Festgabe für Thorwald Hellner zum 65. Geburtstag, WM-Sonderheft 1994, S. 35, zit.: FG Hellner.

ders. Die neuen Sonderbedingungen für Wertpapiergeschäfte, WM 1995, 137.

ders. Die allgemeinen Verhaltensregeln des Wertpapierhandelsgesetzes, WM 1995, 689.

Kümpel, Siegfried, Ott, Claus (Hrsg.) Kapitalmarktrecht, Loseblattausgabe (Stand: März 1998), zit.: Bearbeiter in Kümpel/Ott.

Kuhlmann, Eberhard Verbraucherpolitik, Grundzüge ihrer Theorie und Praxis, München 1990.

Lackner, Karl (Hrsg.) Strafgesetzbuch mit Erläuterungen, 21. Aufl., München 1995.

Läubli, Urs Unternehmensberatung für Banken, Bern et al. 1985.

Lahmann, Kai Insiderhandel, ökonomische Analyse eines ordnungspolitischen Dilemmas, Berlin 1994.

Lampert, Thomas Die Aufklärungs- und Beratungspflichten bei der Vermögensanlage und deren Anwendung auf neue Entwicklungen im Anlagegeschäft, WiB 1995, 501.

Landmann, Robert v., Rohmer, Gustav Gewerbeordnung und ergänzende Vorschriften, Kommentar, Bde. I und II, Loseblattausgabe, Stand: 1.10.1997, zit.: Bearbeiter in Landmann/Rohmer.

Lang, Volker Aufklärungspflichten bei der Anlageberatung, Stuttgart 1995.

Langevoort, Donald C. Fraud and Deception by Securities Professionals, 61 Texas L. Rev. 1247 (1983).

Langhart, Albrecht Rahmengesetz und Selbstregulierung. Kritische Betrachtungen zur vorgeschlagenen Struktur eines Bundesgesetzes über die Börsen und den

Effektenhandel unter Berücksichtigung des amerikanischen und englischen Börsenrechts, Zürich 1993.

Larenz, Karl — Methodenlehre der Rechtswissenschaft, Studienausgabe, 5. Aufl., Berlin et al. 1983.

ders. — Allgemeiner Teil des deutschen Bürgerlichen Rechts, 7. Aufl., München 1989.

ders. — Lehrbuch des Schuldrechts, Besonderer Teil, Band II/1, 13. Aufl., München 1986.

Larenz, Karl, Canaris, Claus-Wilhelm — Lehrbuch des Schuldrechts, Besonderer Teil, Band II/2, 14. Aufl., München 1994.

Large, Andrew — Report „Regulation for a Global Marketplace“, IOSCO, XX. Jahreskonferenz am 12.7.1995 in Paris.

ders. — Financial Services Regulation – Making the Two-Tier System Work, SIB Report, London 1993.

Lasch, Rainer, Röder, Klaus — Das Börsenangebot der Direktbanken. Eine Analyse des deutschen Marktes, ZBB 1995, 342.

Law Commission — Fiduciary Duties and Regulatory Rules, Consultation Paper No 124, London 1992.

dies. — Fiduciary Duties and Regulatory Rules, Report No 236, presented to Parliament by the Lord High Chancellor by Command of Her Majesty, London 1995.

Leavell, Robert N. — Investment Advice and the Fraud Rules, 65 Mich. L. Rev. 1569 (1967).

Le Brun, Jean — The Directive on the Protection of Depositors, in Ferrarini, p. 241.

Ledermann, Thomas — Die Rechtsstellung des Kursmaklers an den deutschen Wertpapierbörsen, Berlin 1990.

Lee, Ruben — Supervising EU Capital Markets: Do We Need A European SEC?, in Buxbaum/Hertig/Hirsch/Hopt, p. 187.

Lenenbach, Markus, Lohrmann, Frank — „Jahrhundertentscheidung“ zum amerikanischen Insiderrecht, U.S. Supreme Court entscheidet U.S. v. O'Hagan, RIW 1998, 115.

Lemke, Thomas P. — The SEC No-Action Letter Process, 42 Bus. Law. 1019 (1987).

Lempereur, Claude — Vers un Code européen de bonne conduite pour les transactions sur valeurs mobilières?, Revue (belge) de la Banque 1977, 3.

Lesh, William Taft — Federal Regulation of Over-the-Counter Brokers and Dealers, 59 Harv. L. Rev. 1237 (1946).

Lipton, Martin, Mazur, Robert B. — The Chinese Wall Solution to the Conflicts Problems of Securities Firms, 50 N.Y.U. L. Rev. 459 (1975).

Little, Tamasin — Suitability, the courts and the code, 1996 EFSL 119.

Llewellyn, David T. — Universal Banking and the Public Interest: A British Perspective, in N.Y.U. Symposium, p. 161.

Llewellyn, Karl — Jurisprudence: Realism in Theory and Practice, Chicago 1962.

Lo, Andrew W. (ed.) — The Industrial Organization and Regulation of the Securities Industry, Chicago and London 1996, zit.: Bearbeiter in Lo.

Loss, Louis — The SEC and the Broker-Dealer, 1 Vand. L. Rev. 516 (1948).

ders. — Der Schutz der Kapitalanleger, ZHR 129 (1967), 197.

ders. — Fundamentals of Securities Regulation, 2d ed., Boston, Toronto 1988, zit.: Fundamentals.

Loss, Louis, Cowett, Edward M. — Blue Sky Law, Boston, Toronto 1958.

Loss, Louis, Seligman, Joel — Securities Regulation, 3d ed., Boston, Toronto, London 1992, 1996 Supplement.

Lowenfels, Lewis D. — Implied Liabilities Based Upon Stock Exchange Rules, 66 Colum. L. Rev. 12 (1966).

Lutter, Marcus — Die Auslegung angeglichenen Rechts, JZ 1992, 593.

MacHarg, Marcia L., Kameda, Roberta R.W. (eds.) — International Survey of Investment Adviser Regulation, London, Dordrecht, Boston 1994.

MacNeil, Iain G. — FSA 1986: does s 62 provide an effective remedy for breaches of conduct of business rules?, (1994) 15 Co. Law. 173.

Marburger, Peter — Die Regeln der Technik im Recht, Köln et al. 1979.

Markham, Jerry W. — The History of Commodity Futures Trading and Ist Regulation, New York, Westport, Conn., London 1987.

Markham, Jerry W., Hazen, Thomas L. — Broker Dealer Operations Under Securities and Commodities Law: Financial Responsibilities,

Credit Regulation, and Customer Protection, Securities Law Series, vols. 23 & 23A, New York 1995.

Markowitz, Harry M. — Portfolio Selection, 7 J. Fin. 77 (1952).

Marks, Anthony, Lang, John — Derivatives and Best Practice – The Duty of Care and Disclosure and Fiduciary Obligations, 1995 Fut. & Deriv. L. Rev. 27.

Marsh, Andrew — Comment, [March 1998] IFLR 10.

Martin, Sigmund P. — Criminal Securities and Commodities Fraud, Kapitalanlagebetrug im US-amerikanischen und deutschen Recht, Heidelberg 1993.

Maseritz, Guy B. — The Bank as Investment Adviser, 113 Banking L. J. 116 (1996).

Mattera, A. — De l'arrêt Dassonville à l'arrêt Keck: l'obscure clarté d'une jurisprudence riche en principes novateurs et en contradictions, RMUE 1994, 117.

Maurer, Hartmut — Allgemeines Verwaltungsrecht, 9. Aufl., München 1994.

McAll, Susan M. — Implementation of the Investment Services Directive: progress to date, EFSL 1996, 83.

McKee, Michael — The Law Commission Report on Fiduciary Duties, [1996] 4 JIBL 139.

McVea, Harry — Financial conglomerates and the Chinese wall: regulating conflicts of interest, Oxford 1993, zit.: Chinese walls.

ders. — Conflicts of Interest and the Chinese Wall, 1987 N.L.J. 827.

ders. — Fashioning a system of civil penalties for insider dealing: sections 61 and 62 of the Financial Services Act 1986, [1996] J.B.L. 344.

ders. — Regulatory rules and the common law: the impact of the chinese wall on liabilitiy for deceit and in contract, (1996) 17 Co. Law. 290.

Medicus, Dieter — Allgemeiner Teil des BGB, 6. Aufl., Heidelberg 1994.

Meier, Andréa E. — Anlegerschutz im schweizerischen Anlagefondsrecht im Vergleich mit dem europäischen Investmentrecht, Zürich 1993.

Messer, Herbert — Einleitende Bemerkungen zur Diskussion (2), in Bankrechtstag 1992, S. 73.

Mestmäcker, Ernst-Joachim — Wettbewerbsrecht und Privatrecht, AcP 168 (1968), 246.

Metz, Rainer — Discount-Broker: Bankgeschäfte und technologische Veränderungen, VuR 1996, 183.

Metzger, Jochen — EG-Wertpapierdienstleistungsrichtlinie als Herausforderung für die Wertpapiermärkte, Sparkasse 1993, 361.

Meyer, Charles H. — The Law of Stockbrokers and Stock Exchanges, New York 1931.

Meyer, Hans Dieter — Verbraucherpolitische Informationen und Forderungen, in Basedow/Meyer/Schwintowski, S. 157.

Miletzki, Rainer — 100 Jahre Depotrecht, WM 1996, 1849.

Mishkin, Frederic S. — The Economics of Money, Banking, and Financial Markets, 3d ed., New York 1992.

Möschel, Wernhard — Das Trennbanksystem in der U.S.-amerikanischen Bankwirtschaft. Eine normative und faktische Analyse, Baden-Baden 1978.

ders. — Das Wirtschaftsrecht der Banken. Die währungs-, bankaufsichts-, kartell- und EWG-rechtliche Sonderstellung der Kreditinstitute, Frankfurt 1972.

Möllers, Thomas M.J. — Anlegerschutz durch Aktien- und Kapitalmarktrecht – Harmonisierungsmöglichkeiten nach geltendem und künftigem Recht –, ZGR 1997, 334.

Moran, Eduardo — Integrationskonzept und Finanzdienstleistungen, Eine rechtsvergleichende Analyse multilateraler Abkommen, Wiesbaden 1996.

Morris, P.E. — The investment ombudsman – a critical review, [1996] J.B.L. 1.

Mülbert, Peter O. — Aktiengesellschaft, Unternehmensgruppe und Kapitalmarkt, München 1995.

ders. — Empfehlen sich gesetzliche Regeln zur Einschränkung des Einflusses der Kreditinstitute auf Aktiengesellschaften, Gutachten E für den 61. Deutschen Juristentag, München 1996.

Mundheim, Robert H. — Professional Responsibilities of Broker-Dealers: The Suitability Doctrine, 1965 Duke L. J. 445.

Nolan, Richard — Conflicts of duty – helping hands from the Privy Council?, (1996) 15 Co. Law. 58.

Norton, Joseph J. — Devising International Bank Supervisory Standards, London, Dordrecht, Boston 1995.

ders. (ed.) — Bank Regulation and Supervision in the 1990s, dedicated to the memory of Clive M. Schmitthoff, London 1991, zit.: Bearbeiter in Norton.

Note — Churning by Securities Dealers, 80 Harv. L. Rev. 869 (1967).

Note — The „Know Your Customer" Rule of the NYSE: Liability of Broker-Dealers under the UCC and the Federal Securities Laws, 1973 Duke L. J. 489.

Note — Broker Dealers, Market Makers, and Fiduciary Duties, 9 Loy. U. Chi. L. J. 746 (1978).

Oppermann, Thomas — Europarecht, München 1991.

Ott, Claus, Schäfer, Hans-Bernd — Ökonomische Auswirkungen der EG-Insider-Regulierung in Deutschland, ZBB 1991, 226.

Ott, Claus, Schäfer, Hans-Bernd (Hrsg.) — Allokationseffizienz in der Rechtsordnung, Beiträge zur ökonomischen Analyse des Zivilrechts, Berlin et al. 1989, zit.: Bearbeiter in Travemünder Symposium.

Ott, Claus, Schäfer, Hans-Bernd (Hrsg.) — Effiziente Verhaltenssteuerung und Kooperation im Zivilrecht, Tübingen 1997, zit.: Bearbeiter in V. Travemünder Symposium.

Page, Oliver — Stellungnahme in Michael Taylor, What Role Should Regulation Have in the Wholesale Markets, [1996] Butterworths JIBFL 423, 424.

Palandt, Otto — Bürgerliches Gesetzbuch, bearbeitet von Peter Bassenge, Uwe Diederichsen, Wolfgang Edenhofer, Helmut Heinrichs, Andreas Heldrich, Hans Putzo, Heinz Thomas, 57. Aufl., München 1998, zit.: Palandt/Bearbeiter.

Papier, Hans-Jürgen — Zur verwaltungsgerichtlichen Kontrolldichte, DÖV 1986, 621.

Pawlowski, Hans-Martin — Methodenlehre für Juristen, Theorie der Norm und des Gesetzes, 2. Aufl., Heidelberg 1991.

Pelka, Jürgen (Hrsg.) — Beck'sches Wirtschaftsrechts-Handbuch, München 1995.

Pötzsch, Thorsten — Der Diskussionsentwurf des Dritten Finanzmarktförderungsgesetzes, AG 1997, 193.

Poser, Norman S. — International Securities Regulation, London's „Big Bang" and the European Securities Markets,

	Boston, Toronto, London 1991, zit.: International Securities Regulation.
ders.	Broker-Dealer Law and Regulation, Private Rights of Action, Boston et al. 1995; 1996 Supplement.
ders.	Chinese Wall or Emperor's New Clothes? (1), (1988) 9 Co. Law. 119; (2), (1988) 9 Co. Law. 159.
Potacs, Michael	Auslegung im öffentlichen Recht, Baden-Baden 1994.
ders.	Richtlinienkonforme Auslegung durch den VfGH, RdW 1996, 153.
Pratt, John W., Zeckhauser, Richard J. (eds.)	Principals and Agents: The Structure of Business, Boston 1985, (zit.: Bearbeiter in Pratt/Zeckhauser).
Pritchard, Julian	Investor Protection Sacrificed: The New Settlement and s 62: part 1, (1992) 13 Co. Law. 171.
Prosser, William Lloyd, Keeton, W. Page	On the Law of Torts, bearbeitet von W. Page Keeton, Dan B. Dobbs, Robert E. Keeton, David G. Owen, 5th ed., St. Paul, Minn. 1984.
Quinn, Randall W.	Déjà Vu All Over Again: The SEC's Return to Agency Theory in Regulating Broker-Dealers, 1990 Colum. Bus. L. Rev. 61.
Raab, Hans-Jürgen	Direktbanken: Das Beratungskonzept, Die Bank 1996, 280.
Raiser, Ludwig	Rechtsschutz und Institutionenschutz im Privatrecht, in Summum Ius Summa Iniuria, Tübinger rechtswissenschaftliche Abhandlungen, Bd. 9, Tübingen 1963, S. 145.
Rajan, Raghuram	The Entry of Commercial Banks into the Securities Business: A Selective Survey of Theories and Evidence, in N.Y.U. Symposium, p. 282.
Ramm, Yvonne	Konsistenz und Integrität von Anlagestrategien, ZGesK 1996, 619.
Ratner, David L., Hazen, Thomas Lee	Securities Regulation, Selected Statutes, Rules and Forms, 1997 Edition, St. Paul, Minn. 1997.
Rebmann, Kurt, Säcker, Franz Jürgen (Hrsg.)	Münchener Kommentar zum Bürgerlichen Gesetzbuch, Band 7 (IPR): 2. Aufl., München 1990, Band 2: 3. Aufl., München 1994, zit.: Bearbeiter in MünchKomm z. BGB.
Reich, Norbert	Europäisches Verbraucherrecht, 3. Aufl., 1996.

ders.	Informations-, Aufklärungs- und Warnpflichten beim Anlagengeschäft unter besonderer Berücksichtigung des „execution-only-business“ (EOB), WM 1997, 1601.
Reichert-Facilides, Fritz	Einführung in die Thematik „Internationales Verbraucherschutzrecht“, in Schnyder/Heiss/Rudisch, S. 1.
Reischauer, Friedrich, Kleinhans, Joachim	Kreditwesengesetz (KWG), Loseblattkommentar, Bde. I und II, bearbeitet von Egon Becker, Jochen Lehnhoff, Mielk, Günther Görtz, Stand: April 1998, Berlin 1963.
Ress, Georg	Die richtlinienkonforme „Interpretation“ innerstaatlichen Rechts, DÖV 1994, 489.
Reul, Jürgen	Die Pflicht zur Gleichbehandlung der Aktionäre bei privaten Kontrolltransaktionen – Eine juristische und ökonomische Analyse, Tübingen 1991.
Ricard, Philippe	La montée en puissance de la Börsenpolizei en Allemagne, Le Monde du 30 avril 1997, p. 18.
Rice	Recommendations by a Broker-Dealer: The Requirement for a Reasonable Basis, 25 Mercer L. Rev. 537 (1974).
Richardi, Reinhard	Die Wissensvertretung, AcP 169 (1969), 365.
Richardi, Reinhard, Wlotzke, Otfried	Münchener Handbuch zum Arbeitsrecht, Band I, Individualarbeitsrecht I, München 1992, zit.: Bearbeiter in Richardi/Wlotzke.
Rider, Barry A.K., Chaikin, David A., Abrams, Charles	Guide to the Financial Services Act 1986, CCH Bicester, Oxfordshire 1987.
Riggs, David E., Rosselot, Robert C., Melanie Mayo West	Securities Regulation of Mutual Funds: A Banker's Primer, 113 Banking L. J. 864 (1996).
Rinck, Gerd, Schwark, Eberhard	Wirtschaftsrecht, 6. Aufl., Köln 1985.
Rittner, Fritz	Die wirtschaftsrechtliche Ordnung der EG und das Privatrecht, JZ 1990, 838.
Roach, Arvid E.	The Suitability Obligations of Brokers: Present Law and the Proposed Federal Securities Code, 29 Hast. L. J. 1069 (1978).
Rodriguez-Iglesias, Gil C., Riechenberg, Kurt	Zur richtlinienkonformen Auslegung des nationalen Rechts (Ein Ersatz für die fehlende horizontale Wirkung?), in Festschrift für Everling, hg. von Ole Due, Marcus Lutter, Jürgen Schwarze, Baden-Baden 1995, S. 1213, zit.: FS Everling.

Rössner, Michael-Christian, Arendts, Martin — Die Haftung wegen Kontoplünderung durch Spesenschinderei (Churning), WM 1996, 1517.

Rohe, Mathias — Binnenmarkt oder Interessenverband? Zum Verhältnis von Binnenmarkt und Subsidiaritätsprinzip nach dem Maastricht-Vertrag, RabelsZ 61 (1997), 1.

Roll, Hans-Achim — Vermögensverwaltung durch Kreditinstitute, Zur rechtssystematischen Erfassung anhand von standardisierten Vertragsmustern, Berlin 1983.

Romano, Roberta — Diskussionsvotum in Comparative Corporate Governance, pp. 219 et seq.

Root, Stuart D. — Suitability – The Sophisticated Investor – And Modern Portfolio Management, 1991 Colum. Bus. L. Rev. 287, 329.

Rose-Ackerman, Susan — Rethinking the Progressive Agenda: The Reform of the American Regulatory State, New York 1992.

dies. — The Economic Analysis of Public Law, 1 Eur. J. Law & Econ. 53 (1994).

Rosen, Rüdiger von — Zweites Finanzmarktförderungsgesetz und Privatanleger, Die Bank 1995, 13.

Rossini, Christine — Cross-Border banking in the EC: Host Country powers under the Second Banking Directive, 4 Eur. Rev. Priv. L. 571 (1995).

Roth, Wulf-Henning — Niederlassungs- und Dienstleistungsfreiheit, Grundregeln, in Dauses, E.I.

Rottenburg, Franz von — Rechtsprobleme beim Direktbanking, WM 1997, 2381.

Rümker, Dietrich — Aufklärungs-, Warn- und Beratungspflichten der Kreditinstitute aus der Sicht der Praxis, in Bankrechtstag 1992, S. 29, zit.: in Bankrechtstag 1992.

Rudisch, Berhard — Grenzüberschreitender Schutz bei Verbrauchergeschäften im Gefüge von internationalem Privatrecht und internationalem Verfahrensrecht, in Schnyder/Heiss/Rudisch, S. 191.

Sabalot, Deborah A. (consultant ed.) — Butterworths Financial Services Law Handbook, 2nd edn, London et al. 1996 (1st edn 1994).

Salmanowitz, John M. — Broker Investment Recommendations and the Efficient Market Hypothesis: A Proposed Cautionary Legend, 29 Stanford L. Rev. 1077 (1977).

Saul, Bruce H. — Registration of Investment Advisers Under State Law, 25 Rev. Sec. & Comm. Reg. 41 (1992).

Saunders, Anthony, Walter, Ingo, (eds.) — Universal Banking, Financial System Design Reconsidered, New York 1996, zit.: Bearbeiter in N.Y.U. Symposium.

dies. — Universal Banking in the United States, New York, Oxford 1994, zit.: Universal Banking.

Savigny, Friedrich Karl v. — System des heutigen römischen Rechts, Bd. I, Berlin 1840.

Schacht, Guido — Die deutsche Kapitalmarktaufsicht im internationalen Vergleich, Ein Beitrag zur Diskussion um die Notwendigkeit eines Wertpapieramtes in der Bundesrepublik Deutschland, München 1980.

Schäfer, Frank A. — Haftung für fehlerhafte Anlageberatung und Vermögensverwaltung – insbesondere von Kreditinstituten –, 2. Aufl., Köln 1995.

ders. — Anlegerschutz und die Sorgfalt eines ordentlichen Kaufmanns bei der Anlage der Sondervermögen durch Kapitalanlagegesellschaften, Baden-Baden 1987.

ders. — Materielle Aspekte der EG-Richtlinie über Wertpapierdienstleistungen, AG 1993, 389.

Schäfer, Frank A., Müller, Jörg — Haftung bei Wertpapierdienstleistungen, Köln et al. 1998.

Schäfer, Hans-Bernd, Ott, Claus (Hrsg.) — Lehrbuch der ökonomischen Analyse des Zivilrechts, 2. Aufl., Berlin et al. 1995.

Scharrenberger, Wolfgang — Die Dokumentation in der Anlageberatung nach den §§ 31, 34 Wertpapierhandelsgesetz, Sparkasse 1995, 108.

Scherer, Stephanie W. — The stockbrokers' duty of care in the US and UK, parts (1)-(3), (1985) 6 Co. Law. 3, 164, 215.

Schiereck, Dirk — Die Ziele eines Anlegers bei der Wahl des Börsenplatzes, ZBB 1996, 185.

Schilken, Eberhard — Wissenszurechnung im Zivilrecht, Bielefeld 1983.

Schiller, Bettina — Individuelle finanzwirtschaftliche Entscheidungsvorbereitung und Beratungsleistungen der Kreditinstitute – Analyse aus transaktionskostentheoretischer Sicht, unveröffentlichte Habilitationsschrift, Universität Mannheim, 1991, zit.: Entscheidungsvorbereitung.

dies. — Bankberatung, in Gerke/Steiner, Sp. 105.

dies. — Full Financial Service – Erweiterung des Leistungsangebots der Kreditinstitute mit risikopolitischen und rechtlichen Konsequenzen?, in Wolfgang Gerke (Hrsg.), Bankrisiken und Bankrecht, Festschrift zum 60. Geburtstag von Fritz Philipp, Wiesbaden 1988, S. 127, zit.: FS Philipp.

Schimansky, Herbert, Bunte, Hermann Josef, Lwowski, Hans-Jürgen (Hrsg.) — Bankrechts-Handbuch (3 Bde.), München 1997, zit.: Bearbeiter in Schimansky/Bunte/Lwowski.

Schlegelberger — Handelsgesetzbuch, Bd. VI, 5. Aufl., München 1977 (zit.: Bearbeiter in Schlegelberger).

Schlotthauer, Karl-Heinz — Überlegungen für eine „anlegergerechte" Wertpapierberatung, Sparkasse 1994, 434.

Schluep, Walter R. — Allgemeines Wirtschaftsrecht und Schweizerisches Kartellgesetz, Festschrift für Franz Böhm, Tübingen 1975, S. 569, zit. nach Walter R. Schluep, Zum Wirtschaftsrecht, Eine Sammlung von Aufsätzen, hg. von Arthur Meyer-Hayoz, Bern 1978, S. 82.

Schmidt, Hartmut — Börsenorganisation zum Schutz der Anleger, Tübingen 1970.

ders. — Liquidität von Finanztiteln als integrierendes Konzept der Bankbetriebslehre, ZfB 1979, 710.

Schmidt, Karsten — Aufgaben und Leistungsgrenzen der Gesetzgebung im Kartelldeliktsrecht, Eine rechtspolitische Studie zu den außerstrafrechtlichen Sanktionen im GWB, Baden-Baden 1978 (zit.: Kartelldeliktsrecht).

ders. — Gesellschaftsrecht, 3. Aufl., Köln et. al. 1997 (zit.: Gesellschaftsrecht).

Schmidt, Reiner (Hrsg.) — Öffentliches Wirtschaftsrecht (Enzyklopädie der Rechts- und Staatswissenschaft, Abteilung Rechtswissenschaft), Besonderer Teil 1, Berlin 1995, zit.: Bearbeiter in R.Schmidt.

Schmidt, Reinhard H. — Grundformen der Finanzierung – Eine Anwendung des neoinstitutionellen Ansatzes der Finanzierungstheorie, KuK 14 (1981), 186.

Schmidt-Aßmann, Eberhard (Hrsg.) — Besonderes Verwaltungsrecht, 10. Aufl., Berlin, New York 1995, zit.: Bearbeiter in Schmidt-Aßmann.

ders.	Verwaltungskooperation und Verwaltungskooperationsrecht in der Europäischen Gemeinschaft, EuR 1996, 270.
Schmiedel, Burkhard	Deliktsobligationen nach deutschem Kartellrecht, Erster Teil, Tübingen 1974.
Schmitz, Ronaldo H.	Emissionsgeschäft der Kreditinstitute, in Gerke/Steiner, Sp. 511.
Schneider, Uwe H.	Europäische und internationale Harmonisierung des Bankvertragsrechts, NJW 1991, 1993.
ders.	Das Aufsichtsrecht der Allfinanz-Konzerne, WM 1990, 1649.
ders.	The Supervision of Financial Conglomerates, in Ferrarini, p.77.
ders.	Die aufsichtsrechtliche Inhaltskontrolle von Verträgen der Kreditinstitute und ihrer Mitarbeiter, WM 1996, 712.
Schnyder, Anton K., Heiss, Helmut, Rudisch, Bernhard (Hrsg.)	Internationales Verbraucherschutzrecht, Tübingen 1995 (zit.: Bearbeiter in Schnyder/Heiss/Rudisch).
Schödermeier, Martin	Nachforschungspflichten einer Bank als Vermögensverwalterin zur Person ihres Kunden, WM 1995, 2053.
ders.	Verspätete Aufklärung bei Börsentermingeschäften, Die Bank 1996, 166.
Scholtens, Lambertus	On the Foundations of Financial Intermediation: A Review of the Literature, KuK 1993, 112.
Schütt, Henrik	Discount-Broking: Die neue Konkurrenz, Die Bank 1995, 101.
Schulte-Mattler, Hermann	Neufassung der Kreditrisikonorm im KWG-Grundsatz 1, WM 1993, 977.
ders.	Preisrisiken im Mittelpunkt der Sechsten KWG-Novelle, WM 1994, 1412.
Schuster, Gunnar	Die internationale Anwendung des Börsenrechts, Beiträge zum ausländischen öffentlichen Recht und Völkerrecht 123, Berlin et al. 1996.
Schwark, Eberhard	Anlegerschutz durch Wirtschaftsrecht, München 1979, zit.: Anlegerschutz.
ders.	Börsengesetz, Kommentar, 2. Aufl., München 1994.
ders.	Lücken im Anlegerschutz, ZRP 1973, 7.

ders. — Spekulation – Markt – Recht. Zur Neuregelung der Börsentermingeschäfte, in Festschrift für Ernst Steindorff zum 70. Geburtstag, hg. von Jürgen F. Baur u.a., Berlin, New York 1990, S. 473, zit.: FS Steindorff.

ders. — Die Verhaltensnormen der §§ 31 ff WpHG, Das Zweite Finanzmarktförderungsgesetz in der praktischen Umsetzung, in Bankrechtstag 1995, S. 109.

Schweizer, Thilo — Insiderverbote, Interessenkonflikte und Compliance, Berlin 1996.

Schweitzer, Michael, Hummer, Waldemar — Europarecht, 5. Aufl., Neuwied, Kriftel, Berlin 1996.

Schwennicke, Andreas — Die neuere Rechtsprechung zur Börsentermingeschäftsfähigkeit und zu den Aufklärungs- und Beratungspflichten bei Börsentermingeschäften, WM 1997, 1265.

Schwintowski, Hans-Peter — Informationspflichten in der Lebensversicherung, in Basedow/Schwark/Schwintowski, S. 11.

Schwintowski, Hans-Peter, Schäfer, Frank A. — Bankrecht, Commercial Banking – Investment Banking, Köln et al. 1997.

Scott-Quinn, Brian — EC Securities Markets Regulation, in Steil, p. 121.

Securities and Exchange Commission — Market 2000 Study, An Examination of Current Equity Market Developments, January 1994.

Seiler, Hans Hermann — Über verbotswidrige Rechtsgeschäfte (§ 134 BGB). – Eine Bestandsaufnahme, in Gedächtnisschrift für Wolfgang Martens, hrsg. von Peter Selner, Ingo v. Münch, Berlin, New York 1987, S. 719, zit.: GS Martens.

Sergio, John — Markups in equity securities deemed to be less than active and competitive, 5 JFRC 319 (1997).

Sharpe, William — A Simplified Model for Portfolio Analysis, 9 Management Sci. 277 (1963).

Shears, Peter, Stephenson, Graham — James' Introduction to English Law, 13th edn, London 1996.

Siconolfi, Michael — Discounters must watch out for Customers, Big Board Says, Wall St. J. C1:3, C14:5, July 19, 1991.

ders. — „Dramshop" Awards Increasingly Slapped on Brokerage Firms, Wall St. J. C14:2 (Sept. 4, 1992).

Simitis, Konstantin — Verbraucherschutz – Schlagwort oder Rechtsprinzip?, Baden-Baden 1976.

Smith, B.D. — Private Information, Deposit Interest Rates, and the „Stability" of the Banking System, 14 J. Mon. Econ. 293 (1994).

Soergel, Hans Theodor — Bürgerliches Gesetzbuch, Band 1: 12. Aufl. Stuttgart 1987, Band 10 (EGBGB): 12. Aufl., Stuttgart 1996, zit.: Soergel/Bearbeiter.

Sousi-Roubi, Blanche — Droit bancaire européen, Paris 1995.

Stafflage, Axel — Die Anlageberatung der Banken: das Kreditinstitut im Spannungsverhältnis zwischen Informationspflicht und Insiderhandelsverbot, Berlin 1997.

Starke, O.-Ernst — Die Versicherungsaufsicht und die neuere Aufsichtsgesetzgebung auf dem Gebiet von Geld und Kredit (II), VersW 1963, 202.

Staub, Hermann — Handelsgesetzbuch, Großkommentar, hg. von Claus-Wilhelm Canaris, Wolfgang Schilling, Peter Ulmer, 4. Aufl., Berlin, New York 1988 ff., zit.: Bearbeiter in Großkomm. z. HGB.

Staudinger, Julius von — Kommentar zum Bürgerlichen Gesetzbuch mit Einführungsgesetz und Nebengesetzen, Band §§ 823-832, 12. Aufl., Berlin 1986, Band Internationales Gesellschaftsrecht, 13. Aufl., Berlin 1993, zit.: Staudinger/Bearbeiter.

Steil, Benn (ed.) — International Financial Market Regulation, Chichester, New York 1994, zit.: Bearbeiter in Steil.

Stein, Ekkehart — Die Wirtschaftsaufsicht, Tübingen 1967.

Steinberg, Marc I. — Understanding Securities Law, 2d ed., New York et al., 1996.

Steindorff, Ernst — Zur Entwicklung des europäischen Kartellrechts, ZHR 137 (1973), 209.

ders. — EG-Vertrag und Privatrecht, Karlsruhe 1995.

Stober, Rolf — Wirtschaftsverwaltungsrecht I, Allgemeiner Teil und Wirtschaftsverfassungsrecht, 5. Aufl., Stuttgart et al. 1987.

Stoll, Hans — Kausalzusammenhang und Normzweck im Deliktsrecht, Tübingen 1968.

Stout, Lynn A. — The Unimportance of Being Efficient: An Economic Analysis of Stock Market Pricing and

	Securities Regulation, 87 Mich. L. Rev. 613 (1988).
Stracke, Guido, Thies, Sven	Individuelle Finanzplanungsberatung als Finanzdienstleistung, BFuP 1987, 513.
Strebel, Felix	Insidervergehen und Banken, Eine juristische Analyse der Konsequenzen des Art. 161 StGB für Banken in der Schweiz (unter besonderer Berücksichtigung des Börsenplatzes Zürich), Winterthur 1990.
Strub, Andreas J.	Bankdienstleistungen im Binnenmarkt, Die Verwirklichung des Europäischen Binnenmarktes der Bankdienstleistungen, München 1994.
Süßmann, Rainer	Meldepflichten nach § 9 Wertpapierhandelsgesetz – Zugleich eine Erläuterung der Meldeverordnung und des Meldebogens –, WM 1996, 937.
Szagunn, Volkhard, Haug, Ulrich, Ergenzinger, Wilhelm	Gesetz über das Kreditwesen, Kommentar, 6. Aufl., Stuttgart, Berlin, Köln 1997.
Szegö, Giorgio	The CAD and Competition Distortion, in Ferrarini, p. 63.
Taylor, Michael	The Financial Services Act After Ten Years: Have the Objectives Been Successfully Met?, [1996] Butterworths JIBFL 366.
ders.	What Role Should Regulation Have in the Wholesale Markets?, [1996] Butterworths JIBFL 423.
ders.	The Problems of Retail Regulation, [1996] Butterworths JIBFL 475.
ders.	Financial Regulation in the UK: A Structure for the 21st Century, [1996] Fut. & Deriv. L. Rev. 7.
ders.	Financial regulation in the UK: the case for radical reform, EFSL 1996, 66.
Thayer, Ezra Ripley	Public Wrong and Private Action, 27 Harv. L. Rev. 317 (1917).
Tietzel, Manfred	Probleme der asymmetrischen Informationsverteilung beim Güter- und Leistungstausch, in Travemünder Symposium, S. 52.
Tipke, Klaus, Lang, Joachim	Steuerrecht, Ein systematischer Grundriß, 15. Aufl., Köln 1996.
Tippach, Stefan U.	Das Insider-Handelsverbot und die besonderen Rechtspflichten der Banken, Köln 1995.

Töpfer, Armin — Informationstheorie, in Management-Enzyklopädie, Das Managementwissen unserer Zeit, Bd. 4, 2. Aufl., München 1983, S. 774.

Totzke, Joachim — Termingeschäfte in den U.S.A. Eine Darstellung der Grundzüge des amerikanischen Rechts, Diss. Köln 1984.

Trautmann, Siegfried — Die Bewertung von Aktienoptionen am Kapitalmarkt – Eine empirische Überprüfung der Informationseffizienzhypothese, in Dieter Schneider (Hrsg.), Kapitalmarkt und Finanzierung, Berlin 1986, S. 311.

Troberg, Peter — Europäisches Bankaufsichtsrecht: System oder Wildwuchs?, WM 1991, 1745.

Ulmer, Peter, Brandner, Hensen — AGB-Gesetz: Kommentar zum Gesetz der Regelung des Rechts der Allgemeinen Geschäftsbedingungen, 8. Aufl., Köln 1997.

Van den Bergh, Roger — Wer schützt die europäischen Verbaucher vor dem Brüsseler Verbraucherschutz? Zu den möglichen adversen Effekten der europäischen Richtlinien zum Schutze des Verbrauchers, in V. Travemünder Symposium, S. 77.

Van den Berghe, Lutgart, A.A. (ed.) — Financial conglomerates, new rules for new players?, Dordrecht, Boston, London 1995.

Vogt, Alexander, Waltz, Peter — Germany clarifies investment firms' compliance duties, October 1997 IFLR 15.

Vortmann, Jürgen — Aufklärungs- und Beratungspflichten der Banken, RWS-Skript 226, 3. Aufl., Köln 1995.

ders. — Aufklärungs- und Beratungspflichten bei grenzüberschreitenden Bankdienstleistungen, WM 1993, 581.

ders. — Anlegergerechte Beratung und Maßnahmen zur Reduzierung des Haftungsrisikos, ÖBA 1994, 579.

Walker, David M. — The Law of Delict in Scotland, 2d edn, Edinburgh 1981.

Waltermann, Raimund — Zur Wissenszurechnung – am Beispiel der juristischen Personen des privaten und öffentlichen Rechts, AcP 192 (1992), 181.

Watter, Rolf — Kursmanipulationen am Aktienmarkt unter Berücksichtigung von sogenannten Stützungskäufen, SZW 1990, 193.

Weber-Rey, Daniela, Baltzer, Corinna — Aufsichtsrechtliche Regelungen für Vermittler von Finanzanlagen und Vermögensverwalter nach der 6. KWG-Novelle, WM 1997, 2288.

Weichert, Ronald — Probleme des Risikokapitalmarkts in der Bundesrepublik: Ursachen, Auswirkungen, Lösungsmöglichkeiten, Tübingen 1987.

Weinel, Martina — Finanzkonglomerate im Europäischen Binnenmarkt, Wiesbaden 1996.

Werlen, Thomas — Schweizerisches Kapitalmarktrecht als Anlegerschutzrecht?, SZW 1995, 270.

Wernicke, Thomas — Privates Bankvertragsrecht im EG-Binnenmarkt, Baden-Baden 1996.

Westerhoff, Rudolf — Die Elemente des Beweglichen Systems, Berlin 1991.

Whittaker, Andrew — The Reform of UK Financial Services Regulation, [1997] Butterworths JIBFL 239.

White, John R.C. — Regulation of Securities and Futures Dealing, London 1992.

White, Lawrence J. — The Proper Structure of Universal Banking: „Examinability and Supervisability", in N.Y.U. Symposium, p. 682.

ders. — International Regulation of Securities Markets: Competition or Harmonization?, in Lo, p. 207.

Wieacker, Franz — Das Bürgerliche Recht im Wandel der Gesellschaftsordnung, Karlsruhe 1969.

Wiegand, Wolfgang — Die Verhaltenspflichten, Ein Beitrag zur juristischen Zeitgeschichte, in Michael Solleis (Hrsg.), Die Bedeutung der Wörter, Studien zur europäischen Rechtsgeschichte, Festschrift für Sten Gagnér zum 70. Geburtstag, München 1991, S. 547, zit.: FS Gagnér.

Wilburg, Walter — Entwicklung eines Beweglichen Systems im bürgerlichen Recht, Rektoratsrede, gehalten bei der Inauguration als Rector magnificus der Karl-Franzes-Universität Graz am 22.11.1950, Graz 1950.

Winkel, Klaus — Die Umsetzung von EG-Richtlinien in deutsches Recht unter besonderer Berücksichtigung der Erfahrungen in der Praxis, ZG 1997, 113.

Winkler v. Mohrenfels, Peter — Informationspflichten in der Sachversicherung, in Basedow/Schwark/Schwintowski, S. 39.

Winter, Gerd — Subsidiarität und Deregulierung im Gemeinschaftsrecht, EuR 1996, 247.

Witthuhn, Wilfried — Die Ausgestaltung der privaten Klage im Wirtschaftsrecht, Diss. Hamburg 1976.

Wittich, Georg — Zweieinhalb Jahre Wertpapieraufsicht – eine Zwischenbilanz, WM 1997, 2026.

Wolf, Manfred, Horn, Norbert, Lindacher, Walter F. — AGB-Gesetz, Gesetz zur Regelung des Rechts der Allgemeinen Geschäftsbedingungen, Kommentar, 3. Aufl., München 1994.

Wolff, Eberhard, Raeschke-Kessler, Hilmar — Bankrecht, in Beck'sches Wirtschaftsrechts-Handbuch, hg. von Jürgen Pelka, München 1995.

Wolff, Hans J., Bachof, Otto — Verwaltungsrecht I, 9. Aufl., München 1974.

Wolff, Hans J., Bachof, Otto, Stober, Rolf — Verwaltungsrecht, Ein Studienbuch, 10. Aufl., München 1994.

Wolfson, Nicholas, Phillips, Richard M., Russo, Thomas A. — Regulation of Brokers, Dealers and Securities Markets, Boston 1977; 1985 Cumulative Supplement, bearbeitet von Timothy Harris, H. Peter Havales, David S. Mitchell, Boston, New York 1985.

Wolter, Udo — Termingeschäftsfähigkeit kraft Information, Paderborn et al. 1991.

Wymeersch, Eddy — Les règles de conduite relatives aux opérations sur instruments financiers. L'article 36 de la loi du 6 avril 1995, Revue (belge) de la Banque 1995, 574.

ders. — Implementation of the Investment Services Directive rules of conduct in Belgian law, EFSL 1996, 25.

Ziegel, Jacob S. — Bankers' Fiduciary Obligations and the Chinese Walls, 12 Can. Bus. L. J. 211 (1986-87).

Zippelius, Reinhold — Juristische Methodenlehre – eine Einführung, 6. Aufl., München 1994.

Zobl, Dieter — Interessenkonflikte von Banken bei der Finanzierung von Übernahmeofferten im Hinblick auf die Gewähr für einwandfreie Geschäftsführung im Sinne von Art. 3 BankG, in Dufour/Hertig, S. 438.

Zöllner, Wolfgang — Kölner Kommentar zum Aktiengesetz, Band 1, Köln et al. 1985, zit.: Bearbeiter in Kölner Komm.

Verzeichnis ausgewählter britischer und U.S.-amerikanischer Quellen

CFTC Regulations	CFTC, Regulations under the Commodities Exchange Act, 17 C.F.R. § 1.
FIMBRA Rules	FIMBRA, Adopted Rules of FIMBRA, PIA Rule Book, F28.1 et seq.
IMRO Rules	IMRO, Adopted IMRO Rules, PIA Rule Book, I:2.1 et seq.
NASD Rules	NASD, Rules of Fair Practice, Art. III, NASD Manual (CCH) ¶¶ 2101 et seq. (1994) = Rules 2000 et seq. (Conduct Rules) (1998).
NYSE Rules	NYSE, Rules, NYSE Guide (CCH).
SEA Rules	SEC, Rules under the Securities Exchange Act, 17 C.F.R. § 240.
SFA CoB Rules	SFA, Conduct of Business Rules, SFA Rulebook, ch. 5.
SIB Principles*	SIB (seit 1997 FSA), Statement of Principle, *Sabalot* [1301] et seq.
SIB CoB Rules*	SIB (seit 1997 FSA), Adopted SIB (Conduct of Business) Rules, PIA Rule Book, S:1.01 et seq.
SIB Core Rules*	SIB (seit 1997 FSA), Core Conduct of Business Rules.

* Da die FSA bei Drucklegung ein neues Regelwerk erarbeitete, werden diese Principles bzw. Rules hier noch mit ihrem ursprünglichen Titel des SIB zitiert.

Einleitung

Verhaltenspflichten von Finanzmittlern beim Wertpapierhandel sind Teil eines *Kapitalmarktrechts*, das in Deutschland seit Jahrzehnten in einer Gemengelage von Gesetzgebung, Rechtsprechung und Beiträgen des juristischen Schrifttums zum eigenständigen Rechtsgebiet gewachsen[1] und im Zusammenhang mit der Umsetzung europäischer Gesetzgebungsmaßnahmen in den letzten Jahren grundlegend neugeordnet worden ist. Das Wertpapierhandelsgesetz (WpHG), das im Rahmen des Zweiten Finanzmarktförderungsgesetzes vom 26. Juli 1994[2] geschaffen, durch ein ergänzendes *Umsetzungsgesetz* vom 22. Oktober 1997[3] näher an die europäischen Vorgaben angepaßt und durch das Dritte Finanzmarktförderungsgesetz vom 24. März 1998[4] weiterentwickelt wurde, normiert in seinem 5. Abschnitt Wohlverhaltensregeln für kapitalmarktbezogene Dienstleistungen von Finanzmittlern. Im Mittelpunkt dieses Abschnitts stehen die Verhaltensregeln, die unmittelbar das Geschäftsgebaren von Finanzmittlern (*Wertpapierdienstleistungsunternehmen*) gegenüber ihren Kunden bei der Anbahnung und Durchführung von Kapitalmarkttransaktionen steuern sollen. Dazu gehören insbesondere die allgemeinen und besonderen Verhaltens- und Informationspflichten der §§ 31 und 32 WpHG, ferner auch Pflichten im Zusammenhang mit der Werbung für Wertpapierdienstleistungen (§ 36b WpHG). Dieses rechtliche[5] Pflichtenprogramm bei der Erbringung von Wertpapierdienstleistungen wird ergänzt durch an alle Marktteilnehmer gerichtete Manipulations- und Handelsverbote.[6]

Flankierend zu diesen *transaktionsbezogenen* Pflichten treten Verhaltenspflichten, die die innerbetriebliche Organisation des Wertpapierdienstleistungsunternehmens gestalten und seine Funktionsfähigkeit als

---

1 Überblick bei *Assmann* in Assmann/Schütze, § 1 Rz. 5 ff., 21.

2 BGBl. I S. 1749 vom 30.7.1994.

3 Gesetz zur Umsetzung von EG-Richtlinien zur Harmonisierung bank- und wertpapieraufsichtsrechtlicher Vorschriften, BGBl. I S. 2518 vom 28.10.1997. Die Mehrzahl der Änderungen des WpHG und des KWG sind seit 1.1.1998 in Kraft.

4 Gesetz zur weiteren Fortentwicklung des Finanzplatzes Deutschlands (Drittes Finanzmarktförderungsgesetz), BGBl. I S. 529 vom 27.3.1998.

5 Zur Verrechtlichung dieser Pflichten s. *Dompé* in Bonneau, pp. 213 et s.

6 S. z.B. §§ 88 bis 90 BörsG, § 14 WpHG.

Marktintermediär im Interesse des Kunden sicherstellen sollen.[7] Solche *unternehmensbezogene* Verhaltenspflichten enthalten im Gegensatz zu transaktionsbezogenen Pflichten Vorgaben für die Gestaltung der Aufbau- und Ablauforganisation bzw. für interne Anweisungen an die Mitarbeiter des Unternehmens (§ 33 Abs. 1 Nr. 1 und 2 WpHG), ferner für die Dokumentation von Kundengeschäften (§ 34 WpHG), die getrennte Verwaltung von eigenem und Kundenvermögen (§ 34a WpHG), und die betriebliche Überwachung der Verhaltenspflichten (§ 33 Abs. 1 Nr. 3 WpHG). Sie bestehen zwar unabhängig von der einzelnen Kundenbeziehung als generelle Handlungsanweisungen[8] und bleiben auf die betriebliche Sphäre beschränkt, da sie die Leitung des Unternehmens und indirekt seine Mitarbeiter verpflichten. Mittelbar kommen sie aber auch dem einzelnen Kunden zugute, denn sie haben im Verhältnis zu den transaktionsbezogenen Verhaltenspflichten insofern eine Auxiliarfunktion, als sie die Anforderungen konkretisieren, deren Erfüllung Voraussetzung für die Einhaltung der §§ 31 und 32 WpHG ist.[9] Dies gilt offensichtlich für die Bereitstellung hinreichender personeller und sachlicher Mittel zur Durchführung von Kundentransaktionen und auch für ihre interne Kontrolle (§ 33 Abs. 1 Nr. 1 und 3 WpHG) im Verhältnis zu den Sorgfalts- und Informationspflichten des § 31 Abs. 1 Nr. 1 und Abs. 2 WpHG. In ganz ähnlicher Weise hängt die Interessewahrungspflicht (§ 31 Abs. 1 Nr. 2 WpHG, ferner auch § 32 WpHG) mit der Pflicht des Unternehmens zusammen, durch organisatorische Vorkehrungen die insbesondere bei multifunktional tätigen Unternehmen auftretenden Interessenkonflikte und daraus resultierenden Nachteile für den Kunden einzudämmen.[10]

Gegenstand der nachfolgenden Untersuchung sind die transaktionsbezogenen Verhaltenspflichten, die §§ 31 und 32 WpHG Finanzmittlern beim *Wertpapierhandel* bzw. bei der Durchführung von Effektengeschäften auferlegen. Effektengeschäfte in diesem Sinne[11] umfassen die Anschaf-

---

7 Grundlegend zur Entwicklung eines umfassenden Unternehmensverhaltensrechts für Kreditinstitute *Hopt*, Kapitalanlegerschutz.

8 *Hopt*, Kapitalanlegerschutz, S. 135 f., 490 ff.

9 Zur Abgrenzung zwischen kundenbezogenen und Organisationspflichten s. auch *Hopt*, Kapitalanlegerschutz, S. 133 ff., 479 ff.

10 Zum Zusammenspiel zwischen transaktions- und unternehmensbezogenen Pflichten im Rahmen der Interessenkonfliktsteuerung des WpHG unten § 8 II.

11 Das Effektengeschäft ist kein gesetzlich definiertes Bankgeschäft mehr, vgl. § 1 Abs. 1 Satz 2 Nr. 4 KWG a.F. (in Kraft bis 31.12.1997) mit § 1 Abs. 1 Satz 2 Nr. 4 KWG i.d.F. des Umsetzungsgesetzes. Die Reichweite des Begriffs des Effektengeschäfts im Sinne des KWG a.F. war nicht eindeutig, vgl. z.B.

fung, Veräußerung und Vermittlung von Finanztiteln[12] im Auftrag von Kunden oder im Wege des Eigenhandels.[13] Die Verhaltenspflichten der §§ 31 ff. WpHG sind auf diesen Kernbereich der Kapitalmarktaktivitäten von Banken und anderen Finanzmittlern zugeschnitten, wenngleich sie grundsätzlich auch auf weitere Wertpapierdienstleistungen Anwendung finden, etwa das Emissionsgeschäft[14] oder die Portfolioverwaltung.[15]

Ziel der Untersuchung ist es, in Abgrenzung zum zivilrechtlichen Pflichtenprogramm die spezifisch *aufsichtsrechtlichen* Anforderungen herauszuarbeiten, die an das Geschäftsgebaren der Wertpapierdienstleistungsunternehmen zu stellen sind. Die Verantwortung der Gesellschaft für die Funktionsfähigkeit und Integrität der Kapitalmärkte ist im Bewußtsein der Öffentlichkeit und des Gesetzgebers[16] gewachsen und in dem Ausbau eines Wertpapieraufsichtsrechts[17] zum Ausdruck gekommen, das als Teil des neugeordneten deutschen Finanzaufsichtsrechts die hoheitliche Überwachung der Kapitalmärkte gewährleisten soll.

Bei der Konkretisierung der Verhaltenspflichten soll im folgenden der ökonomischen Funktion der Wertpapierdienstleistungsunternehmen am Kapitalmarkt Rechnung getragen und die Erfahrung mit aufsichtsrechtlichen Verhaltensregeln an den führenden Finanzplätzen New York, Chicago und London rechtsvergleichend berücksichtigt werden. Da die tatsächlichen Regelungsprobleme auch bei Finanzmittlern auf dem kleineren deutschen Finanzmarkt auftreten, erscheint es trotz der derzeit im Ver-

---

Reischauer/Kleinhans, Kz. 115, § 1 Rz. 27a, 31 (nur Effektenkommission) mit *H.Roth* in Assmann/Schütze, § 11 Rz. 23 (auch Vermittlung und Eigenhandel).

12 S. § 1 Abs. 1 Satz 2 Nr. 4 bzw. Abs. 1a Satz 2 Nr. 1 und 2 KWG (Finanzkommissionsgeschäft bzw. Anlage- und Abschlußvermittlung) und § 2 Abs. 3 Nr. 1 bzw. Abs. 3 Nr. 3 und 4 WpHG. S. im einzelnen unten § 2 I 1 a.

13 S. § 1 Abs. 1a Satz 2 Nr. 4 KWG und § 2 Abs. 3 Nr. 2 WpHG (Festpreisgeschäft).

14 S. § 1 Abs. 1 Satz 2 Nr. 10 KWG und § 2 Abs. 3 Nr. 5 WpHG, dazu unten § 2 I 1 c.

15 S. § 1 Abs. 1a Satz 2 Nr. 3 KWG (Finanzportfolioverwaltung) und § 2 Abs. 3 Nr. 6 WpHG, dazu unten § 2 I 1 b.

16 S. den Beschluß des Deutschen Bundestages vom 5.6.1997 zum Umsetzungsgesetz, zu BR-Drucks. 417/97 vom 13.6.1997, S. 3 f.; s. auch die Verlautbarung des Bundesministers der Finanzen „Konzept Finanzplatz Deutschland" vom 16. Januar 1992, abgedr. in WM 1992, 420. S. ferner den Entwurf eines Vermögensanlagegesetzes, BT-Drucks. 8/1405 vom 2.1. 1978.

17 S. auch den Titel des Umsetzungsgesetzes „Gesetz zur Umsetzung von EG-Richtlinien zur Harmonisierung bank- und *wertpapieraufsichtsrechtlicher* Vorschriften" (Hervorhebung nicht im Original), s. näher unten §§ 5 II.

gleich zur anglo-amerikanischen Tradition ganz unterschiedlichen Größe der Märkte, Börsenkapitalisierung von Wirtschaftsunternehmen und Aktienkultur der Bevölkerung gerechtfertigt, die weitgehenden gesetzlichen Vorgaben des WpHG auch mit Blick auf die anglo-amerikanischen Erfahrungen auszulegen. Wegen der weit fortgeschrittenen Globalisierung der Kapitalmärkte[18] ist der Blick auf das U.S.-amerikanische und britische Wertpapieraufsichtsrecht auch insofern angebracht, als diese Rechtsordnungen den internationalen und europäischen Standard der *rules of conduct* maßgeblich geprägt haben. An diesen Standard, der auf Dauer auch von deutscher Seite kaum unterschritten werden kann, soll der Finanzplatz Deutschland herangeführt werden.[19] Dabei wird der Stand der Gesetzgebung vom 1. April 1998 berücksichtigt.

Die Untersuchung gliedert sich in zwei Teile: In einem ersten *allgemeinen* Teil werden zunächst die Rechtsgrundlagen und Regelungsziele der aufsichtsrechtlichen Verhaltensordnung erörtert.[20] Auf der Grundlage rechtsvergleichender Erfahrungen ist sodann auf die Regelungskonzeption und die Durchsetzung der Verhaltensregeln des WpHG sowie ihr Verhältnis zum bestehenden Kapitalmarktrecht einzugehen.[21] Der zweite *besondere* Teil der Untersuchung ist der Ausgestaltung der Verhaltenspflichten gewidmet. Dabei werden die Interessewahrungs- und Sorgfaltspflichten[22] sowie die Informations- und Erkundigungspflichten[23] der Wertpapierdienstleistungsunternehmen im Hinblick auf die Regelungsziele des WpHG und an Hand eines Vergleichs mit international verbreiteten Vorschriften präzisiert.

---

18 S. nur *Rudolph/Röhrl* in Hopt/Rudolph/Baum, S. 152 f.; *Artopoeus*, 1997 International Business Lawyer 410; zur Internationalität kapitalmarktrechtlicher Probleme auch *Hopt*, Verantwortlichkeit, Rz. 3 ff.

19 S. den Bericht des Finanzausschusses des Deutschen Bundestages zum Entwurf des Zweiten Finanzmarktförderungsgesetzes, BT-Drucks. 12/7918, S. 95; s. auch die Begründung des Gesetzesentwurfs der Bundesregierung, BT-Drucks. 12/6679, S. 33 re.Sp. (insbesondere im Hinblick auf die Einführung eines strafbewehrten Insiderhandelsverbots).

20 S. unten 1. Kapitel (§§ 1 bis 3).

21 S. unten 2. Kapitel (§§ 4 bis 7).

22 S. unten 3. Kapitel (§§ 8 bis 10).

23 S. unten 4. Kapitel (§§ 11 bis 13).

Teil 1

Verhaltensregeln im Wertpapieraufsichtsrecht

1. Kapitel
Grundlagen und Funktionen

Die Verhaltensregeln des 5. Abschnitts des WpHG sind im europäischen Wertpapieraufsichtsrecht verwurzelt. Daher sind die Rechtsgrundlagen[1] und der Anwendungsbereich[2] der Verhaltenspflichten im Lichte der gemeinschaftsrechtlichen Vorgaben auszulegen bzw. zu bestimmen.[3] Die europäischen Grundlagen geben auch die wesentlichen Regelungsziele vor, die die gesetzliche Ausgestaltung der Verhaltensregeln von Finanzintermediären geleitet haben[4] und die Richtschnur für ihre Auslegung und Konkretisierung sind.[5]

§ 1 Überblick: Verhaltenspflichten der Wertpapierdienstleistungsunternehmen im europäischen und deutschen Recht

I. Genese und Inhalt der europäischen Verhaltensregeln

Die Integration und Erweiterung der nationalen Kapitalmärkte und die Harmonisierung der Rahmenbedingungen für den Ausgleich von Kapitalangebot und -nachfrage wurden erstmals 1966 in dem Bericht eines von der EWG-Kommission eingesetzten Sachverständigengremiums (*Segré*-Bericht)[6] als Zielvorgaben zur Schaffung eines einheitlichen europäischen Kapitalmarktes artikuliert.[7] Die Ansätze des *Segré*-Berichts sind die Grundlage für die Rechtssetzungsmaßnahmen der EG im Bereich des

---

1 Dazu sogleich § 1.
2 Dazu unten § 2.
3 Zur Koordinierung des europäischen und deutschen Rechts, insbesondere durch die richtlinienkonforme Auslegung s. unten § 1 III.
4 Zu den Regelungszielen der §§ 31 und 32 WpHG s. unten § 3 III.
5 Zur Auslegung und Konkretisierung der einzelnen Verhaltenspflichten s. unten Teil 2.
6 EWG-Kommission, Der Aufbau eines europäischen Kapitalmarkts, 1966, S. 15 ff., 39 ff.
7 Im folgenden können die Grundlinien der Entwicklung des europäischen Kapitalmarktrechts nur angedeutet werden. Zum Regelungsansatz des europäischen Finanzaufsichtsrechts auch unten § 5 I.

Bank-, Finanz- und Börsenaufsichtsrechts der letzten Jahrzehnte.[8] Zwar ließ sich eine umfassende Vereinheitlichung des Finanzaufsichtsrechts nicht durchsetzen.[9] In der Folge wurden aber neben der Verpflichtung zur Marktintegration[10] die im EG-Vertrag garantierten Grundfreiheiten – insbesondere die Niederlassungs- und Dienstleistungsfreiheit – zum Ausgangspunkt für eine schrittweise Harmonisierung und Koordinierung der nationalen Aufsichtstätigkeit genommen.[11] Nach dem Integrationskonzept der EG-Kommission sollte der „Binnenmarkt 1992" für Finanzdienstleistungen[12] durch die gegenseitige Anerkennung der Marktzutrittserlaubnis („europäischer Paß") und eine Mindestangleichung der Rahmenbedingungen für die Geschäftstätigkeit von Finanzintermediären innerhalb der EG geschaffen werden.[13] Für den Bereich der Kreditwirtschaft schuf die Zweite Bankrechtskoordinierungsrichtlinie[14] die europaweit geltende Lizenz. Die Regeln über die gegenseitige Anerkennung der Marktzulassung wurden durch die Wertpapierdienstleistungsrichtlinie[15] auf Wertpapierfirmen ausgeweitet. Darüber hinaus strebt die Wertpapierdienstleistungsrichtlinie zur Verwirklichung eines Binnenmarkts für Finanzdienstleistungen und Beseitigung von nichttarifären diskriminierenden Vorschriften einen europaweit einheitlichen Mindeststandard von Verhaltens-

---

8 Dazu *Immenga/Schäfer*, WM 1985, 1; *Troberg*, WM 1991, 1745; *Assmann/Buck*, EWS 1990, 110; *Schäfer*, AG 1993, 389; *Assmann* in Assmann/Schütze, § 1 Rz. 86; *ders.*, ORDO 44 (1993), 87.

9 Zu entsprechenden Vorschlägen der EWG-Kommission aus dem Jahr 1972 s. den Entwurf einer Richtlinie zur Koordinierung der Rechte und Verwaltungsvorschriften für die Aufnahme und Ausübung der selbständigen Tätigkeiten der Kreditinstitute, Dokument XIV/508/72, dazu *Jentsch*, WM 1993, 2190 („europäisches KWG"); *Troberg*, WM 1991, 1745; *Strub*, S. 3.

10 S. Artt. 2 und 3 lit. h EGV.

11 S. die Richtlinie des Rates 77/780 vom 12.12.1977 („Erste Bankrechtskoordinierungsrichtlinie"), ABl. EG Nr. L 322/30 vom 17.12.1977.

12 EG-Kommission, Weißbuch an den Rat „Vollendung des Binnenmarkts", KOM (85) 310 endg. vom 14.6.1985, S. 27 f. Zur Bestandsaufnahme der europäischen Harmonisierung des Kapitalmarktrechts *Buxbaum/Hopt*, pp. 167 et seq.; *Jentsch*, WM 1993, 2189, 2190; *Hopt*, (1990) 4 BFLR 309, 310 et seq.; *Assmann/Buck*, EWS 1990, 111 ff.; *Assmann* in Assmann/Schütze, § 1 Rz. 88, 90 ff.; zusammenstellend auch *Eichmann*, Der langfristige Kredit 1993, 178.

13 Dazu *Assmann/Buck*, EWS 1990, 110, 112 f.

14 Richtlinie des Rates 89/646 vom 15.12.1989, ABl. EG Nr. L 386/1 vom 30.12.1989, dazu umfassend *Strub*, S. 19 ff.

15 Richtlinie des Rates 93/22 vom 10.5.1993, ABl. EG Nr. L 141/27 vom 11.6.1993.

regeln im Wertpapiergeschäft an.[16] Damit knüpfte die Europäische Gemeinschaft an die inhaltlichen Anforderungen für die Geschäftstätigkeit von Wertpapierfirmen an, die bereits in einer weitgehend unbeachtet gebliebenen Empfehlung der EG-Kommission präzisiert worden waren.

1. *Empfehlung der EG-Kommission für europäische Wohlverhaltensregeln*

Die Kommission hat sich seit den siebziger Jahren mit den Verhaltensregeln der Intermediäre am Kapitalmarkt beschäftigt und dazu am 25. Juli 1977 die Empfehlung betreffend europäische Wohlverhaltensregeln für Wertpapiertransaktionen[17] vorgelegt, die den Mitgliedstaaten ohne verbindliche Rechtswirkung[18] die Einhaltung bestimmter „Allgemeiner Grundsätze" und „Ergänzender Grundsätze" für das Verhalten von Emittenten und Intermediäre empfiehlt. Die Grundsätze spiegeln insofern ein umfassendes kapitalmarkt- und gesellschaftsrechtliches Verständnis von Verhaltensregeln wider, als sie den Anleger bzw. Sparer als Kapitalanbieter (vor Erwerb einer Anlage) und als Aktionär bzw. Gläubiger der Kapitalnehmer (nach Erwerb der Anlage) zu schützen beabsichtigen. Die Allgemeinen Grundsätze heben als Schwerpunkt *markt*bezogener Verhaltensregeln für Finanzintermediäre die Informationspflicht[19] und die Loyalitäts- bzw. Interessewahrungspflicht[20] hervor, nach der Interessenkonflikte zu vermeiden bzw. unter Wahrung des Kundeninteresses zu beherrschen sind.[21] Beide Pflichten werden in den „Ergänzenden Grundsätzen" konkretisiert. Die wichtigsten Leitsätze für das Marktverhalten der Intermediäre zielen auf die bestmögliche Ausführung von Kundenaufträgen, vorzugsweise auf einem geregelten Markt,[22] auf die Handhabung von

16 Zusammenfassend *Hopt*, ZHR 159 (1995), 135, 137; zum Regelungskonzept dieser EG-Richtlinie näher unten § 5 I.

17 ABl. EG Nr. L 212/37 vom 20.8.1977; s. zusammenfassend *Sousi-Roubi*, pp. 74 et s.; *Koller* in Assmann/Schneider, Rz. 1 f. vor § 31.

18 S. die Begründung der Kommission, Ziffer 13, ABl. EG Nr. L 212/40 vom 20.8.1977. Zur Bindungswirkung von Empfehlungen s. Art. 189 Abs. 5 EGV.

19 Allgemeine Grundsätze, Nr. 2, nach dem das Publikum zuverlässig, zutreffend, klar, ausreichend, rechtzeitig und ohne Bevorzugung einer „Personengruppe" zu informieren ist, ABl. EG Nr. L 212/41 vom 20.8.1977.

20 Allgemeine Grundsätze, Nr. 5.

21 Allgemeine Grundsätze, Nr. 6.

22 Ergänzende Grundsätze, Nr. 4.

Insiderinformationen[23] und die Gleichbehandlung des Anlegerpublikums im Rahmen der Informationsübermittlung.[24] Sie richten sich ferner gegen betrügerische Kursmanipulationen und sonstige künstliche Marktstörungen sowie insbesondere die Veranlassung wiederholter Kundengeschäfte, die allein dem Provisionsverdienst des Intermediärs dienen (*churning*).[25]

2. *Wertpapierdienstleistungsrichtlinie*

In Anlehnung an die Konzeption der Zweiten Bankrechtskoordinierungsrichtlinie waren umfassende Wohlverhaltensregeln im ursprünglichen Vorschlag der Kommission für die Wertpapierdienstleistungsrichtlinie des Rates noch nicht enthalten.[26] Da im Bereich der kundenbezogenen Verhaltenspflichten für Finanzmittler erhebliche Regelungsdifferenzen zwischen den einzelnen Mitgliedstaaten bestanden,[27] schlug die Kommission lediglich die Harmonisierung von Organisationspflichten vor, insbesondere zur Trennung von Kunden- und Eigenvermögen und zur Eindämmung von Interessenkonflikten.[28] Der vom Rat angerufene Wirtschafts- und Sozialausschuß griff in seiner Stellungnahme[29] ausdrücklich auf die Empfehlung der Kommission aus dem Jahr 1977 zurück und forderte eine verbindliche europäische Regelung von Verhaltenspflichten, die den Vorrang des Kundeninteresses, die bestmögliche Ausführung von Kundenaufträgen und die Information des Kunden sicherstellen und zu diesem Zweck der Wertpapierfirma die Einziehung hinreichender Informationen über Art, Qualität und Risiken der Effekten und Märkte sowie – im Rahmen der Anlageberatung – auch über die persönlichen und finanziellen Verhältnisse des Kunden auferlegen sollten.[30]

---

23 Ergänzende Grundsätze, Nrn. 8 bis 10.

24 Ergänzende Grundsätze, Nr. 15 in Verbindung mit den Allgemeinen Grundsätzen, Nr. 2 a.E.

25 Ergänzende Grundsätze, Nrn. 7 und 5. Zur Praxis des *churning* s. näher § 9 I 2 a und § 10 II 1.

26 Vorschlag 89/C 43/10 für eine Richtlinie über Wertpapierdienstleistungen vom 3.1.1989, ABl. EG Nr. C 43/7 vom 22.2.1989.

27 S. Dokument KOM [88] 778 endg.-SYN 176, S. 3 f.

28 Art. 9, 1. Spiegelstrich, ABl. EG Nr. C 43/10 vom 22.2.1989.

29 Stellungnahme 89/C 298/03 zu dem Vorschlag für eine Richtlinie des Rates über Wertpapierdienstleistungen vom 27.9.1989, ABl. EG Nr. C 298/6 vom 27.11.1989.

30 ABl. EG Nr. C 298/14 (Punkt 2.19.5) vom 27.11.1989.

Die Kommission hat diese Anregungen des Wirtschafts- und Sozialausschusses im Rahmen ihres Geänderten Vorschlags[31] nicht berücksichtigt, auch das Europäische Parlament hat zu diesen Fragen weder in der ersten Lesung (1989)[32] noch in der zweiten Lesung (1993)[33] offiziell Stellung genommen. Dagegen sah der Rat in der Vereinheitlichung von Verhaltensregeln der Wertpapierfirmen ein wichtiges politisches Petitum. In der Sitzung des ECOFIN-Rates am 29. Juni 1992 wurde die Aufnahme von Wohlverhaltensregeln beschlossen und in dem Gemeinsamen Standpunkt des Rates vom 21.12.1992 endgültig festgelegt,[34] der die Grundlage des endgültigen Richtlinientextes bildete. Die Wertpapierdienstleistungsrichtlinie wurde am 10. Mai 1993 erlassen und war von den Mitgliedstaaten bis zum 1. Juli 1995 in nationales Recht umzusetzen.[35]

Die Verhaltensregeln für Wertpapierfirmen sind in Art. 10 und Art. 11 niedergelegt.[36] Die „Aufsichtsregeln" nach Art. 10 enthalten Verpflichtungen, die die ordnungsgemäße interne Organisation und Kontrolle der Wertpapierfirma und der zu erbringenden Dienstleistungen gewährleisten sollen.[37] Art. 11 der EG-Richtlinie schreibt die „Wohlverhaltensregeln"

---

31 Geänderter Vorschlag 90/C 42/06 für eine Richtlinie des Rates über Wertpapierdienstleistungen vom 8.2.1990, ABl. EG Nr. C 42/7 vom 22.2.1990; zu redaktionellen Änderungen s. *Koller* in Assmann/Schneider, Rz. 6 vor § 31.

32 Sitzung vom 25.10.1989, ABl. EG Nr. C 304/39 vom 4.12.1989.

33 Sitzung vom 8.3.1993, ABl. EG Nr. C 115/18 vom 26.4.1993.

34 Gemeinsamer Standpunkt des Rates vom 21.12.1992 im Hinblick auf den Erlaß einer Richtlinie über Wertpapierdienstleistungen, Dokument 10465/1/92, REV 1 ADD 1, EF 66.

35 Art. 31 Abs. 1 der EG-Richtlinie. Nach Art. 31 Abs. 2 sollten die nationalen Vorschriften spätestens am 31.12.1995 in Kraft treten, ABl. EG Nr. L 141/45 vom 11.6.1993. Diese Zeitvorgabe hat das Königreich Belgien eingehalten, s. Loi du 6 avril 1995 relative aux marchés secondaires, au statut des entreprises d'investissement et à leur contrôle, aux intermédiaires et conseillers en placements, Moniteur belge, 3 juin 1995 (15876 et s.); in Deutschland sind mit Wirkung vom 1.1.1995 lediglich einzelne Vorschriften, darunter die Verhaltenspflichten des Art. 11, umgesetzt worden, während das Umsetzungsgesetz mit den übrigen Anpassungen erst am 1.1. 1998 in Kraft getreten ist. Zum Stand der Umsetzung in Europa s. *McAll*, EFSL 1996, 83.

36 Zum Inhalt der Wertpapierdienstleistungsrichtlinie s. *Metzger*, Sparkasse 1993, 361; *Schäfer*, AG 1993, 389, 391 ff.; *Jentsch*, WM 1993, 2189, 2191 ff.

37 Verwaltungs-, Kontroll-, Sicherheitsvorkehrungen; Buchhaltung; Leitsätze für Mitarbeitergeschäfte; Trennung von Kunden- und Eigenvermögen; Dokumentation für die behördliche Prüfung; internes Interessenkonfliktmanagement, s. ABl. EG Nr. L 141/36-37 vom 11.6.1993.

fest. Diese von den Mitgliedstaaten verbindlich auszugestaltenden und zu überwachenden[38] Grundsätze betonen die Wahrung der Interessen des Kunden,[39] den Grundsatz von Recht und Billigkeit[40] und die Integrität des Marktes.[41] Danach sollen die Wertpapierfirmen verpflichtet werden,[42]

(1) ihre Dienstleistungen im bestmöglichen Interesse des Kunden und der Integrität des Marktes sowie
(2) mit der gebotenen Sachkenntnis, Sorgfalt und Gewissenhaftigkeit zu erbringen,
(3) zur Durchführung ihrer Dienstleistungen die erforderlichen Mittel und Verfahren vorzuhalten und einzusetzen,
(4) sich beim Kunden über seine finanzielle Lage, Anlageerfahrung und mit der gewünschten Dienstleistung verfolgten Anlageziele zu erkundigen,
(5) bei den Verhandlungen mit dem Kunden alle zweckdienlichen Informationen mitzuteilen,
(6) sich um die Vermeidung von Interessenkonflikten zu bemühen und bei auftretenden Interessenkonflikten den Kunden nach dem Grundsatz von Recht und Billigkeit zu behandeln.

Alle Verpflichtungen sind im bestmöglichen Interesse des Kunden und der Integrität des Markts zu erfüllen.[43] Bei der Anwendung der Regeln müssen die Mitgliedstaaten sicherstellen, daß der Professionalität des Kunden Rechnung getragen wird.[44] Maßgebend ist nach Art. 11 Abs. 3 der EG-Richtlinie die Professionalität des Kunden, von dem der Auftrag ausgeht. Die Verhaltensregeln gelten für die in Abschnitt A des Anhangs zur EG-Richtlinie genannten Wertpapierdienstleistungen.[45] Den Mitgliedstaaten steht es nach Art. 11 Abs. 1 Satz 2 frei, diese Regeln auch auf Nebendienstleistungen im Sinne des Abschnitts C des Anhangs auszudehnen.[46]

---

38 Art. 11 Abs. 1 Satz 1, Abs. 2 der EG-Richtlinie, ABl. EG Nr. L 141/37 vom 11.6.1993.
39 Art. 11 Abs. 1 Satz 4, 1., 2. und 7. Spiegelstrich.
40 Art. 11 Abs. 1 Satz 4, 1. und 6. Spiegelstrich.
41 Art. 11 Abs. 1 Satz 4, 1., 2. und 7. Spiegelstrich.
42 Die folgenden Punkte fassen Art. 11 Abs. 1 Satz 4, 1. bis 6. Spiegelstrich der EG-Richtlinie zusammen.
43 Art. 11 Abs. 1 Satz 4, 7. Spiegelstrich der EG-Richtlinie.
44 Art. 11 Abs. 1 Satz 2 der EG-Richtlinie.
45 ABl. EG Nr. L 141/46 vom 11.6.1993.
46 S. *Wymeersch*, Revue (belge) de la Banque 1995, 574, 580.

Art. 12 der EG-Richtlinie bestimmt ergänzend, daß die Wertpapierfirma den Kunden über das Bestehen und die Ausgestaltung eines Entschädigungsfonds aufzuklären hat, der im Fall ihrer Insolvenz den Verlust von Kundenvermögen ausgleichen soll.[47]

II. Umsetzung der europäischen Vorgaben im WpHG

1. Gang der Gesetzgebung in Deutschland

Die Verhaltensregeln im 5. Abschnitt des WpHG, die die Vorgaben des Art. 11 und auch des Art. 10 der Wertpapierdienstleistungsrichtlinie bundesrechtlich implementieren, waren zunächst teilweise in einem Referentenentwurf des Bundesfinanzministeriums (BMF) vom 29. Juni 1993 enthalten,[48] wurden aber nicht in den Gesetzentwurf der Bundesregierung zum Zweiten Finanzmarktförderungsgesetz vom 3. November 1993[49] aufgenommen, sondern sollten einem weiteren Gesetzgebungsvorhaben zur Umsetzung von EG-Richtlinien vorbehalten bleiben. Der Gesetzentwurf der Bundesregierung sowie die Stellungnahme des Bundesrats vom 17. Dezember 1993 und die Erwiderung der Bundesregierung wurden dem Deutschen Bundestag im Januar 1994 vorgelegt.[50] Aufgrund der Anhörung von Experten[51] und im Laufe der Beratungen im Finanzausschuß des Deutschen Bundestages wurde die (Wieder-)Aufnahme der Wohlverhaltensregeln der Wertpapierdienstleistungsrichtlinie als notwen-

---

47 S. dazu die Richtlinie 97/9/EG des Europäischen Parlaments und des Rates vom 3.3.1997 über Systeme für die Entschädigung der Anleger, ABl. EG Nr. L 84/22 vom 26.3.1997.

48 §§ 23 ff. WpHG-E im Referentenentwurf eines Zweiten Finanzmarktförderungsgesetzes vom 29.6.1993, der den Wirtschaftsverbänden als „Diskussionsentwurf“ am 12.7.1993 zugleitet wurde, dazu *Dannhoff*, DZWir 1993, 521, 522, 525.

49 BR-Drucks. 793/93 vom 5.11.1993. S. auch *Krimphove*, JZ 1994, 23.

50 BT-Drucks. 12/6679 vom 27.1.1994, S. 1 ff. (Begründung S. 33 ff., Stellungnahme des Bundesrates S. 94 ff., Gegenäußerung der Bundesregierung S. 101 ff.).

51 S. das Protokoll der öffentlichen Anhörung vom 2.3.1994 und BT-Drucks. 12/7918 vom 15.6.1994, S. 94 f.; s. z.B. die Stellungnahme von *Hopt*, FG Hellner, WM-Sonderheft 1994, S. 29.

dig empfunden.[52] Daher nahm die Beschlußempfehlung des Finanzausschusses vom Juni 1994 einen weiteren Abschnitt in den Entwurf des Wertpapierhandelsgesetzes auf.[53] Der Bundestag hat diesen geänderten Entwurf des Zweiten Finanzmarktförderungsgesetzes am 17. Juni 1994 angenommen, und nach Verhandlungen mit den Ländern und der Zustimmung des Bundesrats konnte das Gesetz am 26. Juli 1994 verkündet werden.[54] Die Vorschriften über die Verhaltensregeln (§§ 31 bis 37 WpHG) sind am 1. Januar 1995 in Kraft getreten.[55]

Hervorzuheben ist im Blick auf die Entstehung der Verhaltensregeln, daß der Verhaltenskodex für Finanzintermediäre sowohl auf europäischer Ebene als auch im Rahmen des deutschen Gesetzgebungsverfahrens noch nicht in dem ursprünglichen Vorschlag der Kommission bzw. in dem Kabinettsentwurf der Bundesregierung enthalten war, sondern erst auf Drängen der jeweiligen politischen Beschlußorgane in den Text eingefügt wurde.

Die vollständige Umsetzung der Wertpapierdienstleistungsrichtlinie und die erste substantielle Novelle des 5. Abschnitts des WpHG erfolgten durch das Gesetz zur Umsetzung von EG-Richtlinien zur Harmonisierung bank- und wertpapieraufsichtsrechtliche Vorschriften (*Umsetzungsgesetz*) vom 22. Oktober 1997,[56] das im wesentlichen am 1. Januar 1998 in Kraft trat.[57] Die Angleichung der §§ 31 ff. WpHG durch das Umsetzungsgesetz, das auch die umfassende 6. KWG-Novelle enthält, war im Rahmen des Gesetzgebungsverfahrens in den wesentlichen Punkten nicht kontrovers.[58]

---

52 Insbesondere die Deutsche Bundesbank empfahl die Aufnahme der Verhaltensregeln ins WpHG, BT-Drucks. 12/7918 vom 15.6.1994, S. 97. Im Schrifttum wird bisweilen die „Hektik" des deutschen Gesetzgebungsverfahrens im Jahr 1994 kritisiert, s. *Koller* in Assmann/Schneider, § 31 Rz. 2.

53 Abschnitt 4a, §§ 30a bis 30g WpHG-E, s. die Beschlußempfehlung, BT-Drucks. 12/7918 vom 15.6.1994, S. 1, 7 ff., und den Bericht der Abgeordneten *Fell*, *Ebert* und *Rind*, ebda., S. 92, 103 ff.

54 BGBl. I S. 1749 vom 30. Juli 1994.

55 Art. 20 des Zweiten Finanzmarktförderungsgesetzes, BGBl. I S. 1784.

56 BGBl. I S. 2518 vom 28.10.1997.

57 S. Art. 4 des Umsetzungsgesetzes.

58 Vgl. den Referentenentwurf des BMF vom 17. Juni 1996, den Kabinettsentwurf vom 23. September 1996 und den Entwurf der Bundesregierung vom 20.12.1996, BR-Drucks. 963/96 vom 20.12.1996, S. 46 ff. (Entwurf), 100 ff. (Begründung), bzw. vom 6.3.1997, BT-Drucks. 13/7142 vom 6.3.1997, jeweils S. 46 ff. (Entwurf), 100 ff. (Begründung) mit der Stellungnahme des Bundesrates, ebda. S. 117 ff., sowie die Beschlußempfehlung und den Bericht des Finanzausschusses des Deutschen Bundestags (durch die Abgeordneten

Wichtige Änderungen betrafen die Erweiterung des Anwendungsbereichs des WpHG[59] und der Überwachungskompetenzen des Bundesaufsichtsamts für den Wertpapierhandel im Hinblick auf grenzüberschreitende Wertpapierdienstleistungen[60] Das Dritte Finanzmarktförderungsgesetz vom 24. März 1998[61] hat den 5. Abschnitt um eine Vorschrift (§ 37a WpHG) ergänzt, nach der die Verjährung zivilrechtlicher Schadensersatzansprüche eines Effektenkunden wegen Verletzung von Informations- oder Beratungspflichten drei Jahre beträgt.

2. *Verhaltenspflichten im WpHG*

Zur Umsetzung des Art. 11 der EG-Richtlinie faßt § 31 WpHG die europäischen „Wohlverhaltensregeln" zu vier Pflichten zusammen: Das Wertpapierdienstleistungsunternehmen hat gegenüber dem Kunden eine *allgemeine Sorgfaltspflicht* (§ 31 Abs. 1 Nr. 1 WpHG) und *Interessewahrungspflicht* (§ 31 Abs. 1 Nr. 2 WpHG) einzuhalten. Ferner sind ihm *Informations- und Erkundigungspflichten* (§ 31 Abs. 2 WpHG) auferlegt. Diese *allgemeinen* Pflichten werden ergänzt durch *besondere* Verbote, die dem Kundeninteresse zuwiderlaufende Anlageempfehlungen (§ 32 Abs. 1 Nr. 1 WpHG) und Empfehlungen zum Zweck der Preismanipulation im Interesse von Eigengeschäften (§ 32 Abs. 1 Nr. 2) sowie Eigengeschäfte, die Kundenaufträge bewußt benachteiligen (§ 32 Abs. 1 Nr. 3 WpHG), untersagen. Diese Verbote gelten nach § 32 Abs. 2 WpHG auch für die Organe, Geschäftsführer und bestimmte Mitarbeiter sowie bei einzelkaufmännisch organisierten Wertpapierdienstleistungsunternehmen für ihre Geschäftsinhaber.

Abzugrenzen von diesen *transaktionsbezogenen* Verhaltenspflichten sind die *unternehmens-* bzw. *institutsbezogenen* Organisationspflichten des § 33 WpHG, die die Vorgaben des Art. 10 der EG-Richtlinie umsetzen. Danach ist eine hinreichende personelle und sachliche Austattung für alle Wertpapierdienstleistungsunternehmen vorgeschrieben (§ 33 Abs. 1 Nr. 1 WpHG). Darüber hinaus sind Maßnahmen zur Beherrschung von betriebs-

---

Frick, *Rössel*, *Spiller*, *Steiger*) vom 23.4.1997, BT-Drucks. 13/7627 vom 13.5.1997, S. 104 ff. (Entwurf), S. 166 ff. (Begründung), und die Beschlußvorlage des Bundesrats, BR-Drucks. 417/97 vom 13.6.1997, S. 52 ff.

59 S. §§ 1 ff., 36a WpHG, dazu unten § 2.

60 Dazu §§ 35, 36 und 36c WpHG.

61 Gesetz zur weiteren Fortentwicklung des Finanzplatzes Deutschland, BGBl. I S. 529 vom 27.3.1998, das im wesentlichen am 1.4.1998 in Kraft trat.

internen Interessenkonflikten (§ 33 Abs. 1 Nr. 2 WpHG) und eine zentrale Überwachung aller Verhaltenspflichten (§ 33 Abs. 1 Nr. 3 WpHG) erforderlich. Die Kontrollpflicht gilt auch für den Fall, daß das Unternehmen einzelne Bereiche, die in die Erbringung von Wertpapierdienstleistungen einbezogen sind, auslagert (*outsourcing rule*, § 33 Abs. 2 WpHG).

III. Richtlinienkonforme Auslegung der Verhaltensregeln

Bei der Regelung der §§ 31 ff. WpHG handelt es sich um angeglichenes Recht, das zur Herstellung der angestrebten Mindestharmonisierung im Lichte der Wertpapierdienstleistungsrichtlinie auszulegen ist. Daher hat der Finanzausschuß des Deutschen Bundestages auf die EG-Richtlinie ausdrücklich Bezug genommen.[62] Fraglich ist, welche methodische Bindungswirkung von der EG-Richtlinie im Verhältnis zu anderen Auslegungsmitteln des WpHG ausgeht.

Der Topos der „richtlinienkonformen Auslegung" ist als eigenständiges Kriterium der Interpretation von Normen, die zur Umsetzung von EG-Richtlinien erlassen wurden, im Grundsatz allgemein anerkannt.[63] Die Pflicht zur richtlinienkonformen Auslegung läßt sich aus dem Anwendungsbefehl des Art. 189 Abs. 3 EGV i.V.m. Art. 5 EGV gegenüber den einzelstaatlichen Rechtsanwendungsorganen (Gerichten, Behörden)[64] oder

---

62 BT-Drucks. 12/7918, S. 97, 103 f.

63 Zusammenfassend *Grundmann*, ZEuP 1996, 399; ferner *ders.*, JZ 1996, 274, 281 ff.; s. auch *Lutter*, JZ 1992, 593. Gegen eine Verselbständigung außerhalb des klassischen Methodenkanons *Dänzer-Vanotti*, StVj 1991, 1, 6; gegen den Vorrang der richtlinienkonformen Auslegung *Di Fabio*, NJW 1990, 947. Die richtlinienkonforme Auslegung hat – mit unterschiedlichen Begründungen – Eingang in die Praxis der Rechtsprechung der obersten Bundesgerichte gefunden, *Brechmann*, S. 124 f., 97 ff., 86 ff., 117 ff., 112 ff., kritisch S. 123 f., 128. Hiervon abzugrenzen ist die richtlinienkonforme Auslegung sonstigen nationalen Rechts, das vor einer EG-Richtlinie erlassen wurde oder vom Regelungsbereich der EG-Richtlinie nicht erfaßt wird, dazu EuGH, Urt. v. 13.11.1990 (Rs. C-106/89 – *Marleasing SA*), Slg. I – 4135; öVfGH, Beschl. v. 12.12.1995 (V 136/94-10) m.Anm.v. *Potacs*, RdW 1996, 153.

64 S. EuGH, Urt. v. 10.4.1984, Slg. 1891, 1910 f. (Rs. 14/83 – *v.Colson und Kamann*) sowie Urt. v. 10.4.1984, Slg. 1921, 1944 (Rs. 79/83 – *Harz*) mit Schlußanträgen des Generalanwalts für beide Fälle, Slg. 1911 ff., insgesamt zur Rechtsprechung des EuGH hinsichtlich der richtlinienkonformen Auslegung *Brechmann*, S. 46 ff., 60 ff.

aus dem Vorrang des Gemeinschaftsrechts[65] ableiten und wird im übrigen mit Art. 24 Abs. 1 und Art. 23 Abs. 1 GG als Einfallstor des Gemeinschaftsrechts in die nationale Rechtsordnung begründet.[66] Dennoch sind der Standort[67] und die Bindungswirkung[68] einer EG-Richtlinie bei der Auslegung des nationalen Umsetzungsrechts umstritten und bedürfen daher vorab einer methodischen Klärung.

1. *Standort der EG-Richtlinie im deutschen Auslegungskanon*

Grundsätzlich entfalten EG-Richtlinien keine unmittelbare Wirkung innerhalb der nationalen Rechtsordnung,[69] sondern bedürfen gemäß Art. 189 Abs. 3 EGV der Umsetzung in nationales Recht durch die dazu berufenen „innerstaatlichen Stellen" des Mitgliedstaats.[70] Zur methodischen Rechtfertigung der Heranziehung von EG-Richtlinien als Auslegungsmittel berufen sich der Bundesgerichtshof und der Bundesfinanzhof[71] im we-

---

65 So EuGH, Urt. v. 13.11.1990 (Rs. C-106/89 – *Marleasing SA*), Slg. I – 4135, 4160 f. i.V.m. den Schlußanträgen des Generalanwalts *van Gerven* vom 12.7.1990, Slg. I – 4144, 4147, die sich der EuGH durch nahezu wörtliche Übernahme des Entscheidungsvorschlags offensichtlich zu eigen gemacht hat. In diesem Fall ging es nicht um die Pflicht zur richtlinienkonformen Auslegung eines Durchführungsgesetzes, sondern eines nationalen Gesetzes, das vom Regelungsbereich der EG-Richtlinie an sich nicht berührt war, *Brechmann*, S. 66 ff., 73 f.; *Ress*, DÖV 1994, 489; *Rodriguez-Iglesias/Riechenberg*, FS Everling, S. 1213.

66 BVerfG, Beschl. v. 8.4.1987, BVerfGE 75, 223, 234 ff. („Richtlinien-Entscheidung").

67 Dazu sogleich unten § 1 III 1.

68 Dazu unten § 1 III 2.

69 EuGH, Urt. v. 6.5.1980 (Rs. 102/79 – Kommission/Belgien), Slg. 1473, 1487 (st.Rspr.); *Oppermann*, Europarecht, Rz. 465; BVerwG, Urt. v. 23.8.1984, BVerwGE 70, 41, 48 f.; zur ausnahmsweise direkten Wirkung der EG-Richtlinien *Everling*, FS Carstens, 95, 100 f.; s. auch *Brechmann*, S. 14 ff.

70 Auch an die öffentliche Verwaltung gerichtete Richtlinienvorschriften sind nur vorbehaltlich eines nationalen Durchführungsgesetzes verbindlich, es sei denn zur Normsetzung ist ausnahmsweise die Exekutive zuständig, dazu EuGH, Urt. v. 22.6.1989 (Rs. 103/88 – *Fratelli Costanzo SpA*), Slg. 1839, 1861 ff.; s. auch *Fischer*, NVwZ 1992, 635, 636 f.

71 S. z.B. BGH, Beschl. v. 5.12.1974, BGHZ 63, 261, 264 f. (§ 8 Abs. 3 (4) und § 10 Abs. 1 Satz 2 GmbHG); BGH, Beschl. v. 28.2.1983, BGHZ 87, 59, 61 f. (§ 10 Abs. 1 Satz 2 GmbHG); BFH, Urt. v. 12.11.1980, BFHE 132, 319, 320 f.

sentlichen auf den Umsetzungswillen des historischen Gesetzgebers der nationalen Durchführungsnorm. Soweit der nationale Gesetzgeber generell eine richtliniengetreue Umsetzung angestrebt hat oder die Ziele der EG-Richtlinie objektiv in dem Durchführungsgesetz zum Ausdruck kommen, kann die EG-Richtlinie daher im Rahmen der genetischen und objektiv-teleologischen Auslegung berücksichtigt werden.[72]

Das Bundesverwaltungsgericht[73] hat im Rahmen der richtlinienkonformen Auslegung von harmonisierten Normen den Vorrang des unmittelbar geltenden Primärgemeinschaftsrechts betont, wenn die EG-Richtlinie zur Konkretisierung von Bestimmungen des EG-Vertrages erlassen worden war.[74] Das Bundesverwaltungsgericht argumentiert insoweit nicht mit dem Umsetzungswillen des Gesetzgebers oder den objektiven Zielen des Gesetzes und hat die richtlinienkonforme Auslegung bisher nur auf EG-Richtlinien, denen aufgrund ihrer sachlichen Nähe zum Primärrecht unmittelbare Geltung zugesprochen wurde,[75] bzw. auf nationale Durchführungsnormen, die einen besonderen Bezug zu unmittelbar wirkendem Gemeinschaftsrecht hatten,[76] angewendet. Im Hinblick auf die Wertpapierdienstleistungsrichtlinie ist aber auszuschließen, daß ihre un-

---

(§ 2 Abs. 1 Nr. 1, § 6 Abs. 1 Nr. 2 KVStG 1972); BFH, Beschl. v. 4.6.1987, BFHE 150, 196, 199 (§ 4 Nr. 28 lit. a UStG 1980), dazu *Tipke/Lang*, S. 108. Ebenso z.B. *Finnegan v. Clowney Youth Training Programme Ltd.*, [H.L. 1990] 2 A.C. 407.

72 Dazu *Dänzer-Vanotti*, StVj 1991, 7; *Brechmann*, S. 261. Zu den Zielen des WpHG unten § 3 III.

73 Zu seiner Zuständigkeit für die Auslegung der Verhaltensnormen des WpHG und zur Kompetenzabgrenzung zwischen Verwaltungs- und Zivilgerichtsbarkeit bei der Auslegung der §§ 31 ff. WpHG s. unten § 6 I 4, § 7 II 2.

74 BVerwG, Urt. v. 27.10.1978, BVerwGE 57, 61, 64 (§ 12 Abs. 1, 3, 4 AufenthG/EWG); BVerwG, Urt. v. 23.1.1992, NVwZ 1992, 781, 782 = BVerwGE 89, 320, 323 f. (§ 17 Abs. 1 Nr. 5 S. 1 u. 2 lit. b LMBG, „Diätwurstfall").

75 BVerwG, Urt. v. 27.10.1978, BVerwGE 57, 60, 64: Trotz fehlender unmittelbarer Wirkung habe die Aufenthaltsrichtlinie 64/221/EWG an der unmittelbarer Wirkung des Art. 48 Abs. 3 EWGV teil. S. zu dieser Verknüpfung zwischen Art. 48 EWGV und den Vorschriften der EG-Aufenthaltsrichtlinien EuGH, s. Urt. v. 8.4.1976 (Rs. 48/75 – *Royer*), Slg. 497 ff.

76 BVerwG, Urt. v. 23.1.1992, BVerwGE 89, 320, 324. Bei der Auslegung des § 17 LMBV wurde vom BVerwG nicht nur auf die dieser Vorschrift zugrundeliegende Etikettierungsrichtlinie 79/112/EWG zurückgegriffen, sondern das Ergebnis über den „Umweg" der Auslegung jener EG-Richtlinie im Lichte des Primärrechts auf Art. 30 EWGV gestützt, dazu *Brechmann*, S. 112 ff., 115 (Fn. 179), 125; *Horst*, EuR 1992, 305.

mittelbare Wirkung mit dem Vorrang des Art. 57 Abs. 2 und Art. 66 EGV begründet werden kann. Denn der wesentliche Inhalt der Wertpapierdienstleistungsrichtlinie ist nicht bereits in den einschlägigen Ermächtigungsnormen des EG-Vertrags (Artt. 57, 66 EGV) vorgezeichnet.[77] Die Harmonisierung des Rechts der Wertpapierdienstleistungen ist keine im EG-Vertrag erwähnte, eigenständige Gemeinschaftsaufgabe, sondern wurde vom Rat zur Konkretisierung des Binnenmarkts durchgesetzt.

2. *Vorrang der richtlinienkonformen Auslegung*

Im Zusammenhang mit der Frage, welche Bindungswirkung der EG-Richtlinie als Auslegungsmittel im Kanon der nationalen Auslegungskriterien zukommt, ist insbesondere die Anerkennung und Reichweite eines „Vorrangs“ der richtlinienkonformen Auslegung umstritten.[78]

Nach Ansicht des EuGH ist vom Rechtsanwender (Gericht, Verwaltungsbehörde) unter den im nationalen Recht üblichen Auslegungskriterien demjenigen Vorrang einzuräumen, das ihn in die Lage versetzt, „der betreffenden nationalen Rechtsvorschrift eine Bedeutung zu geben, die mit der Richtlinie in Einklang steht“[79] und die angestrebte EU-weite Rechtseinheitlichkeit herstellt.[80] Voraussetzung ist aber, daß überhaupt ein Auslegungsspielraum besteht[81] bzw. die nationale Vorschrift „in

77 Vgl. aber BVerwG, Urt. v. 27.10.1978, BVerwGE 57, 61, 64 (Regeln des AufenthG/EWG seien im wesentlichen schon in Artt. 48 ff. EGV selbst enthalten, insofern seien die EG-Richtlinie und das deutsche Gesetz nur zur *Verwirklichung* des EG-Vertrages ergangen).

78 Zu den Vorrang bejahenden Ansichten referierend *Brechmann*, S. 131-213 m.w.N.; befürwortend auch *Grundmann*, ZEuP 1996, 399, 413 ff., 414 f.; dagegen *Di Fabio*, NJW 1990, 947, und *Dänzer-Vanotti*, StVj 1991, 1; einschränkend auch *Brechmann*, S. 265 ff., 281 ff.

79 EuGH, Urt. v. 13.11.1990 (Rs. C-106/89 – *Marleasing SA*), Slg. I – 4135, *Van Gerven*, Schlußanträge vom 12.7.1990, Slg. I – 4146 f. Diese Ansicht wurde bisher ausdrücklich nur seitens der Generalanwälte geäußert, vom EuGH aber in den betreffenden Urteilen gebilligt; kritisch insoweit *Brechmann*, S. 281.

80 Zur Rechtseinheitlichkeit in der EU s. auch Art. B, 1. Spiegelstrich EUV.

81 EuGH, Urt. v. 10.4.1984 (Rs. 14/83, *v.Colson und Kamann*), Slg. 1909: „[D]as zur Durchführung erlassene Gesetz [ist] unter voller Ausschöpfung des Beurteilungsspielraums, den ihm das nationale Recht einräumt, in Übereinstimmung mit den Anforderungen des Gemeinschaftsrechts auszulegen und anzuwenden.“ *Grundmann*, ZEuP 1996, 415, weist darauf hin, daß bei der Normauslegung von der deutschen Rechtsprechung in der Regel keinerlei

irgendeiner Weise auslegungsfähig“ im Sinne der EG-Richtlinie ist.[82] Ob und inwieweit ein Auslegungsspielraum besteht, bleibt dem nationalen Rechtsanwender überlassen, weil der EuGH nicht über die Auslegung nationalen Rechts entscheidet.[83]

Fraglich ist, auf welcher Stufe der Auslegung der §§ 31 und 32 WpHG ein solcher Auslegungsspielraum zugunsten der Wertpapierdienstleistungsrichtlinie eröffnet ist. Bei der Auslegung des Wortsinns ist von dem Text der §§ 31 und 32 WpHG auszugehen, der mit der deutschen Fassung der EG-Richtlinie nicht offensichtlich in Widerspruch steht. Obschon der deutsche Text ein authentisches Original der EG-Richtlinie darstellt, hat er für das Verständnis der EG-Richtlinie eine nur schwache Ausdruckskraft, weil es sich regelmäßig um die Übersetzung aus einer der Arbeitssprachen des Rates bzw. der Kommission (Englisch oder Französisch) handelt. Eine Bindungswirkung des englischen oder französischen Texts der EG-Richtlinie bei der wörtlichen Auslegung dürfte aber nur dann in Betracht kommen, wenn eine EG-Richtlinie besondere technische Vokabeln eingeführt hat, die dem deutschen Recht bisher unbekannt waren und bewußt übernommen werden sollten.[84] Da dies bei Art. 11 der Wert-

---

„Beurteilungsspielraum“ angenommen, sondern davon ausgegangen werde, daß nur *ein* Ergebnis richtig sei. Dies trifft für die Normauslegung von gerichtlich überprüfbaren Verwaltungsentscheidungen zu, ist jedoch kein beachtlicher Einwand gegen die gedankliche Annahme eines Auslegungsspielraums im Rahmen der richterlichen Norminterpretation, als deren Ergebnis sich nur eine Form der Ausnutzung des Spielraums bzw. eine „Auslegungsalternative“ (so auch *Grundmann*, ZEuP 1996, 417, 419) als zutreffend herausstellt.

82 EuGH, Urt. v. 13.11.1990 (Rs. C-106/89 – *Marleasing SA*), Slg. I – 4135, 4146. Anders *Grundmann*, ZEuP 1996, 422 f. (für unumschränkte Durchsetzung der richtlinienkonformen Auslegung). *Grundmann* bestreitet für den Fall eines generellen Umsetzungswillens des nationalen Gesetzgebers, daß es überhaupt noch der Feststellung eines Auslegungsspielraums bedürfe. Die Behauptung *Grundmanns* (ZEuP 1996, 413 f.), daß der EuGH selbst dann Richtlinienkonformität anordne, wenn das nationale Recht keine Auslegungsspielräume eröffne, wird von der dafür angeführten Entscheidung *v.Colson und Kamann* nicht gedeckt, denn der EuGH setzte sich in dieser Entscheidung nicht über den Wortlaut und die systematische Interpretation des § 611a Abs. 2 BGB a.F. hinweg, sondern entschied lediglich über die zwischen der Bundesregierung und dem vorlegenden ArbG Hamm streitige Auslegungsfähigkeit dieser Vorschrift im Sinne der EG-Richtlinie, s. EuGH, Urt. v. 10.4.1984 (Rs. 14/83 – *v.Colson und Kamann*), Slg. 1901, 1908.

83 EuGH, Urt. v. 10.4.1984 (Rs. 14/83, *v.Colson und Kamann*), Slg. 1908.

84 Dazu *Brechmann*, S. 260.

papierdienstleistungsrichtlinie bzw. §§ 31 und 32 WpHG nicht der Fall ist,[85] bestimmt sich der Wortsinn des § 31 Abs. 2 WpHG ausschließlich nach dem deutschen Text.[86] Dies entspricht auch dem Grundsatz, daß trotz des „Gebots der perfekten Umsetzung“[87] eine wörtliche Übernahme der EG-Richtlinien nicht erforderlich ist. Denn die Mitgliedstaaten sollen durch die Wahl der Richtlinie als Regelungsform gerade die Möglichkeit haben, die Verhaltensregeln in ihre nationale Rechtsordnung einzupassen, selbst wenn diese bereits als Pflichten der eigentlichen Regelungsadressaten – ähnlich wie in den *model laws* der U.S.-amerikanischen National Conference of Commissioners on Uniform State Laws[88] – vorformuliert sind.

Auch im Rahmen der systematischen Gesetzesauslegung kann die EG-Richtlinie nicht berücksichtigt werden, weil sie keinen Platz in der Normenpyramide der deutschen Rechtsordnung hat und folglich nicht zum Kontext der auszulegenden Norm gehört.[89] Die Autonomie von Wortlaut und Kontext des WpHG entspricht auch der Einsicht, daß trotz der prinzipiellen Gleichrangigkeit der Auslegungsmethoden[90] dem Wortsinn und der systematischen Auslegung aus Gründen der Rechtssicherheit und des Vertrauensschutzes eine Grenzfunktion zukommen.[91] Das Ergebnis der wörtlichen und systematischen Auslegung der Umsetzungsnorm ist im Rahmen der richtlinienkonformen Auslegung nicht hintergehbar,[92] selbst wenn es insoweit den Vorgaben der Richtlinie widersprechen sollte.

Danach kann die EG-Richtlinie allenfalls in die Ermittlung des subjektiven und objektiven Normzwecks einfließen. In den epochalen Entscheidungen *v.Colson und Kamann*[93] sowie *Harz*,[94] in denen der generelle

---

85 Vgl. z.B. Art. 11, 5. Spiegelstrich der Wertpapierdienstleistungsrichtlinie: „zweckdienliche Informationen“; die englische bzw. französische Version lautet „relevant information“ bzw. „informations utiles“.

86 A.A. *Koller* in Assmann/Schneider, § 31 Rz. 2. Freilich können die englischen oder französischen Versionen bei der Ermittlung von Sinn und Zweck der *EG-Richtlinie* berücksichtigt werden.

87 *H.P. Ipsen*, S. 459; *Schweitzer/Hummer*, S. 115.

88 Die Vorschriften der *model laws* werden allerdings im Wortlaut übernommen, es bestehen lediglich Auslassungsmöglichkeiten.

89 Zutreffend *Brechmann*, S. 260.

90 H.M., s. nur *Larenz*, Methodenlehre, S. 221.

91 *Larenz*, Methodenlehre, S. 220; *Depenheuer*, S. 41; *Neuner*, S. 96, 114 f.

92 Ebenso *Brechmann*, S. 272, 270.

93 EuGH, Urt. v. 10.4.1984 (Rs. 14/83 – *v.Colson und Kamann*), Slg. 1909.

94 EuGH, Urt. v. 10.4.1984 (Rs. 79/83 – *Harz*), Slg. 1921, 1944.

Umsetzungswille des historischen Gesetzgebers feststand,[95] ging der EuGH von einer Vorrangstellung der EG-Richtlinie gegenüber sonstigen teleologischen Auslegungskriterien aus. Diese Auffassung ist insoweit zutreffend, als die nationalen Rechtsanwender an die gemeinschaftsrechtliche Umsetzungsverpflichtung des Art. 189 Abs. 3 EGV gebunden sind. Der Vorrang der EG-Richtlinie gilt allerdings nur dann, wenn ein *ausdrücklicher* Regelungswille des Gesetzes bzw. des historischen Gesetzgebers nicht entgegensteht.[96] Widerspricht die Regelungsabsicht des nationalen Gesetzgebers den Vorgaben der Richtlinie, scheitert insoweit eine richtlinienkonforme Auslegung durch Gerichte oder Verwaltungsbehörden an dem Gewaltenteilungsgrundsatz des Art. 20 Abs. 3 GG i.V.m. Art. 189 Abs. 3 EGV.[97] Richtlinienkonformität kann dann nur durch den Gesetzgeber – in Extremfällen nach einem Vertragsverletzungsverfahren gemäß Art. 169 Abs. 2 oder Art. 170 EGV – erfolgen. Da der deutsche Gesetzgeber im 5. Abschnitt des WpHG der Umsetzungsverpflichtung generell richtliniengetreu nachgekommen ist, ist in den Grenzen der teleologischen Auslegung vom Primat der Wertpapierdienstleistungsrichtlinie gegenüber anderen Regelungszielen des WpHG auszugehen.[98]

§ 2 Anwendungsbereich der Verhaltensregeln des WpHG

Die Verhaltensregeln gelten nur für Wertpapierdienstleistungsunternehmen, die gegenüber ihren Kunden Dienstleistungen bestimmter Art (*Wertpapierdienstleistungen*) erbringen. Um den von §§ 31 ff. WpHG geregelten Sachverhalt genauer zu umreißen, ist zunächst der sachliche und persönliche Anwendungsbereich zu präzisieren.

---

95 S. EuGH, Urt. v. 10.4.1984 (Rs. 14/83 – *v.Colson und Kamann*), Slg. 1891, 1905. Der EuGH ordnete die richtlinienkonforme Auslegung im Hinblick auf einen vorliegenden „Beurteilungsspielraum“ an.

96 *Brechmann*, S. 269; *Grundmann*, ZEuP 1996, 422.

97 In Extremfällen kommt eine unmittelbare Wirkung der Richtlinie wegen fehlender oder mangelhafter Umsetzung ins nationale Recht in Betracht, s. EuGH, Urt. v. 19.1.1982 (Rs. 8/81 – *Becker*), Slg. 52, 71 f.

98 Allgemein *Brechmann*, S. 269 f.; im Ergebnis ebenso *Grundmann*, ZEuP 1996, 422 f.

I. Sachlicher Anwendungsbereich: Wertpapierdienstleistungen

1. *Geschäftsarten*

Nach der Rechtslage unter dem WpHG in der Fassung des Zweiten Finanzmarktförderungsgesetzes waren die Verhaltensregeln nur auf Effektengeschäfte anwendbar, die mit der Anschaffung oder Veräußerung von Finanzinstrumenten im Zusammenhang stehen. Nach der vollständigen Umsetzung der Wertpapierdienstleistungsrichtlinie durch das Umsetzungsgesetz erstrecken sich die Verhaltensregeln auch auf weitere, am Kapitalmarkt angebotene Dienstleistungen.[99]

a) Effektengeschäfte

aa) Kommissionsgeschäft (§ 2 Abs. 3 Nr. 1 WpHG)[100]

Die traditionelle und für das Anlegerpublikum wichtigste Form des Effektengeschäfts ist die Kommission, die handelsrechtlich in §§ 383 ff. HGB geregelt ist[101] und als Regelform in den Sonderbedingungen für Wertpapiergeschäfte (AGB-Wp)[102] von den Spitzenverbänden der Kreditwirtschaft empfohlen wird. Dabei schließt der Kommissionär auf Weisung und für Rechnung des Kunden ein Geschäft mit einem dritten Marktteilnehmer ab. Nach § 384 Abs. 1 HGB – ergänzend gemäß §§ 675, 662 ff. BGB – unterliegt der Kommissionär gegenüber dem Kommittenten einer umfassenden Sorgfalts- und Interessewahrungspflicht und hat dem Kunden gemäß § 384 Abs. 2 HGB Rechenschaft über die Ausführung und die dabei berechneten fremden und eigenen Entgelte und Auslagen (Provisionen, Courtagen, Spesen usf.) zu geben.[103] Bei der Ausführung der

---

99 S. dazu die Auflistung im Anhang zur Wertpapierdienstleistungsrichtlinie, Abschnitt A, ABl. EG Nr. L 141/46 vom 11.6.1993.

100 S. auch § 1 Abs. 1 Nr. 4 KWG („Finanzkommissionsgeschäft").

101 S. insgesamt *v.Dalwigk*, S. 5 ff.; *Koller* in Großkomm z. HGB § 384 Rz. 2 ff.; *H.Roth* in Assmann/Schütze § 11 Rz. 38; *Kümpel*, Bank- und Kapitalmarktrecht, Rz. 8.83 ff.; *Schäfer* in Schwintowski/Schäfer, § 11 Rz. 12 ff.

102 Abgedr. in ZBB 1995, 94 ff. Im Rahmen der Neufassung der AGB-Banken (AGB-pB) wurde eine Überarbeitung der Klauseln zu Wertpapiergeschäften zunächst zurückgestellt und nunmehr in ein eigenes Regelwerk gefaßt, das seit 1995 Anwendung findet, s. dazu Bundesverband deutscher Banken e.V. (BdB), Sonderrundschreiben Nr. 330 vom 30.11.1994.

103 S. Nr. 1 Abs. 1 und Abs. 3 AGB-Wp und § 34 WpHG; s. auch *Baumbach/Hopt*, § 384 Rz. 8; *Fischer/Klanten*, Rz. 7.28 ff.

Kundengeschäfte sind generell die besonderen am Ausführungsplatz geltenden Geschäftsbedingungen (Usancen) zu beachten.

Bei börsennotierten Werten ist der Kundenauftrag im Börsenhandel (§ 10 Abs. 1 BörsG) auszuführen, es sei denn, der Kunde hat eine andere Weisung erteilt oder es handelt sich um Schuldverschreibungen, die zu einem Gesamtnennbetrag von weniger als DM 2 Mrd. emittiert wurden.[104] Nach Nr. 4 der AGB-Wp sind preislich unlimitierte Aufträge („billigst" bzw. „bestens") in der Regel nur tagesgültig und können höchstens für den nächsten Börsentag vorgemerkt werden. Preislich limitierte Aufträge bleiben hingegen regelmäßig bis zum letzten Börsentag des laufenden Monats (Monats-Ultimo) gültig.

Vor der Revision der Allgemeinen Geschäftsbedingungen für Wertpapiertransaktionen war der Selbsteintritt des Kommissionärs nach §§ 400 ff. HGB in der Praxis eine gängige Möglichkeit, die Kundenorder auszuführen.[105] Da der Kunde beim Selbsteintritt die Gewährleistung des bestmöglichen Kurses schwer nachvollziehen kann, bestanden Bedenken gegen die Zulässigkeit dieser Praxis.[106] Nach Einführung der AGB-Wp ist zwar die Praxis des Selbsteintritts entfallen, dagegen wird aber die Möglichkeit, mit dem Kunden ein Eigengeschäft zu einem festen Preis abzuschließen,[107] als eigenständige Form des Effektengeschäfts ausdrücklich anerkannt.[108]

bb) Festpreisgeschäft (§ 2 Abs. 3 Nr. 2 WpHG)

Bei einem Eigenhandels- bzw. Festpreisgeschäft wird das Wertpapierdienstleistungsunternehmen unmittelbar selbst Vertragspartei eines Kaufvertrags mit dem Kunden. Festpreisgeschäfte (Geschäfte „im Wege des Eigenhandels für andere"[109]) müssen nach Nr. 9 AGB-Wp im Einzelfall ausdrücklich vereinbart werden. Auf sie finden die Vorschriften über den

---

104 S. auch Nr. 1 Abs. 1 und Abs. 3 AGB-Wp.

105 S. Nr. 29 AGB-pB 1986 bzw. Nr. 39a AGB-Sp 1986.

106 S. nur *Kümpel*, WM 1995, 137, 138 m.w.N.

107 S. auch die Begründung der Bundesregierung zum Entwurf des Zweiten Finanzmarktförderungsgesetzes, BT-Drucks. 12/6679, S. 69.

108 Vgl. Nr. 9 AGB-Wp mit Nr. 29 Abs. 2 AGB-pB 1986 bzw. Nr. 39a Abs. 2 AGB-Sp 1986, die das „Eigenhändlergeschäft" für den Fall vorsahen, daß die Papiere nicht börsennotiert oder nicht zum Geregelten Markt zugelassen waren.

109 So die Definition in § 2 Abs. 3 Nr. 2 WpHG; s. auch § 1 Abs. 1a Nr. 4 KWG („Eigenhandel").

Kauf (§§ 433 ff. BGB) Anwendung,[110] die grundsätzlich keine umfassenden Interessewahrungspflichten der Vertragsparteien untereinander kennen. Gleichwohl hat die Rechtsprechung zum Bankvertragsrecht den Grundsatz der Priorität des Kundeninteresses auch auf das Effektenpropergeschäft übertragen und dem Institut insbesondere Aufklärungs- und Sorgfaltspflichten gegenüber dem Kunden auferlegt.[111] Als Eigengeschäft wird in der Gesetzesbegründung der Bundesregierung auch das *market making* ausdrücklich erwähnt, bei dem sich ein Wertpapierdienstleistungsunternehmen gegenüber Dritten für einen bestimmten Zeitraum zur jederzeitigen Anschaffung und Veräußerung von einzelnen Finanzinstrumenten verpflichtet.[112]

cc) Anlagevermittlung (§ 2 Abs. 3 Nr. 4 WpHG) und Abschlußvermittlung (§ 2 Abs. 3 Nr. 3 WpHG)

Als Wertpapierdienstleistungen gelten weiterhin die Geschäfte von Maklern bzw. *introducing brokers*, die nicht selbst als Kommissionäre auftreten, sondern als Anlagevermittler ihren Kunden die Gelegenheit zum Abschluß von Effektengeschäften nachweisen oder den Geschäftsabschluß zwischen dem Kunden und einem Dritten vermitteln. Dies kommt z.B. bei Auslandsgeschäften vor, wenn ein deutsches Wertpapierdienstleistungsunternehmen als *introducing broker* ein Kommissionsgeschäft mit einem New Yorker Broker lediglich vermittelt, weil es selbst keinen kostengünstigen Marktzugang hat. Die *Anlagevermittlung* ist zu unterscheiden einerseits von der Tätigkeit als Bote und andererseits von der als Stellvertreter im Sinne des § 164 Abs. 1 Satz 1 BGB. Denn im Gegensatz zur Anlagevermittlung ist die offene Stellvertretung in § 2 Abs. 3 Nr. 3 WpHG[113] als eigene Wertpapierdienstleistung (*Abschlußvermittlung*) anerkannt. Anlage- und Abschlußvermittler werden für den Kunden auf der Grundlage eines Geschäftsbesorgungsvertrags nach §§ 675, 662 ff. BGB tätig und bedurften nach der früheren Rechtslage einer gewerberechtlichen Erlaubnis.[114] Seit 1998 gehören sowohl die Anlage- als auch die Abschlußvermittlung

---

110 *H.Roth* in Assmann/Schütze, § 11 Rz. 49 ff.; *Fischer/Klanten*, Rz. 7.37; *Schäfer* in Schwintowski/Schäfer, § 11 Rz. 35 ff.

111 *H.Roth* in Assmann/Schütze, § 12 Rz. 5; s. auch *Hopt*, FS Gernhuber, S. 181 f.; *Kümpel*, Bank- und Kapitalmarktrecht, Rz. 8.222 f.

112 S. die Begründung der Bundesregierung zum Entwurf des Umsetzungsgesetzes, BT-Drucks. 13/7142 vom 6.3.1997, S. 101 li.Sp.

113 S. auch *H.Roth* in Assmann/Schütze § 11 Rz. 37.

114 § 34c Abs. 1 Nr. 2 GewO a.F.; dazu *Marcks* in Landmann/Rohmer, GewO, § 34c Rz. 35 ff.

zu den Finanzdienstleistungen im Sinne des § 1 Abs. 1a Nr. 1 und 2 KWG[115] und setzen eine Erlaubnis nach § 32 KWG voraus.

b) Portfolioverwaltung (§ 2 Abs. 3 Nr. 6 WpHG)

Die Verhaltensregeln des WpHG sind seit der vollständigen Umsetzung der Wertpapierdienstleistungsrichtlinie auch auf die Verwaltung von in Effekten angelegten Vermögen (Portefeuille- bzw. Portfolioverwaltung) anwendbar.[116] Die Effektenvermögensverwaltung[117] setzt voraus, daß die Anlageentscheidungen für das Portfolio im Ermessen („Entscheidungsspielraum") des Verwalters stehen und nicht vom Kunden aufgrund einer Anlageberatung selbst verantwortet werden.[118] Der Portfolioverwalter tätigt auf der Grundlage eines Geschäftsbesorgungsvertrags[119] im Auftrag des Kunden nach eigenem Ermessen Effektengeschäfte für dessen Depot[120] und unterliegt nur im Hinblick auf die Anlagestrategie, die regelmäßig bei Begründung der Geschäftsbeziehung festgelegt wird, den Weisungen des Kunden. Daher kommt den Informations- und Interessewahrungspflichten eine hervorragende Bedeutung zu.

c) Emissionsgeschäft (§ 2 Abs. 3 Nr. 5 WpHG)

Schließlich fällt auch die Übernahme von Finanztiteln für eigenes Risiko zur Plazierung am Kapitalmarkt (*firm-commitment underwriting*) oder die Übernahme gleichwertiger Garantien für den Erfolg einer Emission unter den Begriff der Wertpapierdienstleistung.[121] Übernehmen die Mitglieder

---

115 S. die Begründung der Bundesregierung zum Umsetzungsgesetz, BT-Drucks. 13/7142 vom 6.3.1997, S. 65.

116 Dazu zuletzt *Gaßner/Escher*, WM 1997, 93, 94 mit der sehr couragierten Behauptung, die Portfolioverwaltung sei bereits nach dem § 2 Abs. 3 Nr. 1 WpHG i.d.F. vom 26. Juli 1994 als Wertpapierdienstleistung erfaßt. Zutreffend *Schäfer* in Assmann/Schütze, § 28 Rz. 13.

117 Die 6. KWG-Novelle normiert die „Finanzportfolioverwaltung" als eine erlaubnispflichtige Form der Finanzdienstleistung, s. § 1 Abs. 1a Nr. 3 KWG.

118 S. die Begründung der Bundesregierung zum Umsetzungsgesetz, BT-Drucks. 13/7142 vom 6.3.1997, S. 101 re.Sp.

119 S. im einzelnen *Schäfer* in Assmann/Schütze § 28 Rz. 12 ff., 37 ff.

120 Zur Abgrenzung zum Anlageberater s. auch die Begründung der Bundesregierung zum Umsetzungsgesetz, BT-Drucks. 13/7142 vom 6.3.1997, S. 101 re.Sp.

121 S. den Anhang zur Wertpapierdienstleistungsrichtlinie, Abschnitt A Nr. 4, ferner auch Abschnitt C Nr. 5. Dazu allgemein *Hopt*, Verantwortlichkeit, Rz. 24; *Kollar* in Gerke/Steiner, Sp. 500; *Schmitz*, ebda., Sp. 511.

eines Emissionskonsortiums die emittierten Papiere im eigenen Namen für Rechnung und Risiko des Emittenten, liegt ein Kommissionsgeschäft nach § 2 Abs. 3 Nr. 1 WpHG vor.[122] In § 1 Abs. 1 Nr. 10 KWG wird diese Tätigkeit als „Emissionsgeschäft" bezeichnet und zu den Bankgeschäften gerechnet. Auf das Emissionsgeschäft sind die Verhaltensregeln des WpHG nur in modifizierender Auslegung anwendbar, weil die §§ 31 und 32 WpHG unmittelbar die Beziehung zwischen Intermediären und Kapitalanbietern (Kunden bzw. Anlegern) im Blick haben, während das Emissionsgeschäft primär das Verhältnis zu den Kapitalnachfragern (Emittenten) betrifft. Die Dienstleistung des Emissionshelfers besteht in der Beratung des Emittenten, in der Förderung des Absatzes (z.B. *road shows*) und in der Festsetzung eines möglichst günstigen Emissionspreises zu einem möglichst günstigen Zeitpunkt. Zugleich verpflichtet sich das Emissionskonsortium zur Übernahme und garantiert die Kapitalaufbringung zu dem festzusetzenden Emissionspreis (*offering price*).[123] Das Emissionsgeschäft berührt also in rechtlicher Hinsicht nur die Beziehung zum Emittenten, nicht zu den Anlegern, bei denen die Papiere plaziert werden. Die Zeichnungsgeschäfte des Kunden sind als Effektengeschäfte nach § 2 Abs. 3 Nr. 1 bis 4 WpHG zu behandeln. Diese Unterscheidung schließt nicht aus, daß das Konsortium aufgrund des Emissionsvertrages gegenüber dem Emittenten verpflichtet ist, ein bestimmtes Plazierungsverfahren (z.B. öffentliche Plazierung, *private placement*, Tenderverfahren, freihändiger Verkauf)[124] anzuwenden oder die Emission bei bestimmten Anlegergruppen unterzubringen hat.[125]

d) Nebendienstleistungen

Die Wertpapiernebendienstleistungsrichtlinie stellt es den Mitgliedstaaten frei, die Verhaltensregeln auch auf die im Abschnitt C des Anhangs zur EG-Richtlinie aufgeführten Nebendienstleistungen zu erstrecken: Nach der Systematik der EG-Richtlinie ist die Anwendung der Verhaltensregeln auf Nebendienstleistungen nur insoweit auch als Mindeststandard vorgeschrieben, als sich die im Herkunftsmitgliedstaat erworbene Zulassung

122 *Best-efforts underwriting*, bei dem der Intermediär nicht das Absatzrisiko trägt, sondern nur eine *obligation de moyens* hat, s. dazu *Hopt*, Verantwortlichkeit, Rz. 38.

123 S. auch *Schmitz* in Gerke/Steiner, Sp. 513.

124 Zur Methode der Plazierung s. auch *Hopt*, Verantwortlichkeit, Rz. 29 ff.

125 Bei jüngeren Neuemissionen in Deutschland wurde eine angemessene Berücksichtigung der Kleinanleger durch entsprechende Vorgaben gewährleistet, s. F.A.Z. Nr. 161 vom 15.7.1997, S. 23.

des Wertpapierdienstleistungsunternehmens nach Art. 3 Abs. 1 Satz 4 der EG-Richtlinie ausdrücklich auf die betreffende Nebendienstleistung erstreckt.[126] Da in Deutschland nach § 1 Abs. 1 Nr. 5 KWG von den Nebendienstleistungen der Wertpapierdienstleistungsrichtlinie[127] nur das Depotgeschäft als Bankgeschäft Gegenstand der Erlaubnis von Kreditinstituten ist, erscheint die Anwendung der Verhaltensregeln jedenfalls auf diese Wertpapiernebendienstleistung geboten. Nach § 2 Abs. 3a Nr. 1 WpHG[128] in Verbindung mit §§ 31 ff. WpHG wird das Depotgeschäft den Verhaltensregeln unterworfen, es sei denn, das Depotgesetz[129] enthält spezielle Vorschriften. Im übrigen werden die Gewährung von Effektenkrediten und die Anlageberatung als Wertpapiernebendienstleistungen von den Verhaltensregeln erfaßt. Darüber hinaus fallen auch Devisenkassa- und Devisentermingeschäfte, die im Zusammenhang mit Effektengeschäften getätigt werden, unter die Verhaltensregeln.[130]

e) Ausnahme: Börslicher Handel zwischen Wertpapierdienstleistungsunternehmen (§ 37 Abs. 2 Satz 1 WpHG)

§ 37 Abs. 2 WpHG grenzt die Aufgabenbereiche des Bundesaufsichtsamts für den Wertpapierhandel und der Börsenaufsichtsbehörden der Länder[131] bzw. der Handelsüberwachungsstellen an den Börsen[132] voneinander ab.[133] Danach gelten die Verhaltensregeln der §§ 31, 32 und 34 WpHG nicht für Börsengeschäfte, die zwischen zwei Wertpapierdienstleistungsunternehmen abgeschlossen werden, soweit sie im Skontro des

---

126 In diesem Sinne bestimmt Art. 11 Abs. 1 Satz 3, daß die Verhaltensregeln „gegebenenfalls“ auf Nebendienstleistungen anzuwenden sind. Ein solcher Fall ist zumindest dann gegeben, wenn ein Wertpapierdienstleistungsunternehmen für die Erbringung eines Geschäfts eine Zulassung (Erlaubnis im Sinne von § 32 KWG) erhalten hat.

127 Nebendienstleistung im Sinne von Nr. 1 des Abschnitts C zum Anhang, ABl. EG Nr. L 141/46 vom 11.6.1993.

128 S. auch die Begründung der Bundesregierung zum Umsetzungsgesetz, BT-Drucks. 13/7142 vom 6.3.1997, S. 101 f.

129 Gesetz über die Verwahrung und Anschaffung von Wertpapieren vom 4.2.1937, RGBl. I 171, BGBl. III 4 Nr. 4130-1, Bekanntmachung der Neufassung vom 11.1.1995, BGBl. I S. 34.

130 § 2 Abs. 3a Nr. 4 WpHG.

131 Dazu *Kümpel*, WM 1994, 229, 230 f.

132 Dazu *Kümpel*, WM 1994, 231 ff.

133 S. auch die Begründung der Bundesregierung zum Umsetzungsgesetz, BT-Drucks. 13/7142 vom 6.3.1997, S. 115 f.

zuständigen Kursmaklers eingetragen werden und daher zu „Börsenpreisen“ führen. Geschäfte, die zwar an der Börse, aber „vor der Schranke“ abgeschlossen werden, unterliegen nicht den Geschäftsbedingungen und Usancen der Börsen, sondern werden grundsätzlich von den Verhaltensregeln des WpHG erfaßt.[134]

2. *Finanzinstrumente*

Die Liste der erfaßten Finanzinstrumente, die im Anhang zur EG-Richtlinie[135] enthalten ist, war durch § 2 Abs. 1 WpHG i.d.F. vom 26. Juli 1994 zunächst unvollständig ins deutsche Recht umgesetzt und wurde durch das Umsetzungsgesetz[136] ergänzt. Nach dieser Novellierung des WpHG sind die Verhaltensregeln auf Geschäfte in folgenden Anlageformen[137] anwendbar:

(1) Anleihen und ähnliche Wertpapiere, die ein schuldrechtliches Forderungsrecht zum Inhalt haben (*debt securities*),[138]

(2) Aktien und ähnliche Wertpapiere, die Mitgliedschaftsrechte verkörpern (*equity securities*),[139]

(3) Derivate (u.a. *financial futures*, *options*)[140] und Optionsscheine (*warrants*),[141]

---

134 S. die Begründung der Bundesregierung, ebda.

135 Abschnitt B, ABl. EG Nr. L 141/46 vom 11.6.1993.

136 S. § 2 Abs. 1, 1a und 2 WpHG. Diese Vorschrift ist seit 1.1.1998 in Kraft.

137 Unerheblich ist insoweit, ob die Anlagetitel verbrieft sind oder nur in Schuldbücher eingetragen sind, s. *Kümpel*, WpHG, S. 34 f.

138 § 2 Abs. 1 Nr. 1-2 WpHG; s. auch die Begründung der Bundesregierung zum Zweiten Finanzmarktförderungsgesetz, BT-Drucks. 12/6679 vom 27.1.1994, S. 39. Besondere Formen von Schuldverschreibungen sind z.B. die im Gesetz ausdrücklich genannten Genußrechte oder auch Hypothekenpfandbriefe, s. *Assmann* in Assmann/Schneider, § 2 Rz. 7.

139 § 2 Abs. 1 Nr. 1-2 WpHG, s. die Begründung der Bundesregierung zum Zweiten Finanzmarktförderungsgesetz, BT-Drucks. 12/6679 vom 27.1.1994, S. 39.

140 § 2 Abs. 2 WpHG („als Festgeschäfte oder Optionsgeschäfte ausgestaltete Termingeschäfte, deren Preis unmittelbar oder mittelbar von [im einzelnen enumerierten Preisen, Kursen u.a.] abhängt“). S. im einzelnen die Begründung der Bundesregierung zum Umsetzungsgesetz, BT-Drucks. 13/7142 vom 6.3.1997, S.100 f.

(4) Investmentfondsanteile,[142]
(5) Geldmarktinstrumente.[143]

Bei allen Instrumenten kann es sich nach der vollständigen Umsetzung der Wertpapierdienstleistungsrichtlinie (Art. 1 Nrn. 4 und 5) entweder um börslich bzw. an einem geregelten Markt gehandelte Instrumente oder um OTC-Produkte[144] handeln. Der Marktbegriff umfaßt sowohl die organisierten als auch die unorganisierten Kapital- und Geldmärkte.[145]

II. Persönlicher Anwendungsbereich: Wertpapierdienstleistungsunternehmen

Der persönliche Anwendungsbereich der Verhaltenspflichten wird in den allgemeinen Vorschriften des 1. Abschnitts des WpHG festgelegt. § 2 Abs. 4 WpHG kannte bis zur vollständigen Umsetzung der Wertpapierdienstleistungsrichtlinie nur Unternehmen, die die in Nr. 1[146] oder Nr. 2[147] der Vorschrift genannten Qualifikationen erfüllen und Wertpapierdienstleistungen erbringen. Alle übrigen Finanzintermediäre waren

141 § 2 Abs. 1 Satz 1 Nr. 1 WpHG. Ungeachtet von ihrer Einordnung als „Wertpapiere" stehen Optionsscheine, deren Wert – wie bei Derivaten – von der Kurs- bzw. Preisentwicklung eines anderen Wertes abhängt, im Hinblick auf ihre Eigenschaften und ihr Risikopotential (Hebeleffekt) den Derivaten näher als Anleihen oder Aktien.

142 § 2 Abs. 1 Satz 2 WpHG. Zum WpHG i.d.F. vom 26. Juli 1994 war umstritten, ob unter den Wertpapier- oder Derivatbegriff auch Investmentfondsanteile fallen. S. auch die Begründung der Bundesregierung zum Umsetzungsgesetz, BT-Drucks. 13/7142 vom 6.3.1997, S.100 li.Sp.

143 § 2 Abs. 1a WpHG.

144 Unter dem WpHG 1994 waren OTC-Finanztitel noch nicht erfaßt, s. die Begründung der Bundesregierung zum Umsetzungsgesetz, BT-Drucks. 13/7142 vom 6.3.1997, S. 100; zur Rechtslage unter dem WpHG i.d.F. vom 26. Juli 1994 *Kümpel*, WpHG, S. 35-45.

145 Zur Unterscheidung von Kapitalmarkt und Geldmarkt *Kümpel*, Bank- und Kapitalmarktrecht, Rz. 14.2 ff.

146 Kreditinstitute, die eine Erlaubnis nach § 32 KWG besitzen, sowie Zweigstellen ausländischer Unternehmen nach § 53 Abs. 1 Satz 1 und EG-ausländische Unternehmen nach § 53b Abs. 1 Satz 1 KWG sowie gleich- oder freigestellte ausländische Unternehmen nach § 53c KWG.

147 Inländische Unternehmen (außer Kreditinstituten), die an einer inländischen Börse zum Handel zugelassen sind, dazu etwa *Assmann* in Assmann/Schneider, § 2 Rz. 26.

bis zur vollständigen Umsetzung der Wertpapierdienstleistungsrichtlinie nicht zur Einhaltung der Verhaltensregeln des 5. Abschnitts des WpHG verpflichtet. § 2 Abs. 4 WpHG[148] liegt nunmehr[149] eine gemischte *institutionell-funktionale Definition* zugrunde. Danach finden die Verhaltensregeln auf Unternehmen Anwendung, die im KWG institutionell definiert und durch in- oder ausländische staatliche Stellen zugelassen bzw. überwacht werden und in einem bestimmten Umfang Wertpapierdienstleistungen – ggf. auch im Zusammenhang mit Wertpapiernebendienstleistungen – erbringen.

1. Institutionelle Voraussetzungen für Wertpapierdienstleistungsunternehmen

Diese Definition rekurriert auf institutionelle Formen, die zum Zweck der Aufsicht über Finanzintermediäre durch die Neuordnung des deutschen Bank- und Wertpapieraufsichtsrechts ins KWG eingefügt wurden. Demnach kommen als Wertpapierdienstleistungsunternehmen *Kreditinstitute* (§ 1 Abs. 1 KWG) und *Finanzdienstleistungsinstitute* (§ 1 Abs. 1a KWG) sowie als solche im Inland zugelassene Zweigstellen von Unternehmen mit Sitz im Ausland in Betracht. Unter die neugeschaffene Kategorie der Finanzdienstleistungsinstitute fallen insbesondere die Börsen und freien Makler bzw. unabhängigen[150] Anlagevermittler sowie Wertpapierportfolioverwalter. Grundsätzlich nicht erfaßt werden Unternehmen, die hauptsächlich als Anlageberater und Eigenhändler tätig sind und daher als Finanzunternehmen im Sinne des § 1 Abs. 3 Nr. 6 und Nr. 5 KWG keiner

---

148 S. auch Art. 1 Nr. 2 der Wertpapierdienstleistungsrichtlinie.

149 Vor der Novelle des WpHG durch das Umsetzungsgesetz war es nicht angebracht, allgemein von einem institutionell-funktionalen Begriff des Wertpapierdienstleistungsunternehmens zu sprechen, da § 2 Abs. 4 Nr. 2 WpHG nicht nur von der *institutionellen* Struktur (so Nr. 1: „Kreditinstitute"), sondern vom *Status* als bei einer inländischen Börse zum Handel zugelassenes Unternehmen (so Nr. 2) ausging und diesen Status institutionell unterschiedliche Unternehmen (Kreditinstitute, Börsenmakler) erreichen können.

150 S. § 2a Abs. 2 WpHG, nach dem die Tätigkeit von Anlage- und Abschlußvermittlern, die für Rechnung und unter Haftung eines Kreditinstituts, Finanzdienstleistungsunternehmens oder eines Unternehmens im Sinne des § 53b Abs. 1 Satz 1 oder Abs. 7 KWG erfolgt, dem betreffenden Institut oder Unternehmen zugerechnet wird.

Erlaubnis als Kreditinstitut oder Finanzdienstleistungsinstitut nach § 32 Abs. 1 Satz 1 KWG bedürfen.

a) Marktzulassung

Die Zulassung und die Solvenzaufsicht über die Wertpapierdienstleistungsunternehmen obliegen nach Artt. 3 ff. und Art. 8 der Wertpapierdienstleistungsrichtlinie dem Herkunftsmitgliedstaat, in Deutschland dem Bundesaufsichtsamt für das Kreditwesen (BAKred). Wertpapierdienstleistungsunternehmen bedürfen einer Erlaubnis, die das BAKred auf Antrag[151] nach § 32 Abs. 1 KWG erteilt. Die Bestimmung des § 32 KWG spricht in formaler Hinsicht ein Verbot mit Erlaubnisvorbehalt aus, das die Gewerbeausübung im Einzelfall von einer präventiven Kontrolle durch das BAKred abhängig macht.[152] Nach dem herkömmlichen und verfassungsrechtlich gesicherten Grundsatz der Gewerbefreiheit[153] besteht unter den Voraussetzungen der §§ 32 ff. KWG ein Anspruch im Sinne eines subjektiven öffentlichen Rechts auf Erteilung dieser gewerberechtlichen Erlaubnis. Bestehen keine Versagungsgründe nach § 33 KWG, wird die Marktzutrittslizenz erteilt als Voll- bzw. Teillizenz für den Betrieb von Bankgeschäften (*Kreditinstitut*) oder zur Erbringung von Finanzdienstleistungen (*Finanzdienstleistungsinstitut*).

Zweigstellen ausländischer Unternehmen, die von den Aufsichtsbehörden eines Herkunftsmitgliedstaats[154] der Europäischen Union oder eines Signatarstaats des Vertrags über den Europäischen Wirtschaftsraum (etwa Island, Norwegen) zugelassen sind und damit einen „Europäischen Paß" besitzen, bedürfen keiner Erlaubnis des BAKred.[155] Neben der Deutschen Bundesbank erhält das BAKred Nachricht über die Errichtung einer Zweigniederlassung von den zuständigen Stellen des Herkunftsstaates und soll diese Unternehmen auf Meldepflichten und andere erhebliche Regelungen des deutschen Bank- und Wertpapieraufsichtsrechts hinweisen. Nach Eingang dieser Anzeige sowie einer Mitteilung des Bundesaufsichtsamt für den Wertpapierhandel (BAWe) über die in Deutschland zu beach-

---

151 Zur Bedeutungslosigkeit des „Willens", auf den die Formulierung des § 32 Abs. 1 KWG Bezug nimmt, und zur Bedeutung des Antrags s. *Gröschner*, S. 166 ff.

152 Grundlegend *E.R.Huber*, S. 696 ff.; *Stober*, Rz. 420.

153 S. insbesondere § 1 Abs. 1 GewO und Art. 12 GG; *Gröschner*, S. 183 ff.; *Badura* in Schmidt-Aßmann, 3. Abschnitt IV 1.

154 Zur Definition s. Art. 1 Nr. 6 der Wertpapierdienstleistungsrichtlinie.

155 § 53b Abs. 1 Satz 1 KWG, dazu die Begründung der Bundesregierung zum Umsetzungsgesetz, BT-Drucks. 13/7142 vom 6.3.1997, S. 96.

tenden Verhaltensregeln und Meldepflichten (§ 9 WpHG),[156] spätestens aber zwei Monate nach Eingang der Nachricht aus dem Herkunftsstaat beim BAKred bzw. bei der Deutschen Bundesbank, sind sie berechtigt, die Zweigniederlassung zu errichten.[157] Ausländische Zweigstellen[158] werden nach Maßgabe des § 53 Abs. 2 KWG als Kreditinstitute bzw. Finanzdienstleistungsinstitute im Sinne des KWG behandelt. Repräsentanzen von Kreditinstituten oder Finanzdienstleistungsinstituten mit Sitz im Ausland unterliegen nach § 53a KWG lediglich einer gewerberechtlichen Anzeigepflicht an das BAKred und an die Deutsche Bundesbank.

b) Versagung und Aufhebung der Erlaubnis

§ 33 Abs. 1 KWG legt obligatorische Versagungsgründe fest. Die Gründe, bei deren Vorliegen das BAKred die Erlaubnis versagen kann, ergeben sich aus § 33 Abs. 3 KWG.[159] Die Versagungsgründe nach § 33 Abs. 1 KWG gehören zum wichtigsten gewerbeaufsichtsrechtlichen Instrumentarium des KWG. Danach müssen die Institute je nach ihrer Geschäftstätigkeit ein bestimmtes Anfangskapital nachweisen (Nr. 1), im Fall der Annahme von Kundenvermögen mindestens zwei hauptamtliche Geschäftsleiter haben (Nr. 5: Vier-Augen-Prinzip) und ihre Hauptverwaltung im Inland errichten (Nr. 6). Darüber hinaus ist die Zuverlässigkeit und fachliche Eignung der Geschäftsleiter (Nrn. 2-4 in Verbindung mit § 1 Abs. 2 KWG) zu prüfen. Hinzu kommt ein neuer Erlaubnisversagungsgrund (Nr. 7), der die Durchsetzung der „erforderlichen Vorkehrungen zum ordnungsmäßigen Betreiben der Geschäfte“, für die die Erlaubnis beantragt wird, verlangt.

Das Erlöschen und die Aufhebung der Erlaubnis richten sich nach § 35 KWG. Danach kann die Erlaubnis insbesondere dann aufgehoben werden, wenn einer der obligatorischen oder fakultativen Versagungsgründe nach

---

156 S. § 36a Abs. 1 WpHG.

157 § 53b Abs. 2 KWG.

158 § 53 Abs. 1 Satz 1 KWG erfaßt sowohl Zweigstellen ausländischer Unternehmen aus EU-Mitgliedstaaten, aus Staaten des Europäischen Wirtschaftsraums (§ 53b Abs. 1 Satz 1 KWG) und aus Drittstaaten als auch Zweigstellen, die aufgrund einer Rechtsverordnung nach § 53c KWG in bestimmten Punkten gleich- oder freigestellt sind, so daß sich die Erwähnung dieser Vorschriften in § 2 Abs. 4 KWG erübrigt, s. die Begründung der Bundesregierung zum Umsetzungsgesetz, BT-Drucks. 13/7142 vom 6.3.1997, S. 102 re.Sp.

159 Dazu im einzelnen die Begründung der Bundesregierung zum Umsetzungsgesetz, BT-Drucks. 13/7142 vom 6.3.1997, S. 89 f.

§ 33 Abs. 1 bzw. Abs. 3[160] KWG gegeben ist. § 35 Abs. 2 Nr. 6 KWG bestimmt, daß die Aufhebung der Erlaubnis im Ermessen des BAKred steht, soweit nachhaltig gegen Vorschriften des KWG, des WpHG oder die zur Durchführung dieser Gesetze erlassenen „Verordnungen und Anordnungen" verstoßen wurde.

2. *Erbringung von Wertpapierdienstleistungen mit Inlandsbezug*

Die Anwendbarkeit der Verhaltensregeln des WpHG setzt nach § 2 Abs. 4 WpHG weiterhin voraus, daß Kreditinstitute oder Finanzdienstleistungsinstitute bzw. gleichgestellte ausländische Unternehmen Wertpapierdienstleistungen entweder „gewerbsmäßig" oder „in einem Umfang erbringen, der einen in kaufmännischer Weise eingerichteten Geschäftsbetrieb erfordert". Diese Beschreibung ist § 1 Abs. 1 KWG entlehnt und fordert die Einhaltung der Verhaltensregeln nur von Unternehmen, bei denen die Erbringung von Wertpapierdienstleistungen auf Dauer angelegt ist und als fortlaufende Haupt- oder Nebeneinnahmequelle genutzt werden soll[161] oder deren Geschäftstätigkeit einen gewerblichen Betrieb erfordert.[162]

In der Praxis unterwirft die institutionell-funktionale Definition des Wertpapierdienstleistungsunternehmens weite Kreise von bisher gewerberechtlich kaum regulierten Finanzintermediären, insbesondere am „Grauen Kapitalmarkt", den Verhaltensregeln des WpHG.[163] Hervorzuheben ist freilich, daß Unternehmen, die nur Wertpapier*neben*dienstleistungen erbringen, sich nicht als Wertpapierdienstleistungsunternehmen qualifizieren. Diese Regelung stellt für Kreditinstitute und Finanzdienstleistungsinstitute sowie Zweigstellen ausländischer Unternehmen klar, daß sie

---

160 Dies gilt nicht für § 33 Abs. 3 Nr. 4 KWG, der sich auf die Gestaltung des Antrags auf Erteilung einer Erlaubnis bezieht.

161 S. die Begründung der Bundesregierung zum Entwurf des § 1 KWG i.d.F. des Umsetzungsgesetzes, BT-Drucks. 13/7142 vom 6.3.1997, S. 62; s. zur strafrechtlichen Definition der Gewerbsmäßigkeit (z.B. § 243 Abs. 1 Satz 2 Nr. 3 StGB) nur *Lackner*, Rz. 20 vor § 52.

162 Dazu nur *Reischauer/Kleinhans*, § 1 Rz. 7. Das Erfordernis eines „vollkaufmännischen" Betriebs ist seit 1.7.1998 entfallen, s. Art. 3 HRefG.

163 Die Zahl der Intermediäre, die seit 1. Januar 1998 der Aufsicht des BAWe unterstehen, wurde auf 7500 geschätzt, s. F.A.Z. Nr. 142 vom 21.6.1996, S. 19. Bis Ende März 1998 hatten nach Auskunft des BAWe vom 31. März 1998 weniger als 3500 Finanzdienstleistungsinstitute ihre Tätigkeit angezeigt.

nicht den Verhaltensregeln des WpHG unterliegen, wenn sie im Zusammenhang mit Bankgeschäften oder Finanzdienstleistungen, die nicht Wertpapierdienstleistungen sind,[164] lediglich Wertpapiernebendienstleistungen erbringen.[165] Keinen Generaldispens können Kreditinstitute hinsichtlich der Verhaltensregeln des WpHG erhalten, deren Wertpapiergeschäft sich im Verhältnis zu ihren sonstigen Aktivitäten und Umsätzen als *quantité négligeable* („Nebengeschäft") darstellt. Im Grundsatz hat jedes als Wertpapierdienstleistungsunternehmen zu qualifizierende Institut die Verhaltensregeln des 5. Abschnitts einzuhalten. Nach der bisherigen Aufsichtspraxis des BAWe gilt eine Ausnahmeregelung nur hinsichtlich der Verpflichtungen zur strukturellen Ordnung nach § 33 Abs. 1 WpHG (z.B. *chinese wall*), deren Einhaltung nach Auffassung des BAWe bei bestimmten (z.B. auf das Hypothekenkreditgeschäft) spezialisierten Instituten, die nur in relativ geringem Umfang Eigengeschäfte tätigten, nicht geprüft werden muß. Zweifelhaft ist, ob nicht auch hier Mindestanforderungen angebracht sind, für deren Konkretisierung § 33 WpHG hinreichend Auslegungsspielraum läßt, um die wirtschaftliche Bedeutung des Wertpapierhandels in diesen Instituten zu berücksichtigen.

Auch Zweigstellen ausländischer Unternehmen, die Bankgeschäfte betreiben oder Finanzdienstleistungen erbringen und daher gemäß § 53 Abs. 1 Satz 1 KWG als Kreditinstitute bzw. Finanzdienstleistungsinstitute gelten, unterliegen den Verhaltensregeln des WpHG, soweit sie Wertpapierdienstleistungen erbringen. Zweigstellen ausländischer Unternehmen, die ausschließlich Wertpapiernebendienstleistungen anbieten, fallen nicht unter die Regelung des 5. Abschnitts des WpHG und haben auch keinen Anspruch auf Erteilung des „Europäischen Passes".

Für die Abgrenzung der Souveränitätsbereiche[166] der Mitgliedstaaten im Hinblick auf die Aufsicht der Wohlverhaltensregeln hat die Wertpapierdienstleistungsrichtlinie eine eigene Kollisionsregel (Art. 11 Abs. 2) geschaffen. Nach dieser Vorschrift ist jeder Mitgliedstaat für die Überwachung der Einhaltung der harmonisierten Verhaltensregeln zuständig, soweit „in [diesem Staat] die Dienstleistung erbracht wird". Regelungsunterschiede sind trotz der Harmonisierung der Verhaltenspflichten durch

---

164 Dies trifft für die Mehrzahl der in § 1 Abs. 1 KWG enumerierten Dienstleistungen und auch für § 1 Abs. 1a Nr. 5 bis 7 KWG (Drittstaateneinlagenvermittlung, Finanztransfer- und Sortengeschäft) zu.

165 Begründung der Bundesregierung zum Umsetzungsgesetz, BT-Drucks. 13/7142 vom 6.3.1997, S. 102 re.Sp.

166 Zur Lösung von Jurisdiktionskonflikten im internationalen Börsen- und Kapitalmarktrecht *Schuster*, S. 590 ff., 661 ff.

die Wahl der Richtlinie als Regelungsinstrument unvermeidlich, weil den Mitgliedstaaten bei der Umsetzung in nationales Recht und bei der Auslegung ein Spielraum zusteht. Die EG-Richtlinie selbst anerkennt die nach dieser Mindestharmonisierung verbleibenden Unterschiede, indem sie die Aufsichtsbehörden des Aufnahmestaats verpflichtet, ausländische Dienstleister vor der Geschäftsaufnahme über die dort anwendbaren Verhaltensregeln zu unterrichten.[167] Die Kollisionsregel des Art. 11 Abs. 2 der EG-Richtlinie läßt mangels eines konkreten Anknüpfungspunkts[168] offen, wie bei grenzüberschreitenden Dienstleistungen die Marktaufsicht der betreffenden Mitgliedstaaten zu koordinieren ist. Die EG-Richtlinie geht jedenfalls von einer „räumlichen" Zuordnung der Wertpapierdienstleistung aus, bei der es weder auf das Herkunfts- bzw. Sitzland[169] des Intermediärs noch auf die Nationalität des Kunden ankommt. Der deutsche Gesetzgeber hat durch die Konkretisierung in § 31 Abs. 3 bzw. § 32 Abs. 3 WpHG, deren Formulierung sich an Art. 29 Abs. 4 Satz 1 Nr. 2 EGBGB[170] an-

---

167 Art. 18 Abs. 2 Satz 3 der Wertpapierdienstleistungsrichtlinie.

168 Zur Definition des Anknüpfungspunkts im Internationalen Privatrecht s. *Kropholler*, § 19.

169 Die Wohlverhaltensregeln sind grundsätzlich auch anwendbar auf Unternehmen, die ihren Sitz im Ausland haben. Bei der Bestimmung des „Sitzes" kann für EU- bzw. EWR-Ausländer Art. 1 Nr. 6 der Wertpapierdienstleistungsrichtlinie herangezogen werden; danach gilt (zur Bestimmung des „Herkunftsmitgliedstaats") als Sitz eines Wertpapierdienstleistungsunternehmens bei natürlichen Personen der Ort ihrer Hauptverwaltung und bei juristischen Personen der satzungsmäßige Sitz, hilfsweise der Hauptverwaltungssitz. Da der Satzungssitz (*place of incorporation*) der autonomen deutschen Sitztheorie fremd ist, gilt dieses Privileg nicht auch für andere Ausländer; für sie kommt es im Sinne der Sitztheorie in erster Linie auf den Ort der Geschäftsleitung an, s. *Staudinger/Großfeld*, Internationales Gesellschaftsrecht, Rz. 17, 22 ff., 33 ff. Denn für die Übertragung des Satzungssitzprinzips auf Drittstaatsunternehmen besteht weder eine Grundlage noch ein Bedürfnis. Die Wertpapierdienstleistungsrichtlinie dient gerade der Bevorzugung europäischer Unternehmen und will Drittstaatsunternehmen nur nach dem Prinzip der Gegenseitigkeit behandelt wissen, so daß eine Gleichstellung sinnwidrig wäre, a.A. *Koller* in Assmann/ Schneider, § 31 Rz. 144, unter Berufung auf den 29. (gemeint ist der 30.) Erwägungsgrund der EG-Richtlinie, der indessen nicht für die „Wettbewerbsgleichheit" zwischen Unternehmen aus dem EU-Ausland und dem sonstigen Ausland spricht.

170 Diese Vorschrift übernimmt im wesentlichen den Wortlaut des Art. 5 Abs. 4 lit. b des Römischen EWG-Übereinkommens über das auf vertragliche Schuldverhältnisse anzuwendende Recht vom 19. Juni 1980, BGBl. 1986 II S. 810.

lehnt, den deutschen Verhaltensregeln einen weiten Anwendungsbereich eingeräumt. Danach sind nur Wertpapierdienstleistungen und -nebendienstleistungen ausgenommen, die „ausschließlich im Ausland erbracht werden“.[171] Die Grenzen der deutschen Aufsichtssouveränität werden überschritten, sobald das Marktgeschehen zwischen Intermediär und Kunden keinerlei Inlandsberührung hat. Der funktionale Regelungsansatz des europäischen Finanzaufsichtsrechts[172] spricht jedem Mitgliedstaat[173] die Befugnis zur Überwachung seiner Kapitalmärkte zu, während hinsichtlich der Zulassung und Solvenzaufsicht der Herkunftsmitgliedstaat zuständig ist und für grenzüberschreitende Dienstleistungen den Europapaß ausstellt.

Das Abgrenzungskriterium des § 31 Abs. 3 WpHG[174] setzt an der „Erbringung“ bzw. *Durchführung der einzelnen Dienstleistung* durch den Intermediär an.[175] Daher kommt es auf die Perspektive des Intermediärs an. Beginn und Ende der Durchführung sind nicht nach formal vertragsrechtlichen Grundsätzen, sondern nach dem tatsächlichen wirtschaftlichem Ablauf zu bestimmen. Bei Effektengeschäften beginnt die Durchführung mit der Kontaktaufnahme zwischen Intermediär und Kunden, die auf den Abschluß z.B. eines Kommissions- oder Festpreisgeschäfts gerichtet ist, und endet mit der Lieferung der Stücke bzw. mit dem Bucheintrag im stückelosen Effektenverkehr. Beim Kommissionsgeschäft gehört insbesondere die Ausführung des Geschäfts für Rechnung des Kommittenten zur Durchführung. Dies bedeutet gleichwohl nicht, daß der Markt, in dem das Geschäft ausgeführt wird, das entscheidende Kriterium für die Aufsicht über das Geschäftsgebaren des Intermediärs ist. Führt etwa ein Londoner Brokerhaus an einer lokalen Börse die Order eines Kunden aus, der

171 Für Art. 29 EGBGB ist die Auslegung dieser Abgenzungsformel nicht geklärt, vgl. *Martiny* in MünchKomm z. BGB, Art. 29 EGBGB Rz. 22 (Erfüllungsort), mit *Soergel/v.Hoffmann*, Art. 29 EGBGB Rz. 27 („Berührung zum Aufenthaltsort“).

172 Dazu unten § 5 I.

173 Für Zweigstellen: „Aufnahmestaat“ im Sinne des Art. 1 Nr. 7 der Wertpapierdienstleistungsrichtlinie.

174 Dies gilt entsprechend für § 32 Abs. 3 WpHG.

175 Abzulehnen ist daher der in der Praxis bisweilen genannte „initiative test“, nach dem es nicht auf die Art der Durchführung, sondern darauf ankommt, aus welchem Mitgliedstaat der Anstoß für das Effektengeschäft stammt. Danach soll für von deutschen Kunden initiierte Geschäfte stets der 5. Abschnitt des WpHG gelten. Dagegen spricht ferner, daß nach dem Grundsatz der Interessewahrung (§ 31 Abs. 1 Nr. 2 WpHG) Aufträge überhaupt nur ausgeführt werden dürfen, wenn sie vom Kunden ausgehen, s. unten § 10 II 1.

in Deutschland seinen Wohnsitz hat, dürfte es auf die sonstigen Umstände der Geschäftsbeziehung, insbesondere auf den Ort der Orderannahme durch den Intermediär und der Lieferung der Effekten, ankommen. Soweit das Londoner Institut ohne Zwischenschaltung einer deutschen Zweigstelle mit dem Kunden – per Telephon oder Online-Verbindung – verhandelt und sein Effektenkonto auch in London führt, ist es sachgerecht und auch dem deutschen Kunden zumutbar, nicht das WpHG, sondern die britischen *rules of conduct* anzuwenden. Denn trotz der „Auswirkung" auf den deutschen Markt bleibt – für den Kunden erkennbar – die Aktivität des Unternehmens auf Großbritannien beschränkt. Dies ist insbesondere gerechtfertigt, wenn der Kontakt vom Kunden ausgegangen ist.[176] Wenn der Londoner Broker hingegen eine Niederlassung in Deutschland betreibt, um direkt Kunden zu werben und anzusprechen, deren Orders für Geschäfte an einer Londoner Börse in Deutschland angenommen und an das Mutterhaus zur Ausführung weitergeleitet werden, erstreckt sich die Durchführung der Dienstleistung auch auf Deutschland und unterliegt daher (auch) den deutschen Verhaltensregeln. Da sich infolge dieser Deutung des Art. 11 Abs. 2 der EG-Richtlinie die deutsche Marktaufsicht mit der Kompetenz anderer Mitgliedstaaten überschneiden kann, haben bei der Überwachung das Bundesaufsichtsamt für den Wertpapierhandel und die zuständige britische Stelle (z.B. die FSA[177]) zusammenzuwirken.[178] Eine einheitliche Kompetenzabgrenzung wird seit Juni 1998 im Rahmen des im Dezember 1997 gegründeten Forum of European Securities Commissions (FESCO) angestrebt.

Für die Effektenverwahrung (§ 2 Abs. 3a Nr. 1 WpHG) und die Anlageberatung (§ 2 Abs. 3a Nr. 3 WpHG) ist die international zuständige Marktaufsicht eigenständig zu bestimmen, weil es sich um eigene Dienstleistungen (Wertpapiernebendienstleistungen) handelt, auf die die Verhaltenspflichten der §§ 31 und 32 WpHG ebenfalls anzuwenden sind. Wird die Beratung etwa über eine Telephonverbindung aus dem Ausland erbracht, liegt die Durchführung – aus der maßgeblichen Sicht des Intermediärs – im Ausland. Auf Mißstände im Bereich der Werbung, die keine eigene Dienstleistung darstellt, sind §§ 31 Abs. 3 und 32 Abs. 3 WpHG nicht anwendbar. Für Werbemaßnahmen, die in Deutschland gegenüber hier ansässigen Marktteilnehmern und potentiellen Kunden erfolgen, hat das Bundesaufsichtsamt für den Wertpapierhandel nach § 36b WpHG eine eigene Eingriffskompetenz, ohne daß es darauf ankommt, von wel-

---

176 S. auch *Dassese*, [1997] JFRC 107, 109.
177 S. § 4 II 2.
178 S. § 36c Abs. 4 WpHG.

chem Mitgliedstaat aus diese Maßnahmen gesteuert werden. So kann die deutsche Marktaufsicht etwa gegen unangekündigtes Telephonmarketing (*cold calls*)[179] bei deutschen Adressen durch ein britisches Brokerhaus unter Mithilfe der britischen Aufsichtsbehörden[180] einschreiten.

Die Verhaltensregeln finden keine Anwendung auf Unternehmen, die Wertpapierdienstleistungen nur für verbundene Unternehmen[181] oder ausschließlich bzw. zusätzlich[182] im Rahmen der Verwaltung eines Arbeitnehmeraktiensparplans erbringen.[183] Ausgenommen sind nach § 2a Abs. 1 Nr. 4 bis 9 WpHG u.a. Versicherungsunternehmen, öffentliche Schuldenverwaltungen und Sondervermögen in Deutschland und in Signatarstaaten des EWR-Abkommens, unter bestimmten Voraussetzungen auch Angehörige freier Berufe und Unternehmen, die Wertpapierdienstleistungen ausschließlich auf einem organisierten Derivatemarkt mit Clearingsystem für andere Teilnehmer dieses Markts erbringen.

§ 3 Funktionen und Regelungsziele der Verhaltenspflichten beim Effektengeschäft

I. Ökonomische Grundlagen der Verhaltenssteuerung am Kapitalmarkt

Die ökonomische Bedeutung der Finanzintermediation, die Gegenstand eingehender modelltheoretischer Auseinandersetzung in der Wirtschaftswissenschaft ist, soll im folgenden nur angedeutet werden,[184] um anschließend einige wichtige ökonomische Zielvorgaben für die Regulierung von Verhaltensregeln beim Effektengeschäft zu erörtern.[185]

179 Zu einem materiellen Verbot des *cold calling* s. EuGH, Urt. v. 10.5.1995 (Rs. C-384/93 – Alpine Investments BV), Slg. I 1167, dazu *Knobl*, WBl 1995, 309.
180 Zur internationalen Zusammenarbeit näher unten § 6 II 3.
181 § 2a Abs. 1 Nr. 1 WpHG.
182 S. § 2a Abs. 1 Nr. 2 und Nr. 3 WpHG.
183 S. Art. 2 Abs. 2 der Wertpapierdienstleistungsrichtlinie.
184 Dazu sogleich § 3 I 1.
185 Dazu unten § 3 I 2.

1. Zur ökonomischen Theorie der Finanzintermediation

Auf dem Finanz- bzw. Kapitalmarkt treffen Wirtschaftssubjekte, die Kapital anbieten bzw. anlegen wollen (Kapitalgeber), mit anderen Wirtschaftssubjekten zusammen, die Kapital nachfragen, um ihren privaten oder betrieblichen Finanzbedarf zu decken (Kapitalnehmer).[186] Nach dem ökonomischen Idealbild eines effizienten Finanzmarkts in einer wettbewerbsbestimmten Wirtschaft, insbesondere unter der Bedingung vollständiger Markttransparenz, Prognosesicherheit und Kostenfreiheit,[187] findet ein *direkter* Ausgleich zwischen originären Kapitalgebern und -nehmern statt, durch den das zu investierende Kapital dem ökonomisch optimalen Zweck zugeführt wird. Ein Ausgleich von Anlage- und Finanzbedarf setzt aber voraus, daß Kapitalgeber und -nehmer hinsichtlich der Gefahren verspäteter oder ausbleibender Rückzahlung (*Risiko*), hinsichtlich der Höhe (*Losgröße*) und Dauer (*Fristigkeit*) der Finanzierung korrespondierende Präferenzen haben und räumlich nicht getrennt sind.[188] Diesem direkten Ausgleich von Angebot und Nachfrage steht in der Praxis ein Informationsgefälle (Informationsasymmetrie) zwischen Kapitalnehmern und -gebern entgegen. Eine asymmetrische Informationsverteilung ergibt sich daraus, daß Kapitalgeber über unzureichende Informationen über Existenz und Qualität von Anlage- bzw. Finanzierungsmöglichkeiten der jeweils anderen Marktseite verfügen und daher keine Einigung hinsichtlich der Konditionen der Finanzierung erzielt werden kann, selbst wenn die Voraussetzungen für einen direkten Ausgleich gegeben wären. Die daraus resultierenden Transaktionskosten bestehen u.a. in Such- und Bewertungskosten,[189] Überwachungskosten,[190] Verhandlungs- bzw. Ver-

---

186 Zum Kapitalmarktbegriff und zur volkswirtschaftlich erwünschten Umwandlung von Finanz- in Realkapital *Häuser* in Gerke/Steiner, Sp. 1123 f. m.w.N.

187 Zur *efficient capital market hypothesis* s. *Fama*, 25 J. Fin. 383, 387 et seq. (1970); *Gilson/Kraakman*, 70 Va. L. Rev. 549, 554 (1984); kritisch *Stout*, 87 Mich. L. Rev. 613, 696 et seq. (1988); zusammenfassend *Schacht*, S. 42 ff.; *Mülbert*, S. 129 f.; allgemein auch *Tietzel* in Travemünder Symposium, S. 52, 53 ff.

188 Dazu *Scholtens*, KuK 1993, 116-118; *Bitz*, WiSt 1989, 430, 433; *D.Kaiser*, S. 99 f.; *Häuser* in Gerke/Steiner, Sp. 1125 f.; *Gerke/Pfeufer*, ebda., Sp. 732 f.

189 Informationskosten hinsichtlich des passenden Marktkontrahenten, s. *Gerke/Pfeufer* in Gerke/Steiner, Sp. 729.

190 Zum *monitoring* als *principal-agent problem* s. *Diamond*, 51 Rev. Econ. Stud. 393 (1984).

tragskosten[191] beider Seiten. In der wirtschaftswissenschaftlichen Kapitalmarktforschung ist weitgehend anerkannt, daß dieses Informationsdefizit allokationsineffiziente, suboptimale Anlageentscheidungen bei Investoren begünstigt (*adverse selection*).[192] Insbesondere wegen der dadurch erhöhten Finanzierungskosten sind Kapitalnehmer geneigt, nachdem ihnen die Finanzmittel zur Verfügung gestellt worden sind, ohne Zustimmung bzw. Kontrolle und zu Lasten der Kapitalgeber höhere oder illegitime Risiken einzugehen (*moral hazard*).[193] Dies verringert insgesamt die Investitionsbereitschaft der Kapitalgeber und kann dazu führen, daß sie sich mangels Vertrauens in diesen Markt einem anderen Markt zuwenden oder überhaupt dem Kapitalmarkt fern bleiben.[194] Festzuhalten ist, daß Transaktionskosten und Informationsdefizite beim direkten Ausgleich von Kapitalangebot und -nachfrage die allokative Effizienz des Finanzmarkts erheblich einschränken und zum Versagen des Marktmechanismus führen können.

Finanzintermediation wird hier in einem weiten Sinne definiert als Vermittlungsleistung zwischen Kapitalgebern und -nehmern ohne Rücksicht auf das Ausmaß der erbrachten Transformationsleistungen.[195] Zum einen können Finanzintermediäre das Zustandekommen einer *direkten* Finanzierungsbeziehung zwischen zwei originären oder intermediären Kapitalgebern bzw. -nehmern bzw. die Übertragung bestehender Finanz-

---

191 S. *Scholtens*, KuK 1993, 122 ff. (*contract* und *exchange costs*).

192 Grundlegend *Akerlof*, 84 Qu. J. Econ. 488, 495 (1970); *Mishkin*, pp. 163 et seq.; s. auch *Schäfer/Ott*, S. 411, 283 ff.; *Engels* in Engels, S. 11, 22 ff.

193 *Mishkin*, pp. 164 et seq.; *Scholtens*, KuK 1993, 126 ff., 132 m.w.N. (Abfederung durch Einlagensicherungssysteme, Ausgleichsfonds); *Koch/R.H. Schmidt*, BFuP 1981, 231, 235 ff.; *Engels* in Engels, S. 11 f.

194 Die ökonomischen Implikationen des Phänomens der *adverse selection* und des *moral hazard dilemma* können hier nicht weiter vertieft werden, s. zusammenfassend aus Sicht der ökonomischen Analyse des Rechts *Schäfer/Ott*, S. 411, 284 f.

195 Der Begriff des Finanzintermediation ist danach auf alle Bereiche von Finanzdienstleistern (insbesondere Kreditinstitute, Bausparkassen, Versicherungen, Finanz- und Wertpapiermakler) anzuwenden, s. *Bitz*, WiSt 1989, 430 f., 434 ff.; *Scholtens*, KuK 1993, 117; *Burghof/Rudolph*, S. 4 ff.; *Hellwig* in Giovannini/Mayer, p. 44. Von einer engeren Definition der Finanzintermediation (nur indirekte Finanzierung) gehen etwa aus *Gurley/Shaw*, pp. 195, 197; *H.Schmidt*, ZfB 1979, 710, 713 m.w.N.; *Weinel*, S. 29 ff. Zur Gegenüberstellung beider Begriffe *Hellwig* in Giovannini/Mayer, pp. 42 et seq.

titel vermitteln und ermöglichen (*brokerage activities*),[196] zum andern – falls eine direkte Finanzierungsbeziehung nicht zustande kommt – eine *indirekte* Finanzierung gewährleisten, indem sie Kapital von Investoren entgegennehmen, es „transformieren" und als eigenen Finanztitel (z.B. Anlage oder Kredit) an Kapitalnehmer weiterleiten (*asset transformation*).[197] Die für die *asset transformation* charakteristische Transformationsfunktion besteht in der Bereitstellung von Finanzierungs- bzw. Anlagemöglichkeiten, die den unterschiedlichen Risiko- bzw. Renditevorstellungen sowie Losgrößen- und Fristenwünschen einzelner Kapitalgeber und -nehmer entsprechen.[198]

Im Rahmen von Wertpapierdienstleistungen kommen beide Varianten der Intermediation vor. Der massenhafte Effektenhandel wird dominiert von *brokerage activities* im dargelegten Sinne, aber insbesondere im Bereich des Handels mit OTC-Derivaten gestalten Intermediäre eigene, den Bedürfnissen des Kapitalgebers oder -nehmers angepaßte Finanztitel auch selbst. In beiden Fällen nimmt der Intermediär in unterschiedlichem Maße Risiken auf sich, die er durch Selektion, Bündelung bzw. Diversifikation der Anlagen und Überwachung (*monitoring*) der Emittenten zu minimieren sucht.[199]

Für beide Formen der Finanzintermediation spielen Nebenleistungen, z.B. Garantie- oder Informationsleistungen, eine Rolle. Dabei ist die sog. *Informationstransformation* für die Finanzierungsentscheidung und die Überwachung der Finanzierungsbeziehung auf beiden Marktseiten von hervorragender Bedeutung.[200] Finanzintermediäre sind Informations-

---

196 Ber Begriff *brokerage* wird hier im ökonomischen Sinne ohne Rücksicht auf die Risikoverteilung nach dem zugrundeliegenden Vertragsverhältnis gebraucht.

197 *Scholtens*, KuK 1993, 112, 114 f.; allgemein auch *Werlen*, SZW 1995, 270, 272.

198 Die Transformationsleistung, die für alle Formen der Finanzintermediation charakteristisch ist, wird in ökonomischen Intermediationsmodellen als umfassende Aufgabe verstanden, vor und nach der Finanzierungstransaktion einen Interessenausgleich zwischen Investoren und kapitalsuchenden Wirtschaftssubjekten herzustellen, s. exemplarisch *Diamond*, 51 Rev. Econ. Stud. 393, 398 et seq. (1984) (Kostenvorteil des Intermediärs auch bei der Überwachung der Mittelverwendung, *delegated monitoring*); Überblick zu neueren theoretischen Ansätzen bei *Scholtens*, KuK 1993, 119 ff.

199 *Bitz*, WiSt 1989, 434; *Gerke/Pfeufer* in Gerke/Steiner, Sp. 732 f.; zu den einzelnen Transformationsfunktionen auch *Weichert*, S. 11 ff.

200 *Gerke/Pfeufer* in Gerke/Steiner, Sp. 733; *Bitz*, WiSt 1989, 433 („Informationsbedarfstransformation"); *D.Kaiser*. S. 100.

sammelstellen, die auf die laufende Bewertung der Bonität bzw. Kreditwürdigkeit von Kapitalnehmern[201] und Einschätzung der Renditeerwartung von Kapitalgebern spezialisiert sind.[202] Im Zusammenspiel mit den anderen Vermittlungs- bzw. Transformationsleistungen der Finanzintermediäre schafft die Informationstransformation erst die Voraussetzungen für das Funktionieren des Marktes.[203] Denn durch Informationsleistungen werden potentielle Kapitalgeber über das Bestehen von Anlagemöglichkeiten oder die Bonität bestimmter Kapitalnehmer unterrichtet, kapitalnachfragende Kreditnehmer oder Emittenten erhalten entscheidungserhebliche Daten über die Finanzierungsmöglichkeiten und Renditen, die am Markt erzielt werden können. Dadurch wird versucht, die Informationsasymmetrien und Kosten der Finanzierungsbeziehung zu minimieren, und eine effiziente Kapitalallokation gefördert.[204]

2. Ökonomische Ziele der Regulierung von Verhaltenspflichten für Finanzintermediäre

a) Allokationseffizienz

Vermittlungs- und Transformationsleistungen der Finanzintermediäre erbringen nur volkswirtschaftliche Wohlfahrtsgewinne, wenn sie die Transaktionskosten von Geschäften zwischen originären Kapitalgebern und Kapitalnehmern minimieren und damit die Effizienz des Kapitalaustauschs am Markt steigern. Die Finanzintermediation steht daher hauptsächlich im Dienst der *Allokationseffizienz* des Kapitalmarkts: Das Investitionskapital soll dorthin fließen können, wo die höchste Rendite versprochen wird.[205] Jede Regulierung der Vermittlungs- und Transformationstätigkeiten hat daher die effiziente Erfüllung dieser Aufgaben zum Ausgleich von Marktunvollkommenheiten zu fördern. Die Verhaltensregeln, die Intermediäre gegenüber Investoren zu beachten haben, müssen aus öko-

---

201 Dies trifft insbesondere auf spezialisierte Informationsdienstleister wie Börsendienste und Ratingagenturen zu, s. *R.E.Breuer* in Engels, S. 75; *Kübler* in Bankrechtstag 1996, S. 115.

202 Dazu *Weinel*, S. 28.

203 *Hopt*, Gutachten, s. G-50 (überragende Rolle der Publizität). *Trautmann* in D. Schneider, S. 325 f.

204 Dazu insbesondere *Campbell/Kracaw*, 35 J. Fin. 863 (1980).

205 *Baumol*, p. 6 et seq.; *Hopt*, Gutachten, s. G-48; *Kübler*, ZHR 145 (1981), 204, 205 ff.; *Assmann* in Assmann/Schütze, § 1 Rz. 24; *ders.* in Großkomm z. AktG, Einl. Rz. 358; *Caspari*, ZGR 1994, 530, 532 f.; *Horst*, S. 218 f.

nomischer Sicht sicherstellen, daß nur die erkennbar mit der Finanzierung von Kapitalnehmern verbundenen Risiken an den Anleger weitergegeben werden. Der Anleger soll durch Regulierungsmaßnahmen vor zusätzlichen Risiken, die mit der Einschaltung eines Intermediärs in die Finanzierungsbeziehung einhergehen, und den dadurch anfallenden zusätzlichen Transaktionskosten bewahrt werden, die die Effizienzvorteile der Intermediation insgesamt zu schmälern geeignet sind. Hervorzuheben ist das Risiko der Substanzerhaltung, das sich durch die Finanzintermediation nicht erhöhen soll.[206] Damit lassen sich rechtliche Regelungen ökonomisch rechtfertigen, die darauf gerichtet sind, Ausfallrisiken des Intermediärs selbst vom Kapitalanleger fernzuhalten.[207]

Im Hinblick auf die Vertragsbeziehung zwischen Intermediär und Kapitalanbieter (Anleger) lassen sich aus dieser Leitfunktion weitere, nachgeordnete Effizienzfunktionen – die sog. *operationale*, *institutionelle* und *informationelle Effizienz* – ableiten.[208]

b) Operationale Effizienz

Die Intermediationsleistung ist nur dann effizient, wenn die Kosten der Vertriebs- bzw. Handelsbeziehung zwischen Intermediär und Kapitalgeber möglichst gering gehalten werden (*operationale Effizienz*).[209] Zwar verursacht die Zwischenschaltung eines Intermediärs auf dem Primär- und Sekundärmarkt an sich Marktstörungen bzw. zusätzliche Kosten;[210] diese Kosten müssen aber durch die Spezialisierungsvorteile und *economies of scale and scope* der Intermediäre so niedrig ausfallen, daß sich die Finanzintermediation infolge des positiven Nettoeffekts rechtfertigen läßt.[211] Die

---

206 Zum Substanzerhaltungsrisiko *Hopt*, Kapitalanlegerschutz, S. 83 ff., 289, 296 ff.

207 S. z.B. die EG-Richtlinie 97/9/EG über Systeme für die Entschädigung der Anleger vom 3.3.1997, ABl. EG Nr. L 84/22 vom 26.3.1997.

208 Überblick zu den Effizienzfunktionen mit Nachweisen *Assmann*, Prospekthaftung, S. 24 ff.

209 Dazu *H.Schmidt*, S. 1, 100 ff. m.w.N.; *Rudolph/Röhrl* in Hopt/Rudolph/Baum, S. 182 f. (Abwicklungseffizienz); *Hopt*, Gutachten, S. G 48 f. („Unterfunktion" der Allokationseffizienz); *Horst*, S. 219 f.; *Kümpel* in Kümpel/Ott, Kz. 050, S. 43 f.

210 *Scholtens*, KuK 1993, 119, 133 f.

211 Eine zweite Frage ist, wem die verbleibenden Kosten aufzubürden sind. Nach dem Grundsatz des *cheapest cost avoider* soll der Marktteilnehmer die Kosten tragen, der zu ihrer Vermeidung bzw. Verringerung am besten imstande ist, s. z.B. *Calabresi*, pp. 26 et seq.

effiziente Bereitstellung von Effekten auf dem Sekundärmarkt gewährleistet den im umfassenden Sinne kostengünstigen Ausgleich zwischen Angebot und Nachfrage und ist ein wichtiger Teilaspekt der allokativen Funktionsfähigkeit des Kapitalmarkts. Im Hinblick auf die Vertriebs- bzw. Handelsbeziehung zwischen Intermediär und Anleger dient die Steigerung der Effizienz mittelbar auch dem Schutz der Anleger, da die Intermediation die Transaktionsmöglichkeiten der originären Anbieter von Kapital zu verbreitern imstande ist.[212] Aus ökonomischer Sicht setzt daher die Förderung der Funktionsfähigkeit des Kapitalmarkts bereits die angemessene Berücksichtigung von Anlegerinteressen voraus, weil das Vertrauen des Anlegers in die Chancengleichheit und faire Abwicklung seiner Geschäfte am Markt seine Investititionsbereitschaft bedingt.[213]

Darüber hinaus müssen Verhaltensregeln darauf abzielen, die Risiken zu minimieren, die mit der *Durchführung* der Intermediationsleistungen bzw. mit der Ausführung und Abwicklung des Anlagegeschäfts sowie der Verwaltung der Anlage verbunden sind.[214] Der Finanzintermediär soll durch seine Spezialisierung imstande sein, diese Risiken – soweit möglich – kostengünstiger zu tragen als der Anleger selbst. Die Verpflichtung zur Übernahme des Durchführungsrisikos entspringt der Berechtigung der Finanzintermediation. Der Intermediär muß in der Lage und verpflichtet sein, dieses Risiko im wesentlichen zu übernehmen. Die Wahrung der Interessen des Kapitalanlegers im Rahmen der Durchführung von Wertpapieranlagegeschäften ist aus ökonomischer Sicht eine *wesentliche* Funktion des Intermediärs, die als Teil der Vermittlungs- und Transformationsleistungen erbracht und vom Anleger auch vergütet wird.

c) Institutionelle Effizienz

Ferner wird im Schrifttum die Schaffung und Erhaltung des Vertrauens der Marktteilnehmer (insbesondere der Anleger) in die *institutionellen* Rahmenbedingungen des Marktes im Hinblick auf seine allokative Funktionsfähigkeit betont.[215] Aus ökonomischer Sicht sind Stabilität und Integrität der Marktintermediäre und Berechenbarkeit der am Markt angebotenen Anlagen Voraussetzungen einer effizienten Risikotransformation.

212 Ähnlich *Schacht*, S. 55.

213 Dazu auch *Kümpel*, WpHG, S. 156 f.

214 Zum „Abwicklungs- und Verwaltungsrisiko" *Hopt*, Kapitalanlegerschutz, S. 54, 132 ff., 324 ff.

215 Sog. „institutionelle Effizienz", s. *Hopt*, Gutachten, s. G 49 m.N.; *Schacht*, S. 37 ff., 55; *Kübler*, ZHR 145 (1981), 204, 205 f.; *Assmann* in Assmann/-Schütze, § 1 Rz. 26; *ders.* in Großkomm z. AktG, Einl. Rz. 360.

Ebenso liegt der ungehinderte Marktzugang der Kapitalanbieter und -nachfrager insofern im Interesse der effizienten Allokation von Finanztiteln, als Breite und Tiefe des Markts[216] Gewähr dafür bieten, daß das in einer Volkswirtschaft zur Verfügung stehende Investitionskapital möglichst erschöpfend genutzt wird.

Da direkte Finanzierungsbeziehungen auch an der räumlichen Trennung von Kapitalanbietern und -nachfragern scheitern können, sollte die Regulierung der Finanzintermediation schließlich auch die Überwindung geographischer Schranken ermöglichen.[217] Aus ökonomischer Sicht sind Transaktionen nicht zu behindern, die nationale Grenzen überschreiten. Der seit Ende der siebziger Jahre zu beobachtenden Tendenz zur Globalisierung der Kapitalmärkte entspricht eine international abgestimmte Regulierung des Marktverhaltens der Intermediäre.[218]

d) Informationelle Effizienz

Ein weiteres ökonomisches Ziel der Regulierung von Finanzintermediären besteht darin, dem Vertrauensverlust von Kapitalgebern entgegenzuwirken, der nicht nur wegen mangelnder Kontrolle der Kapitalverwendung, sondern bereits im Hinblick auf die Anlageentscheidung wegen mangelnder Information und potentieller Übervorteilung der Kapitalgeber durch die Kapitalnehmer eintreten kann. Die Effizienz der Kapitalallokation ist auch zum Zweck der Minimierung der Anbahnungs- und Kontrollkosten abhängig von der hinreichenden Versorgung des Anlegers mit Informationen (*Publizität*)[219] und von einer fairen Behandlung des Anlegers. Das Ziel der Integrität des Markts richtet sich insbesondere gegen Kursmanipulationen und die Ausnutzung von Informationsvorsprüngen durch Insiderhandel.[220]

Um die Informationskosten des Anlegers bei der Entscheidung und Durchführung der Finanzierung zu senken, wird auch die Funktion des Intermediärs als „Informationstransformator" Gegenstand der Regulie-

---

216 Dazu *Rudolph/Röhrl* in Hopt/Rudolph/Baum, S. 177 ff.; *Schiereck*, S. 9; s. auch *Hopt*, Gutachten, S. G-49; *Assmann* in Großkomm z. AktG, Einl. Rz. 360.

217 Zur Globalisierung der Börsenmärkte aus ökonomischer Sicht *Rudolph/Röhrl* in Hopt/Rudolph/Baum, S. 152 f.

218 *L.J.White* in Lo, pp. 207, 219 et seq.

219 Grundlegend zur Regelung des Informationsrisikos und zur Begründung der „Individualpublizität" *Hopt*, Kapitalanlegerschutz, S. 88 ff., 89.

220 *Rudolph/Röhrl* in Hopt/Rudolph/Baum, S. 185 ff., 188 f.

rung. Informationelle Effizienz setzt Preistransparenz voraus.[221] Im Rahmen der Anlageentscheidung der Kapitalanleger dient dies auch der marktgerechten Einschätzung von Risiken (z.B. Ausfallrisiken), die im Rahmen der Durchführung der Intermediationsleistung auftreten und, soweit sie im Hinblick auf den gesamtwirtschaftlichen Kostenvorteil nicht vom Intermediär getragen werden sollen, beim Anleger verbleiben.

II. Verbraucherschutz im Kapitalmarktrecht

Neben ökonomischen Vorgaben, die eine auf freien Wettbewerb gründende Wirtschaftsordnung prägen, haben auf deutscher und europäischer Ebene auch sozialpolitische Regelungsziele Anerkennung gefunden. Kapitalanlegerschutz läßt sich nicht nur als Reflex ökonomischer Effizienzkriterien darstellen, sondern wird auch als Funktion des Verbraucherschutzes reklamiert. Der Verbraucherschutz dient der „rechtlichen Intervention in den Marktprozeß" bzw. der Korrektur der praktischen Ergebnisse von privatautonom und wettbewerblich gesteuerten Austauschprozessen.[222] Die Wahrung von Verbraucherinteressen setzt bei den Funktionsdefiziten des Marktes an und geht von der besonderen Schutzwürdigkeit der privaten Konsumenten aus, die verfassungsrechtlich als bereichsspezifisches sozialstaatliches Gebot gerechtfertigt werden kann.[223]

Marktdefizite sind bei Effektengeschäften in zwei Richtungen auszugleichen: Zum einen stehen sich am Kapitalmarkt der wirtschaftlich schwache Kapitalanbieter-Verbraucher und der regelmäßig mächtigere Kapitalnachfrager-Unternehmer gegenüber, vor dessen Übermacht der erstere durch Einschaltung eines Intermediärs geschützt werden soll. Zum andern ist der Kapitalanleger als Verbraucher auch dem besser informierten und häufig wirtschaftlich überlegenen Intermediär (z.B. Kreditinstitut) ausgeliefert. Um die angemessene Berücksichtigung der Verbraucherinteressen zu gewährleisten, bedarf daher die Beziehung zum Intermediär besonderer Regelung. Der verbraucherschützende Akzent geht freilich noch über den ökonomisch begründeten Anlegerschutz qua Reflex der Effizienzfunktionen des Kapitalmarkts hinaus, indem er den Anleger als einen Marktteilnehmer charakterisiert, dessen Wahrnehmungen und Verhaltensweise durch impulsive und gewohnheitsmäßige Entscheidungen

221 *Rudolph/Röhrl* in Hopt/Rudolph/Baum, S. 181 f.
222 S. z.B. *v.Hippel*, S. 3 f.; *Joerges*, S. 40 ff., 45 (Zitat) m.w.N.
223 Eingehend *Hopt*, Kapitalanlegerschutz, S. 261 ff., 284 ff.

geprägt[224] und mangels zweckrationaler Fähigkeiten, Ausbildung, Kenntnissen und Erfahrungen eingeschränkt sind.[225]

Der Begriff des Verbrauchers ist allerdings bisher nicht abschließend definiert.[226] Im Kern hat sich der Verbraucherbegriff jedenfalls von der Konsumenten-Produzenten-Beziehung gelöst und beschreibt eine Gruppe natürlicher Personen in bezug auf ihre privaten, nichtgewerblichen bzw. nichtberuflichen Marktaktivitäten.[227] Der Verbraucherschutz ist durch den Maastrichter Unionsvertrag zum Vertragsziel des EG-Vertrags avanciert.[228] Verbraucherschutz bei Finanzdienstleistungen wird von der EU-Kommission als eine der Prioritäten der europäischen Verbraucherpolitik angesehen.[229] Anlegerschutz als verbraucherpolitisches Petitum verlangt im Hinblick auf das Verhalten der Marktintermediäre insbesondere die Wahrung der Interessen des Kapitalanlegers und eine faire, gleichwohl nicht bevormundende Behandlung.[230]

Unter dem Gesichtspunkt eines – einseitigen – Anleger- und Verbraucherschutzes ist für Kapitalanbieter, die Kapital nur in kleinen Losgrößen zur Verfügung stellen können (sog. Kleinanleger), die Informationstransformation besonders wichtig, da die Transaktionskosten bei eigener Informationsbeschaffung und -verarbeitung prohibitiv hoch wären und auch ihre wirtschaftliche Vertragsposition in der Regel[231] keine direkte Teilnahme am Kapitalmarkt erlaubt. Der Anlegerschutz wird daher von § 31 Abs. 2 WpHG durch Informationsvermittlung gewährleistet.[232]

---

224 Dazu *Kuhlmann*, S. 46 f.; *Kroeber-Riel*, S. 371 ff.

225 Dazu *Schwark*, ZRP 1973, 7 f.; *Hopt*, Kapitalanlegerschutz, S. 89 ff.; *Koch/R.H.Schmidt*, BFuP 1981, 231, 247; *Mülbert*, S. 114 f.

226 *Kuhlmann*, S. 29 ff.; *Krämer*, S. 415; *K.Schmidt*, Kartelldeliktsrecht, S. 31 f.

227 S. die Darstellung der europäischen Verbraucherbegriffe *Krämer*, S. 17 ff.

228 Nach Artt. 3 lit. s, 129a EGV soll die Europäische Union einen „Beitrag zur Verbesserung des Verbraucherschutzes" leisten; s. auch das Grünbuch der Kommission „Finanzdienstleistungen: Wahrung der Verbraucherinteressen" vom 22. Mai 1996, Dokument KOM(96) 209 endg., abgedr. in ZBB 1996, 150, 154. S. ferner *Dauses/Sturm*, ZfRV 1996, 133.

229 S. zuletzt *Bonino*, WM 1996, 1617.

230 *Koller* in Assmann/Schneider, Rz. 15 vor § 31.

231 Zur Direktfinanzierung *Gerke/Pfeufer* in Gerke/Steiner, Sp. 733 f. („Disintermediation"); zum Direktvertrieb durch *dividend reinvestment plans (DRIPs)* s. *Carlson*, pp. 1 et seq..

232 Zur Bedeutung der Information s. unten § 4 IV 1 a, § 5 IV 2. Moderne Verbraucherschutzvorschriften gehen von einem „Informationsmodell" aus, vgl. etwa § 53 BörsG, dazu *Henssler*, ZHR 153 (1989), 611, 620 ff., und § 15 Abs. 1 Satz 2 VerbrKrG, dazu *Bülow*, § 15 Rz. 10 ff.

Die Wertpapierdienstleistungsrichtlinie trägt den besonderen Verhältnissen des Kleinanlegers auch dadurch Rechnung, daß sie die Mitgliedstaaten verpflichtet, bei der Konkretisierung und Überwachung („Anwendung“) der Verhaltensregeln die *Professionalität* des Anlegers zu berücksichtigen.[233] Damit soll jedoch nicht die Zielkomponente des Konsumenten- bzw. Anlegerschutzes verstärkt werden. Denn grundsätzlich sind die als Mindeststandard ausgestalteten Verhaltenspflichten auf alle Kapitalmarkttransaktionen anwendbar.[234] Da der Kapitalanlegerschutz als spezifisches Schutzziel der Verhaltensregeln für alle Kontrahenten des Marktintermediärs gilt, kommen die Verhaltensregeln auch gewerblichen und erfahrenen Investoren sowie institutionellen Anlegern[235] zugute. Die Einführung des Professionalitätskriteriums legt vielmehr eine Differenzierung der Verhaltenspflichten nach Kundengruppen nahe.[236] Eine wichtige Anwendung des Professionalitätskriteriums enthält die Einschränkung des persönlichen Anwendungsbereichs durch § 37 Abs. 2 Satz 1 WpHG insofern, als sich Wertpapierdienstleistungsunternehmen (*market professionals*) bei eigenen börslichen Transaktionen nicht auf die Einhaltung der Verhaltensregeln verlassen können, sondern auf die Börsenordnung oder die Usancen an der jeweiligen Börse verwiesen sind.[237] Festzuhalten ist, daß zwar der Anlegerschutz im Wertpapieraufsichtsrecht eine Ausprägung des Verbraucherschutzes ist und daher die Interpretation der Verhaltensregeln auf die Bedürfnisse der Kleinanleger Rücksicht zu nehmen hat, sich aber nicht im Schutz dieser Investorengruppe erschöpft.

III. Regelungsziele in der Wertpapierdienstleistungsrichtlinie und im WpHG

Beide Gruppen von Zielvorgaben – ökonomische Effizienzgesichtspunkte und verbraucherpolitische Schutzmotive – haben die Normgeber der Wertpapierdienstleistungsrichtlinie und des WpHG bei der Gestaltung der Verhaltensregeln geleitet.

---

233 Art. 11 Abs. 1 Satz 2 der EG-Richtlinie. Dazu näher aber § 13 I 4.

234 Zutreffend *Knobl*, ÖBA 1997, 8.

235 Zum Begriff und der Anwendung im einzelnen s. unten § 10 I 1 c bzw. III, § 13 I 4 bzw. II 1 e.

236 Näher unten § 13 I 4 und II 1 e.

237 S. den Bericht des Finanzausschusses, BT-Drucks. 12/7918 vom 15.6.1994, S. 107; *Kümpel*, WpHG, S. 158.

Die Erwägungsgründe der Wertpapierdienstleistungsrichtlinie betonen in Anlehnung an die Ausführungen des Rates im Gemeinsamen Standpunkt vom 21. Dezember 1992,[238] daß die Verhaltensregeln (Artt. 10 und 11) sowohl dem Anlegerschutz als auch der Stabilität bzw. dem reibungslosen Funktionieren des Finanzsystems dienen.[239] Diese doppelte Zielsetzung erlaubt es nicht, die Verhaltensregeln ausschließlich als Ausdruck des europäischen Anlegerschutzes[240] oder (wenn auch differenzierten) Verbaucherschutzes zu interpretieren.[241] Vielmehr sind danach das *allgemeine* Effizienzinteresse und das *partikulare* Schutzinteresse bei der Auslegung der einzelnen Verpflichtungen des Art. 11 Abs. 2 der EG-Richtlinie zu berücksichtigen. Da der Anlegerschutz auch ein Reflex effizienter Lösungen sein kann,[242] erscheint die Beachtung der doppelten Vorgabe des Rates auch aussichtsreich.

Der deutsche Gesetzgeber hat diese doppelte Zielvorgabe der EG-Richtlinie als leitendes Prinzip des Zweiten Finanzmarktförderungsgesetzes bestätigt. In seinem Bericht hat der Finanzausschuß des Deutschen Bundestages betont, daß durch die Festlegung der Verhaltensregeln nach §§ 31 ff. WpHG der Anlegerschutz verbessert und das Vertrauen in- und ausländischer Kapitalanleger in das ordnungsmäßige Funktionieren der Wertpapiermärkte gestärkt werden soll.[243] Der deutsche Gesetzgeber hat insoweit den Funktionen- und Anlegerschutz[244] für die Rechtsanwendung in Deutschland zur Richtschnur der teleologischen Auslegung des 5. Abschnitts des WpHG erhoben.

Während aber in der EG-Richtlinie der enge Zusammenhang[245] und die Gleichwertigkeit von Funktionen- und Anlegerschutz hervorgehoben

---

238 Dokument 10465/1/92, REV 1 ADD 1, EF 66, S. 14 f.

239 Vgl. insbesondere den 2., 32., 41. und 42. Erwägungsgrund der EG-Richtlinie („doppelte Zielsetzung"), ABl. EG Nr. L 141/27 ff. vom 11.6.1993.

240 Zu einseitig daher *Knobl*, ÖBA 1997, 8.

241 Zutreffend *Paolo Clarotti* (Abteilungsdirektor in der GD XV der EU-Kommission) bei einer Anhörung in Brüssel am 26. September 1996, zit. bei *Knobl*, ÖBA 1997, 8 (Fn. 63 a.E.).

242 Dazu oben § 3 I 2.

243 Vgl. BT-Drucks. 12/7918 vom 15.6.1994, S. 97 li.Sp. mit S. 95 re.Sp., 107 f.; s. auch den Bericht des Haushaltsausschusses, BT-Drucks. 12/7919 vom 15.6.1994, S. 1.

244 *Möllers* unterscheidet in abweichender Terminologie zwischen individuellem Anlegerschutz und institutionellem Anlegerschutz (d.h. Funktionenschutz), s. *dens.*, ZGR 1997, 337.

245 Dazu *Hopt*, Kapitalanlegerschutz, S. 345; *ders.*, ZHR 159 (1995), 135, 159, der die Formel geprägt hat, nach der Anleger- und Funktionenschutz als „zwei

werden, nuanciert die Begründung der Bundesregierung zum Entwurf des Zweiten Finanzmarktförderungsgesetzes das Verhältnis von Anleger- und Funktionenschutz dahin, daß der Schutz der Kapitalanleger letztlich im Dienst des Funktionenschutzes als Hauptzweck des WpHG stehe.[246] Anleger- und Funktionenschutz sind nur mehr als „Zwischenziele“[247] zur Förderung der Stabilität und Attraktivität des deutschen Finanzplatzes zu verstehen. Die Akzentuierung der Bundesregierung entspricht der gewerbeaufsichtsrechtlichen Tradition, die dem Staat eine Mitverantwortung für die Funktionsfähigkeit des Wirtschaftsablaufs bzw. der Bedarfsdeckung im Hinblick auf einzelne Wirtschaftsgüter (hier Kapital) auferlegt.[248] Dies tut aber der Bedeutung des Anlegerschutzes keinen Abbruch, sondern stellt lediglich klar, daß unter dem WpHG der Anlegerschutz *keine subjektive Rechtsposition* verbürgt, sondern ein *objektiver Schutzzweck* ist.[249] Danach schützt das WpHG nicht die Interessen einzelner Kapitalanleger,[250] sondern fördert das Partikularinteresse der Anleger nur als konstitutiven Bestandteil des Funktionsschutzes. Da auch die EG-Richtlinie weder vom Primat des Anlegerschutzes ausgeht, noch den Anlegern primäre oder sekundäre subjektive Rechte einräumt,[251] steht dieses Verständnis der doppelten Zielsetzung des WpHG nicht im Widerspruch zu seinen europäischen Vorgaben.

Seiten einer Medaille“ anzusehen sind; *Koller* in Assmann/Schneider, Rz. 8 vor § 31.

246 BT-Drucks. 12/6679 vom 27.1.1994, S. 33 li.Sp. (Funktionsfähigkeit der Finanzmärkte); zum GWB in diesem Sinne schon *Raiser*, Summum Ius Summa Iniuria, S. 145, 157. Ähnlich *Assmann*, ZBB 1989, 61 f.; *Hopt*, FS Heinsius, S. 289, 303 f.; *Kümpel* in Kümpel/Ott, Kz. 065, S. 104 (vorrangig Funktionenschutz).

247 *Hopt*, ZHR 159 (1995), 159.

248 Zur Funktionsschutztheorie im Wirtschaftsverwaltungsrecht s. nur *E.Stein*, S. 14 ff., 15 f., 57; *Gröschner*, S. 54 f.

249 Zu dieser Unterscheidung im Hinblick auf den Drittschutz des GWB *K.Schmidt*, Kartelldeliktsrecht, S. 30 f.

250 Aus Sicht der Aufsichtstätigkeit des BAWe stellt sich der Anlegerschutz nur als Rechtsreflex dar, Finanzausschuß, BT-Drucks. 12/7918 vom 15.6.1994, S. 97 li.Sp., dazu unten § 3 V 2.

251 Zu den Ansprüchen der Anleger bei Verletzung der Verhaltensregeln unten § 7 II.

2. Kapitel
Rechtsnatur und Durchsetzung wertpapieraufsichtsrechtlicher Verhaltensregeln

Der deutsche Gesetzgeber hat im Rahmen des WpHG europäische Richtlinien wie die Insiderhandels- und Wertpapierdienstleistungsrichtlinien umgesetzt und damit das deutsche Kapitalmarktrecht an international übliche Standards herangeführt, die insbesondere im U.S.-amerikanischen und britischen Kapitalmarktrecht gesetzt wurden. Die in diesen beiden Rechtsordnungen aufgetretenen Schwierigkeiten bei der Auslegung von Kapitalmarktgesetzen im Schnittpunkt zwischen hoheitlicher Anwendung und privater Durchsetzung von partikularen Rechtsschutzinteressen sind angesichts der umfassenden praktischen Erfahrung bei der Regulierung der Kapitalmärkte in den U.S.A. und der jüngeren Reformen in Großbritannien besonders aufschlußreich für die deutsche Rechtsentwicklung.[1]

Bei der Entwicklung von Verhaltenspflichten, die das Geschäftsgebaren der Intermediäre am Kapitalmarkt steuern sollen, überlagern sich europäische und nationale Regelungskonzeptionen. Während der funktionale Ansatz der Wertpapierdienstleistungsrichtlinie[2] vom Typ der Dienstleistung ausgehend keine strenge Differenzierung zwischen instituts- und transaktionsbezogenen Pflichten des Intermediärs kennt, greift das neue deutsche Finanzaufsichtsrecht auf die international anerkannte Unterscheidung zwischen *prudential regulation* und *conduct-of-business rules*[3] zurück.[4]

Ungeachtet dieser Neuordnung sind im deutschen Recht die Verhaltensregeln des WpHG nicht auf eine *tabula rasa* geschrieben, sondern haben ein bestehendes *corpus* wirtschaftsrechtlicher Normen ergänzt, das im Bereich des privaten Bankrechts (Bankvertrag, Effektenkommission) bereits inhaltlich ähnliche *transaktions*bezogene Regeln bereithält, die die Rechtsbeziehungen bzw. -positionen der beteiligten Wirtschaftssubjekte gestalten. Angesichts der Einführung der §§ 31 und 32 WpHG wirft diese Überlagerung unterschiedlicher Normgruppen die Frage nach der *Rechtsnatur* der Verhaltensregeln auf: Denn zur Verwirklichung kapitalmarkt-

---

1 Zu den rechtvergleichenden Erfahrungen in diesen Ländern unten § 4 I und II.

2 Dazu unten § 5 I 1.

3 Dazu § 4 III.

4 S. unten § 5 I 2.

rechtlicher Schutzgüter[5] stehen dem Gesetzgeber grundsätzlich zwei Regelungsinstrumente zu Gebote:[6] Das Verhalten kann entweder durch öffentliches Gewerbeaufsichtsrecht oder durch zwingende zivil- und handelsrechtliche Vorschriften gesteuert werden,[7] die im Wege der privaten Rechtsverfolgung sanktioniert werden.

Zwar ist eine *grundsätzliche* Bestimmung der Rechtsnatur von wirtschaftsrechtlichen Normen im allgemeinen und von kapitalmarktrechtlichen Vorschriften im besonderen nicht zweckmäßig.[8] Im Hinblick auf *einzelne* Vorschriften ist die Zuordnung aber unumgänglich, weil daraus unterschiedliche Maßgaben für die Auslegung und Konkretisierung sowie für die Durchsetzung und den Rechtsschutz folgen.[9] Bei den strukturell-institutionellen Vorschriften des KWG über die Solvabilitäts- oder Liquiditätskontrolle der Kreditinstitute ist z.B. die Zuordnung zum öffentlichen Recht wegen der unmittelbaren Beteiligung des BAKred an der Über-

---

5 Trotz uneinheitlicher Schwerpunktsetzung wurde im deutschen Schrifttum auch vor Inkrafttreten des 5. Abschnitts des WpHG (am 1. Januar 1995) angenommen, daß das Kapitalmarktrecht sowohl funktionen als auch anlegerschützende Aufgaben zu übernehmen bzw. Allgemein- und Individualinteressen zu vertreten habe, vgl. einerseits *Hopt*, Kapitalanlegerschutz, S. 334-337, 345, 259 (anlegerschützendes Unternehmensverhaltensrecht), 413 ff. und 478 ff. (privatrechtliche Pflichten zur Durchsetzung von Individualpublizität bzw. Sachwaltung); *ders.*, ZHR 141 (1977), 389, 431 f.; *ders.*, FS Gernhuber, S. 169, 170; andererseits *Schwark*, Anlegerschutz, S. 401, 239 ff., 258 (Schwerpunkt der staatlichen Kontrolle über Intermediäre und Markteinrichtungen), 98 ff. (Ineffektivität des zivilrechtlichen Instrumentariums).

6 Abgesehen sei in diesem Zusammenhang von der in Deutschland nicht unüblichen Variante der korporativen Steuerung durch Verhaltensstandards von Selbstverwaltungskörperschaften wie den von den Spitzenverbänden der deutschen Wirtschaft und der Arbeitsgemeinschaft der deutschen Wertpapierbörsen erstellten Insiderhandels-Richtlinien (letzte Fassung 1988), abgedr. bei *Baumbach/Hopt*, Nebengesetze (16), oder den Händler- und Beraterregeln der Banken (letzte Fassung 1988), abgedr. ebda., Nebengesetze (17).

7 S. *Hopt*, Kapitalanlegerschutz, S. 511 ff. („Privatdurchsetzung und Staatsdurchsetzung“ „des anlegerschützenden Unternehmensverhaltensrechts“); kritisch *Schwark*, Anlegerschutz, S. 401, 277, der zwar – von einem tendentiell eher dirigistischen als neoliberalen Grundverständnis des Wirtschaftsrechts ausgehend (S. 68 f.) – die Überlagerung von Zivil- und Verwaltungsrecht betont (S. 277 f.) und ein Markt*ordnungs*recht fordert, das zugleich Funktionen- und Individualschutz bewirkt (S. 401), aber gleichwohl den zivilrechtlichen Charakter von verhaltenssteuernden Normen hervorhebt (S. 277).

8 Vgl. *Fikentscher*, S. 32, und *Hopt*, Kapitalanlegerschutz, S. 336 f.

9 Treffend *Kümpel* in Kümpel/Ott Kz. 065, S. 104.

wachung nicht problematisch.[10] Für die Verhaltenspflichten der Wertpapierdienstleistungsunternehmen ist aber zu klären, ob sie zum öffentlich-rechtlichen Instrumentarium staatlicher Intervention gehören oder lediglich privatrechtliche Standards kodifizieren oder aber eine Doppelstellung behaupten.[11] Dabei wird maßgeblich zu berücksichtigen sein, daß die Verhaltensregeln nach dem Vorbild angelsächsischer Erfahrungen und auf der Grundlage der Regelungsansätze im europäischen und deutschen Finanzaufsichtsrecht zum Instrumentarium der Marktaufsicht des BAWe gehören.[12] Die rechtssystematische Einordnung der §§ 31 und 32 WpHG ist ausschlaggebend für die Art und Weise ihrer Durchsetzung,[13] für das Verhältnis der in diesen Vorschriften enthaltenen Pflichten zum bereits bestehenden Bankprivatrecht[14] sowie für die Rechtsschutzmöglichkeiten der beteiligten Wertpapierdienstleistungsunternehmen und Kapitalanleger.[15]

§ 4 Rechtsvergleichende und internationale Erfahrungen

I. Verhaltenspflichten im U.S.-amerikanischen Kapitalmarktrecht

1. Überblick: Rechtsgrundlagen und Akteure des Kapitalmarktrechts

a) Rechtsgrundlagen

Das U.S.-amerikanische Kapitalmarktrecht ist durch eine Überlagerung von Regeln unterschiedlicher Quellen geprägt. Zunächst ist die Regulierung des Verhaltens von Kapitalmarktteilnehmern und -intermediären

---

10 Die Gesetzesmaterialien zum KWG 1961 betonen den Schutz der Funktionsfähigkeit der Kreditwirtschaft, s. BT-Drucks. III, 1114, S. 19; dazu auch *Schwark*, Anlegerschutz, S. 258, 263 ff. Insoweit kommt es nicht auf die umstrittene Frage an, inwiefern das KWG Individual- und Funktionenschutz verwirklicht, dazu *Hopt*, Kapitalanlegerschutz, S. 510 ff. (Mißstandsaufsicht des BAKred fördere auch den Anlegerschutz); *Schwark*, Anlegerschutz, S. 401 (staatliche Marktordnungsrecht bewirke Funktionen- und Individualschutz).

11 Dazu unten § 5 II.

12 Dazu unten § 6.

13 Dazu insbesondere unten § 6 I.

14 Dazu unten § 7.

15 S. unten § 6 I 4 und § 7 II.

durch die spezifische Intervention der einzel- und bundesstaatlichen Gesetzgeber geprägt. Grundlage des Kapitalmarktrechts sind seit 1911[16] die *blue sky laws* der Einzelstaaten und seit dem New Deal die großen Kapitalmarktgesetze des Bundes, die nach dem Börsenkrach 1929 zur Überwindung der Mißstände und Schieflage des Wertpapierhandels[17] erlassen wurden. Auf diesen und einigen späteren Bundesgesetzen basiert das umfangreiche Normengebäude, das die staatlichen und autonomen Aufsichtsorgane zur Ausführung der gesetzlichen Vorgaben errichtet haben und das insgesamt als *securities regulation* bzw. (für den Handel mit bestimmten Terminkontrakten und Derivaten) als *commodities regulation* bezeichnet wird.

Securities und *commodities regulations* steuern das Verhalten staatlich registrierter[18] Marktintermediäre zum einen durch Verhaltensregeln mit allgemeinem Anwendungsbereich, die sich auf alle Marktteilnehmer beziehen, zum andern durch spezielle Vorschriften, deren Anwendbarkeit entweder an die Registrierung als *professional*[19] oder an die Durchführung bestimmter Geschäfte oder Dienstleistungen[20] geknüpft ist. In der Praxis der Aufsichtsorgane und der Judikatur der Bundesgerichte werden allgemeine und besondere Rechtgrundlagen meist nebeneinander herangezogen.[21]

Die wichtigsten gesetzlichen Vorgaben für Verhaltensregeln der *securities professionals* finden sich in dem *Securities Act* von 1933 (SA), dem *Securities Exchange Act* von 1934 (SEA) und dem *Investment Advisers Act*

---

16 Das erste Kapitalmarktgesetz, das Emission und Verkauf von Wertpapieren regelte, wurde in Kansas erlassen, Kans.Law 1911, ch. 133.

17 Auslöser war der Markteinbruch im Oktober 1929 und die folgende Depression, dazu 1 *Loss/Seligman*, pp. 168 et seq.

18 *Market professionals* bedürfen nach Bundes- und einzelstaatlichem Recht einer Erlaubnis (*registration*). Zum *registration process* auf Bundesebene vgl. SEA § 15(a), IAA § 203 und CFTC Reg. 3.10, 17 C.F.R. § 3.10 (1997); zum Recht der Einzelstaaten s. *Loss*, Fundamentals, pp. 8 et seq.

19 Z.B. für *broker-dealers* SEA § 15(c) und die danach erlassenen Regulations der SEC und Rules der NASD; für *investment advisers* IAA § 206.

20 Z.B. SEA § 9 für Börsengeschäfte und, noch spezieller, SEA § 11(a) für Eigengeschäfte und Geschäfte im Rahmen der Portfolioverwaltung (*discretionary transactions*) von Börsenmitgliedern, die grundsätzlich nur als *broker* tätig werden dürfen, s. NYSE Rules 90(a), 95(a), 2 NYSE Guide (CCH) ¶¶ 2090, 2095 (1997).

21 S. z.B den Überblick zur *Churning*-Judikatur bei *Jennings/Marsh/Coffee*, pp. 630 et seq. S. auch *Becker* in Hopt/Rudolph/Baum, s. US-85 ff.

von 1940 (IAA).[22] Diese Gesetze enthalten vor allem Betrugs- und Manipulationsverbote. Durch den *Securities Exchange Act* wurde die *Securities and Exchange Commission* (SEC), Washington, D.C., eingesetzt, die einen weitgehenden Auftrag zur Normsetzung und -interpretation durch *Rules and Regulations*,[23] zur Aufsicht über die Teilnehmer an den Wertpapiermärkten[24] und Durchsetzung der *securities regulations*[25] hat.

SA § 17(a) und SEA § 10(b) enthalten die allgemeinen Betrugs- und Manipulationsverbote (*antifraud provisions*) der *securities laws*.[26] Die SEC hat zu SEA § 10(b) eine Vielzahl von Regeln erlassen, die sich überwiegend an Marktintermediäre richten. Die praktisch wichtigste Bestimmung ist SEA Rule 10b-5,[27] nach der betrügerisches Verhalten beim Kauf oder Verkauf von *securities* untersagt ist.[28] Für Marktintermediäre, die als *broker-dealer* oder *investment adviser* zugelassen sind,[29] enthalten SEA § 15(c) bzw. IAA § 206 und die danach erlassenen Rules und Regulations der SEC zusätzliche besondere Betrugsverbote beim Wertpapierhandel bzw. im Umgang mit Kunden. Spezielle Anlegerschutzbestimmungen finden sich noch in den Regeln der SEC zu SEA § 10(a) für Leerverkäufe (*short sales*)[30] und zu SEA § 9(a), (b), (c), (h) für bestimmte Handelsmanipulationen bei Börsengeschäften.

---

22 Weitere Kapitalmarktregeln enthalten der Trust Indenture Act von 1939 (TIA), der Investment Company Act von 1940 (ICA) sowie der Public Utility Holding Company Act von 1935 (PUHCA).

23 „Delegated and interpretive rule-making authority". Wichtigte Ermächtigungen zur delegierten Normsetzung finden sich z.B. in SA § 3(b) und SEA § 10(b). Neben dieser formalen Normsetzung veröffentlicht die SEC zu Zweifelsfragen *interpretive releases* im *Federal Register* und erläßt in Einzelfällen *no-action letters*, dazu *Lemke*, 42 Bus.Law. 1019 (1987).

24 „Administrative enforcement" gegenüber den von ihr zugelassenen *broker-dealers*, *investment advisers*, *investment companies* u.a.

25 „Investigatory enforcement" durch die Division of Enforcement der SEC.

26 SA § 17(a) ist anwendbar „in the offer or sale" und SEA § 10(b) bzw. Rule 10b-5 „in connection with the purchase or sale" von *securities*.

27 17 C.F.R. § 240.10b-5 (1997).

28 Die SEC hat sich bei der Formulierung dieser Rule 1942 an SA § 17(a) angelehnt, dessen Anwendung allerdings auf Angebot und Verkauf von *securities* beschränkt ist. Zu den Tatbeständen der Rule im einzelnen *Martin*, S. 42-47.

29 Dazu sogleich § 4 I 1 b.

30 Beim *selling short* spekuliert der Anleger auf den Preisverfall in einem Wert, indem er gegenüber dem *broker*, der ihm die Stücke zur Erfüllung eines Kassageschäfts leiht, eine ungedeckte gestundete Verkaufsverpflichtung (*short position*) übernimmt, s. *Häuser/Welter* in Assmann/Schütze, § 16 Rz. 159 ff.

Unter der staatlichen Ebene stehen von der SEC überwachte berufsständische Körperschaften und Marktorganisationen (*self-regulatory organizations*, SROs), denen die meisten Marktintermediäre angehören. Neben den Börsen[31] wurde als bisher einzige Körperschaft, die nach SEA § 15A als *national securities association* registriert und auf die diese Vorschrift zugeschnitten ist, die *National Association of Securities Dealers, Inc.* (NASD) im Jahr 1939 gegründet. Die NASD ist nach SEA § 15A(b)(6) ermächtigt, unter der Aufsicht der SEC für ihre Mitglieder verbindliche Verhaltensregeln zu erlassen. Diesem Auftrag ist die NASD[32] nachgekommen: Ihr Regelwerk ist sehr detailliert und wiederholt teilweise die Anforderungen, die die SEC in ihren Rules aufgestellt hat. Darüber hinaus hat die NASD im Bereich der *broker-dealer regulation* zahlreiche staatliche Verbote in konkrete Handlungsanweisungen oder -untersagungen umgesetzt, die von der Aufsichtspraxis der SEC und der Judikatur der Gerichte bestätigt wurden.[33] Im Fall der Verletzung dieser Regeln drohen Disziplinarmaßnahmen oder der Ausschluß aus der NASD sowie staatliche Sanktionen durch die SEC.[34]

Aus dem Anwendungsbereich der *securities regulation* herausgenommen sind im wesentlichen *financial futures*,[35] deren Handel der Regelung durch den *Commodities Exchange Act* von 1936 (CEA)[36] bzw. Aufsicht durch die 1974 gegründete *Commodity Futures Trading Commission* (CFTC), Washington, D.C.,[37] unterliegt.[38] Der Handel mit anderen Deri-

---

31 Zur Zeit sind 9 Börsen als *national securities exchanges* nach SEA § 6 registriert, die bedeutendste ist der New York Stock Exchange (NYSE) mit ihrem Regelwerk (NYSE Rules).

32 S. NASD Rules of Fair Practice Art. III, NASD Manual (CCH) ¶¶ 2151 et seq. (1994); umbenannt in NASD Rules 2000 et seq. (1998).

33 Zu den Grenzen der Interpretationsmacht der NASD *General Bond & Share Co. v. SEC*, 39 F.3d 1451 (10th Cir. 1994).

34 Für *broker-dealers* im *Securities*-Bereich kommen die Suspendierung oder Aufhebung der Mitgliedschaft praktisch einem Berufsverbot gleich, weil seit 1983 die Mitgliedschaft in der NASD zwingend vorgeschrieben ist und die SEC nicht mehr wahlweise eine unmittelbare Aufsicht ausübt, dazu sogleich § 4 I 1 b.

35 Unbedingte Termingeschäfte, sog. Direktgeschäfte und deren Abwandlungen („spreads", „straddles" usf.), s. zur Entwicklung der Märkte *Johnston*, 35 Bus. Law. 705 et seq. (1980).

36 49 Stat. 1491 (1936), jetzt 7 U.S.C. §§ 1-24.

37 Die durch den Commodity Futures Trading Commission Act von 1974 (7 U.S.C. §§ 1-24) eingesetzte CFTC überwacht die Waren- und Finanztermin-

vaten, insbesondere Optionen, untersteht der Aufsicht der SEC.[39] Im Bereich der *commodities regulation* hat die CFTC Verhaltensregeln für Waren- und Finanztermingeschäfte aufgestellt.[40] Für die *futures industry* wurde 1976 gemäß CEA § 17 die *National Futures Association* (NFA) als führende SRO geschaffen, die eine der NASD ähnliche Funktion innehat. Die *commodities professionals* werden aber von der CFTC direkt zugelassen.

Neben der *securities* und *commodities regulation* des Bundes verfügen alle Einzelstaaten über eigene, teilweise harmonisierte[41] Kapitalmarktregeln[42] und entsprechende Durchsetzungsorgane.[43] Hinsichtlich des

---

märkte. Von 1936 bis 1974 wurde diese Aufsicht von der Commodity Exchange Authority geführt, s. *Markham*, pp. 22-59.

38 Im einzelnen überwacht die CFTC den Handel mit futures und Optionen auf futures bezüglich Wertpapierkörben, -indices und bestimmten nach SA § 3(a)(12) freigestellten *securities* sowie darauf aufbauenden Derivaten (CEA § 2(a)(1)(B)) und ferner auf außerbörslich gehandelte Devisenfutures und daran anknüpfende Optionen, CEA § 4c(f). Werte, die an einem *national securities exchange* gehandelt werden, unterliegen der Regulierung nach dem SEA. S. insgesamt *Hazen*, pp. 21 et seq.

39 Zur Abgrenzung der Aufsichtskompetenz der SEC und CFTC vgl. die Definitionen von „security" in SA § 2(1) und „commodity" in CEA § 1a(3) bzw. CFTC Reg. 1.3(e) sowie den *Jurisdictional Accord* von 1981 zwischen der CFTC und der SEC, der durch den Futures Trading Act von 1982 Gesetzeskraft erlangte, jetzt niedergelegt in CEA § 2(a)(1)(B), SA § 2(1), SEA § 3(a)(10), ICA § 2 (2)(a)(36), IAA § 202(a)(18). S. m.w.N. 2 *Loss/Seligman*, p. 1078 n. 495; *Totzke*, S. 104. Zu Zweifelsfragen z.B. *Chicago Mercantile Exchange v. SEC*, 883 F.2d 537 (7th Cir. 1989) (Vorrang des CEA bei börsennotierten „index participations").

40 S. z.B. CFTC Policy Statement Concerning Swap Transactions (July 21, 1989), 54 Fed.Reg. 30694; zusammenfassend *Corcoran* in Ferrarini, pp. 157, 181 et seq.

41 Die National Conference of Commissioners for Uniform State Laws (NCCUSL) hat 1956 den von *Louis Loss* entworfenen Uniform Securities Act (UnSA) und 1985 den Revised Uniform Securities Act (RUSA) verabschiedet, den die Mehrzahl der Staaten umgesetzt haben, 1 Blue Sky L. Rep. (CCH) ¶ 5500; *Hazen*, p. 389; *Titus*, 19 Rev. Sec. & Comm. Reg. 81 (1986).

42 Die bundesstaatliche Gesetzgebungskompetenz für die *securities regulation* beruht auf der weit ausgelegten Commerce Clause der Bundesverfassung, s. auch die salvatorische Klausel in SA § 18; SEA § 28. Alle *blue sky laws* enthalten *broker-dealer regulation*, in über 40 Jurisdiktionen werden die Aktivitäten von *investment advisers* reguliert, *Hazen*, p. 390. S. insgesamt *id.*, pp. 388 et seq.; 1 *Loss/Seligman*, pp. 29 et seq.; *Martin*, S. 6-8.

Handels in börsen- bzw. NASDAQ-notierten Werten (auch *futures*) sind die Bundesgesetze aber abschließend.[44] Im übrigen ergänzen die *blue sky laws* mit eigenen Registrierungs-[45] und Verhaltensvorschriften die bundesstaatlichen Regelungen. Ihre Verhaltenskodices sind allerdings inhaltlich jenen der *federal regulation* ähnlich.[46]

b) Marktintermediäre

Weder die *securities regulation* noch die *commodities regulation* kennen einen einheitlichen Begriff des Wertpapierdienstleistungsunternehmens, sondern unterscheiden grundsätzlich zwischen einzelnen Funktionsträgern am Kapitalmarkt, die einer staatlichen Erlaubnis (*registration*) zum Betrieb ihres Gewerbes bedürfen und jeweils einem eigenen Regime von Solvenz-, Organisations- und Verhaltensregeln unterworfen sind. Die Anwendung dieser Vorschriften obliegt der SEC bzw. CFTC, ist aber in erheblichem Umfang auf die Börsen und die NASD bzw. NFA übertragen.

Im Bereich der *securities regulation* wird – abgesehen von den *securities information processors*[47] – zwischen zwei registrierungsfähigen Berufsgruppen (*securities professionals*) unterschieden, die allerdings verschiedene Funktionen übernehmen können: *Brokers* bzw. *dealers* und *investment advisers*.

Der geschäftsmäßige Kommissions- und Eigenhandel in *securities* wird von den *brokers*[48] und *dealers*[49] getragen. Die Zulassung von *brokers* bzw.

---

43 *State securities administrators*, UnSA § 412, RUSA § 705 (*rulemaking authority*), 1 Blue Sky L. Rep. (CCH) ¶ 5552.

44 Nach SEA § 28(a) sind einzelstaatliche *gambling and bucket shop statutes* allerdings auf den auf „pink sheets" gelisteten Handel anzuwenden. Im Anwendungsbereich des CEA bleiben staatliche *gambling and bucket shop statutes* nur für bestimmte Derivate maßgeblich, s. z.B. New York General Obligations Law §§ 5-401, 5-411, McKinney's Consolidated Laws of New York Annotated, Book 23A, 1997 Cumulative Supplement Pocket Part.

45 Zur einzelstaatlichen Registrierung von *broker-dealers Hazen*, Pract.Ed. § 10.2.1; für *investment advisers* s. *Saul*, 25 Rev. Sec. & Comm. Reg. 41 (1992).

46 UnSA §§ 101, 201-204 (*fraudulent practices*), 1 Blue Sky L. Rep. (CCH) ¶¶ 5511, 5521 et seq., die sich im Wortlaut eng an SA § 17(a) und SEA Rule 10b-5 anlehnen.

47 SEA § 11A(b).

48 S. die Definition z.B. SEA § 3(a)(4): „any person engaged in the business of effecting transactions in securities for the account of others, but does not include a bank", s. insgesamt *Junker*, S. 7 ff.

dealers erfolgt durch ein einheitliches Registrierungsverfahren.[50] *Broker-dealers* unterlagen vor 1983 wahlweise der unmittelbaren Überwachung durch die SEC, die entsprechende Regeln aufstellte (*SECO broker-dealers*[51]), oder konnten Mitglied der NASD werden. Infolge der Aufhebung der SEA Rules 15b10-1 usf. müssen sie sich von der NASD registrieren lassen und unterliegen deren Regelwerk,[52] insbesondere den Rules of Fair Practice von 1939, die das Betrugs- und Manipulationsverbot des SEA § 15(c) konkretisieren. Besondere Regeln und Erleichterungen enthalten SEA §§ 15B und 15C und die dazu erlassenen *rules and regulations* der SEC für die Registrierung von *municipal securities* und *government securities broker-dealers*.[53] Die Registrierungspflicht gilt auch für *discount brokers*, die neben der Ausführung von Kundengeschäften (*brokerage execution service*) keine Anlageberatung erbringen.[54]

Neben dem genuinen Anlagegeschäft können *broker-dealers* in den nicht-zentralisierten OTC-Märkten die Aufgabe eines *market maker* übernehmen, der sich zum regelmäßigen Handel in einem bestimmten Wert für eigene Rechnung verpflichtet,[55] oder sich als Emissionshelfer (*underwriter*)[56] betätigen. Spezielle Funktionen innerhalb der Börsen ohne

49 S. die Definition z.B. SEA § 3(a)(5): „any person engaged in the business of buying and selling securities for his own account, through a broker or otherwise, but does not include a bank, or any person insofar as he buys or sells securities for his own account, either individually or in some fiduciary capacity, but not as a part of a regular business“.

50 SEA § 15(a)(1), Form BD, revidierte Fassung 1996, 5 Fed. Sec. L. Rep. (CCH) ¶¶ 32,702 et seq., zuletzt geändert durch SEA Rel. No. 34-37431 (July 12, 1996), [1997 Transfer Binder] Fed. Sec. L. Rep. (CCH) ¶ 85,821.

51 „SEC-Registered Only“, s. die SEA Rules 15a10-1 et seq., die auf Grund von SEA § 15(b)(9) in der Fassung der Securities Acts Amendments von 1964 (Publ. L. No. 88-467, § 1, 78 Stat. 565) eingeführt und 1983 wieder aufgehoben wurden, s. SEA § 15(b)(8), dazu *Jaffe*, 1991 Cumulative Supplement, pp. 1 et seq.

52 S. das NASD Manual.

53 Zusammenfassend *Hazen*, pp. 492 et seq., 498 et seq.

54 S. die 1985 erlassene SEA Rule 3b-9, 17 C.F.R. § 240.3b-9.

55 *Market making* ist eine Form des *dealing* (Eigenhandels).

56 S. die Definition SA § 2(11) und IAA § 202(20): „any person who has purchased from an issuer with a view to, or sells for an issuer in connection with, to distribution of any security, or participates or has a direct or indirect participation in any such undertaking, or participates or has a participation in the direct or indirect underwriting of any such undertaking“.

Kundenkontakt (*specialist*,[57] *floor trader*,[58] *odd-lot dealer*[59]) dürfen *broker-dealers* neben den schon genannten Aktivitäten nur bei strikter Abschottung der Geschäftsbereiche durch *fire walls* bzw. *chinese walls*[60] ausüben. *Broker-dealers* dürfen auch als Anlageberater auftreten, soweit diese Beratung nur gelegentlich („solely incidental") ihrer Hauptdienstleistung und unentgeltlich („no special compensation") erfolgt.[61] Geht die Anlageberatung darüber hinaus oder wird eine auch nur versteckte Gegenleistung dafür erbracht, wird eine zusätzliche Registrierung bei der SEC als *investment adviser* erforderlich. Die Abgrenzung ist nicht ganz unzweifelhaft.[62]

Investment advisers werden nach IAA § 203 unmittelbar von der SEC registriert[63] und überwacht, eine eigene Selbstverwaltungskörperschaft

---

57 Der *specialist*, der in einem ihm zugeteilten Wert als Kommissionshändler oder für eigene Rechnung Geschäfte tätigt und den *Dealer*-Kurs feststellt, nimmt eine von dem broker-dealer unabhängige Stellung ein. Seine Tätigkeit unterliegt den Vorschriften des SEA § 11 und den von der SEC und der jeweiligen Börse dazu erlassenen Regeln, insbesondere SEA Rule 11b-1, 17 C.F.R. § 240.11b-1 sowie NYSE Rule 104, 2 NYSE Guide (CCH) ¶ 2104 (1997).

58 Auch die sog. *floor traders*, die als Börsenmitglieder auf dem Parkett Eigenhandel betreiben, treten nicht mit dem Anlegerpublikum in Kontakt, s. SEA Rule 11a-1, 17 C.F.R. § 240.11a-1.

59 S. NYSE Rule 101, 2 NYSE Guide (CCH) ¶ 2101 (1997).

60 Unter bestimmten Umständen (*chinese wall policy*) wird die Beteiligung von *retail brokers* – d.h., Brokerfirmen, die für Privatkunden tätig werden – an *Specialist*-Unternehmen von der SEC geduldet, SEA Rel. No. 34-23768, 51 F.R. 41,183 (Nov. 13, 1986), s. zur Entwicklung *Hazen*, pp. 488 et seq.

61 IAA § 202(a)(11)(C), dazu auch die Interpretation des SEC General Counsel (1940), zit. bei 1 *Frankel*, p. 178.

62 Nach Ansicht der SEC liegt eine Gegenleistung – und der Zwang zur Registrierung als *investment adviser* – dann vor, wenn ein Brokerhaus zwei unterschiedliche Preislisten für Dienstleistungen in seinem *Full-service*-Bereich und seinem *Discount*- bzw. *Execution-only*-Bereich aufstellt und für ähnliche Geschäfte von seinen *Full-service*-Kunden, denen auch Anlageberatung angeboten wird, ein höheres Entgelt verlangt, s. SEA Rel. No. 14,717 (April 27, 1978), 6 Fed. Sec. L. Rep. (CCH) ¶ 56,156C. Ferner wird auch eine Gegenleistung angenommen, wenn ein *broker-dealer* mit Depotvollmacht für Kunden Geschäfte tätigt und diese Form des Portfoliomanagement überwiegend („almost exclusively") seine Geschäftstätigkeit ausmacht, s. SEA Rel. No. 15,215 (October 5, 1978), 6 Fed. Sec. L. Rep. (CCH) ¶ 56,156D.

63 Form ADV, 6 Fed. Sec. L. Rep. (CCH) ¶ 57,101 at 44,353 et seq.

wurde bisher nicht gegründet. Als genuine Dienstleistungen[64] stellen sie ihren Kunden Bewertungen von Wertpapierportefeuilles und -fonds, Studien, Analysen (z.B. *research reports, ratings*) und Einschätzungen über Märkte, Branchen, Emittenten u.ä. in periodischen oder einmaligen Veröffentlichungen zur Verfügung und verwalten Wertpapierportfolios für *investment companies* oder individuelle Kunden (*discretionary accounts*). Dabei übernehmen viele *portfolio, money* bzw. *asset managers* die Kommunikation mit dem Emittenten und bieten als Nebenleistungen das Effektendepotgeschäft und, soweit sie auch als *broker-dealer* registriert sind, auch das Anlagegeschäft an.

Im Bereich der *commodities regulation* ist die Registrierung von fünf verschiedenen Berufsgruppen (*commodities professionals*) vorgesehen, die von der CFTC und der NFA überwacht werden: Als „brokers“ und „underwriters“ können *futures commission merchants* (FCMs) tätig werden.[65] Zur Ausführung kreditierter Geschäfte („leverage contracts“) sind aber nur *leverage transaction merchants* (LTMs) autorisiert.[66] Als unabhängige Vermittler zwischen Kunden und FCMs betätigen sich registrierte *introducing brokers* (IBs),[67] die allerdings keine Berechtigung zur Führung von Kundenkonten und zur Annahme von Kundengeldern haben. Die *commodity trading advisers* (CTAs) haben ähnliche Funktionen wie die SEC-registrierten *investment advisers*.[68] Als Verwalter von *commodity pools*, die den *investment companies* ähnlich sind, werden *commodity pool operators* (CPOs) zugelassen.[69]

---

64 Zusammenfassend 1 *Frankel*, pp. 17-21.

65 CEA § 1a(12), 7. U.S.C. § 1a(12); s. CFTC Reg. 1.17, 17 C.F.R. § 1,17.

66 CFTC Reg. 1.3(oo), 17 C.F.R. § 1.3(oo).

67 CEA § 1a(14), CFTC Reg. 1.3(mm), 17 C.F.R. § 1.3(mm).

68 S. die Definition CEA § 1a(5): „any person who, for compensation or profit, engages in the business of advising others, either directly or through publications, writings or electronic media, as to the value of or the advisability of trading in any contract of sale of a commodity for future delivery made or to be made on or subject to the rules of a contract market; any commodity option authorized under Section 4c; or any leverage transaction authorized under Section 19; or [who], for compensation or profit, and as part of a regular business, issues or promulgates analyses or reports concerning any of the [foregoing] activities“.

69 CEA § 1(a)(4) und CFTC Reg. 1.3(cc), 17 C.F.R. § 1.3(cc).

2. *Kapitalmarktrecht und common law*

Neben den Vorschriften der *securities* und *commodities regulations* steht das einzelstaatliche, häufig kodifizierte *common law*,[70] das im *law of contract*, *tort*, *agency*, *trust* usf. auch für Konfliktfälle am Kapitalmarkt allgemeine (Verhaltens-)Regeln bereithält.

In formaler Hinsicht sind beide Normenkomplexe getrennt. Das amerikanische Recht kennt zwar traditionell keine Unterscheidung zwischen *public law* und *private law*.[71] Gleichwohl werden *securities* und *commodities regulation* allgemein als Formen des direkten hoheitlichen Eingriffs (*legislative fiat*) zum Schutz der Kapitalanleger und im öffentlichen Interesse angesehen und insofern von dem als Fallrecht entstandenen[72] *common law* unterschieden, dessen Anspruchsgrundlagen aber neben den aufsichtsrechtlichen *remedies*[73] anwendbar bleiben. So werden die Verhaltensstandards der *securities regulation* für *broker-dealers* als Fortschritt im Anlegerschutz gegenüber den Anforderungen des *common law* beurteilt.[74] Eine spezielle vertragsrechtliche Wirkung entfalten *antifraud rules* gemäß SEA § 29(a), nach dem Verträge, die gegen den Securities Exchange Act verstoßen, nichtig (*void*) sind.

In der Praxis wird die formale Trennung insbesondere daran deutlich, daß im Bereich der *federal diversity jurisdiction* die Bundesgerichte kein eigenes *federal common law* entwickeln dürfen.[75] Zwar wenden die Bundesgerichte auch das nach den *conflicts rules* einschlägige einzelstaatliche *common law* an, die Weiterentwicklung von Anspruchsgrundlagen bzw. Klagerechten bleibt aber den einzelstaatlichen Gerichten vorbehalten. Da die Bundesgerichte im Kapitalmarktrecht eigene, wenngleich nicht aus-

---

70 *Common law* oder kodifiziertes Recht der Einzelstaaten, s. z.B. New York General Obligations Law, McKinney's Consolidated Laws of New York Annotated, Book 23A, 1997 Cumulative Annual Pocket Part..

71 Anders neuere Ansätze unter der Ägide der *economic analysis of law* und der *public choice theory*, s. *Rose-Ackerman*, 1 Eur. J. Law & Econ. 53 (1994); *dies.*, Rethinking the Progressive Agenda, passim.

72 Seine jüngere Entwicklung ist aber durch Harmonisierungs- und Kodifizierungsbestrebungen geprägt, s. z.B. *Calabresi*, A Common Law for the Age of Statutes, pp. 5 et seq., 44 et seq.

73 Dazu sogleich unten § 4 I 3 b.

74 *SEC v. Capital Gains Research Bureau, Inc.*, 375 U.S.180, 186, 194 (1963); *U.S. v. Naftalin*, 441 U.S. 768, 775 (1979).

75 *Erie Railroad Co. v. Tompkins*, 304 U.S. 64 (1938) gegen die *Story*-Entscheidung *Swift v. Tyson*, 16 Pet. 166 (1842).

schließliche[76] *federal subject matter jurisdiction* besitzen, fällt dagegen die Auslegung und Entfaltung der *federal securities regulation* in ihren Kompetenzbereich.

Diese formale Trennung steht in deutlichem Kontrast zu der teilweisen inhaltlichen Übereinstimmung, die im wesentlichen auf die Berücksichtigung von Begriffen und Wertungen und auf den Einfluß des Pflichtenkanons des *common law* zurückzuführen ist. Bei der Interpretation der *antifraud provisions* hat die SEC, bestätigt durch die Rechtsprechung, Anleihen bei bestimmten *Common-law*-Konzepten, z.B. des *law of agency, trust, tort*, gemacht, um die „aufsichtsrechtlichen" Verhaltenspflichten von *broker-dealers* und *investment advisers* zu präzisieren.[77] Etwa bei der Auslegung des zentralen Tatbestandsmerkmals *deception* in den *Antifraud*-Vorschriften der SEA § 10(b) bzw. SEA Rule 10b-5 greift die Rechtsprechung auf das *common law of torts* zurück. Nach den Grundsätzen des *common law* setzt *fraud and misrepresentation* in subjektiver Hinsicht voraus, daß der Beklagte *scienter* gehandelt hat.[78] Dieses Merkmal wurde auf die kapitalmarktrechtliche *deception* übertragen.[79] Auch die Reichweite des subjektiven Markmals *scienter* wird entlang der im *common law* entwickelten Linien bestimmt. Danach fällt unter *scienter* nicht nur vorsätzliches Verhalten (*intentional misrepresentation*), sondern auch *reckless disregard of the truth*.[80] Bei der Anwendung von SEA Rule 10b-5 wurden diese beiden Fallgruppen von der Rechtsprechung übernommen.[81]

Die Prinzipien des *law of agency* haben bei der Entwicklung der Sorgfalts- und Interessewahrungspflichten von *broker-dealers* weitreichende Bedeutung gewonnen. Zunächst hat die SEC im Bereich der Preisgestaltung von *dealers*[82] zur Konkretisierung des *Defrauding*-Tatbestands in SEA Rule 10b-5 unterschiedliche Grundsätze entwickelt. In dem Fall *Duker &*

---

76 *Federal jurisdiction* besteht nach SA § 22(a) und IAA § 214 konkurrierend mit den Einzelstaaten, nach SEA § 27 ausschließlich für Verhaltensregeln der *securities laws* bzw. der „rules and regulations [created] thereunder".

77 *Langevoort*, 61 Texas L. Rev. 1247, 1261 et seq. (1983).

78 Dazu *Poser*, pp. 250 et seq.

79 *Ernst & Ernst v. Hochfelder*, 425 U.S. 185, 197 (1976); *Aaron v. SEC*, 446 U.S. 680, 695 (1980).

80 S. *Prosser and Keeton* on Torts, § 107.

81 *Backman v. Polaroid Corp.*, 893 F.2d 1405 (1st Cir. 1990); *In re Wells Fargo Securities Litigation*, 12 F.3d 922 (9th Cir. 1993). Der U.S. Supreme Court hatte diese Frage noch nicht zu entscheiden; s. im einzelnen *Hazen*, pp. 789 et seq.

82 Umfassend zur *markup regulation* unten § 9 I 3.

Duker[83] entschied die SEC, ein *dealer* müsse beim Festpreisgeschäft seine Kunden ggf. über die Handelsspanne (*markup*, *markdown*) aufklären, wenn der berechnete Preis (*customer price*) nicht in einem angemessenen Verhältnis zum Marktpreis stehe.[84] Zur Begründung stellte die SEC den Grundsatz auf, daß der *broker-dealer* durch das Angebot seiner Dienstleistungen gegenüber dem Publikum die stillschweigende Erklärung abgebe, daß er den Kunden fair und entsprechend den Verhaltensstandards seines Berufsstands behandeln werde.[85] Ein Verstoß gegen diesen Grundsatz komme einer Verletzung der *Antifraud*-Vorschriften („securities fraud“)[86] gleich, die im 1939 entschiedenen Fall zum Widerruf der Zulassung (*registration*) als *broker-dealer* führte. In einem ähnlichen Fall[87] rechtfertigte ein Berufungsgericht diese allgemeine *Fair-dealing*-Pflicht unter Berufung auf den von den *securities laws* verfolgten Schutz der Kapitalanleger vor Übervorteilung durch staatlich beaufsichtigte Marktinsider, in die das Publikum besonderes Vertrauen setze.[88] Dieser *Fair-dealing*-Grundsatz, der auch von der NASD als fundamentale Verpflichtung ihrer Mitglieder angesehen wird,[89] wurde in der Folge in anderen Bereichen angewendet[90] und wird nach einer Formulierung von *Loss* als *shingle theory* bezeichnet.[91] Die *shingle theory* steht dem *Common-law*-

83 6 S.E.C. 386 (1939).

84 „[It was fraud under Section 17(a) of the Securities Act and Rule 15c1-2 of the Exchange Act for a securities firm, while knowing that none of the customers were aware of the market price, to charge customers prices for securities] not reasonably related to the market price“, *Duker & Duker*, 6 S.E.C. 386 (1939). Zur Definition von *excessive markups* oder *markdowns* auch unten § 9 I 3.

85 „[Implied representation] that the customer will be dealt with fairly, and in accordance with the standards of the professions“, 6 S.E.C. 386 (1939).

86 In diesem Fall rekurrierte die SEC auf SA § 17(a) und SEA Rule 15c1-2; SEA Rule 10b-5 wurde erst im Jahr 1941 erlassen.

87 *Charles Hughes Co., Inc. v. SEC*, 139 F.2d 434 (2d Cir. 1943).

88 139 F.2d at 438; dazu *Lesh*, 59 Harv. L. Rev. 1237, 1241 et seq. (1946).

89 NASD Rules of Fair Practice Art. III § 1: „A member, in the conduct of business, shall observe high standards of commercial honor and just and equitable principles of trade.“ NASD Manual (CCH) ¶ 2151 (1994).

90 Dazu SEC, Report of the Special Study of the Securities Markets, H.R. Doc. No. 95, 88th Cong., 1st Sess., pt. 1, p. 238 (1963); *Steinberg*, pp. 239-240.

91 *Loss*, 1 Vand. L. Rev. 516, 518 (1948) (die *Fair-dealing*-Pflichten seien anwendbar „whenever a broker-dealer opens for business and *hangs out his shingle*“, Hervorhebung nicht im Original); s. ferner *ders.*, Fundamentals, pp. 811-21; *Jacobs*, pp. 9-1 – 9-19; *Goldberg*, pp. 8-22 – 8-49; *Wolfson/Phillips/*

Haftungstatbestand des *holding out* und dem Regime der *fiduciary duties and liabilities*[92] nahe. Da der *broker* als *agent* für den Kunden tätig wird und ihn bereits nach *common law* die Verpflichtung zur Wahrung der Kundeninteressen trifft,[93] erweiterte die *shingle theory* zunächst die Pflichten bei Festpreisgeschäften, stellt aber heute unter Berücksichtigung der Aufsichts- und Gerichtspraxis eine allgemeine Interessewahrungspflicht für *brokers* und *dealers* dar.[94]

Wenngleich der *Fair-dealing*-Standard als Tatbestand für *securities fraud* einen sehr weiten Auslegungsspielraum läßt,[95] hat die SEC, bestätigt durch die Bundesgerichte, sich nicht ausschließlich darauf gestützt, sondern auch andere Grundsätze zur Konkretisierung des *Fraud*-Tatbestands herangezogen. Die SEC hat insbesondere die aus dem *common law* entlehnten Grundsätze der *implied agency*[96] und *agency*[97] herangezogen. Dabei vertritt die SEC den Standpunkt, daß bei bestimmten vertraglichen Gestaltungen zwischen Marktintermediär und Kunden,[98] die nach *common*

Russo, ¶ 2.10; *Note*, 9 Loy. U. Chi. L. J. 746, 748-51 (1978); *Quinn*, 1990 Colum. Bus. L. Rev. 61, 72.

92 Dazu *Arleen Hughes v. SEC*, 174 F.2d 969 (D.C. Cir. 1949); *Poser*, pp. 129 et seq. m.w.N. Zur Abgrenzung zu *fiduciary duties* s. auch *Langevoort*, 61 Texas L. Rev. 1247, 1280 (1983).

93 Zur Rechtslage vor Erlaß des SEA *Meyer*, pp. 249-311.

94 Z.B. *Ettinger v. Merril Lynch, Pierce, Fenner & Smith, Inc.*, 835 F.2d 1031, 1033 et seq. (3d Cir. 1987).

95 Kritisch *Leavell*, 65 Mich. L. Rev. 1569, 1584-85, 1590-91 (1967); *Goldberg*, 8-49 (die *shingle theory* sei „whatever the Commission and the judiciary from time to time want it to be").

96 Auch als „trust and confidence theory" bezeichnet, *Arleen Hughes v. SEC*, 174 F.2d 969 (D.C. Cir. 1949) (Aufklärungspflichten bei Interessenkonflikten eines *broker-dealer* und *investment adviser*); aus Sicht der SEC *Quinn*, 1990 Colum. Bus. L. Rev. 61; s. auch *Loss*, Fundamentals, pp. 837-43.

97 *Allender Co.*, 9 S.E.C. 1043 (1941) (*agency relationship* mit entsprechenden Aufklärungspflichten folge aus besonderem Verhalten des *dealer*); *Oxford Company, Inc.*, 21 S.E.C. 681 (1946) (Behandlung eines *dealer* als *broker* bei sog. „riskless transactions", bei denen sich der Intermediär zur Ausführung des Festpreisgeschäfts erst nach der Order am Markt eindeckt); *Norris & Hirschberg, Inc.*, 21 S.E.C. 865 (1946), *aff'd on other grounds Norris & Hirschberg, Inc. v. SEC*, 177 F.2d 228 (D.C. Cir. 1949); *E.F. Hutton & Co., Inc.*, SEA Rel. No. 25,887 (July 6, 1988), [1988-89 Transfer Binder] Fed. Sec. L. Rep. (CCH) ¶ 84,303, zusammenfassend *Quinn*, 1990 Colum. Bus. L. Rev. 61, 62 et seq.

98 Z.B. bei der Anlageberatung (wie im Fall *Arleen Hughes v. SEC*) oder bei einer „limit order" (wie im Fall *E.F. Hutton*).

law die Tatbestände der *agency* oder auch *implied agency* erfüllen, die Verletzung von entsprechenden Verhaltenspflichten des *agent*[99] zugleich einen Verstoß gegen die *Antifraud*-Bestimmungen der *securities laws* darstelle.[100] Im Gegensatz zu dem flexiblen *Fair-dealing*-Grundsatz der *shingle theory* werden durch Inanspruchnahme heteronomer Prinzipien des *common law* rigidere Verhaltenspflichten in das Kapitalmarktrecht eingeführt. Selbst innerhalb der SEC erhob sich Widerspruch gegen die unflexible Anwendung der *agency principles* ohne Berücksichtigung der besonderen Umstände, insbesondere der anerkannten Marktpraxis und des allgemeinen Informationsstandes („sophistication") des Kunden.[101] Der damalige Chairman der SEC begründete die starre Übernahme der Verhaltenspflichten des *law of agency* u.a. mit der Erwägung, daß der Kapitalanleger durch die *securities laws* gerade über das *common law* hinaus geschützt werden solle und dieser Schutz in keinem Fall hinter den Standards des *common law* zurückbleiben dürfe.[102]

Die Inkorporation von *Common-law*-Verhaltenspflichten in die *securities regulation* befriedigt das Bemühen um eine stärkere Rationalisierung und Nachvollziehbarkeit der Entwicklung von Verhaltensstandards aus den allgemeinen *antifraud provisions.* Diese Entwicklung ist zwar weder die einzig prägende noch kann sie als abgeschlossen angesehen werden. Festzuhalten ist allerdings, daß damit der Primat des *common law* als Rechtsquelle für Verhaltenspflichten anerkannt wird und durch das Einschreiten der SEC ursprünglich außerhalb des Kapitalmarktrechts liegende *common law principles* mit den Sanktionen der *federal securities regulation* bewehrt werden. Damit ist bei der Konkretisierung der Verhaltenspflichten tendentiell eine inhaltliche Abhängigkeit des Aufsichtsrechts vom *common law* festzustellen.

---

99 Insbesondere Aufklärungspflichten (über Interessenkonflikte, z.B. Fortführung eines mit der *limit order* konkurrierenden Eigenhandels).

100 In späteren Entscheidungen hat der U.S. Supreme Court wieder stärker das Erfordernis eines tatsächlichen „confidential relationship" zu dem Kunden betont, das eine „duty to disclose" rechtfertigen könne, *Dirks v. SEC*, 463 U.S. 646 (1983), *Chiarella v. U.S.*, 445 U.S. 222 (1980), dazu 8 *Loss/Seligman*, p. 3789 nn. 35, 36 (m.w.N.).

101 S. die *dissenting opinions* von *Grundfest* und *Fleischman* in dem 3:2 entschiedenen Fall *E.F. Hutton & Co., Inc.*, SEA Rel. No. 25,887 (July 6, 1988), [1988-89 Transfer Binder] Fed. Sec. L. Rep. (CCH) ¶ 84,303 at pp. 89,333-334 und 89,336-338.

102 *Concurring opinion*, at p. 89,333; s. auch *Herman & MacLean v. Huddleston*, 459 U.S. 375, 389 (1983).

3. Durchsetzung kapitalmarktrechtlicher Verhaltenspflichten

Die Durchsetzung des U.S.-amerikanischen Kapitalmarktrechts obliegt grundsätzlich den nationalen und einzelstaatlichen Aufsichtsorganen bzw. den SROs. Bei der Überwachung der Verhaltenspflichten von Marktintermediären spielen aber auch Schadensersatzprozesse privater Kläger eine erhebliche Rolle, für die *securities* und *commodities regulations* eigene Anspruchsgrundlagen bzw. Klagerechte geschaffen haben. Durch diese *private rights of action* wird die formale Dichotomie zwischen staatlicher Intervention (*regulation*) und *common law* durchbrochen.

a) Staatliche Aufsicht und Sanktion

Die staatliche Überwachung der Marktintermediäre wird auf Bundesebene von der SEC[103] bzw. CFTC ausgeübt. Neben der unmittelbaren Überwachung hat die SEC aber ihre Aufsichtskompetenzen in erheblichem Umfang auf die NASD delegiert. Daher beginnen bei Regelverstößen disziplinarische Verfahren – abgesehen von der direkten Aufsicht der SEC über *investment advisers* – typischerweise auf der Ebene der SRO.

Im Bereich der *broker-dealer regulation* ist die SEC zwar nach SEA § 15(b)(4) zu Aufsichts- und insbesondere Disziplinarmaßnahmen gegenüber den von ihr zugelassenen *broker-dealers* ermächtigt. Die Aufgaben reichen von der Überwachung der Verhaltenspflichten (SEA § 15(c)(1)) zur Solvenzaufsicht (SEA § 15(b)(7)). Die SEC kann bei Regelverstößen eigene Ermittlungsverfahren durchführen,[104] Geldbußen (*civil penalties*) festsetzen,[105] eigene Anordnungen (*cease-and-desist orders*)[106] erlassen und vor den District Courts bestimmte gerichtliche Anordnungen[107] oder die gerichtliche Festsetzung von Geldbußen[108] erwirken sowie ggf. die Einleitung von Strafverfahren (*criminal prosecution*) beantragen.

---

103 *Hazen*, pp. 11 et seq.; kurzer Überblick bei *Altendorfer*, S. 19 ff. Zur *blue sky regulation* s. *Loss/Cowett*, ch. 11.

104 S. z.B. SA § 20(a), SEA § 21(a)-(c). Dabei ist der Datenschutz (Right to Financial Privacy Act) erheblich eingeschränkt, SEA § 21(h).

105 S. z.B. SA § 20(d), SEA § 21(d)(3).

106 SA § 8A, SEA § 21C; zur Praxis s. *Hiler/Gilman*, 23 Sec. Reg. L. J. 235 (1995).

107 Z.B. *permanent or temporary injunctions* nach SA § 20(b), SEA § 21(d)(1) oder *writs of mandamus, injunctions, orders* nach SA § 20(c), SEA § 21(e), IAA § 211(c).

108 Z.B. bei Verstößen gegen das Insiderhandelsverbot und bei bestimmten Verstößen von registrierten *broker-dealers*, s. SEA §§ 21A, 21B.

SEA § 15(b)(8) verpflichtet alle *broker-dealers* zur Mitgliedschaft in einer der 10 bestehenden SROs,[109] die unter der Aufsicht der SEC[110] eigene Zulassungs-, Organisations- und Verhaltensregeln erlassen und deren Einhaltung im täglichen Geschäft überwachen. Die Börsen und die NASD, die diese Aufgaben mit Unterstützung von 14 regionalen District Offices ausübt,[111] führen bei Verstößen gegen die SRO-Regeln oder allgemein gegen die *securities laws* nach Maßgabe von SEA § 6(d) bzw. § 15A(h) Disziplinarverfahren[112] durch und können die Mitgliedschaft eines *member* suspendieren oder aufheben; bei der NASD kommt dies einem temporären oder ständigen Berufsverbot für *broker-dealers* gleich. Gegen diese Sanktionen kann der *broker-dealer* durch Widerspruch Überprüfung (*review*) verlangen.[113] Dieser Widerspruch wird in einem förmlichen Rechtsbehelfsverfahren von der SEC geprüft, die den Fall in tatsächlicher und rechtlicher Hinsicht umfassend auf Regelverstöße gegen die *securities laws* beurteilt und die Sanktion der NASD bestätigt oder aufhebt. Diese Entscheidung der SEC unterliegt – wie alle *final orders* – der gerichtlichen Überprüfung (*judicial review*) durch die *U.S. courts of appeals*.[114]

Soweit nach der Voruntersuchung der SEC auch strafrechtliche Sanktionen in Betracht kommen, wird die Strafverfolgung nicht von der SEC selbst durchgeführt. Die SEC kann beim Justizministerium des Bundes (Department of Justice) die Einleitung eines Strafverfahrens anregen, das von dem örtlich zuständigen District Attorney[115] durchgeführt wird.[116]

---

109 Außer der NASD sind zur Zeit 9 *national securities exchanges* von der SEC nach SEA § 6 zugelassen, s. *Hazen*, p. 467.

110 SEA §§ 19(b)-(c), 17(d); s. auch *General Bond & Share Co. v. SEC*, 39 F.3d 1451 (10th Cir. 1994).

111 Die Struktur und Funktionsfähigkeit des NASD-Aufsichtssystems ist in der jüngeren Vergangenheit angesichts bestimmter Mißstände bei den *market makers* des NASDAQ-Systems öffentlich bezweifelt worden. Eine unabhängige Untersuchungskommission unter Vorsitz des Senators *Rudman* hat jedoch in ihrem Abschlußbericht (Report of NASD Select Committee on Structure and Governance to NASD Board of Governors (Sept. 15, 1995), sog. *Rudman Report*, in Auszügen abgedr. bei *Loss/Seligman*, 1996 Supplement, pp. 692 et seq.) außer gravierenden Strukturmängeln beim NASDAQ Market dem Aufsichtssystem für *OTC broker-dealers* im wesentlichen Funktionsfähigkeit bescheinigt.

112 *Callery/Wright*, 48 Bus. Law. 791 (1993).

113 SEA § 19(d)-(e).

114 SEA § 25(a)(1).

115 U.S. Attorney (Bundesanwalt) für den entsprechenden Distrikt, z.B. den S.D.N.Y. für New York City.

b) Private enforcement

Neben der staatlichen und autonomen Überwachung der Verhaltenskodices spielen Klagerechte einzelner geschädigter Anleger (*private rights of action*), die entweder ausdrücklich im Gesetz genannt sind oder von der Rechtsprechung als *implied causes of action* entwickelt wurden, eine tragende Rolle bei der Durchsetzung und Entfaltung des U.S.-amerikanischen Kapitalmarktrechts. Dies wird zum einen damit begründet, daß die SEC infolge beschränkter Mittel nicht in der Lage sei, jedem zweifelhaften Verhalten von Teilnehmern am Kapitalmarkt nachzugehen. Insofern übernähmen *private actions* eine ergänzende Aufgabe bei der Durchsetzung der *securities laws.*[117] Andererseits ist die eher ambivalente Entwicklung zu berücksichtigen, daß viele private Schadensersatzklagen, insbesondere auch *class actions* nach SEA Rule 10b-5, erst nach Feststellung der Manipulationen durch die SEC, Verzicht der Beklagten auf bestimmte Einreden und ggf. Einrichtung eines Entschädigungsfonds für geschädigte Kapitalanleger angestrengt werden.[118] Da in den Schadensersatzverfahren hohe Streitwerte erreicht werden,[119] verstärkt das *private enforcement* die generalpräventive Funktion der *antifraud provisions.*

Ausdrückliche Anspruchsgrundlagen sind den Kapitalanlegern als Kunden der Intermediäre insbesondere durch SA §§ 11(a),[120] 12(1),[121] 12(2)[122] und SEA §§ 9(e),[123] 16(b),[124] 18(a),[125] 20A[126] eingeräumt. Diese

---

116 Dazu *Martin*, S. 83 ff. Zu den einzelnen Strafbestimmungen *ders.*, S. 35 ff. (Bundesrecht), 113 ff. (Einzelstaaten).

117 Vgl. Securities Fraud Hearings Before the Subcommittee of the Senate Comm. on Banking, Housing & Urban Affairs, p. 5 (June 17, 1993), zit. bei *Grundfest*, 107 Harv. L. Rev. at 969 Fn. 15 (1994), mit SEC, Amicus Curiae Brief, p. 6, zu *Herman & MacLean v. Huddlston*, 459 U.S. 375 (1983), zit. bei *Grundfest*, 107 Harv. L. Rev. at 969 („[g]iven the limited resources of the Commission, the private right of action is vital to effective enforcement of Section 10(b)").

118 *Grundfest*, 107 Harv. L. Rev. 961, 968 et seq. (1994).

119 Zu den jüngeren Auswüchsen *Fallone*, 1997 Univ. Ill. L. Rev. 71, 75 et seq.

120 Haftung für irreführende Angaben (im *registration statement*) im Zusammenhang mit Emissionen (insbesondere von *underwriters*), *Hazen*, pp. 328 et seq.

121 Anspruch auf Rückabwicklung (*rescission*) von Verträgen mit Verkäufern (*privity requirement*) bei Verletzung von Verkaufsprospekt- und Registrierungsvorschriften nach SA § 5.

122 Haftung für irreführende Angaben von Verkäufern (*privity requirement*) im Zusammenhang mit öffentlichen Emissionen.

123 Haftung für Manipulationen beim Handel mit börsennotierten Werten.

Anspruchsgrundlagen sind auf Schadensersatz (*damages*) gerichtet. Darüber hinaus hat die Rechtsprechung der Bundesgerichte im Laufe der Jahre die Haftung der Marktintermediäre ausgeweitet, indem sie weitere Anspruchsgrundlagen als Implikation insbesondere der *anti-fraud provisions* des SA und des SEA[127] annahm (*implied rights of action*). Dieser Trend ist seit etwa 1975 rückläufig.[128] Insgesamt werden auch die ausdrücklichen Anspruchsgrundlagen inzwischen restriktiv ausgelegt.[129] Zu dem Kreis der von der Rechtsprechung anerkannten *implied private actions* im Bereich der *securities laws* gehören insbesondere die Anspruchsgrundlagen, die aus SEA § 10(b) bzw. Rule 10b-5 und SEA 14(a) bzw. Rule 14a-9 abgeleitet werden.[130] In der Rechtsprechung umstritten ist die Klagbarkeit von Verstößen gegen SA § 17(a) und SEA § 15(c).[131] Einige Gerichte billigen privaten Klägern auch die Berufung auf SEA § 29(b) zu, die die Aufhebung (*rescission*) von gegen die *securities laws* verstoßenden Verträgen bestimmt.[132] Für Verträge mit einem *investment adviser* ist die Vertragsaufhebung (*rescission*) als *private remedy* höchstrichterlich anerkannt.[133]

Zur Begründung privater Klagerechte, die nicht gesetzlich vorgesehen sind, hat die Rechtsprechung seit den 40er Jahren zwei unterschiedliche

124 Haftung von Emittenten und deren Aktionären für Schäden aus Handelsmanipulationen (Abschöpfung von *short-swing profits*).

125 Haftung von Verkäufern und Käufern für irreführende Angaben gegenüber der SEC.

126 Haftung für Schäden aus Insiderhandel (Abschöpfung von *insider profits*).

127 Dies gilt nicht für den Bereich der *investment adviser regulation*, s. *Transamerica Mortgage Advisors, Inc. v. Lewis*, 444 U.S. 11 (1979).

128 S. die restriktive Entscheidung des U.S. Supreme Court in *Cort v. Ash*, 422 U.S. 66 (1975); s. auch *Middlesex County Sewerage Authority v. National Sea Clammers Association*, 453 U.S. 1 (1981) (zum Federal Water Pollution Control Act); *Goldstein*, 13 Harv. C.R.-C.L. L. Rev. 1 (1978); zusammenfassend *Steinberg*, pp. 215 et seq.

129 *Gustafson v. Alloyd Co.*, 115 S.Ct. 1061 (1995) (strenge Beschränkung des Anwendungsbereichs von SA § 12(2) auf Emissionen).

130 Dazu *Buxbaum*, Karlsruher Forum, S. 6 ff., 33 ff.

131 S. nur *Poser*, pp. 234 et seq.

132 *Regional Properties, Inc. v. Financial & Real Estate Consulting Co.*, 678 F.2d 552 (5th Cir. 1982), *appeal after remand* 752 F.2d 178 (5th Cir. 1985).

133 *Transamerica Mortgage Advisors, Inc. v. Lewis*, 444 U.S. 11 (1979) (kein *private right of action* auf Schadensersatz wegen Verstoßes gegen IAA § 206(a), aber *equitable action for rescission of prohibited contracts* nach IAA § 215). Zur restriktiven Haltung bei der Ermittlung von Schutzzwecken *vor* dem New Deal *Thayer*, 27 Harv. L. Rev. 317, 320 (1917).

Ansätze entwickelt:[134] Zunächst wurde in der ersten veröffentlichten Gerichtsentscheidung, die einen auf SEA Rule 10b-5 gestützten Schadensersatzanspruch anerkannte,[135] auf die im New Yorker *law of torts*[136] auf *Justice Cardozo* zurückgehende Figur des *negligence per se* zurückgegriffen. Danach liegt ein haftungsbegründendes Fehlverhalten (*negligence*) bereits im Verstoß gegen eine bestimmte Gesetzes- oder Verwaltungsvorschrift, soweit der darin aufgestellte Verhaltensstandard (*statutory standard of conduct*) u.a. dem Schutz des Klägers und seiner in Streit stehenden Interessen dient.[137]

Diese Rechtsprechung ging davon aus, daß eine Schadensersatzklage auf die Verletzung ausdrücklicher staatlicher Verhaltensstandrads gestützt werden könne, soweit der Gesetzgeber *private remedies* offensichtlich nicht ausschließen wollte. Im Hinblick auf das Ziel der SEA § 10(b) bzw. Rule 10b-5, Manipulationen und betrügerisches Verhalten von Marktteilnehmern allgemein zu verhindern, könne das Fehlen einer ausdrücklichen Anordnung der *civil liability* nicht auf einen Ausschluß privater Schadensersatzklagen schließen lassen. Die expansive Rechtsprechung der Bundesgerichte stützte sich dabei auf den Grundsatz *ubi ius ibi remedium*[138] und entwickelte in der Folge weitere *implied actions* nach SA § 17(a) und SEA

---

134 *Hazen*, 33 Vand. L. Rev. at 1346 et seq. (1980).

135 *Kardon v. National Gypsum Co.*, 69 F.Supp. 512 (E.D.Pa. 1946); die *civil liability* nach SEA Rule 10b-5 ist bis heute anerkannt, s. *Superintendent of Ins. of New York v. Bankers Life & Cas. Co.*, 404 U.S. 6 (1971).

136 *Martin v. Herzog*, 228 N.Y. 164, 168; 126 N.E. 814, 815 (1920); s. auch Restatement (Second) of Torts § 286 (1965).

137 Restatement (Second) of Torts § 286 (1965) lautet:
„The court may adopt as the standard of conduct of a reasonable man the requirements of a legislative enactment or an administrative regulation whose purpose is found to be exclusively or in part
(a) to protect the class of persons which includes the one whose interest is invaded, and
(b) to protect the particular interest which is invaded, and
(c) to protect that interest against the kind of harm which has resulted, and
(d) to protect that interest against the particualr hazard from which the harm results."

138 Widerpart der Maxime *expressio unius exclusio alterius*. S. zuerst *Texas & Pacific Railroad Co. v. Rigsby*, 241 U.S. 33, 39 (1915) im Zusammenhang mit der Verletzung von Verhaltensstandards des Federal Safety Appliance Act; s. auch *Bell v. Hood*, 327 U.S. 678, 684 (1945).

§ 15(c), die allerdings keine allgemeine Anerkennung unter den Circuits fanden.[139]

Dieser Ansatz wird heute nicht weiter verfolgt, weil nach der verfassungsrechtlichen Entscheidung des U.S. Supreme Court in *Erie Railroad Co. v. Tompkins*[140] den Bundesgerichten auch im Bereich der *federal diversity jurisdiction*[141] die Entwicklung eines *federal common law* verwehrt ist.[142] Bundesgerichte können danach im Kapitalmarktrecht keine speziellen *common law remedies* zulassen, weil diese Kompetenz den Einzelstaaten zugewiesen ist. Allenfalls können *state courts* bundesrechtliche Verhaltensstandards in *Negligence-per-se*-Fällen anwenden.

Eine zweite Linie der Rechtsprechung, die bereits mit der Maxime *ubi ius ibi remedium* in der Leitentscheidung *Kardon v. National Gypsum Co.* anklingt, geht von dem Ziel des Gesetzgebers der *securities laws* aus, den Schutz der Kapitalanleger u.a. durch Manipulationsverbote zu verwirklichen. Dabei versuchen die Gerichte, durch expansive Auslegung der Stellungnahmen von Kongreßmitgliedern in den Gesetzesmaterialien bei jedem einzelnen Verhaltensstandard zu beurteilen, ob die Zulassung eines *implied right of action* gerechtfertigt werden kann.[143] In der Entscheidung des U.S. Supreme Court in *Cort v. Ash*[144] wurde ein Vier-Faktoren-Test aufgestellt, nach dem *implied rights of action* nur anerkannt werden sollen, wenn (1) der Kläger zu dem gesetzlich geschützten Personenkreis gehört, (2) die Ableitung eines solchen Klagerechts den Zielen des Gesetzgebers entspricht, (3) diese Ableitung mit dem allgemeinen Gesetzeszweck in Einklang steht und (4) das betreffende Rechtsgebiet nicht herkömmlich in die Kompetenz der Einzelstaaten fällt.[145] Dieser Test legt einen im

---

139 S. etwa zu SA 17(a) *Hazen*, pp. 882 et seq.

140 304 U.S. 64 (1938).

141 Zuständigkeit bei Parteien aus verschiedenen Einzelstaaten bei einem Streitwert von mindestens U.S.$10.000, S. 28 U.S.C. §§ 1331-1332.

142 Dies wird in *Kardon v. National Gypsum Co.*, 69 F.Supp. at 514 [para. 5, 6] (1946), noch übersehen, indem die Frage offen gelassen wird, ob ein Anspruch nach dem Securities Exchange Act oder nach *common law* gegeben sei.

143 In der Entscheidung *J.I. Case Co. v. Borak*, 377 U.S. 426, 431-32 (1963), wird aus der Bedeutung des Anlegerschutzes als „congressional belief" und einer der „chief purposes" der *federal proxy regulation* (SEA § 14(a)) gefolgert, daß ein *implied private remedy* zur Umsetzung der Ziele des Securities Exchange Act erforderlich sei.

144 422 U.S. 66 (1975).

145 *Id.* at 78.

common law – auch nach dem Triumph des *realism*[146] – ungewöhnlichen Schwerpunkt auf den vom Gericht jeweils zu bestimmenden objektiven Gesetzeszweck (Faktoren *(1)* und *(3)*) im Gegensatz zu dem subjektiven *legislative intent*, der sich unmittelbar aus dem Gesetzestext oder aus den Gesetzesmaterialien ergibt. Die Rechtsprechung hat daher in der Folge auch das zweite Kriterium des *Cort*-Tests betont,[147] dabei aber eindeutige Anhaltspunkte für die Absicht des Gesetzgebers verlangt, eine Anspruchsgrundlage zugunsten geschädigter Kapitalanleger zu schaffen. Ferner wurde die Anerkennung eines *implied remedy* u.a. mit einer notwendigen Effektivitätssteigerung der *securities laws*,[148] ggf. mit der Ergänzung der bestehenden nicht ausreichenden Anspruchsgrundlagen,[149] mit dem Bestehen einer Rechtsschutzlücke für geschädigte Anleger im *common law*[150] oder mit dem besonderen Anlegerschutzziel der verletzten Regel[151] gerechtfertigt.

Insgesamt wird der diesem Ansatz zur Rechtfertigung von *implied private remedies* innewohnende Auslegungsspielraum von den Gerichten nach den jüngst einschränkenden Vorgaben des U.S. Supreme Court re-

---

146 Zum *legal realism* s. *K.Llewellyn*, p. 228; *Esser*, Grundsatz und Norm, S. 20 ff.

147 *Touche Ross & Co. v. Redington*, 442 U.S. 560, 578 (1978); *Transamerica Mortgage Advisors, Inc. v. Lewis*, 444 U.S. 11, 15-16 (1979); *Merril Lynch, Pierce, Fenner & Smith v. Curran*, 456 U.S. 353 (1981) bezüglich der *commodities regulation*; *Central Bank of Denver v. First Interstate Bank of Denver*, 114 S.Ct. 1825, 128 L.Ed. 119 (1994); referierend zu dieser Tendenz auch *Bennett v. United States Trust Co. of New York*, 770 F.2d 308, 311 et seq. (1985) (zu SEA § 7 bzw. *margin rules*).

148 *J.I. Case Co. v. Borak*, 377 U.S. 426, 433 (1963); *Colonial Realty Corp. v. Bache & Co.*, 358 F.2d 178, 182 (2d Cir. 1966) (NASD Rules of Fair Practice Art. III § 1).

149 Bei IAA § 206(a) sei die Annahme zusätzlicher *implied remedies* durch den Gesetzgeber angesichts der umfassenden Durchsetzungsmöglichkeiten im IAA (*criminal offenses* nach § 217, *civil actions* der SEC nach § 209, eigene Sanktionsmöglichkeiten der SEC nach § 203) nicht nachvollziehbar, *Transamerica Mortgage Advisors, Inc. v. Lewis*, 444 U.S. 11 (1979).

150 *Colonial Realty Corp. v. Bache & Co.*, 358 F.2d 178, 182 (2d Cir. 1966): Dies gelte nur für genau definierte Verpflichtungen, nicht für allgemeine Wohlverhaltensregeln („catch-all duties").

151 *Buttrey v. Merril Lynch, Pierce, Fenner & Smith, Inc.*, 410 F.2d 135, 142 (7th Cir. 1969) (zu NYSE Rule 405); auch *Lowenfels*, 66 Colum. L. Rev. 12, 18 et seq., 29 (1966), der *implied remedies* zuläßt, soweit die Regeln nicht nur als „house-keeping devices", sondern „for the direct protection of investors" geschaffen sind.

striktiver genutzt als in den fünfziger und sechziger Jahren.[152] Zwar wird die Klagbarkeit der SEA Rules 10b-5 und 14a-9 zum änderungsfesten Bestandteil des amerikanischen Kapitalmarktrechts gezählt.[153] Jede Einschränkung soll an den wahrscheinlichen Folgen für die Marktintegrität gemessen werden.[154] Doch ist die Rechtsprechung bei SA § 17(a) und SEA § 15(c) von der ursprünglichen Anerkennung eines *private remedy* unter dem Einfluß der restriktiven Entscheidungen des U.S. Supreme Court mehrheitlich wieder abgerückt.[155] In der U.S.-amerikanischen Diskussion wird sogar eine entsprechende Novellierung der SEA Rule 10b-5 durch die SEC für zulässig gehalten, um private Schadensersatzansprüche zu beschränken.

II. Verhaltenspflichten im britischen Kapitalmarktrecht

1. Überblick: Rechtsgrundlagen und Aufsichtssystem

Das britische Kapitalmarktrecht wurde durch den *Financial Services Act* von 1986 (FSAct)[156] grundlegend neugeordnet.[157] Diesem Gesetz liegt das Prinzip einer umfassenden staatlichen bzw. staatlich kontrollierten[158] Regulierung von Finanzdienstleistungen und Intermediären zugrunde, die

---

152 Für eine Bestandsaufnahme auf dem Höhepunkt dieser Entwicklung s. *Buxbaum*, Karlsruher Forum, S. 30 ff.

153 *Hazen*, p. 66 et seq. Unklar ist die Rechtslage hinsichtlich *implied remedies* beim Verstoß gegen SRO Rules, dazu 9 *Loss/Seligman*, p. 4444 n. 591.

154 *Grundfest*, 107 Harv. L. Rev. at 1023 (1994).

155 S. die Rechtsprechungsnachweise bei *Hazen*, p. 883 n. 22 (SA § 17(a)), p. 538 n. 10 (SEA § 15(c)).

156 1986 c 60 (*Royal Assent*, 7 November 1986). Der Text ist abgedruckt bei *Sabalot* [1] et seq. Zum Inkrafttreten der einzelnen Vorschriften s. *ibid.* [240].

157 *Poser*, International Securities Regulation, pp. 12 et seq. m.w.N.; *J.R.C. White*, paras. 1-001 et seq.; *Rider/Chaikin/Abrams*, ¶¶ 201 et seq.; *Freshfields*, pp. 13 et seq.; *Dalhuisen*, J.H., pp. 1 et seq.; *Ellger/Kalss* in Hopt/Rudolph/Baum, S. GB-12 ff. Zu den Vorarbeiten *Gower*, Discussion Document (1982).

158 Überblick zur *self-regulation within a statutory framework* im britischen Bank- und Versicherungsrecht bei *Hoeren*, S. 33 ff.; s. auch *Langhart*, S. 209; *Poser*, International Securities Regulation, pp. 85 et seq.; *Ellger/Kalss* in Hopt/Rudolph/Baum, s. GB-43 ff.

sich auch auf Investmentfonds[159] und bestimmte Aktivitäten von Versicherungen[160] erstreckt.[161] Gegenstand der Regulierung sind die unterschiedlichen Formen des *investment business*. Der einheitliche gesetzliche Begriff des *investment business* erfaßt in seinem Kernbereich den Kommissions- und Eigenhandel sowie das Emissionsgeschäft (*dealing in investments*), die Vermittlung dieser Geschäfte (*arranging deals in investments*), die Verwaltung von Anlagevermögen (*managing investments*), die Anlageberatung (*investment advice*) und die Errichtung und Verwaltung kollektiver Anlagevermögen (*establishing etc collective investment schemes*).[162] Die Ausübung einer oder mehrerer Formen von *investment business* bedarf der staatlichen Zulassung (*authorisation*) und unterliegt den Solvenz- und Verhaltensregeln, die im FSAct und den Regelwerken der Aufsichtsorgane festgelegt sind.

Im Gegensatz zur britischen Tradition der *self-regulation*[163] ist das seit 1986 installierte und seit 1997 reformierte Aufsichtssystem durch eine Betonung des staatlichen Regulierungsauftrags und die Verflechtung staatlicher und privater[164] Überwachungsorgane gekennzeichnet. Grundsätzlich obliegt die Durchsetzung des FSAct dem *Secretary of State for Trade and Industry*, dessen Aufgaben seit 1992 im wesentlichen von *HM Treasury* wahrgenommen werden.[165] In der Praxis sind die wichtigsten

159 FSAct pt. I, ch. VIII, *Sabalot* [75] et seq. Bis 1997 war die Zitierweise „FSA" üblich, die seit 28.10.1997 für die Financial Services Authority verwendet wird.

160 FSAct pt. II, *Sabalot* [129] et seq.

161 Dieser Regelungsansatz behält jedoch die traditionelle Trennung zwischen der Regulierung von Banken, Versicherungen und Wertpapierhäusern bei, kritisch *Taylor*, [1996] Fut. & Deriv. L. Rev. 7.

162 Dazu insgesamt FSAct s 1(2) mit Schedule 1, pts. II-III, *Sabalot* [1], [213]-[214]. Der Begriff des „investment" umfaßt u.a. *stock*, *debentures* (auch Staatsanleihen), *warrants*, *units in collective investment schemes*, *options*, *futures*, *long term insurance contracts*, s. die Definitionen in FSAct s 1(1) mit Schedule 1, pt. I, *Sabalot* [1], [212].

163 Die Bank- und Kapitalmarktaufsicht ist traditionell vorrangig durch flexible konsultative Einzelfallregelungen statt durch strenge staatliche Eingriffs- und Sanktionsnormen geprägt, dieser Akzent hat sich seit den *Banking Acts* 1979 und 1987 sowie dem FSAct 1986 verschoben, s. *Hein*, S. 12 ff.

164 S. *Böttger*, WM 1988, Blg. 5, 2 (Vergleich mit „Beleihung").

165 Zur Abgrenzung der Aufgaben des Secretary of State, die intern vom Department of Trade and Industry wahrgenommen werden, und des Treasury im einzelnen s. Transfer of Functions (Financial Services) Order 1992, SI 1992/1315, *Sabalot* [831] et seq.

Aufgaben aber gemäß FSAct s 114 in Verbindung mit einzelnen *delegation orders*[166] einem privat organisierten Aufsichtsorgan, *The Securities and Investments Board Ltd.* (SIB), zugewiesen,[167] das am 28. Oktober 1997 in *The Financial Services Authority* (FSA) umbenannt wurde. Die FSA hat im Hinblick auf die Überwachung der Marktteilnehmer (*authorised persons* oder *firms*[168]) eine Doppelfunktion. Einerseits hat es die Aufgabe, Marktorganisationen und Selbstverwaltungskörperschaften, insbesondere *recognised self-regulatory organisations* (SROs),[169] zu akkreditieren und zu beaufsichtigen,[170] denen als *frontline regulators* noch die unmittelbare Überwachung ihrer Mitglieder anvertraut ist. Wenngleich sich der Zugang zum *investment business*[171] für die Mehrzahl der Intermediäre durch die Aufnahme in eine dieser SROs eröffnet, ist die FSA andererseits auch selbst zur direkten *authorisation* und Aufsicht von Intermediären befugt.[172] Das mehrstufige Aufsichtssystem hat zu einer Proliferation von Richtlinien und Regelwerken und einer Überlagerung von Kompetenzen der einzelnen Aufsichtsorgane geführt, deren Funktionsfähigkeit heftig kritisiert wurde.[173]

---

166 FSAct 186 (Delegation) Order 1987, SI 1987/942, abgedr. in *Sabalot* [614] et seq.; FSAct 1986 (Delegation) (No 2) Order 1988, SI 1988/738, *ibid.* [724] et seq.; Companies Act 1989 (Commencement No 3, Transitional Provisions and Transfer of Functions under the FSAct 1986) Order 1990, SI 1990/354, *ibid.* [851] et seq.; FSAct (Delegation) Order 1991, SI 1991/200, *ibid.* [865] et seq.

167 In FSAct s 114(2) ist das SIB (nunmehr FSA) als „designated agency" ausdrücklich benannt. Das SIB untersteht nicht der Aufsicht des Secretary of State, der aber jederzeit zur Rücknahme der *delegation* berechtigt ist (FSAct s 115).

168 Zur Bezeichnung Financial Services Core Glossary (3rd edn), Release 115, 21 May 1992, *Sabalot* [1404].

169 FSAct s 6, *Sabalot* [6]. Daneben können *recognised professional bodies* (RPBs), *recognised investment exchanges* (RIE), *recognised clearing houses* (RCH) zugelassen werden, s. FSAct ss 16, 36, 38, *ibid.* [16], [36], [38].

170 FSAct ss 8 et seq.

171 FSAct s 3, 7, *Sabalot* [3], [7]: Mit der Mitgliedschaft in einer SRO ist die Eigenschaft als *authorised person* verbunden.

172 FSAct ss 25, 27(2). Die direkte Zulassung durch das SIB ist insbesondere *multiservice firms* zu empfehlen, die die teilweise uneinheitlichen Regeln, Berichts- und Prüfungspflichten mehrerer SROs beachten müßten, s. *Rider/Chaikin/Abrams*, ¶ 507.

173 *House of Commons* (Treasury and Civil Services Select Committee), Sixth Report: The Regulation of Finacial Services in the UK, November 1995, p. xii; *Currie*, (1996) 17 Co. Law. 139, 140; *Ashe*, (1994) 15 Co. Law. 207;

Nach der jüngsten Reform sind noch drei SROs anerkannt: Neben der *Securities and Futures Authority Limited* (SFA)[174] und der *Investment Management Regulatory Organisation Limited* (IMRO), steht seit dem 18. Juli 1994 die *Personal Investment Authority* (PIA), die die Zuständigkeiten der auslaufenden *Financial Intermediaries, Managers and Brokers Regulatory Association* (FIMBRA) und *Life Assurance and Unit Trust Regulatory Organisation* (LAUTRO) sowie z.T. auch anderer *regulators* übernommen hat.[175] Die Zuständigkeiten der einzelnen SROs sind nicht trennscharf gegeneinander abgegrenzt. In der Praxis herrscht die Kompetenzabgrenzung nach den hauptsächlich angebotenen Dienstleistungen noch vor, obschon die FSA (das SIB) seit 1994 nach einem neuen, auf den *Clucas Report*[176] zurückgehenden Aufsichtskonzept das gesamte Segment des Privatkundengeschäfts (*retail sector*) auf die PIA zu konzentrieren beabsichtigte. Danach sollte bei der SFA bzw. IMRO nur das Geschäft mit professionellen Marktteilnehmern verbleiben. Da die Mitglieder der SFA und IMRO aber nicht zum Wechsel in die PIA gezwungen wurden, ist die Mitgliederstruktur der SROs bis heute durch eine Aufteilung nach dem ausgeübten *investment business* geprägt. Danach fällt die Verwaltung von kollektiven Anlagevermögen (*collective investment schemes*) mit Ausnahme von Fonds für *warrants*, *options*, *futures* und bestimmte Differenzgeschäfte in den Zuständigkeitsbereich der IMRO.[177] Die SFA reguliert im wesentlichen die Marktsegmente des *dealing*, *arranging deals* und *investment advice* im Hinblick auf Wertpapiere und Derivate,[178] während Vertriebsaktivitäten für *units in collective investment schemes* und Lebensversicherungsprodukte von der PIA überwacht werden. Seit 1997 wird

---

Taylor, [1996] Fut. & Deriv. L. Rev. 7, der die Schaffung zweier Aufsichtsbehörden für *prudential* bzw. *market regulation* vorschlug.

174 Die SFA wurde 1991 durch eine Fusion der TSA („The Securities Association") und der AFBD („Association of Futures Brokers and Dealers") geschaffen und überwacht den börslichen Handel, s. *J.R.C. White*, para. 1-015.

175 Zum Übergang s. SIB, Annual Report 1994/95, p. 17. *Sir Kenneth Clucas*, Report concerning the future structure of the SROs (28. Februar 1992). Allgemein auch *Ellger/Kalss* in Hopt/Rudolph/Baum, s. GB-110 ff.

176 *Sir Kenneth Clucas*, Report concerning the future structure of the SROs (28. Februar 1992).

177 Die SFA ist allerdings zuständig, soweit es die Verwaltung von *unit trusts* für *warrants*, *options*, *futures* u.a. betrifft, s. *J.R.C. White*, para. 3-003.

178 Soweit SFA- oder IMRO-Mitglieder jeweils andere Aktivitäten im Zusammenhang mit dem autorisierten *investment business* entfalten, ist keine zusätzliche *authorisation* der zuständigen SRO erforderlich, s. *J.R.C. White*, para. 3-002 et seq.

eine grundlegende Reform des Aufsichtssystems betrieben, die zu einer Konzentrierung der Überwachungskompetenzen in der FSA und zur Auflösung der SROs führen soll.

Gesetzliche Grundlage der Verhaltenspflichten für *authorised persons* ist *Chapter V* in *Part I* des FSAct,[179] das allerdings nur einige besondere Verbote aufstellt, im übrigen die Normierung von *conduct of business rules* der FSA und den SROs überläßt. Zu den wichtigsten unmittelbaren gesetzlichen Vorgaben gehören das strafbewehrte allgemeine Betrugsverbot (*anti-fraud provision*)[180] und die Einschränkungen für bestimmte Verkaufstaktiken (*unsolicited calls*)[181] und Werbeaktivitäten (*advertising*)[182] von *authorised persons*. Ausgangspunkt für die Konkretisierung der Verhaltenspflichten ist FSAct s 48, nach der die FSA zum Erlaß von *conduct of business rules* ermächtigt ist, die sowohl für die direkt von der FSA als auch für die von den einzelnen SROs überwachten *authorised persons* gelten und mindestens die in FSAct s 48(2) aufgezählten Bereiche abdekken sollen.[183] FSAct Schedule 8 legt dazu Grundsätze fest, die von der FSA bei der Aufstellung von Verhaltenspflichten zu berücksichtigen sind.[184] Darüber hinaus enthält *Chapter V* besondere Regeln für die Behandlung von Kundenvermögen (*clients' money*)[185] und staatliche Eingriffsrechte gegen die Beschäftigung von unqualifizierten Mitarbeitern durch *authorised persons*.[186]

---

179 FSAct ss 47 et seq., *Sabalot* [47] et seq.

180 FSAct s 47(1),(2): *misleading statements and practices.* Auf der Grundlage dieser *anti-fraud provision* kann auch Insiderhandel verfolgt werden, s. *Barnett*, (1996) 17 Co. Law. 203-204. Der Haupttatbestand für Insiderhandel ist s 52 des *Criminal Justice Act 1993* (CJA), *Sabalot* [532] et seq.

181 FSAct s 56.

182 FSAct ss 57-58.

183 S. FSAct s 48(3).

184 FSAct s 114(9)(b) mit Schedule 8 (Verhaltensregeln nach FSAct s 48), novelliert durch Companies Act 1989, s 203, Schedule 23, Part I, para. 12 (mit Übergangsregelung in Kraft getreten am 15. März 1990), *Sabalot* [121], [225].

185 FSAct s 55; s. auch SIB Principle 7, *Sabalot* [1307] und SIB, Financial Services (Client Money) Regulations 1991, *Sabalot* [1311] et seq. (betreffend *segregation* u.a.).

186 FSAct s 59. Absatz 1 normiert den *Fit-and-proper*-Standard, der dem Zuverlässigkeitskriterium von § 35 GewO ähnelt. Nach Absatz 2 dieser Vorschrift kann einzelnen Personen die Mitarbeit bei *authorised persons* verboten werden.

Diese gesetzlichen Vorgaben für den Anlegerschutz sind in den wesentlichen Punkten[187] auch von den SROs zu beachten und in eigene Verhaltensregeln (*rules* und *guidances*) umzusetzen.[188] Da die FSA die SROs beaufsichtigt und eine gewisse Homogenität der Verhaltensregeln gewährleisten soll,[189] obliegt ihr auch die authentische Interpretation der gesetzlichen Vorgaben. Diese Interpretation kommt einerseits zum Ausdruck in den „Principles" (*SIB Principles*),[190] die das SIB (heute FSA) auf der Grundlage von FSAct s 47A(1) und in enger Anlehnung an die in FSAct Schedule 8 enthaltenen Leitsätze zu den in *Chapter V* normierten Anforderungen an das Geschäftsgebaren und die finanzielle Ausstattung[191] aller *authorised persons* aufgestellt hat, andererseits in den nach FSAct s 48 erlassenen „Core Conduct of Business Rules" (*SIB Core Rules*). Beide Regelwerke, die bereits allgemeine Sorgfalts-, Interessewahrungs-, Erkundigungs- und Informationspflichten bei der Ausübung von *investment business* festlegen, beanspruchen unmittelbare Geltung gegenüber allen SRO-Mitgliedern und direkt von der FSA überwachten *authorised persons*.

Unter der Ebene der *SIB Principles* und *SIB Core Rules* stehen die Verhaltensregeln der einzelnen SROs. Im Regelwerk der SFA ist insbesondere *Chapter 5* den Verhaltensregeln („Conduct of Business Rules") gewidmet (*SFA CoB Rules*). Weitere Verhaltensregeln enthalten die „Adopted SIB (Conduct of Business) Rules" (*SIB CoB Rules*),[192] *Chapter II* der „Adopted IMRO Rules" (*IMRO Rules*)[193] und ss 28 und 29 der „Adopted Rules of FIMBRA" (*FIMBRA Rules*),[194] die sämtlich in das Rule Book der PIA aufgenommen worden sind.[195] Die seit 1997 unternommene Reform ist bestrebt, alle diese Regeln zu vereinheitlichen und unter dem Dach der

---

187 FSAct Schedule 2, para. 3(1), *Sabalot* [217]. Die Verhaltensregeln der SROs müssen seit März 1990 nicht mehr genau den Vorgaben von *Chapter V* entsprechen („protection at least *equivalent*"), sondern lediglich „an *adequate* level of protection for investors" sicherstellen, s. Companies Act 1989 s 203(1) (in Kraft seit 15. März 1990; Hervorhebung nicht im Original). Dazu *J.R.C. White*, para. 1-006.

188 FSAct s 119(1)(a), Schedule 2, paras. 1-3, *Sabalot* [119], [217].

189 S. *J.R.C.White*, para. 1-008.

190 Statement of Principle, in Kraft seit 30. April 1990 (sog. „Ten Commandments"), *Sabalot* [1301] et seq.

191 Dazu FSAct s 49 (*financial resources rules*).

192 PIA Rule Book:Adopted SIB Rules S1.01 et seq.

193 PIA Rule Book:Adopted IMRO Rules, Chapter II, ss I:2.1 et seq. (1996).

194 PIA Rule Book:Adopted FIMBRA Rules, ss F28.1 et seq. (1996).

195 Dazu gehören ferner die „LAUTRO Rules" (*LAUTRO Rules*).

FSA zusammenzufassen. Hier werden sie noch in ihrer ursprünglichen Form benannt.

Für den professionellen Handel in Devisen, Gold und anderen Finanzinstrumenten, die nicht in den Anwendungsbereich des FSAct fallen, hat die Bank of England einen eigenen Verhaltenskodex (*London Code of Conduct*) entwickelt.[196]

2. *Regulatory Rules vs. Fiduciary Duties*

Das Zusammenspiel von aufsichtsrechtlichen und privatrechtlichen Verhaltenspflichten der Marktintermediäre ist bisher nicht abschließend geklärt. Ausgangspunkt ist zwar der Grundsatz, daß neben aufsichtsrechtlichen Verpflichtungen (*statutory duties*) und entsprechenden Rechtsbehelfen (hier FSAct s 62) privater Anleger die *common law remedies* der einzelnen Privatrechtsordnungen im Vereinigten Königreich weiter anwendbar bleiben.[197] Praktische Abgrenzungsschwierigkeiten erwachsen jedoch daraus, daß der durch den FSAct eingeführte Kapitalanlegerschutz die bis dahin entwickelten klassischen Instrumente des englischen *common law* an Reichweite erheblich übertrifft. Da eine allgemeine Interessewahrungspflicht wie etwa nach § 242 BGB im *common law* nicht bekannt ist, werden Schadensersatzansprüche von Kapitalanlegern insbesondere auf *breach of fiduciary duty* oder *misrepresentation*[198] gestützt. Darüber hinaus herrscht im *common law* das Prinzip *caveat emptor*;[199] spezielle *equitable duties of good faith* werden nur in Einzelfällen angenommen.[200]

---

196 1995 Version, *Sabalot* [1531] et seq.; dazu *Marks/Lang*, 1995 Fut. & Deriv. L. Rev. 27, 30 et seq. S. auch *Grey Paper* (regulation of wholesale cash and OTC derivatives markets).

197 S. *Craies* on Statute Law, ch 11, p. 237; für Schottland *Walker*, ch 9.

198 Dazu *Marks/Lang*, 1995 Fut. & Deriv. L. Rev. 27, 34 et seq.

199 *Bankers Trust International plc v PT Dharmala Sakti Sejahtera*, (1995) unreported (keine Beratungs- oder Warnpflichten bei institutionellen Geschäften über *OTC derivatives*), dazu *Little*, 1996 EFSL 119; rechtsvergleichend *Blair/Olive*, [1996] 7 JIBL 263. s. auch *Briggs v Gunner*, (1979) 129 NLJ 179; *Stafford v Conti Commodity Services Ltd*, [1981] 1 All ER 691 (keine Warnpflicht bei *unsuitable dealings*). Zum Grundsatz *caveat emptor* allgemein *Shears/Stephenson*, p. 258.

200 S. z.B. *Banque Financière de la Cité v Westgate Insurance Co*, [1988] 2 Lloyd's Rep 513 (*life insurer's duty of good faith* verlangt umfassende Risikoaufklärung).

Problematisch ist insbesondere die Inkongruenz zwischen den weitgehenden Interessewahrungspflichten der aufsichtsrechtlichen *investment business regulation* unter dem Regime des FSAct und der Zurückhaltung der Rechtsprechung bei der Ausgestaltung von *fiduciary relationships*. Beide Normenkomplexe überlagern sich insbesondere bei Kommissionären oder *investment managers*, die als *agents* in einem *fiduciary relationship* zu ihren Auftraggebern stehen.[201] Einerseits ist der Anwendungsbereich von *fiduciary duties* auf bestimmte Rechtsverhältnisse (*agency*, *trust*) beschränkt, während die aufsichtsrechtlichen Interessewahrungspflichten mit Abstufungen für alle Kundenbeziehungen gelten. Andererseits legt die Rechtsprechung an *fiduciaries* strenge Maßstäbe an,[202] die zwar teilweise die Verhaltensanforderungen des FSAct übertreffen, aber nicht denselben Differenzierungsgrad aufweisen.

Danach läßt sich bei auftretenden Interessenkonflikten zwischen einzelnen Kunden eine Verletzung der *fiduciary duty* nur im Einzelfall durch Offenlegung des Konflikts und ausdrückliche Zustimmung des *principal* zum Verhalten seines *agent* verhindern (sog. *no conflict rule*). Dagegen ermächtigt z.B. FSAct s 48(2)(h) die FSA zum Erlaß von Regeln, die bei Errichtung unternehmensinterner *chinese walls* bzw. Geheimhaltung bestimmter Informationen Interessenkonflikte zwischen unterschiedlichen Kunden eines *agent* hinnehmen, ohne daß es einer ausdrücklichen Einwilligung im Einzelfall bedürfte. Voraussetzung ist lediglich, daß der Intermediär das *fair treatment* aller Kunden gewährleistet. Dies kann bei potentiell auftretenden Interessenkonflikten durch abstrakte Aufklärung über Eigeninteressen oder etwaige konfligierende Drittinteressen, z.B. im Rahmen einer grundlegenden vertraglichen Vereinbarung (*customer agreement*), erfolgen.[203] Inzwischen hat die Rechtsprechung aber eine differenziertere Haltung eingenommen, die im Grundsatz die Modifikation bzw. Gestaltung von *fiduciary duties* durch vertragliche Vereinbarungen zwischen *agent* und *principal* anerkennt. In einer neueren höchstrichterlichen

---

201 Auf *securities dealers* sind *fiduciary duties* grundsätzlich nicht anwendbar, unklar *J.R.C. White*, 15-001 (*fiduciary duties* gegenüber allen Kunden).

202 Die vier klassischen *fiduciary duties* sind die Pflichten zur Konfliktvermeidung (*no conflict rule*), zur Fremdnützigkeit (*no profit*), Interessewahrung (*undivided loyalty*) und Geheimhaltung (*confidentiality*), s. *J.R.C. White*, para. 15-001; *Morris*, (1996) 4 JFRC 304 et seq.; *Law Commission*, Consultation Paper No 124, para 24.

203 Dazu *J.R.C. White*, para. 15-007.

Entscheidung,[204] der sich auch das Gutachten der *Royal Law Commission*[205] zum Verhältnis von *fiduciary duties* und *regulatory rules*[206] angeschlossen hat, ist eine (*in casu* stillschweigende) Vereinbarung im *contract of agency* zulässig, nach der dem *agent* die Vertretung anderer Kunden auch bei konfligierenden Geschäften und die Geheimhaltung relevanter Informationen vor den einzelnen Kunden erlaubt wird.[207]

Die dieser Entscheidung zugrundeliegende Abdingbarkeit von Treupflichten ermöglicht eine bessere Koordination zwischen aufsichtsrechtlichen Verhaltenspflichten und *fiduciary obligations.* Darüber hinaus erweist sich das vertragliche Gestaltungsrecht der Kapitalmarktteilnehmer hinsichtlich des *fiduciary relationship* als Einfallstor der aufsichtsrechtlichen Standards in ihr privatrechtliches Verhältnis.[208] Dieses Gestaltungsrecht soll bisher aber auf Interessenkonflikte bei unterschiedlichen Kundentransaktionen beschränkt sein[209] und sich insbesondere noch nicht auf Konflikte mit Eigeninteressen oder mit Kundeninteressen im Rahmen derselben Transaktion wie etwa bei *agency cross* bzw. *riskless principal transactions* erstrecken, bei der Bedienung zusammengefaßter Orders, die unvollständig ausgeführt wurden,[210] oder einer interessewahrenden Abweichung von der strikten *customer order priority.*[211]

3. *Durchsetzung aufsichtsrechtlicher Verhaltenspflichten*

Im Gegensatz zur U.S.-amerikanischen *securities regulation* ist das unter dem Regime des FSAct installierte Aufsichtssystem erst wenige Jahre er-

---

204 Privy Council, *Kelly v Cooper*, [1993] AC 205, 215-217. S. auch *Clarke Boyce v Monat*, [1994] 1 AC 428, 435 et seq. („informed consent"), dazu *Jarvis*, (1996) 17 Co. Law. 110.

205 Die Law Commission ist ein vom Lord Chancellor eingesetztes fünfköpfiges Beratungsgremium, s. *Cretney*, (1996) 59 MLR 631.

206 *Law Commission*, Report „Fiduciary Duties and Regulatory Rules", Paper No 236 (December 1995), paras 3.24, 10.1; s. auch *Law Commission*, Consultation Paper No 124 (September 1992), pt. V. Dazu *McKee*, JIBL 1996, 139; *Jarvis*, (1996) 17 Co. Law. 51; *Nolan*, (1994) 15 Co. Law. 58; *MacNeill*, (1994) 15 Co. Law. 172, 177.

207 S. auch *Marks/Lang*, 1995 Fut. & Deriv. L. Rev. at 37 et seq.

208 *Law Commission*, Consultation Paper No 124, paras. 5.4.23, 5.5.

209 S. *Morris*, (1996) 4 JFRC at 305.

210 Dazu *J.R.C. White*, para. 11-023.

211 Dazu unten § 9 II 5.

probt und war bereits mehreren wesentlichen Änderungen unterworfen.[212] Trotz der beachtlichen Normendichte besteht bei der Überwachung der Verhaltensregeln durch die unterschiedlichen *regulators* noch erhebliche Rechtsunsicherheit sowohl hinsichtlich der Kompetenzabgrenzung zwischen den einzelnen Aufsichtsebenen bzw. Aufsichtsorganen als auch hinsichtlich der Auslegung der Verhaltensstandards. Noch unerprobt ist bislang die Durchsetzung der *conduct of business rules* im Wege privater Schadensersatzklagen, für die FSAct s 62 eine ausdrückliche Anspruchsgrundlage geschaffen hat.

a) Staatliche Überwachung der Verhaltensregeln

Der FSA ist beim Aufbau der Aufsichtsstruktur nicht dem Gutachter der Regierung Ihrer Majestät, *Gower*, gefolgt, der die Schaffung einer einheitlichen staatlichen Behörde nach dem Vorbild der SEC befürwortete,[213] sondern hat die Aufgaben auf mehrere Organe verteilt. Die Leitung und Koordination der Kapitalmarktaufsicht liegt beim DTI und insbesondere bei der FSA, das die SROs überwacht und mit weitreichenden Vollmachten ausgestattet ist,[214] um direkt in die Regulierung der Marktintermediäre eingreifen zu können. Daneben sind die einzelnen SROs für die Durchsetzung und Sanktionierung ihrer Verhaltensregeln, notfalls durch Mitgliederausschluß, zuständig; im Bereich des DRB nimmt auch die FSA Aufgaben eines *frontline regulator* wahr. Diese Kompetenzverteilung zwischen FSA und SROs wird als *two-tier system* bezeichnet.[215] In der Zukunft will sich das SIB von der Überwachung des DRB zurückziehen und ausschließlich auf die Aufsicht über die SROs (*supervision*) konzentrieren.[216]

---

212 S. z.B. Companies Act 1989 (Erweiterung der Verordnungskompetenz der FSA, Einfügung von FSAct s 62A), Neuansatz in der Aufsichtsstruktur („New Settlement") seit 1991, dazu *J.R.C. White*, para. 1-003 et seq.; Konzentration der SROs von 5 auf 3, vgl. *Rider/Chaikin/Abrams*, ¶ 302, mit SIB, Annual Report 1995, pp. 16 et seq.

213 *Gower*, (1988) 51 MLR 1, 11; *id.*, Discussion Document, paras 7.05 et seq.; ähnlich wieder *Herrington* in *Taylor*, (1996) 17 Co. Law. 479.

214 Die Zuständigkeiten der FSA sind allerdings insofern konkurrierend, als Secretary of State bzw. DTI stets auch direkt eingreifen könnten, FSAct 1986 (Delegation) Order 1991 (SI 1991/200) para. 3(1), *Sabalot* [867].

215 SIB, Annual Report 1994-95, p. 59.

216 SIB, Annual Report 1994-95, pp. 59-60 (am 31. März 1995 waren nur noch 39 Marktintermediäre der *direct regulation* unterworfen).

Die Strafverfolgung bei Verstößen gegen das Betrugsverbot (FSAct s 47) obliegt dem DTI bzw. dem Crown Prosecution Service,[217] in besonderen Fällen dem Serious Fraud Office (SFO).[218] Im übrigen stehen der FSA zur Durchsetzung der *conduct-of-business rules* Eingriffsermächtigungen der Verwaltungsvollstreckung (*civil enforcement*) zu Gebote. Nach FSAct s 61 kann die FSA beim High Court oder Court of Session[219] die gerichtliche Anordnung spezieller Verhaltensverbote (*injunctions*)[220] und bestimmter Ausgleichszahlungen (*restitution orders*)[221] beantragen, falls eine *authorised person* gegen *Chapter V*, insbesondere FSAct ss 47, 56, 57, 59 und 48 bzw. die *SIB Core Rules*, oder gegen die Regeln der SROs, RIEs usf. verstoßen hat. Nach FSAct s 61(2) ist die FSA zur Sanktion gegen SRO-Regelverletzungen nur ermächtigt, soweit die betreffende Regelwidrigkeit nicht von der SRO selbst geahndet wird. Die FSA kann darüber hinaus einzelne Personen von der selbständigen Ausübung oder Mitarbeit bzw. Beteiligung an einer Form des *investment business* ausschließen.[222] Im Fall der Zahlungsunfähigkeit oder bei besonders gravierenden Regelverstößen kann eine als *company* oder *partnership* organisierte *authorised person* durch Gerichtsbeschluß auf Antrag der FSA oder des DTI liquidiert werden.[223] Auch Mitglieder einer SRO können auf Antrag der FSA diesem Verfahren des *winding-up* unterzogen werden, soweit die betref-

---

217 FSAct ss 201 (*prosecutions*), 199 (Haftbefehle), die insoweit nicht vom *transfer of functions* an die FSA erfaßt sind, s. FSAct 1986 (Delegation) Order 1987 (SI 1987/942) paras. 6, 7, Schedule 3, *Sabalot* [619] et seq., [627].

218 S. *Rider/Chaikin/Abrams*, ¶ 1215; *Ellger/Kalss* in Hopt/Rudolph/Baum, S. GB-137.

219 S. FSAct s 61(8).

220 *Halsbury's Laws of England* (injunction). Aus der Rechtsprechung: *SIB v Pantell SA (No 1)*, [1989] BCLC 590 (auf FSAct s 61(1) sind auch auch die Grundsätze der *interlocutory injunction* gegen Vermögensverbringung ins Ausland, sog. *Mareva injunction* anzuwenden); *SIB v Pantell SA (No 2)*, [1991] 4 All E.R. 883 (High Court); [1993] 1 All E.R. 134 (CA) (FSAct s 61(1) ermächtigt zur vollständigen Rückabwicklung auch mit Wirkung gegen Dritte, die offenbar bewußt an der Regelverletzung beteiligt waren).

221 Die Ausgleichszahlungen an einen *ad hoc* ernannten *receiver* oder an das SIB bzw. den Secretary of State dienen der Abschöpfung unzulässiger Gewinne und der Wiedergutmachung von Schäden und Verlusten, die den Anlegern entstanden sind, s. FSAct s 61(4)-(6).

222 FSAct s 59(2) (*disqualification direction* bzw. Berufsverbot).

223 FSAct s 72 (*winding-up*). Dies gilt auch für *appointed representatives*, s. FSAct s 73.

fende SRO zustimmt.[224] Zur Anwendung seiner Eingriffsrechte sind der FSA umfassende Untersuchungsbefugnisse (*investigatory powers*) übertragen.[225]

In der Praxis des *civil enforcement* hat das SIB bzw. die FSA in den letzten Jahren eine tragende Rolle gespielt, wenngleich auch die SROs selbst im Rahmen ihrer disziplinarischen Befugnisse zum Einschreiten gegen ihre Mitglieder berechtigt sind.[226] In Kreisen der *regulators* und von Mitgliedern des *House of Commons* wurde jedoch insgesamt ein notorisches *underenforcement* der an sich umfänglichen Eingriffskompetenzen des SIB und der SROs beklagt. Daher ist eine umfassende Reform des britischen Aufsichtswesens angemahnt[227] und nach der Regierungsübernahme von *Labour* im Mai 1997 auch begonnen worden.[228]

b) Schadensersatzklagen von Privatanlegern

Neben der staatlichen Sanktion können geschädigte Anleger nach FSAct s 62 Schadensersatzansprüche wegen der Verletzung bestimmter aufsichtsrechtlicher Verhaltenspflichten erheben. Im Rahmen der Beratung des Gesetzentwurfs zum FSAct war das gesetzliche *right of action for damages* umstritten, bei der Überwachung der Verhaltensregeln hat es aber bisher keine praktische Bedeutung erlangt. Nach der Einfügung von FSAct s 62A durch den Companies Act 1989 ist der Anwendungsbereich dieser gesetzlichen Anspruchsgrundlage im wesentlichen auf *private investors*[229] beschränkt. Nach der offiziellen Definition[230] sind *private investors* alle natürlichen oder juristischen Personen (außer staatlichen Stellen), die –

---

224 FSAct s 72(5).

225 FSAct s 105 mit FSAct 1986 (Delegation) Order 1987 (SI 1987/942), para. 4, Schedule 2 sub-s 4.

226 Zu den disziplinarischen Sanktionen s. SIB, Annual Report 1994-95, p. 37.

227 *Taylor*, [1996] Fut. & Deriv. L. Rev. 7.

228 Nach den Vorschlägen des Schatzkanzlers *Gordon Brown* wurde die FSA als zentrale Marktaufsichtsbehörde geschaffen; geplant ist eine Verschmelzung der SROs und der FSA, s. The Chancellor's Letter to *Sir Andrew Large*, Chairman, The Securities and Investments Board (May 20, 1997), abgedr. in August 1997 IFLR 26, dazu *Herrington/Staple*, *ibid.*, 25 et seq.; s. auch F.A.Z. Nr. 116 vom 22.5.1997, S. 17; *Whittaker*, [1997] Butterworths JIBFL 239; FSA Website, http://www.sib.co.uk; *Marsh*, [March 1998] IFLR 10.

229 Die *private investors* sind nicht mit der Kategorie der *private customers* zu verwechseln, dazu unten § 9 II 2 c.

230 Secretary of State, FSAct 1986 (Restriction of Right of Action) Regulations 1991 (SI 1991/489), *Sabalot* [872] et seq.

zumindest in dem streitigen Zusammenhang – kein *investment business* ausüben. *Non-private investors* ist die Berufung auf FSAct s 62 grundsätzlich verwehrt. Nach der Verordnung des Secretary of State zu FSAct s 62A(1) können *non-private investors* Ansprüche wegen der Verletzung von Verhaltenspflichten nur geltend machen, soweit es sich entweder um einen Fall von *insider dealing* handelt oder um einen Anspruch, der als *fiduciary* oder Vertreter für einen *private investor* geltend gemacht wird, oder aber um einen Verstoß gegen das Verbot, Pflichten des Intermediärs nach *Chapter V* vertraglich einzuschränken oder auszuschließen.[231] Zwar betrifft diese Einschränkung der Klagebefugnis nur Ansprüche, die nach FSAct s 62 auf die Verletzung bestimmter aufsichtsrechtlicher Verhaltenspflichten gestützt sind. Nach dem Wortlaut der Vorschrift sind Ansprüche nicht erfaßt, die sich auf *breach of fiduciary duty* oder andere Regeln des *common law* stützen können. Gleichwohl ist die Frage bisher nicht abschließend geklärt, ob *non-private investors* bei Verstößen, die unter FSAct s 62 fallen, insgesamt von jedem Rechtsbehelf ausgeschlossen sind, selbst wenn sie lediglich Ansprüche nach *common law* erheben.[232]

FSAct s 62 ist hauptsächlich[233] auf Verstöße gegen die nach *Chapter V* dieses Gesetzes erlassenen Verhaltensregeln anwendbar. Unter die besondere Klagebefugnis fallen im einzelnen Verletzungen der *SIB Core Rules*[234] und der *CoB Rules* der SROs[235] sowie auch der *cancellation rules* (FSAct s 51) und *clients' money rules* (FSAct s 55), nicht aber Verstöße gegen die *SIB Principles*[236] oder gegen die Solvenzvorschriften (FSAct s 49).[237] Eine erfolgreiche Schadensersatzklage setzt den Nachweis der Kausalität zwischen Pflichtverletzung und eingetretenem Schaden voraus.[238] Zugleich

---

231 FSAct 1986 (Restriction of Right of Action) Regulations 1991 (SI 1991/489), para. 3, *Sabalot* [874].

232 Bejahend *Pritchard*, (1992) 13 Co. Law. 171, 210, 212; *MacNeill*, (1994) 15 Co. Law. at 176.

233 FSAct s 62(1) (u.a. auch anwendbar auf Nichtbeachtung eines Berufsverbots durch *authorised persons*).

234 FSAct s 62(1)(a) (*any rules and regulations made under this chapter*).

235 FSAct s 62(2). Nicht ausschlaggebend ist, ob es sich (wie gegenwärtig bei allen SROs der Fall) tatsächlich um *rules* und nicht lediglich um *codes of practice* handelt, *Lomnicka/Powell*, vol. 1, 2-196; a.A. *MacNeill*, (1994) 15 Co. Law. at 173; *Ellger/Kalss* in Hopt/Rudolph/Baum, S. GB-123 f.

236 FSAct s 47(3); s. auch SIB, Statement of Principle (15 March 1990), Introduction, para. 3; s. auch *Blair*, ch. 3.

237 S. *MacNeill*, (1994) 15 Co. Law. at 173.

238 Im Zusammenhang mit *insider dealing* s. *McVea*, [1996] J.B.L. at 354 et seq.

finden auf diesen Anspruch die Grundsätze der *actions for breach of statutory duties* Anwendung.[239]

FSAct s 62A zielte mutmaßlich darauf ab, eine Prozeßlawine der institutionellen und insbesondere großen ausländischen Anleger von der *broker-dealer community* in der *City* fernzuhalten. Da aber britische Privatanleger traditionell noch Prozesse scheuen,[240] hat das private Klagerecht offensichtlich bisher noch keinen nennenswerten Beitrag zur Überwachung des Kapitalmarkts erbracht.[241]

III. *Prudential regulation* vs. *conduct-of-business rules*

Die Einführung und Weiterentwicklung der Verhaltensregeln für Finanzintermediäre im U.S.-amerikanischen und britischen Kapitalmarktrecht ist darauf zurückzuführen, daß neben den bestehenden älteren Aufsichtsmechanismen die herkömmlichen Instrumente des *common law*, insbesondere des Vertrags- und Deliktsrechts, als unzureichend angesehen wurden, um die Anleger vor Mißbräuchen und den Kapitalmarkt insgesamt vor Funktionsstörungen zu schützen. Die im Wege der staatlichen *regulation* vom Gesetzgeber und durch die Aufsichtsorgane festgelegten Verhaltenspflichten werden daher als ein vom *common law* getrennter Normbereich aufgefaßt.[242] Ihre Durchsetzung ist grundsätzlich den staatlichen Organen vorbehalten und wird nur ausnahmsweise durch *private rights of action* einzelner Anleger ergänzt. Die von den Reformen in den 30er Jahren bzw. 80er Jahren hervorgebrachten Regelwerke – *securities regulation* bzw. *financial services regulation* – haben die Verhaltensregeln für Finanzintermediäre in den U.S.A. und Großbritannien zum Gegenstand der staatlichen Aufsicht über den Finanz- bzw. Kapitalmarkt erhoben. Die Verhaltensregeln sind danach Teil eines umfassenden *Finanzaufsichtsrechts*, in dessen Mittelpunkt nach dem angelsächsichen Regelungsansatz die *unternehmens*bezogene Risikokontrolle und Stabilitätssicherung der

239 Dazu *Craies* on Statute Law, ch. 11. Danach ist insbesondere erforderlich, daß gerade der entstandene Schaden (hier finanzieller Verlust) vom Gesetz verhindert werden sollte, s. im einzelnen *MacNeill*, (1994) 15 Co. Law. at 174-175 m.w.N.

240 *Fishman* bezeichnet die klagebefugten Privatanleger im Vereinigten Königreich als „a most non-litigious group", (1993) 14 Co. Law. 163, 168.

241 *Id.* at 169; *MacNeill*, (1994) 15 Co. Law. 172, 177.

242 Zur Anerkennung eines *public law* im englischen Recht s. *Law Commission*, Consultation Paper No 124, para. 5.2.

Intermediäre (*prudential regulation*) steht. Der Begriff der *prudential regulation*, der alle aufsichtsrechtlichen Regeln umfaßt, die der Risikovorsorge im Hinblick auf die Solvenz und die interne finanzielle Stabilität von Banken, Börsen, Versicherungen und anderen Finanzintermediären dienen,[243] stammt aus dem britischen Finanzaufsichtsrecht.[244] Im Gegensatz zu Mechanismen der Einlagensicherung und der Anlegerentschädigung,[245] die die Folgen von Insolvenzen einzudämmen suchen (*protective regulation*), setzen *prudential rules* präventive Sicherheitsstandards (*safety and soundness policies*) zur Vermeidung von finanziellen Schieflagen.[246] Die Solvenzrisiken betreffen nicht nur Institute, die das Einlagen- und Kreditgeschäft betreiben, sondern treten insbesondere im Wertpapiergeschäft sowohl bei *investment banks* als auch bei kontinental-europäischen Universalbanken auf, die sich über ihre traditionelle Rolle als Effektenkommissionäre (*brokers*) hinaus seit Ende der 70er Jahre verstärkt und auf globaler Ebene im börslichen und vor allem außerbörslichen Eigenhandel mit Wertpapieren, Derivaten und anderen Finanzinstrumenten engagieren.[247] Die Positionen, die dabei ins Portefeuille der Institute übernommen werden, bergen erhebliche Gefahren nicht nur für die finanzielle Stabilität eines einzelnen Intermediärs,[248] sondern für die finanzielle

---

243 *Corcoran* in Ferrarini, p. 157 („structure, procedures and prophylactic rules"); *Ferrarini* in id., p. 4 („preventive regulation").

244 S. *Sousi-Roubi*, p. 158; *Gardener* in Norton, p. 111; *Gowland*, pp. 43, 69 et seq.; *Ferrarini* in id., p. 4. In den U.S.A. wird die Dichotomie zwischen *prudential* und *conduct of business rules* weniger betont, im Rahmen der *market regulation* der SEC werden aber u.a. auch Regeln über *financial responsibility* und verbraucherschützende Vorschriften (*customer protection*) unterschieden, dazu historisch *Markham/Hazen*, chs. 1-2.

245 Dazu die Richtlinie 94/19/EG des Rates über Einlagensicherungssysteme vom 30.5.1994, ABl. EG Nr. L 135/5 vom 31.5.1994, s. näher *Le Brun* in Ferrarini, pp. 241 et seq.; s. auch die Richtlinie 97/9/EG des Rates und des Parlaments über Systeme für die Entschädigung der Anleger vom 3.3.1997, ABl. EG Nr. L 84/22 vom 26.3.1997, dazu *Kessel*, AG 1997, 313; zum Entwurf bereits *Cruickshank* in Ferrarini, pp. 271 et seq.

246 S. *Gowland*, pp. 39 et seq.

247 *Ferrarini* in id., p. 5.

248 S. zum Zusammenbruch der *Barings Group* den Bericht der *Bank of England*, The Board of Banking Supervision's Report on Barings: The Post-Barings Recommendations – A Report, Press Notice, Supervision and Surveillance Division (11 January 1996), paras. 14.35 et seq. (auszugsweise abgedr. bei *Hall*, [1996] Butterworths JIBFL 128, 130); s. auch *House of Commons*, Report of the Board of Banking Supervision Inquiry into the Circumstances of the Collapse of Barings, House of Commons Paper 673 (18 July 1995); *Futures Indu-*

Leistungsfähigkeit des globalen Netzes seiner Vertragspartner, Clearing-Organisationen, Börsen usf. und damit für die Funktionsfähigkeit der Kapitalmärkte insgesamt. Die *prudential regulation* zielt daher auf den Schutz des Intermediärs ab und soll zugleich Störungen des Markts, auf dem er sich betätigt, verhindern.

Das Finanzaufsichtsrecht umfaßt nach anglo-amerikanischer Sichtweise auch die *kunden*bezogene Regelung des Marktverhaltens der Finanzintermediäre (*market conduct regulation*). Die Einteilung in *prudential rules* und *conduct-of-business rules* knüpft maßgeblich an die Schutzrichtung der Norm an: Während der Schutz der Intermediäre nach klassischem Verständnis bei der *prudential regulation* im Vordergrund steht,[249] wird der Kunden- bzw. Anlegerschutz hauptsächlich als Aufgabe der *conduct-of-business rules* angesehen, die daher auch als *customer protection rules* bezeichnet werden. Sie enthalten z.B. Regelungen zur Informationsübermittlung des Intermediärs.[250]

Gewisse Überschneidungen schmälern allerdings die systematische Bedeutung dieser Einteilung; denn die Grenzen zwischen *prudential rules* und *conduct-of-business rules* sind fließend.[251] Schon begrifflich sind *conduct-of-business rules* nicht auf vertriebs- bzw. transaktionsbezogene Pflichten beschränkt, die freilich ihren Kern bilden, sondern schließen auch kundenschützende Organisationspflichten ein. Organisationspflichten stellen aber zugleich unternehmensbezogene Regeln dar, die einen nachvollziehbaren Funktionsablauf im Unternehmen gewährleisten. Andererseits werden auch vertriebsbezogene Verhaltenspflichten zunehmend als Instrumente des Unternehmensschutzes angesehen, weil sie die Integrität des Geschäftsgebarens der Mitarbeiter und die Reputation des Instituts sichern.[252] So wurde nach dem Zusammenbruch der *Barings Group* empfohlen, strengere Verhaltensregeln im Kundenverkehr als Vehikel der Risikovorsorge einzuführen.[253] Diese Doppelwirkung zeigt sich etwa bei Nachforschungspflichten zum Adressenrisiko von Kunden bzw. Vertrags-

---

stry Association (FIA), Financial Integrity Recommendations For Futures and Options Markets and Market Participants (June 1995), p. 6.

249 So das vorherrschende Verständnis der *prudential regulation*, s. etwa *Baltensperger/Dermine*, 4 Economic Policy 63, 71 et seq. (1987); dazu auch *Ferrarini* in id., p. 4.

250 S. etwa SFA, Rulebook, ch. 5 (*conduct of business rules*), dazu unten § 5 III 2.

251 *Ferrarini* in id., pp. 4 et seq.; ähnlich *Hall*, p. 178.

252 S. *W.Breuer*, KuK 1995, 516.

253 S. etwa FIA, Financial Integrity Recommendations For Futures and Options Markets and Market Participants (June 1995).

partnern oder Dokumentationspflichten: Nachforschungspflichten sollen zwar in erster Linie das Unternehmen vor Forderungsausfällen schützen, können aber bei Berücksichtigung der Interessen des Kunden im Rahmen der für oder mit ihm abgeschlossenen Geschäfte Kundeninteressen dienen;[254] Dokumentationspflichten erleichtern zunächst die ordnungsgemäße Ausführung und Abwicklung von Transaktionen, fördern aber darüber hinaus der Nachvollziehbarkeit und Kontrolle durch die Klienten.[255] Ferner ist infolge der verstärkten öffentlichen Aufmerksamkeit im Anschluß an große Verluste einzelner Anleger (z.B. *Orange County*) der Reputationseffekt nicht zu unterschätzen: Die Unterschiede zwischen unternehmens- und kundenschützenden Verhaltensregeln verwischen umso mehr, als durch wiederholte oder öffentlich bekannt gewordene Verstöße gegen *market conduct rules* das Ansehen eines Unternehmens so geschädigt werden kann, daß auch das Vertrauen seiner Vertragspartner und seine finanzielle Stabilität gefährdet wird.[256]

§ 5 Die §§ 31 und 32 WpHG als Teil des Wertpapieraufsichtsrechts

I. Regelungsansätze für Verhaltensregeln im europäischen und deutschen Finanzaufsichtsrecht

Die Abgrenzung zwischen *prudential regulation* und aufsichtsrechtlichen Verhaltenspflichten hat auch die europäische Entwicklung eines Binnenmarkts für Finanzdienstleistungen und die darauf basierende Neuordnung des deutschen Finanzaufsichtsrechts geprägt. Während etwa in den U.S.A. die Aufsichtsstandards zunächst streng nach institutionellen Formen (z.B. *banks*, *broker-dealers*) geordnet waren und sich erst in jüngerer Zeit annähern, bestand in Europa von vornherein die Schwierigkeit in der konzeptionellen Umsetzung einheitlicher Aufsichtsstandards vor dem Hinter-

254 S. FIA, Recommendations Nos. 38 et seq.; exemplarisch NYSE Rule 405 (*know your customer*), dazu unten § 12 I 1 b.

255 Exemplarisch die Verlautbarung des BAKred über Mindestanforderungen an das Betreiben von Handelsgeschäften der Kreditinstitute vom 23.10.1995, Ziffern 4.1, 4.2.

256 *Large*, Bericht „Regulation for a Global Marketplace“, IOSCO, XX. Jahreskonferenz am 12.7.1995 in Paris, para. 10; *Kümpel*, Bank- und Kapitalmarktrecht, Rz. 15.624; *Eisele* in Schimansky/Bunte/Lwowski, § 109 Rz. 4.

grund abweichender Traditionen in den Mitgliedstaaten. Insgesamt beruhen die Harmonisierungsmaßnahmen auf europäischer Ebene sowohl auf institutionellen als auch funktionalen Regelungsansätzen,[257] die auch im neuen deutschen Finanzaufsichtsrecht nebeneinander bestehen. Auf der Grundlage der europäischen Vorgaben ist in Deutschland das herkömmliche Bankaufsichtsrecht zu einem umfassenden Finanzaufsichtsrecht umgeformt worden.[258]

1. *Zum funktionalen Regelungsansatz der Wertpapierdienstleistungsrichtlinie*

Ziel der europäischen Harmonisierung des Bank- und Wertpapieraufsichtsrechts ist – wie dargelegt[259] – die Schaffung eines einheitlichen Binnenmarkts und die Erleichterung grenzüberschreitender Finanzdienstleistungen innerhalb der Europäischen Union.[260] Der vom Subsidiaritätsgrundsatz[261] inspirierte Regelungsansatz geht davon aus, daß nur ein einheitlicher *Mindeststandard* der Solvenz- und Marktaufsicht über Finanzintermediäre („level playing field") gesetzt wird. Die Beschränkung auf eine Mindestharmonisierung hat zur Folge, daß den Mitgliedstaaten ein mehr oder weniger großer Freiraum verbleibt, um grenzüberschreitende Dienstleistungen eigenen nationalen Regelungen zu unterwerfen, die zwar nicht im Hinblick auf andere Herkunftsmitgliedstaaten diskriminierend wirken dürfen, aber aus politischen und kulturellen Gründen unter den Mitgliedstaaten variieren.[262] Beispielsweise steht die gegenseitige Aner-

257 Dazu § 5 I 1.

258 Dazu § 5 I 2.

259 Dazu oben § 1 I.

260 Zur Entwicklung vom bloßen Abbau ausländerdiskrimierender Regeln (*national treatment approach*) zur gegenseitigen Anerkennung (*mutual recognition approach*) unter dem Einfluß der *Cassis-de-Dijon*-Rechtsprechung des EuGH, Urt. v. 20.2.1979 (Rs. 120/78 – *Rewe-Zentral-AG*), Slg. 649, *Hertig* in Buxbaum/Hertig/Hirsch/Hopt, pp. 218, 218-220. Weitergehende Harmonisierungsbestrebungen der Kommission beschreibt *Dale* in Ferrarini, p. 38. Zur Idee einer europäischen SEC s. *R.Lee* in Buxbaum/Hertig/Hirsch/Hopt, pp. 187 et seq. S. auch den Überblick zur Integration des Finanzdienstleistungsrechts bei *Moran*, S. 174 ff.

261 Art. 3b Abs. 2 EGV, dazu jeweils m.w.N. *v.Borries*, EuR 1994, 263, 297 ff.; *Rohe*, RabelsZ 61 (1997), 1, 30 ff.; *Winter*, EuR 1996, 269.

262 *Hertig* in Buxbaum/Hertig/Hirsch/Hopt, pp. 222, 224 et seq.

kennung der Aufsichtsstandards unter den Mitgliedstaaten im Hinblick auf die Marktzulassung[263] unter dem Vorbehalt spezieller nationaler Regelungen, soweit diese für in- und ausländische Institute gleichermaßen gelten und aus Gründen des Allgemeininteresses erforderlich sowie verhältnismäßig sind.[264] Darüber hinaus dürfen zusätzliche Hürden in Anlehnung an die primärrechtlichen Vorbehalte in anderen Bereichen[265] durch Zulassung nationaler *Ausnahmen* vom Prinzip der gegenseitigen Anerkennung gesetzt werden.

Bei der Regulierung von Mindeststandards können grundsätzlich zwei unterschiedliche Wege beschritten werden: Einerseits ist die Angleichung von Verhaltensstandards (wie z.B. Einlagensicherung oder Solvabilitätskriterien[266]) möglich, die an *institutionelle*[267] Formen bzw. die nationale Definition eines *Status*, z.B. in Deutschland als „Kreditinstitut" oder in Frankreich als „établissement de crédit", anknüpfen. Im internationalen Vergleich ist insbesondere das U.S.-amerikanische Recht unter dem – in jüngerer Zeit zurückweichenden – Einfluß des *Glass-Steagall*-Regimes[268]

---

263 S. zur Einführung eines europäischen Passes für Kreditinstitute und Wertpapierdienstleistungsunternehmen s. die Zweite Richtlinie des Rates 89/646/EG zur Koordinierung der Rechts- und Verwaltungsvorschriften über die Aufnahme und Ausübung der Tätigkeit der Kreditinstitute und zur Änderung der Richtlinie 77/780/EWG vom 15.12.1989, ABl. EG Nr. L 386/1 vom 30.12.1989 („Zweite Bankrechtskoordinierungsrichtlinie"), sowie die Wertpapierdienstleistungsrichtlinie, Artt. 3, 15 ff., ABl. EG Nr. L 141/27 vom 11.6.1993.

264 Vgl. Art. 21 Abs. 5 der Zweiten Bankrechtskoordinierungsrichtlinie mit Art. 8 Abs. 3 der Wertpapierdienstleistungsrichtlinie.

265 S. z.B. Art. 36, 48 Abs. 3 EGV und die jüngere Rechtsprechung des EuGH, Urt. v. 24.11.1993 (Rs. 267/91 und 268/91 – *Keck, Mithouard*), Slg. I 6126, dazu *Mattera*, RMUE 1994, 117.

266 Dazu Richtlinie des Rates 89/299 über die Eigenmittel der Kreditinstitute vom 17.4.1989, ABl. EG Nr. L 124/16 vom 5.5.1989; Richtlinie des Rates 89/647 über einen Solvabilitätskoeffizienten für Kreditinstitute vom 18.12.1989, ABl. EG Nr. L 386/14 vom 30.12.1989; Überblick bei *Strub*, S. 27 ff.; *Dale* in Ferrarini, pp. 34 et seq., 39 et seq.; *Rossini*, 4 Eur. Rev. Priv. L. 571, 572 et seq. (1995); *Scott-Quinn* in Steil, pp. 121 et seq.; s. auch *Wernicke*, S. 22 ff.

267 Ähnlich *Grundmann*, Bankaufsichtsrecht, S. 5, 29.

268 Nach dem *Glass Steagall Act* herrscht in den U.S.A. im Grundsatz eine strikte Trennung zwischen Bankgeschäften und anderen Finanzdienstleistungen. Danach wurden unterschiedliche Verhaltensregeln für *commercial banks* und *broker-dealers* aufgestellt. Zur Entwicklung *Möschel*, Trennbanksystem, S. 21 ff. Zur jüngeren Diskussion des Trennbanksystems in den U.S.A. S. (mit Nachweisen) *L.J.White* in N.Y.U. Symposium, pp. 682 et seq.

vom institutionellen Regelungsansatz geprägt.[269] Andererseits bietet sich ein *funktionaler*[270] Ansatz an, der – unabhängig von der institutionellen Struktur bzw. Organisationsform der am Kapitalmarkt agierenden Intermediäre[271] – bestimmte Aktivitäten bzw. von dem einzelnen Dienstleister wahrgenommene „Funktionen“, z.B. die Durchführung von Bankgeschäften oder die Erbringung von Wertpapierdienstleistungen, einheitlichen Regeln unterwirft.[272] Der funktionelle Ansatz erscheint im Lichte des Subsidiaritätsgrundsatzes besonders geeignet, im europäischen Binnenmarkt ungeachtet der nationalen institutsspezifischen Eigenheiten die Rahmenbedingungen für Wertpapierdienstleistungen zu vereinheitlichen. Dieser Ansatz kommt dem in der Europäischen Union verbreiteten Universalbanksystem[273] entgegen und fördert eine angemessene Regulierung von Allfinanzkonzernen und *financial conglomerates*,[274] weil sich die Regeln ohne Rücksicht auf die institutsspezifischen Eigenheiten von spe-

---

269 Auf der Grundlage der Zulassung als Institution (z.B. *broker-dealer*) entfaltet sich jeweils ein umfassendes Solvenz- und Marktaufsichtssystem; zur Eigenkapitalausstattung und Solvenz von *broker-dealers* s. z.B. SEA Rule 15c-3 (*net capital rule*); dazu *Markham/Hazen*, ch. 5. Zu den entsprechenden Offenlegungspflichten der *investment advisers* s. Form ADV, 6 Fed. Sec. L. Rep. (CCH) ¶ 57,101 (zuletzt geändert 1994). Zur Rechtslage in Großbritannien *D.T.Llewellyn* in N.Y.U. Symposium, pp. 161, 181 et seq.

270 Ähnlich *Wernicke*, S. 25; s. auch *Grundmann*, Bankaufsichtsrecht, S. 5 („produktbezogene Aufsicht“); *Assmann* in Bankrechtstag 1993, S. 61, 88; *Assmann/Buck*, EWS 1990, 221; zur Weiterentwicklung kurz *Strub*, S. 142 f.

271 In Deutschland z.B. gab es vor der Wertpapierdienstleistungsrichtlinie zwar den Begriff des Anlage- und Abschlußvermittlers nach § 34c Abs. 1 GewO, aber keine Definition des individuellen (bankunabhängigen) Portfolioverwalters, s. *Schäfer* in Assmann/Schütze § 28 Rz. 1, 4, 6.

272 S. z.B. Art. 1 Nr. 1 mit Anhang A der Wertpapierdienstleistungsrichtlinie.

273 Zum Universalbanksystem *Canals*, passim, und die Beiträge in *Saunders/Walter*, N.Y.U. Symposium. Aus deutscher Sicht insbesondere *Baums*, *ib.*, pp. 124 et seq., *R.E.Breuer*, Die Universalbank ist kein Selbstzweck, BZ Nr. 176 vom 13.9.1997, Sonderbeilage Banking International, S. B1. Zur Evaluierung gegenüber dem *Glass-Steagall*-Regime *Benston* in *Saunders/Walter*, N.Y.U. Symposium, pp. 31 et seq., sowie *Rajan*, *ib.*, pp. 282 et seq.

274 Dazu *Schneider*, WM 1990, 1649; *Knauth/Welzel*, ZGesK 1993, 28; IOSCO, Principles for the Supervision of Financial Conglomerates, 1992; rechtsvergleichend *Van den Berghe*, pp. 2 et seq.

zialisierten *investment banks* oder anderen Wertpapierhäusern an dem einheitlichen produktspezifischen Risikoprofil orientieren.[275]

Das europäische Finanzaufsichtsrecht ist auf beiden Wegen unterschiedlich weit fortgeschritten. Insgesamt scheint sich eine Entwicklung vom institutionellen Ansatz hin zum funktionalen Regelungsansatz abzuzeichnen: Während etwa die Zweite Bankrechtskoordinierungsrichtlinie,[276] die Solvabilitäts- und Eigenmittelrichtlinien[277] an eine institutionelle Form in den nationalen Rechtsordnungen („Kreditinstitut" bzw. „Bank") anknüpfen, folgen jüngere EG-Richtlinien, insbesondere die Kapitaladäquanzrichtlinie[278] und die Wertpapierdienstleistungsrichtlinie,[279] einem funktionalen Ansatz. Die Kapitaladäquanzrichtlinie enthält Vorgaben für Kapitalanforderungen und Risikoeinschätzungsmodi im Hinblick auf *Geschäfte in bestimmten Finanzinstrumenten*, die Wertpapierdienstleistungsrichtlinie stellt u.a. Verhaltensregeln im Hinblick auf *bestimmte Dienstleistungen* auf.

Festzuhalten ist, daß auf der Grundlage des funktionalen Ansatzes sowohl *prudential regulation* als auch *conduct of business regulation* für

---

275 Kritisch unter Bezugnahme auf eine Portfoliotheorie der Risikosteuerung *Szegö* in Ferrarini, p. 68 et seq. (Wettbewerbsverzerrung zuungunsten spezialisierter Wertpapierfirmen); s. auch *Dale* in Ferrarini, p. 37.

276 Direktgeschäft, Zweigstellenerrichtung bzw. *branching*, Beteiligungskontrolle, s. dazu *Hopt*, BFLR 1990, 309; *Grundmann*, Bankaufsichtsrecht, S. 6; *Wernicke*, S. 110 ff.

277 Solvabilitätskoeffizientenrichtlinie 89/647 vom 18.12.1989, ABl. EG Nr. L 386/14 vom 30.12.1989, dazu *Schulte-Mattler*, WM 1994, 1412; *ders.*, WM 1993, 977; Eigenmittelrichtlinie 89/299 vom 17.4.1989, ABl. EG Nr. L 124/16 vom 5.5.1989. Ähnlich die Richtlinie 92/121 über die Überwachung und Kontrolle der Großkredite von Kreditinstituten vom 21.12.1992, ABl. EG Nr. L 29/1 vom 5.2.1993; Einlagensicherungsrichtlinie 94/19 vom 30.5.1994, ABl. EG Nr. L 135/5 vom 31.5.1994. S. den Überblick bei *Kümpel*, Bank- und Kapitalmarktrecht, Rz. 15.9 ff.

278 S. die Kapitaladäquanzrichtlinie 93/6 vom 15.3.1993, ABl. EG Nr. L 141/1 vom 11.6.1993, dazu *Kümpel*, Bank- und Kapitalmarktrecht, Rz. 15.37 ff.

279 Zu beachten ist aber, daß auf der Grundlage dieses funktionalen Konzepts die Wertpapierdienstleistungsrichtlinie insofern auch einen institutionellen Ansatz verfolgt, als die Regeln über die Zulassung und den „Europäischen Paß" von Wertpapierfirmen – parallel zur Zweiten Bankrechtskoordinierungsrichtlinie – die Anerkennung einer *institutionellen* Form voraussetzen, die in Deutschland nach § 1 Abs. 1a KWG als „Finanzdienstleistungsinstitut" bezeichnet wird.

Finanzintermediäre geschaffen werden kann.[280] Im Hinblick auf die Zusammenführung der Märkte der einzelnen Mitgliedstaaten erscheint die Vereinheitlichung der Verhaltensregeln besonders wichtig, weil damit neben der strukturellen Waffengleichheit auch länderneutrale Rahmenbedingungen für die zu erbringenden Dienstleistungen hergestellt sind. Der funktionale Ansatz, der in der Wertpapierdienstleistungsrichtlinie gewählt wurde, setzt an der Erbringung von Wertpapierdienstleistungen an, die in Art. 1 Nr. 1 in Verbindung mit den Abschnitten A und B des Anhangs definiert werden. Auf dieser Grundlage legt diese EG-Richtlinie *prudential rules* für die Zulassung der Dienstleister[281] (Artt. 3 bis 6) fest und gestaltet zugleich den Bereich der *conduct-of-business rules* durch „Aufsichtsregeln“ (Art. 10) bzw. „Wohlverhaltensregeln“ (Art. 11).

2. Institutionelle Aufsicht vs. Marktaufsicht im deutschen Finanzaufsichtsrecht

Durch die Umsetzung der Wertpapierdienstleistungs- und Kapitaladäquanzrichtlinie werden in Deutschland Finanzintermediäre, die Wertpapierdienstleistungen erbringen, erstmals einer bundeseinheitlichen[282] Regelung unterworfen und Aufsicht unterstellt. Die Über-

---

280 Grundsätzlich trifft dies auch für den institutionellen Ansatz zu, wenn auch bisher in Anknüpfung an bestimmte Organisationsformen („Kreditinstitute“ bzw. „Banken“) insbesondere *prudential rules* entwickelt wurden. Die Entfaltung der Aufsichtsbefugnis des BAKred nach § 6 Abs. 2 KWG macht aber deutlich, daß auch nach einem institutsbezogenen Ansatz (das KWG als Gewerbeaufsichtsrecht der Kreditinstitute) *market regulation* entwickelt werden kann, s. etwa die Verlautbarung des BAKred über Mindestanforderungen an das Betreiben von Handelsgeschäften der Kreditinstitute vom 23. Oktober 1995, Ziffer 2.5 (marktgerechte Bedingungen), Ziffer 4.1 (Handel), die zwar im Interesse des Institutsschutzes erlassen wurden, aber zugleich eine kundenschützende Wirkung entfalten.

281 Wertpapierfirmen nach Art. 1 Nr. 2 und Kreditinstitute im Sinne der Ersten Bankrechtskoordinierungsrichtlinie 77/780 vom 12.12.1977; ABl. EG Nr. L 322/30 vom 17.12.1977, geändert durch die Zweite Bankrechtskoordinierungsrichtlinie 89/646 vom 15.12.1989, ABl. EG Nr. L 386/1 vom 30.12.1989.

282 Für Börsengeschäfte ist allerdings das dreistufige Aufsichtssystem (Bundesaufsichtsamt für den Wertpapierhandel; Börsenaufsichtsbehörden der Länder; Handelsüberwachungsstellen der Börsen) zu beachten, näher unten § 6 II.

wachungsaufgaben werden zwischen dem Bundesaufsichtsamt für das Kreditwesen (BAKred) und dem Bundesaufsichtsamt für den Wertpapierhandel (BAWe) in der Weise aufgeteilt, daß das BAKred den Marktzutritt für Kreditinstitute und Finanzdienstleistungsunternehmen regelt und die Vorschriften zur Erhaltung ihrer Solvenz überwacht, während das BAWe die Marktaufsicht über Wertpapierdienstleistungsunternehmen ausübt.[283]

Diese Aufspaltung der staatlichen Überwachung des Kapitalmarkts spiegelt im Grundsatz die unterschiedlichen Schutzfunktionen[284] wider, die dem Finanzaufsichtsrecht innewohnen. Sowohl die Aufsicht des BAKred als auch des BAWe steht primär im Dienst der Funktionsfähigkeit des Kapitalmarkts. Darüber hinaus geht es bei der Regelung von Marktzutritt und Solvenz um die spezifisch unternehmensinternen, institutionellen Voraussetzungen und die Erhaltung der Stabilität des einzelnen Marktintermediärs (Unternehmensschutz durch *prudential regulation*), während die Marktaufsicht auf die Absicherung der Integrität des Marktverhaltens des Intermediärs und damit auf den Schutz aller Marktteilnehmer hinwirkt, die seine Vertragspartner oder Klienten sind (Kundenschutz durch *conduct-of-business rules*). Dieser Ansatz ist im doppelten Sinn bemerkenswert: Einerseits nimmt das deutsche Finanzaufsichtsrecht unter dem Einfluß der europäischen Entwicklung Abschied von der reinen Lehre des institutionellen Regelungsansatzes, der im KWG als einem Sonderaufsichtsgesetz der Kreditinstitute traditionell angelegt ist. Das KWG wird geöffnet für andere Finanzintermediäre, insbesondere die sog. Finanzdienstleistungsinstitute.[285] Andererseits geht der deutsche Gesetzgeber offenbar über den in den EG-Richtlinien vorgegebenen funktionalen Regelungsansatz hinaus, dem eine einheitliche Regelung einzelner Aktivitäten bzw. Dienstleistungen von Finanzintermediären ohne Rücksicht auf ihre institutionelle Struktur zugrundeliegt. Dies ist, wie dargelegt, der Ansatz der Kapitaladäquanz- und der Wertpapierdienstleistungsrichtlinie. Indem die Novellierung des KWG und des WpHG darüber hinaus die Schutzfunktion zum leitenden Regelungskonzept erhebt, greift der deut-

283 Die Bundesregierung charakterisiert diese Aufgabenteilung als einen „funktionalen Ansatz", s. die Begründung der Bundesregierung zum Umsetzungsgesetz, BT-Drucks. 13/7142 vom 6.3.1997, S. 60; ebenso die Begründung des Referentenentwurfs des BMF vom 17.6.1996, S. 12 f. S. auch den Bericht des Finanzausschusses des Deutschen Bundestages, BT-Drucks. 13/7627 vom 13.5.1997, S. 155.

284 Die Begründung der Bundesregierung nimmt Bezug auf einen „funktionalen" Ansatz, ebda.

285 Dazu oben § 2 II 1 a.

sche Gesetzgeber sinngemäß auf die international anerkannte Unterscheidung zwischen *prudential regulation* und *conduct-of-business regulation* zurück.[286]

Allerdings ist diese im Gesetzentwurf der Bundesregierung hervorgehobene Unterscheidung im deutschen Finanzaufsichtsrecht noch nicht konsequent durchgeführt. Dies hängt *erstens* damit zusammen, daß die traditionell umfassende Überwachung der Kreditinstitute durch das BAKred beibehalten wird. Die vom BAWe zu beaufsichtigenden „Wertpapierdienstleistungen" überschneiden sich zwar teilweise mit den in § 1 Abs. 1 KWG neudefinierten Bankgeschäften, stimmen aber im wesentlichen mit den in § 1 Abs. 1a KWG anerkannten Finanzdienstleistungen überein.[287] Folglich erstreckt sich die Marktaufsicht des BAWe nicht auf den Kern der Bankgeschäfte (Einlagen- und Kreditgeschäft) und ist im wesentlichen auf die Aktivität von Finanzdienstleistungsunternehmen beschränkt. Das BAWe ist demnach lediglich für einen Ausschnitt der *conduct-of-business regulation* über Finanzgeschäfte in einem umfassenden Sinne zuständig; im übrigen verbleibt es bei der „Marktaufsicht" des BAKred gemäß seiner nach der Novellierung des § 6 Abs. 2 KWG erweiterten Eingriffsbefugnisse.[288] Diese Neuordnung steht zwar im Einklang mit den europäischen Vorgaben, die die interne Verteilung der Überwachungsaufgaben den Mitgliedstaaten überlassen. Die vom BMF ausgearbeitete „funktionale" Neuordnung im Sinne der kompetentiellen Aufspaltung der institutionellen Überwachung (BAKred) und Marktaufsicht (BAWe) fordert jedoch bei folgerichtiger Anwendung dieses Ansatzes eine *umfassende* Zuweisung der Marktaufsicht (auch über sämtliche Bankgeschäfte) an das BAWe. Nach dem Ansatz des BMF wäre das BAWe zu einer auf *conduct-of-business rules* spezialisierten Finanzmarktaufsichtsbehörde weiterzuentwickeln; die Tätigkeit des BAKred hätte sich dementsprechend auf die interne, insbesondere finanzielle Überwachung der Institute zu beschränken.

Zweitens erweist sich die Durchführung der angestrebten Aufgabenteilung zwischen KWG und WpHG bzw. BAKred und BAWe[289] in der derzeitigen Ausgestaltung insofern als noch nicht trennscharf, als sich die

---

286 S. auch *Eisele* in Schimansky/Bunte/Lwowski, § 109 Rz. 3.

287 S. oben § 2 I.

288 Das Instrumentarium der Mißstandsaufsicht des BAKred (§ 6 Abs. 2 KWG) wurde durch die 6. KWG-Novelle im Umsetzungsgesetz nach dem Vorbild des § 4 Abs. 1 Satz 3 WpHG ergänzt um die ausdrückliche Befugnis, belastende Verwaltungsakte zu erlassen; dazu unten § 6 I 2.

289 So ausdrücklich die Begründung der Bundesregierung zum Umsetzungsgesetz, BT-Drucks. 13/7142 vom 6.3.1997, S. 60.

Kompetenz des BAWe z.B. auch auf die interne Organisation des Wertpapierdienstleistungsunternehmens (§ 33 WpHG) erstreckt, die jedenfalls nicht ausschließlich kundenschützenden Charakter hat.[290] Danach ist schon zweifelhaft, ob etwa die Überwachung der Kreditinstitute, die das BAKred auf der Grundlage des § 6 Abs. 2 KWG in Verbindung mit der Verlautbarung über Mitarbeiterleitsätze[291] und der Handelsgeschäftsverlautbarung[292] durchführt, in seinen Zuständigkeitsbereich fallen sollte.[293] Ein Vergleich zwischen § 6 Abs. 2 KWG und § 4 Abs. 1 in Verbindung mit §§ 35 bzw. 36 und 33 WpHG legt den Schluß nahe, daß sich das BAWe auf die *speziellere* Befugnis zur Überwachung der Geschäfte von Bankmitarbeitern und der Organisation des Effektenhandels in der Bank stützen kann. Nach dem im Gewerbeaufsichtsrecht geltenden Spezialitätsgrundsatz[294] ist der Rekurs auf eine allgemeine Ermächtigungsnorm unzulässig. Danach besteht jedenfalls *de lege lata* Rechtsunsicherheit hinsichtlich der Abgrenzung der Aufsichtsbefugnisse der beiden Bundesoberbehörden. § 35 Abs. 6 Satz 2 WpHG trägt dieser Kompetenzüberschneidung dadurch Rechnung, daß bei der Aufstellung von Richtlinien hinsichtlich der Anforderungen nach § 33 WpHG Einvernehmen zwischen BAWe und BAKred erzielt werden muß. Die beabsichtigte sog. *Compliance*-Richtlinie des BAWe soll u.a. die Anforderungen an die personelle und sachliche Ausstattung (§ 33 Abs. 1 Nr. 1 WpHG), an *chinese walls* (§ 33 Abs. 1 Nr. 2 WpHG) oder interne Revisions- und Kontrollverfahren (§ 33 Abs. 1 Nr. 3 WpHG) konkretisieren. Angesichts der weitreichenden Bedeutung dieser organisatorischen Fragen für die institutionelle Struktur und Leitung von Kreditinstituten und Finanzdienstleistungsinstituten erscheint die Ausschöpfung der Kompetenzen beider Aufsichtsämter zwar gerechtfertigt,

---

290 Da § 33 WpHG auch *prudential rules* enthält, erscheint ein *Compliance*-Begriff zu eng, der sich nur auf die Überwachung kundenschützender Vorschriften und die Verhinderung von Schadensersatzprozessen bezieht, so aber *Eisele* in Schimansky/Bunte/Lwowski, § 109 Rz. 3 f.; zutreffend hingegen *Kümpel*, Bank- und Kapitalmarktrecht, Rz. 14.624; *Tippach*, S. 214 ff.

291 Verlautbarung des BAKred über Anforderungen an Regelungen der Kreditinstitute für Mitarbeitergeschäfte vom 30.12.1993, dazu die Erläuterungen des Zentralen Kreditausschusses vom 16.12.1993.

292 Verlautbarung des BAKred über Mindestanforderungen an das Betreiben von Handelsgeschäften der Kreditinstitute vom 23.10.1995.

293 Ähnliche Überschneidungen ergeben sich auch im Verhältnis zu § 31 und § 32 WpHG, vgl. etwa die Handelsgeschäftsverlautbarung des BAKred und die Richtlinie des BAWe bezüglich der Anforderungen nach §§ 31 und 32 WpHG vom 26. Mai 1997, dazu auch unten § 10 II und § 13 I.

294 Dazu *Friauf* in Schmidt-Aßmann, 2. Abschnitt II 1 b.

die Federführung des BAWe aber im Hinblick auf den funktionalen Ansatz des BMF nachgerade sinnwidrig.

Zweifelhaft ist grundsätzlich, ob diese funktionale Aufspaltung der Überwachungsbefugnisse auf zwei mehr oder weniger spezialisierte Bundesbehörden zweckmäßig ist. Trotz der Aufgabenteilung zwischen zwei Behörden im Geschäftsbereich des Bundesfinanzministers entsteht durch die Aufnahme der Geschäftstätigkeit bzw. die Stellung eines Antrags auf Zulassung als Kreditinstitut oder Finanzdienstleistungsinstitut ein einheitliches Überwachungsrechtsverhältnis,[295] das den Rahmen für gewerbe- bzw. finanzaufsichtsrechtliche Maßnahmen gegenüber dem Institut bildet. Das BAKred kann auf Antrag die Erlaubnis nach § 32 KWG erteilen oder nach § 33 KWG versagen.[296] Zugelassenen Instituten kann es als *ultima ratio* gemäß § 35 Abs. 2 KWG die Erlaubnis entziehen. Im übrigen überwacht das BAKred mit dem Instrumentarium des § 6 Abs. 2 und Abs. 3 KWG die Einhaltung der Vorschriften des KWG, insbesondere die Eigenmittelstandards nach § 10 KWG. Daneben kann das BAWe gegenüber dem Institut auf der Grundlage von § 4 Abs. 1 WpHG tätig werden, um Verstößen gegen das WpHG einschließlich der Verhaltensregeln entgegenzuwirken.[297] § 35 Abs. 2 Nr. 6 KWG stellt es in das Ermessen des BAKred, die Erlaubnis eines Instituts auch wegen nachhaltiger Verstöße gegen das WpHG oder die zu seiner Durchführung erlassenen Verordnungen oder Anordnungen aufzuheben.[298] Im Ernstfall – etwa bei nach-

---

295 *Gröschner*, S. 160 ff., der die Begründung eines formellen Überwachungsrechtsverhältnisses durch Antragstellung und eines materiellen durch bloße Aufnahme der Gewerbeaktivitäten unterscheidet, S. 165 ff., 172.

296 Näher oben § 2 II 1 b.

297 Zur Kompetenz des BAWe nach § 4 Abs. 1 WpHG s. unten § 6 I 2.

298 Zweifelhaft ist, ob das BAKred einem Institut bereits die Erlaubnis nach § 33 Abs. 1 Nr. 7 KWG (erforderliche organisatorische Vorkehrungen) versagen muß, wenn es offensichtlich nicht die organisatorischen Anforderungen an die Erbringung von Wertpapierdienstleistungen nach § 33 WpHG erfüllt. Da der Begriff der Geschäfte im Sinne des § 1 Abs. 1 und Abs. 1a KWG materiell sämtliche Wertpapierdienstleistungen abdeckt, könnte der Versagungsgrund des § 33 Abs. 1 Nr. 7 KWG auch auf § 33 WpHG bezogen werden, der seinerseits organisatorische Vorkehrungen zur ordnungsgemäßen Durchführung von Wertpapierdienstleistungen vorsieht. Dagegen spricht allerdings, daß die Überwachung des § 33 WpHG in den Aufgabenbereich des BAWe fällt, dem das *spezielle* Instrumentarium der §§ 35, 36 und 4 Abs. 1 WpHG zu Gebote steht. Es erscheint zwar systemwidrig, dem BAKred die Möglichkeit zur Aufhebung der Erlaubnis wegen nachhaltiger Verstöße gegen § 33 WpHG zu geben, diese Anforderungen aber nicht bereits im Rahmen der Entscheidung

haltigen Verletzungen der Verhaltenspflichten – zeigt sich, daß beide Aufsichtsämter letztlich einen einheitlichen Überwachungsauftrag erfüllen und die Koordinierung ihrer Überwachungstätigkeit unumgänglich ist. Da die Parallelität der ***prudential rules*** für Banken und Finanzdienstleister in den europäischen Vorgaben anerkannt ist und gegen eine institutionelle Trennung der Aufsicht spricht, erscheint ein enges Zusammenwirken von BAKred und BAWe oder sogar (*de lege ferenda*) die Schaffung eines einheitlichen Aufsichtsorgans durch Verschmelzung beider Behörden im Sinne des internationalen Trends wünschenswert.[299] Dieses Desiderat wird auch durch praktische Erwägungen gestützt: Alle Institute, die (auch) Wertpapierdienstleistungen erbringen, sind verpflichtet, sich über die Anforderungen von zwei Aufsichtsämtern zu unterrichten und diese einzuhalten. Dazu müssen sie den Anordnungen beider Behörden Folge leisten und sich mehreren Routine- und ggf. auch außerordentlichen Prüfungen unterziehen, wenn auch ab 1998 eine eigenständige Depotprüfung (§ 30 KWG a.F.) entfällt und auch die Prüfung der Wertpapierdienstleistungsunternehmen (§ 36 Abs. 1 WpHG), die sich ihre Prüfer grundsätzlich selbst auswählen können, mit der Jahresabschlußprüfung zusammengelegt werden kann.[300] Der Kontakt mit zwei Behörden von unterschiedlicher Größe, Leitung und Tradition wird insbesondere kleinere Institute und ausländische Unternehmen, die sich am deutschen Markt zu betätigen beabsichtigen, belasten.

über die Erteilung der Erlaubnis zu berücksichtigen. Andererseits ist die Vorschrift des § 33 Abs. 1 Nr. 7 KWG als obligatorischer Versagungsgrund (Legalitätsprinzip) ausgestaltet, so daß eine Analogie im Hinblick auf die Ermessensnorm des § 35 Abs. 2 Nr. 6 KWG ausscheidet.

299 S. etwa die Commission bancaire et financiaire in Belgien und die Eidgenössische Bankenkommission in der Schweiz seit der Reform durch das Bundesgesetz über die Börsen und den Effektenhandel (BEHG, dazu *Blanchard* in Hopt/Rudolph/Baum, S. 905, 923 ff.); s. auch die britische FSA, die am 1.6.1998 auch die Bankaufsicht (von der Bank of England) übernommen hat (Bank of England Act 1998, dazu FSA Website, http://www.sib.co.uk, Regulatory Reform. Für Deutschland früher schon *Hopt*, Gutachten, S. G-133; *ders.* in Gerke/Steiner, Sp. 67, 68; *ders.*, FS Heinsius, S. 289, 322.

300 Jahresabschlußprüfung einschließlich Depotprüfung und Prüfung der Einhaltung der Meldepflichten (§ 9 WpHG) und der Verhaltenspflichten (§§ 31 ff. WpHG) nach § 29 Abs. 2 KWG bzw. § 36 Abs. 1 WpHG, dazu die Begründung der Bundesregierung, BT-Drucks. 13/7142 vom 6.3.1997, S. 88, 112, vgl. dazu die Rechtslage vor 1998: §§ 27 ff. KWG a.F. und § 36 Abs. 1 WpHG a.F.

II. Zur Rechtsnatur aufsichtsrechtlicher Verhaltenspflichten

Die rechtssystematische Einordnung der Verhaltensregeln des WpHG hat zwar keinen eigenständigen Erkenntniswert, stellt aber im deutschen Recht die begriffliche Verdichtung eines Bündels von Rechtsfolgen und systematischen Bezügen dar. Das Kapitalmarktrecht umfaßt nach einer weiten Definition alle Normen, die die Organisation der Kapitalmärkte und die Teilnahme an diesen Märkten regeln.[301] Dazu gehören sowohl öffentlich-rechtliche (z.B. bankaufsichtsrechtliche[302]) als auch privatrechtliche (z.B. vertragsrechtliche[303]) Vorschriften. Das WpHG enthält Regeln wie die strafbewehrten Insiderhandelsverbote oder Ad-hoc-Publizitätspflichten, deren öffentlich-rechtlicher Charakter nicht bestritten wird.[304] Da die Verhaltensregeln nach §§ 31 und 32 WpHG[305] die Rechtsbeziehungen zwischen Privaten betreffen, ist zu untersuchen, ob es sich um öffentlich-rechtliche Aufsichtsregeln[306] oder um privatrechtliche Bestimmungen handelt, die lediglich die bereits bestehenden, in der Rechtsprechung der Zivilgerichte entwickelten (vor)vertraglichen Verhaltenspflichten beim Effektengeschäft als europaweit einheitliches, zwingendes Vertragsrecht kodifizieren.[307]

---

301 S. *Kümpel* in Kümpel/Ott, Kz. 050, S. 66; *Assmann* in Großkomm z. AktG, Einl. Rz. 352 ff.

302 S. die Eigenmittel- und Liquiditätsvorschriften in §§ 10 ff. KWG sowie Grundsatz I.

303 S. §§ 383 ff. HGB (Effektenkommission) oder die von der Rechtsprechung nach § 242 BGB entwickelten bzw. konkretisierten Grundsätze zu § 675 BGB (Bankvertrag).

304 Zur Betonung des öffentlichen Interesses bei § 15 WpHG s. den Bericht des Finanzausschusses, BT-Drucks. 12/7918 vom 15.6.1994, S. 102.

305 Eine generelle Einordnung der Verhaltenspflichten des 5. Abschnitts allgemein ist wegen ihrer unterschiedlichen Schutzrichtung nicht zweckmäßig, treffend *Hopt*, ZHR 159 (1995), 135, 160; ihm folgend *Kümpel* in Kümpel/Ott, Kz. 065, S. 106.

306 So *Koller* in Assmann/Schneider, Rz. 16 f. vor § 31 („überwiegend aufsichtsrechtlicher Natur“); *Horn*, ZBB 1997, 139, 149 („primär öffentlichrechtliche Berufspflichten aufsichtsrechtlicher Natur“); *Jerusalem*, S. 62 ff. (zur Interessewahrungspflicht nach § 31 Abs. 1 Satz 1 WpHG).

307 So die bisher im Schrifttum vorherrschende Ansicht, s. *Knobl*, ÖBA 1995, 741; *Lampert*, WiB 1995, 501, 502; *Waldeck* in Cramer/Rudolph, S. 647, 652; *Claussen*, Bank- und Börsenrecht, § 9 Rz. 108; *Eisele* in Schimansky/Bunte/Lwowski, § 109 Rz. 25; *Kümpel* in Kümpel/Ott, Kz. 065, S. 104 ff., und *dens.*, WM 1994, 229, 233, der allerdings nicht hinreichend zu differen-

Die Abgrenzung zwischen öffentlichem und privatem Recht ist zwar im wesentlichen eine Auslegungs- und Wertungsfrage,[308] folgt dabei aber herkömmlich bestimmten dogmatischen Grundsätzen,[309] die im Rahmen der Auslegung nachfolgend zu erörtern sind. Als Abgrenzungsmaßstäbe sind insbesondere drei Kriterien anerkannt, die in keinem festen Rangverhältnis stehen.[310] Ausschlaggebend sind systematische Argumente, die insbesondere von der älteren, an der hoheitlichen Eingriffsverwaltung orientierten sog. Subordinationslehre[311] und der jüngeren sog. modifizierten Subjekts- oder Zuordnungstheorie[312] vorgebracht werden.[313] Darüber hinaus sind auch historische Vorläufer der Verhaltensregeln, ihre Entstehung im internationalen und europäischen Kontext heranzuziehen.[314] Schließlich ist mit der ulpianischen Interessentheorie[315] auf den Regelungszweck der §§ 31 und 32 WpHG zurückzukommen, der die systematische Einordnung bestätigt.[316]

a) Ausgestaltung des Effektengeschäfts vs. Regelung eines Überwachungsrechtsverhältnisses

Die im Schrifttum vorherrschende Ansicht versteht die §§ 31 und 32 WpHG als privatrechtliche Regelungen und verweist zur Begründung im wesentlichen auf die sachliche Nähe der §§ 31 und 32 WpHG zu den von der Rechtsprechung entwickelten Grundsätzen[317] der Sorgfalt, Interessewahrung, Aufklärung und Beratung der Bank gegenüber dem Kunden.[318]

---

zieren scheint zwischen der Rechtsnatur und dem Schutzgesetzcharakter einer Norm im Sinne des § 823 Abs. 2 BGB. Ähnlich zum belgischen Umsetzungsgesetz *Wymeersch*, Revue (belge) de la Banque 1995, 574 (droit privé), und zum österreichischen WAG *Knobl*, ÖBA 1997, 7 („genuin privatrechtlicher Natur"). Unklar *Balzer*, FS Horn, S. 40 ff., 42 (kein zwingendes Privatrecht, aber „Konkretisierung von vorvertraglichen und vertraglichen Pflichten").

308 S. nur *Maurer*, § 3 Rz. 20.

309 *Maurer*, § 3 Rz. 14 ff.

310 Dazu *Maurer*, § 3 Rz. 19; *Faber*, § 16 II.

311 S. *Wolff/Bachof*, § 22 II a.

312 *Wolff/Bachof*, § 22 II c.

313 Dazu sogleich § 5 II 1.

314 Dazu unten § 5 II 2.

315 Dig. I 1, 1 § 2.

316 Dazu unten § 5 II 4.

317 Für § 31 Abs. 2 WpHG dazu eingehend unten § 13 I 2.

318 *Kümpel* in Kümpel/Ott, Kz. 065, S. 105 (enge sachliche Verzahnung); *Schwennicke*, WM 1997, 1265, 1273 (zivilrechtliche „Beratungs- und Aufklä-

Dafür spricht in *inhaltlicher* Hinsicht, daß bei der Beratung des 5. Abschnitts des WpHG im Finanzausschuß des Bundestages offensichtlich versucht wurde, einen Gleichklang mit der Rechtsprechung des Bundesgerichtshofs zu den (vor)vertraglichen Verhaltenspflichten beim Effektengeschäft[319] herzustellen. Aus der inhaltlichen Ähnlichkeit zu bestehenden Regeln ergibt sich allerdings noch nicht, daß der Gesetzgeber des WpHG die vorliegende Rechtsprechung zu kodifizieren beabsichtigte. Da Grundlage dieser Rechtsprechung bereits *leges scriptae* des Zivil- und Handelsrechts (u.a. §§ 383 ff. HGB, §§ 675, 276, 242 BGB) sind, wäre bei einer privatrechtlichen Deutung der §§ 31 ff. WpHG einerseits überhaupt das Regelungsbedürfnis zweifelhaft,[320] das angesichts der – sehr grundsätzlichen – jüngeren Rechtsprechung des Bundesgerichtshofs[321] kaum mit einem Klarstellungsinteresse begründet werden könnte. Andererseits wäre ein Doppelung gerade bei ähnlichem Regelungsinhalt stets Quelle praktischer Auslegungsschwierigkeiten,[322] weil trotz des Erforderlichkeitsvorbehalts in § 31 Abs. 2 WpHG[323] Wortsinn und Wertung von konkurrierenden Vorschriften, z.B. § 384 Abs. 1 HGB, abweichen können.[324]

Zutreffend ist allerdings, daß die Verhaltensregeln des WpHG das Wertpapierdienstleistungsunternehmen im Verhältnis zu seinem Kunden verpflichten. Auch wenn §§ 31 und 32 WpHG die vertragliche Grundlage nicht ausdrücklich erwähnen, betreffen sie die in der Regel vertraglich ausgestaltete Beziehung zwischen zwei privaten Wirtschaftssubjekten, dem Intermediär und dem Kapitalgeber.[325] Auch aus Sicht der Subordinationslehre scheint dieser Gedanke zunächst eine Einordnung ins Zivil- und Handelsrecht zu stützen, weil die Regelung „horizontaler" Rechtsbeziehungen zwischen Privatrechtssubjekten, die sich im Grundsatz nicht in einem hierarchischen Verhältnis zueinander befinden, dem Privatrecht vorbehalten ist. Die Subordinationslehre ordnet nur Rechtssätze, die ein

---

rungspflichten decken sich mit [§ 31 Abs. 2 WpHG]"); vorsichtiger *Schwark* in Bankrechtstag 1995, S. 119, 120 (das allgemeine Zivilrecht betreffend).

319 Dazu näher unten § 13 I 1.

320 Ähnlich *Jerusalem*, S. 64; wohl auch *Kalss* in Mayer, S. 10 Fn. 18.

321 Exemplarisch BGH, Urt. v. 6.7.1993, BGHZ 123, 126 („Bond"), dazu unten § 13 I 1.

322 Ähnlich zum englischen Recht *Law Commission*, Consultation Paper No. 124, para. 6.23, Report No. 236, paras. 12.2, 17.2.

323 Dazu eingehend § 13 I 5.

324 Die Möglichkeit eines Spezialitätsverhältnisses der §§ 31 ff. WpHG zu §§ 383 ff. HGB und anderen allgemeinen Vorschriften ist mangels eindeutiger Regelungsintention des Zweiten Finanzmarktförderungsgesetzes auszuschließen.

325 Mißverständlich *Balzer*, FS Horn, S. 41, 43.

Verhältnis der Über- bzw. Unterordnung zwischen Rechtssubjekten regeln, dem öffentlichen Recht zu.

Andererseits ist im systematischen Zusammenhang des 5. Abschnitts und des WpHG insgesamt zu berücksichtigen, daß der „horizontale" Regelungsinhalt überlagert wird von der „vertikalen" Bindung der Wertpapierdienstleistungsunternehmen an die sie überwachende Verwaltungsbehörde, das Bundesaufsichtsamt für den Wertpapierhandel (BAWe). Die Vorschriften der §§ 35, 36 und 36b WpHG normieren die bundeseinheitliche Überwachung und Prüfung der Verhaltenspflichten durch das BAWe. Insbesondere § 35 Abs. 6 WpHG gibt dem Frankfurter Amt die Möglichkeit, die Verhaltenspflichten der §§ 31 ff. WpHG autoritativ zu interpretieren und durch Richtlinien zu konkretisieren. Darüber hinaus steht dem BAWe nach § 4 Abs. 1 Satz 2 WpHG eine allgemeine Eingriffskompetenz zu, um die Einhaltung der Verhaltensregeln zu gewährleisten.[326] Die Anforderungen der §§ 31 und 32 WpHG sind danach nicht nur zivilrechtliche Einschübe in einem an sich wirtschaftsaufsichtsrechtlichen Gesetz,[327] sondern als Verpflichtungen der Wertpapierdienstleistungsunternehmen zu verstehen, die „gegenüber" der staatlichen Aufsichtsbehörde (BAWe) einzuhalten sind. Sie stellen die rechtliche Grundlage der *market conduct regulation* im neugeordneten deutschen Finanzaufsichtsrecht dar und ergänzen die institutionelle Aufsicht über Finanzintermediäre durch eine Marktaufsicht. Die Marktüberwachungsregeln gestalten ein sog. *Überwachungsrechtsverhältnis*, das in der Regel durch die staatliche Zulassung als Kreditinstitut oder Finanzdienstleistungsinstitut durch das BAKred begründet wird.[328] Im Rahmen dieses finanzaufsichtsrechtlichen Überwachungsrechtsverhältnisses legen die Verhaltensregeln des WpHG die Standards fest, an denen die Unternehmen im Rahmen der Aufsicht durch das BAWe zu messen sind und deren Durchsetzung durch hoheitliche Eingriffe bzw. staatliche Zwangsmittel gesichert ist.[329] Aus dieser Perspektive ist

326 Dazu näher unten § 6 I 2.

327 Prinzipiell muß die staatliche Überwachung nicht unbedingt im Widerspruch zum privatrechtlichen Charakter einer Norm stehen, s. *Schwark*, Anlegerschutz, S. 277 zu aufsichtsrechtlich überlagerten Privatrechtsbestimmungen, z.B. § 15 Abs. 2 KAGG (Genehmigung der Vertragsbedingungen von Publikums-Investmentfonds), oder „zivilrechtlichen Einschübe" in Aufsichtsgesetzen, z.B. die Prospekthaftung nach §§ 45 f. BörsG oder die handelsrechtlichen Regeln über die Abwicklung bestimmter Börsengeschäfte nach §§ 50 ff. BörsG.

328 Dazu *Gröschner*, S. 160, 161 ff., 165 ff.

329 Dazu im einzelnen § 6 I 2 c.

das BAWe Adressat bzw. hoheitliches Zuordnungssubjekt der Verhaltensregeln im Sinne der modifizierten Subjektstheorie, nach deren Abgrenzungskriterium die Rechtsnatur einer Vorschrift an der formalen Zuordnung eines Normadressaten zu erkennen ist. Die Qualifizierung einer Norm als öffentlich-rechtlich setzt danach voraus, daß durch sie ein Träger hoheitlicher Gewalt ausschließlich berechtigt oder verpflichtet wird.[330] Als Aufsichtsorgan wird das BAWe auf Grund der Verhaltensregeln, die zugunsten der Kapitalanleger einzuhalten sind, im Verhältnis zum Wertpapierdienstleistungsunternehmen zu Überwachungsmaßnahmen *berechtigt*. Die systematische Einbettung in das Finanzaufsichtsrecht spricht folglich für die Annahme, daß die Verhaltensregeln ein hierarchisches Rechtsverhältnis zwischen dem Wertpapierdienstleistungsunternehmen und dem BAWe gestalten und daher öffentlich-rechtlich zu qualifizieren sind.

2. *Regelungstradition des deutschen Gewerbeaufsichtsrechts*

Die wertpapieraufsichtsrechtliche Deutung der Verhaltenspflichten kann sich auch auf die Regelungstradition im bisher geltenden allgemeinen Gewerberecht stützen. Bis zum 31. Dezember 1997 waren Anlagevermittler und -berater – neben den (auch weiter geltenden) Standesregeln der Deutschen Vereinigung für Finanzanalyse und Anlageberatung (DVFA) – der staatlichen Überwachung nach § 34c GewO unterworfen. Die Überwachung der für Anlagevermittler geltenden Verhaltensnormen oblag den Gewerbeaufsichtsbehörden der Länder. Anlagevermittler bedurften einer Gewerbeerlaubnis durch die zuständige Gewerbeaufsichtsbehörde[331] und sind erst seit der Einführung einer *speziellen* Gewerbe-

---

330 *Wolff/Bachof*, § 22 II c; in modifizierter Form auch *Bettermann*, NJW 1977, 715 f.; *Bachof*, FG BVerwG, S. 9 ff.; s. auch *Maurer*, § 3 Rz. 17 f. Umgekehrt können Verwaltungsbehörden nur auf der Grundlage öffentlich-rechtlicher Normen hoheitliche Eingriffe vornehmen, s. *Wolff/Bachof*, § 22 I.

331 § 34c Abs. 1 Satz 1 Nr. 1 lit. b GewO (Gewerbetreibende, die den Abschluß von Verträgen über den Erwerb von öffentlich angebotenen Fondsanteilsscheinen oder öffentlich angebotenen Anteilen an oder verbrieften Forderungen gegen Kapitalgesellschaften oder Kommanditgesellschaften vermitteln bzw. die Abschlußgelegenheit nachweisen). Ausgenommen von der gewerberechtlichen Erlaubnispflicht sind bisher die vom BAKred lizenzierten Kreditinstitute (§ 34c Abs. 5 Nr. 2 GewO) sowie Kursmakler und freie Makler, die an einer deutschen Wertpapierbörse mit dem Recht zur Teilnahme am Handel

bzw. Wertpapieraufsicht im Zuge der Umsetzung der Wertpapierdienstleistungsrichtlinie der bundeseinheitlichen Aufsicht durch das BAWe unterworfen.[332] Die besonderen Verpflichtungen im Umgang mit Kunden, denen Anlagevermittler bisher nach § 34c Abs. 3 GewO in Verbindung mit §§ 2 bis 14 MaBV[333] unterlagen, betrafen neben Organisations- und Dokumentationspflichten[334] auch kundenbezogene Pflichten, insbesondere Informationspflichten.[335] Die Einhaltung dieser Pflichten wurde im Rahmen von jährlichen Routineprüfungen und außerordentlichen Prüfungen kontrolliert.[336] Verletzungen konnten als Ordnungswidrigkeiten nach § 18 MaBV in Verbindung mit dem OWiG durch Geldbußen geahndet werden. Da es sich aber bei den Verhaltenspflichten nach § 34c Abs. 3 GewO und §§ 2 ff. MaBV um gewerbeaufsichtsrechtliche Verpflichtungen handelt,[337] die nunmehr durch die §§ 31 ff. WpHG ersetzt werden, ist

---

zugelassen sind (§ 34c Abs. 5 Nr. 3 GewO) und daher von der zuständigen Börsenaufsichtsbehörde reguliert werden.

332 Durch die Novellierung wurde die Gewerbeordnung entsprechend geändert, s. Art. 7 des Begleitgesetzes zum Gesetz zur Umsetzung von EG-Richtlinien zur Harmonisierung bank- und wertpapieraufsichtsrechtlicher Vorschriften, dazu die Begründung der Bundesregierung, BT-Drucks. 13/7143 vom 6.3.1997, S. 18, und schon die Begründung des Referentenentwurfs vom 17. Juni 1996, S. 39.

333 Verordnung des Bundesministers für Wirtschaft über die Pflichten der Makler, Darlehens- und Anlagevermittler, Bauträger und Baubetreuer (Makler- und Bauträgerverordnung – MaBV) i.d.F. vom 7. November 1990, s. Bekanntmachung der Neufassung der Makler- und Bauträgerverordnung, BGBl. I S. 2480.

334 S. z.B. § 6 MaBV (getrennte Vermögensverwaltung), § 10 MaBV (Buchführungspflicht), § 14 MaBV (Aufbewahrungspflicht).

335 § 11 Nr. 2 MaBV in Verbindung mit § 10 Abs. 2 Nr. 2 und Abs. 3 Nr. 4 bis 7 MaBV. Ferner gehörten dazu die Verpflichtung zur Stellung einer Drittbürgschaft oder zum Abschluß einer geeigneten Versicherung in Höhe der vom Kunden eingebrachten Vermögenswerte, § 2 MaBV.

336 § 16 Abs. 1 bzw. 2 MaBV.

337 S. die nach Einspruch des Bundesrates geänderte Verordnung des BMWi-Entwurfs zur MaBV vom 20.6.1974 (BR-Drucks. 179/75 vom 13.3.1975, S. 23 ff.; BR-Drucks. 442/79 vom 6.9.1979, S. 22 ff.), die zunächst folgende zivilrechtliche Bestimmung vorsah, die von der gewerbeaufsichtsrechtlichen Ermächtigungsgrundlage (§ 34c Abs. 3 GewO) nicht gedeckt war: „Entgegenstehende Vereinbarungen sind nichtig; im übrigen bleibt die Wirksamkeit des Vertrages unberührt." Diese Vorschrift wurde mit Rücksicht auf die damit verbundene Drittwirkung zu Lasten der Kunden des Maklers und den aufsichtsrechtlichen Charakter der MaBV ersetzt durch ein bloßes Verbot

davon auszugehen, daß auch die Verhaltenspflichten des WpHG eine genuin aufsichtsrechtliche Aufgabe übernehmen.

Aufschlußreich ist ferner die Parallele zum Versicherungsaufsichtsrecht. Auch dort sind die Informationspflichten des Versicherungsunternehmens vor Abschluß des Versicherungsvertages auf der Grundlage einer EG-Richtlinie[338] nicht in das privatrechtliche Gesetz über den Versicherungsvertrag (VVG), sondern in das Versicherungsaufsichtsgesetz (VAG) eingefügt worden. Der seit 1994 geltende § 10a VAG stellt damit eine dem WpHG vergleichbare öffentlich-rechtliche Regelung dar,[339] deren privatrechtliche Konsequenzen im Versicherungsrecht allerdings noch nicht abschließend geklärt sind.

---

an den Makler, die Pflichten der MaBV durch vertragliche Vereinbarungen auszuschließen oder einzuschränken (jetzt § 12 MaBV). Die *zivilrechtlichen Auswirkungen* der §§ 2 ff. MaBV sind bis heute umstritten, s. zusammenfassend *Kanzleiter*, WiVerw 1981, 96, 98 ff.; zu eng jedenfalls *Hepp*, NJW 1977, 617, 618 f. (Gewerbeaufsichtsrecht ohne zivilrechtliche Folgen); mißverständlich *Halbe*, NJW 1977, 1437, und wieder *Blank*, DNotZ 1996, 501, 505 f., die nicht zwischen der Rechtsnatur einerseits und den zivilrechtlichen Folgen andererseits unterscheiden. Dazu insgesamt auch unten § 7.

338 Richtlinie 92/96/EWG des Rates vom 10.11.1992 zur Koordinierung der Rechts- und Verwaltungsvorschriften für die Direktversicherung (Lebensversicherung) sowie zur Änderung der Richtlinien 79/267/EWG und 90/619/EWG (sog. Dritte Richtlinie zur Lebensversicherung), ABl. EG Nr. L 360/1 vom 9.12.1992.

339 *H.D.Meyer* in Basedow/Meyer/Schwintowski, S. 157, 183 ff. m.w.N.; davon geht wohl auch der am 7. Juli 1997 als Gesetzesantrag von den Ländern Niedersachsen und Saarland im Bundesrat eingebrachte Entwurf eines Gesetzes zur Ausübung der Tätigkeit als Finanzdienstleistungsvermittler und als Versicherungsvermittler sowie zur Einrichtung eines Beirats beim Bundesaufsichtsamt für das Kreditwesen aus, der (wohl zur Ergänzung des § 10a VAG) ausdrücklich zivilrechtliche Verhaltenspflichten für „Finanzdienstleistungsvermittler" (deren Abgrenzung zu Finanzdienstleistungsinstituten u.a. wohl nicht hinreichend überdacht ist) in einem neuen „Gesetz zur Ausübung der Tätigkeit als Finanzdienstleistungsvermittler" (§ 12) sowie für Versicherungsvermittler in einem neuen § 48a VVG zu regeln beabsichtigt (BR-Drucks. 517/97 vom 9.7.1997), s. dazu die Begründung, BT-Drucks. 517/97 vom 9.7.1997, S. 34 f., 42 ff. Da im Versicherungsrecht zivilrechtliche Informationspflichten im Sinne der „Bond"-Rechtsprechung des BGH zum Kapitalmarktrecht (dazu unten § 13 I 1) von der Rechtsprechung bisher *nicht* anerkannt werden (s. etwa OLG Köln, VersR 1996, 1265 f.), ist a.A. *Schwintowski* in Basedow/Schwark/Schwintowski, S. 11, 15 ff. (zivil- und öffentlichrechtliche „Doppelnatur" des § 10a VAG).

3. *Internationale und europäische Vorbilder*

Auch die internationalen und europäischen Vorbilder der §§ 31 und 32 WpHG legen ein aufsichtsrechtliches Verständnis nahe. Das Konzept der Marktaufsicht bzw. *market conduct regulation* als Bestandteil eines umfassenden Finanzaufsichtsrechts ist – wie dargelegt[340] – angelsächsischen Ursprungs. Die aufsichtsrechtliche Interpretation der Verhaltensregeln (*conduct-of-business rules*) entspricht ihrer Stellung im U.S.-amerikanischen und britischen Kapitalmarktrecht. In den U.S.A. ist trotz weitgehender inhaltlicher Übereinstimmung der Wertungen des *common law* und der Regeln der *securities regulation* die Unterscheidung zwischen beiden Rechtsmaterien präsent.[341] Die Regeln der *securities laws* werden als aufsichtsrechtliche Verpflichtungen angesehen. Wenn sich auch noch keine formale Trennung zwischen öffentlichem Recht und Privatrecht wie im kontinentalen und zunehmend im englischen Recht[342] durchgesetzt hat, setzen die großen Kapitalmarktgesetze dennoch Standards, deren Einhaltung vornehmlich von den Bundesbehörden, insbesondere der SEC und der CFTC, überwacht werden. Damit steht die große praktische Bedeutung der *private remedies* nicht im Widerspruch, die – wie die Unwirksamkeit illegaler Vereinbarungen nach SEA § 29(a) – aber nur qua ausdrücklicher gesetzlicher Bestimmung oder Intention des Gesetzgebers bestehen. Ähnlich ist die Rechtslage in Großbritannien: Der FSA und die ihn konkretisierenden Normen werden in Abgrenzung vom *common law* als *regulatory rules* angesehen, die im wesentlichen der staatlichen Aufsicht unterliegen und deren Verletzung nur beschränkt von Kapitalanlegern selbst sanktioniert werden können. Soweit *common law* und *regulation* dieselben Rechtsbeziehungen zwischen Teilnehmern am Kapitalmarkt regeln, kann ein Konflikt auftreten, dessen Auflösung im einzelnen noch ungeklärt ist.[343]

Für eine aufsichtsrechtliche Deutung der Verhaltensregeln spricht auch ihr europarechtliches Vorbild in Art. 11 der Wertpapierdienstleistungsrichtlinie, der die Einhaltung der Wohlverhaltensregeln bzw. ihre Überwachung *durch* die Mitgliedstaaten betont.[344] Die Interpretation der

340 Vgl. dazu oben § 4 III und § 5 I.

341 Dazu oben § 4 I 2.

342 S. nur *Law Commission*, Consultation Paper No. 124, para. 5.5.

343 S. dazu *Law Commission*, Consultation Paper No. 124, paras. 5.3.19-20.

344 Vgl. Art. 11 Abs. 1 Satz 1 („fortwährend einzuhalten") und Abs. 2 (Durchführung und Überwachung unter mitgliedstaatlicher Regie). Daß sich die EG-Richtlinie nach Art. 189 Abs. 3 EGV an die Normgeber der Mitgliedstaaten

§§ 31 und 32 WpHG als aufsichtsrechtliche Regelung wird auch durch die Entstehungsgeschichte der EG-Richtlinie selbst bestätigt. Zwar erlaubt eine auf die Beseitigung von Diskrimierungen gerichtete Harmonisierungsmaßnahme – sei sie (wie hier) auf Art. 57 Abs. 2 EGV,[345] sei sie auf Art. 100a EGV[346] gestützt – grundsätzlich auch die Angleichung privatrechtlicher Normen.[347] Der Wirtschafts- und Sozialausschuß hat aber bereits im Rahmen seiner Stellungnahme zum Kommissionsvorschlag klargestellt, daß die Wertpapierdienstleistungsrichtlinie das private Vertragsrecht der Mitgliedstaaten unberührt lasse. Wenngleich auch nach Auffassung des Ausschusses Verbindungen zum Privatrecht bestehen,[348] enthält die Wertpapierdienstleistungsrichtlinie keinen Hinweis auf eine privatrechtliche Regelung der vertraglichen Beziehung zum Effektenkunden, sondern setzt nur einen aufsichtsrechtlichen Mindeststandard.[349]

4. *Regelungsziele und öffentliches Interesse*

Der Gesetzgeber des Zweiten Finanzmarktförderungsgesetzes hat – wie dargelegt[350] – die doppelte Zielvorgabe der Wertpapierdienstleistungsrichtlinie, nach der die Verhaltensregeln dem Kapitalanleger- und Funk-

---

richtet, ist für ihre Einordnung ins öffentliche oder Privatrecht unerheblich, weil die Umsetzung in den geeigneten Formen des nationalen Rechts gerade dem einzelnen Mitgliedstaat überlassen bleibt.

345 Dazu *W.H.Roth* in Dauses, E I Rz. 148; *Wernicke*, S. 104 ff.; kritisch *Canaris*, FS Lerche, S. 891 (Fn. 66). Mißverständlich insofern *Koller* in Assmann/Schneider, Rz. 16 vor § 31, der die gemeinschaftsrechtliche Grundlage in Art. 57 Abs. 2 EGV als Argument für die aufsichtsrechtliche Einordnung der Wohlverhaltensregeln anführt.

346 Art. 18 EEA, ABl. EG Nr. L 169/1, 8 vom 29.6.1987.

347 Die Begriffe „Angleichung" (Art. 100) und „Koordinierung" lassen keinen Rückschluß auf den Grad der Harmonisierung zu, s. *Langeheine* in Grabitz/Hilf, Art. 100 Rz. 8, 74; *Pipkorn* in v.d.Groeben/Thiesing/Ehlermann, Art. 100a Rz. 67 ff.; einschränkend *Troberg* in Büschgen/Schneider, S. 68; *Rittner*, JZ 1990, 841, 842.

348 Stellungnahme vom 27.9.1989, Ziffer 1.7 und 1.8.2.1 bzw. 1.8.2.2, ABl. EG Nr. C 298/7-8 vom 27.11.1989.

349 S. auch Art. 11 Abs. 1 Satz 2 (1. Halbsatz) der EG-Richtlinie (Umsetzung „zumindest" der nachstehenden Grundsätze).

350 Zu den Regelungszielen s. auch oben § 3 III.

tionenschutz dienen sollen,[351] als Richtschnur für die Auslegung der §§ 31 und 32 WpHG bestätigt, aber zugleich den Vorrang der Funktionsfähigkeit des Kapitalmarkts betont.[352] Da Anleger- und Funktionenschutz die Attraktivität des deutschen Finanzplatzes erhöhen und das Vertrauen in- und ausländischer Anleger, die ihre (vor)vertraglichen Rechte gegen die Wertpapierfirmen nicht immer gerichtlich durchsetzen können, stärken sollen, besteht nach Ansicht des Finanzausschusses an der Einführung und Durchsetzung der Wohlverhaltensregeln hauptsächlich ein öffentliches Interesse.[353] Diese Grundentscheidung spricht für eine öffentlich-rechtliche Qualifizierung der Verhaltensregeln im Sinne der Interessentheorie, die Rechtssätze, welche dem Allgemeininteresse der Rechtsunterworfenen dienen, dem Öffentlichen Recht, Partikularinteressen fördernde Normen dem Privatrecht zuordnet. Ausschlaggebend für die Bestimmung der maßgeblichen *Interessen* des Gesetzes sind gerade seine Regelungsziele.

Die Deutung der §§ 31 und 32 WpHG als Aufsichtsrecht steht auch im Einklang mit den Regelungsabsichten des Zweiten Finanzmarktförderungsgesetzes. Der Gesetzgeber hat in den Vorarbeiten im Hinblick auf die überragende Bedeutung der Funktionsfähigkeit der Finanzmärkte[354] die Wertpapieraufsicht ausdrücklich in den Dienst der *objektiven* Funktionsfähigkeit des Markts gestellt und den Individualschutz des einzelnen Anlegers im Rahmen der Aufsichtstätigkeit des BAWe als bloßen „Rechtsreflex" bezeichnet.[355] Diese Grundsätze gelten auch für die Über-

351 Vgl. den 2., 32., 41. und 42. Erwägungsgrund der EG-Richtlinie („doppelte Zielsetzung"), ABl. EG L 141/27 ff. vom 11.6.1993.

352 BT-Drucks. 12/6679 vom 27.1.1994, S. 33 li.Sp. (Funktionsfähigkeit der Finanzmärkte); zum GWB in diesem Sinne schon *Raiser*, Summum Ius Summa Iniuria, S. 145, 157.

353 BT-Drucks. 12/7918 vom 15.6.1994, S. 97 li.Sp. S. dazu *Hopt*, ZHR 159 (1995), 135, 159; zutreffend auch *Koller* in Assmann/Schneider, Rz. 8 vor § 31.

354 Begründung des Regierungsentwurfs, BT-Drucks. 12/6679 vom 27.1.1994, S. 33; s. auch den Bericht des Finanzausschusses des Deutschen Bundestages, der – wie die EG-Richtlinie (2. Erwägungsgrund) – zwar die doppelte Zielrichtung des Funktionen- und Anlegerschutz anerkennt, aber die übergeordnete Bedeutung der Funktionsfähigkeit des Kapitalmarkts betont, BT-Drucks. 12/7918 vom 15.6.1994, S. 95 re.Sp., 100 li.Sp. (zu § 4 Abs. 2 WpHG).

355 S. den Bericht des Finanzausschusses, BT-Drucks. 12/7918 vom 15.6.1994, S. 100 li.Sp. (zu § 4 Abs. 2 WpHG); ähnlich Regierungsbegründung, BT-Drucks. 12/6679 vom 27.1.1994, S. 33 re.Sp. (Mittel zum Zweck des Markt-

wachung des Marktverhaltens nach den Verhaltensregeln des 5. Abschnitts.[356] Danach ist der Anlegerschutz ein objektives Schutzziel. Außer dem BAWe können Dritte – insbesondere Kunden – die Einhaltung der Verhaltensregeln nicht verlangen. Sie können keine eigenen *primären* Rechtspositionen aus §§ 31 und 32 WpHG ableiten. Dies entspricht auch Art. 11 der Wertpapierdienstleistungsrichtlinie, der den Kunden nur im Rahmen der inhaltlichen Ausgestaltung der einzelnen Pflichten erwähnt (Art. 11 Abs. 2). Daraus läßt sich jedenfalls kein unmittelbarer Anspruch des Kunden auf Einhaltung der Wohlverhaltensregeln im Sinne einer *primären* Rechtsposition[357] zu ihrer Durchsetzung im Verhältnis zur Wertpapierfirma folgern.

5. Ergebnis

Insgesamt sprechen die besseren Argumente dafür, die §§ 31 und 32 WpHG als Aufsichtsrecht und „Elemente eines öffentlich-rechtlichen Berufsstatuts“[358] des Wertpapierdienstleistungsunternehmen zu verstehen. Der Gesetzgeber des Zweiten Finanzmarktförderungsgesetzes hat durch die Einführung aufsichtsrechtlicher Verhaltensregeln die von *Hopt* schon unter dem Regime des KWG a.F. vorgeschlagene Doppelspurigkeit des

schutzes). Diese Regelung dient allerdings auch der Abwehr staatshaftungsrechtlicher Ansprüche einzelner Kunden und ist insoweit § 6 Abs. 3 KWG nachgebildet.

356 Finanzausschuß, BT-Drucks. 12/7918 vom 15.6.1994, S. 106 li.Sp. (zu § 30e WpHG).

357 Daß die Ausschaltung primärer Ansprüche die Anerkennung *sekundärer* (Schadensersatz-)Ansprüche nicht präjudiziert, zeigt § 15 Abs. 6 WpHG, der Schadensersatzklagen von Anlegern gegen Emittenten ausdrücklich ausschließt, die ihre Ad-hoc-Meldepflichten verletzt haben. Der Unterschied zwischen der rechtssystematischen Einordnung einerseits, für die das Bestehen *primärer* Rechtsansprüche des Kunden beachtlich ist, und der Einstufung als Schutzgesetz im Sinne des § 823 Abs. 2 BGB andererseits wird offenbar übersehen bei *Kümpel* in Kümpel/Ott, Kz. 065, S. 106: Da sowohl privatrechtliche (z.B. § 909 BGB) als auch öffentlich-rechtliche Normen (z.B. § 263 StGB) Schutzgesetze sein können, ist die Zubilligung des Schutzgesetzcharakters (§§ 31/32 WpHG vs. §§ 33/34 WpHG) gerade kein beachtliches Argument für die jeweilige Rechtsnatur dieser Normen. Zur Frage des Schutzgesetzcharakters unten § 7 II.

358 *Hopt*, FS Fischer, S. 256.

Kapitalmarktrechts konkretisiert.[359] Die Mißstandsaufsicht des Bundes, die vom BAWe ausgeübt wird, ist durch das WpHG auf die Verhaltensregeln ausgedehnt worden.[360] Bei den Verhaltensregeln des WpHG handelt es sich deshalb um öffentliches Recht. Von der Rechtsnatur der §§ 31 und 32 WpHG abzugrenzen ist die Frage, in welcher Weise diese Normen auf das Rechtsverhältnis zwischen Wertpapierdienstleistungsunternehmen und Kunden ausstrahlen bzw. über welche „Einfallstore" die Verhaltensregeln auf die privatrechtlichen Beziehungen der Wertpapierdienstleistungsunternehmen zu ihren Kunden Wirkung entfalten. Darauf wird noch zurückzukommen sein.[361]

§ 6 Staatliche Durchsetzung und Überwachung der Verhaltensregeln

Die Durchsetzung und Überwachung der aufsichtsrechtlichen Verhaltenspflichten obliegt nach Art. 11 Abs. 2 der Wertpapierdienstleistungsrichtlinie den Mitgliedstaaten. In Deutschland ist in erster Linie dem Bundesaufsichtsamt für den Wertpapierhandel die bundesweite Aufsicht über die Einhaltung der Verhaltensregeln des 5. Abschnitts des WpHG übertragen.[362] Das Amt nimmt seine Aufsichtsfunktion in Zusammenarbeit mit anderen inländischen und ausländischen Stellen wahr.[363]

---

359 S. *Hopt*, Kapitalanlegerschutz, S. 537 ff. (zur ähnlichen, aber keine belastenden Verwaltungsakte deckenden Mißstandsaufsicht des BAKred nach § 6 Abs. 2 KWG, auch Einhaltung unternehmensverhaltensrechtlicher Pflichten); kritisch zu einer solchen Ausdehnung des § 6 Abs. 2 KWG im Sinne der Durchsetzung ungeschriebener unternehmensverhaltensrechtlicher Normen *Schwark*, Anlegerschutz, S. 399.

360 Dies gilt unter dem WpHG 1994 zunächst nur für Kreditinstitute und Börsenmitglieder im Sinne des § 2 Abs. 4 Nr. 2 WpHG, nach der Novellierung des WpHG durch das Umsetzungsgesetz aber auch für Finanzdienstleistungsinstitute im Sinne des § 1 Abs. 1a KWG.

361 Dazu unten § 7.

362 Dazu sogleich § 6 I.

363 Dazu unten § 6 II.

I. Überwachung durch das Bundesaufsichtsamt für den Wertpapierhandel

1. *Bundesaufsichtsamt für den Wertpapierhandel*

Das Bundesaufsichtsamt für den Wertpapierhandel (BAWe) ist nach § 3 Abs. 1 WpHG als Bundesoberbehörde im Sinne des Art. 87 Abs. 3 Satz 1 GG dem Bundesminister der Finanzen (BMF) nachgeordnet.[364] Das Amt mit Sitz in Frankfurt am Main ist eine selbständige Verwaltungsbehörde nach § 1 Abs. 4 VwVfG[365] mit eigener Organisationshoheit und Zuständigkeit.[366] Das BAWe wurde im November 1994 errichtet und wird von einem Präsidenten (gegenwärtig *Wittich*) und einem Vizepräsidenten (gegenwärtig *Dreyling*) geleitet, die vom Bundespräsidenten auf Vorschlag der Bundesregierung ernannt werden (§ 3 Abs. 2 WpHG). In seiner Organisationsform und Konzeption ist das Frankfurter Amt dem Berliner Bundesaufsichtsamt für das Kreditwesen nachgebildet.

Da das BAWe eine eigenständige Verwaltungseinheit bildet, ist das BMF als übergeordnete Behörde nach den allgemeinen Regeln des Verwaltungsrechts grundsätzlich nicht befugt, gesetzliche Zuständigkeiten des BAWe im allgemeinen oder eine Angelegenheit im Einzelfall an sich zu ziehen, sondern kann nur von seinem instanziellen Weisungsrecht gegenüber dem BAWe im Sinne von § 3 FinVerwG Gebrauch machen, das sich sowohl auf die Rechtmäßigkeit als auch auf die Zweckmäßigkeit der Maßnahmen des BAWe erstreckt. Trotz der unabhängigen Stellung des Präsidiums[367] und der starken Öffentlichkeitswirkung der Wertpapieraufsicht kommt aber in Anbetracht der parlamentarischen Verantwortung des Ministers auch der „Selbsteintritt“ des BMF in einzelnen Angelegenheiten in Betracht, falls das BAWe die Befolgung von Weisungen verweigert oder in Notfällen nicht rechtzeitig einschreiten kann.[368] Das BMF hat sich in der bisherigen Praxis nicht gescheut, dem BAWe Weisungen zu erteilen. So war das BMF etwa vor dem Erlaß der zwischen dem BAWe und den Wirtschafts- und Verbraucherverbänden umstrittenen Richtlinie zu den

---

364 S. z.B. den Überblick bei *J.Becker*, S. 21 ff.

365 S. auch § 40 WpHG.

366 Dazu allgemein *Faber*, § 9 I, III-IV.

367 S. § 3 Abs. 2 WpHG (Ernennung durch den Bundespräsidenten auf Vorschlag der Bundesregierung, die das BMF bei der Personalauswahl lediglich zu hören hat).

368 *Faber*, § 9 IV; allgemein *Maurer*, § 21 Rz. 49.

Verhaltensregeln der §§ 31 und 32 WpHG an der Anhörung beteiligt[369] und hat auf Grund eigener Recherchen noch Änderungen an dem Entwurf des BAWe durchgesetzt.[370]

Die funktionelle Zuständigkeit innerhalb des BAWe wurde nach seiner Gründung auf drei Abteilungen übertragen, deren Zusammensetzung und Umfang sich im Zuge der vollständigen Umsetzung der Wertpapierdienstleistungsrichtlinie und der damit einhergehenden Kompetenz- und Planstellenausweiterung des Amtes[371] 1998 erweitert hat. Die Kosten des Bundesaufsichstamts werden zu 90% von den Marktteilnehmern durch Umlage getragen.[372]

2. *Mißstandsaufsicht*

Die Aufsicht des BAWe dient grundsätzlich der Wahrung der Funktionsfähigkeit der deutschen Kapitalmärkte[373] und stellt damit – den Aufgaben des BAKred ähnelnd – eine spezielle, bundeseinheitliche Form der Gefahrenabwehr durch die (Wirtschafts-)Verwaltung dar.[374] Die Aufsicht des BAWe bezieht sich aber – wie dargelegt[375] – im Unterschied zu den Auf-

---

369 Bei der mündlichen Anhörung in Frankfurt am Main am 21. Oktober 1996 war das BMF durch den zuständigen Referatsleiter vertreten.

370 S. auch unten § 6 I 3 d aa.

371 Neben den Kreditinstituten und Börsenmitgliedern (§ 2 Abs. 4 WpHG 1994) gehört die Marktaufsicht über Intermediäre auf den außerbörslichen Finanzmärkten („Grauer Kapitalmarkt") seit dem 1.1.1998 in die Zuständigkeit des BAWe, s. § 2 Abs. 4 WpHG in Verbindung mit der Begründung der Bundesregierung zum Umsetzungsgesetz, BT-Drucks. 13/7142 vom 6.3.1997, S. 102. Für das BAWe waren ursprünglich „bis zu 115" neue Planstellen vorgesehen, ebda., S. III.

372 § 11 Abs. 1 WpHG. Zur Kostenverteilung unter den Marktteilnehmern seit 1.1.1998 s. die Begründung der Bundesregierung zum Umsetzungsgesetz, BT-Drucks. 13/7142 vom 6.3.1997, S. 106 f.

373 Begründung der Bundesregierung, BT-Drucks. 12/6679 vom 27.1.1994, S. 33; Beschlußempfehlung und Bericht des Finanzausschusses, BT-Drucks. 12/7918 15.6.1994, S. 95.

374 Zu § 6 Abs. 2 KWG s. BVerfG, Urt. v. 24.7.1962, BVerfGE 14, 197 ff.; *Beck*, § 6 Rz. 48; weitergehend *Bähre/Schneider*, § 6 Rz. 3 und *Reischauer/Kleinhans*, § 6 Rz. 11 (auch bankpolitischer Auftrag). S. allgemein auch *Stober*, Rz. 412 ff.

375 S. oben § 5 I 2.

gaben des BAKred nicht auf die Überwachung der Finanzintermediäre,[376] sondern folgt dem Konzept einer *Marktaufsicht*.[377] § 4 Abs. 1 Satz 1 WpHG bringt dieses Konzept darin zum Ausdruck, daß es dem BAWe die Aufsicht lediglich „nach den Vorschriften dieses Gesetzes" überträgt, während das BAKred zur Aufsicht „über die Kreditinstitute" nach Maßgabe des KWG (Zulassung und Überwachung der Solvenz) berufen ist.[378] Da sich das WpHG demgegenüber an alle bzw. bestimmte Gruppen von Marktteilnehmern (Insider, Emittenten, Aktionäre, Intermediäre) richtet, wäre auch die Beschränkung der Aufsicht auf Wertpapierdienstleistungsunternehmen nicht zweckmäßig gewesen. Unter dem Gesichtspunkt der Marktaufsicht setzt der 5. Abschnitt spezielle Standards für Finanzintermediäre und gibt einen strukturellen Rahmen für das „reibungslose Funktionieren"[379] des Kapitalmarkts vor.

Die sachliche Zuständigkeit des BAWe zur Aufsicht über die Einhaltung der Wohlverhaltensregeln ergibt sich aus § 4 Abs. 1 WpHG sowie §§ 35 und 36 bis 36b WpHG. Die letztgenannten Vorschriften begründen außer den Auskunfts-, Vorlage-, Inspektions- und Prüfungsrechten keine *besonderen* unmittelbaren Eingriffsrechte. Im Hinblick auf die kundenbezogenen Verhaltenspflichten der §§ 31 und 32 WpHG[380] räumt § 39 WpHG dem BAWe auch bei Verstößen keine Befugnis zur Durchführung eines Verwaltungsverfahrens bzw. Verhängung von Geldbußen nach dem Gesetz über Ordnungswidrigkeiten (OWiG) ein. Daher ist auf die *allgemeine* Ermächtigungsgrundlage des § 4 Abs. 1 WpHG zurückzugreifen. Der Anwendung der Generalermächtigung des § 4 Abs. 1 WpHG stehen insbesondere nicht die Spezialermächtigungen in §§ 35 und 36 WpHG entgegen. Zwar gilt auch für das WpHG als spezielles Wirtschaftsverwaltungs-

---

376 Durch die 6. KWG-Novelle sind neben Kreditinstituten auch Finanzdienstleistungsinstitute unter die Aufsicht des BAKred gelangt, s. §§ 6 Abs. 1, 1 Abs. 1a KWG.

377 S. schon die Begründung des Referentenentwurfs zur 6. KWG-Novelle vom 17. Juni 1996, S. 12 f.

378 Zu § 6 Abs. 1 KWG wurde daher eine „Schutztheorie" entwickelt, nach der Hauptzweck der Bankenaufsicht der Schutz der Kunden von Kreditinstituten vor bevorstehenden oder potentiellen Gefahren ist, dazu *Stein*, Wirtschaftsaufsicht, S. 10.

379 41. Erwägungsgrund der Wertpapierdienstleistungsrichtlinie; zur „Strukturtheorie" unter dem KWG s. *Starke*, VersW 1963, 202, 204; zusammenfassend auch *Beck*, § 6 Rz. 9.

380 Gleiches gilt insoweit für die Organisationspflichten des § 33 WpHG. Nur der Verstoß gegen die Aufzeichnungs- und Aufbewahrungspflichten des § 34 Abs. 1 und 3 WpHG ist nach § 39 Abs. 1 Nr. 6-7 ordnungswidrig.

gesetz die hauptsächlich im Polizeirecht entwickelte Kollisionsregel, nach der *leges speciales* Vorrang vor der Generalklausel beanspruchen.[381] Da die speziellen Auskunfts- und Prüfungsbefugnisse im Hinblick auf die Überwachung der Verhaltensregeln nur aufsichtsrechtliche *Hilfs*funktion haben, um dem BAWe die Sachverhaltsaufklärung zu erleichtern, handelt es sich aber nicht um spezielle Eingriffsnormen, im Verhältnis zu denen die Generalklausel des § 4 Abs. 1 WpHG als subsidiär anzusehen wäre. Daher bleibt im Sinne einer effektiven Wahrnehmung der Aufsicht Raum für die Generalermächtigung des § 4 Abs. 1 WpHG.

Eine Beschränkung der Aufsichtsbefugnisse auf die in §§ 35 und 36 WpHG eingeräumten Kompetenzen ist *de lege lata* auch nicht dadurch gerechtfertigt, daß die Begründung der Bundesregierung zum Zweiten Finanzmarktförderungsgesetz die Verhaltensregeln nicht als Aufsichtsgegenstand aufzählte. Denn der 5. Abschnitt wurde überhaupt erst durch den Finanzausschuß des Deutschen Bundestages in das WpHG aufgenommen und konnte daher noch nicht in der Regierungsbegründung erwähnt werden. Danach ist es nur folgerichtig, daß die Überwachung der Verhaltensregeln in der Begründung des Entwurfs zum Umsetzungsgesetz nunmehr als Element der Marktaufsicht des BAWe ausdrücklich angesprochen wird.[382] Nach der Systematik des WpHG, dessen 2. Abschnitt die *allgemeinen* Befugnisse des Amts im Rahmen seiner in den Abschnitten 3 bis 5 beschriebenen Aufsichtstätigkeit – Insiderüberwachung (§ 14 WpHG) nebst Ad-hoc-Publizität (§ 15 WpHG), Stimmrechtsanteilspublizität (§§ 21 ff. WpHG) und *Compliance* (§§ 31 ff. WpHG)[383] – bestimmt, gilt die Anordnungskompetenz des § 4 Abs. 1 WpHG auch für den 5. Abschnitt.[384] Danach ist das BAWe zur Aufsicht über die Kapitalmärkte in den drei genannten Schwerpunktbereichen befugt. Diese Aufsicht ist eine *Mißstandsaufsicht*.

---

381 Dazu *Friauf* in Schmidt-Aßmann, 2. Abschnitt II 1 b aa.

382 BR-Drucks. 963/96 vom 20.12.1996, S. 60; BT-Drucks. 13/7142 vom 6.3.1997, S. 60.

383 Hinzu kommen die Kompetenzen nach dem Verkaufsprospektgesetz.

384 Zutreffend *Assmann* in Assmann/Schütze, § 1 Rz. 36; *Kümpel*, WpHG, S. 192 f. Ein Klarstellungsbedarf ist insoweit nicht ersichtlich. Weiter gehen *Hopt/Baum* in Hopt/Rudolph/Baum, S. 455 f., die eine Novellierung des WpHG fordern, um dem BAWe eine umfassende Befugnis zur Mißstandsaufsicht (offensichtlich unabhängig von den in den Abschnitten 3 bis 5 des WpHG geregelten Spezialfeldern) einzuräumen.

Die Vorschrift über die Mißstandsaufsicht (§ 4 Abs. 1 Satz 2 WpHG)[385] ist § 6 Abs. 2 KWG entlehnt, wird aber im Gegensatz zur bisherigen Befugnis des BAKred[386] ergänzt durch die ausdrückliche Ermächtigung zum Erlaß von Verwaltungsakten („Anordnungen"), die geeignet sind, Mißstände zu beseitigen oder zu verhindern.[387] Fraglich ist, unter welchen Voraussetzungen und in welchen Formen das BAWe auf Grund der Befugnisnorm des § 4 Abs. 1 Satz 2 WpHG gegen Mißstände einschreiten kann.

a) Tatbestand des Mißstands

Die Eingriffsbefugnis des BAWe setzt einen „Mißstand" im Sinne des § 4 Abs. 1 WpHG voraus. Der unbestimmte Rechtsbegriff „Mißstand" des Gewerbeaufsichtsrechts entspricht dem Gefahrenbegriff des allgemeinen Polizeirechts.[388] Dementsprechend steht ein Mißstand stets im Zusammenhang mit einer Gefährdung der geschützten Rechtsgüter des § 4 WpHG.[389] Daher sind zunächst die von § 4 WpHG geschützten Rechtsgüter zu konkretisieren und sodann die Kriterien aufzugreifen, welche die Annahme eines Mißstands erlauben.

---

385 Danach hat das BAWe im Rahmen seiner Aufgaben „Mißständen entgegenzuwirken, welche die ordnungsgemäße Durchführung des Wertpapierhandels beeinträchtigen oder erhebliche Nachteile für den Wertpapiermarkt bewirken können."

386 Dem BAKred stand ursprünglich keine Befugnis zum Erlaß von belastenden Verwaltungsakten zu, es blieb ihm daher lediglich die Handhabe, Hinweise und Mahnungen (u.a. „Verlautbarungen", „Schreiben") ohne Verwaltungsaktcharakter an die Kreditinstitute auszusprechen („moral persuasion") oder bei der Bundesregierung Gesetzesmaßnahmen anzuregen, s. *Reischauer/Kleinhans*, § 6 Rz. 13 f. m.w.N.; *Bähre/Schneider*, § 6 Anm. 3; *Szagunn/Haug/Ergenzinger*, § 6 Rz. 7; *Beck*, § 6 Rz. 57 (m.N. auch zur vereinzelt vertretenen a.A.); *Möschel*, Wirtschaftsrecht, S. 317 ff.; *Hopt*, Kapitalanlegerschutz, S. 538. Diese Rechtslage ist durch die 6. KWG-Novelle geändert worden, s. § 6 Abs. 2 Satz 2 KWG und die Begründung der Bundesregierung, BT-Drucks. 13/7142 vom 6.3.1997, S. 74.

387 Davon geht auch die Bundesregierung aus, s. ihre Begründung zum Umsetzungsgesetz, BT-Drucks. 13/7142 vom 6.3.1997, S. 74 re.Sp. Auch dem Bundesaufsichtsamt für das Versicherungswesen (BAV) steht eine entsprechende Befugnis zum Erlaß von Verwaltungsakten zu, § 81 VAG.

388 Zur Anwendung im Wirtschaftsverwaltungsrecht s. *Stober*, Rz. 415.

389 Anerkannt für § 6 Abs. 2 KWG, s. *Reischauer/Kleinhans*, § 6 Rz. 14; *Beck*, § 6 Rz. 49.

aa) Schutzgüter

Ein Mißstand ist nur beachtlich, soweit er sich auf die Durchführung des Wertpapierhandels oder einen Wertpapiermarkt bezieht. Die Festlegung dieser Schutzgüter macht deutlich, daß die Mißstandsaufsicht des BAWe vornehmlich in den Dienst der Funktionsfähigkeit und Integrität des Kapital*markts* gestellt ist. Da die ordnungsgemäße Durchführung des Handels bzw. in einem weiteren Sinne[390] die ordnungsgemäße Anbahnung und Abwicklung von Wertpapierdienstleistungen und Wertpapiernebendienstleistungen das Vertrauen der Kapitalanleger in den Markt stärken, hat das BAWe zwar nicht zum Schutz *einzelner* Kapitalanleger,[391] aber im Interesse eines *allgemeinen* Anlegerschutzes darauf hinzuwirken, daß Beeinträchtigungen beseitigt oder verhindert werden. Maßstäbe für die Ordnungsmäßigkeit des Handels und der Erbringung von Wertpapier(neben)dienstleistungen finden sich insbesondere in den Verhaltensregeln des 5. Abschnitts des WpHG. Die in §§ 31 und 32 WpHG enthaltenen Grundsätze für das kundenbezogene Verhalten der Wertpapierdienstleistungsunternehmen sind *in nuce* Schutzgüter der Wertpapieraufsicht des BAWe.

bb) Mißstand

Im Hinblick auf die Verhaltensregeln der §§ 31 und 32 WpHG kann ein Mißstand bei einer punktuellen, sich wiederholenden oder permanenten Abweichung von dem darin repräsentierten Standard vorliegen. Gegenwärtige oder vergangene Regelwidrigkeiten eines Wertpapierdienstleistungsunternehmens indizieren danach eine „Störung“ des Wertpapierhandels bzw. des Kapitalmarkts. Da das BAWe nicht nur zur Beseitigung, sondern auch zur Verhinderung von „Mißständen“ aufgerufen ist,[392] ist die Eingriffsbefugnis aber bereits bei einem Zustand eröffnet, der nach verständigem Ermessen in absehbarer Zukunft den Eintritt einer Regelwidrigkeit („Störung“) mit Wahrscheinlichkeit erwarten läßt

---

390 Neben dem „Wertpapierhandel“ (WpHG i.d.F. vom 26. Juli 1994) wurde durch die vollständige Umsetzung der Wertpapierdienstleistungsrichtlinie klargestellt, daß sich die Mißstandsaufsicht auch auf andere *Wertpapierdienstleistungen* und *Wertpapiernebendienstleistungen* bezieht.

391 Finanzausschuß, BT-Drucks. 12/7918 vom 15.6.1994, S. 97 (zu § 4 Abs. 2 WpHG); s. auch *BAWe*, Jahresbericht 1996, S. 9.

392 § 4 Abs. 2 Satz 3 WpHG a.E.

(„Gefahr“).[393] Gefahren für die ordnungsmäßige Durchführung von Wertpapierdienstleistungen können sich z.B. ergeben aus Organisationsmängeln, die eine sorgfältige und interessewahrende Ausführung und Abwicklung von Kundengeschäften potentiell behindern, auch wenn sie nicht schon *eis ipsis* als Verstöße gegen § 33 WpHG anzusehen sind. Darüber hinaus könnte sich etwa die Verwendung bestimmter Vertragsklauseln (z.B. ein Haftungsausschluß)[394] als latenter Mißstand darstellen, wenn dadurch die Wahrung des Kundeninteresses (§ 31 Abs. 1 Nr. 2 WpHG) gefährdet wird.

Für die Annahme eines Mißstands reicht jedoch nicht jede tatsächliche oder potentielle Regelwidrigkeit aus. § 4 Abs. 1 Satz 2 WpHG betont, daß es durch die Regelwidrigkeit zu einer *Beeinträchtigung* der durchzuführenden Wertpapierdienstleistung oder einem *erheblichen* Nachteil für den Kapitalmarkt gekommen sein muß. Danach wird ein vereinzelter oder geringfügiger Regelverstoß in der Regel keinen Mißstand begründen. Erforderlich ist vielmehr ein Verhalten, das aufgrund seiner Häufigkeit oder seiner Bedeutung die Wiederholung oder Nachahmung durch dasselbe oder andere Wertpapierdienstleistungsunternehmen befürchten läßt.[395] Damit kann sowohl eine in der Branche verbreitete Tendenz Anlaß zum Einschreiten geben als auch eine nur bei einem einzelnen Institut gängige Praxis oder ein außergewöhnliches Ereignis, die mit besonders schwerwiegenden Regelverstößen bzw. besonders hohen materiellen Schäden verbunden und das Vertrauen der Kapitalanleger in die Integrität des Markts wegen einer besonders breiten Öffentlichkeitswirkung zu erschüttern geeignet sind. Für die Annahme, daß im Gegensatz zur bisherigen Rechtslage unter dem KWG[396] auch individuelle Regelwidrigkeiten Gegenstand der Mißbrauchsaufsicht sind, spricht auch die Befugnis des BAWe zum Erlaß von einzelnen Verwaltungsakten, die § 6 Abs. 2 KWG dem BAKred bisher gerade nicht eingeräumt hat.

---

393 Ähnlich zu § 6 Abs. 2 KWG *Brendle*, S. 301; *Beck*, § 6 Rz. 49; s. auch polizeirechtlich *Friauf* in Schmidt-Aßmann, 2. Abschnitt II 1 d aa; *Stober*, Rz. 415.

394 Kritisch zur Regulierung der Vertragsgestaltung von Kreditinstituten durch Verlautbarungen des BAKred *U.H.Schneider*, WM 1996, 712, 713.

395 *Beck*, § 6 Rz. 49 (zu § 6 Abs. 2 KWG).

396 Die Vorschrift des § 6 Abs. 2 KWG a.F. („bei Mißständen im Kreditwesen“) ist bisher insoweit enger, als Gegenstand der Beobachtung und Einwirkung des BAKred der „Kreditapparat als Ganzes“, nicht das einzelne Kreditinstitut ist, s. *Bähre/Schneider*, § 6 Anm. 3; *Reischauer/Kleinhans*, § 6 Rz. 11 m.w.N.; a.A. *Beck*, § 6 Rz. 50. Anders § 6 Abs. 2 Satz 2 KWG i.d.F. der 6. KWG-Novelle, der eine § 4 Abs. 1 Satz 3 WpHG entsprechende Regelung ins KWG einführt.

Nach Mitteilung des BAWe ist ein Mißstand angenommen worden im Hinblick auf die sog. *Ansagegeschäfte* von Kursmaklern, die im Zusammenhang mit dem Insiderfall des Frankfurter Kursmaklers *Heinz Schwake* in die Kritik geraten sind.[397] In diesem Fall war *Schwake* während der Börsenzeit mit Blick in sein Orderbuch in ein Geschäft (Kauf) über 200 SAP-Aktien auf eigene Rechnung (aber im Auftrag seiner Tochter) für rund DM 1.900 je Stück eingetreten, um sie wenige Minuten später für etwa DM 1.950 zu verkaufen. Solche Eigengeschäfte sind Kursmaklern zum Zweck des Marktausgleichs je nach Sicherheitseinlage im Umfang von täglich bis zu DM 10 Mio. erlaubt. Diese Kontrakte werden – soweit sie nicht durch Gegengeschäfte ausgeglichen werden konnten – nach Börsenschluß durch Mitteilung („Ansage") an die depotführende Bank des Kursmaklers seinem Geschäftskonto zugeordnet. Im Fall *Schwakes*, der nach Börsenschluß seine Bank anwies, diese Geschäfte für ihn gutzuschreiben, sollte der (risikolose) Gewinn seiner Tochter zugutekommen. Da er die Orderentwicklung als Kursmakler absehen konnte und für sich ausnutzte, lag nicht nur ein Insidergeschäft (§ 14 Abs. 1 Nr. 1 WpHG),[398] sondern auch ein Verstoß gegen die Verhaltenspflichten des WpHG (*Frontrunning*)[399] zum Nachteil anderer Auftraggeber vor. Um entsprechende Manipulationen zu vermeiden, dürfen Kunden dem Kursmakler keine direkten Aufträge erteilen, sondern müssen ihre Orders über andere Wertpapierdienstleistungsunternehmen leiten.

Die Praxis „krummer" Ansagegeschäfte war offensichtlich unter Kursmaklern weit verbreitet. Jedenfalls bestätigte die Staatsanwaltschaft bei dem Landgericht Frankfurt am Main im Zusammenhang mit dem Fall *Schwake*, daß sie in über zehn Fällen Ermittlungen gegen Kursmakler, Freimakler und Mitarbeiter aus mindestens drei Frankfurter Privatbanken führe.[400] Bevor das hessische Wirtschaftsministerium Anfang Februar 1996 Ansagegeschäfte überhaupt untersagte,[401] teilte das BAWe im Dezember 1995 dem ZKA und anderen Bankenverbänden durch Schreiben mit, daß Ansagegeschäfte gegen die Verhaltensregeln des WpHG verstießen und das Amt darin einen Mißstand im Sinne von § 4 Abs. 1 Satz 2

397 Dazu F.A.Z. vom 27. Oktober 1995; Wall St. J. Europe vom 2.11.1995, S. 5.

398 *Schwake* wurde wegen Insiderverstoßes in zwölf Fällen nach § 59 StGB schuldig gesprochen und unter Strafvorbehalt verwarnt. Daneben zahlte er DM 150.000.

399 Dazu unten § 10 II 3 b.

400 SZ vom 27.10.1995.

401 *Reuters direct*, 9.2.1996, 13.45 Uhr („Hessen untersagt Börsenmaklern ab sofort Ansagegeschäfte").

WpHG sehe. Der ZKA wurde entsprechend der Praxis des BAKred aufgefordert, dieses Schreiben seinen Mitgliedern und angeschlossenen Verbänden zur Kenntnis zu bringen. Dieses Schreiben, das nicht unmittelbar[402] den betroffenen Wertpapierdienstleistungsunternehmen bekanntgegeben wurde, aber als Allgemeinverfügung im Sinne des § 35 Satz 2 VwVfG anzusehen ist, zeigt, daß das BAWe in der Aufsichtspraxis auch Einzelfälle zum Anlaß nehmen kann, um gegen verbreitete Verstöße gegen die Verhaltensregeln, die offensichtlich über Jahre geduldet worden waren, einzuschreiten.

Im Hinblick auf den Rechtsschutz gegen Anordnungen nach § 4 Abs. 1 WpHG steht dem BAWe bei der Prüfung, ob ein Mißstand gegeben ist, kein eigener Beurteilungsspielraum[403] zu, vielmehr unterliegt die Auslegung des unbestimmten Rechtsbegriffs „Mißstand" im vollen Umfang der verwaltungsgerichtlichen Nachprüfung. Neben der Entwicklung von Fallgruppen ist daher stets eine möglichst präzise Aufklärung des zugrundeliegenden Sachverhalts geboten.

b) Auxiliarbefugnisse: Auskunft und Prüfung

Im Rahmen der Ermittlung erheblicher Tatsachen kann das BAWe nach § 35 Abs. 1 WpHG von den Wertpapierdienstleistungsunternehmen, seinen Organen und den Mitarbeitern, die mit der Durchführung von Geschäften, dem Research oder der Anlageberatung betraut sind,[404] Auskünfte und die Vorlage von Unterlagen verlangen und die Geschäftsräume der Unternehmen betreten. Einer konkreten Kundenbeschwerde beim BAWe oder eines sonstigen „Anfangsverdachts" bedarf es grundsätzlich nicht. Auch allgemeine oder stichprobenweise Anfragen und unangekündigte Kontrollvisiten des BAWe sind danach zulässig.[405] Für die Wahr-

---

402 Nach § 43 Abs. 1 Satz 1 VwVfG wird ein Verwaltungsakt erst wirksam mit Bekanntgabe gegenüber dem Verpflichteten.

403 Dazu allgemein BVerwG, Urt. v. 25.1.1967, BVerwGE 26, 65 („dienstliches Bedürfnis" für Beamtenversetzung); s. auch *Faber*, § 14 I, III c; *Maurer*, § 7 Rz. 26 ff. m.w.N.; a.A. *Jerusalem*, S. 168.

404 S. § 32 Abs. 2 WpHG; bei einzelkaufmännisch betriebenen Wertpapierdienstleistungsunternehmen sind auch die Geschäftsinhaber ggf. auskunftspflichtig.

405 § 35 Abs. 1 Satz 1 WpHG stellt klar, daß das BAWe auch zu Vornahme außerplanmäßiger Prüfungen („auch ohne besonderen Anlaß") berechtigt ist. Die Begründung der Bundesregierung zum Umsetzungsgesetz, verweist ausdrücklich darauf, daß die Wertpapierdienstleistungsunternehmen nach § 36 Abs. 1 WpHG ihre Prüfer selbst bestellen und daher über den Zeitpunkt und Umfang

nehmung der Auskunfts-, Vorlage- und Inspektionsrechte gilt freilich der Grundsatz der Verhältnismäßigkeit.

Ist eine strafgerichtliche Verfolgung oder die Durchführung eines OWiG-Verfahrens für einen Auskunftspflichtigen zu besorgen, hat er das Recht zur Verweigerung der Aussage.[406] Darauf werden sich die Auskunftspflichtigen bei Verletzungen der kundenbezogenen Verhaltenspflichten seltener berufen können als etwa im Rahmen eines Ad-hoc-Meldeverstoßes, weil ein Verstoß gegen §§ 31 und 32 WpHG *eo ipso* keine Sanktionen auslöst. Ist der Auskunftspflichtige vom BAWe über sein Auskunftsverweigerungsrecht nicht pflichtgemäß (§ 16 Abs. 6 Satz 2 WpHG) belehrt worden, sind die Auskünfte allerdings im Hinblick auf belastende Maßnahmen nicht verwertbar. Das BAWe darf aber auch Tatsachen verwerten, über die es rechtmäßig im Rahmen der Vorermittlungen über Insiderstraftaten oder im Rahmen von Bußgeldverfahren bei Meldepflichtverstößen nach §§ 9, 15, 21 ff. WpHG Kenntnis erlangt hat. Denn das Amt ist eine monokratisch organisierte Behörde, deren interne funktionale Zuständigkeitsverteilung keinerlei Außenwirkung entfaltet.[407]

Darüber hinaus führt das BAWe nach § 36 Abs. 1 WpHG jährliche Prüfungen durch. Neben dieser Regelprüfung können auch auch einzelne Prüfungen ohne konkreten Anlaß vorgenommen werden.[408] Allerdings werden die jährlichen Regelprüfungen, die mit der Jahresabschlußprüfung nach dem KWG zusammengelegt werden können,[409] nur von Prüfern durchgeführt werden, die das Wertpapierdienstleistungsunternehmen selbst bestellt,[410] während die Durchführung der außerplanmäßigen Prüfung (unter dem WpHG i.d.F. vom 26 Juli 1994 noch aller Prüfungen) im

---

der Prüfung unterrichtet sein werden, BT-Drucks. 13/7142 vom 6.3.1997, S. 112 f.

406 Dieselbe Regelung gilt zugunsten von Angehörigen des Auskunftsverpflichteten, s. § 16 Abs. 6 Satz 1 WpHG.

407 Beim BAWe handelt nur der Behördenvorstand (Präsident) im eigenen Namen, der Vizepräsident zeichnet „in Vertretung“, alle anderen Mitarbeiter „im Auftrag“ des Präsidenten, s. § 37 Abs. 3 VwVfG.

408 S. § 35 Abs. 1 Satz 1 WpHG.

409 S. die Begründung der Bundesregierung zum Umsetzungsgesetz, BT-Drucks. 13/7142 vom 6.3.1997, S. 112. Die eigenständige Depotprüfung nach § 30 KWG ist entfallen, statt dessen hat der Prüfer nach § 29 Abs. 2 Satz 2 KWG das Depotgeschäft eines Kredit- oder Finanzdienstleistungsinstituts im Rahmen der Jahresabschlußprüfung zu überprüfen.

410 § 36 Abs. 1 Satz 2 WpHG.

Ermessen des BAWe steht.[411] Nach § 36 Abs. 1 Satz 3 WpHG ist die Prüfung im Sparkassen- und kreditgenossenschaftlichen Bereich durch einen genossenschaftlichen Prüfungsverband oder die Prüfungsstelle des zuständigen Sparkassen- und Giroverbandes durchzuführen, die nach § 340k Abs. 2 bzw. Abs. 3 HGB auch zu Jahresabschlußprüfern bestellt sind. Diese Privilegierung von Sparkassen und Genossenschaftsbanken entspricht zwar der praktischen Zusammenlegung der Regelprüfungen nach KWG und WpHG, ihre gesetzliche Festschreibung erscheint aber im Hinblick auf eine wirksame Überwachung dieses Marktsegments, das insbesondere Kleinkunden umfaßt, problematisch.[412]

Die Prüfungen nach § 36 Abs. 1 WpHG eröffnen dem BAWe eine eigenständige Möglichkeit zur Sachverhaltsaufklärung und sind daher für die Aufsichtstätigkeit des BAWe von überragender Bedeutung. Die Auswertung der Prüfungsergebnisse ermöglichte dem BAWe z.B. im Vorfeld der Arbeiten an der Richtlinie zu den Verhaltensregeln nach §§ 31 und 32 WpHG eine Übersicht über gängige Marktpraktiken. Nach den Vorgaben an die Prüfer sollen z.B. im Hinblick auf die Anlageberatung neben Qualifikation und Fortbildung der Berater auch die internen Anweisungen zur Erbringung der Beratungsleistung überprüft werden.[413] Im Rahmen der Prüfungsberichte sind bei Kundenbeschwerden Art und Umfang der Kundenbenachteiligung, ggf. geleistete Schadensersatzleistungen sowie die

---

411 In der bisherigen Prüfungspraxis wird die Prüfung dem Wirtschaftsprüfer übertragen, der auch die Depotprüfung nach § 30 KWG a.F. durchführt; in Einzelfällen wird er von einem Beamten oder Angestellten des Amtes (Referat III/2) begleitet.

412 Daher war diese vom Bundesrat in seiner Stellungnahme (BT-Drucks. 13/7142 vom 6.3.1997, S. 123) geforderte Regelung nicht im Entwurf der Bundesregierung enthalten (BT-Drucks. 13/7142 vom 6.3.1997, S. 127) und wurde erst wieder durch den Finanzausschuß in den Gesetzentwurf eingefügt, s. BT-Drucks. 13/7627 vom 13.5.1997, S. 167.

413 S. etwa das Schreiben (Prüfungsauftrag) des BAWe an die Prüfer vom 22.3.1995, S. 2; dazu das von den Verbänden entwickelte sog. Prüfungsprogramm Compliance: Standardisierte Informationsübermittlung durch Broschüren des Instituts (Ziffer 44); Anweisungen zur Kundenaufklärung zur Produktpalette, Risiken, Provisionen (Ziffern 45 bis 47); Dokumentation auf Beraterkarten (Ziffer 52); Klassifizierung der Kunden in Risikogruppen (Ziffer 57); Einschaltung von Spezialisten (Ziffern 43, 52); Kriterien der Kundenempfehlung (Ziffer 57); produktspezifische Formulare (Ziffer 59); Prospektmaterial (Ziffern 60 f.).

damit im Zusammenhang stehenden personellen und organisatorischen Konsequenzen darzustellen.[414]

Schließlich erleichtern auch die dem BAWe im Rahmen der Meldungen nach § 9 WpHG zur Verfügung gestellten Informationen die Überprüfung von Geschäftsabläufen zwischen dem Wertpapierdienstleistungsunternehmen und seinem Kunden.[415]

c) Anordnungen

Hält das BAWe einen Mißstand im Einzelfall für gegeben, steht es in seinem Ermessen,[416] geeignete Anordnungen zu treffen. Anordnungen können insbesondere Verwaltungsakte im Sinne des § 35 VwVfG sein. Das pflichtgemäß auszuübende Ermessen bezieht sich nach § 40 VwVfG sowohl auf die Entscheidung, überhaupt Maßnahmen zu ergreifen, als auch auf die Auswahl der konkreten Maßnahmen hinsichtlich Form, Inhalt, Adressat, ggf. Zwangsmittel nach § 10 WpHG in Verbindung mit dem VwVG des Bundes.[417] Die Anordnungen müssen geeignet, erforderlich und verhältnismäßig sein.[418] Belastende Verwaltungsakte des BAWe können einzelnen Wertpapierdienstleistungsunternehmen Auflagen machen bzw. bestimmte Praktiken untersagen oder auch als Allgemeinverfügung (§ 35 Satz 2 VwVfG) an einen bestimmten Kreis von Wertpapierdienstleistungsunternehmen (z.B. nur Makler) ergehen. Die Untersagungsverfügung hinsichtlich sog. Ansagegeschäfte vom Dezember 1995 ist als Allgemeinverfügung über die Dachverbände (z.B. den ZKA) der Kreditinstitute und Finanzdienstleistungsinstitute an alle Institute ergangen, weil bei der Durchführung und Abwicklung von Ansagegeschäften, die für einen Kunden getätigt werden, nicht nur Kursmakler, sondern auch Geschäfts-

---

414 S. das Schreiben (Prüfungsauftrag) des BAWe an die Prüfer vom 14.3.1997, S. 2.

415 Zu § 9 WpHG s. *Süßmann*, WM 1996, 937.

416 S. die Kann-Vorschrift des § 4 Abs. 1 Satz 3 WpHG.

417 Abweichend von § 11 VwVG beträgt die Höhe des Zwangsgeldes maximal DM 50.000, nach der Novellierung des WpHG ab 1.1.1998 DM 100.000, s. dazu die Begründung des Gesetzentwurfs der Bundesregierung vom 6.3.1997, BT-Drucks. 13/7142 vom 6.3.1997, S. 106.

418 Der Grundsatz der Verhältnismäßigkeit ist als allgemeiner Grundsatz des Verwaltungsrechts anerkannt, s. BVerwG, Urt. v. 25.8.1971, DÖV 1971, 857, 858; nur klarstellende Funktion hat daher die Ergänzung des § 4 Abs. 1 Satz 3 WpHG („geeignet *und erforderlich*") durch das Umsetzungsgesetz, s. die Begründung der Bundesregierung, BT-Drucks. 13/7142 vom 6.3.1997, S. 48 re.Sp., 104 li.Sp.

banken oder Makler mitwirken und damit gegen die Verhaltensregeln verstoßen können.[419]

Zur Niederlegung seiner aktuellen Verwaltungspraxis kann das BAWe zusätzlich Verwaltungsvorschriften ohne Außenrechtswirkung („Richtlinien") nach § 35 Abs. 6 WpHG erlassen. Für alle Anordnungen nach § 4 Abs. 1 WpHG gilt jedoch, daß sie geeignet sein müssen, einen Mißstand im Einzelfall zu verhindern oder zu beseitigen, d.h. ein zukünftiges Verhalten des Adressaten zu steuern. Die Generalermächtigung des § 4 Abs. 1 WpHG berechtigt auch unter dem Gesichtspunkt der Spezialität und Exklusivität des § 39 WpHG das BAWe nicht zur bloßen Sanktionierung bzw. Bestrafung eines bestimmten Verhaltens.[420] Ferner ist nach allgemeinen Grundsätzen eine hinreichend bestimmte Regelung im Einzelfall erforderlich.[421] Danach könnte – etwa im Bereich des § 32 WpHG – eine lediglich gesetzeswiederholende Verfügung nicht als Anordnung ergehen.[422] Denn alle Verfügungen müssen nach Art und Umfang dem Adressaten zu erkennen geben, was *im Einzelfall* von ihm gefordert wird, und, falls die Zuwiderhandlung mit Zwangsmitteln belegt ist, einen vollstreckbaren Inhalt haben.[423]

3. *Richtlinienkompetenz nach § 35 Abs. 6 WpHG*

Nach § 35 Abs. 6 WpHG[424] kann das BAWe Richtlinien aufstellen, nach denen es „für den Regelfall" beurteilt, ob die Verhaltenspflichten der §§ 31 und 32 WpHG erfüllt sind. Diese Richtlinien sind Verwaltungsvorschriften, die das BAWe zur gleichförmigen Auslegung der Verhaltensregeln erläßt.

a) Rechtsnatur und Funktion der Richtlinien des BAWe

Verwaltungsvorschriften sind generell-abstrakte Anordnungen bzw. Dienstbefehle einer Behörde an nachgeordnete Dienststellen oder eines

---

419 S. die Stellungnahme von *Wittich*, zit. in Börsen-Zeitung vom 1.12.1995 und Handelsblatt vom 1.12.1995.

420 Mißverständlich *Jerusalem*, S. 77 f.

421 §§ 35 Satz 1, 37 Abs. 1 VwVfG.

422 Abweichend *Caspari* in Baetge, S. 171.

423 S. *Kopp*, VwVfG, § 37 Rz. 8 m.w.N.

424 Diese Vorschrift entspricht § 35 *Abs.* 2 WpHG i.d.F. vom 26. Juli 1994.

Vorgesetzten an ihm unterstellte Bedienstete seiner Behörde.[425] Sie stellen verwaltungsinterne Regelungen der Organisation oder des sachlichen Handelns einer Behörde dar. Innerhalb einer Behörde steht der Leitung nach dem Hierarchieprinzip ein Weisungsrecht zu, das diese in Gestalt von Einzelweisungen oder abstrakt-generellen Anordnungen (Verwaltungsvorschriften) ausüben kann.[426] Während eine Rechtsverordnung der gesetzlichen Grundlage (z.B. § 34 Abs. 2 WpHG) bedarf,[427] hat die ausdrückliche Erwähnung der Richtlinienkompetenz des BAWe in § 35 Abs. 6 WpHG nur klarstellende Bedeutung.

Anerkannt ist, daß diese Verwaltungsvorschriften jedenfalls grundsätzlich keine unmittelbare Außenwirkung gegenüber Dritten – Wertpapierdienstleistungsunternehmen und Kunden – entfalten.[428] Die Richtlinien nach § 35 Abs. 6 WpHG sind Dienstbefehle des Präsidiums an das BAWe, insbesondere die zuständigen Referate, die an Hand dieser Maßstäbe die Vorschriften der §§ 31, 32 und 33 WpHG auslegen bzw. die Anforderungen an das Verhalten von Wertpapierdienstleistungen für den Regelfall festlegen. In begründeten Ausnahmefällen kann das BAWe von diesen Richtlinien abweichen. Liegt ein Verstoß gegen die in den Richtlinien aufgestellten Anforderungen vor, ergibt sich daraus für das BAWe zunächst die *interne* Vermutung, daß auch die gesetzlichen Verpflichtungen (§§ 31, 32 oder 33 WpHG) nicht eingehalten wurden.[429] Soweit das BAWe gegen diesen Verstoß durch *außen*wirksame Maßnahmen vorzugehen beabsichtigt, hat es gleichwohl im Einzelfall zu prüfen, ob die *gesetzlichen* Anforderungen eingehalten werden oder ggf. ein Mißstand nach § 4 Abs. 1 WpHG vorliegt. Denn Maßnahmen im Rahmen der Mißstandsaufsicht, die auf Regelwidrigkeiten im Bereich dieser Verhaltenspflichten gestützt sind, setzen stets eine Prüfung voraus, ob nicht besondere Umstände des Einzelfalls eine vom „Regelfall" abweichende Wertung verlangen.[430]

---

425 *Maurer*, § 24 Rz. 1.

426 BVerwG, Beschl. v. 9.10.1957, DÖV 1957, 863, 864 (Ermächtigung zum Erlaß einer Verwaltungsvorschrift beruht auf „der Befugnis zur Leitung eines Geschäftsbereichs").

427 S. auch Art. 80 Abs. 1 Satz 1 GG.

428 Zusammenfassend *Faber*, § 11 I; *Maurer*, § 24 Rz. 3, 16 ff. Im Hinblick auf die Richtlinie des BAWe vom 26.5.1997 *Birnbaum* in Kümpel/Ott, Kz. 631/1, S. 15.

429 *Birnbaum* in Kümpel/Ott, Kz. 631/1, S. 15.

430 S. auch den Bericht des Finanzausschusses, BT-Drucks. 12/7918 vom 15.6.1994, S. 106. Mißverständlich wäre die Schlußfolgerung, der Finanzausschuß befürworte damit bei Verstößen gegen die Richtlinien des BAWe die

Da § 35 Abs. 6 WpHG keine Normsetzung mit Außenwirkung, sondern nur die verwaltungsinterne Auslegung der Verhaltenspflichten vorsieht, unterscheiden sich die Richtlinien des BAWe grundsätzlich von den Vorschriften, die die SEC im Rahmen des *delegated rulemaking* z.B. zur Konkretisierung der *antifraud regulation* zu SEA § 10(b)[431] oder das SIB bzw. die FSA in Vertretung des Secretary of State nach FSAct s 48 erlassen haben.[432] SEA Rule 10b-5 oder die SIB Core Rules sind selbständige *Normen*, die unmittelbare Gebote oder Verbote an die Marktintermediäre aussprechen.

b) Mittelbare Außenwirkung?

Besonders virulent ist bei den Richtlinien des BAWe aber die Frage der mittelbaren Außenwirkung. Das Problem stellt sich im Bereich der Mißstandsaufsicht nach § 4 Abs. 1 WpHG aber umgekehrt als etwa bei Subventionsrichtlinien, weil hier auf der *Tatbestands*seite der Norm (Mißstand) das Verhalten des rechtsunterworfenen Wertpapierdienstleistungsunternehmen beschrieben wird, dort hingegen die Verwaltungsvorschriften das Ermessen der Behörde bei der *Rechtsfolgen*bestimmung festlegen. Da sich das Ermessen des BAWe, gegen bestimmte Regelwidrigkeiten einzuschreiten, erst aus § 4 Abs. 1 Satz 3 WpHG ergibt, handelt es sich bei den Richtlinien nach § 35 Abs. 6 WpHG auch nur um *norminterpretierende* Verwaltungsvorschriften, die die Auslegung der unbestimmten Rechtsbegriffe in §§ 31, 32 und 33 WpHG und praktische Anwendung dieser Gesetze durch das BAWe „für den Regelfall" festlegen (*antizipierte Verwaltungspraxis*).[433]

Mittelbare Außenwirkung *stricto sensu* entfalten jedoch nur Verwaltungsvorschriften, die das Ermessen der Behörde auf der Rechtsfolgenseite einer Norm lenken: Soweit die Behörde für bestimmte Fälle ihr Ermessen konkretisiert, kommt es – soweit die in den Verwaltungsvorschriften zum Ausdruck kommende Praxis rechtmäßig ist – im Hinblick auf Art. 3 Abs. 1 GG zu einer „Selbstbindung" der Behörde und mittelbaren Außenwirkung

---

Annahme einer *außen*wirksamen, auch die Gerichte bindenden Rechtsvermutung, so aber *Koller* in Assmann/Schneider, § 31 Rz. 2.

431 Dazu oben § 4 I 1.

432 S. oben § 4 II 1.

433 Von den Richtlinien nach § 35 Abs. 6 WpHG zu unterscheiden sind Verwaltungsvorschriften, die das BAWe – auch ohne *besondere* gesetzliche Ermächtigung – zur Konkretisierung des Ermessens nach § 4 Abs. 1 Satz 3 WpHG erlassen könnte.

der Verwaltungsvorschrift,[434] da dem Bürger insoweit ein subjektives öffentliches Recht auf Gleichbehandlung (Leistungs- oder Teilhabeanspruch) zusteht. Anders ist die Rechtslage bei norminterpretierenden Verwaltungsvorschriften. Da die Gesetzesauslegung durch Behörden in vollem Umfang der verwaltungsgerichtlichen Nachprüfung unterliegt,[435] steht dem BAWe insoweit kein eigener Entscheidungs- bzw. Beurteilungsspielraum zu.[436] Soweit die Richtlinien nach § 35 Abs. 6 WpHG die Auslegung der §§ 31, 32 bzw. 33 WpHG nach Auffassung der Verwaltungsgerichte zutreffend vornehmen und daher materiell rechtmäßig sind, kommt ihnen keine eigenständige rechtliche Bedeutung zu, weil sich das BAWe im Streitfall unmittelbar auf das Gesetz berufen kann. Soweit sie als rechtswidrig angesehen werden, bleiben sie ohnehin außer Betracht.

Um die Recht- und Zweckmäßigkeit der Richtlinien des BAWe zu gewährleisten, sehen die besonderen Verfahrensvorschriften des § 35 Abs. 6 Satz 2 WpHG eine Beteiligung der Spitzenverbände der betroffenen Regelungssubjekte (Wertpapierdienstleistungsunternehmen und Kunden) sowie der in diesem Bereich erfahrensten Bundesbehörde (BAKred) und der Deutschen Bundesbank vor. Dabei ist jedoch zu betonen, daß das BAWe in der Praxis an die Rechtsansichten, die in der Richtlinie zusammengefaßt sind, nicht gebunden ist. Gleichwohl gebührt den Richtlinien die gesteigerte Aufmerksamkeit der beteiligten Wirtschaftskreise, die ihr im Fall der Richtlinie zu §§ 31 und 32 WpHG auch entgegengebracht wurde. Denn wegen der großen wirtschaftlichen Bedeutung der Auslegung

---

434 Bei ermessenslenkenden Richtlinien kommt ein Verstoß gegen den Gleichheitssatz (Art. 3 Abs. 1 GG) in Betracht, wenn gleichgelagerte Verhaltensweisen von der Behörde ohne sachlichen Grund unterschiedlich behandelt werden, h.L., s. auch BVerwG, Urt. v. 16.9.1980, BVerwGE 61, 15, 18; *Maurer*, § 24 Rz. 21 ff. In der Begründung anders die Lehre vom Administrativrecht, die eine unmittelbare *rechtliche* Außenwirkung von Verwaltungsvorschriften behauptet, dazu *Ossenbühl* in Erichsen, § 7 IV 4.

435 BVerwG, Urt. v. 14.12.1962, BVerwGE 15, 207, 208; BVerwG, Urt. v. 15.12.1983, BVerwGE 68, 267, 271; zusammenfassend *Maurer*, § 7 Rz. 26 ff. (Ausnahmen u.a. für Prüfungsentscheidungen, beamtenrechtliche Beurteilungen).

436 Mißverständlich der Finanzausschuß, BT-Drucks. 12/7918 vom 15.6.1994, S. 106 re.Sp., der von einem „Beurteilungsspielraum [des BAWe] bei der Bewertung der Frage, *wie* die Verhaltensregeln zu beachten sind," ausgeht (Hervorhebung nicht im Original). Da das WpHG aber fordert, *daß* die Verhaltensregeln zu beachten sind, steht dem BAWe kein Beurteilungs- oder Auslegungsspielraum, sondern allenfalls eine Subsumtionskompetenz im Hinblick auf die Rechtsfolgenbestimmung im Rahmen des § 4 Abs. 1 WpHG zu.

der Verhaltensregeln und des gewachsenen öffentlichen Bewußtseins dürfte es für das BAWe ohne formale Änderung der Richtlinie im Hinblick auf zukünftige Fälle zwar rechtlich unbedenklich, politisch jedoch schwer zu vertreten sein, im Rahmen seiner Aufsichtstätigkeit von der Rechtsauffassung informell wesentlich abzuweichen, die in der Richtlinie zum Ausdruck kommt. Andererseits erleichtert die Richtlinie dem BAWe auch die Anwendung der §§ 31 und 32 WpHG gegenüber der Finanzwirtschaft, da ihr bei Widerspruch ggf. entgegengehalten werden kann, sie habe im Rahmen der Anhörung zur Richtlinie keine Bedenken gegenüber einer bestimmten Auslegung geäußert.

c) Verfahren

Grundsätzlich sind beim Erlaß von Verwaltungsvorschriften keine besonderen Verfahrens- oder Formvorschriften zu beachten. Insbesondere bedarf es – wie erwähnt – keiner eigenen Ermächtigungsgrundlage. § 35 Abs. 6 Satz 1 WpHG begrenzt aber als *lex specialis* zu der allgemeinen Weisungskompetenz der Behördenleitung die Befugnis des BAWe, zu anderen Vorschriften als den darin genannten ebenfalls Richtlinien zu erlassen. Dies gilt insbesondere für § 34 Abs. 1 WpHG,[437] wobei aber Überschneidungen zwischen Dokumentationspflichten und den Pflichten zur sorgfältigen Erbringung von Wertpapierdienstleistungen und zur Einrichtung einer entsprechenden Organisation bestehen. Daher kann § 34 WpHG beim Erlaß von Richtlinien zu § 31 oder § 33 WpHG nicht ganz unberücksichtigt bleiben.

Wegen der besonderen Bedeutung der Richtlinien zu §§ 31, 32 und 33 WpHG sind nach § 35 Abs. 6 Satz 2 WpHG neben der Deutschen Bundesbank und dem BAKred die Spitzenverbände der beteiligten Wirtschaftskreise anzuhören. Die betroffenen Wirtschaftsubjekte – Wertpapierdienstleistungsunternehmen und Kunden – weisen einen unterschiedlich hohen Organisationsgrad auf: Auf der Seite der Wertpapierdienstleistungsunternehmen gehören dazu die Bundesverbände der Sparkassen, Genossenschaftsbanken und privaten Banken, der Freimakler, freien Börsenmakler und Kursmakler; die Kunden werden u.a. von den überregio-

437 Allerdings ist zu betonen, daß nicht schon die vom BMF auf das BAWe übertragene (Erlaß des BMF gemäß § 34 Abs. 2 WpHG vom 16. März 1995, BGBl. I S. 390) Rechtsverordnungskompetenz nach § 34 Abs. 2 WpHG die allgemeine Richtlinienkompetenz des BAWe einschränkt, weil sich Rechtsverordnungen nach § 34 Abs. 2 WpHG nicht auf die Auslegung der bestehenden Aufzeichnungspflichten, sondern nur auf die *Erweiterung* dieses Katalogs beziehen.

nalen Verbraucherverbänden und Aktionärsvereinigungen[438] vertreten. Im Rahmen der Anhörung ist den Verbänden Gelegenheit zur Stellungnahme zu geben. Eine Einigung muß dabei nicht erzielt werden, die Entscheidung über den Inhalt der Richtlinien bleibt dem BAWe vorbehalten. Das BAWe hat allerdings bei Richtlinien zu § 33 WpHG Einvernehmen mit dem BAKred herzustellen, weil die Organisationspflichten auch den „internen Schutz" des Wertpapierdienstleistungsunternehmens gewährleisten und daher Überschneidungen mit der Zulassung und Solvenzaufsicht des BAKred unvermeidbar sind.[439] Vor Erlaß einer Richtlinie ist dem Wertpapierrat nach § 5 Abs. 2 Nr. 1 WpHG Gelegenheit zur Stellungnahme zu geben, die allerdings nur beratenden Charakter hat.

Richtlinien nach § 35 Abs. 6 WpHG werden im Gegensatz zu Rechtsverordnungen zwar nicht verkündet, sollen aber den bei der Entstehung beteiligten Wirtschaftskreisen zur Kenntnis gebracht werden, um ihre Einhaltung zu fördern. Die Veröffentlichung im Bundesanzeiger[440] hat darüber hinaus keine rechtliche Bedeutung, da die Richtlinien des BAWe nur seine (antizipierte) Verwaltungspraxis beschreiben und nicht als außenwirksame Rechtsnormen „in Kraft treten".

d) Richtlinie zu §§ 31 und 32 WpHG vom 26. Mai 1997

In der bisherigen Praxis hat das BAWe am 26. Mai 1997 eine Richtlinie nach § 35 Abs. 6 WpHG „zur Konkretisierung" der Anforderungen nach §§ 31 und 32 WpHG erlassen.[441]

aa) Entstehung

Das Präsidium des BAWe sah seit Ende 1995 dringenden Bedarf für eine Richtlinie insbesondere zur Erläuterung der aufsichtsrechtlichen Erkundi-

---

438 Z.B. Verbraucherzentrale Nordrhein-Westfalen, Schutzgemeinschaft der Kleinaktionäre, Deutsche Schutzvereinigung für Wertpapierbesitz.

439 S. den Bericht des Finanzausschusses, BT-Drucks. 12/7918 vom 15.6.1994, S. 106 f., der damit „eine unterschiedliche Aufsichtspraxis" zu vermeiden beabsichtigte.

440 § 35 Abs. 6 Satz 3 WpHG.

441 BAWe, Richtlinie gemäß § 35 Abs. 2 des Gesetzes über den Wertpapierhandel(WpHG) zur Konkretisierung der §§ 31 und 32 WpHG für das Kommissions-, Festpreis- und Vermittlungsgeschäft der Kreditinstitute vom 26. Mai 1997, Bundesanzeiger vom 3. Juni 1997, S. 6586.

gungs- und Informationspflichten.[442] Die Vorarbeiten zu dieser Richtlinie begannen im BAWe mit der Auswertung der Prüfungsberichte zum Geschäftsjahr 1995 und inoffiziellen Vorgesprächen über einzelne Punkte (z.B. das Discount-Brokerage) mit Vertretern der beteiligten Wirtschaftskreise im Frühjahr 1996. Der Referatsentwurf nebst einer Übersicht über relevante ausländische Regelungen, insbesondere der SFA, wurde im Juli 1996 intern diskutiert. Am 7. August 1996 wurde ein Entwurf der Richtlinie (im folgenden ursprünglicher oder erster Entwurf) an das BMF, das BAKred, die Deutsche Bundesbank und die Länder sowie an die Spitzenverbände der Finanzwirtschaft, der Verbraucherorganisationen und ausgewählte private Institutionen versandt und eine Stellungnahme anheimgestellt.[443] Im Gegensatz zur SEC, die *comments* von einem weitgesteckten Publikum einholt, war das BAWe darauf bedacht, den Kreis der an der Anhörung Beteiligten nach § 35 Abs. 6 Satz 2 WpHG möglichst eng zu fassen.[444] Die bis Ende September 1996 eingegangenen Stellungnahmen der Bankenverbände waren nach Mitteilung des Amtes teilweise sehr kritisch, weil mit einer Überregulierung des Finanzplatzes Deutschland und einer erheblichen Kostensteigerung durch erhöhten Informations- und Dokumentationsaufwand gerechnet wurde. Aus einigen privaten Großbanken war auch Zustimmung zu vernehmen. Einige Stellungnahmen der Verbände ließen noch Mißverständnisse und Ahnungslosigkeit hinsichtlich des Verfahrens und der rechtlichen Bedeutung des Richtlinie erkennen. Kritik wurde auch von seiten der Verbraucherverbände, insbesondere im Hinblick auf die Regelung des Discount-Brokerage, geäußert.[445] Am 21. Oktober 1996 fand in Frankfurt am Main die mündliche Anhörung statt,[446] die den Verbänden[447] Gelegenheit bot, allgemeine

---

442 S. Jahrespressekonferenz des Präsidenten des BAWe (*Wittich*) am 5. Februar 1996, Zusammenfassung, S. 4, 7; *Dreyling*, Handelsblatt vom 15./16. April 1996.

443 S. auch Börsen-Zeitung Nr. 149 vom 6.8.1996, S. 3; Börsen-Zeitung Nr. 152 vom 9.8.1996, S. 1 und 3.

444 Kritisch *Ascarelli*, Wall St. J. Europe, p. 4:1 (October 22, 1996).

445 Einzelheiten sind im Zusammenhang mit den Verhaltenspflichten hervorzuheben, dazu unten 3. und 4. Kapitel.

446 Die ungefähr 45 Anwesenden gehörten zu einem Drittel der Bundesverwaltung bzw. der Deutschen Bundesbank an. Im übrigen waren die Vertreter der Banken in der Mehrzahl. Die Anleger waren durch Repräsentanten der Verbraucherzentrale Nordrhein-Westfalen, Deutsche Schutzvereinigung für Wertpapierbesitz, Schutzgemeinschaft der Kleinaktionäre, ferner des Deutschen Aktieninstituts und der DVFA vertreten.

Standpunkte darzulegen und die einzelnen Bestimmungen des ursprünglichen Richtlinienentwurfs zu kommentieren. Auf der Grundlage dieser Kommentare legte das BAWe am 23. Oktober 1996 eine revidierte Fassung seines Entwurfs vor, der zur kurzfristigen Stellungnahme nochmals den Verbänden zugeleitet wurde.[448] Anhand der danach eingegangenen Stellungnahmen verfaßte das BAWe einen weiteren Entwurf, der nach Beratung im Wertpapierrat im November 1996 und nach Absprache mit dem BMF, das als vorgesetzte Behörde angesichts der erheblichen öffentlichen Kritik[449] eine Abstimmung verlangt hatte, noch maßgeblich geändert wurde. Die Richtlinie wurde schließlich am 26. Mai 1997 erlassen.[450]

bb) Aufbau und Überblick der Richtlinie

Der sachliche Anwendungsbereich der Richtlinie ist gemäß § 2 Abs. 3 WpHG auf die Anforderungen im Effektengeschäft (Kommission, Eigenhandel, Vermittlung) beschränkt. Adressaten der Richtlinie sind lediglich inländische Kreditinstitute und Zweigstellen von gleichgestellten bzw. freigestellten EU-ausländischen Kreditinstituten,[451] da das BAWe bis Ende 1996 noch keine hinreichende Erfahrung mit der Aufsicht über Makler sammeln konnte. Die Bestimmungen sind aber so allgemein formuliert, daß eine spätere Ausdehnung des persönlichen Anwendungsbereichs, auch auf weitere Gruppen von Wertpapierdienstleistungsunternehmen, die seit dem 1. Januar 1998 unter die Marktaufsicht des BAWe gelangt sind, möglich erscheint. Das BAWe ist um eine möglichst marktnahe Sprache bemüht.[452] Ein besonderes Verdienst ist der Versuch einer begrifflichen Präzisierung des unbestimmten Rechtsbegriffs „Information".[453]

---

447 Vertreten waren u.a. der Zentrale Kreditausschuß, der Bundesverband deutscher Banken e.V. (BdB), der Deutscher Sparkassen- und Giroverband e.V. (DSGV), der Verband öffentlicher Banken e.V. (VöB), der Bundesverband deutscher Investment-Gesellschaften e.V. (BVI), der Bankenfachverband e.V., der Verband der Auslandsbanken in Deutschland e.V., der Bundesverband der Freien Börsenmakler und der Bundesverband der Kursmakler an den deutschen Wertpapierbörsen.

448 Abgedruckt in ZBB 1996, 394.

449 S. z.B. Wirtschaftswoche vom 22.8.1996, S. 102 f.

450 Bundesanzeiger vom 3. Juni 1997, S. 6586.

451 Ziffer 1 Abs. 1 lit. a-c.

452 S. etwa die Bezeichnung „Festpreisgeschäft" statt der Formulierung des Gesetzes „Eigenhandel für andere" (§ 2 Abs. 3 Nr. 2 WpHG).

453 Ziffer 3 Präambel Abs. 1 und 2 („Aufklärung" vs. "Beratung"), dazu im einzelnen unten § 13 I 2.

In ihrem Aufbau folgt die Richtlinie dem Ablauf eines Effektengeschäfts. Zunächst beschreibt Ziffer 2 die Anforderungen an allgemeine Informationen, die bei Begründung der Geschäftsbeziehung mit dem Wertpapierdienstleistungsunternehmen übermittelt werden können.[454] Ziffern 3.2 bzw. 3.6 enthalten sodann die Anforderungen, die regelmäßig an die Grundaufklärung des Kunden vor Ausführung eines Auftrags gestellt werden, während Ziffer 3.1 die Erkundigungspflicht nach § 31 Abs. 2 Satz 1 Nr. 1 WpHG konkretisiert. Ziffer 4 betrifft schließlich die Regeln, die im Rahmen der Ausführung und Abwicklung eines Kundenauftrags einzuhalten sind. Als Annex folgt in Ziffer 5 die Auslegung der besonderen Verhaltensregeln des § 32 WpHG. Schwerpunkt der Richtlinie ist die Konkretisierung der Informationspflichten des Wertpapierdienstleistungsunternehmens.[455] Die in der Debatte mit den Verbänden umstrittensten Punkte betrafen den Inhalt der Aufklärung, die Freistellung bestimmter Anlegergruppen von den Informations- und Erkundigungspflichten, die Dokumentation der Erfüllung dieser Pflichten, die Gleichbehandlung von Kunden, die Repartierung bei überzeichneten Emissionen und das Verbot von Eigengeschäften im Rahmen von Research-Veröffentlichungen.

4. Rechtsschutz

Gegen belastende Anordnungen im Rahmen der Mißstandsaufsicht des BAWe kann das Wertpapierdienstleistungsunternehmen Widerspruch einlegen, über den das BAWe als Bundesoberbehörde eigenständig entscheidet.[456] Falls das BAWe[457] nicht abhilft, kann anschließend Anfechtungsklage gegen die Bundesrepublik Deutschland[458] vor dem Verwaltungsgericht erhoben werden.[459] Örtlich zuständig ist das Verwaltungsgericht Frankfurt am Main.[460] In zweiter Instanz entscheidet der Hessische

---

454 Ziffer 2.2 Abs. 2.

455 S. auch *Köndgen*, ZBB 1996, 362; Bundesverband deutscher Banken, Erläuterungen zur Richtlinie zur Konkretisierung der Verhaltensregeln, Sonderrundschreiben vom 15.1.1998, K26.5 – Ba/Fe.

456 § 73 Abs. 1 Nr. 2 VwGO (nächsthöhere Behörde ist das BMF).

457 Funktionell zuständig ist im BAWe für die Durchführung von Widerspruchsverfahren das Rechtsreferat.

458 § 78 Abs. 1 Nr. 1 VwGO (es genügt aber die Bezeichnung des BAWe).

459 § 68 Abs. 1 VwGO.

460 § 52 Nr. 2 Satz 1 VwGO.

Verwaltungsgerichtshof in Kassel, letztinstanzlich das BVerwG über die Auslegung der Wohlverhaltensregeln durch das BAWe. Mangels besonderer gesetzlicher Anordnung[461] entfalten Widerspruch und Anfechtungsklage aufschiebende Wirkung im Sinne des § 80 Abs. 1 Satz 1 VwGO. Da das BAWe nur im öffentlichen Interesse tätig wird,[462] kommt eine Verpflichtungsklage (Untätigkeitsklage) nicht in Betracht.

Die Verwaltungsgerichte können die Auslegung der §§ 31 und 32 WpHG vollständig überprüfen. Auch die Anwendung der Richtlinien des BAWe nach § 35 Abs. 6 WpHG unterliegt – wie dargelegt – der verwaltungsgerichtlichen Kontrolle. Die materielle Rechtmäßigkeit eines auf § 4 Abs. 1 WpHG gestützten Verwaltungsakts setzt voraus, daß nach der Überzeugung des Verwaltungsgerichts ein Mißstand gegeben ist. Hinsichtlich der Opportunität der einzelnen Maßnahmen wird indes lediglich geprüft, ob das Ermessen pflichtgemäß (§ 40 VwVfG) und unter Wahrung der Grenzen der Verhältnismäßigkeit ausgeübt wurde.

II. Zusammenwirken mit anderen Stellen

1. Zusammenarbeit mit dem BAKred, dem BAV und der Deutschen Bundesbank

Nach § 6 Abs. 3 WpHG haben sich das BAWe, das BAKred, das BAV und im Rahmen ihrer Tätigkeit nach dem KWG auch die Deutsche Bundesbank gegenseitig „Beobachtungen und Feststellungen" mitzuteilen, die die Wahrnehmung ihrer Aufsichtsaufgaben fördern. Da die Aufsicht über Wertpapierdienstleistungsunternehmen zwischen dem BAWe und dem BAKred funktionell aufgeteilt ist, soll auf die Zusammenarbeit dieser beiden Behörden besonders eingegangen werden.

Das BAKred nimmt nach dem Aufsichtskonzept des Umsetzungsgesetzes die Aufgaben der *prudential regulation* wahr, während dem BAWe die Durchsetzung der *conduct-of-business regulation* obliegt.[463] Die Aufsicht des BAKred umfaßt – wie dargelegt – u.a. die Zulassung der Institute bzw. ggf. die Aufhebung der Zulassung, die Kontrolle der persönlichen

461 *E contrario* zu § 16 Abs. 7 WpHG und zu § 35 Abs. 5 WpHG, der jedoch nur für das Auskunft- und Vorlageverlangen nach § 35 WpHG gilt.

462 S. die Beschlußempfehlung des Finanzausschusses, BT-Drucks. 12/7918 vom 15.6.1994, S. 100 li.Sp. (zu § 4 Abs. 2 WpHG).

463 Dazu oben § 5 I; s. auch *Eisele* in Schimansky/Bunte/Lwowski, § 109 Rz. 3.

Zuverlässigkeit und fachlichen Eignung der Geschäftsleiter, die laufende Überwachung der Solvenz der Institute sowie die Verfolgung unerlaubt betriebener Finanzdienstleistungen. Danach werden Wertpapierdienstleistungsunternehmen einer Erlaubnis zur Erbringung von Finanzdienstleistungen nach § 32 KWG bedürfen.[464] Sie kann im Wege der Anerkennung als Kreditinstitut als Vollizenz hinsichtlich aller Bankgeschäfte und Finanzdienstleistungen oder als beschränkte Erlaubnis für Finanzdienstleistungsinstitute oder Finanzinstitute erteilt werden. Nach § 35 Abs. 2 Nr. 6 KWG ist auch eine Aufhebung der Erlaubnis durch das BAKred möglich, wenn das Institut nachhaltig gegen gesetzliche Vorschriften verstoßen hat.[465] Bei wiederholten und schwerwiegenden Verstößen gegen die Verhaltenspflichten der §§ 31 ff. WpHG kann das BAWe als *ultima ratio* beim BAKred die Aufhebung der Erlaubnis des Wertpapierdienstleistungsunternehmens anregen.[466] Als mildere Maßnahme ist die Abberufung von Geschäftsleitern bei Verstößen gegen gesetzliche Bestimmungen oder Anordnungen des BAWe vorgesehen (§ 36 Abs. 2 KWG).

Nach § 36 Abs. 1 WpHG i.d.F. vom 26. Juli 1994 hatte die Prüfung der Einhaltung der Verhaltensregeln im Zusammenhang mit der Depotprüfung nach der bisher bestehenden Vorschrift des § 30 KWG a.F. zu erfolgen. Nach dem Umsetzungsgesetz ist der Praxis die Zusammenlegung von Depotprüfung und Prüfung nach § 36 Abs. 1 WpHG mit der Jahresabschlußprüfung ermöglicht worden. Zur effektiven Wahrnehmung seiner Aufgaben erhält das BAKred eine Ausfertigung des Prüfungsberichts nach § 36 Abs. 1 WpHG. Das BAKred unterstützt die Aufsicht des BAWe ferner durch die Überwachung des Geschäftsgebarens von Mitarbeitern der

---

464 Die Vermittlung von Anteilen oder verbrieften Forderungen gegen eine Kapitalgesellschaft unterlag bisher der Gewerbeaufsicht (Erlaubnispflicht) nach § 34c Abs. 1 Nr. 1b GewO a.F. Künftig unterliegen die Kursmakler und freien Makler als Finanzdienstleistungsinstitute der Aufsicht des BAKred, s. die Neuregelung des § 34c Abs. 5 Nr. 3 GewO und dazu die Begründung der Bundesregierung zum Richtlinien-Begleitgesetz, BT-Drucks. 13/7143 vom 6.3.1997, S. 18.

465 S. auch Begründung der Bundesregierung zum Umsetzungsgesetzes, BT-Drucks. 13/7142 vom 6.3.1997, S. 91 li.Sp.

466 Nach Aufhebung der Lizenz kann das BAKred nach § 37 KWG gegen das Betreiben unerlaubter Wertpapierdienstleistungen (Bank- bzw. Finanzdienstleistungsgeschäfte nach § 1 Abs. 1 Satz 3 bzw. Abs. 1a Satz 3 KWG) einschreiten.

Kreditinstitute[467] und der Organisation und Risikosteuerung des Eigenhandels der Kreditinstitute.[468]

2. Zusammenarbeit mit den Börsenaufsichtsbehörden der Länder und den Selbstverwaltungsorganen der Börsen

Das Zweite Finanzmarktförderungsgesetz hat für den Wertpapierhandel in Deutschland ein dreistufiges Aufsichtssystem geschaffen, nach dem an der Marktüberwachung neben dem BAWe – bedingt durch den föderalen Konsens[469] – auch die Länder und die Börsen beteiligt sind.[470] Nach §§ 1 Abs. 2, 1b BörsG steht das Marktverhalten der Teilnehmer am Börsenhandel unter der Aufsicht der üblicherweise bei den Landesregierungen angesiedelten Börsenaufsichtsbehörden und der an jeder Börse einzurichtenden Handelsüberwachungsstelle. Im Grundsatz übt das BAWe die Marktaufsicht über den gesamten börslichen und außerbörslichen Wertpapierhandel aus.[471] Auch das Marktverhalten an der Börse einschließlich des Verhaltens der Börsenmakler, fällt daher unter seine Aufsicht. Nach § 37 Abs. 2 Satz 1 WpHG gelten die Verhaltensregeln der §§ 31 und 32 WpHG jedoch, wie erwähnt, nicht für Geschäfte, die zwischen Wertpapierdienstleistungsunternehmen an einer Börse abgeschlossen werden. Die Aufsicht über diese Geschäfte, soweit sie über das Skontro des zuständigen

---

467 S. die Verlautbarung des BAKred über Anforderungen an Regelungen der Kreditinstitute für Mitarbeitergeschäfte vom 30. Dezember 1993 (sog. „Mitarbeiterleitsätze"), dazu die Erläuterungen des Zentralen Kreditausschusses vom 16. Dezember 1993 sowie die Schreiben des BAKred vom 20. Juli 1994 und 8. Dezember 1994.

468 S. die Verlautbarung des BAKred über Mindestanforderungen an das Betreiben von Handelsgeschäften der Kreditinstitute vom 23. Oktober 1995 (sog. „Handelsgeschäftsverlautbarung"), die die Schreiben des BAKred über Mindestanforderungen für bankinterne Kontrollmaßnahmen bei Devisengeschäften – Kassa und Termin – vom 24. Februar 1974 und über Anforderungen an das Wertpapierhandelsgeschäft der Kreditinstitute vom 30. Dezember 1980 ersetzt.

469 Das Zweite Finanzmarktförderungsgesetz war u.a. wegen der Auswirkungen auf die Börsenaufsicht der Länder ein zustimmungspflichtiges Gesetz, s. Artt. 83, 84 Abs. 1, 77 GG.

470 Dazu *v.Rosen* in Assmann/Schütze, § 2 Rz. 187 ff. Zu Reformvorschlägen umfassend *Hopt/Baum* in Hopt/Rudolph/Baum, S. 287 ff.

471 S. *v.Rosen* in Assmann/Schütze, § 2 Rz. 208.

Maklers laufen bzw. zu Börsenpreisen führen, obliegt nicht dem BAWe, sondern den Börsenaufsichtsbehörden der Länder.

Da sich die Aufsicht der Börsenaufsichtsbehörden und der Handelsüberwachungsstellen (HÜSt) nur auf die Einhaltung börsenrechtlicher Bestimmungen bezieht,[472] sind im Hinblick auf die Überwachung des Marktverhaltens Überschneidungen grundsätzlich ausgeschlossen.[473] Innerhalb der gegenwärtig öffentlich-rechtlich organisierten Börsen sind die HÜSt gemeinsam mit der Börsengeschäftsführung, die im Notfall auch selbst einschreiten kann,[474] für die laufende Aufsicht über die Geschäftsvorgänge an der Börse verantwortlich.[475] Die HÜSt ist verpflichtet, Unregelmäßigkeiten insbesondere bei der Preisbildung, bei der Einhaltung der Handelsusancen oder des Sicherheitsrahmens der Makler zu erforschen.[476]

Auf der Grundlage des § 6 Abs. 1 WpHG kann das BAWe aber im Rahmen seiner Zuständigkeit Unterstützung von den Börsenaufsichtsbehörden verlangen, um Verstöße gegen die Verhaltensregeln im börslichen oder außerbörslichen Handel aufzuklären. Im Rahmen der Insiderüberwachung führt das BAWe mit Unterstützung der Börsenaufsichtsbehörden[477] die Vorermittlungen und zeigt der zuständigen Staatsanwaltschaft nach § 18 Abs. 1 WpHG konkrete Verdachtsmomente an. Bei der Überwachung der Einhaltung der Verhaltensregeln findet eine solche laufende Kooperation nicht statt, weil Verstöße gegen die §§ 31 ff. WpHG nicht strafrechtlich sanktioniert sind.[478]

---

472 Nach § 1 Abs. 2 Satz 3 BörsG erstreckt sich die Aufsicht auf „die ordnungsgemäße Durchführung des Handels an der Börse und der Börsengeschäftsabwicklung".

473 S. die Begründung der Bundesregierung zum Entwurf des Zweiten Finanzmarktförderungsgesetzes, BT-Drucks. 12/6679, S. 40; *Kümpel*, WpHG, S. 190; *v.Rosen* in Assmann/Schütze, § 2 Rz. 222.

474 S. § 1b Abs. 5 Satz 2 BörsG.

475 Zur Kompetenzüberschneidung zwischen Börsenaufsichtsbehörde und HÜSt s. *v.Rosen* in Assmann/Schütze, § 2 Rz. 223.

476 *Kümpel*, Börsenrecht, S. 57 f.

477 § 6 Abs. 2 Satz 1 WpHG („Organleihe"), s. *Kümpel*, FG Hellner, S. 35 ff.

478 Gleichwohl kommt die Anzeige von mutmaßlichen Straftaten in Betracht, von denen das BAWe im Rahmen der Mißstandsaufsicht nach §§ 4 Abs. 1, 35 WpHG Kenntnis erlangt.

3. *Internationale Zusammenarbeit*

Das BAWe ist nach § 7 Abs. 1 WpHG grundsätzlich zur Zusammenarbeit mit ausländischen Aufsichtsbehörden ermächtigt. Es vertritt die Bundesrepublik Deutschland in den internationalen Gremien der Wertpapier- und Börsenaufsicht. Das Amt ist Vollmitglied[479] der *International Organization of Securities Commissions* (IOSCO). Neben dem regelmäßigen Informations- und Erfahrungsaustausch und der Harmonisierung von Aufsichtsstandards findet zwischen dem BAWe und anderen Mitgliedern eine gegenseitige Unterstützung bei der Tatsachenermittlung über Marktmißbräuche statt.[480] Darüber hinaus findet unter den europäischen Aufsichtsbehörden ein Austausch im Rahmen des am 8. Dezember 1997 in Paris gegründeten *Forum of European Securities Commissions* (FESCO) statt, dessen Vorsitzender derzeit der Präsident des BAWe (*Wittich*) ist.

Die Kooperation mit den Aufsichtsbehörden anderer Mitgliedstaaten der Europäischen Union ist von besonderer Bedeutung für die Aufklärung und Sanktion von Unregelmäßigkeiten, die beim Geschäftsgebaren EU-ausländischer Wertpapierfirmen in Deutschland auftreten. Zunächst wird das BAWe nach Art. 18 der Wertpapierdienstleistungsrichtlinie durch die Heimatbehörde dieser Unternehmen von deren Plan in Kenntnis gesetzt, in Deutschland Wertpapierdienstleistungen erbringen zu wollen. Zwar obliegt die Überwachung der Einhaltung der Verhaltenspflichten dieser Unternehmen dem BAWe als Aufsichtsbehörde des Aufnahmestaats (Art. 19 Abs. 6). Bei nachhaltigen Verstößen kann das BAWe aber auch die Aufsichtsbehörden des Herkunftslandes benachrichtigen,[481] das sodann geeignete Maßnahmen gegen das Unternehmen erläßt und ihm ggf. die Zulassung entzieht.[482] In der bisherigen Praxis hat sich gezeigt, daß die Harmonisierung eines Mindeststandards der Verhaltenspflichten gravierende Wertungsunterschiede hinsichtlich einzelner Regelverletzungen zwischen den Mitgliedstaaten nicht verhindern kann. So hat etwa das britische SIB (heute FSA) die Fortführung des Londoner Eigenhandels eines deutschen Wertpapierdienstleistungsunternehmens trotz des Eintritts in Übernahmeverhandlungen mit einem britischen Institut als Verstoß

---

479 Die Deutsche Börse AG ist in der IOSCO als nicht stimmberechtigtes, beigeordnetes Mitglied vertreten.

480 § 7 Abs. 2 und 3 WpHG.

481 Zur Bedeutung des Informationsaustauschs bei der europäischen Verwaltungskooperation s. *Schmidt-Aßmann*, EuR 1996, 270, 290 f.

482 Art. 19 Abs. 4 und 9 der Wertpapierdienstleistungsrichtlinie, ABl. EG Nr. L 141/40-41 vom 11.6.1993.

gegen die Wohlverhaltensregeln gewertet, weil das deutsche Institut keine *restricted list* führte. Zwar beginnt sich auch in Deutschland die *restricted list* als internes Handelsverbot durchzusetzen, doch ist aus aufsichtsrechtlicher Sicht das Verhältnis von *restricted lists* zur bankinternen Einrichtung von Vertraulichkeitsbereichen (*chinese walls*) noch nicht geklärt.[483]

§ 7 Verhältnis zum Privatrecht

Die von §§ 31 und 32 WpHG begründeten Pflichten des Wertpapierdienstleistungsunternehmens gegenüber seinen Kunden sind aufsichtsrechtliche Ge- und Verbote, die bestimmte Wertungen des Gesetzgebers bzw. die vorrangige Förderung bestimmter Interessen[484] – z.B. die Funktionsfähigkeit des Kapitalmarkts und den Kapitalanlegerschutz – widerspiegeln und damit die Privatautonomie der Wirtschaftssubjekte einschränken. Das Wirtschaftsaufsichtsrecht steuert das Verhalten von privaten Wirtschaftssubjekten und greift in die Freiheits- und Machtsphäre dieser Wirtschaftssubjekte ein, die nach klassischem Verständnis[485] durch Rechtsgeschäfte, insbesondere Verträge, zueinander in Beziehung treten, an die das Privatrecht genuin privatrechtliche – vertragliche oder außervertragliche – Rechtsfolgen knüpft. Die Verhaltenssteuerung durch unmittelbaren staatlichen Eingriff kann aber, auch wenn sie öffentlich-rechtlich gestaltet ist,[486] nicht ohne Auswirkungen auf die privatrechtliche Rechtsposition der Wirtschaftssubjekte bleiben, wenn gravierende Wertungswidersprüche in der Rechtsordnung verhindert werden sollen.[487] Soweit die besonderen Wirtschaftsaufsichtsgesetze für die private Durchsetzung keine eigenen Anspruchsgrundlagen bereithalten, ist auf die allgemeinen Regeln

---

483 Zur *restricted list* unten § 8 II.

484 Zum Verhältnis von Interessen- und Wertungsjurisprudenz *Pawlowski*, Rz. 120 ff.; *Larenz*, Methodenlehre, S. 9 f.

485 Das klassiche, privatautonome Verständnis des Privatrechts hat unter dem Einfluß *Kants* exemplarisch *Savigny* vorgetragen, s. *v.Savigny*, S. 53; dazu *Kramer*, S. 33 ff.; *Wieacker*, S. 2 ff., 9. Zur Wandlung und „sozialen Aufladung" des Privatrechts unter dem Einfluß des Neoliberalismus *Schluep*, S. 82 ff. m.w.N.

486 Bestandsaufnahme des öffentlichen und privaten Wirtschaftsrechts im Bankenbereich bei *Gramlich* in R.Schmidt, S. 421, 435 ff.

487 Zum Gedanken der „Einheit der Rechtsordnung" s. *Engisch*, passim.

zurückzugreifen, mit denen der Gesetzgeber des BGB „Einfallstore" für rechtlich erhebliche Wertungen geschaffen hat, die im BGB selbst nicht enthalten sind.[488] Hervorzuheben sind §§ 134, 138, 242, 817, 823 Abs. 2, 826 BGB. Dieses Instrumentarium gibt den Privatrechtssubjekten eine Handhabe zur eigenständigen Durchsetzung von Wertungen, die in der *Rechts*ordnung an anderer Stelle getroffen wurden, und legt zugleich in einzelnen Tatbeständen die Reichweite ihrer Durchsetzung fest. Diese Tatbestände besitzen insoweit auch Scharnierfunktion für die aufsichtsrechtlichen Verhaltensregeln, die der 5. Abschnitt des WpHG für Wertpapierdienstleistungsunternehmen aufgestellt hat. Es stellt sich insbesondere die Frage, inwieweit sich der Kapitalanleger (Kunde) auf die aufsichtsrechtlichen Wertungen als Verbotsgesetze (§ 134 BGB)[489] und Schutzgesetze (§ 823 Abs. 2 BGB)[490] gegenüber dem Wertpapierdienstleistungsunternehmen berufen kann.

Diese Schnittstellen zwischen öffentlichem Aufsichtsrecht und Privatrecht beschreiben aber nur *eine* Möglichkeit der Verhaltenssteuerung zum Zweck der Durchsetzung von besonderen Wertungen, mit denen der Gesetzgeber vom Prinzip der Privatautonomie abweicht. Denn es gehört zu den gesicherten Erkenntnissen der modernen Wirtschaftrechtstheorie,[491] daß nicht nur in den Formen des öffentlichen Rechts bestimmte Gemeinschafts- oder Gruppen*interessen* durch „direkten" Eingriff durchgesetzt werden, sondern auch das Privatrecht über die Gewährleistung privatautonomer Planung, Entscheidung und Handlung hinaus einzelne Interessen*wertungen* „indirekt" berücksichtigt. Dieser wertungsjurisprudentielle Ansatz liegt nicht nur den „Eingriffen" des Gesetzgebers zugrunde,[492] sondern ist auch in der Rechtsprechung, insbesondere unter dem

---

488 *Fikentscher*, S. 33.

489 Dazu unten § 7 I.

490 Dazu unten § 7 II.

491 S. nur *Mestmäcker*, AcP 168 (1968), 246 ff. (Rahmenordnung ist im Privatrecht bereits enthalten); *Schluep*, S. 82, 104 f.; *Fikentscher*, S. 31 ff. („Mischgebiet" zwischen Privat- und öffentlichem Recht; Funktionalisierung des Privatrechts unter dem Einfluß der neoliberalen Wirtschaftstheorie); zu einem systemtheoretischen Verständnis des Wirtschaftsrechts *Hopt*, BB 1972, 1017. Zu eng jedenfalls *Rinck*, Wirtschaftsrecht, S. 1 ff. (Wirtschaftsverfassungs- und Wirtschaftsverwaltungsrecht); *Koppensteiner*, Rechtstheorie 1973, 1, 16, 18 (Unternehmensrecht).

492 *Larenz*, Methodenlehre, S. 9 f. Die Steuerung des Marktverhaltens ist ein Gegenstand des Wirtschaftsrechts, bei dessen Regelung sich der Gesetzgeber sowohl öffentlich-rechtlicher als auch privatrechtlicher Instrumentarien bedienen kann, s. *Fikentscher*, S. 32 f. Welches Instrument eingesetzt wird,

Einfluß der Fundamentalwerte des Grundgesetzes, anerkannt.[493] Die Berücksichtigung von Interessenwertungen läßt sich exemplarisch im deutschen Arbeits-,[494] Miet-[495] und allgemeinen Vertragsrecht[496] aufzeigen und ist in neuerer Zeit besonders augenfällig beim zivilrechtlichen Verbraucherschutz, der geprägt ist von privatrechtsvereinheitlichenden Gesetzgebungsmaßnahmen auf europäischer Ebene (EG-Richtlinien).[497] Im Bereich des Kapitalmarktrechts hat die ständige Rechtsprechung der Zivilgerichte schon vor 1995 verbraucher- und anlegerschützende Wertungen zur Geltung gebracht, indem sie im Wege der Auslegung vertraglicher Vereinbarungen und der Konkretisierung von Generalklauseln (z.B. § 276 Abs. 1 Satz 2 BGB, § 347 HGB, § 242 BGB) besondere Verhaltensstandards für Finanzintermediäre aufgestellt hat. Diese Standards erscheinen insbesondere in Gestalt von vertraglichen Nebenpflichten zum Vermittlungs-, Kommissions-, Festpreis- oder Vermögensverwaltungs-

---

hängt u.a. von der Effektivität und dem Kosten-Nutzen-Verhältnis der einzelnen Regelungsinstrumente ab (hier etwa Wertpapieraufsichtsrecht vs. privates Verbraucherschutzrecht). In beiden Fällen handelt es sich um zwingende Bestimmungen, die nicht zur Disposition der Parteien stehen, s. schon *Hopt*, Kapitalanlegerschutz, S. 422 ff. (kein Schutzverzicht des Anlegers).

493 *Larenz*, Methodenlehre, S. 10, 278 ff. („Güterabwägung" im Rahmen der verfassungskonformen Auslegung).

494 Überblick bei *Richardi* in Richardi/Wlotzke, § 6 Rz. 15 ff.

495 S. das Gesetz zur Regelung der Miethöhe (MHG) vom 18. Dezember 1974 (BGBl. I S. 3603), zuletzt geändert durch Gesetz vom 6. Juni 1995 (BGBl. I S. 748), dazu *Bub/Treier*, S. 508.

496 S. zum Gesetz zur Regelung des Rechts der Allgemeinen Geschäftsbedingungen (AGBG) vom 9. Dezember 1976 (BGBl. I S. 3317), zuletzt geändert durch Gesetz vom 19.7.1996 (BGBl. I S. 1013), *Wolf/Horn/Lindacher*, Einl Rz. 3 f., 12 ff.; zum Gesetz über den Widerruf von Haustürgeschäften und ähnlichen Geschäften (HausTWG) vom 16. Januar 1986 (BGBl. I S. 122), zuletzt geändert durch Gesetz vom 20.12.1996 (BGBl. I S. 2154), s. nur *Palandt/Putzo*, HausTWG Rz. 2 ff.

497 S. z.B. das Verbraucherkreditgesetz vom 17.12.1990 (BGBl. I S. 2840), zuletzt geändert durch Gesetz vom 20.12.1996 (BGBl. I S. 2154), dazu die Begründung der Bundesregierung, BT-Drucks. 11/5462 vom 25.10.1989; Gesetz über die Haftung für fehlerhafte Produkte (ProdHG) vom 15.12.1989 (BGBl. I S. 2198), zuletzt geändert durch Gesetz vom 25.10.1994 (BGBl. I S. 3082); ferner die EG-Richtlinie 93/13 des Rates vom 5.4.1993 über mißbräuchliche Klauseln in Verbraucherverträgen, ABl. EG Nr. L 95/29 vom 21.4.1993; s. auch *Bonino*, WM 1996, 1617.

geschäft.[498] Vor dem Hintergrund dieser Entwicklung ist das Konkurrenzverhältnis zwischen den aufsichtsrechtlichen Verhaltensstandards nach §§ 31 und 32 WpHG und den in der Rechtsprechung entfalteten zivil- und handelsrechtlichen Verhaltensstandards zu beleuchten.[499]

I. Nichtigkeitssanktion nach § 134 BGB?

Da die §§ 31 oder 32 WpHG im Unterschied zu SEA § 29(b)[500] die Nichtigkeit von Verträgen, die gegen die Verhaltenspflichten verstoßen, nicht ausdrücklich anordnen,[501] ist in Betracht zu ziehen, daß solche Verträge nach § 134 BGB unwirksam sind. Die Reichweite dieses Nichtigkeitstatbestands ist in Rechtsprechung und Literatur umstritten.

§ 134 BGB bestimmt, daß Rechtsgeschäfte, die gegen ein gesetzliches Verbot verstoßen, nichtig sind, es sei denn, aus dem Verbot ergibt sich „ein anderes". Damit soll sichergestellt werden, daß im Zivilrecht bestimmte, u.a. auch öffentlich-rechtliche Verbotsnormen respektiert werden.[502] Die Rechtsprechung und ein Teil der Literatur[503] sprechen dieser Regelung aber nur eine sehr eingeschränkte eigene Bedeutung zu und belegen den zugrundeliegenden Vertrag grundsätzlich nur dann mit der Nichtigkeitssanktion, wenn diese Rechtsfolge von der Verbotsnorm nach Sinn und Zweck beabsichtigt ist.[504] Dagegen betont eine im Schrifttum vordringende Meinung[505] den Charakter des § 134 als Auslegungsregel,

---

498 Zur Entwicklung eines privatrechtlichen Systems von Informations- und Sachwaltungspflichten – auch aufgrund rechtsvergleichender Erfahrungen – grundlegend *Hopt*, Kapitalanlegerschutz, S. 219 ff., 413 ff., 478 ff.

499 Dazu unten § 7 III.

500 Dazu oben § 4 I 3 b.

501 Anders z.B. § 9 Nr. 1 des Arbeitnehmerüberlassungsgesetzes i.d.F. vom 3. Februar 1995 (BGBl. I S. 159).

502 S. *Canaris*, Karlsruher Forum, S. 26, 17 ff.

503 H.M., BGH, Urt. v. 4.4.1966, BGHZ 45, 322, 326; BGH, Urt. v. 22.5.1978, BGHZ 71, 358, 361; BGH, Urt. v. 23.9.1982, BGHZ 85, 39, 43; BGH, Urt. v. 22.9.1983, BGHZ 88, 241, 242, BGH, Urt. v. 5.5.1992, NJW 1992, 2557, 2558; *Flume*, § 17.1; *Larenz*, Allgemeiner Teil des deutschen Bürgerlichen Rechts, § 22 II; *Medicus*, Rz. 646; *Soergel/Hefermehl*, § 134 Rz. 1; *Seiler*, GS Martens, S. 719.

504 Dazu sogleich § 7 I 2.

505 *Mayer-Maly* in MünchKomm z. BGB, § 134 Rz. 1; *Canaris*, Karlsruher Forum, S. 15 und 21 ff., 34 ff. zu den wichtigsten Fallgruppen; *Palandt/Heinrichs*, § 134 Rz. 7.

nach der stets die Nichtigkeit vermutet wird und diese Vermutung nur im Einzelfall durch Bewertung der Ziele der Verbotsnorm und der Interessenlage der Parteien widerleglich ist.[506]

1. Sinn und Zweck der §§ 31 und 32 WpHG

Einigkeit besteht darüber, daß sich Verbotsgesetze gegen die Wirksamkeit einer rechtsgeschäftlichen Regelung sowohl wegen ihres Inhalts als auch wegen der Umstände ihres Abschlusses richten können.[507] Nach h.M. muß das Verbot jedenfalls nach seinem Sinn und Zweck dagegen gerichtet sein, daß ein bestimmter Vertrag überhaupt *abgeschlossen* wird.[508] Die Rechtsprechung des BGH unterscheidet ferner zwischen Verbotsgesetzen, die gegen beide Vertragsparteien gerichtet sind, und einseitigen Verbotsnormen. Beim Verstoß einer Vertragspartei gegen eine einseitige Verbotsnorm ist nach Ansicht der Rechtsprechung grundsätzlich von der Wirksamkeit des Geschäfts auszugehen, wenn nicht nach dem Sinn und Zweck des Verbotsgesetzes Nichtigkeit eintreten soll.[509] Ausschlaggebend für die Nichtigkeit ist danach die Auslegung des einzelnen Verbotsgesetzes.

Die §§ 31 und 32 WpHG enthalten *einseitige* Anordnungen für Wertpapierdienstleistungsunternehmen. Grundsätzlich gilt, daß ein gesetzliches Verbot nicht explizit ausgesprochen sein muß, soweit es sich aus dem Kontext des Gesetzes ergibt.[510] Bei den „besonderen Verhaltenspflichten" des § 32 WpHG handelt es sich um ausdrückliche gesetzliche Verbote, die im Rahmen von Kundenempfehlungen[511] oder Eigengeschäften[512] an Wertpapierdienstleistungsunternehmen, ihre Organe, bestimmte Mitarbeiter und – bei einzelkaufmännischen Unternehmen – ihre Geschäftsinhaber gerichtet sind. Dagegen stellt § 31 WpHG dem Wortsinn nach *Ge*bote

506 Dazu unten § 3 V 1 b.

507 Hans. OLG Hamburg, Urt. v. 11.12.1992, NJW 1993, 1335; *Canaris*, Karlsruher Forum, S. 21 ff., 34 ff.

508 BGH, Urt. v. 8.6.1983, NJW 1983, 2873; *Palandt/Heinrichs*, § 134 Rz. 1, 7; *Canaris*, Karlsruher Forum, S. 16, 24.

509 BGH, Urt. v. 1.6.1966, BGHZ 46, 24, 26; BGH, Urt. v. 23.10.1980, BGHZ 78, 263, 265, 271 m.w.N.; *Palandt/Heinrichs*, § 134 Rz. 9; a.A. *Canaris*, Karlsruher Forum, S. 24. Dies gilt z.B. für Verstöße gegen das Rechtsberatungsgesetz oder das Steuerberatungsgesetz, s. nur *Hirte*, S. 43.

510 BGH, Urt. v. 19.12.1968, BGHZ 51, 255, 262.

511 § 32 Abs. 1 Nr. 1 und 2, Abs. 2 Nr. 1 WpHG.

512 § 32 Abs. 1 Nr. 3, Abs. 2 Nr. 2 WpHG.

auf. Da beide Bestimmungen nach der gesetzlichen Überschrift „Verhaltensregeln" beschreiben und sich die einzelnen Standards teilweise überschneiden,[513] könnte man allerdings auch *e contrario* argumentieren, daß die Sorgfalts-, Interessewahrungs-, Erkundigungs- und Informationspflichten für Wertpapierdienstleistungsunternehmen auch das „allgemeine" *Ver*bot statuieren, Wertpapierdienstleistungen und die ihnen zugrundeliegenden Verträge unter Mißachtung dieser Verpflichtungen zu erbringen bzw. abzuschließen.

Gleichwohl spricht eine teleologische Auslegung der §§ 31 und 32 WpHG gegen die Annahme, es handele sich um Verbotsgesetze oder „allgemeine" Verbotsgesetze mit der Nichtigkeitssanktion des § 134 BGB. Aus dem Bericht des Finanzausschusses läßt sich zunächst entnehmen, daß seitens des Gesetzgebers nur an die aufsichtsrechtliche Überwachung und nicht an eine zivilrechtliche Wirkung im Sinne des § 134 BGB (Nichtigkeitsfolge bei Verstoß) gedacht war.[514] Gegen die Nichtigkeit ist weiterhin insbesondere das Ziel der §§ 31 und 32 WpHG anzuführen, gerade im Rahmen des Effektengeschäfts das Verhalten des Wertpapierdienstleistungsunternehmens zu beeinflussen. Denn der Kunde, der an der Ausführung und Abwicklung von Orders interessiert ist, soll durch Verbote gerade geschützt werden und nicht zusätzlich seiner vertraglichen Ansprüche gegen den Intermediär dadurch verlustig gehen, daß ein Verstoß des Wertpapierdienstleistungsunternehmens mit der Nichtigkeit des Vertrags sanktioniert wird. Das WpHG bekämpft gerade nicht den Abschluß von Kapitalanlagegeschäften,[515] sondern nur bestimmte Verhaltensweisen bei der Gelegenheit der Ausführung dieser Geschäfte, die zur Stärkung der Liquidität und Funktionsfähigkeit des deutschen Kapitalmarkts grundsätzlich erwünscht sind. Dies gilt auch für das Verbot von nachteiligen Eigengeschäften (z.B. *frontrunning*), weil dadurch nicht schlechthin ein Geschäft in Kenntnis des Kundenauftrags verhindert werden soll, sondern nur ein Geschäftsabschluß zu einem Zeitpunkt, in dem der Kunde daraus Nachteile erleidet. Die Nichtigkeit von Eigengeschäften mit Dritten hätte im übrigen eine unerträgliche Rechtsunsicherheit zur Folge. Da der Verstoß des Wertpapierdienstleistungsunternehmens gegen die aufsichtsrechtliche Pflicht in seiner Rechtssphäre liegt, besteht kein Grund, den

---

513 Vgl. z.B. § 31 Abs. 1 Nr. 2 und § 32 Abs. 1 Nr. 3 WpHG.

514 Der Finanzausschuß betont zu § 30e (nunmehr § 35) WpHG, daß die Einhaltung der Verhaltensregeln seitens des BAWe überwacht werde und Verstöße auf der Grundlage von § 4 WpHG in Verbindung mit den Befugnissen des § 35 WpHG verfolgt würden, BT-Drucks. 12/7918 vom 15.6.1994, S. 106.

515 BGH, Urt. v. 8.6.1983, NJW 1983, 2873.

Widerspruch zur Rechtsordnung auf den gesamten Vertrag – sei es mit dem Kunden, sei es mit Dritten – auszudehnen.[516] Diese Deutung steht auch im Einklang mit der bisher zu § 34c GewO anerkannten Ansicht, nach der gewerbeaufsichtsrechtliche Verstöße nicht unter § 134 BGB fallen.[517]

2. Fallgruppenspezifische Deutung

Canaris ist demgegenüber der Auffassung, daß bei der Anwendung von § 134 BGB einzelne Fallgruppen gebildet und unterschiedliche Rechtsfolgen entwickelt werden müßten. In Anlehnung an herkömmliche Unterscheidungen stellt er vier Typen von Verbotsnormen gegenüber: Gesetze, die Rechtsgeschäfte wegen ihres Inhalts verhindern wollen; Gesetze, die Rechtsgeschäfte wegen der Umstände ihres Abschlusses untersagen; Gesetze, die Rechtsgeschäfte wegen in der Person eines Beteiligten liegender Umstände verbieten; Gesetze, die Rechtsgeschäfte wegen ihrer Folgen für unzulässig erklären.[518] Innerhalb dieser Fallgruppen statuiert *Canaris* u.a. besondere Regeln für einseitige Verbote, die den Schutz des anderen Vertragsteils bezwecken.[519]

Der Versuch einer Einordnung der allgemeinen und besonderen Verhaltensregeln der §§ 31 und 32 WpHG in diese Fallgruppen zeigt, daß § 134 BGB auch nach der von *Canaris* vertretenen Ansicht nicht auf diese Anordnungen anwendbar ist. Zunächst ist zu differenzieren zwischen Verboten, die sich auf Geschäfte bzw. Verträge beziehen, die mit dem oder im Auftrag des Kunden abgeschlossen werden,[520] und Verbotsnormen, die zwar im Interesse des Kunden bestehen, sich aber auf Eigengeschäfte mit Dritten beziehen.[521] Die erste Gruppe von Verboten läßt sich

---

516 Dies gilt auch bei Verstößen gegen die Verhaltenspflichten der §§ 2 ff. MaBV, s. OLG Frankfurt am Main, Urt. v. 29.11.1978, NJW 1979, 878 f.; OLG Bremen, Urt. v. 26.1.1977, NJW 1977, 638 f.; *Hepp*, NJW 1977, 617 f.; *Breidenbach*, S. 7; anders wohl *Halbe*, NJW 1977, 1437; a.A. *Kanzleiter*, WiVerw 1981, 96, 99 f. Dazu schon oben § 5 II 2.

517 S. *Mayer-Maly* in MünchKomm z. BGB, § 134 Rz. 90 („Gewerberechtliche Verbote sind im allgemeinen nicht als Verbotsgesetze im Sinne von § 134 BGB anzusehen.").

518 *Canaris*, Karlsruher Forum, S. 21 ff., 34 ff., 40 ff., 47 ff.

519 *Canaris*, Karlsruher Forum, S. 28 ff. und 36 ff.

520 §§ 31 und 32 Abs. 1 Nr. 1 und 2, Abs. 2 Nr. 1 WpHG.

521 § 32 Abs. 1 Nr. 3, Abs. 2 Nr. 2 WpHG.

unter keine der vier Typen von Verbotsnormen fassen, weil diese – wie bereits erwähnt – eben nicht das zugrundeliegende *Rechtsgeschäft* (z.B. Kommissionsvertrag oder Beratungsvertrag) verbieten, sondern lediglich bestimmte Verhaltensweisen bei der Durchführung dieses Rechtsgeschäfts betreffen. Bei der zweiten Gruppe (§ 32 Abs. 1 Nr. 3 bzw. Abs. 2 Nr. 2 WpHG) kommt allenfalls die Einordnung als ein Verbot in Betracht, das ein gegenläufiges Propergeschäft wegen der besonderen Umstände beim Abschluß des Vertrages untersagt.[522] Bei auf die äußeren Umstände des Vertragsschlusses bezogenen Verboten geht auch *Canaris* grundsätzlich von der Unanwendbarkeit des § 134 BGB aus.[523] Die Nichtigkeitsfolge des § 134 BGB soll höchstens dann eintreten, wenn das Verbot gerade dem Schutz der anderen Vertragspartei dient.[524] Dies ist aber beim Propergeschäft mit Dritten gerade nicht der Fall, weil § 32 WpHG den Kunden schützt und den Kontrahenten eines unabhängigen Propergeschäfts nicht in den Schutzbereich einbezieht.

3. Ergebnis

Festzuhalten ist, daß sich aus § 134 BGB in Verbindung mit §§ 31 oder 32 WpHG weder nach der h.M. noch nach der fallgruppenspezifischen Ansicht die Unwirksamkeit der Verträge begründen läßt, die das Wertpa-

---

522 Gegenüber dem *Inhalt* des Propergeschäfts verhält sich dieses Verbot im Gegensatz zu einem Exportverbot oder dem Straftatbestand der passiven Bestechung (§ 331 StGB, s. dazu nur *Flume*, § 17 I, 3; *Mayer-Maly* in MünchKomm z. BGB, § 134 Rz. 61) neutral. Ferner ist es auch weder spezifisch auf die Person des Wertpapierdienstleistungsunternehmens noch auf die über das Geschäft hinausgehenden Folgen wie z.B. beim Bankvertrag zum Zweck der Steuerhinterziehung bezogen.

523 *Canaris*, Karlsruher Forum, S. 36.

524 *Canaris*, Karlsruher Forum, S. 36. Soll der Kontrahent durch das Verbotsgesetz geschützt werden, nimmt *Canaris* (S. 38) zugunsten des Kontrahenten statt Nichtigkeit nur schwebende Unwirksamkeit des Vertrags an. Diese Abweichung vom Alles-oder-nichts-Prinzip des § 134 BGB dürfte aber unvereinbar sein mit dem Wortsinn dieser Vorschrift, weil sich der Halbsatz „wenn sich aus dem Gesetz nichts anderes ergibt" nur auf die Reichweite des Nichtigkeits*tatbestands*, nicht auch der Nichtigkeits*folge* bezieht; denn in der Bestimmung der Rechtsfolge liegt gerade die Scharnierfunktion des § 134 BGB, die nicht zugleich von dem heteronomen, z.B. gewerbeaufsichtsrechtlichen Tatbestand übernommen werden kann.

pierdienstleistungsunternehmen regelwidrig mit dem Kunden oder mit Dritten eingeht.[525]

II. Schutzgesetzverletzung

Die Durchsetzung aufsichtsrechtlicher Pflichten durch private Schadensersatzklagen spielt im Kapitalmarktrecht der U.S.A. eine tragende Rolle und ist im Prinzip auch im britischen FSAct (s 62) vorgesehen.[526] Fraglich ist, ob geschädigte Kapitalanleger Schadensersatzansprüche außer nach § 826 BGB auch gemäß § 823 Abs. 2 Satz 1 BGB aus einem Verstoß des Wertpapierdienstleistungsunternehmens gegen die Verhaltensregeln der §§ 31 und 32 WpHG herleiten können.

Die Haftung nach § 823 Abs. 2 BGB hat im Wirtschaftsrecht eine praktisch weiter als § 134 BGB gehende Scharnierfunktion zwischen dem allgemeinen Deliktsrecht und gesetzlichen Verhaltensanordnungen.[527] Um die Reichweite des privaten Rechtsschutzes einzuschränken, bestimmt § 823 Abs. 2 BGB, daß ein Schadensersatzanspruch nur bei Verletzung eines „den Schutz eines anderen bezweckende[n] Gesetz[es]" besteht. Die deliktsrechtliche Sanktion setzt daher voraus, daß die Verhaltensnorm ein *Schutzgesetz* darstellt und der geltend gemachte Schaden im Schutzbereich der Norm liegt.[528]

Zunächst muß es sich in formaler Hinsicht um ein gesetzliches[529] Gebot oder Verbot[530] handeln. Die allgemeinen und besonderen Verhaltensregeln der §§ 31 und 32 WpHG stellen gesetzliche Anordnungen in diesem Sinn dar. Sie erschöpfen sich insbesondere nicht in allgemeinen Programmsätzen für einzelne Normen, sondern sind hinreichend konkret.[531]

---

525 Ebenso ausdrücklich die britische Regelung, FSAct s 47A(3), *Sabalot* [48].

526 Vgl. im einzelnen dazu oben § 4 I 3 b und II 3 b.

527 *Deutsch*, JZ 1963, 385; *Knöpfle*, NJW 1967, 697, 699; *Witthuhn*, S. 31 f.; *Bistritzki*, Rz. 6 f.; zum Verhältnis von Sanktions- und Verhaltensnorm *Dörner*, JuS 1987, 522, 524.

528 BGH, Urt. v. 29.4.1966, BGHZ 46, 17, 23; BGH, Urt. v. 18.5.1976, DB 76, 1665; *Staudinger/Schäfer*, § 823 Rz. 576, 594; *Knöpfle*, NJW 1967, 697, 700; *K.Schmidt*, Kartelldeliktsrecht, S. 21; *Palandt/Thomas*, § 823 Rz. 141.

529 S. Art. 2 EGBGB.

530 Allg.M., s. nur *Staudinger/Schäfer*, § 823 Rz. 578.

531 Zu dieser Voraussetzung z.B. BGH, Urt. v. 22.4.1974, BGHZ 62, 265, 267 (zu §§ 21, 27 BJagdG); *Staudinger/Schäfer*, § 823 Rz. 578; *Bistritzki*, Rz. 22.

Dies gilt sowohl für die speziellen Verbote des § 32 WpHG[532] als auch für die in § 31 WpHG statuierten Verhaltenspflichten, denn alle Vorschriften sprechen *bestimmte* Anordnungen an Wertpapierdienstleistungsunternehmen aus. Die Verwendung unbestimmter Rechtsbegriffe in den einzelnen Anordnungen mag zwar die Auslegung erschweren, beeinträchtigt aber den Charakter der Vorschriften als unmittelbare Anordnungen nicht und rechtfertigt auch keine Unterscheidung zwischen § 31 und § 32 WpHG, da beide Normen der Auslegung bedürfen.[533] Die nach § 35 Abs. 6 WpHG erlassenen Richtlinien des BAWe sind hingegen nicht als gesetzliche oder auf Gesetz beruhende Verbote anzusehen, weil es sich lediglich um eine interne gesetzeskonkretisierende Auslegungshilfe der Verwaltung handelt und der ihnen zugrundeliegende Normbefehl ausschließlich aus dem WpHG selbst folgt.[534]

Fraglich ist, ob es sich bei den gesetzlichen Anordnungen der §§ 31 und 32 WpHG um Schutzgesetze im Sinne des § 823 Abs. 2 BGB handelt.[535] Für die Anerkennung als Schutzgesetz ist insbesondere die teleologische

---

532 *Hopt*, ZHR 159 (1995), 135, 160 (für § 32 Abs. 1 Nr. 1 WpHG).

533 Vgl. die Bezugnahme auf die „Interessen des Kunden" und die „Nachteile für den Auftraggeber" in § 32 Abs. 1 Nr. 1 bzw. Nr. 3 WpHG mit § 31 WpHG (u.a. „Sachkenntnis", „Sorgfalt", „Interesse des Kunden", „zweckdienliche Informationen"). Zur Auslegung im einzelnen unten §§ 10 und 13.

534 S. schon RG, Urt. v. 28.4.1930, RGZ 128, 353, 355; *Staudinger/Schäfer*, § 823 Rz. 577; *Mertens* in MünchKomm z. BGB, § 823 Rz. 158 (auch gegen *Köndgen*, Umwelt und Planungsrecht 1983, 345, 351); *Bistritzki*, Rz. 15. Gleiches gilt für die Verwaltungsakte, die das BAWe auf Grund der Ermächtigung in § 4 Abs. 1 Satz 3 in Verbindung mit den §§ 31 ff. WpHG erlassen kann und die nach h.M. grundsätzlich ebenfalls selbst keine Schutzgesetze sein können, s. nur BGH, Urt. v. 26.2.1993, BGHZ 122, 1, 3 (Lärmschutzauflage in einer Baugenehmigung in Verbindung mit der Ermächtigungsnorm; Schutzgesetz ist die jeweilige Eingriffsnorm, auf der ein Verwaltungsakt beruht, in der durch den Verwaltungsakt konkretisierten Ausgestaltung); *Palandt/Thomas*, § 823 Rz. 140; a.A. *Schmiedel*, S. 47 ff., 54; *K.Schmidt*, Kartelldeliktsrecht, S. 365 ff.; *Bistritzki*, Rz. 17; differenzierend *Mertens* in MünchKomm z. BGB, § 823 Rz. 158 (gestreckte Verbotstatbestände) m.w.N.

535 Nach allg.M. kann nur eine einzelne Vorschrift, nicht ein ganzes Gesetz Schutzgesetzcharakter haben, *Mertens* in MünchKomm z. BGB, § 823 Rz. 140; zur Kasuistik der Rechtsprechung s. den Überblick bei *Staudinger/Schäfer*, § 823 Rz. 599 ff., und bei *Mertens* in MünchKomm z. BGB, § 823 Rz. 166 ff. Im Hinblick auf § 32 Abs. 1 Nr. 1 WpHG s. auch *Hopt*, ZHR 159 (1995), 135, 160 (mit Hinweis auf § 15 Abs. 6 WpHG).

Auslegung der einzelnen Vorschrift maßgebend.[536] Dabei ist zunächst der objektive Schutzzweck der Verhaltensregeln des WpHG zu untersuchen;[537] denn Vorschriften, die ausschließlich dem Interesse des Staats[538] bzw. dem Schutz der Allgemeinheit dienen, sind von der privatrechtlichen Durchsetzung *a limine* ausgeschlossen. Anschließend ist im Rahmen einer Gesamtwertung zu klären, ob die Schaffung eines individuellen Klagerechts gegen den sich regelwidrig Verhaltenden dem „Schutzzweck" der Vorschriften entspricht und der Unrechtsgehalt einer solchen Regelwidrigkeit im Lichte des „haftungsrechtlichen Gesamtsystems" so erheblich ist, daß er eine deliktische Sanktion[539] fordert.[540]

1. Schutzrichtung der §§ 31 und 32 WpHG

Voraussetzung für die Anerkennung als Schutzgesetz ist, daß die Vorschrift zumindest als Nebenzweck auch individuelle Interessen schützt.[541] Die §§ 31 und 32 WpHG, die den Kunden bzw. Auftraggeber ausdrücklich erwähnen, stellen zwar nach dem systematischen Zusammenhang und

---

536 BGH, Urt. v. 29.4.1966, BGHZ 46, 17, 23; BGH, Urt. v. 21.10.1991, ZIP 1991, 1597, 1598; *Staudinger/Schäfer*, § 823 Rz. 588 f. m.w.N. (Entstehungsgeschichte und *ratio legis*); *Palandt/Thomas*, § 823 Rz. 141.

537 Dazu sogleich § 7 II 1.

538 Die Formulierung „Schutz des öffentlichen Interesses" ist in diesem Zusammenhang mißverständlich, da nach dem oben Gesagten (§ 3 III 2) auch der Anlegerschutz ein im WpHG verkörpertes *öffentliches* Interesse ist.

539 Dazu unten § 3 V 2 b.

540 S. BGHZ 66, 388, 390 (Prüfung, ob die Schaffung eines individuellen Schadensersatzanspruchs sowohl nach dem Sinn des Schutzgesetzes sinnvoll als auch „im Lichte des haftungsrechtlichen Gesamtsystems" tragbar erscheint). In dieser Prüfung liegt aber kein zusätzliches Kriterium, sondern nur die Konkretisierung der zu ermittelnden *ratio legis* bzw. des „Regelungszusammenhangs" (BGH, Urt. v. 27.11.1963, BGHZ 40, 306, 307; BGH, Urt. v. 29.6.1982, BGHZ 84, 312, 314), s. *Staudinger/Schäfer*, § 823 Rz. 588; im Ergebnis ähnlich *Mertens* in MünchKomm z. BGB, § 823 Rz. 141; einschränkend *K.Schmidt*, Kartelldeliktsrecht, S. 26 (konkrete Prüfung des „rechtserheblichen Betroffenseins"), 28 ff. (im Hinblick auf das Kartellrecht); abweichend auch *Canaris*, FS Larenz (1983), S. 28, 74; kritisch *Bistritzki*, Rz. 94.

541 S. nur BGH, Urt. v. 29.4.1966, BGHZ 46, 17, 23; *Mertens* in MünchKomm z. BGB, § 823 Rz. 140 („mitbezweckt"); *Staudinger/Schäfer*, § 823 Rz. 583, 585 ff. (mit umfänglichen Nachweisen der Judikatur).

den Kardinalzielen des WpHG aufsichtsrechtliche Verhaltenspflichten des Wertpapierdienstleistungsunternehmens gegenüber dem BAWe dar. Gleichwohl ist bei diesen im Gegensatz zu § 33 WpHG spezifisch *kundenbezogenen* Pflichten bereits nach dem Wortsinn[542] der objektive Schutz der Kapitalanleger als Kunden des Wertpapierdienstleistungsunternehmen nicht zu verkennen, auf den auch der historische Gesetzgeber ausdrücklich Bezug genommen hat. Die Verhaltensregeln des WpHG sollen – wie dargelegt – im Dienst der Funktionsfähigkeit der Finanzmärkte[543] den Anlegerschutz verbessern und das Vertrauen in- und ausländischer Kapitalanleger in das ordnungsmäßige Funktionieren der Wertpapiermärkte stärken.[544] Aus der Akzentuierung des öffentlichen Interesses am Schutz der Anleger ist oben[545] gefolgert worden, daß die §§ 31 oder 32 WpHG zugunsten des individuellen Kapitalanlegers *kein subjektives Recht* begründen, sondern lediglich eine *objektive* Zielrichtung haben. Im Hinblick auf § 823 Abs. 2 BGB verleiht der Anlegerschutz als objektiver Schutzzweck der Verhaltenspflichten nur dem „rechtserheblich betroffenen" Kunden des Wertpapierdienstleistungsunternehmens einen privatrechtlichen Schadensersatzanspruch:[546] Wer in dieser Weise betroffen bzw. subjektiv berechtigt ist, bestimmt sich nicht allein nach der Schutzrichtung des Aufsichtsrechts, sondern im Zusammenhang mit § 823 Abs. 2 BGB nach dem haftungsrechtlichen Gesamtzweck der privaten Durchsetzung von Verhaltensregeln am Kapitalmarkt.[547]

Gegen die Anerkennung des Kapitalanlegerschutzes als objektiver Schutzzweck des WpHG im allgemeinen und der Verhaltensregeln im besonderen spricht auch nicht die Bestimmung des § 4 Abs. 2 WpHG,[548] nach dem das BAWe seine Aufsicht nur im öffentlichen Interesse wahr-

---

542 Die Verhaltensregeln nehmen z.B. mehrfach auf das Interesse des Kunden Bezug (§ 31 Abs. 1 Nr. 1 und Nr. 2, Abs. 2 a.E. sowie § 32 Abs. 1 Nr. 1 WpHG).

543 BT-Drucks. 12/6679 vom 27.1.1994, S. 33 li.Sp.

544 Vgl. BT-Drucks. 12/7918 vom 15.6.1994, S. 97 li.Sp. mit S. 95 re.Sp.; s. auch den Bericht des Haushaltsausschusses, BT-Drucks. 12/7919 vom 15.6.1994, S. 1.

545 § 3 III.

546 S. im Hinblick auf Verstöße gegen das GWB *K.Schmidt*, Kartelldeliktsrecht, S. 30 f., 28 ff.

547 Dazu sogleich § 7 II 2.

548 Ebenso *Hopt*, ZHR 159 (1995), 158; mißverständlich insoweit *Kümpel* in Kümpel/Ott, Kz. 050, S. 49, der im Ergebnis darin übereinstimmt, daß §§ 31 und 32 WpHG als Schutzgesetze anzusehen sind, ebda., S. 47.

nimmt und dabei der Schutz einzelner Anleger bloßer Rechtsreflex ist.[549] Denn damit wird zunächst nur das Haftungsprivileg des BAWe begründet, darüber hinaus stellt diese Bestimmung den aufsichtsrechtlichen Charakter der Bestimmungen des WpHG klar und deutet darauf hin, daß die private Durchsetzung durch einen subjektiven *Primär*anspruch des Kunden auf Einhaltung der Verhaltensregeln ausgeschlossen ist.[550] Daß aus Sicht des Gesetzgebers durchaus *sekundäre* Ansprüche der Kapitalanleger auf Schadensersatz wegen Verletzung des Wertpapieraufsichtsrechts in Betracht kommen, zeigt die Regelung des § 15 Abs. 6 WpHG, der Verstöße gegen die Ad-hoc-Meldepflichten nach § 15 WpHG ausdrücklich von § 823 Abs. 2 BGB freistellt.[551] Im Umkehrschluß von § 15 Abs. 6 WpHG auf den 5. Abschnitt des WpHG ist davon auszugehen, daß das Gesetz die zivilrechtliche Haftung der Wertpapierdienstleistungsunternehmen insoweit nicht ausgeschlossen hat.[552] Daraus folgt aber noch nicht, daß der Gesetzgeber diese Haftung bei Verletzung der §§ 31 und 32 WpHG anordnen wollte.[553]

Festzuhalten ist, daß die §§ 31 und 32 WpHG (zumindest auch) den Schutz der Kapitalanleger fördern sollen und daher grundsätzlich als Schutzgesetze in Betracht kommen.[554]

2. *Deliktsschutz als Element der Durchsetzung der aufsichtsrechtlichen Verhaltensregeln*

Ungeachtet der dogmatischen Konstruktion des Schutzgesetzes[555] kommt es hinsichtlich der Haftung nach § 823 Abs. 2 BGB letztlich auf die Wer-

---

549 S. Finanzausschuß, BT-Drucks. 12/7918 vom 15.6.1994, S. 100 li.Sp.

550 S. oben § 3 III.

551 S. dazu den Bericht des Finanzausschusses, BT-Drucks. 12/7918 vom 15.6.1994, S. 102 li.Sp.; zur Begründung s. auch *Hopt*, ZHR 159 (1995), 161 f.

552 Zutreffend *Jerusalem*, S. 78.

553 Gegen einen solchen Umkehrschluß spricht auch, daß der 5. Abschnitt des WpHG erst im Juni 1994 durch den Finanzausschuß in den Gesetzentwurf des Zweiten Finanzmarktförderungsgesetzes aufgenommen wurde, während § 15 Abs. 6 WpHG bereits im Entwurf der Bundesregierung enthalten war, vgl. BT-Drucks. 12/7918 vom 15.1.1994 mit BT-Drucks. 12/6679 vom 28.1.1994.

554 *Breuer*, Die Bank 1994, 444; *Hopt*, ZHR 159 (1995), 159 f.

tung an, daß die deliktische Sanktion des Schutzgesetzes im Zusammenhang der Rechtsordnung gerechtfertigt erscheint.[556]

Für die Zulassung deliktischer Sanktionen streitet die Effizienz der Durchsetzung aufsichtsrechtlicher Verhaltensregeln, die nach rechtsvergleichenden Erfahrungen, insbesondere aus den U.S.A. mit einer allerdings prozeßfreudigen Rechtskultur,[557] durch private Klagerechte erheblich gesteigert werden kann. Der Rechtsanwendung durch die Verwaltung sind im Hinblick auf die Eingriffsbefugnisse des BAWe nach § 4 Abs. 1 WpHG Grenzen gesetzt. Insbesondere sind an der Effektivität der (noch nicht erprobten) Mißstandsaufsicht des BAWe insofern Zweifel angebracht, als *Einzelfälle* in der Regel vom BAWe angesichts der beschränkten personellen Ausstattung und Auxiliarbefugnisse[558] vielfach nur durch Zufall oder durch Kundenbeschwerden[559] aufgedeckt und im Rahmen eines Verwaltungsverfahrens aufgeklärt werden können. Denn in den Prüfungen nach § 36 Abs. 1 WpHG wird dem BAWe nur über gravierende, ständige Praktiken berichtet; Unregelmäßigkeiten im Einzelfall werden nicht geschildert, im Wiederholungsfall wird nur ihre Anzahl angegeben. Da sich bei Einholung von Auskünften im Rahmen eines Verwaltungsverfahrens nach §§ 35 Abs. 1, 4 Abs. 1 WpHG das Wertpapierdienstleistungsunternehmen oder seine Mitarbeiter ggf. auf ihr Auskunftsverweigerungsrecht[560] berufen können, ist die Aufklärung – wie auch im Rahmen der Aufklärung von Ad-hoc-Publizitätsverstößen – erheblich behindert. Die private Rechtsverfolgung würde insoweit zu einer Entlastung des BAWe führen, als der Zivilkläger im eigenen Interesse eine genauere Sachverhaltsermittlung und zügigere Verfahrensführung anstreben wird.[561] Dar-

---

555 Vgl. insbesondere *Knöpfle*, NJW 1967, 697 mit *Schmiedel*, S. 159 ff., 226; dazu *Mertens* in MünchKomm z. BGB, § 823 Rz. 149 (letztlich doch richterliche Wertung).

556 *Mertens* in MünchKomm z. BGB, § 823 Rz. 149; rechtsvergleichend auch *Buxbaum*, Karlsruher Forum, S. 56 ff., 60.

557 Zur Erfahrung in den U.S.A. *Fallone*, 1997 Univ. Ill. L. Rev. 72 et seq.; *Buxbaum*, S. 6, 35, 9 f. (maßgeblicher Beitrag zur Umgestaltung des Wirtschaftsrechts) und oben § 4 I 3 b; vgl. dagegen die offenbar noch spärliche Erfahrung mit FSAct s 62 im Vereinigten Königreich, s. oben § 4 II 3 b.

558 Auskunft, Vorlage von Unterlagen, Betreten der Geschäftsräume, außerordentliche und Routineprüfung nach §§ 35 Abs. 1, 36 Abs. 1 WpHG.

559 In der bisherigen Praxis des BAWe haben sich im Bereich der Verhaltensregeln mehr als die Hälfte der Kundenbeschwerden als unbegründete Eingaben von Querulanten erwiesen.

560 § 35 Abs. 1 Satz 2 in Verbindung mit § 16 Abs. 6 WpHG.

561 *Witthuhn*, S. 104 f.

über hinaus dürften der Ahndung einer einzelnen Regelwidrigkeit auch die hohen Anforderungen entgegenstehen, die § 4 Abs. 1 Satz 2 WpHG an den Tatbestand des Mißstands stellt.[562] Selbst wenn eine bestimmte Anordnung getroffen wird, handelt es sich dabei *per definitionem* um eine präventive Regelung zur Verhinderung zukünftiger Regelverstöße: Mit Verwaltungsakten nach § 4 Abs. 1 WpHG kann für den Fall der Zuwiderhandlung ein Zwangsmittel, z.B. ein Zwangsgeld, angedroht, aber keine öffentlich-rechtliche Sanktion im Hinblick auf vergangene Regelverstöße ausgesprochen werden, die den Straf- oder Bußgeldverfahren im 3. Abschnitt (Insiderdelikte, Ad-hoc-Publizität) vergleichbar wäre. Zur effektiven Durchsetzung der Verhaltensregeln erscheint daher die Zulassung eines privaten Schadensersatzanspruchs nach § 823 Abs. 2 BGB erforderlich.[563] Dabei ist zu betonen, daß auch das Bestehen repressiver Rechtsbehelfe *eo ipso* eine Abschreckungswirkung haben und damit eine präventive Schutzfunktion ausüben können.

Auch nach der von *Canaris* vertretenen Deutung des § 823 Abs. 2 BGB dürfte es sich bei den §§ 31 und 32 WpHG um Schutzgesetze handeln. Er vertritt die Auffassung, daß die deliktische Vermögenshaftung nach § 823 Abs. 2 BGB im Sinne einer Ergänzung zu § 826 BGB nach dem haftungsrechtlichen Gesamtzusammenhang nicht zu einer grenzenlosen Ausweitung der Vermögenshaftung führen dürfe,[564] sondern nur im Hinblick auf Gesetze zum Zuge kommen könne, die eindeutig auf den Vermögensschutz ausgerichtet seien.[565] Da dem Kapitalanleger als Kunden eines Marktintermediärs durch Verletzung der Informations- oder Sorgfaltspflicht im wesentlichen Vermögensnachteile drohen, ist davon auszugehen, daß die Verhaltensregeln auch auf den Schutz der angelegten Gelder und Ersparnisse des Kunden abheben. Der wirksame Vermögensschutz ist gerade eine Voraussetzung für die Stärkung des Vertrauens der Anleger in den Kapitalmarkt.

Auf ein privatrechtliches Klagerecht kann auch nicht mit dem Argument verzichtet werden, daß die Feststellung und Mitteilung eines Regel-

---

562 Dazu im einzelnen oben § 6 I 2 a.

563 Ähnlich *Buxbaum*, Karlsruher Forum, S. 35; *Witthuhn*, S. 86 ff., 102 ff.

564 *Canaris*, FS Larenz (1983), S. 28, 58 ff. (vor allem Strafgesetze); gegen die – mit einer *Gesamtwertung* nicht vereinbare – Verengung der Schutzgesetzeigenschaft auf strafbewehrte Normen s. auch *Staudinger/Schäfer*, § 823 Rz. 593; vorher schon *Bistritzki*, Rz. 42, 44 (auch Vorschriften ohne Strafdrohung).

565 *Canaris*, FS Larenz (1983), S. 58 ff.; ihm folgend *Mertens* in MünchKomm z. BGB, § 823 Rz. 138.

verstoßes durch das BAWe angesichts des sehr rufempflindlichen Kapitalmarkts zur Disziplinierung der Wertpapierdienstleistungsunternehmen ausreiche. Ob eine solche Disziplinierung stattfindet, hängt zum einen in hohem Maße vom Ansehen des BAWe ab, das sich erst noch entwickeln muß, zum anderen von der in Deutschland erst am Anfang stehenden praktischen *Compliance*-Kultur. Selbst wenn für große, am Markt bekannte Institute eine zusätzliche privatrechtliche Sanktion nicht erforderlich erscheint,[566] da diese über interne Rechtsabteilungen verfügen und seit Jahren eigene *Compliance*-Ordnungen kultivieren, dürfte die privatrechtliche Ergänzung der Überwachung der Verhaltensregeln jedoch zumindest und gerade im unteren Marktsegment der Wertpapierdienstleistungsunternehmen eine tragende Rolle spielen.

Kein Gegenargument läßt sich daraus ableiten, daß der Kunde potentiell vertragliche oder andere Ansprüche gegen das Wertpapierdienstleistungsunternehmen erheben kann, denn diese Anspruchsgrundlagen spiegeln nicht notwendig dieselben Wertungen wider, die den Verhaltensregeln der §§ 31 und 32 WpHG zugrunde liegen.[567] Ebensowenig spricht die unterschiedliche Rechtsfolge (Anordnung durch Verwaltungsakt vs. Vermögensausgleich) und das für § 823 Abs. 2 BGB typische, diametral entgegengesetzte Verfahrensziel des Zivilprozesses, der auf die einzelfallgerechte, punktuelle Entscheidung einer Streitgkeit zwischen Privaten ausgerichtet ist, gegen eine privatrechtliche Sanktion.

Die private Durchsetzung der §§ 31 und 32 WpHG entspricht schließlich auch der Tradition der Rechtsprechung zum Bankaufsichtsrecht, die § 6 Abs. 1 KWG[568] und andere Vorschriften des KWG[569] als Schutzgesetze im Sinne des § 823 Abs. 2 Satz 1 BGB anerkannt hat. Da bei sowohl staatlicher als auch privater Durchsetzung der Verhaltensregeln jeweils derselbe Tatbestand (§§ 31 und 32 WpHG) geprüft wird, kann es zu Divergenzen zwischen der Aufsichts- und Spruchpraxis des BAWe bzw. der Verwaltungsgerichte einerseits und der Rechtsprechung der Zivilgerichte andererseits kommen.[570] Diese Konflikte sind zwar nachteilig für die

566 Zur angeblich geringen Bedeutung von Sanktionen im Wirtschaftsaufsichtsrecht allgemein *E.Stein*, S. 217; zweifelnd *K.Schmidt*, Kartelldeliktsrecht, S. 62.

567 Zur Konkurrenz zu vertraglichen Ansprüchen s. unten § 7 III.

568 BGH, Urt. v. 15.2.1979, BGHZ 74, 144, 148 f.; BGH, Urt. v. 12.7.1979, BGHZ 75, 120, 122.

569 S, die Nachweise bei *Staudinger/Schäfer*, § 823 Rz. 603.

570 Dies folgt aus der *Inter-partes*-Wirkung jeder Gerichtsentscheidung, s. z.B. § 325 Abs. 1 ZPO.

Rechtsanwender, aber wegen der Trennung der Gerichtszüge systemimmanent und nicht vermeidbar.[571] Sie sprechen daher *per se* nicht gegen eine Anerkennung der Verhaltensregeln des WpHG als Schutzgesetze. Darüber hinaus ist in diesem Zusammenhang zu berücksichtigen, daß sich die Interpretation der §§ 31 und 32 WpHG durch alle nationalen Gerichte nach dem Grundsatz vom Vorrang der richtlinienkonformen Auslegung[572] an Art. 11 der Wertpapierdienstleistungsrichtlinie zu orientieren hat. Entscheidungserhebliche Divergenzen über die Auslegung der EG-Richtlinie können (Art. 177 Abs. 2 EGV) bzw. müssen (Art. 177 Abs. 3 EGV) nach Art. 177 Abs. 1 lit. b EGV durch Vorlage an den EuGH geklärt werden, der durch diese Auslegung sicherstellt, daß das zur Durchführung der Richtlinie erlassene innerstaatliche Recht gemeinschaftskonform ausgelegt und angewendet wird.[573] Insoweit ist auf eine relativ einheitliche Spruchpraxis der deutschen Zivil- und Verwaltungsgerichte zu hoffen.

Insgesamt erscheint die Annahme gerechtfertigt, daß die §§ 31 und 32 WpHG als Schutzgesetze im Sinne von § 823 Abs. 2 BGB der privatrechtlichen Durchsetzung zugänglich sind.[574]

---

571 S. aber Art. 95 Abs. 3 Satz 1 GG in Verbindung mit § 2 Abs. 1 des Gesetzes zur Wahrung der Einheitlichkeit der Rechtsprechung der obersten Gerichtshöfe des Bundes vom 19. Juni 1968 (BGBl. I S. 661), der die Entscheidung einer Divergenz im Streit zwischen dem BGH und dem BVerwG durch den Gemeinsamen Senat der obersten Bundesgerichte vorsieht.

572 S. dazu oben § 1 III.

573 S. EuGH, Urt. v. 20.5.1976 (Rs. 111/75 – Mazzalai), Slg. 657, 666; *Wohlfahrt* in Grabitz/Hilf, Art. 177 Rz. 17; *Krück* in v.d.Groeben/Thiesing/Ehlermann, Art. 177 Rz. 21. Davon abzugrenzen ist die im Vorlageverfahren nicht zulässige Auslegung des innerstaatlichen Rechts selbst, s. *Krück* in v.d.Groeben/Thiesing/Ehlermann, Art. 177 Rz. 34.

574 Im Ergebnis ebenso *Hopt*, ZHR 159 (1995), 158 (für § 32 Abs. 1 Nr. 1 WpHG); *Koller* in Assmann/Schneider, Rz. 17 vor § 31 (für § 31 und § 32); *Schwark* in Bankrechtstag 1995, S. 109, 118 ff.; *Kümpel* in Kümpel/Ott, Kz. 065, S. 106 (für § 31 und § 32); *Köndgen*, NJW 1996, 558, 569; *ders.*, ZBB 1996, 361; *Jerusalem*, S. 78 ff.; zweifelnd *Horn*, ZBB 1997, 149 f. Zur mit der hier vertretenen Lösung übereinstimmenden belgischen Rechtslage nach dem Richtlinienumsetzungsgesetz *Wymeersch*, Revue (belge) de la Banque 1995, 575 (n. 6). – Um eine Ersatzpflicht auszulösen, muß der konkrete Verstoß im persönlichen und rechtsgutspezifischen Schutzbereich der verletzten Norm liegen, s. zu allgemeinen Fragen der Haftung (auch Kausalität und Verschulden) *Dörner*, JuS 1987, 522, 526 ff.; zur Verkürzung der Verjährungsfrist von 30 Jahren (§ 195 BGB) auf drei Jahre s. § 37a WpHG i.d.F. des Dritten Finanzmarktförderungsgesetzes, dazu *Pötzsch*, AG 1997, 193, 198.

III. Konkurrenz zwischen aufsichtsrechtlichen und privatrechtlichen Verhaltenspflichten

Die aufsichtsrechtlichen Verhaltenspflichten des WpHG stehen neben den zivil- und handelsrechtlichen Pflichten, die im Zusammenhang mit einem Geschäftsbesorgungs-, Kommissions- oder Kaufvertrag Grundlage eines Schadensersatzanspruchs des Kunden gegen das Wertpapierdienstleistungsunternehmen unter dem Gesichtspunkt der positiven Vertragsverletzung oder der *culpa in contrahendo* oder auch aus § 826 BGB sein können.[575] Trotz der systematischen Trennung zwischen öffentlich-rechtlichem Berufsstatut und Vertrag bzw. Delikt ist fraglich, in welcher Weise die §§ 31 und 32 WpHG auf das Zivilrecht ausstrahlen.

Die Rechtsprechung zur Haftung von Banken beim Effektengeschäft hat schon vor Inkrafttreten der Verhaltenspflichten des WpHG am 1.1.1995 nicht nur dem Grunde nach die Informations-, Sorgfalts- und Interessewahrungspflichten als Typen vertraglicher bzw. vorvertraglicher Nebenpflichten anerkannt, sondern diese Verhaltenspflichten auch inhaltlich ausgefüllt. Durch ein dichtes Netz von Einzelfallentscheidungen[576] wurde die Rechtssicherheit erhöht. Als Haftungsgrundlage wird dabei entweder der Vertrag über das einzelne Geschäft bzw. ein allgemeiner Bankvertrag oder ein gesetzliches Schuldverhältnis aufgrund der laufenden Geschäftsverbindung herangezogen.[577] Inhalt und Reichweite des Haftungstatbestands der Verhaltenspflicht[578] werden – weitgehend unabhängig von der gewählten Haftungsgrundlage[579] und den danach anwend-

575 Grundlegend *Hopt*, Kapitalanlegerschutz, S. 258 („vertragliche Nebenpflichten im Bereich des § 242 BGB"), 413 ff., 478 ff. (Ausformung des anlegerschützenden Unternehmensverhaltensrechts). Übersicht zum Stand der Rechtsprechung *Fischer/Klanten*, Rz.7.67 ff.; *Froehlich*, S. 22 ff.

576 S. z.B. die vom Bundesgerichtshof etablierte abstrakte Formel der „anleger- und anlagegerechten Beratung", Urt. v. 6.7.1993, BGHZ 123, 126 („Bond"), dazu im einzelnen unten § 13 I 1.

577 Im einzelnen str., vgl. einerseits *Hopt*, Kapitalanlegerschutz, S. 393 ff.; *ders.*, FS Gernhuber, S. 169, 172 ff.; *ders.* in Schimansky/Bunte/Lwowski, § 1 Rz. 1 ff. m.w.N.; andererseits *Canaris*, Bankvertragsrecht, Rz. 2 ff.

578 Zum Begriff der Verhaltenspflicht s. *Wiegand*, FS Gagnér, S. 547.

579 *Hopt*, FS Gernhuber, S. 176 f. (einheitliche berufsrechtliche Standards); dazu auch *ders.*, FS Fischer, S. 237, 251 ff.; *ders.*, AcP 183 (1983), 608; *Damm*, JZ 1991, 373; *Jost*, S. 237 ff.; ausführlich *Hirte*, S. 137 ff. (Pflichten gegenüber dem Vertragspartner), 140 f. (Pflichten gegenüber Dritten), 404, 413 ff. (zur „Berufshaftung").

baren Haftungsstandards[580] – im Einzelfall durch vertragliche Auslegung oder mit Bezug auf eine Verkehrssitte, einen Handelsbrauch oder die Grundsätze von Treu und Glauben (§ 242 BGB) bestimmt.[581] Bei der Konkretisierung der Verkehrssitten, Handelsbräuche oder Billigkeitsgrundsätze können die Zivilgerichte gewöhnlich heteronome Standards als Elemente eines „beweglichen Systems“[582] berücksichtigen, die sich aus besonderen aufsichts- oder strafgesetzlichen Anordnungen wie z.B. §§ 1, 3 StVO oder dem LMBG[583] oder für diesen Bereich anerkannten untergesetzlichen Normen wie z.B. berufsspezifischen Erkenntnissen zur Bestimmung der besonderen Sach- und Fachkunde, die von den Verkehrskreisen erwartet wird,[584] oder dem Stand der Technik,[585] den DIN-Normen,[586] den Unfallverhütungsvorschriften der Berufsgenossenschaften (UVV)[587] ergeben. Diese Normen beschreiben grundsätzlich einen objektiv-typisierten Mindeststandard, dessen Einhaltung von den Angehörigen der Profession erwartet werden darf.[588] Auch §§ 31 ff. WpHG enthalten einen solchen berufsrechtlichen Mindeststandard.[589] Sie sind daher geeig-

580 Standards sind etwa enthalten in § 276 Abs. 1 Satz 2 BGB (im Verkehr erforderliche Sorgfalt), § 347 Abs. 1 HGB (Sorgfalt des ordentlichen Kaufmanns), § 38 HGB (Grundsätze ordnungsmäßiger Buchführung), § 323 (Grundsätze gewissenhafter und unparteiischer Abschlußprüfung). Zum Begriff des „Standards“ im deutschen Recht s. *Esser*, Grundsatz und Norm, S. 96 ff., 150 f., 224; *Marburger*, S. 168 f.

581 Zu den Typen von Verhaltenspflichten *v.Bar*, S. 83 ff.; *Esser/E.Schmidt*, Schuldrecht I, S. 446, 456, 352 ff.; *Soergel/Wiedemann*, Rz. 467 ff. vor § 275 BGB.

582 *Wilburg*, S. 12 f.; dazu *Westerhoff*, S. 15 ff., passim.

583 Pflichten zur Qualitätskontrolle bei Lebensmitteln, dazu *Köhler*, DB 1985, 215, 218.

584 Zur Berücksichtigung von Richtlinien des Spitzenverbandes der Banken OLG Köln, NJW 1990, 2262; *Soergel/Wiedemann*, Rz. 467 vor § 275 BGB.

585 Dazu BGHZ 54, 335; *Marburger*, S. 441 ff., vgl. ferner z.B. S. 197 ff. (Normen des Deutschen Instituts für Normung e.V. – DIN), S. 208 ff. (Normen des Verbands deutscher Elektrotechniker e.V. – VDE).

586 BGHZ 103, 341.

587 Dabei handelt es sich um Normen zur Verhütung von Arbeitsunfällen, die von den Trägern der gesetzlichen Unfallversicherung (§ 646 Abs. 1 RVO) gemäß §§ 537, 546, 708 RVO, dazu auch *Marburger*, S. 450 f.; BGH, NJW 57, 499; VersR 1962, 358.

588 Im Einzelfall sind Ausnahmen auf Grund der besonderen subjektiven Umstände des Dienstleisters oder des Kunden möglich, s. *Marburger*, S. 441 f.

589 S. auch Art. 11 Abs. 1 Satz 2 der Wertpapierdienstleistungsrichtlinie („zumindest“), ABl. EG Nr. L 141/37 vom 11.6.1993.

net, den (vor)vertraglichen Haftungsstandard zu konkretisieren,[590] der sich selbst an der bestehenden zivilrechtlichen Judikatur in Deutschland orientiert hat.[591] Festzuhalten ist jedoch, daß sich die Konkretisierung des Haftungsmaßstabs durch die Zivilgerichte grundsätzlich nicht in der bloßen Anwendung solcher heteronomer Mindeststandards erschöpft, die in öffentlichen Berufsordnungen oder aufsichtsrechtlichen Anordnungen vorgegeben sind. Denn die Zivilgerichte sind dazu gerade nicht verpflichtet, weil das Wertpapieraufsichtsrecht kein zivil- oder handelsrechtliches Sondergesetz (*lex specialis*) darstellt und das schon bisher geltende Richterrecht unberührt läßt. Vielmehr sind die Grenzen des zivilrechtlichen Haftungstatbestands letztlich stets autonom auf Grund eigener richterlicher Prüfung und Bewertung unter Beachtung der Besonderheiten des Einzelfalls zu bestimmen.[592]

Für die Anwendung der §§ 31 ff. WpHG bedeutet dies zweierlei: Die Zivilgerichte können zum einen in Fortführung der bisherigen Rechtsprechung weiterhin aufgrund eigener Rechtseinsicht, Erfahrung und einzelfallspezifischen Wertung die Verhaltensstandards für Finanzintermediäre autonom bestimmen und dabei inhaltlich über den heteronomen Standard des WpHG hinausgehen oder dahinter zurückbleiben.[593] Da der 5. Abschnitt freilich auf dem Gebiet der Wertpapierdienstleistungen einen auch international anerkannten, europäisch vereinheitlichten und aufsichtsrechtlich verbindlichen und vom BAWe unter Einbeziehung der beteiligten Wirtschaftskreise konkretisierten[594] Verhaltensstandard beschreibt, dürften die Zivilgerichte den Standard des WpHG voraussichtlich kaum unterschreiten, soweit er in den Grundlinien mit der bisher selbständig entwickelten deutschen Judikatur übereinstimmt. Zum andern kann sich die Rechtsprechung zur „Bestätigung" des zivilrechtlichen Haftungstatbestands auf die aufsichtsrechtlichen Verhaltenspflichten von Wertpapier-

---

590 *Horn*, ZBB 1997, 150.

591 S. den Bericht des Finanzausschusses, BT-Drucks. 12/7918 vom 15.6.1994, S. 104 (Annäherung der Informationspflicht nach § 31 Abs. 2 WpHG an die Formel des BGH von der „anleger- und anlagegerechten" Beratung).

592 BGH, VersR 1984, 165; *Palandt/Heinrichs*, § 276 Rz. 18.

593 Zur Bedeutung der Buchführungs- und Informationspflichten nach §§ 10, 11 MaBV in ebendiesem Sinn BGH, NJW 1981, 2686 (aus MaBV lasse sich „nicht in jedem Fall etwas Entscheidendes" herleiten). Vgl. damit auch die Rechtslage unter dem ProdHG, das nach § 15 ProdHG die Ansprüche des Geschädigten bzw. die bisherige Rechtsprechung zur Produkthaftung nach § 823 Abs. 1 BGB unberührt läßt und dadurch eine Doppelspurigkeit im außervertraglichen Produkthaftungsrecht nahelegt.

594 Dazu oben § 6 I 3 c.

dienstleistungsunternehmen berufen, indem sie die Wertungen der aufsichtsrechtlichen Vorschriften zur Konkretisierung der zivilrechtlichen Vorschrift überträgt.[595] Dabei ist allerdings zu beachten, daß zur Auslegung und Anwendung der aufsichtsrechtlichen Verhaltenspflichten bei Streitigkeiten zwischen dem BAWe und den Wertpapierdienstleistungsunternehmen die Verwaltungsgerichte berufen sind. Die Zivilgerichte können zwar auf die Interpretation durch die Verwaltungspraxis und Richtlinien des BAWe sowie durch die Judikatur der Verwaltungsgerichte zurückgreifen, sind daran jedoch letztinstanzlich wegen der unabhängigen Stellung auch der Fachgerichtszweige untereinander (§ 1 GVG) nicht gebunden. Da die Zivilgerichte die Standards nach §§ 31 und 32 WpHG aber nur zur Konkretisierung des vertraglichen oder deliktischen Pflichtenprogramms heranziehen, liegt darin – anders als bei § 823 Abs. 2 BGB – keine Normanwendung und letztinstanzlich keine Entscheidung des BGH zu einer Rechtsfrage der §§ 31 ff. WpHG, so daß im Fall einer abweichenden Auslegung in der Rechtsprechung des BGH und des BVerwG keine Entscheidung des Gemeinsamen Senats der obersten Bundesgerichte herbeigeführt werden könnte.[596]

Zum Verhältnis von aufsichtsrechtlichen und zivilrechtlichen Verhaltensstandards ist festzuhalten, daß dem BAWe unter der Kontrolle der Verwaltungsgerichte kein Auslegungsmonopol hinsichtlich der Verhaltenspflichten von Finanzintermediären zukommt. Vielmehr können das BAWe und die Zivilgerichte – unabhängig von dem methodischen Vorgehen – zu Einzelfragen in einen Wettbewerb um den materiell angemessenen Verhaltensstandard treten.[597] Allerdings ist die unterschiedliche Zielrichtung von aufsichtsrechtlichen Verhaltens- bzw. privatrechtlichen Haftungsstandards zu berücksichtigen: Während privatrechtliche Aufklärungs- und Treupflichten in der Regel nur im Einzelfall *ex post* als sekundäre Ansprüche auf Schadensersatz wegen einer Pflicht*verletzung* durchzusetzen sind, zielt das WpHG auf die präventive abstraktgenerelle Verhaltens-

---

595 S. auch *Breidenbach*, S. 7 f.

596 S. § 2 Abs. 1 des Gesetzes zur Wahrung der Einheitlichkeit der Rechtsprechung der obersten Gerichtshöfe des Bundes vom 19. Juni 1968, BGBl. I S. 661.

597 In der Praxis könnte ein Konfliktfall eintreten, falls die Zivilgerichte z.B. die Verhaltensanforderungen, die das BAWe für Discount-Broker gemäß § 31 WpHG aufstellt, im Einzelfall für unzureichend halten und daher um eine Beratungspflicht ergänzen. Vgl. Ziffer 3.6 der Richtlinie des BAWe zu den Anforderungen nach §§ 31 und 32 WpHG und *Kümpel*, WM 1995, 689, zur aufsichtsrechtlichen Behandlung des Discount-Brokerage unten § 13 I 2-5, II.

steuerung ab. Nach diesem Ansatz soll das Aufsichtsrecht Rechtssicherheit schaffen und den Zivilgerichten, die im deutschen Kapitalmarktrecht über Jahrzehnte rechtsschöpferisch wirkten, ihre genuine Aufgabe verbleiben, im Streitfall einzelfallgerechte Lösungen zu finden. Wenn auch damit für die Praxis ein Gleichlauf zwischen Aufsichtsrecht und Privatrecht nicht gesichert ist, ist doch damit zu rechnen, daß das BAWe zur Förderung des Vertrauens der in- und ausländischen Kapitalanleger in den deutschen Markt die Wertpapierdienstleistungsunternehmen zugunsten ihrer Kunden weitgehenden Schutzpflichten unterwirft und dabei auch die privatrechtliche Interessenlage in seine Wertungen einbezieht. Es wird letztlich von der Ausgewogenheit der Richtlinien und Verwaltungspraxis des BAWe und nicht zuletzt von seinem Ansehen abhängen, ob sich die Zivilgerichte der aufsichtsrechtlichen Gesamtschau der Verhaltensregeln bei der Entscheidung einzelner Streitigkeiten anschließen werden.

Teil 2

Recht der Verhaltenspflichten beim Effektengeschäft

3. Kapitel
Interessewahrungs- und Sorgfaltspflichten

Bei den Verhaltenspflichten des 5. Abschnitts des WpHG ist, wie dargelegt, zwischen transaktionsbezogenen Pflichten, die spezifisch den Kundenkontakt des Intermediärs beim Effektengeschäft regeln, und unternehmensbezogenen Pflichten, die die interne Organisation und die infrastrukturellen Voraussetzungen der Durchführung von Wertpapierdienstleistungen betreffen, zu unterscheiden. Beide Pflichtenkreise korrespondieren miteinander.[1] Die Sorgfaltspflicht des § 31 Abs. 1 Nr. 1 WpHG wird ergänzt durch die Verpflichtung, hinreichende materielle und personelle Mittel zur Durchführung der angebotenen Dienstleistungen vorzuhalten (§ 33 Abs. 1 Nr. 1 WpHG). Bei der Regelung von Interessenkonflikten stehen sich die allgemeine Interessewahrungspflicht nach § 31 Abs. 1 Nr. 2 WpHG und die Organisationspflichten des § 33 Abs. 1 Nr. 2 und Nr. 3 WpHG gegenüber. Auch die Dokumentationspflichten nach § 34 WpHG sowie § 33 Abs. 2 WpHG (*outsourcing*) und die Pflicht zur getrennten Vermögensverwaltung nach § 34a WpHG (*segregation*), die durch das Umsetzungsgesetz eingefügt worden und am 1. Januar 1998 in Kraft getreten sind, regeln die organisatorischen Vorkehrungen für die Durchführung der Dienstleistungen.

Im folgenden soll der Inhalt der transaktionsbezogenen Interessewahrungs- und Sorgfaltspflichten unter dem WpHG konkretisiert werden. Dazu sind zunächst die Konzeption der Interessenkonfliktsteuerung nach dem WpHG und das Zusammenspiel zwischen transaktions- und unternehmensbezogenen Verhaltenspflichten zu erörtern.

---

1 S. unten § 9 II; vgl. ferner die Vorschriften über Mitarbeitergeschäfte in der Verlautbarung des BAKred über Anforderungen an Regelungen der Kreditinstitute für Mitarbeitergeschäfte vom 30. Dezember 1993 mit der Richtlinie des BAWe vom 26. Mai 1997, Ziffer 4.1.

§ 8 Interessenkonfliktsteuerung beim Wertpapierhandel

I. Kundeninteressen, Eigeninteressen, Drittinteressen

Der Marktintermediär, der Wertpapierdienstleistungen für Investoren und Emittenten anbietet und ggf. selbst als Kapitalgeber und -nehmer am Markt auftritt, ist vielfältigen Interessenkonflikten ausgesetzt. Im Hinblick auf seine Vermittlerfunktion am Markt sind ihm von seinem Kunden Ausführungs- und Entscheidungskompetenzen übertragen, die insbesondere bei der Ausführung von Kundenaufträgen[2] kollidieren können, aber auch bei der Beratung vor der Anlage- bzw. Emissionsentscheidung des Kunden oder bei Geschäften, die auf einer eigenen Anlageentscheidung des Intermediärs (Depotvollmacht oder Portfolioverwaltung) beruhen. Der ökonomische Genotyp dieser Konfliktlage kann mit dem *principal-agent problem* beschrieben werden: Der Prinzipal (Kunde) beauftragt den Agenten (Intermediär) mit der Wahrung seiner Interessen im Zusammenhang mit der Teilnahme am Kapitalmarkt.[3] Allerdings ist nicht nur dem Prinzipal, sondern auch dem Agenten als *homo oeconomicus* an der Mehrung seiner eigenen Wohlfahrt gelegen.[4] Da der Agent mit seinen Entscheidungen im Auftrag des Kunden sowohl die Wohlfahrt des Kunden als auch seine eigene Wohlfahrt beeinflussen kann, besteht für ihn der Anreiz, die Interessen des Prinzipals zu seinem eigenen Vorteil zu vernachlässigen.[5] Wenn er für mehrere Prinzipale tätig wird, kann er seinen eigenen Nutzen dadurch steigern, daß er diejenigen bevorzugt, die ihm voraussichtlich – unmittelbar oder mittelbar – besondere Vorteile einbringen. Letzteres gilt in der Praxis des Wertpapierhandels insbesondere im Verhältnis zu institutionellen Investoren, mit denen der Intermediär auch auf anderen Gebieten gewinnbringend zusammenarbeitet. Festzuhalten ist,

---

2 Z.B. Effektenkommissionsgeschäft oder Absatz neuemittierter Aktien nach Kommissionsrecht (*best-efforts underwriting*).

3 S. im Zusammenhang mit dem Insiderhandel *Schweizer*, S. 53 f.; *Ott/Schäfer*, ZBB 1991, 226 ff.; *Hopt*, AG 1995, 353, 355 f. Zur *principal-agent theory* im Kapitalgesellschaftsrecht grundlegend *Berle/Means*, pp. 121 et seq.; *R.H.Schmidt*, KuK 14 (1981) 186, 201; *Schäfer/Ott*, S. 528 f.

4 Zur *Homo-oeconomicus*-Hypothese zusammenfassend *Schäfer/Ott*, S. 50 ff. Zur Kritik daran durch die neuere ökonomische Theorie *Reul*, S. 109 ff.; *Grundmann*, S. 53 ff.

5 *Arrow* in Pratt/Zeckhauser, pp. 37 et seq.; *Schweizer*, S. 54.

daß Interessenkonflikte bereits durch jede fremdnützige[6] Tätigkeit des Intermediärs für einen einzigen Kunden entstehen und dann gehäuft bzw. verschärft auftreten, wenn der Intermediär – auf derselben oder unterschiedlichen Marktseiten – mit mehreren Kunden in Geschäftskontakt steht. Interessenkonflikte sind daher nicht nur ein Charakteristikum der Universalbank[7] und *financial conglomerates*,[8] sondern betreffen ebenso die Tätigkeit von Intermediären innerhalb eines Trennbankensystems.[9]

Aus der multifunktionalen Tätigkeit eines Intermediärs kann sich eine Vielfalt von Kollisionen ergeben. Dazu gehören nicht nur Kollisionen, bei denen eine Kundentransaktion (z.B. ein Effektengeschäft) unmittelbar mit einem Eigengeschäft oder einem anderen Kundengeschäft konkurriert,[10] sondern auch solche, die durch Aktivitäten auf unterschiedlichen Geschäftsfeldern entstehen. Wenn etwa eine Bank neben dem Kundengeschäft Eigenhandel betreibt oder hauseigene Investmentfonds auflegt, Industriebeteiligungen hält und durch ihre Mitarbeiter Aufsichtsratsämter bei Emittenten wahrnimmt, das Vollmachtsstimmrecht für Depotbestände ausübt oder sich im Emissionsgeschäft oder in der Finanzberatung von Emittenten (z.B. M&A-Geschäft, insbesondere bei Übernahmeangeboten[11]), engagiert, können daraus grundsätzlich dem Effektenkunden gegenläufige Interessen erwachsen. Interessenkonflikte entstehen auch, wenn ein Intermediär Kurspflege in bezug auf Werte betreibt, an deren Emission er beteiligt war, oder zur Imagepflege Kursstützungsaktionen unternimmt.[12]

---

6 Provisions- bzw. Vergütungsinteresse bei Kommissionsgeschäften und Preis- bzw. Absatzinteresse beim Properhandel (Festpreisgeschäft), s. auch *Hopt*, FS Heinsius, S. 316.

7 Dazu etwa *Hopt*, FS Heinsius, S. 289, 315; *Watter*, SZW 1991, 109, 110 ff.; *H.Roth* in Assmann/Schütze, § 12 Rz. 76.

8 *McVea*, 1987 N.L.J. 827; *id.*, Chinese Wall, passim; *Poser*, (1988) 9 Co. Law. 119, 120 et seq.; *Adams*, 5 JFRC 215 (1997).

9 S. auch *Kolberg* in Gerke/Steiner, Sp. 1858, 1863.

10 Grundlegend *Hopt*, Kapitalanlegerschutz, S. 479 ff. bzw. 490 ff., 501 ff.

11 Dazu *Zobl* in Dufour/Hertig, S. 438, 439, 442 f.

12 S. *Hopt*, Kapitalanlegerschutz, S. 117 f., 495 f.; *Strebel*, S. 99 f.; *Hirsch*, Mélanges Patry, p. 85, 88; *Watter*, SZW 1990, 193, 199; im Hinblick auf das Insiderhandelsverbot *Tippach*, S. 223 ff. *Price stabilization* ist im U.S.-amerikanischen Kapitalmarktrecht nach SEA § 9(a)(6) (nur börslicher Handel) und insbesondere nach SEA Rules 10b-6 und 10b-7, für *specialists* am NYSE nach NYSE Rule 104, detailliert geregelt, s. den Überblick bei *Hazen*, pp. 304 et seq. Für Großbritannien s. FSAct s 48(2)(i) bzw. (7), *Sabalot* [50], in Ver-

Der Kunde ist beim Effektengeschäft hauptsächlich an einer möglichst hohen Rendite seines Kapitals bei möglichst niedrigen Transaktionskosten interessiert. Diese *Kundeninteressen* betreffen hauptsächlich die Durchführung seiner Anlageentscheidung, bei der es ihm insbesondere auf einen möglichst günstigen Kauf- bzw. Verkaufspreis (Kurs) und auf möglichst niedrige Vergütung und Aufwendungen des Intermediärs ankommt. Darüber hinaus wird das Interesse an einer möglichst hohen Rendite auch schon vor der Anlageentscheidung des Kunden im Rahmen der Informationsleistungen, die der Intermediär erbringt, berührt. Denn im Hinblick auf seine Marktentscheidung ist der Kunde darauf angewiesen, daß der Inhalt der ihm übermittelten Informationen zutreffend ist und – insbesondere bei der Anlageberatung – seinen persönlichen Bedürfnissen entspricht.[13]

Im Rahmen einer konkreten Kundenbeziehung können zu diesen Kundeninteressen sowohl die *Eigeninteressen* des Intermediärs als auch *Drittinteressen* anderer Kunden, soweit er zu deren Wahrung verpflichtet ist oder sich diese aus geschäftspolitischen Gründen zueigen macht, in Widerstreit treten.[14] Aus Sicht des Intermediärs sind als genuine Eigeninteressen hervorzuheben:

1. das *Preisinteresse*, das in dem Bestreben des mit auszuführenden Kundengeschäften konkurrierenden Eigenhandels zum Ausdruck kommt und darin besteht, beim Kauf oder Verkauf von Effekten möglichst günstige Kurse zu erzielen,

2. das *Absatzinteresse*, das bezüglich eigener Aktien, sonstiger hauseigener Titel und Fondsanteile und der im eigenen Portfeuille gehaltenen Papiere, insbesondere im Rahmen des Emissionsgeschäfts (*firm-commitment underwriting*) bezüglich der übernommenen Effekten, besteht[15] und insbesondere bei der Erbringung von Informationsleistungen vor der Anlageentscheidung des Kunden zur Geltung kommt, sowie

---

bindung mit den SIB Stabilisation Rules, SIB Core Rule 29 (*stabilisation of securities*).

13 Zur „Individualpublizität bei Interessenkonflikten" *Hopt*, Kapitalanlegerschutz, S. 440 ff. Zur Informationspflicht aus Sicht des WpHG unten § 13.

14 Überblick über mögliche Konflikte bei *Poser*, pp. 33 et seq.; *Hopt*, Kapitalanlegerschutz, S. 108 ff.; *ders.*, FS Heinsius, S. 316 f.; *H.Roth* in Assmann/Schütze, § 12 Rz. 72 f.

15 Eine ähnliche Konfliktlage ist zu bemerken, wenn die Bank Hauptkreditgeber eines Emittenten ist, s. *Hopt*, FS Heinsius, S. 316. Zu den Interessenkonflikten im *Trust*-Geschäft U.S.-amerikanischer Banken s. *Abney/Nadeau*, 107 Banking L. J. 251 (1990).

3. das *Vergütungsinteresse*, das der Intermediär hinsichtlich seiner Provision (bei Kommissions- und Vermittlungsgeschäften) oder seiner Handelsspanne (bei Festpreisgeschäften, als *market maker*)[16] gegenüber dem Kunden zur Geltung bringt.

Als Drittinteressen kommen u.a. Preis- und Absatzinteressen anderer Kunden in Betracht. Daraus entstehen insbesondere bei *gleichgerichteten Kundenaufträgen* (Kauf- oder Verkaufsorders,[17] Zeichnungsaufträge, auf der Verkäuferseite z.B. Plazierungsaufträge) und bei *korrespondierenden Kundenaufträgen* (z.B. Plazierung einer Emission vs. Effektengeschäft) Interessenkonflikte, die sich für den Intermediär als Distributionsprobleme zwischen mehreren Kunden darstellen. Auch die Vergütung des Intermediärs kann Gegenstand eines Konflikts mehrerer Kunden sein, die jeweils an den günstigsten Konditionen interessiert sind.[18]

II. Beherrschung von Interessenkonflikten durch Verhaltenspflichten

Da zwischen dem Kunden (Prinzipal) und dem Intermediär (Agenten) Informationsasymmetrien im Hinblick auf die Teilnahme am Kapitalmarkt bestehen,[19] ist eine hinreichende und kostenlose[20] Überwachung des Agenten nicht möglich und das Vertrauen der Anleger in die Integrität und Funktionsfähigkeit des Kapitalmarkts gefährdet. Interessenkonflikte sind daher geeignet, den Kapitalfluß vom Anleger zum Kapitalnehmer erheblich zu behindern und eine effiziente Kapitalallokation[21] zu vereiteln. Deshalb besteht ein wichtiges Ziel von Verhaltenspflichten für Inter-

---

16 S. insbesondere zum Kursschnitt *H.Schmidt*, S. 45 ff., 219 ff.; *Hopt*, Kapitalanlegerschutz, S. 482 f., allgemein zum Vergütungsinteresse S. 118 ff. Das Interesse des Intermediärs, bei Festpreisgeschäften möglichst hohe Handelsspannen zu erzielen, sollte einheitlich mit dem Provisionsinteresse, das bei vertraglich festgelegten Sätzen nur durch die Anzahl der Transaktionen entfaltet werden kann, behandelt und nicht mit dem *Preis*interesse des Eigenhandels vermengt werden. Zur Anwendung des Interessewahrungsgrundsatzes im WpHG auf Festpreisgeschäfte unten § 10 I 1 a.

17 Dazu schon *Hopt*, Kapitalanlegerschutz, S. 484 f.

18 Auf das „Konditionenrisiko" hat insbesondere *Hopt*, Kapitalanlegerschutz, S. 144 ff., hingewiesen.

19 Dazu oben § 3 I 1.

20 Zum Problem der *agency costs* s. *Jensen/Meckling*, 3 J. Fin. Econ. 305, 308 (1976); *Reul*, S. 114 f.; zusammenfassend auch *Grundmann*, S. 55 f.

21 Dazu oben § 3 I 2.

mediäre beim Wertpapierhandel auch darin, Interessenkonflikte des Intermediärs zu überwinden bzw. zu beherrschen.

Die Konzeption eines Interessenkonfliktmanagements für Finanzintermediäre[22] geht von der Überlegung aus, daß sich Interessenkonflikte beim Effektengeschäft durch transaktionsbezogene Verhaltenspflichten allein nicht beherrschen lassen. Transaktionsbezogene Pflichten betreffen – wie dargelegt – das *Geschäftsgebaren* des Intermediärs bzw. der Mitarbeiter, die an den Dienstleistungen für den Kunden *im Einzelfall* beteiligt sind. Da die wichtigsten Wertpapierdienstleistungsunternehmen als Personen- oder Kapitalgesellschaften organisiert sind,[23] denen das Wissen ihrer Gesellschafter bzw. Organe[24] und ihrer rechtsgeschäftlichen Vertreter zugerechnet wird,[25] wäre es nur unter Einsatz prohibitiv hoher Aufwendungen möglich, für jede einzelne Kundentransaktion konfliktträchtige Informationen aus einer Vielzahl von Aktivitäten und Kundenbeziehungen in unterschiedlichen Geschäftsbereichen an teilweise global verstreuten Standorten zu sammeln und zu verarbeiten und bei Orderannahme und -ausführung bzw. Abschluß und Abwicklung eines Festpreisgeschäfts sowie bei der Information des Kunden zu berücksichtigen. Selbst wenn sämtliche im Verhältnis zu einer einzelnen Kundentransaktion auftretenden Interessenkonflikte *ad hoc* identifiziert werden könnten, würde ein solches Vorgehen die Geschäftstätigkeit von Finanzintermediären praktisch lahmlegen, weil sie alle konfligierenden Aktivitäten im Eigen- und Drittinteresse

---

22 Auch der offizielle Kommentar zu Principle 6 der IOSCO Rules („This principle recognizes that conflicts of interest may be managed", dazu auch COB, Recommandation no. 6.1-4, Observations, p. 8) und *Wymeersch*, Revue (belge) de la Banque 1995, 588 („maîtrise de conflits") sprechen davon, daß Interessenkonflikte nicht zu beseitigen, sondern angemessen zu beherrschen sind.

23 § 32 Abs. 2 WpHG erwähnt die Möglichkeit, ein Wertpapierdienstleistungsunternehmen als einzelkaufmännisch zu betreiben.

24 Das Wissen der Organe bzw. Organmitglieder ist nach h.L. mit dem Wissen einer juristsichen Person gleichzusetzen, s. nur *Schilken*, S. 1122; *Richardi*, AcP 169 (1969), 385, 388; *K.Schmidt*, Gesellschaftsrecht, S. 292 ff., 295, nach dem die dogmatische Grundlage der Wissenszurechnung bei Organen § 31 BGB ist.

25 Grundlage ist insoweit § 166 BGB; *Waltermann*, AcP 192 (1992), 181, 207; zur Wissenszurechnung im Bankenbereich s. *Hopt* in Bankrechtstag 1992, S. 1, 21 f.; *Messer*, ebda., S. 73, 80 ff.; *Tippach*, S. 254 ff. m.w.N.; *Stafflage*, S. 91 ff.; s. aus der neueren Rechtsprechung BGHZ 117, 104, 106 f.; BGH WM 1996, 594, 596.

einstellen müßten.[26] Eine solche Vermeidung von Interessenkonflikten stünde aber im Widerspruch zum Prinzip der fremdnützigen Tätigkeit bzw. zur Anerkennung der Vermittlerrolle von Finanzintermediären.[27]

Um Wertpapierdienstleistungsunternehmen in die Lage zu versetzen, Interessenkonflikte selbst zu beherrschen, statuiert das Gesetz – flankierend zu den transaktionsbezogenen Verhaltenspflichten der §§ 31 und 32 WpHG – unternehmensbezogene Verhaltenspflichten (§ 33 WpHG), die das Ziel verfolgen, die meisten Interessenkonflikte durch vom Einzelfall losgelöste innerbetriebliche Maßnahmen zu „neutralisieren". Dabei knüpft die Konzeption der Interessenkonfliktsteuerung, die § 33 Abs. 1 Nr. 2 WpHG zugrunde liegt, daran an, daß innerhalb des Wertpapierdienstleistungsunternehmens einzelne Mitarbeiter bzw. Mitarbeitergruppen unterschiedliche Funktionen wahrnehmen, die teilweise, aber nicht notwendig eigenen Geschäftsbereichen bzw. Organisationseinheiten zugewiesen sind. In der Praxis werden (mit uneinheitlichen Bezeichnungen) u.a. die Abteilungen für Wertpapierhandel (mit Abwicklung, *back office*), Wertpapieranalyse (*research*), Unternehmensfinanzierung (*corporate finance*), zusätzlich *mergers & acquisitions*, Derivatehandel, Projektfinanzierung usf. unterschieden.[28]

Eine § 33 Abs. 1 Nr. 2 WpHG entsprechende Organisation soll im Sinne der unternehmensweiten Interessenkonfliktsteuerung bewirken, daß die Mitarbeiter(gruppen) in konfliktträchtigen Funktionsbereichen des Unternehmens im Hinblick auf die Wissenszurechnung und auf die (transaktionsbezogene) Pflicht zur Wahrung des Kundeninteresses im Einzelfall als selbständige Einheiten zu behandeln sind. Das setzt voraus, daß zwischen diesen Funktionseinheiten bzw. Mitarbeitergruppen der Austausch sensibler Informationen, insbesondere von Insidertatsachen, die

---

26 Soweit Insidertatsachen im Sinne des § 13 Abs. 1 WpHG betroffen sind, folgt dies sogar unmittelbar aus den strafbewehrten (§ 38 Abs. 1 WpHG) Verboten des § 14 WpHG. Der Insidertatbestand betrifft – auch – Interessenkonflikte im Hinblick auf kursrelevante Informationen, zur *misappropriation theory* s. *Kraakman* in European Insider Dealing, p. 39, 40 ff.; *Hopt*, ZGR 1991, 17, 27 f.; zu den ökonomischen Grundlagen *ders.*, AG 1995, 353; *Lahmann*, S. 37 ff.; zu diesem Regelungsansatz in §§ 12 ff. WpHG auch *Assmann*, AG 1994, 202, 239; *ders.* in Assmann/Schneider, Rz. 41 vor § 12; *Tippach*, S. 28 ff.

27 Dies wird in § 31 Abs. 1 Nr. 2 WpHG ausdrücklich anerkannt („bei unvermeidbaren Interessenkonflikten"). Zur Begründung (*principal-agent problem*) s. oben § 8 I.

28 Überblick über Organisationseinheiten bei *Claussen*, Insiderhandelsverbot und Ad-hoc-Publizität, Rz. 174.

in der einen oder der anderern Funktionseinheit die Interessenkonflikte des Unternehmens aktualisieren könnten, unterbunden wird. Diese Regulierung des unternehmensinternen Informationsflusses ist Gegenstand innerbetrieblicher Verhaltens- bzw. Geheimhaltungspflichten, die den in den betreffenden Funktionseinheiten tätigen Mitarbeitern des Wertpapierdienstleistungsunternehmens auf der Grundlage des Direktionsrechts des Arbeitgebers auferlegt werden.[29] Organisatorisch führt diese Abgrenzung von Funktionseinheiten[30] zur Bildung von „Vertraulichkeitsbereichen", die durch eine Informationsbarriere (*chinese wall*) getrennt sind.[31] Der interne Kodex der Geheimhaltungsregeln wird in der Praxis in einem Mitarbeiter-Handbuch (*compliance manual*) zusammengefaßt. Danach wird jeder betroffene Mitarbeiter verpflichtet, sensible Eigen- oder Kundeninteressen tangierende Informationen geheimzuhalten und nur insoweit anderen Mitarbeitern außerhalb seiner Funktionseinheit mitzuteilen, als es zur Erfüllung der Aufgaben erforderlich ist (*need-to-know principle*).[32] Der unternehmensweite Informationsaustausch wird von einer neutralen Instanz (Compliance-Stelle) überwacht, deren Einrichtung nach § 33 Abs. 1 Nr. 3 WpHG vorgesehen ist. In Anlehnung an die anglo-amerikanische Praxis[33] kann der *compliance officer* eine streng geheime Beobachtungsliste (*watch list*) und speziell für die Research-Abteilung eine *research quiet list*[34] für besonders sensible Informationen

---

29 S. nur *Claussen*, Insiderhandelsverbot und Ad-hoc-Publizität, Rz. 94.

30 S. *Schweizer*, S. 171 f. Ob es bei der Abgrenzung der Vertraulichkeitsbereiche ausreicht, die in der Praxis üblichen und betrieblich zweckmäßige Aufteilung in Geschäftsbereiche zu übernehmen, ist eine Frage der näheren Ausgestaltung der Organisationspflicht nach § 33 WpHG, die noch Gegenstand der Diskussion zwischen dem BAWe und den Wirtschaftsverbänden im Hinblick auf eine Compliance-Richtlinie nach § 35 Abs. 6 WpHG ist und hier nicht abschließend diskutiert werden kann.

31 Dazu *Claussen*, Insiderhandelsverbot und Ad-hoc-Publizität, Rz. 96; *Eisele* in Schimansky/Bunte/Lwowski, § 109 Rz. 79 ff.; *ders.*, WM 1993, 1021, 1024 f.; *Tippach*, S. 231 ff.; *Stafflage*, S. 71 ff.

32 S. *Eisele* in Schimansky/Bunte/Lwowski, § 109 Rz. 79 ff. Aus der Praxis z.B. Dresdner Bank AG, Compliance in der Dresdner Bank (Stand: 1994), S. 4.

33 Dazu speziell für die U.S.A. *Hazen*, S. 471; *Herzel/Colling*, 34 Bus. Law. 73 (1978); *Lipton/Mazur*, 50 N.Y.U. L. Rev. 459 (1975); *Dingeldey*, RIW 1983, 81; s. auch *Ziegel*, 12 Can. Bus. L. J. 211 (1986/87); *Cranston* in Hopt/Wymeersch, European Insider Dealing, 203 et seq.; *Stafflage*, S. 56 ff., 64 ff.

34 Über die auf diese Liste eingetragenen Emittenten dürfen zeitweise keinerlei Analysen oder *research reports* veröffentlicht werden, s. etwa Lehman Brothers Bankhaus AG, Compliance Manual (Stand: 1995), p. 48.

bzw. zeitweise besonders konfliktträchtige Finanztitel[35] führen, die ihm von den einzelnen Vertraulichkeitsbereichen gemeldet werden, um Verstöße gegen die Geheimhaltungspflicht zentral zu überwachen. Ferner kann die Compliance-Stelle eine offene, im Unternehmen zu verbreitende Sperrliste (*restricted list*) führen, in die Finanzwerte eingetragen werden, in denen das Wertpapierdienstleistungsunternehmen wegen besonders eklatanter Interessenkonflikte den aktiven Eigenhandel, Mitarbeitergeschäfte, Empfehlungen der Research-Abteilung sowie Empfehlungen bei der Anlageberatung zeitweise grundsätzlich untersagt.

Unternehmens- und transaktionsbezogene Verhaltenspflichten sind unmittelbar aufeinander bezogen: Denn durch die Separierung von Vertraulichkeitsbereichen, die auf Grund der Vorgaben in § 33 Abs. 1 Nr. 2 WpHG durch einen unternehmensinternen Verhaltenskodex für die Mitarbeiter umgesetzt wird, sind – wie erwähnt – nur noch die Mitarbeiter(gruppen) innerhalb der einzelnen Vertraulichkeitsbereiche, die an der Durchführung von Effektengeschäften für einen Kunden beteiligt sind, als Adressaten der transaktionsbezogenen Verhaltenspflicht des Wertpapierdienstleistungsunternehmens gegenüber diesem Effektenkunden anzusehen. Das bedeutet einerseits, daß ein Unternehmen nicht gegen die aufsichtsrechtliche Interessewahrungspflicht[36] verstößt, wenn es bei der Durchführung von Kundengeschäften und bei der Information des Kunden vor seiner Anlageentscheidung (Anlageberatung u.a.) lediglich die innerhalb dieses Vertraulichkeitsbereiches zur Verfügung stehenden Informationen verwertet. Andererseits ist aber eine gewisse Durchlässigkeit der *chinese wall* (sog. *wall crossing*)[37] nach dem *Need-to-know*-Prinzip zu gewährleisten. Denn die Separierung darf nicht dazu führen, daß Synergien der Arbeitsteilung und multifunktionalen Geschäftstätigkeit des Intermediärs dem Kunden nicht zugute kommen und die transaktionsbezogenen Pflichten (§§ 31 und 32 WpHG) deshalb leerlaufen, weil etwa die Abteilungen für Anlageberatung und Finanzresearch in unterschiedlichen Vertraulichkeitsbereichen liegen und daher dem Anlageberater notwendige Marktkenntnisse nicht zugänglich sind. Im Grundsatz muß daher die

---

35 Z.B. börsennotierte Aktien einer Gesellschaft, wenn die M&A-Abteilung an Übernahmeverhandlungen beteiligt ist.

36 Zu der Frage, inwieweit die Wirkungen der *chinese wall* für die Interessewahrungs- und Schutzpflichten im Privatrecht akzeptiert werden, s. *McVea*, pp. 135 et seq.; zum deutschen Recht *Tippach*, S. 253 ff.; *Stafflage*, S. 97 ff.; *Koller* in Assmann/Schneider, § 33 Rz. 17 ff.

37 Näher *Eisele* in Schimansky/Bunte/Lwowski, § 109 Rz. 83: *wall crossing* nur durch besonders befugte Mitarbeiter.

ordnungsgemäße Erbringung der Dienstleistungen im Sinne von §§ 31 und 32 WpHG sichergestellt sein.

Die Reichweite der transaktionsbezogenen Verhaltenspflichten, insbesondere die Frage, welche Informationen ein Anlageberater im Interesse des Kunden beim einzelnen Effektengeschäft verwerten muß, ist vom Umfang der nach § 33 Abs. 1 Nr. 2 WpHG erforderlichen organisatorischen Vorkehrungen abhängig: Gehört eine konfliktträchtige Information zu dem Kreis der durch *chinese walls* bzw. interne Geheimhaltungspflichten wirksam abgeschirmten Informationen, kann sie nach dem Zusammenspiel von §§ 33 und 31 WpHG nicht im Interesse des Kunden verwertet werden. Umgekehrt muß eine sensible Information, die aus anderen Vertraulichkeitsbereichen in die Funktionsbereiche, welche an der Durchführung von Kundengeschäften beteiligt sind, gelangt, von den Mitarbeitern im Kundeninteresse grundsätzlich verwertet werden. Da die Fähigkeit, die Kundeninteressen wirksam (z.B. durch Hinweise auf bestimmte Kursentwicklungen) wahrzunehmen, von dem Umfang der dem Mitarbeiter zur Verfügung stehenden Informationen abhängt, bestimmt also die Reichweite der Organisationspflicht nach § 33 Abs. 1 Nr. 2 WpHG indirekt auch die Reichweite der Interessewahrungs- und Informationspflichten nach § 31 WpHG. Die Effektivität des *Chinese-wall*-Mechanismus hat allerdings auch Grenzen. Insbesondere wenn die Drittinteressen, z.B. das Geheimhaltungsinteresse eines vor dem wirtschaftlichen Ruin stehenden Emittenten, gegenüber den Interessen der Effektenkunden nicht als legitim anzusehen sind und daher zurücktreten müssen oder wenn interne Indiskretionen zu einer Durchbrechung der *chinese wall* führen, ist eine Abwägung der Interessen im Einzelfall unumgänglich[38] und kann insbesondere im Rahmen der Anlageberatung zu einer *Aufklärungspflicht* des Wertpapierdienstleistungsunternehmens über das Bestehen eines Interessenkonflikts führen.[39]

In der gegenwärtigen Diskussion zwischen den betroffenen Wirtschaftsverbänden und dem BAWe, das zu § 33 WpHG eine Richtlinie

---

38 *Koller* (in Assmann/Schneider, § 31 Rz. 30-32, 52 f.) schlägt daher eine Unterscheidung zwischen „absoluter" und „relativer" Vermeidbarkeit von Interessenkonflikten vor, wobei *Koller* mit der „relativen" Konfliktvermeidung die unternehmensinterne *Beherrschung* von Konflikten anspricht; daneben stehen Bereiche, in denen die Konfliktsteuerung des WpHG keine angemessene Lösung bietet, sondern eine Einzelabwägung erforderlich ist („Behandlung unvermeidbarer Konflikte").

39 Zu dieser Aufklärungspflicht im einzelnen unten zur Anlageratung, § 13 III 2 b.

nach § 35 Abs. 6 WpHG vorbereitet, ist die Reichweite der Organisationspflichten im einzelnen noch nicht abschließend geklärt. Problematisch sind insbesondere die Mindestanforderungen, die auch kleinere Institute (z.B. Volksbanken) erfüllen müßten, um ihren Kunden Effektengeschäfte anbieten zu können. Zwischen den großen Instituten ist u.a. die Frage umstritten, ob zu den notwendigen Vorkehrungen (*chinese wall*) auch eine *restricted list* gehört.[40] Jedenfalls wird bei der expansiven Auslegung der Pflicht, die Zahl der Interessenkonflikte durch organisatorische Maßnahmen „möglichst gering"[41] zu halten, die Reichweite der Interessewahrungspflicht entsprechend eingeschränkt, bei einer restriktiven Interpretation des § 33 WpHG der Spielraum für die interessewahrende Durchführung von Effektengeschäften entsprechend vergrößert. Die Feinabstimmung im Zusammenspiel von unternehmens- und transaktionsbezogenen Verhaltenspflichten setzt eine Abwägung zwischen den Interessen des Kunden als Kapitalanleger einerseits und dem Interesse des multifunktional tätigen Marktintermediärs an der wirtschaftlich tragbaren[42] Durch-

---

40 Eine *restricted list* wird in den vielen deutschen Instituten geführt, s. etwa Deutsche Bank AG, Compliance-Handbuch (Stand: 1994), S. 9, 27 ff.; Trinkaus & Burkhardt KGaA, Compliance-Konzept (Stand: 1995), S. 12; Lehman Brothers Bankhaus AG, Compliance Manual (Stand: 1995), pp. 48 et seq. (ähnlich für die U.S.A. Lehman Brothers, The Chinese Wall and Restricted List Policy, pp. 10 et seq.). Demgegenüber sah die Dresdner Bank AG nach Angaben ihres Compliance-Beauftragten *Preusche* noch 1996 keine Notwendigkeit für die Errichtung einer solchen Liste, s. auch Dresdner Bank AG, Handbuch – Compliance in der Dresdner Bank (Stand: 1994), S. 3 f. Zurückhaltend auch BVR/DSGV/VÖB, Handbuch der Compliance-Organisation, Hinweise und Materialien für die interne Kontrollorganisation in Kreditinstituten (Stand: 1994), S. 157 ff., 162, die drei Compliance-Modelle für große, mittlere und kleine Institute entwickeln, aber maximal die „Überprüfung der Umsetzbarkeit einer Sperrliste" verlangen. Ebenso *Claussen*, Insiderhandelsverbot und Ad-hoc-Publizität, Rz. 178.

41 So die Formulierung in § 33 Abs. 1 Nr. 2 WpHG. Ähnlich SIB Principle No. 6 (dazu *J.R.C.White*, para. 15-004); dem folgend Principle 6 der IOSCO Rules und Art. 11 Abs. 1 Satz 4, 6. Spiegelstrich, der Wertpapierdienstleistungsrichtlinie, s. auch die Empfehlung der EG-Kommission zu Wohlverhaltensregeln für Wertpapiertransaktionen vom 25. Juli 1977, ABl. EG Nr. L 212/41, Allgemeine Grundsätze, Nr. 6.

42 Dieser Gesichtspunkt ist ausschlaggebend für kleinere Institute, die sich keine aufwendige Compliance-Bürokratie leisten können. Kritisch im Hinblick auf die Entstehungsgeschichte des § 33 WpHG *Claussen*, Insiderhandelsverbot und Ad-hoc-Publizität, Rz. 97. Zum Kriterium der betrieblichen und finan-

führung von Wertpapierdienstleistungen (für eine Vielzahl von Kunden) und Eigenaktivitäten auf unterschiedlichen Marktseiten andererseits voraus. Richtschnur für diese Abwägung ist die im WpHG und der Wertpapierdienstleistungsrichtlinie vorgegebene Förderung der Funktionsfähigkeit der Kapitalmärkte. Die vorliegende Untersuchung konkretisiert diese Abwägung nicht im Hinblick auf die unternehmensbezogenen Organisationspflichten des § 33 WpHG, sondern beschreibt aus Sicht der transaktionsbezogenen Verhaltenspflichten einen *Mindeststandard der Interessewahrung*, der auch durch organisatorische Vorkehrungen nicht eingeschränkt werden darf.

Transaktionsbezogene Verhaltenspflichten im Aufsichtsrecht[43] regeln das Geschäftsgebaren des Wertpapierdienstleistungsunternehmens unmittelbar gegenüber seinem Kunden, nicht gegenüber dem Markt allgemein. Der abstrakte Schutz der Marktintegrität durch Verhaltenspflichten, die nicht gegenüber einem bestimmten Kunden, sondern allgemein gelten, kommt allerdings mittelbar auch dem einzelnen Kunden zugute. Dazu gehören insbesondere Insiderhandels-[44] und Marktmanipulationsverbote,[45] die sich an alle Kapitalmarktteilnehmer richten und der künstlichen Kursfluktuation, Spekulation und damit der Irreleitung potentieller Anleger

---

ziellen Tragbarkeit schon *Hopt*, Kapitalanlegerschutz, S. 425 ff.; *Heinsius*, ZHR 145 (1981), 177, 188; *Rümker* in Bankrechtstag, S. 29, 58 ff.

43 Die *privat*rechtliche Grundnorm der Interessewahrung beim Wertpapierhandel ist § 384 Abs. 1 HGB. Zu den Pflichten im Kommissionsrecht s. *Koller* in Großkomm. z. HGB, § 384 Rz. 1 ff.; *Hefermehl* in Schlegelberger, § 384 Rz. 10, 14. Grundlegend zur Interessewahrungspflicht im Zivilrecht, insbesondere in Treuhandverhältnissen, *Grundmann*, S. 192 ff.

44 Für Deutschland: §§ 12 ff. WpHG, die strafbewehrt sind (§ 38 WpHG); s. nur *Hopt* in Schimansky/Bunte/Lwowski, § 107 Rz. 1 ff. m.w.N.; *Tippach*, S. 20 ff., 28 ff., passim. In den U.S.A. wird das Insiderhandelsverbot auf SEA Rule 10b-5 und Rule 14e-3 gestützt, s. die Leitentscheidungen *In re Cady, Roberts & Co.*, 40 S.E.C. 907, 912-913 (1961), bzw. *SEC v. Texas Gulf Sulphur Co.*, 401 F.2d 833 (2d Cir. 1968), *cert. denied* 394 U.S. 976 (1969), aus jüngerer Zeit *U.S. v. O'Hagan*, 117 S.Ct. 2199 (1997), dazu *Lenenbach/Lohrmann*, RIW 1998, 115; weitere *private remedies* ergeben sich aus SEA § 16(b) (*short swing profits*) und SEA § 20A (*illegal profits* von *contemporaneous traders*). Für Großbritannien vgl. FSAct s 47 und CJA s 52 mit den Verboten der Aufsichtsorgane, SIB Core Rule 28; IMRO Rule 3.14, PIA Rule Book I:3.14; FIMBRA Rule 28.14, PIA Rule Book F28.14.

45 S. in Deutschland z.B. §§ 88 und 89 BörsG, die strafbewehrt sind. S. *Schwark*, BörsG, § 88 Rz. 6 ff.; *Poser*, pp. 334 et seq.; *Watter*, SZW 1990, 193, 196 ff.; *Hopt*, Kapitalanlegerschutz, S. 135 ff., 491 ff.; s. auch *Tippach*, S. 23; *Kaiser*, WM 1997, 1557.

entgegenzuwirken suchen.[46] Als regelmäßig unzulässige Marktmanipulationen sind aus der U.S.-amerikanischen Praxis u.a. vorgetäuschte Handelsaktivitäten wie *wash sales*,[47] *matched orders*,[48] *marking the close*,[49] *painting the tape*,[50] *successive transactions or quotes*,[51] *cornering the market*,[52] die Verbreitung von Gerüchten zur Kursbeeinflussung[53] oder

---

46 S. die Begründung des U.S.-amerikanischen Gesetzgebers, der in SEA § 2(3) feststellte, daß „[f]requently the prices ... on exchanges and markets are susceptible to manipulation and control and the dissemination of such prices gives rise to excessive speculation, resulting in sudden and unreasonable fluctuations in the prices of securities" mit einschneidenden volkswirtschaftlichen Konsequenzen.

47 Geschäfte, bei denen z.B. unter Einschaltung eines Strohmanns kein Eigentümerwechsel stattfindet, SEA § 9(a)(1) (für den Börsenparketthandel), SEA § 10(b) mit Rule 10b-1 (für den OTC-Handel in nicht börsennotierten Werten); CEA § 4c(a) (*commodities trading*). Ähnliche Praktiken sind *circular trading, prearranged trades, directed trades, buy-back-arrangements*, s. zuletzt SEC v. Lorin, No. 95-6148 (2d Cir. 1996), zit. bei *Gonson*.

48 Geschäfte, bei denen ein Geschäft einverständlich zeitgleich durch ein Gegengeschäft ausgeglichen wird, SEA § 9(a)(2) (für den Parkett- und OTC-Handel in börsennotierten Werten), SEA § 10(b) mit Rule 10b-1 (für nicht börsennotierte Werte). Ähnlich CEA § 4c(a) (Verbot von *cross trades*).

49 Fiktive Handelstätigkeit kurz vor Kursfeststellung oder Eingabe eines *quote* kurz vor Kursfeststellung mit dem Ziel, den Kurs zu beeinflussen, SEA Rule 10b-5, SEA Rule 10b-3(a) (nur OTC-Handel), NASD Rules of Fair Practice Art. III §§ 1, 5, 18 (1994) (OTC-Handel) sowie auch NYSE Rule 476(a)(6).

50 Abgestimmte künstliche Geschäfte (z.B. durch einen Pool), die auf dem Ticker Tape einer Börse erscheinen, allgemein verbreitet werden und preistreibend wirken, SEA Rules 10b-5, 10b-3(a) (OTC-Handel), s. *Crane Co. v. Westinghouse Air Brake Co.*, 419 F.2d 787 (2d Cir. 1969), [1969-1970 Transfer Binder] Fed. Sec. L. Rep. ¶ 92,532 (2d Cir. 1969), *cert. denied*, 400 U.S. 822 (1970).

51 Seriengeschäfte, unmittelbar aufeinanderfolgende Geschäfte zu stets steigenden/fallenden Preisen, SEA § 9(a)(6) (Handel in börsennotierten Werten), NYSE Rule 435(3), SEA § 10(b) mit Rule 10b-1 (Handel in nicht börsennotierten Werten).

52 Aufkauf der am Markt verfügbaren Stücke in einem Wert, um den Kurs in die Höhe zu treiben (*excessive accumulation of stock*) und, sobald der Markt ausgetrocknet ist, die Stücke gewinnträchtig abzusetzen.

53 SEA § 9(a)(3) und (5) (Informationsverbreitung über börsennotierte Werte, auch durch bezahlte Dritte), SEA § 9(a)(4) (Verbreitung irreführender Informationen über börsennotierte Werte), NYSE Rule 435(5) (*circulation of rumors*), SEA § 10(b) mit Rule 10b-1 (für OTC-Werte).

Manipulationen mit Leerverkäufen (*short sales*)[54] bekannt.[55] Freilich kann ein Verstoß gegen solche Manipulationsverbote im Hinblick auf eine konkrete Kundenbeziehung mit der Verletzung von transaktionsbezogenen Verhaltenspflichten nach §§ 31 und 32 WpHG zusammentreffen.

Im folgenden sind die transaktionsbezogenen, an das Geschäftsgebaren gegenüber dem Kunden gerichteten Verhaltenspflichten zu entwickeln. Zunächst soll ein Überblick über die Regeln im U.S.-amerikanischen und britischen Aufsichtsrecht gegeben und die Diskussion auf internationaler Ebene dargestellt werden.[56] Auf dieser Grundlage sind die Leitlinien der Interessewahrungspflichten und Sorgfaltsstandards nach dem WpHG herauszuarbeiten.[57]

---

54 Beim *selling short* spekuliert der Anleger auf den Preisverfall in einem Wert, indem er gegenüber dem *broker*, der ihm die Stücke zur Erfüllung eines Kassageschäfts leiht, eine ungedeckte gestundete Verkaufsverpflichtung (*short position*) übernimmt, s. auch *Häuser/Welter* in Assmann/Schütze, § 16 Rz. 159 ff. Um Preisstürze zu verhindern, darf der *Short*-Kurs grundsätzlich nicht unter dem Tageskurs liegen und muß bei bereits bestehender Abwärtstendenz darüber liegen (*uptick rule*), s. zur Durchsetzung den Fall der SEC *Tudor Investment Corp.*, zit. bei *Jereski*, Wall St. J. Europe, September 16, 1996, p. 6:1. Leerverkäufe müssen stets durch den beauftragten *broker* gedeckt sein. Zur Glattstellung gegenüber dem *broker* SEA Rule 10a-2, 17 C.F.R. 240.10a-2. Ungedeckte Leerverkäufe (*naked short sales*) verstoßen gegen die *antifraud rules* des SEA, *In re Olympia Brewing Co. Securities Litigation*, 613 F.Supp. 1286, 1295 (N.D.Ill. 1985), s. näher zur U.S.-amerikanischen Regelung SEA Rule 10a-1(a)(1)(i), 17 C.F.R. 240.10a-1(a)(1)(i) (1997), für den Börsenhandel; NASD Rules of Fair Practice Art. III §§ 48-49, NASD Manual (CCH) ¶¶ 2148 et seq. (1994) („bid-test"), für den OTC-Handel. Zu speziellen Regeln im Zusammenhang mit Emissionen SEA Rule 10b-21, 17 C.F.R. 240.10b-21 (1997).

55 Überblick bei 8 *Loss/Seligman*, pp. 3939 et seq.; 2 *Bromberg/Lowenfels*, §7.3(100) at pp. 7:52-57, §7.3(221) et seq., pp. 7.87 et seq.; *Hopt*, Kapitalanlegerschutz, S. 492 ff. (auch mit Hinweisen zur deutschen Rechtslage); *Junker*, S. 138 ff.; *Chaikin*, (1985) 6 Co.Law. 261 at 266 et seq.; *Watter*, SZW 1990, 196 ff. (auch mit Hinweisen zur schweizerischen Rechtslage).

56 S. sogleich § 9.

57 Dazu unten § 10.

§ 9 Rechtsvergleichende und internationale Erfahrungen

I. Interessewahrungs- und Sorgfaltspflichten im U.S.-amerikanischen Wertpapieraufsichtsrecht

Grundlage von Interessewahrungs- und Sorgfaltspflichten der *broker-dealers* und *investment advisers* im Umgang mit ihren Kunden sind die allgemeinen und funktionsbezogenen *antifraud provisions* der Kapitalmarktgesetze.[58] Ausgehend von diesen Vorschriften haben die Praxis der Aufsichtsorgane und die Rechtsprechung spezielle Verbote bzw. Verhaltenspflichten bei der Erbringung von Dienstleistungen am Kapitalmarkt entwickelt, die für die *securities industry*[59] entweder in besonderen Rules der SEC und SROs niedergelegt sind oder noch unmittelbar aus den weitgehend generalklauselartigen gesetzlichen Betrugsverboten[60] sowie aus SEA Rule 10b-5, NASD Rules of Fair Practice Art. III § 1 und NYSE Rule 401[61] abgeleitet werden.

Die in § 31 Abs. 1 WpHG getroffene Unterscheidung zwischen Interessewahrungs- und Sorgfaltspflichten hat für die Verhaltensregeln der amerikanischen *securities professionals* keine eigenständige Bedeutung. Allerdings spiegelt die weitreichende und strengere Regelung von Interessewahrungspflichten gegenüber dem Kunden die im Gesellschaftsrecht zu beobachtende Tendenz wider, bei Verletzungen der *duty of loyalty* strengere Maßstäbe anzulegen und einen differenzierteren Pflichtenkreis zu entfalten als bei Verstößen gegen die *duty of care*.[62] Daher liegt der

---

58 Dazu oben § 4 I 1. Daneben stehen vertragliche bzw. funktionsbezogene Verhaltenspflichten, die sich aus dem einzelstaatlichen *common law* ergeben (z.B. *agency principles* für *brokers*).

59 Im Bereich des *commodities futures trading* wurden ähnliche Verhaltensregeln entwickelt, s. den Überblick bei *Hazen*, Pract. Ed., pp. 329 et seq.

60 SA § 17(a), SEA §§ 10(b) und 15(c), IAA § 206, ferner auch SEA §§ 9 und 11.

61 Jedes Mitglied muß stets sein Geschäftsgebaren an „high standards of commercial honor and just and equitable principles of trade" (NASD Rules of Fair Practice Art. III § 1, NASD Manual (CCH) ¶ 2101(1994)) bzw. „the principles of good business practice" (NYSE Rule 401, 2 NYSE Guide (CCH) ¶ 2401) ausrichten.

62 Dazu, insbesondere zur *business judgment rule*, s. ALI, Principles of Corporate Governance § 4.01, Tent. Draft No. 4 (1985), abgedr. bei *Cary/Eisenberg*, pp. 590 et seq.

Schwerpunkt der Verhaltenspflichten auf der Regelung von Interessenkonflikten.[63]

1. *Verbot konkurrierender Eigengeschäfte*

a) Frontrunning und ähnliche Praktiken

Frontrunning ist nicht Gegenstand einer eigenen Vorschrift der *securities regulation*. Gleichwohl wird es als Form des Insiderhandels (*trading on non-public market information*) von dem allgemeinen Betrugs- und Manipulationsverbot der SEA Rule 10b-5 (*securities fraud*) erfaßt. Der Tatbestand des *frontrunning* wird allerdings unterschiedlich definiert. Die SEC und einige Börsen haben jeweils eine eigene Interpretation vorgeschlagen.

Die SEC hat *frontrunning* wie folgt definiert:

„Frontrunning may be generally defined as involving trading a stock, option, or future while in possession of non-public information regarding an imminent block transaction that is likely to affect the price of the stock, option, or future."[64]

Die Definition des NYSE[65] deckt zusätzlich den konkurrierenden Eigenhandel in bestimmten Derivaten der betreffenden Aktie (Optionen, Indexfutures, Indexoptionen u.a.) ab. Weitere Interpretationen des *frontrunning* wurden vom Chicago Board Options Exchange, Inc. (CBOE),[66] von der NASD und anderen Börsen[67] ausgegeben. Nach diesen Definitionen setzt der Verstoß die Kenntnis einer bevorstehenden kursrelevan-

---

63 Zusammenfassend zu den zahlreichen Ausprägungen der *duty of loyalty* *Easterbrook/Fischel*, 91 Yale L. J. 689, 700-703 (1982); s. auch ALI, Principles of Corporate Governance (Tent. Draft No. 5, 1986) §§ 1.09, 1.20, 5.02 (über *self-interested transactions*), § 5.03 (über *compensation*), §§ 5.04, 5.06 (über *corporate opportunities*), abgedr. bei *Cary/Eisenberg*, pp. 590 et seq., 638 et seq.; dazu auch *Klinicki v. Lundgren*, 695 P.2d 906 (Ore. 1985).

64 SEC Division of Market Regulation, Memorandum accompanying letter dated May 13, 1988 from SEC Chairman *Ruder* to Congressmen *Dingall* and *Markey*, zit. bei 2 *Bromberg/Lowenfels*, § 7.3(229), p. 7:100.35. Ähnlich die Definition bei *Barron's* Dictionary of Finance and Investment Terms, Lemma „Front Running".

65 NYSE Information Memo 89-53 (November 27, 1989), zit. bei 2 *Bromberg/Lowenfels*, § 7.3(229), at p. 7:100.36.

66 CBOE Education Circular No. 23 (July, 1987), abgedr. bei 2 *Bromberg/Lowenfels*, § 7.3(229)(1) pp. 7:100.38 et seq.

67 S. 2 *Bromberg/Lowenfels*, § 7.3(229)(1) at p. 7:100.42 m.w.N.

ten *block transaction* (SEC, CBOE) bzw. eines sonstigen kursrelevanten Geschäfts (NYSE) voraus. Da es sich um das Ausnutzen einer nichtöffentlichen Tatsache handeln muß, wird darin allgemein eine besondere Ausprägung des *insider trading* gesehen.[68]

In der Aufsichtspraxis[69] und Rechtsprechung[70] sind insbesondere Eigenhandelsaktivitäten eines *broker* nach Eingang und vor Ausführung einer Kundenorder (*trading ahead of customer's order*) als *frontrunning* angesehen worden.[71] Ein Verstoß gegen SEA Rule 10b-5 wird damit gerechtfertigt, daß der *broker-dealer* gegen die Interessen des Kunden handelt, indem er ihm nicht den bestmöglichen Kurs (*best price obtainable*) stellt, dabei selbst profitiert und ihm diese Gewinne (*secret profits*) nicht offenbart.[72] Im übrigen sind die Konturen des *Frontrunning*-Tatbestands fließend. Die Rechtsunsicherheit (*grey areas*) wird bereits an den unterschiedlichen Definitionen der SEC und der SROs deutlich.

Im Bereich der *commodities regulation* wurde *dual trading* von FCMs[73] herkömmlich als zulässig angesehen und war gängige Praxis. Für Geschäfte in Kontrakten mit großem Handelsvolumen hat die CFTC zur Umsetzung des Futures Trading Practices Act von 1992[74] inzwischen Regulation 155.5 erlassen, die diese Praxis grundsätzlich untersagt.[75] Die CFTC ist aber zu weitgehenden Ausnahmeregelungen für Kontraktmärkte ermächtigt, in denen bestimmte Handelsüberwachungssysteme installiert sind oder *Hedging*-Transaktionen durch ein Verbot gefährdet würden.

b) Scalping

Als eine Form des *frontrunning* wird die Praxis des *scalping* angesehen, die darin besteht, im Vorfeld einer kursrelevanten Kundenempfehlung oder Research-Veröffentlichung Eigengeschäfte, sei es in demselben Wert oder in Derivaten, zu tätigen und anschließend von der entsprechend beein-

---

68 2 *Bromberg/Lowenfels*, § 7.3(229)(3) at pp. 7:100.55 et seq.

69 Z.B. *Investment Service Co.*, 41 S.E.C. 188 (1962), *aff'd sub nom Barnett v. U.S.*, 319 F.2d 340 (8th Cir. 1963).

70 Z.B. *Opper v. Hancock Securities Corp.*, 250 F.Supp. 668, 673 et seq. (S.D.N.Y. 1966).

71 S. auch NYSE Rule 92, 2 NYSE Guide (CCH) ¶ 2092 (1996).

72 *Affiliated Ute Citizens of Utah v. United States*, 406 U.S. 128 (1972).

73 Gleichzeitiger Handel im Kundenauftrag und für das eigene Portfolio.

74 Jetzt CEA § 4j(a).

75 Regulation 155.5 (July 25, 1993), 58 Fed.Reg. 40335 (July 28, 1993).

flußten Kursentwicklung zu profitieren.[76] Der NYSE hat in einer Stellungnahme im Jahr 1991 bei Kundenempfehlungen auch den vorherigen systematischen Aufbau der Bestände in einem Wert als Verstoß gegen ihre Rule 401 verurteilt, selbst wenn dies nur dem Ziel diente, die folgenden Kundenaufträge zu erfüllen, und den Kunden nur der Einstandskurs des *broker-dealer* nebst Provision gestellt wurde.[77] Zur Zeit wird der Vorschlag für eine NASD Interpretation diskutiert, nach der diese Praxis auch im OTC-Handel künftig untersagt wäre.[78] Zur Verhinderung des *trading in anticipation of research reports* empfiehlt die NASD die Errichtung einer firmeninternen *chinese wall*.[79]

Ohne besondere Aufklärung ihrer Klientel können *investment advisers* gegen die *antifraud provisions* verstoßen, wenn sie einige Kunden – ggf. für spezielle Vergütung – bevorzugen und ihnen die Möglichkeit zum *scalping* gegenüber den übrigen Kunden geben.[80]

2. *Verbot interessewidriger Kundengeschäfte*

a) *Churning*

Unter *churning a customer's account* wird die übermäßige, auf Provisionsverdienst zielende Handelstätigkeit eines *broker-dealer* für von ihm verwaltete Depots (*discretionary accounts*) verstanden.[81] Diese Praxis ist nach

---

76 *SEC v. Capital Gains Research Bureau, Inc.*, 375 U.S. 180 (1963) (für *investment adviser* nach IAA § 206); SEC, *Smith Barney, Harris Upham & Co.*, SEA Rel. No. 21242 (Aug. 15, 1984), [1984 Transfer Binder] Fed. Sec. L. Rep. (CCH) ¶ 83,656 (für AMEX-Mitglied als Verstoß gegen „just and equitable principles of trade“).

77 NYSE Information Memo 91-8 (March 18, 1991), zit. bei 2 *Bromberg/Lowenfels*, § 7.3(229)(3), pp. 7:100.54 et seq.

78 Proposed NASD Interpretation, SEA Rel. No. 35,877 (June 21, 1995), 1995 SEC LEXIS 1553 at *3.

79 *Ib.* at *4-5.

80 S. z.B. *Courtland v. Walston & Co., Inc.*, 340 F.Supp. 1076, 1084 (S.D.N.Y. 1972). Allerdings kennt die *securities regulation* kein allgemeines Gleichbehandlungsgebot, s. 2 *Frankel*, pp. 391-402.

81 *Miley v. Oppenheimer & Co., Inc.*, 637 F.2d 318, 324 (5th Cir. 1981). Referierend *Rössner/Arendts*, WM 1996, 1517, 1518 ff.; *Jensen*, 18 Sec. Reg. L. J. 374 (1991).

SEA Rule 15c1-7(a)[82] und NASD Rules of Fair Practice Art. III § 15(a)[83] ausdrücklich untersagt, verstößt aber auch gegen SEA Rule 10b-5.[84]

SEA Rule 15c1-7 ist nur anwendbar, wenn das Kundendepot vom *broker* verwaltet oder jedenfalls kontrolliert wird, also Volumen und Anzahl der Transaktionen von ihm bestimmt werden, weil der Kunde generell seinen Vorschlägen zu folgen bereit ist.[85] Davon abzugrenzen sind Fälle, in denen der Kunde lediglich den unangemessenen Empfehlungen[86] seines *broker* gefolgt ist.[87] In Zweifelsfällen hilft die allgemeine *antifraud rule* 10b-5, auf die auch private Schadensersatzklagen gestützt werden können.[88]

Der Tatbestand des *churning* setzt voraus, daß eine übermäßige Handelstätigkeit (*excessive trading*) im Hinblick auf Kapital und Art des Depots vorliegt. Dies ist im Einzelfall nach den Interessen des Kunden, insbesondere seinen Anlagezielen und finanziellen Verhältnissen, zu bestimmen.[89] Typisch sind Serientransaktionen.[90] Aus der Praxis werden ungewöhnliche Fälle berichtet, in denen z.B. eine Brokerfiliale 4,7% ihres jährlichen Provisionsumsatzes mit Geschäften eines *discretionary account* erwirtschaftete, das unter 0,1% des gesamten verwalteten Portfeuilles ausmachte.[91] Auf der subjektiven Seite (*fraudulent plan*) ist dem Inter-

---

82 17 C.F.R. 240.15c1-7(a) (1996) verbietet „any act of any broker[-dealer] designed to effect with or for any customer's account in respect to which such broker[-dealer] is vested with any discretionary power any transactions of purchase or sale which are excessive in size or frequency in view of the financial resources and character of such account."

83 NASD Manual (CCH) ¶ 2165 (1994).

84 *Armstrong v. McAlpin*, 699 F.2d 79, 90 (2d Cir. 1983); *Arceneaux v. Merril Lynch, Pierce, Fenner & Smith, Inc.*, 767 F.2d 1498 (11th Cir. 1985). Das *Churning* ist auch beim Handel von Finanzterminkontrakten untersagt, s. CFTC, *Lincolnwood Commodities*, Comm. Fut. L. Rep. (CCH) ¶ 21,986 (CEA §§ 4a, 4o), dazu *Holl/Kessler*, RIW 1995, 983.

85 *In re Norris v. Hirschberg*, 21 S.E.C. 865, 890 (1946) *aff'd sub nom. Norris v. Hirschberg*, 177 F.2d 228 (D.C. Cir. 1949).

86 Dazu unten § 12 I 1.

87 *Tiernan v. Blyth, Eastman, Dillon & Co.*, 719 F.2d 1, 3 (1st Cir. 1983).

88 Zu den *private remedies* oben § 4 I 3 b.

89 NASD, Policy of the Board of Governors (amended effective June 11, 1992) zu NASD Rules of Fair Practice Art. III § 2, NASD Manual ¶ 2152 (1994), NASD Rule 2310(b) (1998). S. auch *Rössner/Arendts*, WM 1996, 1519 ff.

90 *Russo v. Bache Halsey Stuart Shields, Inc.*, 554 F.Supp. 613, 617 (N.D.Ill. 1982).

91 *Hecht v. Harris, Upham & Co.*, 430 F.2d 1202, 1209 et seq. (9th Cir. 1970).

mediär Vorsatz oder *recklessness* im Hinblick auf die übertriebene, rein provisionsorientierte Handelstätigkeit nachzuweisen. Um *churning* zu verhindern, sind die Mitglieder der NASD und anderer SROs zur besonderen Aufsicht über *discretionary accounts* verpflichtet.[92]

b) Unauthorized trading

Die Ausführung von Geschäften, die ohne Kundenauftrag bzw. Kenntnis des Kunden ausgeführt werden, ist nach CEA § 4b[93] ausdrücklich untersagt, verstößt aber nicht per se gegen die Verhaltenspflichten der *securities laws*. Ein Verstoß gegen SEA Rule 10b-5 kommt nur dann in Betracht, wenn dem Intermediär Vorsatz oder *recklessness* bei dem Verstoß gegen die Interessewahrungspflicht zur Last gelegt werden kann.[94]

Soweit Geschäfte eines *broker-dealer* von einem Verwaltungsauftrag des Kunden gedeckt sind, kommt der Vorwurf des *unauthorized trading* nicht in Betracht. Die Grenze zum Tatbestand des *churning* verläuft fließend: Die Rechtsprechung läßt auf SEA Rule 10b-5 gestützte Haftungsklagen wegen *unauthorized trading* zu, soweit dem *broker* bestimmte Handelsbeschränkungen auferlegt sind.[95]

3. Preiskontrolle bei Eigengeschäften (markup regulation)

Da bei Kommissionsgeschäften der *broker* (Kommissionär) als *agent* tätig wird und an die umfassenden Interessewahrungs- und Rechnungslegungspflichten des *agency law* gebunden ist, ist die Vergütung (Provision) des *broker* für den Kunden herkömmlich transparent und unterliegt damit der Kontrolle des Kunden bzw. dem Provisionswettbewerb am Markt.[96] Dagegen tritt bei Festpreisgeschäften der *dealer* dem Kunden „at arm's length" gegenüber und unterliegt keiner Pflicht zur Interessewahrung. Nach *common law* gilt grundsätzlich das Prinzip *caveat emptor*. Da dem

---

92 NASD Rules of Fair Practice § 15(c), NASD Manual (CCH) ¶ 2165 (1994); NYSE Rule 408(b), 2 NYSE Guide (CCH) ¶ 2408 (1997).

93 S. auch *Lukovich v. E.F. Hutton & Co.*, [1986-1987 Transfer Binder] Fed. Sec. L. Rep. (CCH) ¶ 92,701, at p. 93,414 (D.Ore. 1986).

94 *Messer v. E.F. Hutton & Co.*, 833 F.2d 909, 917 (11th Cir. 1987).

95 *Frota v. Prudential-Bache Securities, Inc.*, 639 F.Supp. 1186, 1190 (S.D.N.Y. 1986).

96 Auch im Börsenhandel sind die festen Provisionssätze (*commissions*) seit 1975 aufgehoben, s. SEA § 6(e)(1), 15 U.S.C. § 78f(e)(1).

Kunden aber Markt- und Preisinformationen fehlen, kann er die Höhe der Vergütung (Handelsspanne, *spread* oder *markup* bzw. *markdown*) nicht beurteilen. Das Problem der mangelnden Transparenz und Kontrolle der Preisgestaltung im OTC-Handel ist seit den 30er Jahren Gegenstand zahlreicher Entscheidungen der Aufsichtsorgane und der Rechtsprechung, die eng mit der allgemeinen Entwicklung des *Fair-dealing*-Standards für *broker-dealers* (*shingle theory*[97]) verknüpft ist.

Die SEC hat seit ihrer Leitentscheidung *Duker & Duker*[98] aus den *Antifraud*-Vorschriften der SA § 17(a), SEA § 10(b) bzw. Rule 10b-5 und § 15(c) bzw. Rule 15c1-2 den Grundsatz abgeleitet, daß die von einem *dealer* berechneten Preise sich an den Marktpreisen orientieren müssen. Fehlt dem Kundenpreis „a reasonable relation to the prevailing price",[99] ist der Kunde darüber aufzuklären.[100] Die Verpflichtung des „disclose or abstain" soll die mit übermäßigen Spannen verbundene Übervorteilung des Kunden verhindern. Diese Pflicht zur „fairen" Preisgestaltung und ggf. zur Aufklärung des Kunden über die Marktverhältnisse ist grundsätzlich anerkannt[101] und wird mit der *shingle theory*[102] untermauert.

Für die Preisgestaltung der *securities dealers* ergeben sich insbesondere zwei Fragen: Welcher *markup* (beim Erwerb durch den Kunden) ist noch als zulässig anzusehen? Und welcher Grundpreis (*prevailing market price*) ist der Berechnung zugrundezulegen, wenn keine Kursfeststellung oder unabhängige Kotierung erfolgt?

Zur Höhe des *markup* hat die NASD Richtlinien für ihre Mitglieder aufgestellt. Rules of Fair Practice Art. III §§ 3[103] und 4 regeln die Gestal-

---

97 Dazu oben § 4 I 2.

98 6 S.E.C. 386 (1939).

99 *Ib.* at 388-389.

100 Weitergehend *Arleen Hughes v. SEC*, 174 F.2d 969, 975 (D.C. Cir. 1949) *aff'g Arleen W. Hughes*, 27 S.E.C. 629, 634 (1948): Wenn der *dealer* zugleich als *investment adviser* fungiert, muß er den Kunden wegen des besonderen Vertrauensverhältnisses selbst bei angemessenen *markups* in jedem Fall über den Marktpreis aufklären.

101 Die Leitentscheidung ist *Charles Hughes & Co. v. SEC*, 139 F.2d 434, 435-436 (2d Cir. 1943), *cert. denied*, 321 U.S. 786. Zusammenfassend SEC, SEA Rel. No. 30608 (April 20, 1992), [1991-1992 Transfer Binder] Fed. Sec. L. Rep. (CCH) ¶ 84,938 at pp. 82,634-35.

102 *Loss*, 1 Vand. L. Rev. 516, 518 (1948); 8 *Loss/Seligman*, p. 3787 n. 32 m.w.N.

103 § 3 bestimmt, daß Entgelte für Nebendienstleistungen „reasonable" sein müssen und nicht unfair zwischen einzelnen Kunden variieren dürfen.

tung der Preise und sonstigen Entgelte. § 4 stellt den Grundsatz auf, daß NASD-Mitglieder nur faire Handelsspannen oder Provisionen in Rechnung stellen dürfen. Dabei können u.a. die Marktverhältnisse, die Kosten (auch Ausführungskosten des Brokers) und das Gewinninteresse des Dealers bzw. der Wert der Dienstleistung im Hinblick auf Kenntnisse und Erfahrungen des Brokers berücksichtigt werden. Das Board of Governors der NASD vertritt seit 1943[104] die „Mark-up Policy", nach der *spreads* über 5% grundsätzlich unzulässig sind. Die 5%-Marke stellt allerdings nur eine Richtschnur („a guide"), keine feste Regel dar. Die Preisgestaltung unterliegt der Einzelfallprüfung durch die NASD.[105] Dabei werden insbesondere die Art des gehandelten Wertes, seine Liquidität, die Höhe des Preises, die Größe der Transaktion und die Informationen berücksichtigt, die der *dealer* dem Kunden über die Handelsspanne gegeben hat.[106] Die SEC hat bisher beim Verkauf von Aktien generell *markups* über 10% für unzulässig gehalten.[107] Dies entspricht auch der Ansicht des Gesetzgebers.[108]

Nach den Regeln der NASD lassen sich Preise, die angesichts aller sonstigen Umstände als unfair bzw. überhöht anzusehen seien, auch nicht durch eine entsprechende Aufklärung rechtfertigen.[109] Die SEC betont zwar, daß überhöhte Spannen nur unzulässig seien, wenn sie nicht offengelegt würden.[110] Andererseits sind bereits Spannen über 10% per se für unzulässig erklärt worden.[111]

---

104 Mitgliederschreiben des Board of Governors vom 25.10.1943, NASD Manual ¶ 2154 p. 2051 (1994). Zu den neueren Entwicklungen *Sergio*, [1997] 5 JFRC 319.

105 S. zuletzt *Thomas F. White & Co. v. SEC*, No. 94-70106 (9th Cir. 1995), unreported, zit. bei *Gonson*, Outline, p. 32: in dieser Entscheidung vom 12. Oktober 1995 wurden die Spannen des klagenden *broker-dealer* (7-14%) als überhöht angesehen und die Sanktionen der NASD durch die SEC aufrechterhalten.

106 S. das Mitgliederschreiben des Board of Governors der NASD vom 25.10.1943, NASD Manual (CCH) ¶ 2154 p. 2051 (1994).

107 SEC, *Alstead Dempsey & Co., Inc.*, 47 S.E.C. 1034, 1035 (1984), [1984 Transfer Binder] Fed. Sec. L. Rep. (CCH) ¶ 83,607 at p. 86,740.

108 House Committee on Energy and Commerce, Report to Accompany the Penny Stock Reform Act of 1990, HR Rep. No. 101-617, 101st Congr., 2d Sess. (July 23, 1990).

109 S. 4 *Bromberg/Lowenfels*, § 15.10(200) at p. 15:327.

110 SEA Rel. No. 30,608, (April 20, 1992), [1991-1992 Transfer Binder] Fed.Sec.L.Rep. (CCH) ¶ 84,938 at pp. 82,634-35; *Meyer Blinder*, SEA Rel.

Die zweite Frage betrifft das Hauptproblem der *markup regulation*, die Bestimmung des Marktpreises („the prevailing market price"). Die SEC hat diese Frage in ihrer Entscheidung *Alstead Dempsey & Co., Inc.*[112] aufgegriffen. Soweit der *dealer* seinerseits nicht als *market maker* in dem betreffenden Wert fungiert, wird nach der Auffassung der SEC der zeitgleiche *Inter-dealer*-Preis, also der Preis, den *dealers* in diesem Markt ungefähr in demselben Zeitpunkt tatsächlich für den Wert bezahlt haben,[113] zugrundegelegt. Tätigt der *dealer* nicht nur Eigengeschäfte für sein eigenes Konto, sondern kontrahiert er in diesem Wert auch regelmäßig mit Kunden (*market maker*), so dienen die tatsächlich erzielten Preise gegenüber anderen *market makers* bzw. *dealers* oder, falls nicht vorhanden, ein fremder *Dealer*-Briefkurs[114] (*representative asked quotation* für den *Inter-Dealer*-Markt) als Vergleichsmaßstab.[115] Eine Ausnahme von dieser Regel wird allerdings dann gemacht, wenn keine *quotations* vorliegen oder der *market maker* eine marktdominierende Position innehat[116]

No. 31,095 (August 26, 1992), [1992 Transfer Binder] Fed.Sec.L.Rep. (CCH) ¶ 85,038 at p. 83,300; s. auch 8 *Loss/Seligman*, p. 3778 n. 16.

111 *Peter J. Kisch*, 47 S.E.C. 802, 808 (1982), SEA Rel. No. 19005 (Aug. 24, 1982).

112 47 S.E.C. 1034, 1035 (1984), [1984 Transfer Binder] Fed. Sec. L. Rep. (CCH) ¶ 83,607.

113 Die SEC ist der Ansicht, daß eine *contemporaneous transaction* grundsätzlich nur bei taggleichen Geschäften vorliegt, *Alstead Dempsey & Co., Inc.*, [1984 Transfer Binder] Fed. Sec. L. Rep. (CCH) ¶ 83,607; SEC, SEA Rel. No. 30,571 (April 10, 1992), [1991-1992 Transfer Binder] Fed. Sec. L. Rep. (CCH) ¶ 82,637 n. 159 („Penny Stock Disclosure Rules"). Fehlen taggleiche Geschäfte, können auch Transaktionen während einer Periode von 15 Kalendertagen um den Vergleichstag (5 Werktage zuvor und 5 Werktage danach) herangezogen werden, *LSCO Securities, Inc.*, SEA Rel. No. 28,944 (March 21, 1991), 48 S.E.C. 759; NASD Board Notice 92-16 at 96, zit. bei 4 *Bromberg/Lowenfels*, § 15.10(450) pp. 15:338-39.

114 S. auch *Shearson Hammill & Co.*, SEA Rel. No. 7743 (Nov. 1965), 42 S.E.C. 811, 825; [1964-66 Transfer Binder] Fed. Sec. L. Rep. (CCH) ¶ 77,306: weder der eigene *asked price* (Briefkurs) noch der *bid price* (Geldkurs) anderer Dealer, zu dem sich Shearson Hammill & Co. selbst (als Nachfrager) eindekken mußte, wurden als *contemporaneous cost* von Shearson Hammill & Co. herangezogen, sondern die SEC stellte auf den höchsten Briefkurs ab, zu dem mit anderen *dealers* tatsächlich Geschäftsabschlüsse getätigt wurden.

115 *Alstead Dempsey & Co., Inc.*, [1984 Transfer Binder] Fed. Sec. L. Rep. (CCH) ¶ 83,607 at p. 86,741.

116 In dem Fall *Peter J. Kisch*, 47 S.E.C. 802 (1982), waren zwar noch zwei weitere *dealers* als *market makers* tätig; deren Umsatz belief sich aber nur auf etwa

und daher grundsätzlich in der Lage ist, die Preise im wesentlichen selbst zu gestalten. In diesem Fall kann nurmehr auf die vom *market maker* selbst gezahlten Eindeckungspreise (*contemporaneous cost*) am Markt abgestellt werden.[117] Nach Ansicht der SEC ist auf den eigenen Eindekkungspreis auch abzustellen, wenn der *dealer* ein Kundengeschäft abschließt, für dessen Glattstellung ihm bereits entsprechende *limit orders* anderer Kunden vorliegen (sog. *riskless transaction*), weil er dabei wie ein *broker* kein eigenes Händlerrisiko eingeht.[118] Diese Regeln sind durch die jüngsten Ergänzungen der Penny Stock Rules auf den Penny Stock-Markt übertragen worden, in dem wegen der Marktenge, -illiquidität und -unübersichtlichkeit besondere Gefahren für überhöhte Handelsspannen bestehen. Die SEC verlangt von *penny stock dealers* nach SEA Rule 15g-4, ihre Kunden generell über den *markup* auf der Grundlage des *prevailing market price*,[119] bei *riskless transactions* auf der Grundlage ihres Eindekkungspreises,[120] zu unterrichten.[121]

Die *markup regulation* ist insbesondere für Handelsspannen beim OTC-Aktienhandel entwickelt worden, findet aber im wesentlichen entsprechend auf den Handel mit *debt securities* (Anleihen) Anwendung.[122] In der jüngeren Vergangenheit ist die Höhe der *spreads* von *market makers* im NASDAQ-System verstärkt kritisiert worden.[123]

2,2% des gesamten Marktumsatzes, während davon etwa 86% auf Kisch entfielen. In *Meyer Blinder*, [1992 Transfer Binder] Fed. Sec. L. Rep. (CCH) ¶ 85,038 at p. 83,293 n. 14, wird der weitere Fall erwähnt, daß ein *dealer* als *underwriter* einer Erstemission (*ipo*) aufgetreten ist und einen großen Anteil der Emission am Markt abgesetzt hat.

117 *Meyer Blinder*, [1992 Transfer Binder] Fed. Sec. L. Rep. (CCH) ¶ 85,038 at p. 83,292; s. NASD, Notice to Members 92-16 at 93 (April 1, 1992), zit. bei 4 *Bromberg/Lowenfels*, § 15.10(440) at pp. 15:337 et seq. Zur von der NASD vorgeschriebenen Methode im einzelnen *Sergio*, [1997] 5 JFRC 319, 321 et seq.

118 *Kevin B. Waide*, 51 S.E.C. 252 (1992), zit. bei *Bloomenthal*, § 26.08 at p. 1215.

119 S. SEA Rule 15g-4(b)(3), 17 C.F.R. 240.15g-4(b)(3).

120 S. SEA Rule 15g-4(b)(2), 17 C.F.R. 240.15g-4(b)(2).

121 Zu den Aufklärungspflichten von *penny stock broker-dealers* unten § 12 I 2 e.

122 Z.B. *DMR Securities, Inc.*, 47 SEC 180 (1979), zit. bei 4 *Bromberg/Lowenfels*, § 15.10(600) m.w.N.

123 S. den Report of NASD Select Committee on Structure and Governance to NASD Board of Governors (Sept. 15, 1995), sog. *Rudman*-Report, abgedr. in Auszügen bei *Loss/Seligman*, 1996 Supplement, pp. 692 et seq. S. auch *Becker* in Hopt/Rudolph/Baum, S. US-85 ff.

4. *Pflichten bei der Auftragsausführung (best execution)*

Die Sorgfalts- und Interessewahrungspflicht des *broker-dealer* verpflichtet zur unverzüglichen und bestmöglichen Ausführung von preislich unlimitierten Aufträgen (*market orders*) bzw. preislich limitierten Aufträgen (*limit orders*) für Kommissions- oder Festpreisgeschäfte.

Bei *market orders* steht der *broker-dealer* in der Pflicht, sich um die unverzügliche und vollständige Ausführung zum günstigsten Preis zu bemühen.[124] Die verzögerte Abwicklung von Kundenaufträgen verstößt grundsätzlich gegen die *antifraud provisions*.[125] Allerdings ist der „best price" nicht unbedingt der höchste oder niedrigste Preis, vielmehr kann der *broker-dealer* bei der Ausführung oder Weiterleitung der Kundenorder auch andere Gesichtspunkte heranziehen.[126]

Dieses sog. *Best-execution*-Prinzip folgt für den OTC-Handel auch aus der allgemeinen Wohlverhaltenspflicht der Rule of Fair Practice Art. III § 1 der NASD.[127] Nach der offiziellen Interpretation statuiert diese Generalklausel[128] die Sorgfaltspflicht des *broker-dealer*, den Kundenauftrag in dem besten *inter-dealer market* zu dem nach den Marktverhältnissen günstigsten Kurs auszuführen. Bei der Beurteilung der „reasonable diligence" im Fall von Sorgfaltspflichtverletzungen berücksichtigt die NASD insbesondere die Volatilität und Liquidität des Marktes, das Volumen des Geschäfts, die Anzahl der vom *broker-dealer* vor der Ausführung überprüften Primärmärkte und die Erreichbarkeit von Marktinformationen bzw. *quo-*

---

124 SEC, *Bateman Eichler Hill Richards, Inc.*, SEA Rel. No. 18,401 (January 8, 1982), [1981-1982 Transfer Binder] Fed. Sec. L. Rep. (CCH) ¶ 83,088 at p. 84,798; *Magnum Corp. v. Lehman Brothers Kuhn Loeb*, 794 F.2d 198, 200 (5th Cir. 1986).

125 SEC, „Important Notice to broker-dealers concerning backlog", SEA Rel. No. 8363 (1968), [1967-1969 Transfer Binder] Fed. Sec. L. Rep. (CCH) ¶ 77,583, zit. bei *Junker*, S. 124 Fn. 133; s. auch *Shearson, Hammill & Co.*, 42 S.E.C. 811, 825 (1965) (Nichtausführung von Kundenaufträgen, während Mitarbeitergeschäfte in demselben Wert zu sogar höheren Preisen ausgeführt wurden).

126 Z.B. Abwicklungsservice, *research* und Dienstleistungen, die dem Kunden zugute kommen. Zu den dabei auftretenden Interessenkonflikten *Bialkin*, 28 Bus. Law. 545 (1973) und unten § 12 I 2 d.

127 NASD Manual (CCH) ¶ 2151 (1994).

128 NASD, Interpretation of the Board of Governors, „Execution of Retail Transactions in the Over-the-Counter Market" (May 1, 1968), Part A, NASD Manual (CCH) ¶ 2151.03 at p. 2025 (1994).

tations.[129] Nur in begründeten Ausnahmefällen ist die Zwischenschaltung von weiteren Intermediären, z.B. einem Zwischenkommissionär (*broker's broker*), zulässig, etwa wenn dadurch dem Kunden Transaktionskosten erspart werden.[130] Diese Sorgfaltspflicht gilt ausdrücklich auch für Festpreisgeschäfte.[131]

Die Interessewahrungspflicht ist auch auf die Ausführung preislich limitierter Aufträge für Festpreisgeschäfte anwendbar. Anders als beim *broker*, der generell nach *agency principles* handelt, unterliegt der *dealer* nach *common law* keiner Pflicht zur Wahrung der Kundeninteressen. Bei der *limit order* kann zwischen dem Kunden und dem *dealer* bzw. *market maker*, der auch Eigenhandel betreibt, ein Interessenkonflikt hinsichtlich der rechtzeitigen Ausführung der Kundenorder auftreten. Im Fall *E.F. Hutton & Co., Inc.*[132] stellte die SEC daher den Grundsatz auf, daß bei Annahme einer *limit order* auch *dealers* wie *agents* zu behandeln seien,[133] weil ihr Kunde auf die Bemühungen vertraue, den Markt zu beobachten und seinen Auftrag zum Limitpreis auszuführen.[134] Die SEC rechtfertigte die erweiterte Interessewahrungspflicht des *dealer* gegenüber seinen Kunden nicht mit der *shingle theory*, die bisher nicht gegenüber institutionellen Anlegern (wie hier) erprobt war.[135] Inhaltlich folgerte die SEC zunächst aus der Interessewahrungspflicht des *dealer* nicht die Priorität der *limit order* des Kunden, sondern nur die Verpflichtung, den Kunden, falls der *dealer* konkurrierende Eigengeschäfte vorzuziehen beabsichtigt, über diesen Interessenkonflikt aufzuklären.[136] Nach der von der SEC bestätigten[137] Stellungnahme der NASD vom Juni 1994 ist *market makers* nunmehr generell die Praxis des *trading ahead of customer's limit order* in

129 Part A, Comment, *ib.* at p. 2025.
130 Part B, *ib.*
131 Part C, *ib.* at p. 2026.
132 SEA Rel. No. 25,887 (July 6, 1988), [1988-1989 Transfer Binder] Fed. Sec. L. Rep. (CCH) ¶ 84,303.
133 *Ib.* at p. 89,329.
134 Allgemeiner zu den Anleihen der *securities regulation* beim *common law of agency* oben § 4 I 2.
135 Dazu *Quinn*, 1990 Colum. Bus. L. Rev. 61, 81 et seq.
136 *Ib.* at p. 89,329.
137 SEA Rel. 34,279 (June 29, 1994), s. auch SEC Division of Market Regulation, Market 2000, An Examination of Current Equity Market Developments V-5 (January 1994).

NASDAQ-Werten untersagt.[138] Dieses Verbot betrifft sowohl Kundenorders, die der *market maker* unmittelbar erhalten hat, als auch Aufträge, die über einen Zwischenhändler oder einen Zwischenkommissionär geleitet werden.[139] Ausnahmen können für sog. *institutional accounts*[140] und besonders große Transaktionen[141] vereinbart werden. Damit hat sich das Prinzip der Priorität der limitierten Kundenaufträge durchgesetzt. Das strenge zeitliche Prioritätsprinzip liegt auch dem automatischen Ausführungssystem SOES[142] zugrunde, das seit 1985 für *market orders*, später auch für *limit orders* eingerichtet wurde und künftig durch N-Aqcess abgelöst werden soll.[143]

5. Verhaltenspflichten bei kreditfinanzierten Geschäften und Termingeschäften (Margin Regulation)

a) Richtlinien für kreditfinanzierte Kundengeschäfte (securities margin)

SEA § 7(a) bzw. Regulation T und die Regeln des Federal Reserve Board und der SROs enthalten eingehende Vorschriften über die Kreditfinanzierung von Kundengeschäften. Bei *securities transactions* darf der finanzierte Anteil anfänglich nicht 55% bis 75% des Kurswerts der Aktien etc. übersteigen. Bei kreditfinanzierten Geschäften wird ein *margin account* geführt, das bei Wertveränderungen nach den sehr differenzierten Regeln

---

138 NASD, Interpretation of the Board of Governors („Rules of Fair Practice, Article III, Section 1") (July 7, 1994, amended effective June 21, 1995), NASD Manual ¶ 2151.07 (1995).

139 *Ib.*; s. auch SEA Rel. No. 35,751, 1995 SEC LEXIS 1269 (May 22, 1995), das die jüngste Änderung dieser NASD Rule bestätigte.

140 S. die Definition in NASD Rules of Fair Practice Art. III § 21(c)(4), NASD Manual ¶ 2171 at p. 2095-3 (1994): „the account of (i) a bank, savings and loan association, insurance company, or registered investment company; (ii) an investment adviser registered under Section 203 of the Investment Advisers Act of 1940; (iii) any other entity (whether a natural person, corporation, partnership, trust, or otherwise) with total assets of at least $50 million."

141 Aufträge über mindestens 10.000 Stücke mit einem Mindestwert von US$ 100.000, *ib.*

142 Small Order Execution System der NASD für NASDAQ-Werte, s. SEA Rel. No. 21,742 (February 12, 1985), 50 F.R. 7435 (1985), und SEA Rel. No. 26,476 (January 19, 1989), 54 F.R. 3881 (1989) für die *limit order facility*.

143 Dazu *Bloomenthal*, § 26.10 at pp. 1219 et seq.

der Börsen[144] und der NASD[145] durch Hinterlegung weiterer Sicherheiten ausgeglichen werden muß.[146]

Für die Weiterverpfändung von hinterlegten Kundeneffekten zur Refinanzierung des *broker-dealer* gelten die sog. *hypothecation rules*. Nach SEA §§ 8(c) bzw. 15(c)(2) und den dazu erlassenen SEA Rules 8c-1 und 15c2-1 bzw. den Ausführungsbestimmungen der SROs[147] ist die Weiterverpfändung von strengen Voraussetzungen abhängig. Dadurch soll insbesondere die Vermischung von Kundeneigentum mit Eigenbeständen und das Zugriffsrecht der Lombardgläubiger in der Insolvenz des Brokers verhindert bzw. erschwert werden.[148] In der Regel muß der Kunde zuvor seine Zustimmung geben.[149] Im Bereich der *commodities regulation* gilt hingegen das Prinzip der strikten Trennung (*segregation*) von Kundeneigentum und firmeneigenen Geldern und Effekten der FCMs.[150]

b) Richtlinien für Risikoeinschüsse bei Finanztermingeschäften (commodities trading margin)

Im Handel mit Finanzterminkontrakten und anderen *commodities futures* hat der Begriff *margin* eine andere Bedeutung, die nicht mit der Finanzierung von Effektengeschäften verbunden ist. Hier müssen beide Vertragsparteien wegen des Risikos der Geschäfte einen (geringen) Prozentsatz des eingesetzten Kapitals als Sicherheitsleistung (*initial margin*) wie ein „performance bond“ leisten. Da der Marktwert der *futures* täglich festgestellt wird („marked-to-market“), ist auch die *margin* durch Nachschüsse (*variation margin*) entsprechend anzupassen. Nach den vom Federal Reserve Board überwachten Regeln der Börsen hat der FCM die Leistung der Einschüsse und Nachschüsse vom Kunden zu verlangen.[151]

---

144 S. z.B. die sich im NYSE Manual über 20 Seiten erstreckende NYSE Rule 431 (*margin requirements*), zuletzt geändert am 16. Juli 1996.

145 NASD Rules of Fair Practice Art. III § 30 mit App. A (1994).

146 Zusammenfassend *Hazen*, p. 523 et seq.

147 S. z.B. NYSE Rule 402(a) (zuletzt geändert am 17. März 1983), 2 NYSE Guide (CCH) ¶ 2402(a) (1997), die auf SEA Rule 15c3-3, 17 C.F.R. § 240.15c3-3, verweist.

148 *Junker*, S. 82-87.

149 NYSE Rule 402(b), 2 NYSE Guide (CCH) ¶ 2402(b) (1997).

150 CEA § 4d(2), CFTC Regs. 1.20 et seq.

151 Zusammenfassend *Corcoran* in Ferranini, pp. 157, 162 et seq. m.w.N.

II. Interessewahrungs- und Sorgfaltspflichten im britischen Wertpapieraufsichtsrecht

1. *Grundsätze*

Das Leitbild aller kundenschützenden Interessewahrungs- und Sorgfaltspflichten ist FSAct Schedule 8[152] mit den Verhaltensregeln der SIB Principles[153] und SIB Core Rules, die auf der Grundlage von FSA s 48(2) geschaffen wurden. Diese Regeln werden von den *conduct-of-business rules* der SROs und des SIB (seit 28. Oktober 1997 FSA) konkretisiert. Für Effektengeschäfte (*dealing with or for a customer*) sind insbesondere die CoB Rules der SFA[154] und die CoB Rules des SIB bzw. der FSA einschlägig, die ursprünglich für den Bereich des *directly regulated business* (DRB) entwickelt wurden, inzwischen aber Bestandteil des PIA Rule Book sind und für alle *retail transactions* der PIA-Mitglieder gelten. Daneben sind noch die entsprechenden Regeln der IMRO sowie der nahezu aufgelösten FIMBRA und LAUTRO heranzuziehen, die in das PIA Rule Book inkorporiert sind.

Die Grundsätze der Interessewahrungs- und Sorgfaltspflichten sind in den SIB Principles oder „Zehn Geboten" der britischen *investment business industry* zusammengefaßt.[155] Danach sind alle Marktintermediäre (*firms*) verpflichtet, im Rahmen ihrer Dienstleistungen mit der erforderlichen Expertise und Sorgfalt vorzugehen und *high standards of integrity, fair dealing and market conduct* einzuhalten. Interessenkonflikte sollen möglichst vermieden werden. Soweit Interessenkonflikte auftreten, soll der Intermediär sicherstellen, daß alle Kunden *fair* behandelt werden. Dies soll u.a. durch Aufklärung, unternehmensinterne Vertraulichkeitsregeln oder im Einzelfall dadurch geschehen, daß die *firm* die Erbringung bestimmter Dienstleistungen ablehnt. Bei Interessenkonflikten zwischen dem Intermediär selbst und seinen Kunden dürfen die Kundeninteressen nicht *unfair* benachteiligt werden. Kundeninteressen sind vorzuziehen, wenn ein Kunde aufgrund der ihm gegebenen Informationen die berechtigte Erwartung hegt, daß seine Interessen bevorzugt behandelt werden.[156]

---

152 *Sabalot*, [225].

153 SIB, Statement of Principle (15 March 1990), *Sabalot* [1301] et seq.

154 SFA Rulebook, Chapter 5 (Conduct of Business Rules).

155 Die SFA bezeichnet ihre Mitglieder (*authorised persons*) als *firms*.

156 SIB Principle No. 6 lautet: „(6) A firm should either avoid any conflict of interest arising or, where conflicts arise, should ensure fair treatment to all its customers by disclosure, internal rules of confidentiality, declining to act, or

Diese Grundsätze werden von den SIB Core Rules und den CoB Rules des SIB und der SROs konkretisiert, die sehr umfangreich sind und in den wesentlichen Punkten übereinstimmen. Im Unterschied zum noch stärker fallbezogenen U.S.-amerikanischen Kapitalmarktrecht kodifizieren die Regelwerke des SIB und der SROs eine Vielzahl abstraktgenereller Pflichten. Ausschlaggebend für den Schutzbereich der einzelnen Verhaltenspflichten ist die im britischen Kapitalmarktrecht sehr weitgehend durchgeführte Differenzierung zwischen verschiedenen Anlegergruppen, die nach dem Grad ihrer Anlageerfahrung und Marktkenntnis gebildet wurden.

2. Anlegerkategorien

Ausschlaggebend für die Reichweite der aufsichtsrechtlichen Interessewahrungs- und Sorgfaltspflichten ist die bereits im FSAct angelegte,[157] in den CoB Rules vollständig durchgeführte Unterscheidung zwischen einzelnen Anleger- bzw. Kundenkategorien, die wegen ihrer Kenntnisse und Erfahrungen nicht in gleichem Umfang schutzbedürftig sind.[158]

Bei der Anwendung der CoB Rules ist zunächst die fundamentale Abgrenzung zwischen *customers* und *non-customers* zu berücksichtigen. Diese Einteilung spiegelt die für das britische Kapitalmarktrecht charakteristische Trennung zwischen *wholesale* und *retail financial markets* wider. Soweit überhaupt kundenbezogene Verhaltenspflichten angemessen erscheinen, sind diese wiederum in unterschiedlichem Umfang auf *customers* (*private* bzw. *non-private customers*) anwendbar. Während die Kleinanleger (*private customers*) die Hauptzielgruppe der *conduct of business rules*

---

otherwise. A firm should not unfairly place its interests above those of its customers and, where a properly informed customer would reasonably expect that the firm would place his interests above its own, the firm should live up to that expectation."

157 Schedule 8, para. 12, *Sabalot* [225]:
„The conduct of business provisions and the other provisions made for the purposes of Chapter V of Part I of this Act must take proper account of the fact that provisions that are appropriate for regulating the conduct of business in relation to some classes of investors may not (by reason of their knowledge, experience or otherwise) appropriate in relation to others."
S. auch FSAct s 62A, der eine Unterscheidung zwischen *private investors* und *non-private investors* einführt.

158 S. den Überblick bei *Berril* in Dufour/Hirsch, pp. 27, 31 et seq.

sind, gilt z.B. nur etwa die Hälfte der SIB Core Rules zugunsten der *non-private customers.*[159] In jüngster Zeit wird auch eine Spezialisierung der Aufsichtsorgane auf unterschiedliche Kundensegmente befürwortet. Danach sollen sich in Zukunft die SFA auf die Regulierung der *wholesale markets*, die PIA und IMRO auf die Aufsicht über die *retail markets* konzentrieren.[160]

a) Non-customers

Von den kundenschützenden Verhaltensregeln generell ausgenommen sind die *non-customers*. Dazu zählen die Teilnehmer der *wholesale markets*, die als *market counterparties* bezeichnet und von den SFA CoB Rules näher definiert werden. Gleichfalls ausgenommen sind *trust beneficiaries* und Kunden von Drittfirmen, die nicht Vertragspartner, sondern nur im Innenverhältnis zum nach außen auftretenden *trustee* bzw. *agent*[161] nach den Regeln des *common law* geschützt werden.

Nach SFA Rule 5-4 genießen *market counterparties*, die die Dienstleistungen eines SFA-Mitglieds in Anspruch nehmen, nicht den Schutz der SFA CoB Rules, soweit diese sich auf das Verhalten gegenüber *customers* beziehen. Die Eigenschaft als *market counterparty* können bestimmte Anlegergruppen erlangen, soweit sie von dieser Sonderbehandlung durch die *firm* schriftlich unterrichtet sind und nicht selbst durch schriftliche Anzeige ausdrücklich widersprochen haben.[162] Zu den privilegierten Anlegergruppen gehören andere *firms*,[163] RIE-Mitglieder, *inter-dealer brokers* und für regelmäßig getätigte außerbörsliche Geschäfte auch Ausländer (*overseas persons*). Für Anleihegeschäfte und Transaktionen in Geldmarktinstrumenten werden auch ausländische Staaten und ihre Zentralbanken, supranationale Banken- und Finanzorganisationen, *listed money market institutions* sowie Banken und bestimmte *credit institutions* als *market*

---

159 S. die Aufstellung in *J.R.C.White*, Appendix 3, pp. 389-391.

160 *Farrant* (SFA chief executive) in *Taylor*, [1996] Butterworths JIBFL at 427.

161 Dies gilt für Fälle verdeckter Stellvertretung, bei der *firms* als *agents* im Auftrag von *unidentified principals* auftreten.

162 SFA Rule 5-4(2). Die Behandlung als *market counterparty* bedarf keiner schriftlichen Anzeige zwischen *firms*, die Mitglieder desselben RIE sind, SFA Rule 5-4(3). Eine Anzeige kann bei verdeckter Vertretung von *customers* geboten sein, um diesen mittelbar den Status eines *indirect customer* zu verschaffen, SFA Rule 5-6(4), dazu *J.R.C.White*, para. 5-018.

163 In den SIB CoB Rules werden diese auch als *professional investors* bezeichnet, s. SIB, Financial Services (Glossary and Interpretation) Rules, PIA Rule Book, p. G-18.

counterparties angesehen.[164] Nach der engeren Definition der SIB CoB Rules können nur andere *firms* als *market counterparties* privilegiert werden.[165]

Alle übrigen Vertragspartner, zu denen eine direkte oder durch offene Stellvertretung vermittelte[166] Geschäftsverbindung oder ein Auftragsverhältnis (*agency*) besteht,[167] sind *customers*.

b) Non-private customers

Bestimmte Schutzvorschriften[168] gelten ausschließlich für Geschäfte mit *private customers*. Zur Abgrenzung definieren die Regeln des SIB (Core Rules und CoB Rules) und der SFA (CoB Rules) bestimmte Kundengruppen, die aufgrund ihrer Erfahrung und Kenntnis unter bestimmten Voraussetzungen als *non-private customers* anerkannt werden.

Nach SIB Core Rule 39[169] setzt die Anerkennung als *non-private customer* vorbehaltlich konkreter Regeln der SROs voraus, daß die *firm* Anhaltspunkte dafür hat, daß der Kunde über hinreichende *experience and understanding* verfügt, um auf die kundenschützenden Vorschriften zu verzichten, und er nach schriftlicher Warnung diesem Verzicht schriftlich zustimmt. Auf dieser Grundlage bestimmt die SFA, daß ihre Mitglieder sog. *experts* und *trade customers* als *non-private customers* nach schriftlicher Anzeige einstufen können, wenn jene zustimmen oder – im Fall der *trade customers* – nicht widersprechen. *Experts* sind Anleger, die aufgrund

---

164 SFA Rule 5-4(1).

165 SIB, Financial Services (Glossary and Interpretation) Rules, PIA Rule Book, p. G-14.

166 *Indirect customers*: Kunden, die als *identified principals* durch Vermittlung offener Stellvertreter (*agents*) Vertragspartei einer *firm* werden, müssen von dieser als *indirect customers* behandelt werden, wenn dies nicht durch schriftliche Vereinbarung zwischen der *firm* und dem *agent* ausgeschlossen ist, SFA Rule 5-6(1). Zur Anwendung kundenschützender Verhaltensregeln auf *indirect customers* s. dazu *J.R.C.White*, para. 5-041 et seq.

167 Zu den unterschiedlichen Definitionen des SIB und der SFA s. *J.R.C.White*, para. 5-002.

168 Nach der *Guidance* zu SFA Rule 5-5 (para. 4) handelt es sich insbesondere um Pflichten zur Risikoaufklärung, zur Gestaltung (*suitability*) von Empfehlungen, Aufklärung über Entgelte der einzelnen Dienstleistungen und Vorschriften für *customer agreements*.

169 SIB Release 94 (1991).

ihrer Erfahrungen und Kenntnisse[170] nicht eines besonderen Kundenschutzes bedürfen, während *trade customers* neben den vom SIB definierten *ordinary business investors*[171] auch *small business investors*[172] umfassen, soweit sie das beabsichtigte Geschäft im Rahmen ihres Handelsgewerbes abschließen und dafür die erforderlichen Erfahrungen und Kenntnisse aufweisen.[173] In ähnlicher Weise unterscheiden die SIB CoB Rules zwischen *experienced investors*[174] und *business investors*.[175]

c) *Private customers*

Demgegenüber werden als *private customers* alle natürlichen Personen, die weder *investment business* ausüben noch als *experts* anerkannt sind, sowie zudem alle *small business investors* angesehen, die nicht die Anforderungen an *trade customers* erfüllen.[176] Die Kategorie der *private customers* sind die Hauptzielgruppe der Anlegerschutzbestimmungen des FSA

---

170 Nach SFA Rule 5-5(1) muß die *firm* aufgrund sorgfältiger Prüfung („on reasonable grounds") von den Erfahrungen und Kenntnissen des Kunden überzeugt sein.

171 Zu *ordinary business investors* zählen bestimmte staatliche Stellen, private *companies* oder *partnerships* einer bestimmten Größe und *trustees* größerer *trusts*, s. die genaue Definition in SIB, Financial Services Core Glossary (3rd edn), Release 115 (21 May 1992), *Sabalot* [1404].

172 Darunter sind private *companies* oder *partnerships* oder *trustees* von *trusts* zu verstehen, die die Größenanforderungen eines *ordinary business investor* nicht erfüllen, *ibid.*, [1404].

173 Nach SFA Rule 5-5(4)(b) muß die *firm* aufgrund sorgfältiger Prüfung („on reasonable grounds") davon überzeugt sein, daß der Kunde „sufficient experience and understanding" besitzt.

174 Die Financial Services (Glossary and Interpretation) Rules definieren einen *experienced investor* als ein „individual who has in any period of 12 months so frequently entered into transactions such as the transaction in question in investments such as the investment in question (whether on his own account or on that of his employer) with or through the agency of reputable [firms], being transactions of substantial size, or of substantial size in relation to the individual's total wealth, [...] that he can reasonably be expected to understand the nature of the transactions such as that in question, of investments such as that in question and the rsiks involved in entering into any such transaction in any such investment", *Sabalot* [1404], p. G-11.

175 Die Definition entspricht derjenigen der *ordinary business investors*, s. Financial Services (Glossary and Interpretation) Rules, PIA Rule Book, p. G-18.

176 Financial Services Core Glossary (3rd edn), *Sabalot* [1404]; s. auch *J.R.C.White*, para. 5-038 et seq.

und der danach erlassenen Verhaltenspflichten von Marktintermediären, die bei Geschäften mit ihnen ohne Einschränkung zu beachten sind.

3. *Pflichten bei der Auftragsausführung*

a) Allgemeine Pflichten bei der Durchführung von Kundenaufträgen

Die folgenden Verhaltensregeln gelten allgemein für Kundengeschäfte. Sie sind unabhängig davon anwendbar, ob der Intermediär *full service* einschließlich der Anlageberatung erbringt oder sich auf die Ausführung von Kundenorders beschränkt (*execution-only*).

aa) Kundenauftrag

Nach SFA Rule 5-23(6) ist der Intermediär verpflichtet, Kundengeschäfte grundsätzlich nur auf einen Auftrag (*instruction*) des Kunden bzw. eines Vertreters hin auszuführen. Diese Regel gilt nicht, wenn der Kunde Vollmacht zur Verwaltung seines Portefeuilles bzw. Depots (*discretionary management*) erteilt hat oder seinen Verpflichtungen, z.B. zur weiteren Sicherheitsleistung (*margin call*), nicht nachkommt und das Geschäft daher der Glattstellung einer Kundenposition dient.[177]

bb) Best execution

Sowohl Kommissions- als auch Festpreisgeschäfte (*dealing with or for customers*) müssen zu dem günstigsten Marktpreis abgeschlossen werden, der für die betreffende Order zur Zeit erzielt werden kann.[178] Dabei ist jede *firm* zur sorgfältigen, an ihrem Platz üblichen[179] Prüfung der Kurse am *relevant market* verpflichtet. Dieser bei der Preisfeststellung zugrundezulegende Markt – z.B. örtliche Börse oder weltweiter Markt – wird nach der Anlageform und der Erwartung (ggf. Anweisung) des einzelnen Kunden variieren.[180] Der Intermediär muß das Geschäft allerdings nicht tat-

177 SFA Rule 5-23(6)(b). Zu Kundengeschäften im Rahmen der Ausübung von *default remedies* s. auch SFA Rule 5-26.

178 SIB Core Rule 22(1)-(2),(4); SFA Rule 5-39(1)-(2),(4); SIB CoB Rule 5.04, PIA Rule Book S5.04; IMRO Rule 3.8(1), PIA Rule Book I:3.8(1).

179 SFA, Guidance to Rule 5-39 (Berücksichtigung der „conventions of that market").

180 *J.R.C.White*, para. 11-013, nimmt an, daß Privatkunden in der Regel von einer Ausführung am Heimatmarkt ausgehen. Gegenüber *trade customers* kann hingegen die Eruierung des weltweit günstigsten Preises geboten sein.

sächlich über den „besten" Markt leiten; es reicht aus, wenn der *customer price* ohne Berücksichtigung von Provisionen u.ä. nicht unter dem an diesem Markt erzielbaren Preis liegt.

Die *Best-execution*-Verpflichtung gilt für *private customers* und auch für *non-private customers*, soweit sie keinen Verzicht erklärt haben. *Market counterparties* können *best execution* nur aufgrund besonderer Vereinbarung verlangen.

cc) Timely execution

Kundenaufträge und Aufträge, die im Rahmen der Depotverwaltung für Kunden aufgegeben werden, sind grundsätzlich so schnell wie möglich („as soon as reasonably practicable in the circumstances") auszuführen.[181] Bei der Bestimmung der zulässigen Zeitspanne sind u.a. die im Einzelfall herrschenden Marktverhältnisse zu berücksichtigen. Das Gebot der zeitnahen Ausführung bezieht sich nur auf *current customer orders*. Darunter fallen unlimitierte Aufträge und limitierte Aufträge, sobald deren Limit erreicht ist.[182] Unter bestimmten Umständen, insbesondere bei ungünstiger Preisentwicklung, können *firms* die Ausführung im Interesse des Kunden verschieben.[183]

dd) Aggregation

Bei der Ausführung von Aufträgen in demselben Wert ist die Zusammenfassung von Orders verschiedener Kunden[184] bzw. des Eigenhandels zulässig, wenn den einzelnen Kunden dadurch keine Nachteile entstehen oder ihnen die Möglichkeit der Zusammenfassung offengelegt wurde.[185] Die Praxis der Zusammenfassung von kleineren Aufträgen dient in der Regel dem Interesse des Kunden, der den besseren *bulk order price* erzielt und Ausführungskosten spart. Jedenfalls soll die *firm* sicherstellen, daß die Zusammenfassung insgesamt interessegerecht ist. Dies kann selbst dann der Fall sein, wenn der Kurs im Einzelfall schlechter ist, der Kunde aber durch die Praxis der Orderzusammenfassung auf Dauer geringere Trans-

---

181 SIB Core Rule 21(1), SFA Rule 5-38(1); SIB CoB Rule 2.22 („member to execute customer's instructions with dispatch"), PIA Rule Book S.2.22 (May 1995); IMRO Rule 3.7, PIA Rule Book I:3.7

182 *J.R.C.White*, para. 11-006.

183 SIB Core Rule 21(2), SFA Rule 5-38(2).

184 Diese Regel gilt grundsätzlich für *private* und *non-private customers*.

185 SFA Rule 5-41.

aktionskosten hat. Im Zweifel wird angeraten, die Kunden über diese Praxis aufzuklären.[186]

Soweit eine mit anderen zusammengefaßte Order nicht vollständig ausgeführt werden kann, ist auf eine faire Verteilung (*fair allocation*) des ausgeführten Geschäfts auf die einzelnen Kunden bzw. das Eigenkonto zu achten.[187] Einzelne Kunden dürfen dabei nicht bevorzugt werden; kleine und größere Aufträge sowie Aufträge wichtiger Kunden sollen jeweils nur anteilig bedient werden. Aufträge des Eigenhandels müssen in der Regel zurückstehen. Wenn sie allerdings für die Ausführung oder den Kurs der zusammengefaßten Order ausschlaggebend waren, sind sie auch entsprechend zu bedienen.

ee) Timely allocation

Alle Kundengeschäfte müssen dem entsprechenden Kundenkonto bzw. Depot unmittelbar zugeordnet werden und dürfen nicht auf Eigenkonten zwischengebucht werden.[188] Um eine interessewahrende und nachvollziehbare Durchführung und Abwicklung von *discretionary transactions* zu gewährleisten, ist auch hier eine direkte Zuordnung zu dem Depot des Kunden vorzunehmen. Wird die Anlageentscheidung für ein Kundenkonto bzw. -depot erst auf der Grundlage eines Propergeschäfts getroffen, liegen zwei Geschäfte vor, die auch entsprechend zunächst als *own account transaction* und anschließend auf das Kundenkonto zu buchen sind. Die Umbuchung auf das Kundenkonto ist bei vor 12 Uhr abgeschlossenen Eigengeschäften noch am selben Tag bis Geschäftsschluß, bei am Nachmittag getätigten Eigengeschäften am Vormittag des darauffolgenden Werktags vorzunehmen.[189]

b) Besondere Interessewahrungspflichten bei personal recommendations und discretionary transactions

aa) Churning und switching

Vollmachtsentscheidungen im Rahmen der Kundendepotverwaltung oder Anlageentscheidungen für Lebensversicherungen oder bestimmte Fonds

186 S. SFA, Model Clauses for Customer Agreements, clause (G), in *J.R.C.White*, Appendix 7, p. 410.

187 SIB Core Rule 24; SFA Rule 5-42.

188 SIB Core Rule 23; SFA Rule 5-40; IMRO Rule 3.9, PIA Rule Book I:3.9.

189 SIB CoB Rule 5.19, PIA Rule Book S5.19.

(*packaged products*[190]) sind unzulässig, wenn sie nach der vorgegebenen Anlagestrategie und den Marktverhältnissen als zu häufig (*churning*) oder als unbegründete Umschichtung (*switching* oder *twisting*) anzusehen sind[191], weil durch die anfallenden Provisionen dem Kunden regelmäßig daraus Nachteile entstehen. Diese Einschränkungen gelten auch für persönliche Anlageempfehlungen, die einem *private customer* gegeben werden.[192]

bb) Ausdrücklicher Vertrag (two-way customer agreement)

Termin- und Derivategeschäfte eines *private customer*, die Nachschußrisiken bergen, und Verwaltungsaufträge für Kundendepots dürfen nur auf der Grundlage einer schriftlichen Vereinbarung (*two-way customer agreement*) ausgeführt werden.[193] Der Inhalt dieser Vereinbarung ist von SFA Rule 5-23 im einzelnen festgelegt und umfaßt eine detaillierte Aufstellung der Rechte und Pflichten der Vertragsparteien hinsichtlich der beabsichtigten Geschäfte.[194] Die Vorschriften über *two-way customer agreements* gelten auch für freiwillige schriftliche Vereinbarungen zwischen *firms* und *private customers*.[195]

cc) Fair treatment

Soweit im Rahmen der Anlageberatung oder bei Verwaltungsentscheidungen für Kundendepots Interessenkonflikte hinsichtlich eines potentiellen Effektengeschäfts z.B. mit der Eigenhandels- oder *Investment-banking*-Abteilung der *firm* auftreten, ist die angemessene Behandlung aller Kunden (*fair treatment for the customer*) zu gewähleisten.[196] Dies kann dadurch geschehen, daß die *firm* in Kenntnis des Interessenkonflikts die Beratung oder Verwaltungsentscheidung ablehnt.[197] Um die Dienstleistung dennoch zu erbringen, können bestimmten Mitarbeitern besondere

190 S. Financial Services Core Glossary (3rd edn), *Sabalot* [1404].

191 SIB Core Rule 26(1)(b),(2)(b); SFA Rule 5-43(1)(b),(2)(b); SIB CoB Rule 2.08(2), PIA Rule Book S2.08; IMRO Rule 3.11, PIA Rule Book I:3.11.

192 SIB Core Rule 26(1)(a),(2)(a); SFA Rule 5-43(1)(a),(2)(a); SIB CoB Rule 2.08(3)-(4) und (5) (gilt nicht für *market counterparties* und *business investors*), PIA Rule Book S2.08(3)-(5).

193 SIB Core Rule 14(2); SFA Rule 5-23(2).

194 S. Tables 5-23(4)(a) und 5-23(4)(b) mit insgesamt 21 verschiedenen Informationsbereichen.

195 SIB Core Rule 14(1); SFA Rule 5-23(1).

196 SIB Core Rule 2; SFA Rule 5-29.

197 S. SIB Core Rule 2; SFA Rule 5-29(1).

Verhaltenspflichten auferlegt werden, die die Informationsverbreitung und -verwertung innerhalb der *firm* verhindern sollen. In Betracht kommt einmal die Einführung einer *policy of independence*, nach der Mitarbeiter, die in der Anlageberatung tätig sind oder *discretionary transactions* durchführen, durch schriftliche Anweisung des Arbeitgebers ausdrücklich verpflichtet werden, die Eigeninteressen ihrer *firm* außer acht zu lassen und nur im Kundeninteresse zu entscheiden.[198] Nach Auffassung der SFA müssen die Kunden zusätzlich, im Fall von *private customers* auch schriftlich, über die Anwendung der *independence policy* und die verbleibenden Gefahren aufgeklärt werden.[199] Als weitere Möglichkeit ist die Einführung einer *chinese wall policy* anerkannt, die Mitarbeiter in bestimmten Geschäftsbereichen zur Geheimhaltung vertraulicher Informationen, insbesondere gegenüber Mitarbeitern aus anderen Geschäftsbereichen verpflichtet.[200]

4. Regelung der Vergütung

a) Commissions und spreads

Das Entgelt für Dienstleistungen von *authorised persons* muß der Höhe nach angemessen sein bzw. der Art der Dienstleistung und den Marktverhältnissen entsprechen.[201] Diese Regel gilt nicht nur für Provisionen (*commissions*), sondern auch für Handelsauf- und -abschläge (*mark-ups* bzw. *mark-downs*) bei Festpreisgeschäften.[202] Bei der Überprüfung des *spread* ist die Differenz zwischen dem Preis, der dem Kunden in Rechnung gestellt wird, und dem jeweiligen *best execution price* zugrundezulegen.[203]

Beim OTC-Handel in Wertpapieren und Optionsscheinen,[204] die nicht börsennotiert oder sonst gelistet sind,[205] müssen *market makers* gegenüber

---

198 SFA Rule 5-29(2); s. auch SIB CoB Rule 2.03(1), PIA Rule Book S2.03(1).

199 Vgl. Guidance der SFA zu Rule 5-29(2)-(3) mit SFA Rule 5-29(3).

200 SIB Core Rule 36; SFA Rule 5-3.

201 SFA Rule 5-33 („not unreasonable in the circumstances"); SIB CoB Rule 2.08(1), PIA Rule Book S2.08(1); FIMBRA Rule 28.15, PIA Rule Book F28.15 („over-charging"); IMRO Rule 3.4, PIA Rule Book I:3.4. Diese Regel gilt nicht im professionellen Handel, s. etwa London Code of Conduct, s 121, *Sabalot* [1505].

202 S. die Definition von *charges* in Financial Services Core Glossary (3d edn), *Sabalot* [1404]. Dazu *J.R.C.White*, para. 9-013 et seq.

203 Financial Services Core Glossary (3rd edn), *Sabalot* [1404].

204 Sog. *securities* i.S. des Financial Services Core Glossary (3rd edn), *ibid.* [1404].

private customers, die diese Papiere erwerben, sicherstellen, daß sie während eines Zeitraums von mindestens drei Monaten für den Wiederverkauf einen angemessenen Preis stellen, und ihre Kunden von dieser Möglichkeit unterrichten.[206]

b) Soft commissions

Soweit der Kunde auch beraten wird oder eine Vollmacht zur Verwaltung seines Portefeuilles erteilt hat, sind nur unter engen Voraussetzungen Vereinbarungen mit anderen *firms* zulässig, nach denen jene den Kundenauftrag ausführen und dafür dem Intermediär einen Teil der vom Kunden getragenen Provisionen und Ausführungskosten in Gestalt bestimmter Gegenleistungen zurückzahlen.[207] Die SFA hat eine detaillierte Liste der Gegenleistungen aufgestellt, deren Erbringung im Rahmen von *soft commission agreements* erlaubt bzw. verboten ist.[208] Danach sind als angemessene Unterstützung der Ausführung von Effektengeschäften bestimmte Beratungsleistungen oder Anlage- und Portfoliobewertungen, *research*, informationstechnologische Dienstleistungen u.ä. anerkannt, soweit diese *softing services* eine angemessene Leistung für das erbrachte Entgelt darstellen und im Rahmen der Beratung oder Portfolioverwaltung tatsächlich Verwendung finden.[209] Zusätzlich muß die *firm* bei Bestehen von *soft commission agreements* den Kunden vor Ausführung der Geschäfte darüber und ggf. auch über Änderungen dieser *agreements* aufklären[210] und sich ferner verpflichten, daß der den Auftrag ausführende Intermediär stets *best execution* sicherstellt und seine Ausführungspraxis und -methode keine Preisnachteile mit sich bringt. Anders als im U.S.-amerikanischen Kapitalmarktrecht[211] werden *soft commission agreements* trotz hinreichender Aufklärung des Anlegers als bedenklich angesehen und daher auch materiell geregelt.

---

205 In Betracht kommt z.B. ein SEAQ *quote*.

206 SIB Core Rule 30; SFA Rule 5-45 (*off-exchange market-making*).

207 SIB Core Rule 3; SFA Rule 5-8. In den U.S.A. werden diese Vereinbarungen als *soft dollar agreements* bezeichnet.

208 SFA, Tables 5-8A und 5-8B.

209 SFA Rule 5-8(1)(a).

210 Zur Information über *soft commission agreements* unten § 12 II 4 c.

211 Dazu unten § 12 I 2 d.

5. *Beschränkungen für konkurrierende Eigengeschäfte*

Das allgemeine Insiderhandelsverbot des Criminal Justice Act von 1993[212] ist auch bei der Ausführung von Kundengeschäften zu beachten.[213] Gleichwohl hat die SFA spezielle Verhaltensregeln erlassen, um die Benachteiligung des Kunden durch konkurrierende Eigengeschäfte (*front-running*) zu verhindern.

a) Customer order priority

Bei der Ausführung von Kundenaufträgen bzw. Propergeschäften in demselben Wert bestimmt sich die Reihenfolge regelmäßig, aber nicht ausnahmslos nach dem zeitlichen Eingang der Order in der Handelsabteilung (*desk*). *Firms* sind verpflichtet, im Einzelfall nach dem Grundsatz der *fairness* über die Reihenfolge zu entscheiden.[214] Danach kann es angemessen sein, eine größere Order des Eigenhandels gegenüber einer kleineren Kundenorder vorzuziehen, weil der Kunde dadurch einen besseren Kurs erzielt.[215]

b) Dealing in front of research

Eigengeschäfte im Zusammenhang mit veröffentlichten Anlageempfehlungen und Finanzanalysen unterliegen strengen Beschränkungen.[216] Wenn eine schriftliche Veröffentlichung bzw. Kundenmitteilung seitens der *firm* oder eines ihr verbundenen Unternehmens beabsichtigt ist, dürfen Eigengeschäfte in den betroffenen Anlagen nicht mehr vorgenommen werden, bis die Kunden hinreichende Reaktionsmöglichkeit zu entsprechenden Orders hatten.[217] Die Wartezeit kann bei Faxmitteilungen an erfahrene Kunden u.U. nur 30 Minuten betragen, bei brieflich übersandten Informationen ist nur so lange zu warten, bis die Kunden aller Wahrscheinlichkeit nach Gelgenheit zur Kenntnisnahme und Reaktion hatten.[218]

---

212 CJA 1993 s 52, *Sabalot* [532].

213 S. auch SIB Core Rule 28; SIB CoB Rule 5.21, PIA Rule Book S5.21.

214 SIB Core Rule 20, SFA Rule 5-37: „A firm must deal with customer and own account orders fairly and in due turn."

215 *J.C.R.White*, para. 11-005.

216 SIB Core Rule 25; SFA Rule 5-36; FIMBRA Rule 28.13, PIA Rule Book F28.13; IMRO Rule 3.12, PIA Rule Book I:3.12.

217 SFA Rule 5-36(1) („reasonable opportunity to react").

218 S. *J.R.C.White*, para. 11-004.

Diese Regel ist allerdings nicht anwendbar, wenn keine wesentliche Kursbeeinflussung von der Veröffentlichung zu erwarten ist oder die Kunden schon mit der Veröffentlichung über die Möglichkeit konkurrierender Eigengeschäfte aufgeklärt worden sind. Darüber hinaus sind Eigengeschäfte unbedenklich, die im Rahmen einer normalen *Market-maker*-Tätigkeit, auf von der Empfehlung unabhängige Weisung eines Kunden oder zur Eindeckung der *firm* getätigt werden, wenn dies zur Erfüllung erwarteter Kundenaufträge geschieht und dadurch der Kurs nicht wesentlich zum Nachteil derjenigen Kunden beeinflußt wird, die auf die Empfehlung hin kaufen oder verkaufen.[219]

6. *Margin regulation*

Nach den *Margin*-Regeln der SROs[220] sind *firms* verpflichtet, von ihren Kunden bei bestimmten Derivategeschäften (*contingent liability transactions*) Sicherheitsleistung in Gestalt von Bargeld, Aktien o.a. zu verlangen, soweit dies bei Börsengeschäften von den Börsen oder Clearingorganisationen vorgeschrieben wird. Die Höhe der erforderlichen Einschüsse bzw. Nachschüsse ist täglich anhand der Kundenpositionen zu überprüfen und bei Verzug des Kunden vorzuleisten.[221] Bei Verzug von mehr als 5 Werktagen muß die Kundenposition glattgestellt werden, soweit die *firm* keinen Kredit gewährt.[222]

III. Interessewahrungs- und Sorgfaltspflichten der IOSCO

Die Bedeutung von Wohlverhaltensregeln für Finanzintermediäre hat seit der zweiten Hälfte der 80er Jahre nicht nur in Großbritannien, sondern auch in anderen Ländern verstärkte Beachtung gefunden. Im Januar 1987 hat die französische *Commission des Opérations de Bourse* (COB) eine Arbeitsgruppe unter der Leitung von *Brac de La Perrière* mit der Ausarbeitung allgemeiner Verhaltenspflichten für Kapitalmarkttransaktionen bzw.

---

219 SFA Rule 5-36(2).

220 SFA Rule 5-28; SIB CoB Rules 11.10 (*initial margin*), 11.12(2) (*excess margin*), PIA Rule Book S11.10, S11.12.

221 SFA Rule 5-28(1)(b).

222 SFA Rule 5-28(5)-(6); SIB CoB Rule 11.12(3), PIA Rule Book S11.12(3).

Finanzdienstleister beauftragt. Auf der Grundlage des Abschlußberichts[223] stellte diese Arbeitsgruppe 1989 konkrete Prinzipien und Empfehlungen auf,[224] die der im Auftrag des Pariser Finanzministeriums erstellte *Rapport Pfeiffer*[225] ergänzte. Diese Aktivitäten haben auch auf die internationale aufsichtsrechtliche Debatte zurückgewirkt, deren Forum die Jahrestagungen und Arbeitsgruppen der IOSCO sind. Die 1974 gegründete *International Organization of Securities Commissions* (IOSCO) mit Sitz in Montreal, Kanada, ist die zwischenstaatliche Vereinigung der Wertpapieraufsichtsbehörden. Die IOSCO hat sich im Rahmen der XIV. Jahrestagung 1989 in Venedig[226] mit der Definition und Harmonisierung von Wohlverhaltensregeln beschäftigt. Grundlage der Diskussion war dabei ein Arbeitspapier[227] des Präsidenten des SIB, *Walker*, das die zehn SIB Principles vorstellte. Die COB hat dazu einen vergleichenden Bericht vorgelegt, der zu sehr ähnlichen Ergebnissen gelangte.[228] Im Anschluß an diese Diskussion setzte das Technical Committee der IOSCO im Januar 1990 eine Arbeitsgruppe[229] unter Leitung von *Fleuriot*[230] ein, die konkrete Vorschläge für internationale *Rules of Conduct* erarbeitete,[231] und legte die Ergebnisse der XV. Jahrestagung 1990 in Santiago de Chile vor, die die Verhaltensregeln als Empfehlung an ihre Mitglieder verabschiedete.

---

223 *Rapport Brac de La Perrière*, La déontologie des activités financières, in Bull. mensuel COB, no. 212, mars 1988.

224 Bilan d'application des propositions du Rapport Brac de La Perrière, Bull. mensuel COB, n. 228, sept. 1989. Dieser Bericht enthält neben 20 Empfehlungen auch 6 Prinzipien: (1) *obligations de moyens*; (2) *information du client*; (3) *meilleure exécution possible*; (4) *transparence et sécurité*; (5) *contrôle des opérations personnelles*; (6) *conflits d'intérêts*.

225 Déontologie boursière, janv. 1990. S. auch *Lavialle*, JCP (Éd. E) 1993, 215.

226 IOSCO, XIV. Jahrestagung vom 18. bis 21. September 1989, 2. Abteilung.

227 IOSCO Working Paper „Principles and Rules for the Conduct of Securities Business", XIV. Jahrestagung.

228 „Observations de la Commission des Opérations de Bourse relatives au document de travail présenté par M. David Walker en vue de l'atelier no. 2 de la 14ème conférence annuelle de l'OICV", p. 4.

229 Mitglieder der Arbeitsgruppe waren Vertreter Deutschlands, Hong-Kongs, Italiens, Japans, Québecs, Schwedens, der Schweiz und des Vereinigten Königreichs sowie der U.S.-amerikanischen SEC und CFTC, s. IOSCO Technical Committee, Report „International Conduct of Business Principles" (July 9, 1990), p. 2, abgedr. im Working Paper „Rules of Conduct" der XV. Jahrestagung der IOSCO, November 1990, Santiago de Chile.

230 Directeur Général bei der COB.

231 IOSCO Technical Committee, Report „International Conduct of Business Principles" (July 9, 1990).

Das *Technical Committee* geht davon aus, daß aufgrund der seit Ende der 70er Jahre verstärkten Internationalisierung und Institutionalisierung der Kapitalmärkte der Marktzutritt, die Anlagebereitschaft und das Vertrauen kleinerer Anleger gefährdet seien. Zur Vereinheitlichung der nationalen Verhaltensregeln sei die Formulierung eines internationalen Verhaltensstandards der Finanzdienstleister erforderlich, der aber hinreichend flexibel gehalten werden müsse, um den unterschiedlichen Erwartungen der *professional* bzw. *non-professional market participants* Rechnung zu tragen.[232] Die *Rules of Conduct* sollen nach Ansicht des *Technical Committee* vor allem die Interessen der Kunden von Finanzdienstleistern schützen und die Integrität des Marktverhaltens der Intermediäre fördern.[233] Die Verhaltensregeln sind zu unterscheiden von Insiderhandels- und allgemeinen Marktmanipulationsverboten.[234] Kernstück der IOSCO-Verhaltensregeln sind sieben *International Conduct of Business Principles* (IOSCO Principles),[235] die von offiziellen Kommentaren begleitet werden.

Die IOSCO Principles richten sich an Finanzintermediäre bzw. ihre Mitarbeiter und sind auf den Handel und die Beratung in Wertpapieren (*securities*) und Derivaten (*derivative instruments*) anwendbar.[236] IOSCO Principle 1 stellt eine allgemeine Interessewahrungspflicht auf und untersagt irreführendes Marktverhalten.[237] Diese Regel steht zwar in der Formulierung dem britischen SIB Principle 1[238] nahe, betont aber im begleitenden *comment*[239] auch die Herkunft aus der U.S.-amerikanischen *antifraud regulation*. Im Anschluß an das SIB Principle 6[240] hebt IOSCO Principle 6[241] die Pflicht zur Vermeidung bzw. Beherrschung von Interessenkonflikten hervor.

---

232 *Id.*, Part 1, p. 3 et seq.

233 *Id.*, Part 1, p. 5.

234 *Ibid.*

235 IOSCO Technical Committee, Report „International Conduct of Business Principles", Part 2-IV, pp. 8-9.

236 *Id.*, Part 2-III, p. 7.

237 IOSCO Principle 1 lautet: „In conducting its business activities, a firm should act honestly and fairly in the best interest of its customers and the integrity of the market."

238 „Integrity", *Sabalot* [1302].

239 „This principle includes any obligation to avoid misleading and deceptive acts or representations."

240 „Conflicts of interest", *Sabalot* [1306].

241 „A firm should try to avoid conflicts of interest, and when they cannot be avoided, should ensure that its customers are fairly treated." Dazu *comment*: „This principle recognizes that conflicts of interest may be managed, and that

IOSCO Principle 2[242] enthält eine allgemeine Sorgfaltspflicht, die im wesentlichen die Anforderungen von SIB Principle 2[243] wiedergibt. Der Kommentar des *Technical Committee* nimmt in diesem Zusammenhang ausdrücklich auf das Prinzip der *best execution* bei der Ausführung von Effektengeschäften Bezug.

§ 10 Interessewahrungs- und Sorgfaltspflichten unter dem WpHG

I. Grundlagen

1. Prinzip der Interessewahrung

Der 5. Abschnitt des WpHG setzt das Ziel des Anleger- und Funktionenschutzes in einzelne Anweisungen an die Wertpapierdienstleistungsunternehmen um. Die Verhaltenspflichten der §§ 31 und 32 WpHG stellen zum einen Standards für die *Durchführung* der Wertpapierdienstleistung auf, zum andern regeln sie die *Kommunikation* zwischen dem Intermediär und dem Kunden. § 31 Abs. 1 WpHG verlangt die Beachtung der Sorgfalt des sachkundigen Marktintermediärs und – in Verbindung mit § 33 Abs. 1 Nr. 2 WpHG[244] – die Vermeidung bzw. Beherrschung von Interessenkonflikten, die durch eine multifunktionale Tätigkeit für unterschiedliche Kunden und für eigene Rechnung entstehen können. Hinzu kommen § 31 Abs. 2 und § 32 WpHG, die die Erbringung und Gestaltung von Informationsleistungen (Aufklärung, Empfehlung) regeln.[245] Leitmotiv dieser Verhaltenspflichten ist entsprechend den Vorgaben in der Wertpapier-

proper management to ensure fair treatment of customers may require disclosure, internal rules of confidentiality, or other appropriate methods or combinations of methods."

242 „In conducting its business activities, a firm should act with due skill, care and diligence, in the best interests of its customers and the integrity of the market."

243 „Skill, care and diligence", *Sabalot* [1303].

244 Dazu oben § 9 II.

245 Zu diesen auf die Kommunikation mit dem Kunden bezogenen Pflichten gehören ferner die Regeln, die das BAWe im Rahmen seiner Mißstandsaufsicht nach § 36b WpHG (Werbung) entwickeln wird.

dienstleistungsrichtlinie[246] der Grundsatz der Interessewahrung. Sowohl die qualifizierte Sorgfaltspflicht[247] als auch die Pflicht zur Beherrschung von Interessenkonflikten[248] soll der Wahrung des Kundeninteresses dienen. Ebenso stehen die Informations- und Erkundigungspflicht unter dem Vorbehalt des Kundeninteresses.[249]

Der Interessewahrungsgrundsatz gehört zum weithin anerkannten *acquis juridique* an den internationalen Kapitalmärkten. Die Interessewahrungspflicht unter dem WpHG entspricht dem *Fair-dealing*-Grundsatz, den die NASD bereits 1939 aufgestellt hat[250] und der zum Leitprinzip der U.S.-amerikanischen[251] und britischen[252] *conduct-of-business rules* und – auf internationaler Ebene – der IOSCO-Regeln[253] erhoben wurde. Die Verklammerung der Verhaltenspflichten des WpHG durch das einheitliche Prinzip der Interessewahrung spiegelt den anglo-amerikanischen Einfluß auf die Entwicklung des europäischen Kapitalmarktrechts wider.

Die Pflicht zur Interessewahrung stellt auch eine Ausprägung der ökonomischen Funktion dar, die das Wertpapierdienstleistungsunternehmen als Finanzintermediär am Kapitalmarkt wahrnehmen soll: Als Sachwalter der Interessen des Kapitalgebers wird ihm die Aufgabe rechtlich verbindlich zugewiesen, die Transaktionskosten von Kapitalgebern und -nehmern im Rahmen ihrer Finanzbeziehung zu senken[254] und die Anreize für Kapitalgeber zu erhöhen, ihre Finanzmittel am Markt überhaupt anzubie-

---

246 Vgl. Art. 11 Abs. 1 Satz 4, 1. Spiegelstrich („recht und billig im bestmöglichen Interesse ihrer Kunden"), 2. und 7. Spiegelstrich, ABl. EG Nr. L 141/37 vom 11.6.1993. Dazu auch *Wymeersch*, Revue (belge) de la Banque 1995, 574, 582.

247 § 31 Abs. 1 Nr. 1 WpHG („im Interesse seiner Kunden"). Das Gebot der Fremdnützigkeit läßt sich weder sprachlich noch inhaltlich aus der Sorgfaltspflicht selbst (*care and diligence*, *le soin et la diligence*) ableiten, zutreffend *Blair*, p. 8; a.A. *Koller* in Assmann/Schneider, § 31 Rz. 5, 7.

248 § 31 Abs. 1 Nr. 2 WpHG („unter der gebotenen Wahrung des Kundeninteresses").

249 S. § 31 Abs. 2 Satz 1 WpHG a.E. („zur Wahrung der Interessen des Kunden"), § 32 Abs. 1 Nr. 1 WpHG (Verbot der Empfehlung, die „nicht mit den Interessen des Kunden übereinstimmt"). Dazu unten § 13 I 5.

250 NASD Rules of Fair Practice Art. III § 1, NASD Manual (CCH) ¶ 2101 (1994), NASD Rule 2310, NASD Manual (1998) („fair dealing").

251 S. oben § 4 I 2 (*shingle theory*).

252 S. FSAct Schedule 8, para. 1A („high standards of integrity and fair dealing"), *Sabalot* [225]; SIB Principle 1, *ibid.* [1302].

253 S. oben § 9 III.

254 Zur operationalen Effizienzfunktion oben § 3 I 2 b.

ten,[255] um gesamtwirtschaftlich die optimale Zuordnung (*effiziente Allokation*) von Anlage- und Finanzbedarf zu fördern.

a) Zum sachlichen Anwendungsbereich

Diese Funktion ist unabhängig von der rechtlichen Ausgestaltung des Effektengeschäfts; denn sowohl bei Kommissions- und Vermittlungsgeschäften als auch bei Festpreisgeschäften mit Finanztiteln vermittelt der Intermediär den Zugang zum Kapitalmarkt. Die Interessewahrungspflichten nach §§ 31 und 32 WpHG sind daher auf die verschiedenen Formen des Effektengeschäfts (Kommissions-, Vermittlungs- und Festpreisgeschäft) anwendbar.[256] Zwar entspricht es der zivilrechtlichen Tradition sowohl in Deutschland (§ 675 BGB, §§ 383 ff. HGB) als auch im englischen und U.S.-amerikanischen *common law* (*agency principles*, *fiduciary duties*), zwischen diesen Geschäftsarten zu unterscheiden und dem *broker* bei Kommissions- und Vermittlungsgeschäften (*brokerage services*) im Gegensatz zum Eigenhandel (Austauschvertrag) besondere Treu- und Schutzpflichten gegenüber seinem Kunden aufzuerlegen.[257] Wegen der inhärenten Risiken von Kapitalmarkttransaktionen und der daraus resultierenden Schutzbedürftigkeit der Kapitalanleger hat das U.S.-amerikanische Aufsichtsrecht den Schutzbereich auf den Bereich der Festpreisgeschäfte (*dealings*) ausgedehnt, die *at arm's length* bzw. unter dem Regime *caveat emptor* abgeschlossen werden. Als theoretische Grundlage für einen einheitlichen Verhaltensstandard für Effektengeschäfte ist die *shingle theory* angesichts von Mißständen in der Preisgestaltung von *securities dealers* in den U.S.A. entwickelt worden. Im Laufe von Jahrzehnten wurde die *shingle theory* auf andere Bereiche ausgedehnt. Da die *fiduciary obligations* von *brokers* (*agents*) den Kunden (*principals*) bereits einen weitgehenden Schutz bieten, greift die *shingle theory* gerade insbesondere in die Rechte und Pflichten der Vertragsparteien bei Festpreisgeschäften ein. Die Anlegerschutzvorschriften erweisen sich nachgerade als Vehikel zur Übertragung von bestimmten Schutzpflichten des *law of agency* auf das Verhältnis von *dealers* zu ihren Kunden.[258]

---

255 Zur institutionellen Effizienzfunktion oben § 3 I 2 c.

256 Dazu oben § 2 I.

257 Vgl. einerseits BGH, WM 1959, 999, 1001 (Prinzip der Interessewahrung gilt bei Eigengeschäften grundsätzlich nicht); *Koller* in Großkomm z. HGB, § 384 Rz. 3; andererseits *Law Commission*, Consultation Paper No 124, paras. 2.4.3 et seq.; *Poser*, pp. 77 et seq.

258 Dazu oben § 4 I 2.

Diese Entwicklung war in den U.S.A. durch den weiten Anwendungsbereich des Securities Exchange Act[259] vorgeprägt. Auch im britischen Aufsichtsrecht,[260] in den Regeln der IOSCO[261] und der Wertpapierdienstleistungsrichtlinie haben die Verhaltensregeln einen weiten Anwendungsbereich, der neben dem Kommissions- und Vermittlungsgeschäft und speziellen Dienstleistungen, wie z.B. der Vermögensverwaltung, Emissionshelferaktivitäten und der Anlageberatung, die ähnlich wie das Kommissionsgeschäft bereits privatrechtlich mit besonderen Treupflichten des *professional* verbunden sind, auch das Festpreisgeschäft (*dealing as principal*) umfaßt. Festzuhalten ist, daß die aufsichtsrechtliche Interessewahrungspflicht des Wertpapierdienstleistungsunternehmens in ihren einzelnen Ausprägungen in §§ 31 ff. WpHG nach dem Vorbild der EG-Richtlinie auch für Festpreisgeschäfte gilt.[262] Für das deutsche Kapitalmarktrecht bestätigt diese Rechtslage nur die auch im Bankprivatrecht wegen des Vertrauenscharakters von Wertpapiertransaktionen festzustellende Tendenz zur Vereinheitlichung der Verhaltenstandards des Kommissionärs und des unmittelbar Lieferung schuldenden Effektenverkäufers:[263] Zwar werden beide Rechtsformen und die sie begleitenden Pflichtenregimes grundsätzlich unterschieden, weil die *Haupt*pflichten auf unterschiedliche Erfolge (Bemühung bzw. Lieferung) gerichtet sind. Der Kunde erhält bei Vertragsabschluß bereits einen Lieferanspruch zu einem verbindlichen Preis, während es beim Kommissionsgeschäft von den Bemühungen des Intermediärs abhängt, ob, wann und zu welchen Konditionen ein Vertrag mit einem anderen Marktteilnehmer abgeschlossen wird. Auch in der Praxis werden sie nach dem Wegfall des AGB-mäßigen Selbsteintritts der Kreditinstitute[264] klar getrennt.[265] Davon abgesehen

---

259 S. z.B. SEA § 10(b) („directly or indirectly" ... „in connection with the purchase or sale of any security"); SEA § 15(a) (betreffend *brokers* und *dealers*).

260 Vgl. FSAct Schedule 1, Part II paras. 12-16 mit Part III para. 17, *Sabalot* [213] et seq. S. auch SFA Rule 5-39(1) („deal[ing] *with* or *for* a private customer").

261 Dazu oben § 9 III.

262 Zu eng *Kümpel*, WM 1995, 689; *ders.* in Kümpel/Ott, S. 55, 60.

263 S. *Canaris*, Bankvertragsrecht (2. Bearb.), Rz. 1823, 1947 a.E., 1896 (für Aufklärungs- und Beratungspflichten); *Hopt*, Kapitalanlegerschutz, S. 244 f.; *Koller* in Assmann/Schneider, Rz. 19 vor § 31.

264 Dazu früher Nr. 29 AGB-pB bzw. Nr. 39 AGB-Sp, s. *Fischer/Klanten*, Rz. 7.28; *v.Dalwigk zu Lichtenfels*, S. 95 ff.

265 Vgl. Nr. 1 Abs. 1 AGB-Wp (Regelausführung als Kommission) und Nr. 9 AGB-Wp (Festpreisgeschäft); s. auch *H.Roth* in Assmann/Schütze, § 11 Rz. 54 ff.

treten bei Kommissions- und Festpreisgeschäften ähnliche Konflikte auf, die im Aufsichtsrecht wegen seines weiten Anwendungsbereichs einheitlich behandelt werden. Dies betrifft nicht nur die Informationspflichten[266] des Wertpapierdienstleistungsunternehmens, sondern auch limitierte Festpreisgeschäfte und andere Fälle, in denen die Durchführung des Festpreisgeschäfts vom Intermediär einseitig bestimmt wird.[267]

Auch wenn Festpreisgeschäfte – auch nach Nr. 9 AGB-Wp – nur durch ausdrückliche Vereinbarung bei Abgabe der Order zustande kommen, spielen sie in der Praxis nach Beseitigung des Selbsteintrittsrechts in den AGB-Wp (insbesondere im Großkundengeschäft) eine Rolle. Da es aber in der Retail-Praxis dem Effektenkunden auf die rechtliche Ausgestaltung nicht wesentlich ankommt, erscheint eine Vereinheitlichung von Verhaltenspflichten im Hinblick auf die Durchführung der Finanzintermediation ökonomisch gerechtfertigt, soweit dadurch der Intermediär nicht einseitig mit Risiken belastet wird, die seine eigene Funktionsfähigkeit gefährden oder seine Wettbewerbsposition aushöhlen.

b) Bestimmung des Kundeninteresses

Ziel der Verhaltenspflichten im WpHG ist die Wahrung der konkreten Interessen des jeweiligen Kunden im Einzelfall.[268] Das Wertpapierdienstleistungsunternehmen hat grundsätzlich die besonderen Umstände jedes einzelnen Kunden zu berücksichtigen, auch wenn in der Praxis eine gewisse Standardisierung (Kundengruppen) angestrebt wird.[269] Ausgangspunkt für die Bestimmung des konkreten Kundeninteresses sind die Angaben, Anträge und Weisungen des Kunden, die er dem Wertpapierdienstleistungsunternehmen als Grundlage der vertraglichen Vereinbarung zur Kenntnis bringt, soweit sie als legitimer Ausdruck seines Interesses anzusehen sind und sich im Rahmen des rechtlich Erlaubten bewegen. Danach sind offensichtlich widersprüchliche Angaben und erkennbare Manipulationsabsichten nicht beachtlich.[270] Innerhalb dieser Grenzen hat das Wertpapierdienstleistungsunternehmen das *subjektive Interesse* des Kunden zu erforschen. Der Kunde kann durch Angaben, Weisungen und Ver-

---

266 S. unten § 13.

267 *Canaris* nennt den Fall, daß die Bank sich die Preisbestimmung vorbehalten hat (§ 315 BGB), s. *dens.*, Bankvertragsrecht (2. Bearb.), Rz. 1947 a.E.

268 Zutreffend *Koller* in Assmann/Schneider, § 31 Rz. 10.

269 Dazu unten § 10 I 1 c.

270 Das Wertpapierdienstleistungsunternehmen hat auch bei der Ausführung von Kundengeschäften das Insiderhandelverbot nach § 14 WpHG oder börsenrechtliche Kursmanipulationsverbote (z.B. § 88 BörsG) zu beachten.

einbarungen mit dem Unternehmen seine „Interessen" selbst definieren und mithin die Reichweite der Verhaltenspflichten selbst mitbestimmen.

Die Bestimmung des Kundeninteresses durch eigene Weisungen oder seine vertragliche Festlegung ist nicht gleichzusetzen mit einer vertraglichen Abbedingung des aufsichtsrechtlichen Pflichtenkanons. Denn die Berücksichtigung der Angaben und rechtsgeschäftlichen Vereinbarungen führt nicht zu einem „Verzicht" auf die Einhaltung der §§ 31 ff. WpHG, deren Geltung wegen des öffentlich-rechtlichen Charakters der Normen[271] ohnehin nicht zur Disposition der diesen Normen Unterworfenen steht,[272] sondern ist in §§ 31 ff. WpHG selbst angelegt. Im Rahmen der Kontrolle nach dem AGB-Gesetz (§§ 8 und 9 ff. AGBG) sind zur Standardisierung des Effektengeschäfts auch formularmäßige Abreden zwischen dem Kunden und dem Wertpapierdienstleistungsunternehmen zur Definition des Kundeninteresses zulässig.[273] Denn zwingend ist zwar die Interessewahrungspflicht des Unternehmens, sie richtet sich aber nach dem im Einzelfall privatautonom bestimmten Interesse.

Mißverständlich ist daher die teilweise im Schrifttum vertretene Ansicht, das Interesse des Kunden im Sinne des § 31 Abs. 2 WpHG müsse „objektiv" bestimmt werden,[274] um der „Schutzbedürftigkeit"[275] des

271 Zur Rechtsnatur oben § 5 II.

272 S. auch *Koller* in Assmann/Schneider, Rz. 16 vor § 31, § 31 Rz. 37; *Kümpel*, WpHG, S. 175; *Cahn*, ZHR 162 (1998), 1, 34.

273 Dazu *Balzer*, DB 1997, 2311, 2316 f. Zu beachten ist, daß die Vorgaben der §§ 31 ff. WpHG – wenn sie im Rahmen der Inhaltskontrolle nach § 9 AGBG herangezogen werden – eigene wertpapieraufsichtsrechtliche Mindeststandards enthalten und nicht lediglich bestehende Grundsätze der Rechtsprechung kodifizieren. Mißverständlich daher LG Köln, Urt. v. 12.6.1997, WM 1997, 1479, 1480 f.

274 *Schwark* in Bankrechtstag 1995, S. 127; *Köndgen*, ZBB 1996, 361, 365 („wohlverstandene[s] Interesse des Kunden"); *Cahn*, ZHR 162 (1998), 39 ff.

275 *Koller* in Assmann/Schneider, § 31 Rz. 97: Insoweit will *Koller* den Wortlaut des WpHG mit Hinweis auf die EG-Richtlinie überhaupt ignorieren und die Interessewahrung als Berücksichtigung der Schutzbedürftigkeit bzw. Professionalität (Art. 11 der EG-Richtlinie) auslegen, die offensichtlich nur objektiv bestimmt werden solle, da eine rechtsgeschäftliche Einschränkung der „Anlageberatung" selbst bei professionellen Kunden abgelehnt bzw. die Verweigerung der Beratung nur nach Überprüfung der tatsächlichen Schutzbedürftigkeit anerkannt werde, ebda., Rz. 128, 135-137. Er widerspricht damit aber seiner eigenen Annahme, daß mit den Interessen des Kunden „nicht die objektiven oder die legitimen, sondern die konkreten individuellen Interessen des Kunden" gemeint seien, ebda., Rz. 10 und 81 a.E. (gegen objektives Verständnis der nach § 31 Abs. 2 Nr. 2 WpHG erforderlichen Informationen).

Kapitalanlegers gerecht zu werden. Nach jener Ansicht setzt die objektive Ermittlung des Kundeninteresses bzw. seiner Schutzbedürftigkeit die Erforschung der tatsächlichen persönlichen Verhältnisse des Kunden voraus, die gerade in § 31 Abs. 2 Nr. 1 WpHG geregelt sei. Dem ist *zum einen* entgegenzuhalten, daß auch ein verbraucherpolitisch motivierter Anlegerschutz nicht zu einer Bevormundung des Kunden führen darf:[276] Soweit der Kunde hinreichend informiert ist,[277] ist die Definition seiner Interessen beim Effektengeschäft zu respektieren. Falls sich der Kunde auf Grund seiner Angaben, Anträge und Weisungen als ein intellektuell unterlegener und wirtschaftlich leistungsschwacher Kapitalmarktteilnehmer und daher als besonders schutzbedürftig erweist, wirkt sich dies im Rahmen der Anlageberatung auf den Umfang der Informationspflichten nach § 31 Abs. 2 WpHG aus. Dabei ist schon hier[278] darauf hinzuweisen, daß auch das Informationsbedürfnis des Kunden unter dem Vorbehalt seiner durch Weisungen, Angaben und Abreden zum Ausdruck gebrachten „Informationsinteressen" steht. In diesem Zusammenhang ist insbesondere die Behandlung der sog. Discount-Geschäfte umstritten, deren vertragliche Grundlage regelmäßig der Ausschluß bzw. die Einschränkung der Anlageberatung ist.[279] Soweit der Kunde über die Dienstleistungen und die Gefahren des Beratungsausschlusses hinreichend unterrichtet ist, entspricht die vertragliche Beschränkung der Dienstleistung auf reine Ausführungsleistungen sogar dem Leitbild des Gesetzes, das die Anlageberatung als eigene Nebendienstleistung[280] konstitutiert.[281] Die geschäftliche Entscheidung, Discount-Geschäfte ohne umfassende Beratung abzuschließen, bleibt dem Kunden vorbehalten. Andernfalls wäre im übrigen die Gestaltung der einzelnen Dienstleistungen und Informationsleistungen allein dem Wertpapierdienstleistungsunternehmen überlassen und dem Einfluß des Kunden entzogen.[282]

Zum andern spricht gegen die objektive Interessenbestimmung, daß Adressaten der Verhaltenspflichten die privatrechtlich tätigen[283] Wert-

276 S. oben § 3 II.
277 Zum Mindeststandard der Informationspflichten s. unten § 13 I 3, II.
278 S. eingehend unten § 13 I 5.
279 Zur Informations- und Erkundigungspflicht des Discount-Broker unten § 13 I und II.
280 § 2 Abs. 3a Nr. 3 WpHG.
281 Dazu näher unten § 13 III.
282 So aber in der Konsequenz *Cahn*, ZHR 162 (1998), 39 f.
283 Auch die öffentlich-rechtlich organisierten Banken, s. § 37 Abs. 1 Nr. 2 WpHG.

papierdienstleistungsunternehmen sind, deren Verhalten nach öffentlichem Aufsichtsrecht durch das BAWe nur überwacht wird.[284] Zwar sind im Verwaltungsrecht Normen Legion, die von staatlichen Stellen eine Beurteilung der Interessen bestimmter Rechtssubjekte (z.B. Antragsteller, Nachbarn) oder des öffentlichen Interesses nach objektiven Maßstäben verlangen;[285] diese Beurteilung erfolgt auf der Tatbestandsseite der Norm und ist nach h.M. im wesentlichen gerichtlich überprüfbar.[286] Ein Wertpapierdienstleistungsunternehmen ist jedoch zur objektiven Ermittlung des Kundeninteresses gar nicht in der Lage, weil ihm die gesetzlichen Befugnisse der staatlichen Stellen fehlen, die z.B. Behörden oder der Staatsanwaltschaft eine effektive Tatsachenermittlung und objektive („paternalistische") Beurteilung ermöglichen.[287] Im Gegensatz dazu ist daher ist im Kommissionsrecht anerkannt, daß der Grundsatz der Interessewahrung nach § 384 Abs. 1 Halbsatz 2 HGB als vertragliche Fundamentalpflicht des Kommissionärs auf die eigens zum Ausdruck gebrachten Interessen („Anweisungen") bzw. die erkennbaren subjektiven Interessen des Kommittenten abstellt. Ähnliches gilt für die Vermögensverwaltung.[288] Eine Ausnahme ist allenfalls für den Sonderfall der Testamentsvollstreckung anzuerkennen.[289]

---

284 Die Rechtsanwendung und Gesetzesauslegung des Wertpapierdienstleistungsunternehmens wird vom BAWe und mittelbar von den Verwaltungsgerichten im Rahmen von Rechtsschutzverfahren gegen Verwaltungsakte des BAWe, die auf der Grundlage des § 4 Abs. 1 Satz 2 WpHG gegen Wertpapierdienstleistungsuntenehmen wegen eines Verstoßes gegen die Verhaltensregeln ergangen sind, überprüft, dazu oben § 6 I 2.

285 Beispielsweise hat die Prüfstelle für kinder- und jugendgefährdende Schriften nach § 9 GjS die Interessen von Kindern und Jugendlichen im Hinblick auf die Gefährdung ihrer sittlichen Entwicklung nach einem objektivierten Maßstab zu berücksichtigen: § 1 Abs. 1 GjS („Schriften, die geeignet sind, Kinder oder Jugendliche sittlich zu gefährden"; „besonderer Härtefall"; „Bedürfnis").

286 Zu Einschränkungen der gerichtlichen Überprüfung vgl. BVerwGE, Urt. v. 4.2.1982, BVerwGE 65, 19, 22 (uneingeschränkte Überprüfung bei § 10 Abs. 3 BÄO) und BVerwG, Urt. v. 16.12.1971, BVerwGE 39, 197 (eingeschränkte Nachprüfbarkeit von § 1 GjS); zusammenfassend m.w.N. *Papier*, DÖV 1986, 621, 623 ff.; *Maurer*, § 7 Rz. 26 f.; *Zippelius*, S. 95 f.

287 § 24 VwVfG (für Bundesbehörden); §§ 163 ff. StPO (für die Staatsanwaltschaft und ihre Hilfsbeamte).

288 S. zusammenfassend *Schäfer* in Assmann/Schütze, § 28 Rz. 12 ff.

289 S. § 2216 BGB (Pflicht zur ordnungsgemäßen Verwaltung des Testamentsvollstreckers, auch im Fall mangelnder entsprechender Anordnungen des Erblassers).

c) Kundengruppen?

In der Praxis ist eine Typisierung des Kundeninteresses anhand der persönlichen Verhältnisse des Kunden üblich.[290] Gleichwohl geht das WpHG grundsätzlich von einem einheitlichen Kundenbegriff aus, nach dem jeder Vertragspartner bei der Erbringung einer Wertpapierdienstleistung als „Kunde" anzusehen ist. Im Gegensatz zur britischen Regelung, die eine mehrfache Differenzierung nahelegt[291] und einzelne Kundengruppen (*non-customers*, *non-private customers*, *private customers*) mit unterschiedlich hohen Schutzwällen umgibt, enthält § 37 Abs. 2 Satz 1 WpHG lediglich Einschränkungen für Wertpapierdienstleistungsunternehmen, die als „Kunden" (d.h. mit anderen Wertpapierdienstleistungsunternehmen) Börsengeschäfte abschließen. In diesem Fall gelten die Verhaltenspflichten der §§ 31 und 32 WpHG nicht.[292]

Die Berücksichtigung der persönlichen Verhältnisse des Kunden wird von Art. 11 Abs. 1 Satz 2 der EG-Richtlinie vorgegeben, der von den Mitgliedstaaten die Anpassung der Verhaltenspflichten an den Grad der „Professionalität" des Kunden fordert.[293] Diese Anpassung setzt nicht notwendig eine Typisierung der Anlegergruppen voraus. Das WpHG wird diesem Auftrag durch eine am Grundsatz der Erforderlichkeit orientierte, offene Regelung gerecht, nach der – wie in der Stellungnahme des Finanzausschusses betont wurde[294] – bei der Bestimmung des für die Durchführung der Dienstleistung maßgeblichen Kundeninteresses das jeweilige „Kundenprofil" berücksichtigt werden muß. Für eine umfassende Trennung der Pflichtenkreise etwa zwischen *retail* und *wholesale business* gibt es aber keinen hinreichenden gesetzlichen Ansatzpunkt. Die jüngere Entwicklung an den großen Auslandsmärkten zeigt sogar, daß auch für *sophisticated investors*[295] oder *wholesale market participants*[296] ein Mindest-

---

290 Zur Bankpraxis näher unten § 11 II.

291 Vgl. FSAct Schedule 8, para. 12 (*classes of investors*) und FSAct Schedule 1, Part III, para. 17(2)(a) (keine Anwendung des FSAct auf *dealings* von *authorised persons*), zu den einzelnen Kundengruppen oben § 9 II 2.

292 Die Ausnahme von § 34 WpHG ist auf börsliche Festpreisgeschäfte zwischen Wertpapierdienstleistungsunternehmen beschränkt, s. § 37 Abs. 2 Satz 2 WpHG.

293 Dazu näher unten § 13 I 4.

294 BT-Drucks. 12/7918 vom 15.6.1994, S. 104.

295 S. FIA, Financial Integrity Recommendations Nos. 32 et seq. (1995).

296 Zur Revision des London Code of Conduct (1992/1995) *Page* in *Taylor*, [1996] Butterworths JIBFL at 424 et seq. Kritisch zu den Einschränkungen der *trading rules* im *professional proprietary market* z.B. *Corcoran*, Bericht auf

maß an Verhaltensregeln auch im Hinblick auf ihr internes Risikomanagment[297] erforderlich ist. Um eine praxisgerechte Lösung zu erreichen, erscheint es geboten, bei den einzelnen Verhaltenspflichten zu prüfen, ob eine typisierende Berücksichtigung des Kundenprofils angemessen ist. Dieser Ansatz entspricht der Haltung des BAWe, dessen Richtlinie im Grundsatz vom *einheitlichen Kundenbegriff* ausgeht und einzelne Kunden nur im Hinblick auf die Erkundigungs- und Informationspflichten des § 31 Abs. 2 WpHG privilegiert.[298] Darüber hinaus führt die Richtlinie an einer Stelle auch den – allerdings nicht definierten – Begriff des „Privatkunden" ins deutsche Aufsichtsrecht ein.[299]

2. *Qualifizierte Sorgfaltspflicht*

Die von § 31 Abs. 1 Nr. 1 WpHG geforderte Sorgfalt ist ein eigener aufsichts- bzw. berufsrechtlicher Verhaltensstandard. Nach Maßgabe der zivilrechtlichen Grundsätze des § 276 Abs. 1 Satz 2 BGB ist das Wertpapierdienstleistungsunternehmen verpflichtet, die im Verkehr erforderliche Sorgfalt des sachkundigen Fiannzintermediärs zu beachten.[300] Dieser *objektive Maßstab* gilt der Sache nach auch im Wertpapieraufsichtsrecht.[301] Die bei der Durchführung einer Wertpapierdienstleistung gebotene Sorgfalt und Gewissenhaftigkeit wird wesentlich bestimmt durch das erforderliche Niveau der wirtschaftlichen, marktbezogenen, rechtlichen und technischen Sach- bzw. Fachkenntnisse.[302]

---

dem International Regulators Meeting in London (June 10, 1996), pp. 21 et seq.

297 Große Verluste und Pleiten, die durch Fehlverhalten eines Marktteilnehmers ausgelöst sind, untergraben das Vertrauen am Markt und mittelbar die Solvenz anderer Marktteilnehmer, dazu *Taylor*, [1996] Butterworths JIBFL 423, 424.

298 S. Ziffer 3.6 der Richtlinie des BAWe, dazu unten § 13 I 5, II.

299 Ziffer 4.4 Abs. 1 (Wertpapierzuteilung), dazu unten § 10 II 4 b.

300 Überblick zur handlungstypischen Konkretisierung des objektiven Sorgfaltsmaßstabs *Palandt/Heinrichs*, § 276 Rz. 16 f.

301 Für das britische und U.S.-amerikanische Recht ähnlich *Blair*, p. 8 (Hinweis auf *Negligence*-Standard des *common law*), bzw. *Poser*, pp. 136 et seq. S. auch *Koller* in Assmann/Schneider, § 31 Rz. 7, 5.

302 S. Art. 11 Abs. 1 Satz 4, 2. Spiegelstrich der EG-Richtlinie (*due skill, compétence*).

Die Sachkunde des Wertpapierdienstleistungsunternehmens bzw. seiner Mitarbeiter ist zwar stets auf die im Einzelfall zu erbringende Dienstleistung, z.B. die Ausführung und Abwicklung oder die Anlageberatung, zu beziehen. § 31 Abs. 1 Nr. 1 WpHG enthält aber eine „offene“ Blankettregelung und trifft – wie international üblich[303] – keine weitere Konkretisierung des Sorgfaltsmaßstabs. Eine detaillierte Regulierung der für jede einzelne Wertpapierdienstleistung erforderlichen Sachkunde und der damit verbundenen organisatorischen Vorkehrungen[304] wird auch nicht in der Richtlinie des BAWe vom 26. Mai 1997 versucht und wäre verfehlt, weil die Sorgfaltsstandards von den Eigenschaften und Risiken des Geschäfts und des Kunden im Einzelfall abhängen und sich ständig an die Neuentwicklung von Finanzprodukten und das rasche Fortschreiten der technischen Entwicklung anpassen müssen.

Zur Förderung und Standardisierung der Sachkunde des Wertpapierdienstleistungsunternehmens ist die Überwachung der theoretischen Fachkenntnisse der verantwortlichen und der an der Ausführung beteiligten Mitarbeiter geboten. In den U.S.A. müssen *broker-dealers* ihre Fachkompetenz vor der Aufnahme in die NASD[305] und der Zulassung zum Handel an der Börse[306] durch eine *qualification examination* nachweisen. Auch die SFA führt eigene Prüfungen für Mitarbeiter von *firms* durch, die in direkten Kundenkontakt (u.a. *marketing*, *sales*) treten.[307] Entsprechende Eignungsprüfungen sind im deutschen Finanzaufsichtsrecht traditionell unbekannt.[308] Nach § 1 Abs. 2 KWG ist lediglich bei der Bestellung von Geschäftsleitern die Eignung und Zuverlässigkeit zu überprüfen. Im übrigen ist die Aus- und Fortbildung im wesentlichen der Selbstverwaltung der Kreditinstitute,[309] den Verbänden (DVFA u.a.) und der Gewerbeaufsicht

303 S. IOSCO Principle 2; NASD Rules of Fair Practice Art. III § 1 bzw. NASD Rule 2310; SIB Principle 2.

304 Nach § 33 Nr. 1 WpHG hat das Wertpapierdienstleistungsunternehmen hinreichende materielle und personelle Mittel zur Durchführung der Dienstleistung vorzuhalten.

305 NASD Bylaws, Schedule C, NASD Manual (CCH) ¶ 1102A (1994).

306 S. z.B. NYSE Rule 345, 2 NYSE Guide (CCH) ¶ 2345.15 (as amended February 4, 1988).

307 S. nur *J.R.C.White*, para. 3-005(3).

308 Dies gilt im Grundsatz auch für Börsenmakler, s. *Ledermann*, S. 23 mit Hinweis auf § 2 Abs. 1 Maklerordnung München (Bankpraxis und praktische Erfahrungen im Wertpapierhandel); an der Frankfurter Wertpapierbörse besteht allerdings eine Prüfungsordnung für Kursmaklervertreter.

309 *Compliance*-Maßnahmen nach § 33 Nr. 1 WpHG. S. auch die Mitarbeiterleitsätze des BAKred vom 30.12.1993, die eine regelmäßige Schulung und hinrei-

der Industrie- und Handelskammern überlassen. Eine gewisse Regulierung ist lediglich in der staatlichen Anerkennung des Ausbildungsberufs „Bankkaufmann" zu sehen, dessen Erlernen zwar bei Mitarbeitern von Kreditinstituten verbreitet, aber für unabhängige Anlagevermittler oder -berater keine Voraussetzung ist. Zweifelhaft ist, ob eine Einzelfallprüfung der Zuverlässigkeit und Eignung durch das BAKred oder das BAWe praktikabel wäre. Im Hinblick auf die Mißstände im unteren Marktsegment („grauer Kapitalmarkt") erscheint die Einführung einer allgemeinen staatlichen Prüfung der Kenntnisse des Marktintermediärs bzw. aller verantwortlichen Mitarbeiter sachgerecht, soweit die Kenntnisse nicht in sonstiger Weise, insbesondere durch die Absolvierung einer Banklehre oder bankbetriebswirtschaftliche Studien, nachgewiesen werden.[310]

II. Interessewahrungs- und Sorgfaltspflichten bei der Durchführung des Effektengeschäfts

Die Ausformung der Verhaltenspflichten nach §§ 31 Abs. 1 und 32 WpHG kann einerseits auf bewährte Prinzipien des deutschen Kommissionsrechts zurückgreifen,[311] hat sich andererseits aber von dem auch vom Gesetzgeber[312] anerkannten Ziel leiten zu lassen, den deutschen Kapitalmarkt an die international üblichen Verhaltensstandards, insbesondere der U.S.-amerikanischen und britischen *conduct-of-business rules*, heranzuführen. Die Vielfalt dieser Regelungen im Zusammenspiel mit dem *common law* und ihre praktische Erprobung durch die Überwachungsorgane ist beim Aufbau des deutschen Wertpapieraufsichtsrechts eine wichtige Quelle rechtsvergleichender und rechtstatsächlicher Erkenntnis. Bei der Konkretisierung des Pflichtenprogramms der §§ 31 und 32 WpHG sind freilich der relative Entwicklungsstand des deutschen Kapitalmarkts zu

---

chende interne Weiterbildung des Personals voraussetzen. Auch die Bankakademie bietet Fortbildungsmöglichkeiten.

310 Die Durchführung einer solchen Prüfung könnte bei den örtlichen IHK oder den Verbänden angesiedelt werden. Dazu die Diskussion beim 9. Fachkongreß des Bundesverbands Finanzdienstleistungen (FiFa) im Juni 1997, s. F.A.Z. Nr. 138 vom 18.6.1997, S. 14; s. auch F.A.Z. Nr. 300 vom 24.12.1996, S. 18.

311 S. zu den – ähnlichen – Anleihen beim *common law* § 4 I 2.

312 Bericht des Finanzausschusses, BT-Drucks. 12/7918 vom 15.6.1994, S. 95 re.Sp. (Vertrauen in- und ausländischer Investoren in den deutschen Finanzplatz); ähnlich BAWe, Presseerklärung des Präsidiums vom 5.2.1996, Konferenzdokument, S. 8.

berücksichtigen und auch die in den U.S.A. und Großbritannien aufgetretenen eigenen Defizite nicht außer acht zu lassen.

Da die Ausführung der Kundenorder im Rahmen eines Kommissionsgeschäfts in der Praxis den Regelfall bildet, werden im folgenden die wichtigsten Verhaltenspflichten in bezug auf diese Geschäftsart konkretisiert. Dies ist auch der Ansatz der Richtlinie des BAWe vom 26. Mai 1997. Darüber hinaus sind auch Regeln für Festpreisgeschäfte zu entwickeln.

1. Kundenaufträge vs. Churning

Wertpapierdienstleistungen, insbesondere Effektengeschäfte, dürfen nur auf Grund eines Kundenauftrags oder im Rahmen einer Depotvollmacht durchgeführt werden.[313] Der Begriff des „Kundenauftrags" (§ 31 Abs. 1 Nr. 2 WpHG) ist nicht auf Aufträge bzw. Weisungen an einen Kommissionär beschränkt, sondern bezieht sich wegen des weiten Anwendungsbereichs der Verhaltenspflichten für Wertpapierdienstleistungen (§ 2 Abs. 3 WpHG) auch auf den Eigenhandel. Ein Kundenauftrag ist daher entweder die Order eines Kunden im Hinblick auf ein Kommissionsgeschäft oder – qua besonderer Vereinbarung (Nr. 9 AGB-Wp) – der Antrag zum Abschluß eines Festpreisgeschäfts.[314] Ohne einen gültigen und nicht wieder annullierten Kundenauftrag darf das Wertpapierdienstleistungsunternehmen nicht tätig werden.[315] Nach dieser Regel sind Ansagegeschäfte unzulässig, bei denen ein während der Börsenzeit ausgeführtes Eigengeschäft des Kursmaklers nach Börsenschluß auf seine „Ansage" hin von der depot-

313 Richtlinie des BAWe, Ziffer 4, Präambel Abs. 2; ähnlich SFA Rule 5-23(6) und die Rechtsprechung zu SEA Rule 10b-5, s. oben § 4 III 1 c bb. Ohne Kundenauftrag ist aber die zwangsweise Glattstellung von Derivatepositionen zulässig, für die der Kunde die erforderliche Sicherheitsleistung (*margin*) nicht geleistet hat, Richtlinie des BAWe, Ziffer 4, Präambel Abs. 2 a.E.; SFA Rule 5-23(6)(b).

314 Seit der Erweiterung des gesetzlichen Anwendungsbereichs auf das Emissionsgeschäft (§ 2 Abs. 3 Nr. 5 WpHG) und die Verwaltung von Effektenvermögen (§ 2 Abs. 3 Nr. 6 WpHG) sowie Nebendienstleistungen (Depotverwaltung, Effektenkredit, Anlageberatung nach § 2 Abs. 3a WpHG) durch das Umsetzungsgesetz vom 22.10.1997 bezieht sich die Interessewahrungspflicht auch auf die Ausführung entsprechender Geschäftsbesorgungsaufträge.

315 S. im U.S.-amerikanischen Recht das ausdrückliche Verbot des *unauthorized trading*, dazu oben § 9 I 2 b.

führenden Bank einem Kundenkonto zugeordnet wird, ohne daß im Zeitpunkt der Ausführung eine entsprechende Kundenorder vorlag.[316]

Kundenaufträge ergehen als preislich unlimitierte Kauf- oder Verkaufsorders (*market orders*, „bestens“ bzw. „billigst“), als preislich limitierte Orders (*limit orders*) unter Angabe des Kauf- oder Verkaufslimits oder sog. IW-Orders. Unlimitierte Aufträge sind nach den Usancen tagesgültig, limitierte Orders bleiben bis zum Monatsultimo bestehen. Bei besonders gewichtigen Aufträgen ist eine „interessewahrende“ (IW) Auftragserteilung üblich. Eine IW-Order wird, um den Kurs des betreffenden Werts zu schonen, nicht *en bloc* ausgeführt, sondern je nach Marktlage in unterschiedliche Teilaufträge aufgespalten. Ausschlaggebend für die erfolgreiche Ausführung einer IW-Order ist das Ermessen des Händlers, zu bestimmten Zeitpunkten Teilausführungen vorzunehmen. Sein Ermessen erstreckt sich auf den Zeitpunkt und die Art der Stückelung der auszuführenden Order sowie den dabei erzielten Ausführungskurs.

Soweit der Intermediär auf Grund einer (Depot-)Vollmacht Kontrolle über die Anlageentscheidungen des Kunden ausübt und in seinem Namen und für seine Rechnung Anlageentscheidungen trifft, stehen sich die Anlageinteressen des Kunden und das eigene Gewinninteresse gegenüber. Eine interessewahrende Verwaltung von Effektenvermögen (*portfolio* oder *investment management*) setzt voraus, daß bei Kommissionsgeschäften für Kundenkonten die Möglichkeiten der Provisionserzielung beschränkt werden.[317] Dieser Interessenkonflikt besteht auch, wenn einem Broker oder Anlagevermittler Handlungsvollmacht eingeräumt wurde. Ein ähnlicher Konflikt tritt bei Anlageempfehlungen eines Intermediärs auf, die nicht den Interessen des Kunden entsprechen, so daß der Kunde Gefahr läuft, durch ihre Befolgung sein Konto „leerzutraden“. Der Interessewahrungsgrundsatz verbietet dem Wertpapierdienstleistungsunternehmen, Kundengeschäfte mit dem Ziel zu tätigen bzw. zu empfehlen, seinen eigenen Provisionsumsatz zu steigern. Ein Wertpapierdienstleistungsunternehmen, das zugleich als Broker und Anlageberater tätig wird, verstößt auch dann gegen den Interessewahrungsgrundsatz, wenn es Anlageempfehlungen mit dem Ziel ausspricht, Provisionen als Broker zu verdienen.

Die Regeln der U.S.-amerikanischen und britischen Aufsichtsorgane[318] enthalten ein ausdrückliches Verbot des *churning* bzw. des sachlich nicht zu rechtfertigenden Umschichtens von Kundenpositionen (*switching*), das nur auf gesteigerte Provisionserzielung gerichtet ist. *Sedes materiae* im

---

316 S. oben § 6 I 2 a bb.

317 S. *Rössner/Arendts*, WM 1996, 1517 f.

318 Vgl. oben § 9 I 2 a mit II 3 b aa.

deutschen Aufsichtsrecht ist § 31 Abs. 1 Nr. 2 WpHG. Danach widerspricht diese Praxis der Interessewahrungspflicht des Intermediärs. Dies gilt in der Praxis vor allem für Portfolioverwalter (§ 2 Abs. 3 Nr. 6 WpHG), die *per definitionem* einen Entscheidungsspielraum haben, aber auch für andere Wertpapierdienstleistungsunternehmen (§ 2 Abs. 3 Nr. 1-4 WpHG), insbesondere wenn sie neben der Orderausführung den Kunden zugleich beraten (§ 2 Abs. 3a Nr. 3 WpHG). Denn der Tatbestand des *churning* bzw. *excessive trading* hängt unmittelbar von der vom Kunden oder vom Intermediär gewählten Anlagestrategie ab. Dazu sind eine Reihe von typischen Fallgruppen des *churning* bekannt.[319] Dabei ist insbesondere das Verhältnis zwischen der Umsatzhäufigkeit und dem Anlagevermögen bzw. dem Provisionsaufkommen und der Größe des Anlagekontos zu berücksichtigen. Unerheblich für die aufsichtsrechtliche Betrachtung ist allerdings, ob der Kunde von der Handelspraxis des Wertpapierdienstleistungsunternehmens Kenntnis hat oder diese billigt.

Darüber hinaus sind nach § 32 Abs. 1 Nr. 1 und 2 WpHG auch interessewidrige und kursmanipulierende Empfehlungen untersagt,[320] die wegen des vom Intermediär in Anspruch genommenen besonderen Vertrauens einen entsprechenden Kundenauftrag provozieren können. Das Empfehlungsverbot umfaßt insbesondere ein Verbot des *scalping*. Danach sind Kauf- oder Verkaufsempfehlungen verboten, die für die Eigenbestände des Wertpapierdienstleistungsunternehmens[321] günstige Kursveränderungen hervorrufen sollen, sofern die empfohlenen Geschäfte nicht im Interesse des Kunden liegen.[322] Insbesondere dürfen dem Kunden Geschäfte in Werten nicht empfohlen werden, in denen das Wertpapierdienstleistungsunternehmen im Vorfeld eigene Bestände aufgebaut hat, um nunmehr von der durch die Kundengeschäfte ausgelösten Kurssteigerung zu profitieren. § 32 Abs. 1 Nr. 2 WpHG verlangt jedoch in jedem Fall einen unmittelbaren Kundenbezug und richtet sich nicht gegen allgemeine Marktmanipula-

---

319 Dazu s. den Überblick bei *Rössner/Arendts*, WM 1996, 1517, 1520 ff.; *Birnbaum*, wistra 1991, 253, 254 f.

320 Ähnlich die Händler- und Beraterregeln, § 1 lit. a, abgedr. bei *Baumbach/Hopt*, Nebengesetze (17).

321 Dies gilt auch für verbundene Unternehmen, Richtlinie des BAWe, Ziffer 5.1 Abs. 3. § 32 Abs. 2 WpHG und die Richtlinie des BAWe, Ziffer 5.3, beziehen auch die Eigenbestände des Geschäftsinhabers, eines Organs des Untenehmens oder des Anlageberaters selbst in dieses Verbot mit ein.

322 Finanzausschuß, BT-Drucks. 12/7918 vom 15.6.1994, S. 104 f.; *Kümpel* in Kümpel/Ott, Kz. 065, S. 117 f.; *Eisele* in Schimansky/Bunte/Lwowski, § 109 Rz. 45, 47.

tionen. Allerdings gelten diese Empfehlungsverbote auch für nichtindividualisierte Research-Ergebnisse, die als Kauf- bzw. Verkaufsempfehlungen veröffentlicht werden. Auch für Börsendienste gilt dementsprechend nur das Gebot einer produktgerechten, nicht aber unbedingt kundengerechten Gestaltung ihrer Empfehlungen.

Schließlich sind auch Empfehlungen verboten, die – wie die *Churning*-Praktiken von Vermögensverwaltern – darauf gerichtet sind, den Kunden zu Geschäften zu verleiten, um an den dabei anfallenden Provisionen zu verdienen.[323] In gleicher Weise richtet sich dieses Verbot an Geschäftsinhaber, Geschäftsleiter oder Organe eines Wertpapierdienstleistungsunternehmens oder Anlageberater, die eine transaktionsbezogene Vergütung erhalten.[324]

2. Bestmögliche Ausführung

Hinsichtlich der Ausführung eines Kundenauftrags sind Interessenkonflikte unvermeidbar, wenn ein Wertpapierdienstleistungsunternehmen in dem betreffenden Wert selbst Handel treibt oder für andere Kunden als Kommissionär tätig wird. Denn auch der Nostrohandel und andere Kunden sind an einer Ausführung zum günstigsten Preis interessiert. Um den Kunden vor den Nachteilen konfligierender Interessen zu schützen, ist der Intermediär zur bestmöglichen Ausführung des Kundenauftrags verpflichtet.[325] Im anglo-amerikanischen Rechtskreis wird diese Pflicht mit dem Grundsatz der *best execution* umschrieben, den die SEC allerdings nicht definiert hat. Vorbehaltlich besonderer Anweisungen, durch die der Kunde seine Interessen hinsichtlich der Ausführung selbst konkretisiert, verpflichtet das Prinzip der *best execution* den Intermediär, den Kundenauftrag zu den günstigsten Konditionen auszuführen.[326] Der Kunde soll den bestmöglichen Preis für den Kauf oder Verkauf des betreffenden Finanztitels erhalten und mit möglichst geringen Kosten für Provisionen und Spesen belastet werden. Dazu muß das Wertpapierdienstleistungsunternehmen zunächst die günstigsten Konditionen für das betreffende Ge-

---

323 Richtlinie des BAWe, Ziffer 5.1 Abs. 2.

324 § 32 Abs. 2 WpHG i.V.m. der Richtlinie des BAWe, Ziffer 5.3.

325 Richtlinie des BAWe, Ziffer 4.3 Abs. 1 Satz 1; s. auch *Wymeersch*, Revue (belge) de la Banque 1995, 583.

326 S. *Poser*, pp. 146 et seq.

schäft erforschen[327] und sodann ohne Verzögerungen die Order ausführen, um diesen Preis zu realisieren.[328]

a) Preis und Transaktionskosten

Es entspricht der Forderung nach operationaler Effizienz der Finanzintermediation, von dem Wertpapierdienstleistungsunternehmen zu verlangen, zugunsten des Kunden den günstigsten Preis zu eruieren. Das setzt zunächst die Wahl des maßgeblichen Markts voraus. Bei inländischen Kommissionsgeschäften in börsennotierten Werten oder Freiverkehrstiteln ist *de lege lata* (§ 10 Abs. 1 Satz 1, Abs. 2 BörsG) dem Kunden mangels anderweitiger Anweisungen der beste Kurs zu stellen, der im Börsenpräsenzhandel zu erzielen ist.[329] Das Wertpapierdienstleistungsunternehmen muß lediglich zwischen den verschiedenen deutschen Börsenplätzen den günstigsten Markt auswählen. In der Praxis wird bei mehrfach notierten Werten regelmäßig ohne nähere Prüfung die Frankfurter Wertpapierbörse gewählt, weil dort die größte Liquidität vermutet wird. Allerdings erscheint es zweifelhaft, ob diese Entscheidung im Einzelfall interessewahrend (§ 10 Abs. 2 a.E. BörsG) ist. Allerdings ist das Privileg des Börsenpräsenzhandels in § 10 BörsG unter dem Gesichtspunkt der optimalen Allokation des Anlagekapitals durch den Intermediär nicht gerechtfertigt, wenn auch der empirische Nutzen einer strengen *Best-execution*-Regel unter Einschluß des elektronischen Handels, des außerbörslichen Wertpapierhandels und der ausländischen Märkte nicht geklärt ist.[330]

Bei sonstigen Geschäften sind grundsätzlich alle in Betracht kommenden erreichbaren Märkte auf den herrschenden Preis zu prüfen, soweit der Kunde dies nach den Umständen[331] erwarten kann. Bei der Überprüfung der Marktliquidität und einzelner *quotations* muß das Wertpapierdienstleistungsunternehmen die international verbreiteten Kommunikationsmittel (Börseninformationssysteme, Nachrichtendienste, Internet) einsetzen. Der danach erzielte *best price* muß auch unter Berücksichtigung der anfallenden Kosten der günstigste Preis sein.[332] Wenn etwa der Kundenauf-

---

327 Dazu sogleich § 10 II 2 a.

328 Dazu unten § 10 II 2 b.

329 Richtlinie des BAWe, Ziffer 4.3 Abs. 1 Satz 3; s. auch *Birnbaum* in Kümpel/Ott, Kz. 631/1, S. 19.

330 Skeptisch *Hopt/Baum* in Hopt/Rudolph/Baum, S. 425 f. m.N.

331 S. SFA Guidance to Rule 5-39.

332 S. NASD Interpretation „Execution of Retail Transactions in the Over-the-Counter Market" (May 1, 1968), Part B, NASD Manual (CCH) ¶ 2151.03 at p. 2025 (1994); anders SFA Rule 5-39(4).

trag in einem entfernten Markt nur unter Einschaltung eines Zwischenkommissionärs ausgeführt werden kann, sind die dadurch verursachten zusätzlichen Provisionen und Spesen in den Preisvergleich einzubeziehen. Wegen der regelmäßig höheren Kosten dürfen Zwischenkommissionäre daher nur eingesetzt werden, wenn dadurch tatsächlich für den Kunden bessere Konditionen erzielt werden.[333] Bei großen Orders und bei IW-Orders kann die Aufspaltung in mehrere Teilaufträge bzw. gestaffelte Ausführung geboten sein, um einen angemessenen Durchschnittspreis zu erzielen.[334]

Wenn bei *Festpreisgeschäften*, die nicht aus dem Bestand bedient werden, dem Wertpapierdienstleistungsunternehmen die Preisfestsetzung nach billigem Ermessen im Hinblick auf das Eindeckungsgeschäft überlassen ist, gelten diese Regeln entsprechend: Danach ist der günstigste Marktpreis intern als Basispreis (ex Handelsspanne) bei der Preisberechnung zugrundezulegen.[335]

b) Zeitnahe Ausführung und Verbuchung

In engem Zusammenhang mit der Preisfindung steht der Zeitpunkt der Ausführung des Kundenauftrags. Da die Verzögerung der Ausführung einen Preisnachteil bedeuten kann, gilt der Grundsatz der zeitnahen Ausführung (*timely execution*).[336] Der Auftrag ist nach Eingang unverzüglich (§ 121 Abs. 1 Satz 1 BGB) auszuführen. Dabei kommt es nicht lediglich auf die Weiterleitung an einen Boten oder Zwischenkommissionär oder die Eingabe in ein Orderroutingsystem, sondern auf die endgültige Ausführung an. Daher hat das Wertpapierdienstleistungsunternehmen dafür Sorge zu tragen, daß der Auftrag auf etwaigen Zwischenstationen nicht aufgehalten, sondern so schnell wie nach den Umständen möglich bearbeitet bzw. ausgeführt wird. Dies kann etwa durch eine Vereinbarung geschehen, die den Zwischenkommissionär selbst zur *best* bzw. *timely execution* verpflichtet. Bei elektronischer Weiterleitung ist die unverzüg-

---

333 S. Richtlinie des BAWe, Ziffer 4.3 Abs. 2.

334 Richtlinie des BAWe, Ziffer 4.3 Abs. 3.

335 S. auch die Richtlinie des BAWe, Ziffer 4.3 Abs. 5 Satz 2. Diese Bestimmung, nach der sich der Preis bei Festpreisgeschäften „am Marktpreis zu orientieren“ hat, verlangt einerseits die Heranziehung des günstigsten Marktpreises als Grundpreis und andererseits eine der Höhe nach nicht unangemessene Handelsspanne, näher unten § 10 II 5 b.

336 Richtlinie des BAWe, Ziffer 4.2 Abs. 1 Satz 1; zu den U.S.-amerikanischen und britischen Vorbildern dieser Bestimmung oben § 9 I 4 und II 3 a cc.

liche Übermittlung sicherzustellen; notfalls sind andere Kommunikationsmittel zu gebrauchen.[337]

Nach Ziffer 4.2 Abs. 3 der Richtlinie des BAWe dürfen Ausnahmen vom Prinzip der zeitnahen Ausführung nur im Interesse des Kunden gemacht werden.[338] Das betrifft hauptsächlich Fälle erheblicher Preisfluktuation. Solche Ausnahmen sind im Bereich des *execution-only business* regelmäßig ausgeschlossen, weil der Kunde dort gerade keine Einschätzung der Anlageentscheidung (*merits*), auch nicht hinsichtlich des Zeitpunkts, erwartet. Gegenüber Kunden, die vom Wertpapierdienstleistungsunternehmen auch beraten werden, muß der Kunde über eine besonders ungünstige Marktlage oder Kursentwicklung bereits vor der Aufgabe des Auftrags unterrichtet werden.[339] Soweit der Kunde z.B. bei einer raschen Änderung der Marktverhältnisse nicht rechtzeitig informiert werden konnte, kann das Wertpapierdienstleistungsunternehmen die Ausführung aufhalten und zunächst neue Anweisungen des Kunden einholen. Beharrt der Kunde dennoch auf seiner Anlageentscheidung, ist das Geschäft auszuführen. Das Haftungsrisiko bei der Abwägung zwischen begründeter bzw. nachvollziehbarer verzögerter und unverzüglicher Ausführung verbleibt allerdings beim Intermediär.

Zur Verhinderung von Manipulationen und unzulässigen Zwischengeschäften mit Kundenvermögen ist eine unverzügliche Verbuchung (*timely allocation*) abgewickelter Kundengeschäfte (Geld oder Brief) sicherzustellen.[340] Für Kaufaufträge folgt dies bereits aus § 18 DepotG,[341] da die Übersendung des Stückeverzeichnisses eine Verbuchung voraussetzt.[342]

3. Prioritätsgrundsatz

Das Wertpapierdienstleistungsunternehmen hat den Wettbewerb um begehrte Anlagemöglichkeiten dadurch zu gewährleisten, daß die der Anlageentscheidung einzelner Kunden zugrundeliegenden Orders unverzüglich

337 Richtlinie des BAWe, Ziffer 4.3 Abs. 4.
338 S. auch SIB Core Rule 21(2); SFA Rule 5-38(2).
339 S. auch unten § 13 III 2 a.
340 Richtlinie des BAWe, Ziffer 4.2 Abs. 4 Satz 1 (Verkaufsaufträge).
341 Übersendung des Stückeverzeichnisses spätestens innerhalb einer Woche nach Ausführung der Order.
342 *Heinsius/Horn/Than*, § 18.

in der Reihenfolge ihres Einganges (*in due turn*) ausgeführt werden.[343] Der Prioritätsgrundsatz dient der Beherrschung von Interessenkonflikten, die bei Kommissionsgeschäften mit konkurrierenden Kundenaufträgen oder dem Eigenhandel auftreten. Der durch die Zeiterfassung[344] nachvollziehbare Eingang der Kundenorder ist auch bei der Weitergabe mehrerer Aufträge an den Handel zu kennzeichnen. Dadurch sollte ein zeitgleiches Aufeinandertreffen einzelner Aufträge praktisch ausgeschlossen sein. Falls dennoch Aufträge genau zeitgleich eingehen und eine vollständige Ausführung nicht oder nicht zu demselben Preis möglich ist, sind die Kundenaufträge anteilig zu bedienen.

a) Konkurrierende Kundenaufträge

Nach der Richtlinie des BAWe gilt der Prioritätsgrundsatz allerdings nicht ausnahmslos.[345] Denn im Grundsatz sind zwar alle Orders über eine zentrale Eingangsstelle zum Handel zu leiten,[346] die Praxis größerer institutioneller Kunden,[347] ihre Orders durch direkte Anrufe beim Handel aufzugeben, wird aber nicht unterbunden. Da ihre Aufträge die Eingabe in das interne Orderbuch überspringen, entstehen Zeitvorsprünge, aus denen Kursvorteile erwachsen können. Damit stellt sich die Frage, ob insoweit die *Gleichbehandlung* aller Kunden durch Einführung einer strengen Prioritätsregel geboten ist.[348] Vom Blickwinkel der Marktintegrität scheint jede Form der Bevorzugung dem Vertrauen der Anlegerschaft in eine faire Ausführung abträglich zu sein. Zwar spricht einiges dafür, daß ein rigoro-

---

343 Richtlinie des BAWe, Ziffer 4.2 Abs. 1 Satz 2; SIB Core Rule 20; SFA Rule 5-37. S. auch *Eisele* in Schimansky/Bunte/Lwowski, § 109 Rz. 22; *Kümpel*, Bank- und Kapitalmarktrecht, Rz. 8.241; *Koller* in Assmann/Schneider, § 31 Rz. 49 f.; *ders.*, BB 1978, 1733, 1737; *Birnbaum* in Kümpel/Ott, Kz. 631/1, S. 19.

344 S. zur Dokumentation unten § 10 II 7.

345 S. die nicht unbedacht gewählte Formulierung „*grundsätzlich* in der Reihenfolge ihres Eingangs" (Hervorhebung nicht im Original), Ziffer 4.2 Abs. 1 Satz 2.

346 Vgl. etwa die Vorschrift über Mitarbeitergeschäfte (Ziffer 4.1 Satz 1 und 3) und die Regel über die Dokumentation unter Angabe des annehmenden Mitarbeiters (Ziffer 4.6.1 Abs. 1 Satz 1).

347 S. unten § 10 III.

348 So Ziffer 4.1 Satz 3 des ersten Richtlinienentwurfs des BAWe vom 7. August 1996. Das BAWe konnte sich mit seiner ursprünglichen Forderung eines Verbots der direkten Orderaufgabe beim Handel nicht durchsetzen, weil dieses vor allem Großkunden eingeräumte Privileg von der Kreditwirtschaft als legitime und notwendige Bevorzugung bezeichnet wurde.

ser Prioritätsgrundsatz den Wettbewerb unter den Kapitalgebern stärken könnte, weil Großkunden diesen Vorteil nicht vergüten, sondern im Gegenteil wegen des hohen Provisionsaufkommens häufig ein niedrigeres Entgelt für den einzelnen Auftrag leisten, während die Preisnachteile den übrigen Anlegern aufgebürdet werden. Demgegenüber ist es aber empirisch zweifelhaft, ob die Bevorzugung größerer Kunden tatsächlich zu einer Verzerrung der optimalen Allokation des Anlagekapitals führt. Auch ist bei einer Abwägung der ökonomischen Kosten und Nutzen für das Anlegerpublikum zu berücksichtigen, daß die bevorzugte Marktstellung institutioneller Investoren im Verhältnis zu Intermediären und Emittenten durch ihren Einfluß auf die Preisbildung, insbesondere bei Emissionen,[349] allen Anlegern zugute kommt, so daß eigene Gewinnabschöpfungen nicht entscheidend ins Gewicht fallen. Im Ergebnis sprechen daher die besseren Argumente gegen eine Verschärfung des Prioritätsgrundsatzes im Sinne eines Gleichbehandlungsgebots. Dies entspricht auch der gesetzlichen Regelung, die zwar den Vorrang der Kunden- vor den Eigeninterssen des Instituts statuiert, für den Fall des Aufeinandertreffens von Kunden- und Drittinteressen aber keine Richtschnur vorgibt. Es bleibt daher dem Ermessen des Instituts überlassen, den Konflikt *ad hoc* oder durch interne Regeln zu entscheiden.[350]

Auch die Behandlung der IW-Order war bei der Beratung der Richtlinie des BAWe mit Wirtschafts- und Verbraucherverbänden umstritten. Grundsätzlich gilt die Pflicht zur „interessewahrenden" Ausführung für alle Kundenaufträge. Einigkeit besteht darüber, daß bei der ersten Teilausführung gegenüber anderen Kundenaufträgen das Prinzip der Priorität des Ordereingangs zu beachten ist.[351] Problematisch sind allein die übrigen Teilausführungen, soweit sie mit inzwischen eingegangenen Kundenorders kollidieren. Das BAWe hat hier keine Grundsätze aufgestellt, sondern einen angemessenen Ausgleich dem Händler überlassen.[352] Danach müssen die anderen Kundenorders „gleichermaßen an den Markt gelangen". Daraus läßt sich schließen, daß der Händler bei folgenden Teilausführungen der IW-Order keine im Verhältnis zu jenen Kundenorders gewichtigeren Tranchen vorziehen darf, die einen größeren Kursausschlag als jene

---

349 Nach *Romano*, Comparative Corporate Governance, p. 220, werden Anleger im Sekundärmarkt bereits durch die von institutionellen Investoren im Primärmarkt erwirkten Preisvorteile geschützt.

350 In vielen Instituten ist der Wertpapierhandel für institutionelle Kunden daher in einer speziellen Abteilung lokalisiert.

351 Richtlinie des BAWe, Ziffer 4.2 Abs. 2 Satz 2.

352 Richtlinie des BAWe, Ziffer 4.2 Abs. 2 Satz 3.

verursachen könnten. Auch dürfte die fortgesetzte Zurückhaltung von kleineren Kundenorders zur Erzielung eines günstigen IW-Kurses unzulässig sein, selbst wenn die Bevorzugung eines Großkunden im Geschäftsinteresse des Intermediärs liegt.

Eine Form der unmittelbaren Kundenbenachteiligung ist auch die Bevorzugung erst nachträglich erteilter Orders im Rahmen von Ansagegeschäften. Wenn ein Kursmakler ein Geschäft ohne ordnungsgemäßen Kundenauftrag[353] erst später der Geschäftsbank ansagt und diese das Geschäft einem Kunden gutschreibt, liegt darin ein Verstoß gegen den Prioritätsgrundsatz. Dadurch wird einigen Kunden zum Nachteil der anderen Marktteilnehmer *ex post* ein risikoloser Gewinn ermöglicht.

b) Konkurrierende Eigengeschäfte

Wertpapierdienstleistungsunternehmen stehen vor vertikalen Interessenkonflikten, wenn sie neben der Ausführung von Kundenorders, sei es als Kommissions-, sei es als Festpreisgeschäfte, Eigenhandel betreiben.

Die SEC hat den Prioritätsgrundsatz, der im Verhältnis zu anderen Kundenaufträgen gilt, auch auf *limitierte Festpreisgeschäfte* angewendet,[354] um den Konflikt zwischen den Interessen des Eigenhandels des Intermediärs (*broker-dealer*) und dem begründeten Interesse des Kunden zu entschärfen. Denn dieser geht angesichts der Limitierung davon aus, daß ein Geschäft zustande kommt, sobald der *dealer* zum Limitpreis zu handeln bereit ist. Auch nach § 31 Abs. 1 Nr. 2 WpHG entspricht es dem für den Limitauftrag typischen Kundeninteresse, daß der Intermediär nicht ohne besondere Warnung vorrangig andere Festpreiskunden bedient oder auf Initiative des Eigenhandels in dem Wert zum Limitpreis handelt. Daher ist das Wertpapierdienstleistungsunternehmen zur Wahrung des Kundeninteresses grundsätzlich verpflichtet, die *limit order* bevorzugt auszuführen.

§ 32 Abs. 1 Nr. 3 WpHG ergänzt die allgemeine Interessewahrungspflicht des § 31 Abs. 1 Nr. 2 WpHG durch ein besonderes Verbot von Eigengeschäften, die in Kenntnis von Kundenaufträgen getätigt werden

353 Im Fall des Kursmaklers *Schwake* lag keine Order seiner Tochter vor, vielmehr hatte *Schwake*, der für eigene Rechnung handelte, nur von vornherein vor, den Gewinn aus dem Geschäft später seiner Tochter gutschreiben zu lassen, s. auch oben § 6 I 2 a bb.

354 *E.F. Hutton & Co., Inc.*, SEA Rel. No. 25,887 (July 6, 1988), [1988-1989 Transfer Binder] Fed. Sec. L. Rep. (CCH) ¶ 84,303; ähnlich NASD, Interpretation of the Board of Governors (effective July 7, 1994), NASD Manual (CCH) ¶ 2151.07 at p. 2042 (1994), dazu oben § 9 I 4.

und Nachteile für den Kunden haben können. Das deutsche Gesetz kodifiziert damit das Verbot des *frontrunning* bzw. *trading ahead of customer's order*, das zum international gesicherten Kanon des Kapitalmarktrechts gehört.[355] Trotz unterschiedlicher *Frontrunning*-Definitionen, die z.T. auf Eigengeschäfte im Vorfeld von kursrelevanten Blocktransaktionen beschränkt sind,[356] wird im Interesse der Marktintegrität grundsätzlich die strenge Einhaltung der Reihenfolge des Eingangs der Kunden- und Eigenhandelsaufträge beim Handel gefordert.[357] Der Anwendungsbereich des § 32 Abs. 1 Nr. 3 WpHG ist allerdings außerordentlich weit. Preisnachteile oder Liquiditätsbeschränkungen können nicht nur durch Eigengeschäfte in demselben Wert, sondern auch in damit zusammenhängenden Werten (z.B. *futures*, *options*) eintreten. Nicht erfaßt sind jedenfalls – wie bei § 14 WpHG – interne Entscheidungen, aufgrund einer Kundenorder von Eigengeschäften abzusehen. Soweit Nachteile für den Kunden zu befürchten sind, sind nicht nur vorlaufende Eigengeschäfte, sondern auch Mitlaufen (*parallel running*) oder Nachlaufen untersagt.[358] Dabei muß allerdings mit einiger Wahrscheinlichkeit ein tatsächlicher Nachteil für den Kunden etwa durch Kursbeeinflussung während der Teilausführung einer Kundenorder entstehen. Da diese Voraussetzung beim Mit- und Nachlaufen selten erfüllt sein wird,[359] werden Eigenhandelsaktivitäten unter Beachtung der *customer order priority* durch das Verbot des § 32 Abs. 1 Nr. 3 WpHG nicht gestört.

In engem Zusammenhang mit dem Verbot des *frontrunning* steht die Pflicht, im Vorfeld von eigenen Marktanalyse- oder Research-Veröffentlichungen bzw. Anlageempfehlungen von Eigengeschäften abzusehen, die für erwartete Kundenaufträge potentiell nachteilige Folgen haben.[360] Allerdings sind im deutschen Aufsichtsrecht sowohl die Rechtsgrundlage als auch die Grenzen dieser Verpflichtung umstritten. Die grundlegende Frage, ob § 32 Abs. 1 Nr. 3 WpHG auch Eigengeschäfte erfaßt, die zwar nicht in tatsächlicher Kenntnis, aber in sicherer Erwar-

355 Zur Rechtslage in den U.S.A. oben § 9 I 1 a; s. auch *Hopt*, Kapitalanlegerschutz, S. 486 f.

356 S. die Stellungnahmen der SEC und des CBOE oben § 9 I 1 a.

357 SIB Core Rule 20.

358 Richtlinie des BAWe, Ziffer 5.2 Abs. 1; s. auch *Eisele* in Schimansky/Bunte/Lwowski, § 109 Rz. 48.

359 Die Aufzählung „Vor-, Mit- oder Gegenlaufen“ in Ziffer 5.2 Abs. 1 der Richtlinie des BAWe suggeriert dagegen die unzutreffende Annahme, alle drei Praktiken seien an sich in demselben Umfang verboten.

360 Richtlinie des BAWe, Ziffer 5.2 Abs. 2.

tung von Kundengeschäften abgeschlossen werden, entbehrt praktischer Relevanz, weil *dealing in front of research* jedenfalls einen Interessenkonflikt herstellt, der im Hinblick auf im Anschluß tatsächlich abgegebene Kundenaufträge unter § 31 Abs. 1 Nr. 2 WpHG fällt.[361]

Wertpapierdienstleistungsunternehmen ist es verboten, sich vor einer eigenen Researchveröffentlichung mit dem Ziel des gewinnbringenden Absatzes der empfohlenen Anlagen einzudecken bzw. bei negativen Empfehlungen im Vorfeld günstige Kaufoptionen zu schreiben.[362] Der Kunde muß nach der Veröffentlichung eine hinreichende Reaktionsmöglichkeit bzw. Gelegenheit haben, entsprechende Aufträge abzugeben.[363] Um eine Fehlleitung der Anleger zu verhindern, sah der ursprüngliche Richtlinienvorschlag des BAWe eine 24-stündige Sperrfrist für Eigengeschäfte vor,[364] die von den Verbänden als zu starr angesehen wurde. Im Gegensatz zur Regelung der SFA hat das BAWe die „Reaktionsmöglichkeit" nunmehr dahin definiert, daß die Bereichsöffentlichkeit (im Sinne von § 15 Abs. 3 Nr. 2 WpHG) hergestellt sein muß. Diese Regelung stellt aber eine zu undifferenzierte, einseitige Bevorzugung der institutionellen Anleger dar, die regelmäßig Zugang zu den elektronischen Informationssystemen haben. Insbesondere werden dadurch Anleger, die Research und Marktanalysen zeitverzögert per Brief erhalten, unangemessen benachteiligt. Zweifelhaft ist, ob Research-Mitteilungen künftig überhaupt noch auf diesem Weg veröffentlicht werden. Die Ausnahmeregelung der Richtlinie des BAWe[365] für Fälle, in denen dem veröffentlichenden Marktintermediär vorhergehende Eigengeschäfte ausnahmsweise erlaubt sind, lehnt sich eng an SFA Rule 5-36(2) an.[366] Soweit „offensichtlich keine wesentliche" Kursbeeinflussung zu erwarten ist, sind Eigengeschäfte unbedenklich. Diese Ausnahme ist angesichts der Auslegungsschwierigkeiten bei § 13 Abs. 1 WpHG[367] eng auszulegen; z.B. dürften darunter Geschäfte in sehr umsatzstarken Standardwerten fallen, die häufig Gegenstand gegenläufiger Empfehlungen sind. Bei Eigengeschäften, die der Intermediär als *market maker* tätigt, überwiegt das Interesse an der Aufrechterhaltung eines ständigen Handels in dem betreffenden Wert die Nachteile, die das Vertrauen der

---

361 Zutreffend *Eisele* in Schimansky/Bunte/Lwowski, § 109 Rz. 48.
362 Richtlinie des BAWe, Ziffer 5.2 Abs. 2 Satz 1-2.
363 SFA Rule 5-36(1) („*reasonable* opportunity to react"), zur Auslegung s. oben § 9 II 5 b.
364 Erster Richtlinienentwurf des BAWe vom 7. August 1996, Ziffer 5.2 Abs. 2.
365 Ziffer 5.2 Abs. 2 a.E.
366 Dazu s. oben § 9 II 5 b.
367 S. nur *Assmann* in Assmann/Schneider, § 13 Rz. 59 ff.

Kunden in die Integrität des Marktverhaltens der Wertpapierdienstleistungsunternehmen zu erschüttern geeignet sind. Neben weiteren Ausnahmen sind Eigengeschäfte auch unbedenklich, wenn die Researchabteilung innerhalb des Intermediärs organisatorisch vom Nostrohandel so getrennt ist, daß vorherige Kenntnis ausgeschlossen erscheint.[368]

4. *Zusammengefaßte Aufträge und Zeichnungsaufträge*

a) *Zulässigkeit der Zusammenfassung von Kundenaufträgen (aggregation)*

Ein Kundenauftrag darf mit anderen Kundenaufträgen oder Eigenaufträgen in demselben Wert zusammengefaßt werden, weil größere Orders am Markt regelmäßig zu besseren Konditionen plaziert werden. Dabei muß intern die Identität der einzelnen Kundenorder gewahrt bleiben und das korrespondierende Ausführungsgeschäft im Rahmen der Abwicklung anteilig dem Kundenkonto zugeordnet bzw. verbucht werden.[369] Gemäß dem Prinzip der *best execution* hat das Wertpapierdienstleistungsunternehmen in jedem Fall sicherzustellen, daß die Bündelung für den einzelnen Kunden, insbesondere im Hinblick auf die Kosten der Ausführung, vorteilhaft ist.[370] Fraglich ist, ob eine Zusammenfassung auch zulässig ist, wenn dadurch zwar im Einzelfall kein Kostenvorteil oder sogar ein Kostennnachteil entsteht, mittelbar aber durch die systematische Zusammenfassung von kleineren Orders die Ausführungskosten allgemein gesenkt werden. Im Sinne operationaler Effizienz der Tätigkeit des Intermediärs für den Kapitalgeber erscheint diese Praxis wünschenswert. Da dieser Rationalisierungseffekt für einzelne Kundenkonten, die nur wenige Bewegungen zeigen, nur schwer nachzuvollziehen ist, fordert der Interessewahrungsgrundsatz, daß Kunden über die jeweilige Praxis der Zusammenfassung vor der Ausführung ihres Auftrags zu unterrichten sind. Die SFA empfiehlt eine schriftliche Unterrichtung, die allerdings nur bei besonders riskanten Geschäften und im Bereich der Portfolioverwaltung vorgeschrieben ist.[371] Nach § 31 Abs. 1 Nr. 2 WpHG erscheint eine Auf-

368 Zu § 33 Abs. 1 Nr. 2 WpHG (*chinese wall*) s. *Koller* in Assmann/Schneider, § 33 Rz. 17 ff. m.N.; *Tippach*, S. 231 ff.

369 S. auch *Koller*, BB 1978, 1733, 1735.

370 Richtlinie des BAWe, Ziffer 4.5 Abs. 1. S. auch *Koller* in Assmann/Schneider, § 31 Rz. 12.

371 S. oben § 9 II 3 b bb (Unterrichtung im Rahmen von *two-way customer agreements*).

klärung grundsätzlich[372] aller Kunden geboten, die durch einen Hinweis in der vom ZKA redigierten Informationsschrift „Basisinformationen über die Vermögensanlage in Wertpapieren" erfolgen könnte.

b) Zuteilung zusammengefaßter Aufträge und Repartierung von Zeichnungsaufträgen (allocation)

Wenn zusammengefaßte Aufträge nicht vollständig ausgeführt werden können oder Emissionen überzeichnet sind, treten Interessenkonflikte sowohl im Verhältnis zu konkurrierenden Kunden als auch zum Wertpapierdienstleistungsunternehmen selbst auf, das einerseits seine Position als Eigenhändler nicht vernachlässigen, andererseits geschäftspolitische Ziele durch die bevorzugte Behandlung bestimmter Kunden verfolgen will. Die *fair allocation* setzt zunächst voraus, daß Kundenaufträge durch die Zusammenfassung von Aufträgen oder bei der Zuteilung von überzeichneten Emissionen im Verhältnis zu den eigenen Interessen des Intermediärs nicht benachteiligt werden. Hinsichtlich der Zuteilung unvollständig ausgeführter Aufträge bei zusammengefaßten Kundenorders lehnt sich die Richtlinie des BAWe an die britischen Regeln an.[373] Danach gebührt Kundenaufträgen grundsätzlich Vorrang bei der Zuteilung,[374] und Eigenaufträge sind nur dann zu berücksichtigen, wenn die Kundenaufträge ohne die Zusammenfassung mit dem Eigenauftrag überhaupt nicht oder nur zu ungünstigeren Konditionen ausgeführt worden wären.[375]

Die Verteilung unter konkurrierenden Kundenorders war – insbesondere bei überzeichneten Emissionen – häufig Gegenstand von Kundenbeschwerden beim BAWe. Aus der Filialpraxis einiger Banken wird berichtet, daß einzelne Kunden bei der Repartierung ungeachtet des Zeichnungszeitpunkts leer ausgingen, während andere bedient wurden. Das Gebot der Interessewahrung schließt jedenfalls eine Zuteilung nach Belieben der Filialmitarbeiter aus. Um Anreize für eine möglichst breite Streuung etwa von jungen Aktien zu schaffen und das Vertrauen der Kunden in das Verhalten der Finanzintermediäre zu stärken, ist die Einrichtung eines durchschaubaren, systematischen Verteilungs*verfahrens* anzustreben. In Betracht kommt die Lösung des Verteilungsproblems durch *Gleichbehandlung* aller Kunden.[376] Soweit die Transparenz gewährleistet ist, sollten

372 Zu Einschränkungen sogleich unten § 10 III.
373 S. SIB Core Rule 24, SFA Rule 5-42, dazu oben § 9 II 3 a ee.
374 Richtlinie des BAWe, Ziffer 4.5 Abs. 3 Satz 1.
375 Richtlinie des BAWe, Ziffer 4.5 Abs. 3 Satz 2.
376 So der erste Richtlinienentwurf des BAWe vom 7. August 1996 (Ziffer 4.1).

auch andere Verfahren zulässig sein, die zwischen den einzelnen Intermediären in Wettbewerb treten. Ohne besondere Unterrichtung der Kunden dürfen diese aber im Interesse der Marktintegrität davon ausgehen, daß ihre Aufträge gleichbehandelt werden.

Das Gleichbehandlungsgebot, das die Richtlinie des BAWe zwar nicht mehr *expressis verbis* erwähnt, ist aber als allgemeiner Grundsatz für die Ausführung von Kundenaufträgen anerkannt: Ziffer 4 verbietet jede sachlich nicht begründete Ungleichbehandlung einzelner Kapitalanleger, soweit nicht besondere Vorschriften anwendbar sind.[377] Mangels besonderer Regelung des BAWe ist im Hinblick auf die Zuteilung zusammengefaßter, aber nur teilweise ausgeführter Orders auf diesen allgemeinen Grundsatz zurückzukommen, nach dem einzelne Kundenorders nur bei Vorliegen eines sachlichen Grunds bevorzugt auszuführen sind. Dies bedeutet, daß alle Kundenaufträge anteilig (*pro rata*) zu bedienen sind.[378] Ein besonderer Schutz der Klein- und Kleinstanleger ist daraus nicht abzuleiten. Sieht das Wertpapierdienstleistungsunternehmen eine minimale Quote etwa mit der Auswirkung voraus, daß auf eine kleine Order auch absolut nur sehr wenige Stücke zu geringem Kurswert (z.B. 5%) entfallen, ist es zur Wahrung des Kundeninteresses verpflichtet, den Anleger hierüber zu unterrichten, um ihm Gelegenheit zu geben, ggf. zur Ersparung von Transaktionskosten umzudisponieren.

Für die Repartierung von überzeichneten Emissionen statuiert das BAWe die Regel, daß ein vom strikten Gleichbehandlungsprinzip abweichender Verteilungsschlüssel zwar gewählt werden darf, das Wertpapierdienstleistungsunternehmen sein Verfahren bei der jeweiligen Emission aber jedenfalls den „Privatkunden" mitzuteilen hat.[379]

Im Fall der Zuteilung von Zeichnungsaufträgen überlagern sich der horizontale Interessenkonflikt zwischen unterschiedlichen Kunden und der vertikale Konflikt zwischen dem Intermediär bzw. dem Emittenten und den Kunden.[380] Denn sowohl der Intermediär als auch der Emittent sind aus geschäftspolitischen Gründen an der Bevorzugung bestimmter Kunden

---

377 Nach Ziffer 4, Präambel Abs. 1 der Richtlinie des BAWe darf kein Kunde zu Lasten anderer Kunden ohne sachlichen Grund bevorzugt werden.

378 Zutreffend *Koller* in Assmann/Schneider, § 31 Rz. 47.

379 Richtlinie des BAWe, Ziffer 4.4 Abs. 1. Für eine „faire" Behandlung der Privatanleger bei der Repartierung noch der erste Richtlinienentwurf des BAWe vom 7. August 1996, Ziffer 4.5.

380 Zur Typologie der Interessenkonflikte oben § 4 II; s. auch *Hopt*, FS Heinsius, S. 314 ff.

oder Anlegergruppen interessiert.[381] Die Neuemissionen der letzten Jahre haben z.B. gezeigt, daß Emittenten die Übernahme möglichst großer Tranchen in die Portefeuilles institutioneller Investoren („feste Hände") anstreben,[382] um größere Kursverluste durch Überangebot nach der Emission zu verhindern und die Marktliquidität des Wertes zu sichern. Die *Disclosure*-Lösung des BAWe ermöglicht kundenfreundliche und -feindliche Verteilungsregimes. Die erforderliche Aufklärung dürfte auch den Wettbewerb im Zeichnungsgeschäft unter den Häusern und den Emissionkonsortien fördern. Danach dürfte es auch nicht ausgeschlossen sein, die Zuteilung in das geschäftspolitische Ermessen der Filiale oder des zuständigen Mitarbeiters zu stellen, wenn die Kunden darüber vor Abgabe ihrer Zeichnungsaufträge informiert sind. Dies müßte den Privatkunden auch zur Kenntnis gebracht werden; der bloße Hinweis auf eine ermessensgebundene Repartierung erscheint zu wenig transparent, weil dem Kunden dadurch nicht die Kriterien ersichtlich sind, sondern er nur folgern kann, daß seine Interessen, wenn überhaupt, zufällig berücksichtigt werden. Es ist zu befürworten, daß sich im Wettbewerb der Intermediäre und Emittenten – wenn sie oder ihre Emissionskonsortien einen besonderen Verteilungsmodus zu beachten wünschen[383] – um die Kapitalanleger ein System durchsetzt, das ihre Interessen hinreichend schützt. Bisher zeichnet sich ein Verfahren ab, bei dem den einzelnen Konsortialbanken feste Mindeststückzahlen für einzelne, nach Subskriptionsvolumen gebildete Anlegergruppen zugeordnet werden und der Rest der Stücke per Zufallsgenerator den Subskribenten zugeteilt wird.[384]

5. Vergütung und Preisgestaltung

a) Kommissionsgeschäfte

Bei Kommissionsgeschäften bestimmt sich die Höhe der Provisionen nach der vertraglichen Vereinbarung.[385] Interessenkonflikte treten hinsichtlich

381 Gegen den Gleichbehandlungsgrundsatz aus diesem Grund *Eisele* in Schimansky/Bunte/Lwowski, § 109 Rz. 23.

382 F.A.Z. Nr. 161 vom 15.7.1997, S. 23.

383 Ähnlich zur Auslegung des belgischen Gesetzes *Wymeersch*, Revue (belge) de la Banque 1995, 583 („selon des critères objectifs et préétablis").

384 S. F.A.Z. Nr. 161 vom 15.7.1997, S. 23.

385 Derzeit üblicherweise 1% vom Umsatz. Einen Überblick über die Provisionssätze der Discount-Broker in Deutschland bieten *Lasch/Röder*, ZBB 1995, 354 ff.

der Vergütung nur dann auf, wenn der Intermediär die Anzahl der Transaktionen als Vermögensverwalter kontrolliert oder als Anlageberater wesentlich mitbestimmt.[386]

Die Pflicht zur bestmöglichen Ausführung des Kundenauftrags gebietet dem Wertpapierdienstleistungsunternehmen, den Kunden bei der Ausführung seines Auftrags nur mit Transaktionskosten zu belasten, die im sachlichen Zusammenhang mit der Ausführung erforderlich sind.[387] Das BAWe hat in seinen Entwürfen zur Richtlinie auch das Problem von *Order-routing*-Vereinbarungen (*soft dollar* bzw. *soft commission agreements*) mit an der Ausführung beteiligten Dritten zu regeln versucht,[388] nach denen das Wertpapierdienstleistungsunternehmen einen Teil der vom Kunden gezahlten Transaktionskosten in Gestalt bestimmter Dienstleistungen (z.B. *research*, *rebates*) zurückerhält. Zur Regelung bieten sich grundsätzlich zwei Wege an: Aufklärung des Kunden oder Inhaltskontrolle der Vereinbarungen. Die SEC hat ein Verbot bzw. eine strenge Inhaltskontrolle solcher Vereinbarungen mit der Erwägung abgelehnt, daß diese Marktpraxis Ausdruck eines wirtschaftlichen Ausgleichs zwischen Intermediären sei, der in irgendeiner Form immer stattfinden werde.[389] Sie hat sich daher für eine *Disclosure*-Lösung entschieden, die auch in Großbritannien Anhänger gefunden hat[390] und ursprünglich vom BAWe befürwortet wurde.[391] Ein strengerer Ansatz, den die SFA verfolgt, unterwirft die einzelnen im Rahmen einer *Order-routing*-Abrede bedungenen Gegenleistungen zusätzlich zur Aufklärungspflicht einer Inhaltskontrolle, um Manipulationen zu verhindern. Dazu hat die SFA einen Katalog unzulässiger sachfremder Leistungen aufgestellt, die regelmäßig unter keinen Umständen den Kunden der *firm* zugute kommen und daher als *soft*

386 Zu den Besonderheiten der Portfolioverwaltung oben § 10 II 1; zur Anlageberatung s. unten § 13 III.

387 SEC, Market 2000 (*best execution* als Waffe gegen *order-routing payments*); skeptisch zur empirischen Grundlage *Bonfman/Lehn/Schwartz* in Steil, pp. 62 et seq.

388 Richtlinie des BAWe, Ziffer 2.2 Abs. 3 (*Soft-commission*-Vereinbarungen), dazu im einzelnen unten § 13 II 1 d.

389 SEC, IAA Rel. No. 1469 (February 14, 1995), [1994-1995 Transfer Binder] Fed. Sec. L. Rep. (CCH) ¶ 85,488; s. unten § 12 I 2 d.

390 S. nur SIB Core Rule 3; SFA Rule 5-8.

391 S. unten § 13 II 1 d. Nach den Entwürfen zur Richtlinie des BAWe vom 7. August und 23. Oktober 1996 hat das Wertpapierdienstleistungsunternehmen die Kunden generell darüber zu unterrichten, daß es für die Weiterleitung von Kundenorders geldwerte Gegenleistungen erhält, die nicht in jedem Einzelfall dem Kunden zugute kommen.

commissions unzulässig sind.[392] Wenn Barzahlungen (sog. *Kick-back*-Zahlungen) – entsprechend der Herausgabepflicht des Kommissionärs (§§ 667, 675 BGB, § 384 Abs. 2 HGB) – vollständig an den Kunden ausgekehrt werden, ist keine Verletzung der Kundeninteressen zu besorgen.[393]

b) Festpreisgeschäfte

Bei *Festpreisgeschäften* erhält der Finanzmittler keine eigene Vergütung, sondern behält einen Teil des Preises als Gewinnspanne. Hier entsteht ein Interessenkonflikt zwischen dem Kunden, der einen möglichst günstigen Preis wünscht, und dem Wertpapierdienstleistungsunternehmen, das zur Maximierung seines Gewinns möglichst hohe Handelsspannen anstrebt. Die Regulierung von Handelsspannen (*spreads*) im OTC-Handel ist daher eines der in Aufsichtspraxis und Rechtsprechung häufig wiederkehrenden Themen des U.S.-amerikanischen Kapitalmarktrechts. Das ganz am Anfang stehende deutsche Aufsichtsrecht begnügt sich zunächst nach britischem Vorbild[394] mit der allgemeinen Forderung, der Preis bei Festpreisgeschäften müsse sich am Marktpreis orientieren.[395] Der auch für Festpreisgeschäfte geltende Interessewahrungsgrundsatz untersagt jedenfalls übertrieben hohe Auf- und Abschläge auf den am Markt herrschenden, durch *quotations* oder tatsächliche Transaktionen nachweisbaren Preis. Nach den Erfahrungen der SEC sind Handelsspannen über 10 % übermäßig und auch durch Offenlegung nicht zu rechtfertigen.[396] Mangels hinreichender empirischer Erkenntnisse über die Praktiken am deutschen Kapitalmarkt ist aber eine schablonenartige Übertragung der Regeln der NASD[397] derzeit nicht zu begründen. In jedem Fall dürfte nach der Liquidität der Märkte zwischen Standardwerten (höchstens 3%), bei denen sich eine erhebliche Abweichung von der Provisionshöhe nicht rechtfertigen läßt, und Nebenwerten (ggf. auch über 5%) mit geringer Liquidität zu unterscheiden sein.

---

392 Nicht zu rechtfertigen sind danach z.B. die Erstattung von Reise- und Bewirtungskosten, Mietzinsen, Gehältern oder Barzahlungen (*direct money payments*).

393 S. auch Richtlinie des BAWe, Ziffer 2.2 Abs. 2 (Aufklärung über *Kick-back*-Vereinbarungen).

394 S. nur SFA Rule 5-33.

395 Richtlinie des BAWe, Ziffer 4.3 Abs. 5 Satz 2.

396 Dazu oben § 9 I 3.

397 Dazu oben § 9 I 3.

6. Einholung der Sicherheitsleistung bei Finanztermingeschäften

Soweit die Börsen bei Finanztermingeschäften die Bestellung von Sicherheiten (*trading margins*) verlangen, ist das Wertpapierdienstleistungsunternehmen im Rahmen der Ausführung der Kundenorder bzw. -position verpflichtet, die nach den Börsenregularien erforderlichen Einschüsse und Nachschüsse[398] vom Kunden einzuholen und die Höhe der *margin* börsentäglich zu überprüfen.[399] Dies ergibt sich aus der überlegenen Vermittlerrolle hinsichtlich der technischen Abwicklung. Vom Blickwinkel des Aufsichtsrechts kann aber darauf verzichtet werden, daß der Intermediär bei Verzug des Kunden in Vorleistung tritt und dem Kunden trotz fehlender Effektenkreditvereinbarung eine Gnadenfrist einräumt.[400] Diese Privilegien, die über den Mindeststandard der Interessewahrung hinausgehen, hängen von der Bonität des einzelnen Kunden ab und sollten der vertraglichen Praxis überlassen bleiben.

7. Dokumentation der Auftragserfassung und -ausführung

Die Dokumentation der Tätigkeit des Intermediärs soll die interessewahrende Ausführung des Kundenauftrags sicherstellen und die Überprüfung durch den Kunden ermöglichen. Eine sorgfältige Ausführung von Kundenaufträgen setzt voraus, daß alle Aufträge für Effektengeschäfte bei der Annahme durch die zuständigen Mitarbeiter oder bei der elektronischen Erfassung[401] unverzüglich in schriftlicher oder gleichwertiger elektronischer Form aufgezeichnet werden.[402] Die Aufzeichnungspflicht folgt zwar auch aus § 34 Abs. 1 WpHG, dessen Konkretisierung einer Rechtsverordnung vorbehalten ist.[403] Hier liegt aber insofern eine Überschneidung mit der Sorgfaltspflicht des § 31 Abs. 1 Nr. 1 WpHG vor, als die einwandfreie Nachweisbarkeit und zeitliche Fixierung des Kundenauftrags für die Ver-

---

398 Dazu *Schäfer* in Assmann/Schütze, § 17 Rz. 23 f., insbesondere zur DTB.

399 Richtlinie des BAWe, Ziffer 4, Präambel Abs. 3. Als Vorbild dienten SFA Rule 5-28 und SIB CoB Rules 11.10, 11.12, PIA Rule Book S11.10, S11.12.

400 SFA Rule 5-28(5)-(6): 5 Tage.

401 Z.B. On-line-Verbindung, Anrufbeantworter.

402 Richtlinie des BAWe, Ziffer 4.6.1 Abs. 1, Abs. 2 Satz 3 (Erfassung „in unmittelbarem zeitlichen Zusammenhang") und Abs. 3 (Festpreisgeschäfte).

403 § 34 Abs. 2 WpHG (Ermächtigung zum Erlaß einer Rechtsverordnung des BMF).

meidung von auftragslosen Geschäften (*unauthorized transactions*) und die Prüfung und Überwachung durch das BAWe (§ 36 Abs. 1 WpHG) unverzichtbar ist. Da regelmäßig ein Interessenkonflikt zwischen Kunden und Wertpapierdienstleistungsunternehmen wegen dessen transaktionsgebundener Vergütung besteht, liegt in der Richtlinie des BAWe (Ziffer 4.6.1) keine Kompetenzüberschreitung im Hinblick auf § 34 Abs. 2 WpHG.

Bei der Dokumentation eines Kundenauftrags ist die genaue zeitliche Erfassung sicherzustellen, die in der Regel durch Zeitstempel (*time stamp, horodateur*) oder automatische elektronische Zeiterfassung erfolgt.[404] Um Manipulationsmöglichkeiten des Unternehmens oder der Mitarbeiter auszuschließen, ist der Name des betreffenden Mitarbeiters anzugeben[405] und die manuelle Erfassung durch einen Mitarbeiter nur ausnahmsweise zulässig,[406] wenn durch Betriebsstörungen die ordentliche Auftragserfassung nicht möglich ist. Die Dokumentation des Auftrags muß neben der Identität und Stückzahl der Effekten auch die Identifizierung der Order als Kauf- oder Verkaufsorder, als Kommissions- oder Festpreisgeschäft[407] und als unlimitierter Auftrag, limitierte Order unter Angabe des Kauf- bzw. Verkaufslimits oder IW-Order umfassen.

Die Ausführung des Kundenauftrags ist unmittelbar nach dem Geschäftsabschluß zu erfassen und zur Abwicklung des Geschäfts an die zuständige Stelle[408] weiterzuleiten.[409] Dabei sind der Zeitpunkt, die Identität und Stückzahl des erworbenen oder veräußerten Werts anzugeben. Im einzelnen gelten die für die Auftragserfassung dargelegten Grundsätze.

8. *Ausübung des Vollmachtsstimmrechts*

Der Interessewahrungsgrundsatz findet auch auf das Depotgeschäft Anwendung, das eine Wertpapiernebendienstleistung nach § 2 Abs. 3a Nr. 1

---

404 Richtlinie des BAWe, Ziffer 4.6.1 Abs. 2 Satz 1; s. auch § 34 Abs. 1 Nr. 2 WpHG; s. auch *Wymeersch*, Revue (belge) de la Banque 1995, 583.

405 Richtlinie des BAWe, Ziffer 4.6.1 Abs. 1 Satz 1; s. auch § 34 Abs. 1 Nr. 2 WpHG.

406 Richtlinie des BAWe, Ziffer 4.6.1 Abs. 2 Satz 2.

407 § 34 Abs. 1 Nr. 5 Halbsatz 2 WpHG: „Aufträge für eigene Rechnung sind besonders zu kennzeichnen".

408 Abwicklungsabteilung oder – beim *outsourcing* – zuständiges Unternehmen, s. § 33 Abs. 2 WpHG.

409 Richtlinie des BAWe, Ziffer 4.6.1 Abs. 2-4; s. auch *Koller* in Assmann/Schneider, § 31 Rz. 14 („Zuordnung der Ausführung").

WpHG ist. Hat ein Kunde Aktien in seinem Depot, kann die Depotbank – wie in der Praxis der Kreditinstitute üblich – das Stimmrecht auf Grund einer schriftlich erteilten Vollmacht des Kunden (§ 135 Abs. 1 bzw. 7 AktG) für ihn bei der Hauptversammlung ausüben. Nach § 128 Abs. 2 Satz 1 und 3 AktG muß das Kreditinstitut dem Kunden vor der Ausübung des Stimmrechts Vorschläge zu den einzelnen Punkten der Tagesordnung unterbreiten und seine Weisungen einholen.[410] Da häufig Kunden, die nur kleine Aktienpakete besitzen, keine Weisungen geben, kommt den Vorschlägen, die die Ausübung des Vollmachtsstimmrechts binden,[411] eine besondere Bedeutung zu. § 128 Abs. 2 Satz 2 AktG, der das Kreditinstitut ausdrücklich verpflichtet, sich bei der Formulierung seiner Vorschläge vom Interesse des Aktionärs leiten zu lassen, stellt eine spezielle Ausprägung des Interessewahrungsgrundsatzes in § 31 Abs. 1 WpHG dar.[412] Dies bedeutet, daß die Bank bei der Abstimmung von Kundenaktien nicht vorrangig Eigeninteressen verfolgen darf. Umstritten ist im Schrifttum zu § 128 AktG, ob bei der Beurteilung der „durchschnittliche[n] Interessenlage des Anlegers“[413] durch die Bank mangels weiterer Anhaltspunkte das wohlverstandene Kunden- bzw. Aktionärsinteresse das Interesse der Gesellschaft einschließt[414] oder im Gegensatz dazu tritt.[415] Ein verständiger Durchschnittsaktionär wird aber auch am Bestand des Unternehmens und an dauerhafter Rentabilität interessiert sein.[416] Bei einer Kapitalerhöhung mit Bezugsrechtsausschluß dürfte es darauf ankommen, ob der Verzicht auf das Bezugsrecht angesichts des Ausgabekurses dem Aktionär zumutbar ist.[417] Jedenfalls dürfte es mit dem Kunden- und Aktionärsinteresse nicht in Einklang stehen, wenn ein Kreditinstitut mit den Stimmen der Kundenaktien für die Erhaltung des Mehrstimmrechts[418] einer kleinen Aktionärsgruppe stimmt.

---

410 Zur Novellierung durch das KonTraG etwa *Hammen*, WM 1997, 1221.

411 S. § 135 Abs. 5 AktG.

412 S. auch *Hammen*, WM 1997, 1222.

413 So die Begründung zum Referentenentwurf eines Gesetzes zur Kontrolle und Transparenz im Unternehmensbereich (KonTraG) vom 22.11.1996, S. 43.

414 So *Zöllner* in Kölner Komm, § 128 Rz. 15 f.; *Hüffer*, § 128 Rz. 9; *Werner* in Großkomm z. AktG, § 128 Rz. 53.

415 *Eckhardt* in Geßler/Hefermehl, § 128 Rz. 49 f.

416 *Hüffer*, § 128 Rz. 9.

417 *Werner* in Großkomm z. AktG, § 128 Rz. 54.

418 Zur Befristung der Mehrstimmrechte s. § 5 Abs. 1 EGAktG i.d.F. des KonTraG vom 27. April 1998, BGBl. I S. 786 vom 30.4.1998.

Die Einhaltung dieser Interessewahrungspflicht[419] wird bisher im Rahmen der Depot- bzw. Jahresabschlußprüfung (§ 29 Abs. 2 Satz 2 KWG[420]) überwacht. Diese Kompetenz gehört aber nach der Konzeption des Finanzaufsichtsrechts zur Marktaufsicht und sollte daher in Zukunft dem BAWe übertragen werden.

III. Ausnahme für institutionelle Anleger?

Nach der Richtlinie des BAWe gelten der Grundsatz der *best execution* bzw. die „Pflichten bei der Ausführung des Kundenauftrags" gegenüber allen Kunden. Bei Kommissionsgeschäften entspricht dieser Grundsatz der handelsrechtlichen Verpflichtung des Kommissionärs und damit auch der traditionellen Erwartung des Kunden. Zweifelhaft ist jedoch, ob diese Pflicht bei allen Geschäften, etwa auch bei Festpreisgeschäften mit erfahrenen institutionellen Anlegern im Interesse der Marktintegrität erforderlich ist.

Der rechtsvergleichende Befund spricht dafür, daß aufsichtsrechtliche Interessewahrungs- und Sorgfaltspflichten hauptsächlich auf die Zielgruppe der „Kleinanleger" zugeschnitten sind. Wirtschaftlich stärkere Investoren bedürfen des Schutzes durch den Finanzintermediär nicht in demselben Maß. Dementsprechend wird der Anwendungsbereich anlegerschützender Vorschriften im U.S.-amerikanischen Aufsichtsrecht[421] und noch stärker im britischen Recht[422] differenziert. Zwar ist die jüngere Entwicklung des Kapitalmarktrechts von einer strikten Abgrenzung von Kundensegmenten insbesondere im Hinblick auf die Risiken von Derivaten und komplizierten Finanzprodukten abgekommen.[423] Im Bereich der Ausführung und Abwicklung von Effektengeschäften bedürfen jedoch die Teilnehmer der *wholesale markets* keines besonderen gegenseitigen Schutzes, weil insoweit im Gegensatz zum Risikopotential bestimmter Finanzprodukte[424] regelmäßig keine erheblichen Nachteile durch informatio-

---

419 Insoweit werden Verstöße gegen § 135 AktG nicht als Ordnungswidrigkeiten verfolgt, s. § 405 Abs. 3 Nr. 4 und 5 AktG.

420 S. § 30 Abs. 1 Satz 2 KWG a.F.

421 Die NASD Best Execution Policy ist ausschließlich auf *retail transactions* anwendbar, s. Interpretation of the Board of Governors (May 1, 1968), NASD Manual (CCH) ¶ 2151.03 (1994).

422 Dazu oben § 4 III 2 b, s. insbesondere SFA Rules 5-4 et seq.

423 S. FIA, Financial Integrity Recommendations, Nos. 32 et seq., 38 et seq.

424 Zu Aufklärungspflichten gegenüber institutionellen Kunden s. § 13 II 1 e.

nelle Asymmetrien oder Wettbewerbsbeschränkungen wegen wirtschaftlicher Unterlegenheit zu befürchten sind. Daher sind insoweit genau definierte Ausnahmen für bestimmte Kundengruppen akzeptabel. Die Regelung darf aber nur solche Anleger (auch andere Wertpapierdienstleistungsunternehmen) vom Schutz ausnehmen, von denen der Intermediär angesichts des Umfangs und der wirtschaftlichen Bedeutung ihrer Handelstätigkeit annehmen muß, daß sie zumindest in den betreffenden Anlagen über „vertiefte Fachkenntnisse" verfügen. Insbesondere sollte eine flexible Behandlung kleinerer Wertpapierdienstleistungsunternehmen (z.B. Volksbanken) und mittelständischer Wirtschaftsunternehmen ermöglicht werden. Dementsprechend unterscheidet die SFA[425] zwischen einem Kernbereich von Anlegern, die auf Grund ihres *Status* als nicht schutzbedürftig einzustufen sind, und anderen Marktteilnehmern, gegenüber denen die Pflichten nur auf der Grundlage einer unwidersprochenen schriftlichen Anzeige des Wertpapierdienstleistungsunternehmens nicht gelten. Diesen Ansatz hatten sich auch der erste und zweite Entwurf der Richtlinie des BAWe im Hinblick auf die Informations- und Erkundigungspflichten zueigen gemacht.[426]

Zum Kernbereich der *non-customers* gehören in- und ausländische öffentliche Schuldenverwaltungen,[427] die Deutsche Bundesbank und ausländische Zentralbanken sowie supranationale staatliche Banken- und Finanzorganisationen, Kapitalanlagegesellschaften und ausländische Investmentgesellschaften.[428] Eine solche Definition hat den Vorzug der Rechtssicherheit und Einfachheit. Darüber hinaus sollte es bei Wertpapierdienstleistungsunternehmen und Investoren, die regelmäßig eine Vielzahl größerer Geschäfte tätigen, durch Vereinbarung möglich sein, den Schutz der Verhaltensregeln bei Ausführung und Abwicklung auszuschließen. Denn um möglichst günstige Konditionen (*deep discounts*) zu erhalten, liegt die starre Anwendung dieser Regeln gerade nicht im Interesse von Versicherungsgesellschaften oder Industrieunternehmen, die sich ständig am Kapitalmarkt engagieren. Um der Professionalität dieser Anleger Rechnung zu tragen, sollten die Grundsätze der interessewahrenden Aus-

425 SFA Rule 5-39 (*non-customers* vs. *non-private customers*), vgl. oben § 9 II 2 a mit II 3 a bb.

426 S. den 1. Entwurf der Richtlinie vom 7. August 1996 (Ziffer 3.1.2) und den 2. Entwurf vom 23. Oktober 1996 (Ziffer 3.6 Abs. 1).

427 Im Hinblick auf den Zusammenbruch des kalifornischen *Orange County* und die erheblichen Größenunterschiede sind Kommunen davon auszunehmen.

428 Dazu näher unten § 13 II 1 e.

führung von Effektengeschäften nach Vereinbarung auch für diese Gruppe nicht gelten.

Die Annäherung an eine Abgrenzung von Kundensegmenten ist aber auch vom anderen Ende des Spektrums aus möglich: In diesem Sinne hat das BAWe z.B. die Verhaltenspflicht bei Repartierungen überzeichneter Emissionen auf Subskriptionen der besonders schutzbedürftigen „Privatkunden" erstreckt.[429] In den Vorentwürfen zur Richtlinie war zunächst eine Ausnahme für „nicht gewerblich tätige Anleger" enthalten. Schließlich hat das BAWe die Abgrenzung dieses Begriffs der Aufsichtspraxis nach § 4 Abs. 1 WpHG und der Prüfung nach § 36 Abs. 2 WpHG überlassen. Dabei deutet die ursprüngliche Haltung des BAWe darauf hin, daß unter Ziffer 4.4 im wesentlichen natürliche Personen bevorzugt zu behandeln sind, die im Interesse der Vermögensvorsorge eines privaten Haushalts handeln. Dieser Begriff erscheint aber zu eng, um das gesamte *Retail*-Segment zu erfassen. Zur schutzbedürftigen Anlegergruppe gehören auch „gewerbliche" Kleinanleger, etwa kleine und u.U. auch mittelständische Unternehmen, die am Kapitalmarkt investieren.[430]

---

429 Richtlinie des BAWe, Ziffer 4.4 Abs. 1.

430 *Small business investors*, s. Financial Services Core Glossary (3rd edn), *Sabalot* [1404], dazu im einzelnen oben § 9 II 2.

4. Kapitel
Informations- und Erkundigungspflichten

§ 31 Abs. 2 Satz 1 WpHG bestimmt für das Effektengeschäft eine doppelte Pflicht des Wertpapierdienstleistungsunternehmens zur Information *über* den Kunden und *für* den Kunden: Nach Nr. 1 dieser Vorschrift ist es zur Einholung von Angaben des Kunden über seine Anlageziele, Erfahrungen oder Kenntnisse hinsichtlich der beabsichtigten Geschäfte und über seine finanziellen Verhältnisse verpflichtet. Durch Nr. 2 wird dem Wertpapierdienstleistungsunternehmen die Pflicht zur Mitteilung zweckdienlicher Informationen auferlegt. Beide Pflichten stehen unter dem Vorbehalt der Erforderlichkeit: Nach der „Soweit-Klausel" (§ 31 Abs. 2 Satz 1 WpHG a.E.) hängt die Reichweite der Erkundigungs- und Informationspflicht vom Interesse des Kunden sowie von Art und Umfang der von ihm beabsichtigten Geschäfte ab.

Informationspflichten regeln die Kommunikation zwischen Marktintermediären und ihren Kunden und gehören zum Kern des Kapitalmarktrechts überhaupt.[1] Im Mittelpunkt dieses Kapitels steht daher die Frage, welche Information der Kapitalanleger erwarten darf und in welchem Verhältnis die Erkundigungspflicht zur Informationspflicht des Wertpapierdienstleistungsunternehmens steht. Im Rahmen der Auslegung des § 31 Abs. 2 WpHG soll zunächst auf die bankbetriebswirtschaftlichen Erkenntnisse über Formen der Information des Kunden eingegangen werden.[2] Sodann sind rechtsvergleichend die Grundlagen und Traditionen insbesondere im anglo-amerikanischen Aufsichtsrecht zu untersuchen, an die die europäische und deutsche Regelung angeknüpft haben.[3] Auf der Basis ökonomischer und rechtsvergleichender Erkenntnisse wird schließlich versucht, die Informations- und Erkundigungspflichten des WpHG zu konkretisieren.[4]

---

1 S. *Hopt*, Gutachten, S. G-88 ff.; *Kalss* in Mayer, S. 9 f.
2 Dazu sogleich § 11.
3 Dazu unten § 12.
4 S. unten § 13.

§ 11 Finanzwirtschaftliche Grundlagen und praktische Anwendung von Informationsleistungen beim Wertpapierhandel

Nach ökonomischem Verständnis sind die Informationspflichten von Finanzintermediären beim Effektengeschäft Funktionen der effizienten „Informationstransformation" am Kapitalmarkt.[5] Die Informationspflichten sollten daher an den ökonomischen Zielen einzelner *Informationsleistungen* ausgerichtet sein. Die Bankbetriebswirtschaftslehre hat dazu Typen von Informationsleistungen entwickelt.

I. Zur Theorie der Informationsleistung

Ausgangspunkt der bankbetriebswirtschaftlichen Erforschung der Informationstransformation[6] ist die Beobachtung, daß Kapitalgeber oder Kapitalnehmer (Entscheider) nicht nur die Durchführung von Effektengeschäften, sondern auch zur Unterstützung bzw. Vorbereitung ihrer Anlageentscheidung die Informationsbeschaffung, -verarbeitung und -deutung auf Finanzintermediäre (Externe) übertragen, weil ihnen Marktinformationen selbst nicht zugänglich oder nur unter hohem Zeit- und Kostenaufwand zu beschaffen sind.[7] Diese Informationsübertragung wird vom Bankkunden als Entscheidungshilfe genutzt. Die unterschiedlichen Formen der Bereitstellung von Information werden allgemein als *Informationsleistungen* bezeichnet.

Aus bankbetrieblicher Perspektive erfüllen Informationsleistungen eine Hilfsfunktion in bezug auf die Hauptleistungsprogramme der Bank.[8] Zur Förderung der Durchführung dieser Hauptleistungsprogramme kann die Informationsleistung eine einseitige Dienstleistung der Bank darstellen oder in ein auf die Kooperation zwischen Kunden und Bank angelegtes Problemlösungsverfahren eingebettet sein. Dabei kann die Informationsleistung einem bestimmten Teilleistungsprogramm (z.B. Effektengeschäft)

---

5 Dazu oben § 3 I 2 d.

6 Die „Informationstransformation" auf den Kapitalmärkten ist ökonomisch bislang nicht umfassend erforscht. Jüngere Studien, etwa von *Kailich* oder *Schiller* (Entscheidungsvorbereitung), befassen sich insbesondere mit der Bank*beratung*.

7 S. allgemein *Schiller*, Entscheidungsvorbereitung, S. 8 („Metaentscheidung").

8 Dazu *Kailich*, S. 41.

zugeordnet oder aber auf eine übergreifende Problemlösung (z.B. Investitions- und Finanzplanung, *financial engineering*[9]) gerichtet sein.

1. *Unterscheidungsmerkmale von Informationsleistungen*

Informationsleistungen sind Entscheidungshilfen, die entweder dem Kunden passiv angeboten oder von ihm aktiv nachgefragt werden.[10] Der Inhalt der Informationsleistung ist aber unabhängig von der Kontaktform und von der Initiative, die entweder vom Kunden oder von der Bank ausgeht.

Nach ihrer Aussageform können Informationen faktischen, prognostischen, diagnostischen, konjunktiven, normativen, logischen und instrumentellen Charakter haben.[11] In der Regel sind verschiedene Aussageformen bei der Information in einer Gemengelage anzutreffen. Aussagen über Wertpapieranlagen können z.B. deskriptive und prognostische Elemente enthalten. Soweit z.B. der Informant auch auf die persönlichen Verhältnisse des Informationsadressaten eingeht, werden ergänzend diagnostische Informationen im Hinblick auf die Erfolgschancen bzw. die Durchführung eines Geschäfts übermittelt.

Wesentliches Definitionselement aller Informationsleistungen – auch der Beratung – ist ihr *Informations*charakter: Information wird dabei als „zweckorientiertes Wissen" verstanden.[12] Dabei kann der finale Bezug der Wissensinhalte bzw. Daten an ganz unterschiedliche Sachverhalte einer Finanzdienstleistung anknüpfen.[13] Die Zweckorientierung läßt sich nach der Nähe des *Adressatenbezugs* der Information konkretisieren. Zwar sind alle Informationen für Empfänger bestimmt, die vor bestimmten individuellen Entscheidungsproblemen, z.B. der Auswahl einer Kapitalanlage (Anlageentscheidung), stehen. Denn neben der Unterrichtung über Märkte und Produkte kann Inhalt und Form der Information an dem Informationsbedürfnis der Marktteilnehmer ausgerichtet werden. Daher können auch Informationsleistungen den Empfängerhorizont in unterschiedlichem

---

9 Zum *full financial service* s. *Schiller*, FS Philipp, S. 127 ff.

10 *Fliegner*, S. 207 f.

11 Dazu *Töpfer* in Management-Enzyklopädie, Bd. 4, S. 783 f.

12 *Hettich*, S. 13; *Töpfer* in Management-Enzyklopädie, Bd. 4, S. 775; *Kailich*, S. 20. Zu weiteren Definitionsansätzen *Kunz*, S. 46 ff.

13 *Kailich*, S. 20 („Problemschwerpunkte"). Der Begriff der „Finanzdienstleistung" wird im folgenden nicht technisch im Sinne des § 1 Abs. 1a KWG gebraucht.

Maße berücksichtigen. Sie unterscheiden sich danach, ob neben einem abstrakten sachlichen Problem auch der Informationsadressat bzw. seine konkreten persönlichen Verhältnisse mit in den Sachverhalt, auf den sich die Information erstreckt, einbezogen und bei der Auswahl und Gestaltung der Information verwertet werden. Dementsprechend läßt sich die adressatenneutrale, sachbezogene *abstrakte Datenübertragung*, der ein individueller Bezug fehlt,[14] abgrenzen von der *Beratung*, die der Person des Informationsempfängers auch inhaltlich Rechnung trägt.[15] Die Beratung liefert einen Beitrag zur individuellen Problemlösung und setzt die Interaktion zwischen dem Informanten (Berater) und dem Informationsadressaten (Entscheider) voraus, während der Informant bei neutralen Informationsleistungen durch beliebige andere Medien ersetzt werden kann.[16]

2. *Idealtypische Informationsleistungen*

a) Abstrakte Datenübertragung

Informationsleistungen, die keinen spezifischen Adressatenbezug aufweisen, werden als Entscheidungshilfen angesehen, die nach ihrer jeweiligen Zweckorientierung u.a. Formen der Belehrung,[17] Auskunftserteilung oder gutachterlichen Beurteilung[18] (z.B. Finanzanalysen) annehmen können. Ferner gehört auch die produkt- oder sortimentsbezogene bzw. absatzfördernde Kommunikation (Marketing, Werbung[19]) zur abstrakten Datenübertragung, weil sie sich nicht an einzelne Personen richtet. In allen diesen Fällen werden nicht Vorschläge zur Problemlösung für einen bestimmten Kunden erarbeitet, sondern lediglich Daten weitergegeben, die sich auf bestimmte sachliche Problemschwerpunkte der angebotenen Dienstleistung beziehen und dem Kunden die eigenständige Erarbeitung von Problemlösungen erleichtern sollen.

---

14 Dazu *Schiller*, Entscheidungsvorbereitung, S. 13; *Kailich*, S. 21, 42.

15 *Schiller*, Entscheidungsvorbereitung, S. 35.

16 S. *Schiller*, Entscheidungsvorbereitung, S. 12 f.

17 *Kailich*, S. 23; *Glaser*, S. 23 f.

18 Dazu *Läubli*, S. 37 ff., 43 f.

19 Zu den einzelnen Formen des Bankmarketing *Fliegner*, S. 212, 214 ff. („passiv erhaltene Information"), 217 ff. mit Beispielen aus der Praxis.

b) Beratungsleistungen

Begrifflich lassen sich finanzwirtschaftliche Beratungsleistungen als „Teilmenge“[20] derjenigen Informationsleistungen verstehen, die im Rahmen einer Finanzdienstleistung erbracht werden.[21] Die Beratung stellt eine individualisierte Informationsleistung dar und läßt sich als eine vom Absatz der Finanzprodukte unabhängige, externe Unterstützung bei der Entscheidungsvorbereitung definieren, die durch einen wechselseitigen Informationsaustausch gekennzeichnet ist.[22] Aus Kundensicht treten dazu weitere Funktionen, insbesondere die Strukturierung und Objektivierung des Entscheidungsproblems, die individuelle Informationsverarbeitung zur Entwicklung von Handlungsalternativen sowie die Bestätigung der wahrgenommenen Handlungsalternativen.[23] Im Hinblick auf die nach der Durchführung der Finanzdienstleistung erbrachten Informationsleistungen ist der Kunde schließlich an der Kontrolle seiner Entscheidungen interessiert. Da der Berater stets auch Daten, die allein Gegenstand neutraler Informationsleistungen sein können, zur Erstellung von Problemlösungsvorschlägen verwendet und dem Kunden fehlende, erläuternde Informationen über bestimmte Märkte, Anlageformen oder Geschäfte als „Leistungsbestandteil“[24] zur Verfügung stellt, ist die Beratung im Vergleich zur abstrakten Datenübertragung die komplexere Form der Entscheidungshilfe bzw. umfassendere Informationsleistung.[25] Auch unter den Beratungsleistungen kann danach differenziert werden, ob sich die Beratung als Problemlösungsprozeß allgemein auf mehrere Teilleistungsprogramme des Finanzdienstleisters bezieht oder auf ein bestimmtes Teilleistungsprogramm (z.B. Wertpapieranlage) beschränkt ist.[26]

Ausgangspunkt für Angebot bzw. Nachfrage der Beratungsleistung sind vom Berater bzw. Entscheider erkannte oder vermutete Informationsdefi-

---

20 *Kailich*, S. 42; a.A. *Gentzsch*, S. 55, der unter Hinweis auf die Informationsfunktion Beratungs- und sonstige Informationsleistungen gleichbehandelt.

21 *Dingeldein*, bank und markt 6/84, 10; *Schiller*, Entscheidungsvorbereitung, S. 6.

22 Vgl. *Kailich*, S. 17 mit *Schiller* in Gerke/Steiner, Sp. 105 f.; s. auch *dies.*, Entscheidungsvorbereitung, S. 11 („an den Kundenzielen orientierte Unterstützung der Entscheidungsfindung des Kunden in einem interaktiven Prozeß“). Zur Umsetzung in der Bankberatung s. auch *Gierl/Helbich*, Die Bank 1997, 540.

23 *Schiller* in Gerke/Steiner, Sp. 106 f.

24 *Schiller*, Entscheidungsvorbereitung, S. 13, 33.

25 S. *Rümker* in Bankrechtstag 1992, S. 30 f.

26 *Kailich*, S. 42 f.

zite des Entscheiders im Hinblick auf einzelne Bankprodukte.[27] Ist das Entscheidungsproblem noch nicht vollständig erkannt, wird es vom Berater zunächst strukturiert. Soweit die Kosten der Informationsbeschaffung und -verarbeitung hoch sind, kann die Informationsbeschaffung auf einen spezialisierten internen oder externen Berater übertragen werden.[28]

Der Finanzberater fungiert als Schnittstelle[29] zwischen dem Informationspool des Finanzintermediärs und dem Kunden. Entsprechend dieser Funktion läßt sich der Ablauf der Anlageberatung in vier verschiedene Phasen gliedern.[30] Zunächst setzt die Beratung eine doppelte Informationsverarbeitung (*Informationsphase*) voraus:[31] Zur Durchführung der Anlageberatung muß der Berater einerseits Informationen über die zukünftigen Kapitalmarktbedingungen und Handlungsmöglichkeiten sammeln, auswählen und bewerten;[32] andererseits muß er persönliche Daten des Kunden über seine finanzielle Situation und seine künftigen Entwicklungsmöglichkeiten erheben und analysieren.[33] Anschließend werden im Hinblick auf das Entscheidungsproblem (Anlagewunsch) des Kunden individuelle Handlungsalternativen bzw. Lösungsvorschläge entwickelt (*Anwendungsphase*). Auf der Grundlage von Expertensystemen können Berater dabei ggf. auf standardisierte Empfehlungen rekurrieren. In einem dritten Abschnitt (*Präsentationsphase*) werden die Handlungsalternativen dem Kunden dargestellt und erläutert. Dabei weist der Anlageberater den Kunden auch auf relevante marktbezogene Daten hin und erklärt die möglichen Wirkungen der Empfehlungen auf die angestrebten Ziele. So-

---

27 *Schiller*, Entscheidungsvorbereitung, S. 163 f. Die „produktbezogenen Informationsgespräche" (ebda., S. 165) entbehren letztlich eines unabhängigen Beratungsziels und wurden bisher als nicht selbständig absatzfähig angesehen, s. *R.E.Breuer*, ZGesK 1994, 444, 447. Gleichwohl können sie eine eigenständige Bankdienstleistung darstellen. In finanzwirtschaftlichen Analysen der Bankberatung werden auf der Grundlage der Funktion von Beratungsleistungen Vorgaben für die produktunabhängige Finanz- bzw. Bankberatung entwickelt.

28 Zur Unterscheidung zwischen externer und interner Beratung *Petzold*, BFuP 1987, 529; zum Ausbau interner Research-Abteilungen in Londoner Banken und Brokerhäusern s. F.A.Z. Nr. 160 vom 12.7.1996, S. 24.

29 *Schiller*, FS Philipp, S. 132.

30 *Schiller* in Gerke/Steiner, Sp. 109 f.

31 S. auch *Schlotthauer*, Sparkasse 1994, 435, der bei der Kundeninformation die Analyse der Anlageziele und der Risikofähigkeit sowie -neigung unterscheidet und zusätzlich „Kompatibilitätstests" zur Vereinbarkeit von Anlagezielen und Risikotoleranz empfiehlt.

32 Dazu *Schiller*, FS Philipp, S. 131.

33 Näher *Schiller*, FS Philipp, S. 133.

weit die Empfehlungen in konkrete Entscheidungen umgesetzt werden, folgt schließlich ex post eine Überprüfung der Ergebnisse dieser Entscheidungen mit den vom Kunden angestrebten Zielen (*Kontrollphase*).

Festzuhalten ist, daß sich die Anlageberatung aus zwei wesentlich unterschiedlichen Teilen, einer Anlageempfehlung und einer ergänzenden Datenübertragung, insbesondere über die möglichen Folgen der Anlageentscheidung, zusammensetzt.

II. Praktische Bedeutung der einzelnen Informationsleistungen beim Effektengeschäft

Beratungsleistungen werden herkömmlich im Wertpapiergeschäft der Kreditinstitute erbracht. Seit der 1994 einsetzenden Gründungswelle neuer Discount-Brokerhäuser in Deutschland[34] beginnt sich in der Bankpraxis eine Trennung zwischen individueller „Beratung" und sonstigen Informationsleistungen durchzusetzen, die im Zusammenhang mit Effektengeschäften erbracht werden. Die Kreditinstitute bieten in ihren Filialen weiterhin neben der Ausführung von Kundenaufträgen eine individuell auf die Bedürfnisse der Kunden abgestimmte Beratung bei der Vermögensanlage (*full service*) an, die auch bei der Kalkulation der Provision berücksichtigt wird.[35] Im Rahmen der Kontenkalkulation bzw. Stückkostenrechnung unterscheiden einige Kreditinstitute zwischen einer Basis-

34 S. *Coym* in Gerke/Steiner, Sp. 354, 360. Der älteste deutsche Discount-Broker ist die Allgemeine Deutsche Direktbank AG, Frankfurt am Main. Im Mai 1994 wurde die Direkt Anlage Bank GmbH, München (DAB), eine Tochtergesellschaft der Bayerischen Hypotheken- und Wechselbank AG, als erste der neueren Entwicklung dieses Marktsegments gegründet, dazu *Kölsch* (Aufsichtsratsvorsitzender der DAB), WM 1996, 1169; s. auch *Hofmann*, Wirtschaftswoche Nr. 44 vom 26.10.1995, S. 168. Seit 1996 drängen auch U.S.-amerikanische Discount-Broker auf den deutschen Markt: Fidelity Brokerage Group, Inc. eröffnete 1996/1997 einen deutschen Discount-Brokerage-Service, s. *Husmann*, Börse Online 22/96 vom 23.5.1996, S. 95:3.

35 Verkauf und Beratung werden aus Sicht des Kreditinstituts getrennt vergütet, soweit der Kunde ein zusätzliches Beratungsentgelt akzeptiert, dazu schon *Stracke/Thies*, BFuP 1987, 513, 527. Beim Dresdner Exclusiv-Depot (Beratungsgeschäft für vermögende Kunden) werden die im Vergleich zum sonstigen Beratungsgeschäft („Basis-Depot") verstärkten, kontinuierlichen Beratungsleistungen dem Kunden jährlich mit 0,5 % des Depotwerts am Jahresende in Rechnung gestellt. S. insgesamt zur Vergütung der Beratung *Rolf-E. Breuer*, Die Bank 1994, 444, 447.

beratung zu den Risiken des Wertpapiergeschäfts, Erstberatung über eine Produktgattung, in der der Kunde bisher noch keine Anlagen erworben hat, und Folgeberatung über eine Produktgattung, über die bereits früher beraten wurde. In Abgrenzung zum Discount-Geschäft, bei dem die Informationsleistung eingeschränkt ist, wird die Anlageberatung als eigenständiges Bankenprodukt verstanden. Damit wird der herkömmliche Produktverbund Beratung-Handel-Depotgeschäft aufgelöst,[36] und es ist zu erwarten, daß alle diese Dienstleistungen in Zukunft jeweils von verschiedenen Unternehmen angeboten werden. Große Privatbanken haben zudem ihre Absicht angekündigt, in Zukunft ihr Depotgeschäft auszulagern und auf ein unabhängiges Unternehmen zu übertragen.

Demgegenüber bieten Discount-Broker die bloße Ausführung von Effektengeschäften (*execution-only service*) an und schließen dabei häufig im Interesse günstigerer Konditionen die Beratung aus.[37] Der von Institut zu Institut variierende Abschlag (*discount*) auf die Provisionssätze[38] kommt auch dadurch zustande, daß die meisten Discount-Broker oder Discount-Geschäftsbereiche von Kreditinstituten[39] diese Dienstleistung nur außerhalb des Filialgeschäfts, d.h. im Telephonverkehr („Telebanking"), anbieten.[40] Daher werden Discount-Broker bisweilen auch als Direktbanken bezeichnet,[41] obwohl der „direkte" Vertriebsweg über elektronische Kommunikationsmittel wie insbesondere das Internet,[42] PC-Online-

36 *Schütt*, Die Bank 1995, 101.

37 S. *Kölsch*, WM 1996, 1169.

38 Dazu die Übersicht bei *Lasch/Röder*, ZBB 1995, 342, 354 ff.

39 Dresdner Order Discount der Dresdner Bank AG, LBB-DiscountDepot der LBB Landesbank Berlin, Discount-Profi-Depot der Allgemeine Privatkundenbank AG, Hannover (Allbank). Zu den Gestaltungsmöglichkeiten *Schütt*, Die Bank 1995, 101, 103.

40 Die Advance Bank AG, die am 25.3.1996 als Tochter der Bayerische Vereinsbank AG gegründet wurde, ist z.B. eine Direktbank, die Beratungsleistungen erbringt, s. *Raab*, Die Bank 1996, 280, 281 f.

41 Beide Begriffe wurden in der bisherigen Diskussion bisweilen synonym gebraucht, s. etwa *Lasch/Röder*, ZBB 1995, 342; *Metz*, VuR 1996, 183; *v.Rottenburg*, WM 1997, 2381, 2392 ff. Zum Aufgabengebiet der Direktbanken s. *Hafner*, WM 1997, 810; Überblick über Rechtsprobleme des „Direktbanking" bei *v.Rottenburg*, WM 1997, 2381.

42 Zum Vertrieb über das Internet umfassend *Jaskulla*, ZBB 1996, 214; zur jüngeren Entwicklung in Deutschland s. F.A.Z. Nr. 200 vom 28.8.1996, S. 21. Über die Haltung der SEC berichten *Childs*, IFLR, August 1996, 13, und F.A.Z. Nr. 145 vom 25.6.1996, S. 21.

Verbindungen,[43] Datex J bzw. BTX, Telefax oder Telephon[44] nicht ausschließlich von Discount-Brokern, sondern auch von anderen Instituten genutzt wird.[45]

Die Discount-Broker unterscheiden sich hauptsächlich hinsichtlich ihrer Produktpalette, des Serviceangebots und der Provisionssätze, die für Kommissionsgeschäfte erhoben werden.[46] Da institutionelle Großanleger auch vor der Errichtung des Discount-Geschäftszweigs günstige Konditionen verhandeln konnten, zielt das Discount-Angebot in der Praxis vorwiegend auf private Haushalte und sonstige nichtgewerbliche Investoren. Allerdings werden von den Discount-Instituten nicht nur vermögende, sondern auch Kleinanleger angesprochen.[47] Dabei kann die Vergütungsstruktur einzelner Discount-Broker z.B. Depots mit hoher Transaktionsfrequenz begünstigen und entsprechende Kundengruppen anziehen.

Die Informationsleistungen der Discount-Broker wurden bisher wegen der Unsicherheiten im Zusammenhang mit der Auslegung von § 31 Abs. 2 WpHG von den einzelnen Instituten unterschiedlich gestaltet. Alle Discount-Broker erheben – wie auch die Kreditinstitute im herkömmlichen Beratungsgeschäft – persönliche Angaben des Kunden nach § 31 Abs. 2 WpHG und bedienen sich dabei standardisierter Fragebögen.[48] Die Mehrzahl der Institute teilt ihre Kunden anhand dieser Angaben in Risikoklassen ein, denen Geschäfte in bestimmten Anlageformen zugeordnet werden.[49] Aus der Praxis der Compliance-Beauftragten für das Discount-

---

43 Beispiel: Online-Depot der Direkt Anlage Bank GmbH, München, dazu F.A.Z. Nr. 145 vom 25.6.1996, S. 21.

44 Zu den Vertriebswegen z.B. *Kienle*, Seminar der Börsen-Zeitung/WM am 22.5.1996 in Frankfurt am Main, Präsentation, Folie 28.

45 Zur Entwicklung der Direktbanken in Deutschland *Büschgen*, WM 1996, 1529 f.; s. auch F.A.Z. Nr. 210 vom 9.9.1996, S. 15. In den U.S.A. findet das *direct banking* allgemein zunehmend Verbreitung, s. F.A.Z. Nr. 166 vom 20.7.1996, S. 18. Viele *discounters*, z.B. Charles Schwab & Co., Inc. und Fidelity Brokerage Group, Inc., unterhalten dennoch ein eigenes Filialnetz.

46 Dazu die Übersicht bei *Lasch/Röder*, ZBB 1995, 342, 354 ff. (Übersichtstabelle).

47 Das Angebot der comdirect bank GmbH ist mit niedrigen Mindestprovisionen auf Kleinanleger zugeschnitten, s. den Vergleich bei *Lasch/Röder*, ZBB 1995, 354 ff.

48 Dazu unten § 13 III 1 a.

49 Gängig ist die Dreiteilung in konservative, risikobewußte und spekulative Anleger, s. etwa den Fragebogen der comdirect bank GmbH, Quickborn. Daneben wird eine Einteilung in (normale) Privatkunden, (vermögende) Vorzugskunden, institutionelle Kunden praktiziert, s. Dresdner Order Discount.

Geschäft wird berichtet, daß die Angaben des Kunden über die Einteilung in Risikoklassen hinaus nicht verwertet werden, da der Kunde keinerlei persönliche Empfehlung erhält. Allerdings ist das Kundenprofil, das anhand der Angaben erstellt wird, bei einigen Discount-Brokern ausschlaggebend für die Kontoeröffnung bzw. Zulassung zum Discount-Geschäft. Dadurch sollen – auch zur Verringerung der zivilrechtlichen Haftungsrisiken – unerfahrene Kleinanleger von dieser Geschäftsart generell ferngehalten und auf das herkömmliche Beratungsgeschäft verwiesen werden. Bei manchen Instituten können solche Kunden nur in risikoarmen Anlageformen investieren und sind von Börsentermingeschäften, Geschäften in Optionsscheinen und Freiverkehrswerten ausgeschlossen.

Bei der vertraglichen Regelung von Informationsleistungen werden regelmäßig vorformulierte Bedingungswerke (AGB) verwendet. Einige Discount-Institute bzw. Discount-Geschäftsbereiche schließen die „Beratung" ausdrücklich aus;[50] bei anderen, die zwar keine vertragliche Vereinbarung über die zu erbringenden Informationsleistungen vorsehen,[51] ist aber den vor der Kontoeröffnung ausgegebenen schriftlichen Kundeninformationen zu entnehmen, daß keine „Beratung" stattfindet und auch die „Aufklärung" eingeschränkt ist. Von den meisten Instituten wird dem Kunden am Anfang der Geschäftsbeziehung die Broschüre „Basisinformationen über die Vermögensanlage in Wertpapieren" übersandt, die von den Spitzenverbänden der Kreditwirtschaft redigiert wird.[52] Zugleich wird der Kunde auf das besondere Risiko hingewiesen, das mit Effektengeschäften ohne Beratung verbunden ist. Daneben versenden einige Dis-

---

Die Direkt Anlage Bank GmbH (DAB), München, nimmt dagegen nach dem aktuellen Depotwert und den zurückliegenden Aktivitäten eine Einteilung in *Depot*klassen vor, s. die Präsentation der DAB beim Seminar der Börsen-Zeitung/WM „Discount-Broking und §§ 31 ff. WpHG" am 22.5.1996, S. 16 ff.

50 Dresdner Order Discount, Bedingungen für die Teilnahme, Ziffer 5 (Ausschluß der Beratung, Haftungsausschluß bei unterlassener Beratung oder Aufklärung).

51 S. z.B. comdirect bank GmbH, Quickborn, Geschäftsbedingungen für Discount Brokerage (Stand: September 1995); Bank 24 AG, Bonn, Geschäftsbedingungen (Stand: Februar 1996).

52 S. z.B. die Ausgabe des VÖB-Service, Gesellschaft des Verbandes öffentlicher Banken mbH, Bonn (Fassung 1994). Bei Börsentermingeschäften wird die Unterzeichnung einer entsprechenden Informationsschrift verlangt, die Voraussetzung für die Börsentermingeschäftsfähigkeit nach § 53 Abs. 2 BörsG ist, s. dazu *Schödermeier*, Die Bank 1996, 166; einführend auch *Henssler*, ZHR 153 (1989), 611.

count-Broker einmalige oder periodische produktklassen- oder produktbezogene Informationsschriften. Marktanalysen oder Research sind meist eigenständig zu vergüten.[53] Nach dem Discount-Informationskonzept der Dresdner Bank AG erhält der Kunde aufgrund seiner Angaben vom Discount-Broker bei Begründung der Geschäftsbeziehung eine einmalige (standardisierte) Empfehlung über die für ihn angemessene, nach Anlageformen differenzierende „Depotstruktur".[54] Bei der Direkt Anlage Bank GmbH wird der Kunde anläßlich eines Kaufauftrages am Telephon befragt, ob er bereits Geschäfte in der gewünschten Anlageform getätigt hat. Verneint der Kunde diese Frage, wird er pauschal auf die Risiken hingewiesen, die mit dieser Anlageform verbunden sind, und erhält nach der Orderausführung per Brief eine schriftliche Aufklärung über diese Anlageform.[55] Andere nehmen eine strenge Einstufung des Kunden in eine Risikoklasse auf Grund seiner Angaben vor.[56] Eine Änderung der Einstufung ist meist nur bei geänderten Anlagezielen, Risikoeinstellung und inzwischen anderweitig gesammelten Anlageerfahrungen vorgesehen.[57]

§ 12 Rechtsvergleichende und internationale Erfahrungen

Die Aufnahme von Informationspflichten in das europäische bzw. deutsche Wertpapieraufsichtsrecht knüpft an die U.S.-amerikanische und die jüngere britische Tradition der *broker-dealer regulation* an, die wie das Kapitalmarktrecht überhaupt von einer Philosophie der Marktpublizität (*disclosure doctrine*) geleitet ist. In den U.S.A. sind den Intermediären seit den 30er Jahren weitreichende Informationspflichten auferlegt worden, die in der Praxis der Aufsichtsorgane erprobt und laufend an die Ent-

53 S. z.B. die von der Bank 24 AG angebotenen Research-Publikationen „Wirtschaftstrends" oder „Bulletin – Aktuelle Wirtschafts- und Währungsfragen", beide aus der Research-Abteilung der Deutsche Bank AG, dazu die Informationschrift Bank 24-Brokerage (Stand: Oktober 1996), S. 17.

54 Dresdner Order Discount, Bedingungen für die Teilnahme (Fassung September 1995), Ziffer 4 Abs. 1.

55 Direkt Anlage Bank GmbH, München, Seminar der Börsen-Zeitung/WM am 22.5.1996 in Frankfurt am Main, Präsentation, S. 16, 19.

56 S. z.B. die Informationschrift Bank 24-Brokerage (Stand: Oktober 1996), S. 27 ff.

57 Ebda., S. 27.

wicklung der Kapitalmärkte angepaßt werden.[58] In Anlehnung an die Ansätze jenseits des Atlantiks hat auch das moderne britische Kapitalmarktrecht die Intermediäre umfangreichen Informationspflichten unterworfen,[59] die unmittelbares Vorbild für die von der IOSCO empfohlenen internationalen Standards waren.[60]

I. Informations- und Erkundigungspflichten im Wertpapieraufsichtsrecht der U.S.A.

Die U.S.-amerikanischen Kapitalmarktgesetze enthalten keine allgemeinen Vorschriften über die Informations- und Erkundigungspflichten von Marktintermediären. Gleichwohl haben die Aufsichtsorgane und die Rechtsprechung auf der Grundlage der *shingle theory* und des Irreleitungsverbots der *antifraud provisions* (Verbot von *material misstatements*) weitreichende Verhaltenspflichten für Intermediäre entwickelt, die die Kommunikation mit Kapitalanlegern bzw. Kunden und den gegenseitigen Informationsaustausch regeln. Diese Verhaltenspflichten stellen insofern eine besondere Ausprägung von Sorgfalts- und Interessewahrungspflichten dar. Da Informationsleistungen einerseits eine wichtige Rolle bei der Anlageentscheidung des Kunden spielen und andererseits besonders gefährdet sind, unter dem Eindruck von Eigeninteressen des Intermediärs verzerrt zu werden, wird den Informations- und Erkundigungspflichten gemäß der *Disclosure*-Philosophie[61] der *securities laws* besondere Bedeutung zugemessen.

Brokers und *investment advisers* sind zwar grundsätzlich *fiduciaries* ihrer Kunden und unterstehen den Interessewahrungspflichten des *common law of agency*.[62] Gleichwohl hat die Aufsichtspraxis der SEC und SROs

58 Dazu sogleich § 12 I.

59 Dazu unten § 12 II.

60 Dazu unten § 12 III.

61 Dazu *Loss*, Fundamentals, pp. 25 et seq.

62 Dazu oben § 3 II 1 b. S. auch 2 *Frankel*, pp. 343 et seq.; *Root*, 1991 Colum. Bus. L. Rev. 287, 329-337; *Maseritz*, 113 Banking L. J. 116, 127 et seq. (1996). Zur Begründung einer allgemeinen *affirmative disclosure duty* im New Yorker Recht (*common law*) jüngst die *order* vom 8. Mai 1996 im wegen hoher Spekulationsverluste eines institutionellen Investors eingeleiteten Verfahren *Procter & Gamble v. Bankers Trust*, 1996 U.S. Dist. LEXIS 6435 = 1996 WL 249435 (S.D. Ohio 1996), mit Hinweis auf *Banque Arabe et Internationale d'Investissement v. Maryland National Bank*, 57 F.3d 146, 155 et

eine Reihe von eigenen Aufklärungspflichten entwickelt. Darüber hinaus wird die Gestaltung von Informationen im Rahmen der Anlageberatung bzw. -empfehlung besonders geregelt. Auch hier besteht ein Interessenkonflikt zwischen dem am Absatz (ggf. bestimmter Werte) interessierten Intermediär und dem Kunden, der einen seinen Anlagebedürfnissen entsprechenden Finanztitel („suitable investment") sucht.

Zwischen den widerstreitenden Interessen einen Ausgleich zu schaffen und eine angemessene Unterstützung des Kunden durch den Intermediär bei der Anlageentscheidung zu gewährleisten, ist das Anliegen der sog. *suitability doctrine*.[63] Die *suitability doctrine* ist die theoretische Grundlage zahlreicher Vorschriften zur Aufklärung und Empfehlung im U.S.-amerikanischen Kapitalmarktrecht. Diesen Vorschriften (sog. *suitability rules*) liegt das Postulat zugrunde, daß der Marktintermediär nur solche Effektengeschäfte empfehlen darf, die den individuellen Bedürfnissen des Kunden entsprechen.[64]

1. *Anlageempfehlungen (recommendations, advice)*

Anlageempfehlungen werden nicht nur von *investment advisers* im Rahmen ihrer vertraglichen Hauptverpflichtung erarbeitet und mitgeteilt, sondern auch von *broker-dealers* im Rahmen ihrer Werbe-, Verkaufs- und Marketingaktivitäten gegeben.[65] Dabei sind individuelle Anlageempfehlungen (*recommendations* oder *investment advice*) zu unterscheiden von neutralen, nicht individualisierten Anlageinformationen wie Kurs- bzw. Preisangaben (*quotations*),[66] statistischen Angaben, Werbebriefen, Analy-

---

seq. (2d Cir. 1995). S. auch *Forster*, [1996] Butterworths JIBFL 320 (*negligence claim* wegen Verletzung von Aufklärungspflichten).

63 Der *Suitability*-Doktrin liegt das Ideal der ökonomisch-rationalen Anlageentscheidung zugrunde. Der Kapitalanleger kann als Kunde des Intermediärs bei seiner Anlageentscheidung unterstützt werden, indem jener neben bestimmten neutralen Informationen eine Empfehlung ausspricht oder die *suitability* verbindlich prüft.

64 Näher unten § 12 I 1 b.

65 Zur Abgrenzung der Tätigkeitsbereiche im Hinblick auf das Registrierungserfordernis s. IAA § 202(a)(11), 15 U.S.C. § 80b-2(a)(11) (Registrierung bei geschäftsmäßiger, entgeltlicher Anlageberatung) und IAA Rule 206(3)-1, 17 C.F.R. § 275.206(3)-1 (Ausnahmen für *broker-dealers*).

66 Für *quotations* in den *pink sheets* s. SEA Rule 15c2-11 (verlangt „reasonable basis under the circumstances for believing that the [supporting] information

sen und Berichten (z.B. *research reports*, *market newsletters*, *advertisements*).[67] Die Grenzen sind allerdings fließend.[68] Bei allen diesen Aktivitäten – *personal* und *impersonal advice* – unterliegen Intermediäre der Sorgfaltspflicht „to know their product".[69] Soweit individuelle Anlageempfehlungen ausgesprochen werden, stellen die *suitability rules* der SROs bzw. SEC zusätzliche Erkundigungs- und Sorgfaltspflichten auf, nach der die persönlichen Verhältnisse der Kunden zu erforschen („know your customer") und und bei der Empfehlung zu berücksichtigen sind.[70]

a) Produktbezogene Sorgfaltspflicht (reasonable basis)

Nach Ansicht der SEC untersagen die *antifraud provisions* aggressive Verkaufstaktiken von *broker-dealers*, die auf die systematische Überrumpelung von Kunden durch Telephonkontakte (*cold calls*) abzielen und dabei typischerweise zu Werbezwecken nur selektive, übertriebene Informationen über die Gewinnerwartung unbekannter, spekulativer Aktien geben.[71] In den sich seit Anfang der 60er Jahre häufenden Fällen hat die SEC ihr Eingreifen entweder mit der allgemeinen *Fair-dealing*-Pflicht von *broker-dealers* (*shingle theory*) gerechtfertigt[72] oder auf das Verbot von *material*

---

is accurate in all material respects, and that the sources of [this] information are reliable"), SEA Rule 15c2-7, 17 C.F.R. § 240.15c2-7 (1997) (Verbot von *fictitious quotations*).

67 Sog. *impersonal advice*, s. *Lowe v. SEC*, [1983 Transfer Binder] Fed. Sec. L. Rep. (CCH) ¶ 99,075 (E.D.N.Y. 1983), *Lowe v. SEC*, 105 S.Ct. 2557 (1985) (advisory newsletter), dazu *Bloomenthal*, p. 1252 et seq. S. auch SEA Rel. No. 27,160 (August 22, 1989), [1989 Transfer Binder] Fed. Sec. L. Rep. (CCH) ¶ 84,440 at p. 80,416 (allgemeines Werbematerial vs. *advice*). Weitere Beispiele in IAA Rule 206(3)-1(a), 17 C.F.R. § 275.206(3)-1(a). Zur Gestaltung von *advertisements* IAA Rule 206(4)-1, 17 C.F.R. § 275.206(4)-1 (1997).

68 Vgl. No-Action Letter *New York Securities Co.* (April 25, 1972), zit. bei *Roach*, 29 Hastings L. J. at 1142 (1978) (Aufstellung eines *payroll deduction plan* komme einer Empfehlung an die Mitarbeiter gleich), mit No-Action Letter *Security Pacific National Bank* (May 21, 1973), [1973 Transfer Binder] Fed. Sec. L. Rep. (CCH) ¶ 79,412 (Anwendung der *suitability rule* nur auf direkte Empfehlung).

69 Dazu sogleich § 12 I 1 a.

70 Dazu unten § 12 I 1 b aa.

71 Zum *boiler room* plastisch die Darstellung von Judge *Friendly* in *United States v. Ross*, 321 F.2d 61, 64 (2d Cir. 1963), *cert. denied* 375 U.S. 894.

72 *Best Securities, Inc.*, 39 S.E.C. 931, 933-934 (1960); *Ross Sec., Inc.*, 41 S.E.C. 509, 510 (1963).

misstatements bzw. *omissions* gestützt.[73] Daraus wurde die Pflicht des *broker-dealer* abgeleitet, Produktinformationen und Empfehlungen nur auf hinreichender sachlicher und für den Kunden nachvollziehbarer Grundlage (*reasonable basis*) zu geben.[74]

Diese Sorgfaltspflicht (*duty of care*) ist darauf gerichtet, daß der *broker-dealer* vor Abgabe von Empfehlungen eine umfassende Recherche und möglichst objektive Überprüfung der bei der SEC oder sonst öffentlich zugänglichen Informationen über den Emittenten und die Risiken der Anlage („know your product") vornimmt.[75] In jedem Fall muß der Kunde neben der Empfehlung selbst über die tragenden Gründe informiert werden, damit er die Folgerungen nachvollziehen kann.[76] Insbesondere wenn die Tatsachenbasis schmal ist oder sich die Empfehlung auf nicht überprüfbare Informationen, z.B. über die Ertragsentwicklung junger Emittenten, stützt, ist der *broker-dealer* verpflichtet, den Kunden darüber aufzuklären und auf das damit verbundene erhöhte Risiko hinzuweisen.[77]

b) Suitability Rules

Über die produktbezogene Recherche hinaus müssen *broker-dealers* und *investment advisers* bei Anlageempfehlungen, die für individuelle Kunden bestimmt sind, die persönlichen Verhältnisse dieser Kunden zu erforschen und bei der Auswahl des empfohlenen Effektengeschäfts zu berücksichtigen. Diese Kernaussage der *suitability doctrine* ist seit 1939 Bestandteil der prototypischen *suitability rule* in den Rules of Fair Practice der

73 *Feeney v. SEC*, 564 F.2d 260, 262 (8th Cir. 1977), *cert. denied* 435 U.S. 969. S. auch SEA § 9(a)(4), nach dem bewußt falsche oder irreführende Angaben über wesentliche Tatsachen hinsichtlich börsennotierter Werte untersagt sind.

74 SEC, *Special Study of the Securities Markets*, H.R. Doc. No. 95, 88th Congr., 1st Sess., pt. 1, 238 (1963). S. auch NYSE Rule 472.40(1), 2 NYSE Guide (CCH) ¶ 2472.40 (1997). S. *Rice*, 25 Mercer L. Rev. 537 (1974).

75 „Reasonable investigation", *In re Baskin Planning Consultants, Ltd.*, IAA Rel. No. 1297 (December 19, 1991); *Merril Lynch, Pierce, Fenner & Smith, Inc.*, SEA Rel. No. 14,149, 13 S.E.C. 646, 651 (1977). S. 2 *Frankel* pp. 649 et seq.

76 *Best Securities, Inc.*, 39 S.E.C. at 933-934 (1960). S. auch NYSE Rule 472.40(1) („supporting information"), 2 NYSE Guide (CCH) ¶ 2472.40 (1997).

77 *Mac Robbins & Co., Inc.*, 41 S.E.C. 116, 128-129 (1962), *aff'd sub nom. Berko v. SEC*, 316 F.2d 137, 142-143 (2d Cir. 1963). S. auch *Rice*, 25 Mercer L. Rev. 537 (1974); zuletzt *Kim v. SEC*, No. 95-70564 (9th Cir. 1995) (Empfehlung spekulativer Aktien war Verstoß gegen SA § 17(a) und SEA Rule 10b-5), zit. bei *Gonson*, p. 44.

NASD[78] und hat sich als Konkretisierung der *antifraud provisions* des amerikanischen Kapitalmarktrechts durchgesetzt.[79] In der heute geltenden Form statuiert sie neben der Pflicht zur sorgfältigen Durchführung der Risikoadäquanzprüfung (*suitability check*) eine mehr oder weniger konkretisierte Erkundigungspflicht bezüglich der Verhältnisse des Kunden.

Ähnliche *suitability rules* für Anlageempfehlungen finden sich in der bis 1983 für *SECO broker-dealers* geltenden SEA Rule 15c3-10,[80] in NASD Rules of Fair Practice Art. III § 33(a)(19)[81] bzw. NYSE Rule 723 für Empfehlungen bestimmter Options- und Optionsscheingeschäfte,[82] in MSRB Rule G-19 für Empfehlungen in *municipal securities*,[83] in SEA Rule 15g-9[84] für Empfehlungen von Aktien im unteren Marktsegment (*penny stocks*)[85] und in dem Vorschlag der SEC zu einer IAA Rule 206(4)-5, die sich auf die Aktivität von *investment advisers* bezieht.[86] NYSE Rule 405[87] stellt zwar nur eine Erkundigungspflicht (sog. *know-your-customer rule*) auf, impliziert jedoch nach Ansicht des NYSE und der SEC eine eigene

---

78 In ihrer ursprünglich geltenden Fassung lautet die Regel der NASD: „In recommending to a customer the purchase, sale or exchange of any security, a member shall have reasonable grounds for believing that the recommendation is suitable for such customer upon the basis of the facts, if any, disclosed by such customer as to his other security holdings and as to his financial situation and needs." NASD Rule of Fair Practice Art. III § 2(a), NASD Manual (CCH) ¶ 2152 (1994) bzw. NASD Rule 2310(a), NASD Manual (1998). Absatz (b) wurde 1990 ergänzt.

79 S. *Clark v. John Lamula Investors, Inc.*, 583 F.2d 594 (2d Cir. 1978) (*broker-dealer*); SEC, *In re David A. King and King Capital Corp.*, IAA Rel. No. 1391 (Nov. 9, 1993) (*investment adviser*).

80 17 C.F.R. § 240.15b3-10 (1982) (in Kraft von 1967 bis 1983).

81 NASD Manual (CCH) ¶ 2183 at p. 2167 (1994).

82 NYSE Rules 723, 414(h), 2 NYSE Guide ¶¶ 2723, 2414 at 3712 (1997).

83 MSRB Manual (CCH) ¶ 3591 (1996).

84 SEA Rule 15g-9(b) (ursprünglich als SEA Rule 15c2-6 erlassen), 17 C.F.R. § 240.15g-9(b) (1996). Überblick bei *Bloomenthal*, § 26.05, pp. 1178 et seq. Diese Vorschrift regelt unmittelbar nur die Ausführung von Transaktionen, die der *broker-dealer* empfohlen hat, stellt aber *implicite* eine Regelung seiner Anlageempfehlung dar.

85 Zur Definition s. SEA § 3(a)(51A) in Verbindung mit SEA Rule 3a51-1(d), 17 C.F.R. § 240.3a51-1(d) (1997) (in der Regel Kurswert unter U.S.$ 5).

86 IAA Rel. No. 1406 (March 16, 1994), [1993-1994 Transfer Binder] Fed. Sec. L. Rep. (CCH) ¶ 85,327.

87 2 NYSE Guide (CCH) ¶ 2405 (1997). Ähnlich Amex Rule 411, 2 AMEX Guide (CCH) ¶ 2411 (1996).

suitability rule für Anlageempfehlungen der NYSE-Mitglieder.[88] Da Finanzterminkontrakte als genuin spekulativ angesehen werden, haben die CFTC und die Rechtsprechung im Bereich des *commodity futures trading* die Geltung der *suitability doctrine* ausdrücklich abgelehnt.[89]

aa) Erkundigungspflicht (duty of inquiry)

Der Inhalt der Erkundigungspflicht wird im einzelnen unterschiedlich konkretisiert. NASD Rules of Fair Practice Art. III § 2(b)[90] verlangt die Einholung von Angaben des Kunden zu finanziellen Verhältnissen, seiner steuerlichen Situation und seinen Anlagezielen.[91] Die Erkundigungspflicht der NYSE Rule 405 erstreckt sich allgemein auf die erheblichen Verhältnisse des Kunden („essential facts relative to every customer"). Bei Empfehlungen von *Penny-stock*-Geschäften sind *broker-dealers* verpflichtet, im Rahmen des *account approval* die finanziellen Verhältnisse, Anlageerfahrungen und Anlageziele des Kunden zu erforschen.[92] Ebendiese Formulierung hat die SEC auch für die vorgeschlagene *suitability rule* zum *investment advisory business* gewählt. Die Reichweite der Angaben ist nach den Umständen des Einzelfalls zu bestimmen. Nach Ansicht der SEC muß der Anlageberater z.B. zur Erarbeitung eines umfassenden Finanzplans – ähnlich wie etwa bei Optionsgeschäften[93] – auch aktuelle Daten zum Ein-

---

88 *In re Nicholaou*, SEC Admin. Proc. file No. 3-8160, Sec. Reg. & L. Rep. (BNA) (July 28, 1994) (Disziplinarverfahren gegen NYSE *broker* wegen „unsuitable recommendations"). IAA Rel. No. 1406 (March 16, 1994), [1993-1994 Transfer Binder] Fed. Sec. L. Rep. (CCH) ¶ 85,327; *Roach*, 29 Hastings L. J. at 1082 n. 60 m.w.N. Skeptisch 8 *Loss/Seligman* p. 3848.

89 CFTC, Adoption of Customer Protection Rules, [1977-1980 Transfer Binder] Comm. Fut. L. Rep. (CCH) ¶ 20,642 at p. 22,625 (July 24, 1978); *Phacelli v. ContiCommodity Servs., Inc.*, [1986-1987 Transfer Binder] Comm. Fut. L. Rep. (CCH) ¶ 23,250 at p. 32,673-74 (CFTC 1986) m.w.N.

90 NASD Rules of Fair Practice Art. III § 2(b), NASD Manual (CCH) ¶ 2152 at pp. 2045 et seq. (1994), NASD Rule 2310(b), NASD Manual (1998).

91 Die Vorschrift ist seit 1. Januar 1991 in Kraft.

92 SEA Rule 15g-9 („customer's financial situation, investment experience, and investment objectives"). Diese Vorschrift ist aber nach Ansicht der SEC im Lichte des sehr detaillierten Vorschlags der SEC zur *penny stock suitability rule* auszulegen, der insoweit nicht in die geltende Fassung übernommen wurde, s. SEA Rel. No. 27,160 (August 22, 1989), [1989 Transfer Binder] Fed. Sec. L. Rep. (CCH) ¶ 84,440 at p. 80,418 n. 59 (weitgehende Angaben ähnlich den Erkundigungspflichten bei der Zulassung zum Optionshandel).

93 Dazu unten § 12 I 1 b dd.

kommen, Anlage- und sonstiges Vermögen, Verbindlichkeiten und Versicherungspolicen erfragen.[94]

Der Intermediär ist verpflichtet, sich um die Angaben des Kunden tatsächlich zu bemühen.[95] Verweigert der Kunde die Angaben, müssen sonst zugängliche Informationen herangezogen werden.[96] Im Zweifel ist davon auszugehen, daß der Kunde keinerlei Vermögen hat,[97] oder von Anlageempfehlungen überhaupt abzusehen.[98] Bei *Penny-stock*-Empfehlungen müssen die vom *broker-dealer* aufgenommenen Angaben, die die Grundlage der *Suitability*-Prüfung bilden, in einem vom Kunden zu unterzeichnenden *suitability statement* bestätigt werden.[99] Nach Ansicht der SEC soll der *investment adviser* jedenfalls dann die Befragung wiederholen, wenn ihm Änderungen in den persönlichen Verhältnissen des Kunden (z.B. Ehescheidung, Pensionierung) bekannt werden.[100]

bb) Sorgfaltspflicht (duty to give only suitable advice)

Der Intermediär ist zur sorgfältigen Auswertung dieser Kundeninformationen und Auswahl einer den Bedürfnissen des Kunden entsprechenden Anlage (*Suitability*-Prüfung) verpflichtet.[101] Dabei ist darauf zu achten, daß zwischen den vom Kunden angegebenen Anlagezielen und seiner

---

94 IAA Rel. No. 1406 (March 16, 1994), [1993-1994 Transfer Binder] Fed. Sec. L. Rep. (CCH) ¶ 85,327 at p. 85,187. Beispiel für einen *personal data questionnaire* bei 2 *Frankel*, p. 677.

95 NASD Rules of Fair Practice Art. III § 2 bzw. NASD Rule 2310 („reasonable efforts"), NYSE Rule 405 („due diligence").

96 Reine Mutmaßungen sind unzulässig, *In re Eugene J. Erdos*, 47 S.E.C. 985, 988 (1983), *aff'd sub nom. Erdos v. SEC*, 742 F.2d 507, 508 (9th Cir. 1984). Vgl. *supplementary information* zu NYSE Rule 721, 2 NYSE Guide (CCH) ¶ 2721.10 (1997).

97 So die Auffassung der SEC, IAA Rel. No. 1406 (March 16, 1994), [1993-1994 Transfer Binder] Fed. Sec. L. Rep. (CCH) ¶ 85,327 at pp. 85,188-189.

98 2 *Frankel*, p. 678. Zu der Frage, ob er in diesem Fall an der Ausführung des Anlagegeschäfts gehindert ist, s. *Mundheim*, 1965 Duke L. J. 449 (kann ausführen) und unten § 12 I 2 f.

99 SEA Rule 15g-9(b)(3), 17 C.F.R. § 240.15g-9(b)(3) (1997).

100 IAA Rel. No. 1406 (March 16, 1994), [1993-1994 Transfer Binder] Fed. Sec. L. Rep. (CCH) ¶ 85,327 at p. 85,187.

101 Die Sorgfaltspflicht liegt regelmäßig in dem Erfordernis der „reasonable grounds" (NASD Rule of Fair Practice Art. III § 2 bzw. NASD Rule 2310) oder „due diligence" (NYSE Rule 405), s. auch SEA Rules 15c-5(b) [alte Fassung], 15g-9(b)(2), 17 C.F.R. § 240.15g-9(b)(2) (1997) („reasonably determine[s]").

finanziellen Leistungsfähigkeit kein auffälliges Mißverhältnis besteht. Die Anlageempfehlung muß auf einer unabhängigen Einschätzung der Situation des Kunden beruhen.[102]

Die SEC hat die SROs im Rahmen ihrer *Special Study of the Securities Markets* von 1962 aufgefordert, die Sorgfaltspflicht durch Richtlinien zu konkretisieren.[103] In der *securities industry* stieß dieses Postulat nach stärkerer Verrechtlichung der *suitability standards* auf Widerstand. Gleichwohl hat die NASD Grundsätze aufgestellt, die die Empfehlung bestimmter Geschäfte für unvereinbar mit dem *suitability standard* erklären. Nach einer *policy* des Board of Governors der NASD sind bestimmte hochspekulative Geschäfte in *low-priced securities* (*penny stocks* u.a.) sowie kurzfristige Geschäfte in Anteilen an *mutual funds*[104] grundsätzlich suspekt.[105] Ferner dürfen Empfehlungen für unwirtschaftliche Geschäfte nicht abgegeben werden, bei denen zu erwarten ist, daß ein Engagement die finanzielle Leistungsfähigkeit des Kunden übersteigt.[106] Schließlich betont die NASD, daß bei Empfehlungen und Geschäften in bestimmten Derivaten oder neuen Finanzprodukten, insbesondere *index warrants* und *hybrids*, in jedem Fall die *suitability* festzustellen und der Kunde über Eigenschaften und Risiken dieser Werte besonders aufzuklären sei.[107]

Bei der Auswahl der angemessenen Anlage ist der Intermediär insbesondere verpflichtet, „other securities holdings" des Kunden zu berück-

---

102 *Philips & Co.*, 37 S.E.C. 66, 70 (1956), „objektive *Suitability*-Prüfung", dazu *Fishman*, 51 Minn. L. Rev. 233, 243 (1966); *Roach*, 29 Hastings L. J. at 1126-1129 m.w.N. Eine andere Frage ist, ob der *broker-dealer*, sofern er keine Empfehlung gibt, den Kunden über die *unsuitability* des beabsichtigten Anlagegeschäfts aufklären muß, dazu unten § 12 I 2 f.

103 SEC, Report of the Special Study on the Securities Markets, H.R. Doc. No. 95, 88th Cong., 1st Sess., pt. 1, p. 238 (1963).

104 Auch *short-term trading* in Anteilen an *open-end investment companies* soll wegen der erheblichen Anschaffungskosten (Aufgeld, Agio) grundsätzlich nicht empfohlen werden, 2 *Frankel*, p. 679.

105 NASD Manual (CCH) ¶ 2152 at p. 2045 (1994).

106 NASD Manual (CCH) ¶ 2152 at p. 2046 (1994); *Anderson v. Knox*, 297 F.2d 702 (9th Cir.), *cert. denied* 370 U.S. 915 (1962) (*equity funding plan* über U.S.$ 100.000 für Familienvater mit U.S.$ 10.000 Jahreseinkommen).

107 Policy of the Board of Governors, *Fair Dealing With Customers With Regard to Derivative Products or New Financial Products* (effective June 11, 1992), NASD Manual (CCH) ¶ 2152 at p. 2047 (1994). S. auch NYSE Rule 414(h), 2 NYSE Guide (CCH) ¶ 2414 (1997). Zu den Aufklärungspflichten allgemein unten § 12 I 2.

sichtigen.[108] Diese Forderung entspricht der Portfoliotheorie, nach der Kapitalanlagen nicht mehr – wie herkömmlich – einzeln („item by item"), sondern im Zusammenhang mit dem gesamten Portefeuille des Anlegers zu bewerten sind. Gleichwohl hat sich die Portfoliotheorie wegen der praktischen Umsetzungsschwierigkeiten noch nicht allgemein als Sorgfaltsstandard der *suitability rule* durchgesetzt.[109]

Die moderne Portfoliotheorie geht davon aus, daß Investoren durch Diversifizierung ihres Anlageportefeuilles Risiken steuern und den Ertrag des eingesetzten Kapitals steigern können.[110] Dabei wird durch eine bestimmte Zusammensetzung des Portfolios die Minimierung von emittentenbezogenen (unsystematischen) Risiken und die Instrumentalisierung allgemeiner (systematischer) Marktrisiken angestrebt,[111] um der Risikoaffinität bzw. den Anlagezielen des jeweiligen Investors gerecht zu werden. Als effizient wird das Portfolio angesehen, das die höchste Ertragserwartung im Rahmen der gewählten „Risikoklasse" hat. Auf der Grundlage dieses Ansatzes muß der Intermediär für den Kunden ein seiner Risikoklasse entsprechendes Modellportfolio entwerfen. Seine Anlageempfehlung steht nur dann im Einklang mit der *suitablility rule*, wenn die empfohlene Anlage im Rahmen der *risk preference* des Kunden die Ertragserwartung des gesamten Portfolios steigert.[112] Festzuhalten ist, daß nicht die einzelne Anlage, sondern das diversifizierte Portfolio insgesamt zu der jeweiligen Risikoklasse passen muß. Danach kann auch die Beimischung spekulativer Anlagen zum Portfolio eines risikoaversen Anlegers geboten sein.[113] Die Umsetzung der Portfoliotheorie wird allerdings erschwert durch Transaktionskosten und staatliche Eingriffe (z.B. Steuern), eine Vielzahl von Strategien und Methoden der Risikoeinschätzung und die Unübersichtlichkeit der Anlagemöglichkeiten.[114] Wegen dieser praktische Grenzen gehören die Forderungen der Portfoliotheorie noch nicht zum

---

108 NASD Rules of Fair Practice Art. III § 2, NASD Manual (CCH) ¶ 2152 (1994) bzw. NASD Rule 2310, NASD Manual (1998).

109 *Roach*, 29 Hastings L. J. at 1166 et seq. (1978).

110 *Blume* in *Freidman*, 850; *Salmanowitz*, 29 Stanford L. Rev. at 1096 n. 105 (1977). Die Portfoliotheorie fußt auf *Markowitz*, 7 J. Fin. 77 (1952), und *Sharpe*, 9 Management Sci. 277 (1963); *Mülbert*, S. 126 f.

111 *Cohen*, 80 Yale L. J. 1604, 1607-1615 (1971); *Bines*, 76 Colum. L. Rev. 721, 734 et seq. (1976) m.w.N.

112 *Root*, 1991 Colum. Bus. L. Rev. at 350-351.

113 *Lefkowitz v. Smith Barney, Harris Upham & Co., Inc.*, 804 F.2d 154, 156 (1st Cir. 1986) (Rule 10b-5 *unsuitability claim*).

114 *Cohen*, 80 Yale L. J. 1604, 1620-1621, 1629 (1971); *Root*, 1991 Colum. Bus. L. Rev. at 352.

Pflichtenkanon des Anlageberaters. In der Literatur wurde allerdings eine Aufklärungspflicht vorgeschlagen, Anlageempfehlungen mit einem obligatorischen Hinweis („cautionary legend") zu versehen, daß die Diversifizierung des Portfolios erforderlich sei.[115]

cc) Institutional Investors

In der jüngeren Vergangenheit sind Fälle bekannt geworden, in denen institutionelle Anleger die Eigenschaften und Risiken der Anlageprodukte nicht hinreichend verstanden oder einschätzten und daher erhebliche Verluste hinnehmen mußten.[116] Durch die Spekulationsverluste bei großen institutionellen Investoren wie S&Ls,[117] *Procter & Gamble*[118] oder *Orange County*[119] ist die Frage virulent geworden, inwiefern die *suitability rules* auch auf institutionelle Anleger anwendbar sind.

Die *securities laws* kennen keine grundsätzliche Unterscheidung zwischen *retail* und *institutional investors*. Allerdings gelten bestimmte Anlegerschutzvorschriften nicht für *accredited investors*,[120] *qualified institutional buyers*[121] und *major U.S. institutional investors*.[122] Bei diesen privilegierten Anlegergruppen handelt es sich im wesentlichen um juristische

---

115 *Salmanowitz*, 29 Stanford L. Rev. at 1080-1081 (1977).

116 H.R. Rep. No. 255, 103d Cong., 1st Sess. 30-34 (1993) (betreffend Gemeinden und S&Ls)

117 „Brokers Faulted For Their Role in S&L Failures", Wall Street Journal at C1:5 (May 9, 1991) (mangelnde Regulierung des Vertriebs von Staatsanleihen).

118 1996 U.S. Dist. LEXIS 6435 = 1996 WL 249435 (S.D. Ohio, May 8, 1996), dazu *Forster* (Anwalt von Procter & Gamble im vorgenannten Verfahren), [1996] Butterworths JIBFL 320.

119 Dazu SEA Rel. No. 36,761 (January 24, 1996), [1995-1996 Transfer Binder] Fed. Sec. L. Rep. (CCH) ¶ 85,721 („SEC Initiates Actions in Orange County Investigation").

120 SA § 2(15) und Regulation D, Rule 501(a), 17 C.F.R. § 230.501(a) (1997): Hierzu gehören u.a. *banks*, *insurance companies*, *investment companies*, *employee benefit plans*.

121 SA Rule 144A(a)(1), 17 C.F.R. § 230.144A(a)(1) (1997): Als *QIBs* sind u.a. anerkannt *insurance companies*, *investment companies*, *business development companies*, *employee benefit plans*, *investment advisers*, bestimmte *securities dealers*, *banks*, *S&Ls*.

122 SEA Rule 15a-6(b)(4) und (7), 17 C.F.R. § 240.15a-6(b)(4) und (7) (1996). Dazu zählen u.a. *banks*, *S&Ls*, *insurance companies*, *employee benefit plans*, *investment advisers*, die mehr als U.S.$ 100 Mio. als Eigen- oder Treuhandvermögen verwalten.

Personen (*institutions*), deren ausschlaggebendes Merkmal jedoch ihre „sophistication“[123] ist. Für die Anerkennung als *sophisticated investor* kommt es insbesondere auf die Marktkenntnis, Anlageerfahrung und den Wert des verwalteten Eigen- bzw. Fremdvermögens an.[124]

Die Bedeutung der *sophistication* für die Anwendung der *suitability rules* ist nicht abschließend geklärt. Die älteren *suitability rules* enthalten keine Einschränkung der Verhaltenspflichten für den Fall, daß dem *broker-dealer* oder *investment adviser* ein *sophisticated investor* gegenübertritt. Nach Ansicht der SEC gelten *suitability rules* (insbesondere die *duty to give only suitable advice*), die ursprünglich zum Schutz unerfahrener Privatanleger entwickelt worden waren, auch gegenüber *sophisticated investors*.[125] Die Rechtsprechung berücksichtigt zwar bei der Bestimmung der Reichweite der *fiduciary duties* eines *broker* im Einzelfall auch die *sophistication* des geschädigten Anlegers.[126] Eine grundsätzliche Einschränkung der *suitability rule* für *sophisticated investors* wurde aber abgelehnt.[127]

---

123 Dazu *Root*, 1991 Colum. Bus. L. Rev. 287, 308 et seq.

124 Vgl. SA § 2(15)(ii), der als Auffangtatbestand für *accredited investors* auf ein Bündel von Kriterien wie *financial sophistication, net worth, knowledge, and experience in financial matters, amount of assets under management* rekurriert, mit dem Vorschlag der NASD für eine *Interpretation of Suitability Rule for Brokers Selling Securities to Institutional Investors* vom 14. Juli 1995, NASD Press Release (July 17, 1995), p. 3, der u.a. folgende Kriterien aufstellt: Expertise und Erfahrung der Mitarbeiter des Anlegers in den relevanten Finanzinstrumenten, wirtschaftliches Verständnis der Anlageform, Fähigkeit, die Auswirkungen von Marktentwicklungen auf die relevanten Finanzinstrumente einzuschätzen.

125 IAA Rel. No. 1406 (March 16, 1994), [1993-1994 Transfer Binder] Fed. Sec. L. Rep. (CCH) ¶ 85,327 at p. 85,188 n. 11.

126 *Duffy v. King Cavalier*, 778 P.2d 549 (Cal. 1989); *Rolf v. Blyth Eastman Dillon & Co.*, 570 F.2d 38, 42 (2d Cir. 1978); *Clark v. John Lamula Investors, Inc.*, 583 F.2d 594 (2d Cir. 1978); *Sheldon Co. Profit Sharing Plan & Trust v. Smith*, 828 F.Supp. 1262 (W.D.Mich. 1993) (keine Haftung des *broker-dealer* bei Auftrag durch *investment adviser* des Kunden, zu pauschal *Hazen*, p. 505). S. auch *Salmanowitz*, 29 Stanford L. Rev. 1077, 1078 nn. 5-6 (1977).

127 *Hanly v. SEC*, 415 F.2d 589, 596 (2d Cir. 1969) („The fact that his customers may be sophisticated and knowledgeable does not warrant a less stringent standard.“); *Lehigh Valley Trust Co. v. Central National Bank of Jacksonville*, 409 F.2d 989, 994 (5th Cir. 1969). Ähnlich die Insiderhaftungsrechtsprechung zur *reliance* des geschädigten Anlegers, dazu *Root*, 1991 Colum. Bus. L. Rev. at 340 et seq. (m.w.N.).

Eine Einschränkung der *suitability rule* gegenüber *sophisticated* bzw. *institutional investors* wird aber insbesondere von Vertretern der *market professionals* befürwortet.[128] Unter dem Regime der NASD gilt die *duty to give only suitable advice* zwar gegenüber allen Anlegern. Die NASD hat aber die Erkundigungspflicht des *broker-dealer*, die 1990 nach jahrzehntelangem Widerstand[129] als ausdrückliche Verpflichtung eingefügt wurde, auf „noninstitutional customers" beschränkt. Danach soll es *broker-dealers* ermöglicht werden, bei *sophisticated investors* auf die Einholung von Angaben zu verzichten.[130] Dies gilt nach der seit dem 20. August 1996 anwendbaren NASD Rule 2310(c) jedenfalls für Anleger mit sog. „institutional accounts" im Sinne von NASD Rule 3110(c)(4); dazu zählen Banken, S&Ls, Versicherungsunternehmen, Investmentgesellschaften, *investment advisers* sowie natürliche oder juristische Personen mit einem Vermögen von mindestens U.S.$ 50 Mio. Nach der vom Board verabschiedeten *Interpretation of Suitability Rule for Brokers Selling Securities to Institutional Investors* vom 14. Juli 1995,[131] soll der *broker-dealer* verpflichtet werden, bei Anlageempfehlungen an *institutions*[132] sowohl deren Fähigkeit zur unabhängigen Einschätzung des Anlagerisikos als auch deren tatsächliche Absicht zu berücksichtigen, die Empfehlung zu überprüfen und eine unabhängige Anlageentscheidung zu fällen.[133] Diese Einschätzung des *broker-dealer* liefe letztlich auf eine Prüfung der *sophistication* des Anlegers hinaus. Noch weitergehend bestimmen freiwillige, von Marktteilnehmern aufgestellte Richtlinien, daß unter institutionellen Investoren, die regelmäßig an *wholesale market transactions* teilnehmen, die *suitability doctrine* grundsätzlich nicht gilt und Anlageempfehlungen nur bei be-

---

128 Vgl. die Stellungnahme der Public Securities Association (*Robert Keenan*) bei den *reauthorization hearings* zum Government Securities Act im Mai 1991, zit. bei *Root*, 1991 Colum. Bus. L. Rev. at 388, n. 164, mit den Stellungnahmen der staatlichen Investoren, zit. *ibid.* at 303-306 (*Mario J. Palumbo, Attorney General* des Staats West Virginia: „A State is not necessarily a sophisticated investor.").

129 Die SEC hatte bereits 1963 von der NASD eine Konkretisierung der *suitability rule* gefordert, *Special Study of the Securities Markets*, H.R. Doc. No. 95, 88th Cong., 1st Sess., pt. 1 at 312, 329.

130 Bereits unter der alten *suitability rule* war allerdings umstritten, ob aus der Formulierung „if any" in NASD Rule 2310(a) eine eigene Erkundigungspflicht (so der Standpunkt der SEC) folgt, dazu *Mundheim*, 1965 Duke L. J. 445, 451, 457 et seq.

131 NASD Press Release (July 17, 1995), zit. bei *Bloomenthal*, pp. 1223-1224.

132 Hervorgehoben werden *municipalities* und *retirement funds*, *ibid.*, p. 2.

133 NASD Press Release, pp. 2-3 (July 17, 1995).

sonderer Vereinbarung verbindlich sind.[134] Im Jahr 1995 wurde im Kongreß eine vom Abgeordneten *Fields* vorgelegte *bill* diskutiert, nach der *securities dealers* gegenüber institutionellen Investoren mit einem Portfoliowert von mehr als U.S.$ 10 Mio. von der *suitability rule* befreit würden.[135]

Vor dem Hintergrund der Krisen, die große Zusammenbrüche, etwa der *Barings Group*, ausgelöst haben, ist allerdings eine Gegenbewegung bemerkbar. Von einer „Global Task Force" der Futures Industry Association (FIA) wurde in jüngerer Zeit die Anwendung der *suitability rule* im professionellen Derivatehandel als Selbstschutz der Marktteilnehmer vorgeschlagen.[136] Die Empfehlungen für Intermediäre gehen insbesondere dahin, im Rahmen des internen Risikomanagements den *financial status*, die Kreditwürdigkeit und den Grad der Erfahrung und *sophistication* des Kunden festzustellen.[137] Eine Reihe von Empfehlungen richten sich an Kunden, die in Derivaten investieren.[138]

dd) Suitability bei besonders risikoreichen Geschäften

Der Anwendungsbereich der *suitability doctrine* ist grundsätzlich auf Anlageempfehlungen beschränkt.[139] *Suitability rules* können ausnahmsweise auch unmittelbar auf die Durchführung bzw. Vermittlung von Kommissions- oder Festpreisgeschäften bezogen sein. Dann verpflichten sie den *broker-dealer* ggf. zur Aufklärung des Kunden über die fehlende Risiko-

---

134 *Principles and Practices for Wholesale Financial Market Transactions* (August 17, 1995), ¶ 4.2.2 und Begleitschreiben, S. 7. Diese Richtlinien wurden erarbeitet unter der Federführung der Federal Reserve Bank of New York von der Emerging Market Traders Association, dem Foreign Exchange Committee (Federal Reserve Bank of New York), der International Swaps and Derivatives Association (ISDA), der New York Clearing House Association, der Public Securities Association (PSA) und der Securities Industry Association (SIA).

135 S. „Rep. Fields' Bill Would Ease Suitability Rules for Dealers", The Bond Buyer 3 (July 28, 1995), zit. bei *Bloomenthal*, p. 1224 n. 30.

136 FIA, Financial Integrity Recommendations For Futures and Options Markets and Market Participants (June 1995). Die Global Task Force, die aus internationalen Vertretern von Marktteilnehmern zusammengesetzt war und von der New Yorker Anwaltssozietät *Sullivan & Cromwell* beraten wurde, hat insgesamt 60 Empfehlungen erarbeitet.

137 FIA, Financial Integrity Recommendations, Nos. 32 et seq.

138 Den Kunden wird insbesondere die ausführliche Unterrichtung über Handelsrisiken und Adressenrisiken der beteiligten *brokers/intermediaries*, Börsen und *clearinghouses* angeraten, *ibid.*, Nos. 48-55.

139 Undeutlich *Schwark*, FS Steindorff, S. 473, 488.

adäquanz des beabsichtigten Effektengeschäfts[140] oder sind mit einem Ausführungsverbot für *unsuitable transactions* verbunden. Bei besonders riskanten Effektengeschäften oder Anlageformen sind *broker-dealers* verpflichtet, in jedem Fall für ihre Kunden eine *Suitability*-Prüfung (*account approval*) vorzunehmen. Falls sich die beabsichtigten Geschäfte angesichts der finanziellen Verhältnisse und Bedürfnisse des einzelnen Kunden als „unsuitable" herausstellen, dürfen sie nicht ausgeführt werden. Mit dieser Rechtsfolge, die eine Einschränkung der Vertrags- bzw. Anlagefreiheit des Kunden zur Folge hat, beabsichtigen die Aufsichtsorgane, Kapitalanleger vor den Risiken kreditfinanzierter Effektengeschäfte (*margin transactions*)[141] und bestimmter Options- und Optionsscheingeschäfte[142] zu schützen sowie Mißständen beim Vertrieb von *penny stocks* entgegenzuwirken.[143] Um eine möglichst genaue Einschätzung der Bedürfnisse des Kunden sicherzustellen, enthalten diese *suitability rules* bzw. die entsprechenden Richtlinien der SROs umfassende Erkundigungspflichten. Vor der Ausführung von Optionsgeschäften müssen z.B. Angaben eingeholt werden über die Anlageziele (*safety of principal, income, growth, trading profits, speculation*), über die finanziellen Verhältnisse, insbesondere den Arbeitgeber, das geschätzte Jahreseinkommen (aus allen Quellen) und Nettovermögen (außer Eigenheim), das liquide Vermögen (Geld, Wertpapiere u.a.), Familienstand, Alter und Zahl der abhängigen Familienmitglieder, sowie über die Erfahrungen und Kenntnisse im Effektengeschäft

140 Dazu unten § 5 III 1 b bb.

141 SEA Rule 15c2-5(b), 17 C.F.R. § 240.15c2-5(b) (1996); dazu *Markham/Hazen*, ch. 3.

142 NASD Rule of Fair Practice Art. III § 33(a)(18), NASD Manual (CCH) ¶ 2183 at pp. 2163 et seq.; NYSE Rule 721 (*options*) und Rule 414(h) (*currency warrants, currency index warrants, stock index warrants*), 2 NYSE Guide (CCH) ¶¶ 2721, 2414 (1996); CBOE Rule 9.7, CBOE Guide (CCH) ¶ 2307 (1996); Proposed SEA Rule 9b-2, 2 Fed. Sec. L. Rep. (CCH) ¶ 22,623 (1977/96?), dazu *Roach*, 29 Hast. L. J. at pp. 1096 et seq. (1978).

143 *Penny stock rules* sind nur auf „empfohlene Transaktionen" anwendbar, vgl. SEA Rule 15g-1(e), 17 C.F.R. § 240.15g-1(e) (1996) mit SEA Rel. No. 27,160 (August 22, 1989), [1989 Transfer Binder] Fed. Sec. L. Rep. (CCH) ¶ 84,440 at p. 80,416. Sie belegen Geschäfte, die für den Kunden als *unsuitable* anzusehen sind, mit einem Ausführungsverbot und regeln zugleich die Gestaltung von entsprechenden Anlageempfehlungen des *penny stock broker-dealer*.

(z.B. *number of years, size, frequency, type of transactions*, getrennt nach *options, stock, bonds, commodities* u.a.).[144]

2. *Aufklärungspflichten (disclosure rules)*

Gemäß dem *Disclosure*-Postulat des U.S.-amerikanischen Kapitalmarktrechts enthalten die Vorschriften des *Securities Exchange Act* und des *Investment Advisers Act* sowie der danach erlassenen Rules zahlreiche Aufklärungspflichten für *broker-dealers* und *investment advisers*, die der Entschärfung von Interessenkonflikten dienen oder die Informationen über Eigenschaften und Risiken der Anlagemöglichkeiten ergänzen sollen. *Sedes materiae* sind SEA Rule 10b-10 und die allgemeinen *antifraud provisions.*[145]

Die *confirmation rule* (SEA Rule 10b-10) verpflichtet den *broker-dealer* zur schriftlichen Information (*written notification*) des Kunden über die Einzelheiten des von ihm ausgeführten Effektengeschäfts. Dazu gehört zunächst der Zeitpunkt der Ausführung (*date and time of the transaction*) sowie Identität, Stückzahl und Preis bzw. Kurs des vom Kunden erworbenen oder veräußerten Werts. Alle nach SEA Rule 10b-10 erforderlichen Angaben müssen dem Kunden spätestens im Zeitpunkt des Eigentumswechsels von Geld oder Brief („at or before the completion of the transaction“[146]) zur Verfügung gestellt werden.[147] Da auch die postalische Übersendung der *confirmation* ausreicht,[148] dient diese Form der Aufklärung im wesentlichen der Überprüfung der Eckdaten des vom *broker-*

---

144 NASD Rule of Fair Practice Art. III § 33(a)(18) mit *Interpretation of the Board of Governors*, NASD Manual (CCH) ¶ 2183 at p. 2165 (1994); NYSE Rule 721, 2 NYSE Guide (CCH) ¶ 2721.10 (1997).

145 S. die 1995 eingefügte *Preliminary Note* zu SEA Rule 10b-10, 17 C.F.R. § 240.10b-10 (1996).

146 S. die Definition in SEA Rule 15c1-1(b), 17 C.F.R. § 240.15c1-1(b) (1997) (Zahlung bzw. Übergabe der Effekten oder die entsprechende Anforderung bei laufender Konto- bzw. Depotführung durch den *broker-dealer*).

147 Im Rahmen von bestimmten Anlageplänen kann statt der einzelnen *confirmation* auch eine monatliche oder vierteljährliche Kontoübersicht vorgelegt werden, SEA Rule 10b-10(b), 17 C.F.R. 3 240.10b-10(b) (1996) (*alternative periodic reporting*).

148 Allerdings ist auch die *real-time electronic confirmation* zulässig, s. SEC, No-Action Letter *Thomson Financial Services, Inc.* (October 8, 1993), [1993-1994 Transfer Binder] Fed. Sec. L. Rep. (CCH) ¶ 76,823.

dealer bereits ausgeführten Effektengeschäfts. Der Kunde soll durch diese und weitere Angaben z.B. über die Art des Vertragsverhältnisses und die Vergütung des *broker-dealer* aber auch in die Lage versetzt werden, die Qualität der Dienstleistung zu kontrollieren und eventuelle Unregelmäßigkeiten aufzudecken.[149] Darüber hinaus verpflichten einige SROs ihre Mitglieder zur periodischen Aufstellung von Kontoauszügen.[150] Im Handel mit *penny stocks* ist ein monatlicher Kontobericht mit Angaben zu Identität, Stückzahl und geschätztem Marktwert der gehaltenen Effekten vorgeschrieben.[151] Risikohinweise sind nur für besonders spekulative Anlagewerte, z.B. *penny stocks*, erforderlich. Im übrigen ergeben sich Aufklärungspflichten aus den Regelwerken der SEC und SROs oder wurden im Einzelfall von der Rechtsprechung zu bestimmten Mißständen entwickelt.

a) Informationen über das Vertragsverhältnis und Eigeninteressen des Intermediärs

Broker-dealers sind verpflichtet, ihre Kunden darüber aufzuklären, ob sie mit ihnen in der Eigenschaft als *agent* ein Kommissionsgeschäft oder als *principal* ein Festpreisgeschäft abschließen.[152] Diese Pflicht wird auch unter Händlern als *good practice* angesehen, obschon die *confirmation rule* der SEC nicht auf Geschäfte von *broker-dealers* untereinander anwendbar ist.[153] Tritt der Intermediär für beide Seiten als *broker* (*dual agent*) auf, ist auch dies anzuzeigen. Soweit ein *securities dealer* im Aktien-

149 SEA Rel. No. 34,932 (November 10, 1994), [1994-1995 Transfer Binder] Fed. Sec. L. Rep. (CCH) ¶ 85,455 at p. 85,938.

150 S. z.B. NYSE Rule 409(a) (mindestens vierteljährliches „statement of account to customers"), 2 NYSE Guide (CCH) ¶ 2409 (1997).

151 SEA Rule 15g-6, 17 C.F.R. § 240.15g-6 (1997).

152 SEA Rule 10b-10(a)(2), 17 C.F.R. § 240.10b-10(a)(2) (effective April 3, 1995); für den Börsenhandel auch SEA § 11(d)(2).

153 Vgl. SEA Rule 10b-10(d)(1), 17 C.F.R. § 240.10b-10(d)(1) (1996) mit den *Principles and Practices for Wholesale Financial Market Transactions* der Federal Reserve Bank of New York, pt. 4.2.5 (Marktteilnehmer, die als *broker* auftreten, sollten dabei nur als „agent for both parties" oder als „riskless principal" agieren, es sei denn eine andere Funktion wird allen Beteiligten offengelegt; Marktteilnehmer, die generell als *principal* auftreten, können gelegentlich auch als *agent* agieren oder unter den Voraussetzungen der *Best-execution*-Verpflichtung handeln, sollen jedoch dabei nicht ihr Wissen zum Nachteil der Gegenpartei, für die sie als *agent* auftreten, einsetzen).

handel als *market maker* fungiert, muß er dies in der *confirmation* offenbaren.[154]

Der Kunde ist ggf. darüber zu informieren, wenn das Festpreisgeschäft für den *dealer* einen *short sale* darstellt, denn der Leerverkauf an Kunden ohne entsprechende Information des Kunden wird als verbotenes Verschweigen einer „wesentlichen Tatsache" (*material fact*) gewertet.[155]

Bei Anlageempfehlungen müssen *broker-dealers* und *investment advisers* ihre Kunden umfassend über Eigeninteressen hinsichtlich der empfohlenen Werte aufklären.[156] Sie müssen ggf. offenbaren, daß sie in den empfohlenen Werten Eigenhandel treiben oder bestimmte *Long-* bzw. *Short*-Positionen innehaben.[157] Wenn der *dealer* als *market maker* in einem Wert oder als *director* des Emittenten fungiert, oder an der Emission beteiligt war, ist er verpflichtet, seine Kunden über diese Funktionen bei Festpreisgeschäften aufzuklären.[158] Ebenso ist ein Beherrschungsverhältnis zwischen dem *broker-dealer* und einem Emittenten vor oder bei der Ausführung von Geschäften in Werten dieses Emittenten schriftlich offenzulegen.[159]

b) Informationen über das Unternehmen des Intermediärs

Broker-dealers und *investment advisers* haben ihre Kunden über besondere Umstände in ihrem eigenen Unternehmen, insbesondere über ihre finan-

---

154 SEA Rule 10b-10(a)(2) (Ausnahme für *block positioner*), *Chasins v. Smith, Barney & Co.*, 438 F.2d 1167, 1172 (2d Cir. 1971).

155 *Vucinich v. Paine, Webber, Jackson & Curtis, Inc.*, 803 F.2d 454, at 458 et seq. (9th Cir. 1986) (Verstoß gegen SEA Rule 10b-5).

156 NASD Rules of Fair Practice Art. III § 35(d)(2)(B), NASD Manual (CCH) ¶ 2195 at p. 2173-12 (1994).

157 NYSE Rule 472, NYSE Guide (CCH) ¶ 2472.40(2)(i),(iii) at 4558 (1996); NASD Rules of Fair Practice Art. III § 35(d)(2)(B)(ii), NASD Manual (CCH) ¶ 2195 at p. 2173-12 (1994); IAA § 206(3), 15 U.S.C. § 80f(3) mit IAA Rule 206(3)-2, 17 C.F.R. § 275.206(3)-2 (Ausnahme für *agency cross transactions* bei schriftlicher Einwilligung des Kunden).

158 *Affiliated Ute Citizens of Utah v. United States*, 406 U.S. 128, 153 (1972) (Verstoß gegen SEA Rule 10b-5). Dieser Grundsatz ist niedergelegt in NYSE Rule 472, 2 NYSE Guide (CCH) ¶ 2472.40(2)(i),(ii),(iv) at 4558 (1997) und IAA § 206(3), 15 U.S.C. § 80f(3). Ähnlich NASD Rules of Fair Practice Art. III § 14, NASD Manual (CCH) ¶ 2164 (1994) (auch für Kommissionsgeschäfte).

159 NASD Rules of Fair Practice Art. III § 13, NASD Manual (CCH) ¶ 2163 (1994).

zielle Lage, aufzuklären bzw. sind auf Anforderung des Kunden zur Offenlegung ihrer finanziellen Lage verpflichtet.[160]

Nach SEA Rule 10b-10(a)(9) müssen *broker-dealers* den Kunden ggf. auch darauf aufmerksam machen, daß sie nicht Mitglied der SIPC und daher die Kundeneinlagen nicht staatlich garantiert sind. Die Entgegennahme von Kundenaufträgen nach Insolvenzeintritt des Intermediärs verstößt gegen die *antifraud provisions.*[161] *Investment advisers* sind nach IAA Rule 204-3[162] (*brochure rule*) verpflichtet, dem Kunden mindestens 2 Tage vor Abschluß des Beratungsvertrages ein „written disclosure statement" zu übergeben, das wichtige Informationen über die Identität des Beraters enthält.[163] Zugleich müssen Kunden detaillierte Informationen über zurückliegende strafrechtliche oder disziplinarische Verurteilungen u.a erhalten.[164] Nach Reg. 4.31[165] der CFTC sind CTAs verpflichtet, ihre Kunden über ihre *past performance* zu unterrichten.[166]

c) Aufklärung über die Vergütung des Intermediärs (commissions, spreads)

Im Rahmen von Kommissionsgeschäften in Aktien ist der Intermediär zur Offenlegung seiner Provision verpflichtet.[167] Bei Festpreisgeschäften verlangt die SEC generell die Offenlegung der Handelsspanne zwischen Geld- und Briefkurs (*markup, markdown*),[168] um den Kunden auf überhöhte Handelsspannen aufmerksam zu machen.[169] Auch *market makers* in

---

160 NASD Rules of Fair Practice Art. III § 22(a), NASD Manual ¶ 2172 (1997). Zu Vorschlägen der SEC im Hinblick auf die Kapitalisierung von *broker-dealers* SEA Rel. No. 35,224 (January 12, 1995), [1995 Transfer Binder] Fed. Sec. L. Rep. (CCH) ¶ 86,143.

161 Verschweigen verstößt gegen SEA §§ 10(b) und 15(c)(1), s. *Junker*, S. 124 m.w.N.

162 17 C.F.R. § 275.204-3 (1997).

163 S. Part II der Form ADV, 6 Fed. Sec. L. Rep. (CCH) ¶ 57,101 (1997).

164 IAA Rule 206(4)-4, 17 C.F.R. § 275.206(4)-4 (1997).

165 17 C.F.R. § 4.31 (1997).

166 CFTC Reg. 4.31 (as amended, 1991), 56 F.R. 28054 (June 19, 1991).

167 SEA Rule 10b-10(a)(2)(i)(B)-(D), 17 C.F.R. § 240.10b-10(a)(2)(i)(B)-(D) (1997).

168 SEA Rule 10b-10(a)(ii)(A), 17 C.F.R. § 240.10b-10(a)(ii)(A) (Differenz zwischen *customer price* und *contemporaneous dealer price*). Dies gilt auch für sog. *riskless principal transactions* in Aktien, noch nicht aber in Schuldverschreibungen, s. SEA Rel. No. 34,932 (November 10, 1994), [1994-1995 Transfer Binder] Fed. Sec. L. Rep. (CCH) ¶ 85,455 at p. 85,942.

169 Für die Praxis ist jedenfalls davon auszugehen, daß überhöhte Handelsspannen wegen der Sanktionen der NASD nicht durchsetzbar sind, s. z.B. *James E.*

börsennotierten oder NASDAQ-gelisteten Aktien (*NMS equity securities*) müssen Angaben über ihren *spread* machen.[170] Im Rahmen von Geschäften in *debt securities* ist der Preis und die Rendite anzugeben.[171] *Market makers* müssen auch Vergütungen offenlegen, soweit sie die Provision eines Kommissionärs überschreiten und z.T. einem *account executive* zugute kommen.[172] Nach SEA Rule 15g-4 müssen *penny stock broker-dealers* ihre Kunden vor Ausführung des beabsichtigten Geschäfts und in der *confirmation* über die Gesamthöhe ihrer Vergütung unterrichten und die Erfüllung dieser Aufklärungspflicht in ihren Unterlagen dokumentieren.

d) Aufklärung über order routing und fee splitting arrangements

Soweit der Kunde keine besonderen Anweisungen zur Ausführung seiner Aufträge gibt, können *broker-dealers* und *investment advisers* als Vermittler die Kundenaufträge an Dritte oder verbundene Unternehmen zur Ausführung weiterleiten. Der Grund dieses *order routing* kann z.B. darin liegen, daß ein *broker-dealer* selbst in dem betreffenden Markt nicht tätig ist oder andere Händler bessere Kurse bzw. Preise erzielen können. Die Gegenleistungen, die der durch regelmäßiges *order routing* begünstigte *broker-dealer* dem Intermediär erbringt, werden als *payments for order flow* oder *soft dollars* bezeichnet. Zwar sollen durch diese Praktiken die Ausführungskosten gesenkt und der Wettbewerb zwischen einzelnen *broker-dealers* und Märkten gefördert werden. Andererseits ist der Intermediär bereits ohne entgeltliche *Order-routing*-Vereinbarungen zur interessewahrenden Ausführung von Kundenorders (*best execution*) verpflichtet.[173] Infolge dieser Vereinbarungen treten insofern Interessenkonflikte zwischen dem Intermediär und seinem Kunden auf, als die erhaltenen Gegenleistungen nicht in vollem Umfang dem einzelnen Kunden zugute kommen oder durch den Anreiz, diese Leistungen zu erhalten, die inter-

---

Ryan, SEA Rel. No. 18,617 (1982), zit. im NASD Manual (CCH) ¶ 2154 at 2053 (eine überhöhte Spanne von etwa 10-20% sei nicht deshalb gerechtfertigt, weil der *dealer* dem Kunden mitgeteilt hatte, der Kurs beruhe auf dem zu diesem Zeitpunkt gängigen OTC-Briefkurs bzw. *asked quotation*); 4 *Bromberg/Lowenfels*, § 15.10(200) at p. 15:327.

170 SEA Rule 10b-10(a)(2)(ii)(B), 17 C.F.R. § 240.10b-10(a)(2)(ii)(B) (1996) (Differenz zwischen *reported trade price* und *customer price*).

171 SEA Rule 10b-10(a)(5)-(6).

172 *Shivangi v. Dean Witter Reynolds, Inc.*, 107 F.R.D. 313, 316-318 (S.D. Miss. 1985).

173 Dazu oben § 9 I 4.

essewahrende Ausführung der einzelnen Order (*best execution*) verhindert wird.[174]

Die SEC verlangt daher von *broker-dealers*, daß sie geldwerte Vorteile, die sie als Gegenleistung für die Weiterleitung von Kundenaufträgen an Dritte erhalten,[175] ihren Kunden offenlegen. Wenn *payments for order flow* geflossen sind, ist dies in der *confirmation* anzuzeigen und auf schriftliche Nachfrage des Kunden über Herkunft und Art der Leistungen Auskunft zu geben.[176] Darüber hinaus muß der Kunde bei Kontoeröffnung und jährlich über die Handhabung von *payments for order flow*[177] und die Kriterien, nach denen Kundenaufträge zur Ausführung an andere *broker-dealers* weitergegeben werden,[178] informiert werden. Dabei soll der *broker-dealer* insbesondere erläutern, wie er trotz einer *order routing policy best execution* von Kundenaufträgen sicherstellt.[179] Die SEC plant, diese Regeln auch auf den Optionshandel[180] und auf sog. *internalized/affiliate practices* auszudehnen, bei denen der *broker-dealer* Kundenorders

---

174 Vgl. SEA Rel. No. 34,902 (October 27, 1994), [1994-1995 Transfer Binder] Fed. Sec. L. Rep. (CCH) ¶ 85,444 at pp. 85,851, 85,857, und SEA Rel. No. 35,375, IAA Rel. No. 1469 (February 14, 1995), [1994-1995 Transfer Binder] Fed. Sec. L. Rep. (CCH) ¶ 85,488 at pp. 86,218 et seq. Zum Interessenkonflikt beim *investment adviser* s. auch 2 *Frankel*, pp. 377 et seq.

175 SEA Rule 10b-19(e)(9) („payments for order flow", z.B. „research, clearance, custody, products or services; reciprocal agreements for the provision of order flow; adjustment of a broker's or dealer's unfavorable trading errors; offers to participate as underwriter in public offerings; stock loans or shared interest accrued thereon; discounts, rebates, or any other reductions").

176 SEA Rule 10b-10(a)(2)(i)(C), 17 C.F.R. § 240.10b-10(a)(2)(i)(C) (1997) für Geschäfte in börsennotierten Aktien und NASDAQ-gelisteten Werten sowie *penny stocks*, die auf einem *automated interdealer quotation system* gelistet sind.

177 SEA Rule 11Ac1-3(a)(1), 17 C.F.R. § 240.11Ac1-3(a)(1) (generelle *policy* und Behandlung der Aufträge des einzelnen Kunden).

178 SEA Rule 11Ac1-3(a)(2), 17 C.F.R. § 240.11Ac1-3(a)(2).

179 Kritisch SEC, Market 2000: An Examination of Current Equity Market Developments (January 1994), Study V at p. 4. Nach Ansicht der SEC muß der *broker-dealer* bei Bestehen von *Order-routing*-Vereinbarungen regelmäßig die Qualität der Ausführung und der Preisgestaltung überprüfen, um die *Best-execution*-Verpflichtung zu erfüllen.

180 SEA Rel. No. 34,903 (October 27, 1994), [1994-1995 Transfer Binder] Fed. Sec. L. Rep. (CCH) ¶ 85,445 at p. 85,865.

systematisch selbst als *principal* ausführt oder an mit ihm verbundene Unternehmen weiterleitet.[181]

Für *soft dollar arrangements* von *investment advisers* folgt aus IAA § 206 eine ähnliche Regelung,[182] die die SEC in einer besonderen Vorschrift festzulegen beabsichtigt.[183] Eine Aufklärungspflicht hinsichtlich der Gegenleistungen (*soft dollars*) ist bereits gesetzlich vorgesehen.[184] SEA § 28(e)[185] bestimmt zwar, daß *investment advisers*, die als *fiduciaries* im Interesse des Kunden zur Auswahl des günstigsten (nicht notwendigerweise billigsten) *broker-dealer* verpflichtet sind,[186] durch eine *Order-routing*-Vereinbarung grundsätzlich keine „fiduciary duty under State or Federal law" verletzen.[187] Gleichwohl soll der *investment adviser* seinen Kunden davon in Kenntnis setzen. Der Vorschlag der SEC für eine IAA Rule 206-4 soll diese Aufklärungspflicht konkretisieren. Nach IAA Rule 206(4)-3 ist der *investment adviser* ferner verpflichtet, seine Kunden schriftlich über die entgeltliche Einschaltung von Vermittlern (*solicitors*), die ihm Kunden zuführen (*referral*), und deren Vergütung (*fee splitting*) zu unterrichten.[188]

e) Risikoaufklärung

Der Marktintermediär hat als Vermittler zwischen Emittenten und Investoren die Aufgabe, die über eine Anlage verfügbaren Informationen (Prospekt, andere *sales literature*) dem Anleger zugänglich zu machen. Ergänzend wurden zahlreiche Aufklärungspflichten (*risk disclosure obligations*) entwickelt, die dem Anleger das Verständnis der Eigenschaften bzw. die Einschätzung der Risiken des beabsichtigten Effektengeschäfts erleich-

---

181 Zu den Bedenken gegen diese Praktiken im Hinblick auf den *Best-execution*-Grundsatz SEA Rel. No. 34,903 (October 27, 1994), [1994-1995 Transfer Binder] Fed. Sec. L. Rep. (CCH) ¶ 85,445 at pp. 85,863 et seq.

182 Zur Entwicklung s. 2 *Frankel*, pp. 626 et seq.

183 Proposed IAA Rule 204-4 on Soft Dollar Practices, SEA Rel. No. 35,375, IAA Rel. No. 1469 (February 14, 1995), [1994-1995 Transfer Binder] Fed. Sec. L. Rep. (CCH) ¶ 85,488.

184 SEA § 28(e)(2).

185 15 U.S.C. § 78bb(e) (eingefügt durch die *Securities Acts Amendments of 1975*).

186 Dazu *Delaware Management & Co.*, 43 S.E.C. 392, 396 (1967).

187 Securities Acts Amendments of 1975, Pub. L. No. 94-29, 89 Stat. 97, 161-162, jetzt 15 U.S.C. § 78bb(e).

188 Ähnlich für Vermittler der *penny stock dealer* SEA Rule 15g-6, 17 C.F.R. § 240.15g-6 (1997).

tern sollen. Im folgenden werden einige wichtige Aufklärungspflichten hervorgehoben.

Bestimmte Risikofaktoren von Anleihen müssen in der *confirmation* eigens aufgeführt werden. Der *broker-dealer* ist etwa zur Offenlegeung verpflichtet, wenn vom Kunden erworbene oder veräußerte Anleihen keinem Rating durch eine anerkannte Rating-Organisation unterliegen.[189] Auch ist der Anleger ggf. über den Vorbehalt der vorzeitigen Fälligstellung durch den Emittenten hinzuweisen.[190] Wegen der Gefahr der Verzerrung von Anlageempfehlungen ist der Intermediär zur Aufklärung über die tatsächlichen Grundlagen von Anlageempfehlungen (*supporting information*) verpflichtet. Dies gilt – wie dargelegt – insbesondere dann, wenn die Tatsachengrundlage der Empfehlung zweifelhaft erscheint.[191]

Vor dem Abschluß von kreditfinanzierten Effektengeschäften (*margin transactions*) muß der Kunde ausführliche schriftliche Informationen über die Konditionen des Effektenkreditvertrages (*credit terms*) erhalten.[192] Besonders detailliert geregelt ist die *risk disclosure* im Rahmen von Kundengeschäften in *penny stocks* und Optionen. Durch den *Penny Stock Reform Act of 1990*[193] wurde SEA § 15(g) eingefügt, der spezielle Aufklärungspflichten für *Penny-stock*-Geschäfte statuiert, die der *broker-dealer* seinem Kunden empfohlen hat. Die SEC hat dazu die *Penny Stock Disclosure Rules* erlassen.[194] Danach muß dem Kunden vor der Ausführung beabsichtigter Geschäfte eine einheitliche Informationsschrift („Risk Disclosure Document", RDD)[195] übergeben werden, die umfassende Hinweise auf die Marktverhältnisse und die Pflichten eines *penny stock dealer* enthält.[196] Ferner ist der *broker-dealer* verpflichtet, vor der Ausführung des Kundengeschäfts und in der *confirmation* über seine *quotations* bestimmte Angaben zu machen.[197]

Ähnliche Anforderungen an die Risikoaufklärung werden im Handel mit börsennotierten oder sonst gelisteten Optionen (*standardized options*)

---

189 SEA Rule 10b-10(a)(8), 17 C.F.R. § 240.10b-10(a)(8) (nicht erforderlich bei U.S.-Staatsanleihen).

190 SEA Rule 10b-10(a)(4), 17 C.F.R. § 240.10b-10(a)(4) (*redemption before maturity*).

191 Dazu oben § 12 I 1 a.

192 SEA Rule 10b-16, 17 C.F.R. § 240.10b-16 (1996) (*written statement*).

193 Pub. L. 101-429, 104 Stat. 931 (effective April 15, 1992).

194 SEA Rules 15g-1 bis 15g-9, 17 C.F.R. §§ 240.15g-1 et seq. (1997).

195 Der Wortlaut ist in SEA Schedule 15G festgelegt.

196 SEA § 15(g)(2), SEA Rule 15g-2.

197 SEA Rule 15g-3.

gestellt.[198] Nach SEA Rule 9b-1(c) muß eine von den Optionsmärkten für die jeweilige Gattung erstellte Informationsschrift („Options Disclosure Document") u.a. Informationen über den Abschluß und die Durchführung von Optionsgeschäften, die Marktverhältnisse, Kosten, *margin requirements* und steuerlichen Auswirkungen von Optionsgeschäften sowie Hinweise auf den Emittenten und den Basiswert der Option enthalten.[199] Auch im Handel mit Finanzterminkontrakten hat die CFTC ähnliche Aufklärungspflichten aufgestellt.[200]

f) Aufklärung über unsuitable transactions?

Der Anwendungsbereich der meisten *suitability rules* ist auf die Gestaltung von Anlageempfehlungen beschränkt.[201] Wenn sich ein Anleger entgegen der Anlageempfehlung und nach hinreichender Aufklärung über Interessenkonflikte und Risiken der Anlage dennoch für ein bestimmtes Geschäft entscheidet, trägt er dafür in der Regel selbst die Verantwortung und genießt nicht den Schutz der *suitability rules.*[202] Gleichwohl sind die Grenzen der *suitability doctrine* seit dem verstärkten Aufkommen der *discount brokers* in den 80er Jahren, die grundsätzlich keine Anlageempfehlungen geben und daher *brokerage services* zu günstigeren Konditionen anbieten als *full-service brokers*, unübersichtlich geworden.

Gegenstand der aufsichtsrechtlichen Diskussion ist insbesondere die *know-your-customer rule* des NYSE, aus der eine *suitability rule* abgeleitet wird,[203] wenngleich NYSE Rule 405 ursprünglich weniger kundenschützende Funktion hatte, sondern vielmehr die *broker community* davor schützen sollte, zum Werkzeug betrügerischer Kundentransaktionen zu

---

198 SEA Rule 9b-1(d)(1), 17 C.F.R. § 240.9b-1(d)(1) (1996); NYSE Rule 726(a) (*approval for trading*), 2 NYSE Guide ¶ 2726 (1996).

199 S. auch NYSE Rule 726 mit dem Hinweis, daß bei Zwischenschaltung eines *introducing broker-dealers* das NYSE-Mitglied diesem das *Options Disclosure Document* zur Aushändigung an die Kunden zu übergeben hat, *ibid.*, ¶ 2726.10 (1997).

200 Vgl. CFTC Reg. 1.55 (*Risk Disclosure Statement* für FCMs, IBs) und CFTC Reg. 4.31 (*Disclosure Document* für CTAs und CPOs), 17 C.F.R. §§ 1.55, 4.31 (1997).

201 Dazu oben § 12 I 1 b dd.

202 *Mundheim*, 1965 Duke L. J. at 449, 475-476.

203 Dazu oben § 12 I 1 b bb. S. auch NYSE, Supervision and Management of Registered Representatives and Customer Accounts, pp. 7-8 (1962).

werden.[204] Nach dem Wortlaut[205] erstreckt sich der Anwendungsbereich von NYSE Rule 405 allgemein auf die gesamte Kundenbeziehung und ist insbesondere nicht auf Anlageempfehlungen beschränkt. Daher geht der NYSE davon aus, daß sein Regelwerk einheitliche Verhaltenspflichten aufstellt, die sowohl von *full-service brokers* als auch von *discount firms* zu beachten seien.[206] Im Hinblick auf NYSE Rule 405 wird diskutiert, ob der *NYSE broker* vor Ausführung von Kundenaufträgen generell deren *suitability* festzustellen und die Ausführung von *unsuitable transactions* abzulehnen oder zumindest den Kunden über die mangelnde *suitability* aufzuklären habe. Nach dem Markteinbruch im Oktober 1987 und angesichts der Inflation spekulativer Anlageinstrumente steht dahinter die Frage, ob auch der *discount broker* verpflichtet ist, den Kunden vor „economic suicide" zu schützen.[207]

Ein allgemeines Ausführungsverbot (*absolute prohibition*) für alle Geschäfte, die für den Kunden als *unsuitable* anzusehen wären, läßt sich schon deshalb nicht rechtfertigen, weil das Ausführungsverbot von der SEC als *ultima ratio* nur für besonders risikoreiche Transaktionen, etwa kreditfinanzierte und Optionsgeschäfte vorgesehen ist, soweit diese nicht den Anforderungen der *suitability rule* gerecht werden.[208] Ebensowenig hat sich bisher eine Aufklärungspflicht des *discount broker* über für seine Kunden nicht geeignete Geschäfte (*unsuitable transactions*) durchge-

---

204 S. die Stellungnahme von NYSE-Chairman *Funston*, zit. in *Special Study of the Securities Markets*, H.R. Doc. No. 95, 88th Cong., 1st Sess., pt. 1, 315-316, 320 (1962); ebenso 8 *Loss/Seligman*, p. 3848; Note, 1973 Duke L. J. 489, 495 (die *know your customer rule* stärke die Funktion der Marktintermediäre als Wachposten – *gatekeeper* – am Kapitalmarkt).

205 NYSE Rule 405(1) verpflichtet die Mitglieder des NYSE „to [u]se due diligence to learn the essential facts relative to every customer, every order, every cash or margin account ... and every person holding power of attorney over any account", 2 NYSE Guide (CCH) ¶ 2405 at p. 3696 (1997).

206 *Donald Siemer* (NYSE, Leiter der Abteilung Rule & Interpretive Standards), Brief an *Thomas C. Prescott, Jr.* (Anlageberater in Atlanta, Ga.) aus dem Jahr 1989: „Exchange rules do not make a distinction between `discount' firms and firms that conduct business on other than a discount basis", abgedr. bei *Siconolfi*, Wall St. J. C1:3 (July 19, 1991).

207 *Siconolfi*, Wall St. J. C1:3, C14:5 (July 19, 1991).

208 SEA Rule 15c2-5(b), 17 C.F.R. § 240.15c2-5(b) (1996); NASD Rules of Fair Practice Art. III § 33(a)(18), NASD Manual (CCH) ¶ 2183 at pp. 2163 et seq. (1994) bzw. NYSE Rule 721, 2 NYSE Guide (CCH) ¶ 2721 (1997).

setzt.[209] Zwar wurde wiederholt angenommen, daß der *broker* bei besonders hohem Verlustrisiko einen Auftrag nur nach entsprechender Warnung bzw. Aufklärung des Kunden ausführen dürfe.[210] Eine solche Aufklärungspflicht widerspricht aber der von der SEC und in der Rechtsprechung anerkannten fundamentalen Unterscheidung zwischen bloßem *order-taking* und *advice*: Die *suitability rule* ist auf den *order clerk* nicht anwendbar, sondern verpflichtet nur den *broker-dealer*, der einzelnen Kunden tatsächlich bestimmte Effektengeschäfte empfiehlt.[211] Der Discount-Kunde vertraut gerade nicht auf eine Empfehlung oder Überprüfung seiner Anlageentscheidung, sondern auf die einwandfreie Ausführung seines Auftrags durch den *broker*.[212]

Wegen der Haltung des NYSE, der unberechenbaren Praxis der Schiedsgerichte der SROs, vor denen heute die meisten Streitigkeiten ausgetragen werden, und der unübersichtlichen Rechtsentwicklung haben einige Discount-Brokerhäuser Warnsysteme eingerichtet, die Verluste in Kundendepots rechtzeitig anzeigen und verhindern sollen. Festzuhalten ist jedoch, daß die spektakulären Schiedssprüche zugunsten geschädigter Anleger – soweit öffentlich bekannt[213] – zu Optionsgeschäften ergangen

209 S. nur *Chee v. Marine Midland Bank, N.A.*, [1990-1991 Transfer Binder] Fed. Sec. L. Rep. (CCH) ¶ 95,806 at p. 98,877 (E.D.N.Y. 1991); *Poser*, pp. 163, 323 et seq.

210 NYSE, Supervision and Management of Registered Representatives and Customer Accounts, p. 7 (1962); *Cohen*, 80 Yale L. J. at 1622 (1971).

211 *Rolf v. Blyth, Eastman Dillon & Co.*, 424 F.Supp. 1021, 1042-1043 (S.D.N.Y. 1977), *aff'd* 570 F.2d 38 (2d Cir. 1978) (klare Trennung der Pflichten bei reinem *order-taking* bzw. *advice*); SEC, *Special Study of the Securities Markets*, H.R. Doc. No. 95, 88th Cong., 1st Sess., pt. 1 at 269-270, 278, 308 (1963) (*suitability doctrine* betrifft ausschließlich Anlageempfehlungen); SEA Rel. No. 27,160 (August 22, 1989), [1989 Transfer Binder] Fed. Sec. L. Rep. (CCH) ¶ 84,440 at p. 80,416 (*penny stock suitability rule* ist unanwendbar auf „situations in which a broker-dealer functioned solely as an order taker and executed transactions for persons who on their own initiative decided to purchase [the security] without a recommendation"). Aus dem Schrifttum *Mundheim*, 1965 Duke L. J. at 450; *Roach*, 29 Hastings L. J. at 1143 (1978); 8 *Loss/Seligman*, p. 3858; 2 *Frankel*, p. 661.

212 *Robinson v. Merrill Lynch, Pierce, Fenner & Smith, Inc.*, 337 F.Supp. 107, 111 (N.D. Ala.), *aff'd* 453 F.2d 417 (5th Cir. 1971); *Mundheim*, 1965 Duke L. J. at 450, 472-473 („usually no reliance").

213 *Ralph Barton v. Quick & Reilly Group Inc.* (NYSE Case No. 90-02033, Feb. 15, 1990), 1990 WL 306396 (N.Y.S.E.) (*broker* muß Verlust von U.S.$ 106.653 aus Optionsgeschäften erstatten), *Joel Peterzell v. Charles Schwab & Co. et al.* (NASD Case No. 88-02868, June 17, 1991), 1991 WL 202358

sind, bei denen der *broker* ohnehin nach den bestehenden Regeln zur Prüfung der *suitability* verpflichtet war.

II. Informations- und Erkundigungspflichten im britischen Wertpapieraufsichtsrecht

Bereits die vorläufige Stellungsnahme des Berichterstatters *Gower*[214] vom Januar 1982 betonte im Rückgriff auf die U.S.-amerikanische Regelungsphilosophie der *full disclosure* die Herausbildung von Aufklärungspflichten als ein wesentliches Instrument der Regulierung des Kapitalmarkts. Neben der Verstärkung des Wettbewerbs wurde dieser Gedanke von der britischen Regierung als ein Hauptziel der *conduct of business rules* angesehen[215] und im FSAct niedergelegt.[216] Trotz ihrer exponierten Stellung im Geflecht der Verhaltenspflichten sind die Aufklärungs- und Erkundigungspflichten Ausdruck der allgemeinen Verpflichtung der Intermediäre zur Wahrung der *integrity* und *fairness* bei der Ausübung ihrer Dienstleistungen.[217] Daher steht als Grundregel über der mündlichen und schriftlichen Kommunikation zwischen Intermediären und Kunden das Gebot der *fairness* und Vermeidung irreleitender Information.[218] Diese Verpflichtung gilt sowohl gegenüber *customers* als auch *non-customers* und ist eine Voraussetzung für den „clean place to do business", den der FSAct am britischen Kapitalmarkt schaffen sollte.

(N.A.S.D.) (*broker* muß Verlust von U.S.$ 39.500 aus Optionsgeschäften erstatten), dazu *Siconolfi*, Wall St. J. C1:3, C14:5 (July 19, 1991); *id.*, Wall St. J. C14:2 (Sept. 4, 1992); *Trans National Group Servs., Inc. v. Paine Webber, Inc.* (NASD Case No. 91-00770, June 30, 1992, 1992 WL 472902 (N.A.S.D.), zit. bei *Poser*, pp. 322 et seq.

214 *Gower*, Discussion Document, p. 7 (Prinzip der *full disclosure* neben der Regulierung der Emittenten, der Gestaltung der Finanzinstrumente und der Überwachung der Intermediäre).

215 White Paper: Financial Services in the United Kingdom: A New Framework for Investor Protection (1985 Cmnd 9432) (January 1985).

216 FSAct Schedule 8, paras. 5-8 („Disclosure").

217 Die allgemeine Sorgfalts- und Interessewahrungspflicht ist in FSAct Schedule 8, para. 1A, niedergelegt, dazu oben § 9 II 1.

218 SIB Core Rule 9(1)-(2) („fair and not misleading"); SFA Rule 5-15. Nach SIB CoB Rule 2.09(1) müssen alle Kundeninformationen adressatenbezogen gestaltet sein, PIA Rule Book S2.09.

Die spezifische gesetzliche Grundlage für die Gestaltung von Erkundigungs- und Aufklärungspflichten findet sich in FSAct Schedule 8, der in *paragraphs* 4 und 5 bis 8 Mindeststandards für konkrete Regeln der Aufsichtsorgane gesetzt hat.[219] Über diese allgemeinen Regeln hinaus werden bereits in den Vorschriften des FSAct bestimmte Informationsleistungen (*advertisements* und *unsolicited calls*) strikten Beschränkungen unterworfen, die Gegenstand umfangreicher konkretisierender Regeln des SIB und der SROs bzw. künftig der Financial Services Authority (FSA) sind.

Die vom SIB und den SROs bisher aufgestellten Aufsichtsnormen bieten insgesamt eine sehr eingehende und differenzierte Regelung einzelner Formen der Kommunikation zwischen Intermediär und Kapitalanleger. Für den *wholesale market* in Devisen, Gold und anderen Finanzinstrumenten, die nicht zum Anwendungsbereich des FSAct gehören, hat die Bank of England in ihrem nunmehr von der FSA überwachten London Code of Conduct[220] ähnliche Verhaltensnormen aufgestellt. Im folgenden sind die besonderen Regeln über einzelne Informationsleistungen hervorzuheben.[221] Daneben enthalten die Verhaltensregeln zahlreiche Aufklärungspflichten, die bei der Durchführung von Anlagegeschäften für Kunden allgemein zu beachten sind.[222]

1. *Anlageempfehlungen*

Die Anlageberatung (*investment advice*) ist als eigenständige Form von *investment business* anerkannt.[223] Das moderne britische Aufsichtsrecht unterscheidet allerdings zwischen individuellen Anlageempfehlungen (*personal recommendations*) und allgemeinen, nicht individualisierten Anlageempfehlungen (*published recommendations*), die auch den Sonderregeln für *advertisements* unterliegen können.[224]

---

219 FSAct Schedule 8, *Sabalot* [225], gilt für alle *principles*, *rules*, *regulations* und *codes of practice*, die zu den Vorschriften von *Part I* des FSAct erlassen werden.

220 1995 Version, *Sabalot* [1501] et seq.

221 Dazu sogleich § 12 II 1-3.

222 Dazu unten § 12 II 4.

223 FSAct Schedule 1, Part II, para. 15 („giving, offering, agreeing to give, to persons in their capacity as investors or potential investors advice on the merits of their purchasing, selling, subscribing for and underwriting an investment, or exercising any right conferred by an investment to acquire, dispose of, underwrite or convert an investment").

224 S. SIB CoB Rule 8.02, PIA Rule Book S8.02.

a) Individuelle Anlageempfehlungen

Auf der Grundlage der SIB Principles 4 und 5, die Leitlinien für das Verhalten gegenüber Beratungskunden festlegen,[225] verlangt der in SIB Core Rule 16(1) aufgestellte *Suitability*-Grundsatz, die Risikoadäquanz von Anlagen auf der Grundlage der vom Kunden gemachten Angaben bzw. der Daten festzustellen, die sonst über ihn bekannt sind oder sein sollten.[226]

SFA Rule 5-31(1)[227] und IMRO Rule 3.1(1)[228] enthalten eine fast wortgleiche *Suitability*-Vorschrift. Ähnliche Regeln finden sich auch in SIB CoB Rule 5.01(1),[229] in FIMBRA Rule 29.5.1(1)[230] und für kreditfinanzierte Geschäfte in SFA Rule 5-27. Wenngleich diese Vorschriften offensichtlich der jahrzehntelang erprobten NASD Rule 2310 entlehnt sind,[231] ist ihr Anwendungsbereich ungleich schärfer konturiert und – neben der Verwaltung von Kundendepots (*discretionary transactions*) – eindeutig beschränkt auf die Gestaltung individueller Anlageempfehlungen (*personal recommendations*).

Festzuhalten ist zunächst, daß die Erkundigungspflicht (*know your customer*) und die Informationspflicht (*customer understanding*), die die

---

225 SIB Principles 4-5 (*Information about Customers* und *Information for Customers*).

226 SIB Core Rule 16(1) lautet:
„A firm must take reasonable steps to ensure that it does not in the course of [investment] business:
a. make any personal recommendation to a private customer of an investment or investment agreement; or
b. effect or arrange a discretionary transaction with or for a private customer or, subject to any exceptions contained in the rules of an SRO of which the firm is a member, any other customer;
unless the recommendation or transaction is suitable for him having regard to the facts disclosed by that customer and other relevant facts about the customer of which the firm is, or reasonably should be, aware."

227 Die SFA wendet das Kriterium der *suitability* bei *private customers* allgemein auf *Investment-management*-Geschäfte, bei *non-private customers* nur auf das *discretionary investment management* an, SFA Rule 5-31(3).

228 PIA Rule Book I:3.1(1).

229 PIA Rule Book S5.01(1). Speziellere Regeln enthalten die SIB (Product and Commission Disclosure) Rules für *life policies*.

230 PIA Rule Book F29.5.1(1).

231 *Scherer*, (1985) 6 Co. Law. 3 et seq. forderte schon vor Inkrafttreten des FSAct die Übernahme der U.S.-amerikanischen *suitability doctrine* ins britische Recht.

Umsetzung der *suitability doctrine* bei Anlageempfehlungen sicherstellen sollen, nur auf *private customers* Anwendung finden.[232] *Ordinary business investors*[233] oder *market counterparties* können sich nicht darauf verlassen, daß individuelle Anlageempfehlungen ihren persönlichen Bedürfnissen entsprechen.

Eine weitere praktisch wichtige Einschränkung betrifft die sog. *execution-only customers*, auf die Erkundigungs- und Informationspflichten im Grundsatz nicht anwendbar sind.[234] Dies folgt bereits aus der ausdrücklichen Beschränkung der *suitability rules* auf *advisory customers*. Die SFA hat in ihren *Guidance Notes on Execution-Only Business* bestätigt, daß *firms*, soweit sie lediglich an sie herangetragene Orders ausführen und keine persönlichen Anlageempfehlungen abgeben, grundsätzlich nicht verpflichtet sind, auf die Risikoadäquanz der Kundengeschäfte zu achten und über Eigenschaften und Risiken der beabsichtigten Geschäfte oder Interessenkonflikte aufzuklären.[235] Bei vom Intermediär unabhängigen Anlageentscheidungen von sog. *advisory customers*, mit denen ein Beratungsvertrag besteht, bleibt der Intermediär verpflichtet, das Kriterium der *suitability* zu prüfen und ggf. von der Anlage abzuraten; er kann aber das Geschäft ausführen, wenn der Kunde auf seiner Order beharrt.[236] Um die Privilegierung hinsichtlich der *suitability rule* zu erhalten, müssen *execution-only brokers* darauf achten, daß sie keine individuellen Empfehlungen geben. Andere Empfehlungen, *research recommendations* oder *investment analysis* dürfen bei Bestehen eines *dealing-only arrangement* nur als *add-on* mit zusätzlicher Vergütung zur Verfügung gestellt werden.

Bei Derivategeschäften, die als besonders gefährlich angesehen werden, muß der *execution-only broker* nachweisen, daß die Order unmittelbar

---

232 S. z.B. IMRO Rule 3.1(3), PIA Rule Book I:3.1(3). Diese Beschränkung der *suitability rule* gilt nicht ausnahmslos für Geschäfte im Bereich der Portfolioverwaltung.

233 SIB CoB Rules 3.01(2)(b) und 3.02, PIA Rule Book S3.01 et seq. (*business investors*).

234 FIMBRA Rule 29.5.2, PIA Rule Book F29.5.2; vgl. SIB CoB Rule 3.01(1) mit 3.01(2)(a) sowie 4.01(1)(a), PIA Rule Book S3.01(1)-(2) und S4.01(1)(a); s. auch *J.R.C.White*, para. 9-006; *Rider/Chaikin/Abrams*, ¶ 610.

235 SFA Rulebook II, Appendix 42, para. 3: „Where a firm solely provides a dealing-only arrangement to a customer, it will not provide personal recommendations to him and will, therefore, not be required to comply with advisory obligations relating to the duties to 'know your customer', give suitable advice, disclose material interests, and provide risk warnings (except in respect of derivatives and warrants)."

236 *Ibid.*, para. 11.

vom Kunden ausging.[237] Darüber hinaus bestimmt SIB Core Rule 27, daß bestimmte potentiell spekulative Derivategeschäfte, die mit Nachschußpflichten verbunden sind,[238] von *private customers* nicht getätigt werden dürfen. Danach sind alle *firms* verpflichtet, *private customers* vor außerbörslichen oder zu Spekulationszwecken eingegangenen Options- und Finanzterminkontrakten zu schützen.[239] Dieser absoluten Empfehlungs- und Ausführungsbeschränkung unterliegen auch *execution-only customers*.[240]

aa) Erkundigungspflicht

FSAct Schedule 8[241] und SIB Principle 4[242] stellen die Regel auf, daß der Intermediär bei Empfehlungen die Anlageziele und für die Anlageentscheidung erheblichen Verhältnisse des Kunden erforschen und berücksichtigen muß. Nach den zur Konkretisierung dieser Vorgaben erlassenen speziellen *Know-your-customer*-Regeln sind insbesondere die persönlichen und finanziellen Verhältnisse des Kunden zu erforschen.[243] Eine unabhängige Überprüfung der Angaben ist nicht erforderlich.[244] Für den Fall, daß

237 *Ibid.*, para. 3A. Dieser Nachweis wird bei Geschäften in *OTC derivatives* schwer zu führen sein.

238 Sog. *contingent liability transactions*, insbesondere Options-, Finanztermin- und Differenzgeschäfte, zur Definition s. Financial Services Core Glossary (3rd edn), *Sabalot* [1404].

239 SIB Core Rule 27(a)-(b); IMRO Rule 3.13, PIA Rule Book I:3.13. Erlaubt sind in diesen Anlageformen nur Börsengeschäfte oder Geschäfte, die nach der Überzeugung der *firm* ausschließlich mit dem Ziel eingegangen werden, eine bereits bestehende Kundenposition gegen Wechselkursrisiken abzusichern (*currency risk hedging*).

240 S. auch *J.R.C.White*, para. 6-003.

241 *Paragraph* 4, *Sabalot* [225], fordert im Hinblick auf das Verhalten der Marktintermediäre insgesamt die Berücksichtigung der Verhältnisse der Kunden („due regard is had to their circumstances").

242 „A firm should seek from customers it advises [...] any information about their circumstances and investment objectives which might reasonably be expected to be relevant in enabling it to fulfil its responsibilities to them."

243 SIB CoB Rule 3.01(1), PIA Rule Book S3.01(1); FIMBRA Rule 29.4.1(1), PIA Rule Book F29.4.1(1). S. auch SFA Rule 5-27(1)(a) und SFA Guidance zu SFA Rule 5-31(1) (insbesondere Berücksichtigung von *strategy* und *financial standing* des Kunden bei OTC-Derivategeschäften). Die PIA empfiehlt, die Einholung von Angaben jährlich zu wiederholen, PIA Recommendation zu IMRO Rule 3.1(1), PIA Rule Book I:3.1(1); s. auch *J.R.C.White*, para. 9-007.

244 S. *Rider/Chaikin/Abrams*, ¶ 611.

sich der Kunde weigert, die erforderlichen Angaben zu machen, halten die einzelnen *conduct of business rules* unterschiedliche Lösungen bereit. FSA (früher SIB) und PIA gehen davon aus, daß bei Weigerung des Kunden die *firm* von ihrer Erkundigungspflicht entbunden ist und ihre *Suitability*-Prüfung nur auf die ihr sonst bekannten Tatsachen zu stützen braucht.[245] Nach FIMBRA Rule 29.4.1(2) hat der Intermediär dem Kunden seine Weigerung schriftlich zu bestätigen.[246]

SIB Core Rule 16(1) und SFA Rule 5-31(1) verlangen lediglich, daß die *firm* die Angaben des Kunden sowie die Tatsachen, die ihr sonst über den Kunden bekannt sein sollten, zur Bestimmung der *suitability* einer Empfehlung heranzieht. Obschon diese *suitability rules* keine explizite Erkundigungspflicht enthalten, implizieren auch sie die Pflicht, vor der Abgabe einer Kundenempfehlung die Verhältnisse des betreffenden Kunden zu erforschen. Im Fall der Verweigerung der Angaben kann die Empfehlung aber auch auf die übrigen bekannten Umstände gestützt werden.

bb) Sorgfaltspflicht

Der Intermediär darf in keinem Fall Geschäfte in Anlagen empfehlen, die im Hinblick auf die ihm bekannten Verhältnisse des Kunden nicht seinen Bedürfnissen entsprechen. Dabei ist insbesondere die Ausrichtung des bestehenden Portfolios und die finanzielle Situation des Kunden insgesamt[247] zu berücksichtigen.

Nach der *suitability rule* wird zwar nicht lediglich eine einzige Anlagemöglichkeit dem Standard gerecht. Allerdings ist der Intermediär verpflichtet, bei der Auswahl der empfohlenen Anlage alle in Betracht kommenden Anlageformen zu prüfen. Im Rahmen der *Suitability*-Prüfung muß der Intermediär zunächst eine angemessene Anlageform, sodann die passende Anlage (Finanzinstrument) und schließlich ggf. das im Einzelfall angemessene Geschäft auswählen.[248] Auch die Transaktionskosten sollen bei der Beurteilung der Anlage berücksichtigt werden.[249] Soweit der Intermediär selbst nicht über hinreichende Kompetenz zur Beratung über die in Betracht kommenden Finanzprodukte verfügt, darf er keine spezifische Anlageempfehlung abgeben.[250] Bei Finanzprodukten, die mit einer

245 S. PIA Recommendation zu IMRO Rule 3.1(1), PIA Rule Book I:3.1(1).
246 PIA Rule Book F29.4.1(2).
247 SIB CoB Rule 5.01(1), PIA Rule Book S5.01(1).
248 FIMBRA Rule 29.5.1(3), PIA Rule Book F29.5.1(3).
249 S. SFA Guidance zu SFA Rule 5-31(1); SFA Rule 5-20(6) (*packaged products*).
250 FIMBRA Rule 29.5.1(2), PIA Rule Book F29.5.1(2); s. auch *J.R.C.White*, para. 9-005.

Lebensversicherungskomponente verbunden sind (*packaged products*),[251] hat sich die *firm* vor der Empfehlung einen umfassenden Überblick über das Angebot am Markt zu verschaffen.[252]

Ausgeschlossen von jeder Empfehlung sind Anlagen, die nach Kenntnis des Intermediärs Gegenstand von Kurspflegemaßnahmen (*stabilisation*) sind oder bis vor kurzem waren.[253] Diese Beschränkung gilt nicht gegenüber *execution-only customers*, *market counterparties* oder in den betreffenden Anlagen erfahrenen *business investors*.[254] Nach SIB CoB Rule 4.18 sind auch Empfehlungen an *private customers* zulässig, soweit Anlagen in *stabilised investments* durch die schriftliche Geschäftsvereinbarung (*customer agreement*) autorisiert sind und der Intermediär den Kunden vor den Gefahren der Kurspflege besonders gewarnt hat.[255]

cc) Informationspflicht (understanding risk)

Intermediäre müssen bei Anlageempfehlungen für *private customers* ausdrücklich auf die besonderen Risiken der empfohlenen Anlage hinweisen.[256] Dem Kunden soll das Anlagerisiko so erläutert werden, daß die Empfehlung für ihn nachvollziehbar ist. Werden Geschäfte in bestimmten Anlagen empfohlen, die wegen der Marktverhältnisse nicht unmittelbar wiederveräußerbar sind, ist der Kunde auch darüber zu unterrichten.[257] Bei Empfehlungen über *packaged products* ist eine schriftliche Aufklärung vorgeschrieben.[258]

---

251 S. Financial Services Core Glossary (3rd edn), *Sabalot* [1404].

252 SIB Core Rule 17; SFA Rule 5-20. Soweit die *firm* einer bestimmten *marketing group* angehört, reicht ein Überblick über die Produkte dieser Vertriebsgruppe aus.

253 SIB CoB Rule 4.18(1), PIA Rule Book S4.18(1); s. auch IMRO Rule 3.2(2), PIA Rule Book I:3.2(2).

254 SIB CoB Rule 4.18(2), PIA Rule Book S4.18.

255 Übermittlung der Informationsschrift „Stabilisation“, SIB CoB Rule 4.18(2)-(3) mit Appendix E zu Part 4, PIA Rule Book S4.18(2)-(3).

256 SIB Core Rule 10 („reasonable steps to enable [the private customer] to understand the nature of the risks involved“); SFA Rule 5-30(1); FIMBRA Rule 29.5.3, PIA Rule Book F29.5.3; SIB CoB Rule 3.03(1), PIA Rule Book S3.03(1). S. auch SFA Rule 5-32 (Aufklärung über Empfehlungen betreffend *enterprise investment schemes*).

257 SFA Rule 5-30(5) (*not readily realisable investment*).

258 SFA Rule 5-22(2).

b) Nichtindividualisierte Anlageempfehlungen

Weniger strenge Anforderungen werden an Anlageempfehlungen gestellt, die nicht auf einzelne Kunden bezogen, sondern für die allgemeine Verbreitung an das interessierte Publikum durch Veröffentlichung in den Medien bestimmt sind oder allen Kunden der *firm* zur Verfügung gestellt werden.[259] Diese sog. *published recommendations* müssen auf hinreichend sachlicher Grundlage von dem Intermediär selbst erstellt sein.[260] Soweit es sich um Anlagen handelt, die aufgrund der Marktverhältnisse nicht unmittelbar wieder veräußert werden können, dürfen entsprechende Berichte über *research* und *analysis* nur *market counterparties* oder *business investors* zugänglich gemacht werden. Im übrigen ist die Übersendung an andere Anleger, insbesondere *private customers*, nur zulässig, wenn sich der Intermediär anhand der finanziellen Situation und der Kenntnis des einzelnen Kunden („competence") von der *suitability* der betreffenden Anlagen überzeugt hat.[261]

An auffälliger Stelle in der Publikation[262] sind die Adressaten von *published recommendations* ggf. auf die beschränkte Anzahl von *market makers* in der empfohlenen Anlage, auf eigene *Long-* oder *Short-*Positionen und andere Eigeninteressen hinzuweisen.[263] Darüber hinaus verlangt SIB CoB Rule 8.09, daß zugleich über die mit der empfohlenen Anlage verbundenen Risiken aufgeklärt wird.[264]

2. *Investment advertisements*

Nach FSAct ss 57 und 58 sind die Werbemaßnahmen von *authorised persons* im Hinblick auf Anlagemöglichkeiten an strikte Voraussetzungen geknüpft.[265] Werbeinformationen, die mit konkreten Angeboten verbunden sind (*direct offer advertisements*), müssen nach SIB Core Rule 5(4)

---

259 Als Beispiel führt das SIB (nunmehr die FSA) Zeitungsartikel, *tip-sheets*, *broker's circulars* an, SIB CoB Rule 8.01, PIA Rule Book S8.01.

260 SIB CoB Rule 8.05, PIA Rule Book S8.05.

261 SIB CoB Rule 8.04, PIA Rule Book S8.04.

262 SIB CoB Rule 8.10, PIA Rule Book S8.10.

263 SIB CoB Rules 8.06-8.08, PIA Rule Book S8.06 et seq.

264 Nach SIB CoB Rule 8.09, PIA Rule Book S8.09, sollen die erforderlichen *risk warnings* den Vorgaben für *advertisments* (SIB CoB Rule 7.22) entsprechen.

265 Dies gilt grundsätzlich nicht im Bereich der professionellen Handels, s. London Code of Conduct, s 59, *Sabalot* [1504].

Angaben über die Kauf- oder Verkaufsbedingungen und die mit der betreffenden Anlage verbundenen Risiken enthalten. Werbung für Derivate und Optionsscheine ist nur gegenüber einzelnen Kunden auf der Grundlage einer individuellen *Suitability*-Prüfung zulässig. SFA Rules 5-9 bzw. 5-10[266] und ähnliche Regeln anderer Aufsichtsorgane[267] verlangen im übrigen eine unmißverständliche Gestaltung von Werbeanzeigen und legen in umfangreichen Katalogen den Inhalt der erforderlichen Risikohinweise fest.[268]

3. *Unsolicited calls*

FSAct s 56 verbietet grundsätzlich vom Intermediär ausgehende Verkaufsgespräche gegenüber fremden Anlegern (*unsolicited calls*).[269] Nach den *Regulations* des SIB (nunmehr der FSA) gilt dieses Verbot nur zum Schutz von *private customers*,[270] die noch nicht in einer Geschäftsbeziehung mit dem Intermediär stehen.[271] Hintergrund der umfangreichen Regeln über *cold calling* sind die unlauteren Verkaufstaktiken und Druckmittel, die insbesondere bei persönlichen Besuchen und Telephonkontakten eingesetzt werden. Daher fordern die Verhaltensregeln der FSA (bis 1997 des SIB) und der SROs, daß *personal visits and communications* jedenfalls nur während bestimmter Zeiten unternommen[272] werden und von angemessenen Risikohinweisen hinsichtlich der besprochenen Anlagemöglichkeiten begleitet sein müssen.[273]

---

266 SFA Rule 5-10 gilt für *direct offer advertisements*.

267 IMRO Rule 1.3, PIA Rule Book I:1.3; SIB CoB Rules 7.01 et seq., PIA Rule Book Part S7.

268 Dazu Tables 5-9(7), 5-9(8), 5-9(9) und 5-9(10) zu SFA Rule 5-9.

269 S. die Definition in FSAct s 56(8) („a personal visit or oral communication without express invitation"), *Sabalot* [58]. Das *Cold-calling*-Verbot gilt nicht im professionellen Markt, s. London Code of Conduct (1995 Version), s 59, *Sabalot* [1504].

270 SIB, Common Unsolicited Calls Regulations, Part I, para. 1 (Release 101, 1991), *Sabalot* [1400]. IMRO Rule 1.5(1) und FIMBRA Rule 29.1.1(1) nehmen auf dieses Regelwerk Bezug, PIA Rule Book I:1.5, F29.1.1.

271 S. im einzelnen *ibid.*, Part I para. 4, *Sabalot* [1401].

272 SIB CoB Rule 2.15(3)(a), PIA Rule Book S2.15; SFA 5-18(2) (in der Regel werktags zwischen 8 Uhr und 21 Uhr).

273 SFA Rule 5-18(3).

4. Aufklärungspflichten

Der Gesetzgeber hat in FSAct Schedule 8 eine doppelte Schutzrichtung der Aufklärungspflichten vorgezeichnet: Einerseits sind die Kapitalanleger bei der Ausführung und Empfehlung von Anlagegeschäften über die vertragliche Grundlage der Dienstleistung des Intermediärs und etwaige Interessenkonflikte zu informieren.[274] SIB Principle 6 und SIB Core Rule 2 konkretisieren die Verpflichtung, ggf. über Interessenkonflikte aufzuklären.[275] Soweit ein Interessenkonflikt auftritt, darf ein Kommissions- oder Festpreisgeschäft nach FIMBRA Rule 28.10 nur ausgeführt werden, wenn der Kunde über den Konflikt schriftlich unterrichtet wird und seine Zustimmung erteilt oder bereits eine schriftliche Vereinbarung besteht, nach der Kundenaufträge trotz eines Interessenkonflikts auszuführen sind.[276]

Die Verhaltensregeln sollen andererseits eine hinreichende Aufklärung der Anleger über die Eigenschaften und finanziellen Risiken der beabsichtigten Anlagegeschäfte sicherstellen.[277] Die aufsichtsrechtlichen Aufklärungspflichten, die auf dieser Grundlage vom SIB und den SROs entwikkelt wurden, stellen eine wesentliche Abweichung vom Prinzip *caveat emptor* dar, welches das englische Vertragsrecht (*common law*) prägt.[278] *Private customers* sind nach FSAct s 62 berechtigt, Verluste bei Intermediären einzuklagen, die die gebotene Aufklärung versäumt haben.

Das erklärte Ziel der *disclosure rules* ist die sachlich begründete Anlageentscheidung (*informed decision*) des Kunden.[279] Daher betont SIB

---

274 FSAct Schedule 8, paras. 5 und 6 („disclosure by an authorised person of interests in, and facts material to, transactions" bzw. „disclosure by an authorised person of the capacity in which and the terms on which he enters into any such transaction"), *Sabalot* [225].

275 *J.R.C.White*, para. 15-012; s. auch London Code of Conduct, s 57, *Sabalot* [1504].

276 PIA Rule Book F28.10.1(2), F28.10.2. Diese Vorschrift ist nicht anwendbar, wenn ein *execution-only arrangement* besteht oder der Interessenkonflikt durch *chinese walls* im Unternehmen des Intermediärs wirksam geregelt wird.

277 FSAct Schedule 8, para. 7 („information as to the nature of the investment and the financial implications of the transaction"), *Sabalot* [225].

278 *Bankers Trust International plc v PT Dharmala Sakti Sejahtera*, (1995) unreported (keine Pflicht zur *Suitability*-Prüfung außerhalb des *advisory context*), *Little*, 1996 EFSL 119; *Briggs v Gunner*, (1979) 129 NLJ 179; *Stafford v Conti Commodity Services Ltd*, [1981] 1 All ER 691 (keine Warnpflicht bei *unsuitable dealings*).

279 S. FSAct Schedule 8, para. 7, *ibid.*; SIB Principle 5, („a balanced and informed decision").

Principle 5 die Pflicht des Intermediärs, den Kunden im Vorfeld seiner Anlageentscheidung aufzuklären. Die Information des Anlegers kann daher im Unterschied zur Rechtslage nach SEA Rule 10b-10 der SEC, die sich im wesentlichen auf die nachträgliche Kontrolle beschränkt,[280] nicht durch Angaben in den *confirmations* bzw. *contract notes* erledigt werden. Abgesehen von der nachträglichen Bestätigung muß der Anleger auch vor Aufgabe der Order über erhebliche Umstände nachweisbar aufgeklärt worden sein.

a) Allgemeine Information über die Art der Dienstleistungen (customer agreements)

In den 80er Jahren herrschte unter den britischen Aufsichtsorganen die Auffassung vor, daß der Kunde bei Begründung der Geschäftsbeziehung möglichst umfassend schriftlich über die Modalitäten der angebotenen Dienstleistungen aufzuklären sei.[281] In der Praxis hat dies zu einer Zunahme der formularmäßigen Dokumentation der Kundenverbindung geführt,[282] die zwar für den Kunden den Vorteil der Rechtssicherheit hat, andererseits wegen ihres Umfangs und ihrer Pauschalität zur Unübersichtlichkeit der vertraglichen Grundlage beiträgt. Inzwischen[283] verlangen SIB Core Rule 14 und SFA Rule 5-23 nur noch bei der Ausführung von *contingent liability transactions* und bei Dienstleistungen im Rahmen der Wertpapiervermögensverwaltung eine formale umfassende Aufklärung von *private customers*.[284] Im übrigen sind Intermediäre nach anderen Regeln verpflichtet, den Kunden im Einzelfall auf bestimmte Umstände hinzuweisen.

Dagegen halten die CoB Rules des SIB bzw. der PIA weiterhin bei Begründung der Geschäftsbeziehung generell eine schriftliche, von beiden Seiten unterzeichnete Vereinbarung (*two-way customer agreement*) mit umfangreichen Informationen zu den beabsichtigten Dienstleistungen[285]

280 Dazu oben § 12 I 2.

281 S. die ursprüngliche Fassung von SIB CoB Rule 4, dazu *Rider/Chaikin/Abrams*, ¶ 612.

282 *J.R.C.White*, para. 6-001.

283 Zum Meinungsumschwung seit 1986 s. nur *J.R.C.White*, para. 6-001 et seq.

284 SFA 5-23(2). Danach bedarf es im Rahmen der Vermögensverwaltung stets eines *customer agreement*, sowohl mit *private* als auch *non-private customers*.

285 Nach SIB Core Rule 14(1) sind diese Angaben aber auch dann zu machen, wenn mit einem *private customer* eine schriftliche Vereinbarung geschlossen wird.

für erforderlich.[286] Danach ist u.a. der Umfang der Dienstleistungen für den betreffenden Kunden, insbesondere die Möglichkeit von kreditfinanzierten Geschäften oder Fondsanlagen, und die Grundlage und Fälligkeit der Vergütungen des Intermediärs festzulegen.[287] Soweit der Kunde ein *private customer* ist, sind zusätzlich etwaige Beschränkungen für einzelne Anlageformen oder Märkte aufzunehmen und die Art der Kommunikation für Aufträge und Empfehlungen zu konkretisieren.[288] Ferner muß der Intermediär *private customers* vor Anlagen, die nicht unmittelbar wiederveräußerbar sind (*not readily realisable investments*), speziell warnen.[289]

Vor der Ausführung von Derivategeschäften, die für den Kunden ggf. Nachschußpflichten begründen, und bei der Vereinbarung des *discretionary portfolio management* verlangen die Regeln von SFA und FSA (früher SIB) bzw. PIA übereinstimmend ein *two-way customer agreement*, dessen Inhalt eingehend reguliert ist. Der Intermediär ist danach verpflichtet, Informationen zu den Anlagemöglichkeiten, der Vergütung, den Verpflichtungen bei *Short*-Positionen oder kreditfinanzierten Geschäften, der Reichweite der Rückzahlungsgarantie bei Kundengeldern (*client money*) und anderen Punkten zu geben.[290] Der Intermediär hat spätestens in der Geschäftsbestätigung offenzulegen, ob er selbst oder ein verbundenes Unternehmen als *principal* aufgetreten ist oder ein Kommissionsgeschäft vorliegt.[291]

b) Information über das Unternehmen des Intermediärs

Im Geschäftsverkehr mit *private customers* sind Intermediäre verpflichtet, den Kunden über die Identität ihrer *firm* zu unterrichten, die als *principal* oder *agent* Vertragspartner des Kunden wird.[292] Dabei soll der Kunde

---

286 SIB CoB Rule 4.02(1), PIA Rule Book S4.02(1). Die Regeln über *customer agreements* sind nicht auf *execution-only customers* und *market counterparties* anzuwenden und gelten auch nicht für *published recommendations* im Sinne von Part 8 der SIB CoB Rules, s. PIA Rule Book S4.01. Zu *business investors* PIA Rule Book S4.07.

287 S. im einzelnen SIB CoB Rule 4.04, PIA Rule Book S4.04.

288 SIB CoB Rule 4.05, PIA Rule Book S4.05 (*full customer agreement*).

289 SIB CoB Rule 4.05(b)(d.), PIA Rule Book S4.05(b)(d.).

290 SFA Rule 5-23(4) mit Tables 5-23(4)(a)-(b); SIB CoB Rules 4.08 und 4.09, PIA Rule Book S4.08 et seq.

291 SFA Rule 5-34(2) mit Table 5-34(2), item 11; SIB CoB Rule 13.04(1)(iv)-(v), PIA Rule Book S13.04; London Code of Conduct (1995 Version), s 28, *Sabalot* [1503].

292 SIB Core Rule 11(1); SFA Rule 5-16.

auch über die Identität und die Kompetenzen der für ihn zuständigen Mitarbeiter informiert werden.

c) *Aufklärung über charges und soft commissions*

Alle *firms* müssen gegenüber *private customers* die Grundlage und Höhe ihrer Vergütung (*charges*)[293] und sonstiger Entgelte offenlegen, die sie selbst oder verbundene Unternehmen für erbrachte Dienstleistungen erhalten haben.[294] Dies kann durch die Angaben in einem *customer agreement* geschehen[295] und muß jedenfalls in der Geschäftsbestätigung aufgeschlüsselt werden.[296] Dabei brauchen Vergütungen, die die *firm* infolge eines gleichzeitigen Glattstellungsgeschäft mit einem anderen Kunden verdient hat, nicht angegeben zu werden. Sehr weitgehende Regeln hat das SIB (nunmehr FSA) für die Vergütung bei der Vermittlung von Lebensversicherungspolicen erlassen.[297]

Full-service brokers und *investment managers* sind bei Bestehen von sog. *soft commission agreements* verpflichtet, den Kunden über die Handhabung des bezahlten *order routing* schriftlich aufzuklären.[298] Da Vereinbarungen, die dem Intermediär gegen die systematische Weiterleitung von Orders *research* und andere Vergünstigungen verschaffen,[299] Interessenkonflikte verschärfen, werden sie – wie dargelegt – im britischen Kapitalmarktrecht grundsätzlich als unzulässig angesehen. Soweit *soft commission agreements* überhaupt wirksam sind, soll der Kunde durch das *policy statement* auf den Interessenkonflikt besonders hingewiesen werden. Darüber hinaus ist Kunden bei Bestehen solcher Vereinbarungen jährlich ein Bericht über den prozentualen Anteil der *soft commissions* an den Provisionen, die insgesamt an Dritte gezahlt wurden, den Wert der erhaltenen Drittleistungen im Verhältnis zu den insgesamt an Dritte gezahlten Provisionen sowie die Identität der erhaltenen Drittleistungen und der *brokers*,

---

293 Damit sind Provisionen und Handelsspannen gemeint, s. Financial Services Core Glossary (3rd edn), *Sabalot* [1404].

294 SIB Core Rule 18(2); SFA Rule 5-33(2).

295 S. z.B. SIB CoB Rule 4.03(h), PIA Rule Book S4.03(h).

296 SFA Rule 5-34(2)-(3) mit Tables 5-34(2) und 5-34(3); SIB CoB Rule 13.05(1)(xi)-(xii), PIA Rule Book S13.05.

297 SIB, Commission Disclosure, Guidance Release (April 1994); s. auch SFA Rule 5-33 et seq.

298 SFA Rule 5-8(3),(5) (*policy statement*); IMRO Rule 1.7(3), PIA Rule Book I:1.7.

299 S. im einzelnen oben § 9 II 4 b.

mit denen *Soft-commission*-Vereinbarungen bestanden,[300] zu erstatten.[301] Diese Aufstellung braucht *private customers*, die nicht *small business investors*, sondern natürliche Personen sind, nur auf Anfrage zugänglich gemacht zu werden, wenn das *policy statement* Schätzungen zu den einzelnen Punkten enthält.

d) Risikoaufklärung

Die *conduct of business rules* der britischen Aufsichtsorgane kennen keine allgemeine Aufklärungspflicht hinsichtlich der Eigenschaften und Risiken der beabsichtigten Anlagegeschäfte. Informationspflichten über besondere Anlagerisiken beziehen sich grundsätzlich nur auf Anlageempfehlungen und *discretionary transactions*.[302] Insbesondere im Rahmen von *execution-only* bzw. *dealing-only arrangements* sind die Vorschriften über Informationspflichten nicht anwendbar.[303]

Bestimmte als spekulativ bzw. besonders riskant eingestufte Geschäfte unterliegen allerdings einem Ausführungsverbot, wenn der Kunde nicht zuvor ausführliche, weitgehend formalisierte *risk warnings* erhalten hat.[304] Dazu wurden verschiedene *risk disclosure statements* entworfen, die dem Kunden bereits bei Aufnahme der Geschäftsbeziehung oder unmittelbar vor der Empfehlung bzw. Ausführung des beabsichtigten Geschäfts zur Verfügung gestellt werden müssen. Aufträge von *execution-only customers* dürfen ohne diese Form der Risikoaufklärung nicht ausgeführt werden.[305]

Die SFA verlangt bei Transaktionen in Optionsscheinen und Derivaten, daß dem *private customer* zuvor eine *Warrants* bzw. *Derivatives Risk Warning Notice* ausgehändigt wird.[306] Für den Bereich der Finanzterminkontrakte (*futures*, *contracts for differences* und darauf basierende Optionen) hat das SIB (nunmehr FSA) zwei Informationsschriften[307] bereitgestellt,

---

300 Dies gilt auch für verbundene Unternehmen.

301 SFA Rule 5-8(4).

302 SIB Core Rule 10; SFA Rule 5-30 (*customers' understanding*).

303 SFA Guidance Notes on Execution-Only Business, SFA Rulebook, vol. II, Appendix 42, para. 3.

304 SIB CoB Rule 4.15 und 4.16, PIA Rule Book S4.15 et seq.; SFA Rule 5-30(2).

305 SFA Guidance Notes on Execution-Only Business, SFA Rulebook, vol. II, Appendix 42, para. 3.

306 SFA Rule 5-30(2) mit Appendices 14-15 (ein Exemplar ist vom Kunden zu unterzeichnen).

307 *General Risk Disclosure Statement*, Appendix A zu SIB CoB Rule 4.15(3)a., und *Risk Disclosure Statement*, Appendix C zu SIB CoB Rule 4.15(4).

die bei OTC-Transaktionen durch ein weiteres *statement*[308] ergänzt werden. Für das *execution-only business* gelten diese Informationsschriften mit einzelnen Modifikationen entsprechend. Eine eigene Informationsschrift liegt für den Optionshandel vor.[309] Dabei ist zu beachten, daß FSA bzw. PIA grundsätzlich nur Kundengeschäfte in gelisteten Optionen (*traded options*) zulassen. Die Ausführung von Geschäften in OTC-Optionen ist dem *broker* nur im Zusammenhang mit der Verwaltung eines Kundenportfolios erlaubt, wenn der Einsatz solcher Derivate zu *Hedging*-Zwecken erforderlich ist.[310] Auch für *wholesale market transactions* in komplizierten OTC-Derivaten empfiehlt die FSA (früher die Bank of England), offensichtlich weniger erfahrene Marktteilnehmer vorher über die *key features* des Geschäfts zu informieren.[311]

In ähnlicher Weise ist die Ausführung von Geschäften in *stabilised investments* beschränkt. Hier muß der Intermediär – wie dargelegt – u.a. die von der FSA vorbereitete Informationsschrift zur *Stabilisation* überreichen.[312] Darüber hinaus ist bei *margined transactions* eine ausführliche Unterrichtung über die Einzelheiten der Sicherheitsleistung und insbesondere der potentiellen Nachforderung (*margin call*) erforderlich.[313]

e) Information über ausgeführte Geschäfte

SIB Principle 5[314] stellt den Grundsatz auf, daß dem Kunden ex post über die Durchführung seiner Aufträge vollständige und angemessene Informationen übermittelt werden. Auf dieser Grundlage stehen die Regeln der FSA (früher des SIB) und der SROs über Geschäftsbestätigungen (*notes*).

Geschäftsbestätigungen sind dem Kunden nach Ausführung des Geschäfts umgehend (*with due despatch*) zu übersenden[315] bzw. elektronisch

308 Appendix B (SIB CoB Rule 4.15(3)b.).

309 *Risk Disclosure Statement*, Appendix D zu SIB CoB Rule 4.16(3).

310 PIA Practice Note zu SIB CoB Rule 4.16, PIA Rule Book S4.16.

311 Vgl. London Code of Conduct (1995 Version), ss 70 et seq., 34 *Sabalot* [1505, 1504], mit der 1992 Version dieses Regelwerks, *Sabalot* (1st edn 1994) [1542C].

312 Appendix E zu SIB CoB Rule 4.18(3)b.

313 SFA Rule 5-28.

314 SIB Principle 5 (Satz 2), *Sabalot* [1305] („a full and fair account of the fulfilment of [the firm's] responsibilities").

315 SIB Core Rule 19(1); SFA Rule 5-34(1); SIB CoB Rule 13.01, PIA Rule Book S13.01.

zu übermitteln.[316] Sie müssen die wesentlichen Daten jeder einzelnen Transaktion wiedergeben.[317] Der Inhalt der Geschäftsbestätigung ist für Geschäfte in Wertpapieren bzw. Fondsanteilen (*contract notes*) und Derivaten (*confirmations*)[318] sowie für die Ausübung von Optionen (*exercise notes*) im einzelnen festgelegt.[319] Neben dem Zeitpunkt des Geschäftsabschlusses und der Erfüllung (*settlement*) ist die Identität, Stückzahl und Preis[320] der erworbenen oder veräußerten Effekten, ferner die Höhe der Vergütung und der Kosten anzugeben. Bei Derivategeschäften gehört dazu auch das Fälligkeitsdatum, bei der Optionsausübung die Beschreibung der Option und der *strike price*. Stehen bestimmte Angaben im Zeitpunkt der Übersendung der *note* noch nicht zur Verfügung, ist dies entsprechend zu kennzeichnen.[321]

Vermögensverwalter (*investment managers*) sind darüber hinaus zur Übermittlung periodischer Kontoinformationen verpflichtet. Nach SIB Core Rule 19(2) ist darin die Zusammensetzung zu Beginn und am Ende des Berichtszeitraums und die Wertentwicklung des Portfolios anzugeben, die aufgrund von Einzelbewertungen (*valuations*) zu berechnen ist. *Periodic statements* bzw. *valuation reports* sind grundsätzlich im Abstand von 6 Monaten, auf Wunsch des Kunden auch nur jährlich, aufzustellen.[322] Nach SFA Rule 5-35(5) muß die *firm* Derivatepositionen ihrer Kunden sogar monatlich bewerten. Diese Berichte enthalten mindestens Angaben zu Identität, Stückzahl und Wert der gehaltenen Anlagen sowie zum Gesamtwert des Portfolios im Zeitpunkt der Bewertung (*valuation date*). Ferner sind die Transaktionen bzw. Kontobewegungen im Portfolio sowie

---

316 SFA 5-34(6).

317 SIB Core Rule 19(1), SFA Rule 5-34(1) („containing the essential details of the transaction").

318 SIB CoB Rule 13.06 unterscheidet zusätzlich das sog. *difference account* für Geschäfte in *contracts for differences*, PIA Rule Book S13.06.

319 SFA Rule 5-34(2)-(5) mit Tables 5-34(2), 5-34(3) und 5-34(5); SIB CoB Rule 13.04-13.07, PIA Rule Book S13.04 et seq.

320 Nach SFA Rule 5-34(13)-(14) kann bei zusammengefaßten Aufträgen eines oder mehrerer Kunden, die über einen Zeitraum von 24 Stunden (5 Werktagen bei *non-private customers*) ausgeführt werden, ein Durchschnittspreis angegeben werden. Dabei ist dennoch jede einzelne Transaktion getrennt zu verbuchen, SFA Rule 5-34(15).

321 SFA Rule 5-34(7).

322 SFA Rule 3-35(4),(6)(a); SIB CoB Rule 13.10(1A), PIA Rule Book S13.10(1A).

die entsprechenden Provisionen und Vergütungen des Intermediärs aufzuführen.[323]

III. Informations- und Erkundigungspflichten der IOSCO

Die von der IOSCO 1990 angenommenen *International Conduct of Business Principles*[324] legen in enger Anlehnung an die britischen Regeln[325] eine allgemeine Erkundigungs- und Informationspflicht des Finanzintermediärs fest, die grundsätzlich auf Kommissions- und Festpreisgeschäfte und die Anlageberatung anwendbar sind.[326]

Die Erkundigungspflicht des IOSCO Principle 4[327] soll nach dem offiziellen Kommentar die *Know-one's-customer*-Pflicht als konstitutives Element der *suitability requirements* konkretisieren. Dazu werden als entscheidende Parameter der *Suitability*-Prüfung die finanzielle Lage und die Anlageerfahrungen und -ziele des Kunden hervorgehoben, soweit sie für die zu erbringenden Dienstleistungen erheblich sind. Wegen des allgemeinen Anwendungsbereichs (*dealing or advising*) ist diese Qualifizierung sowie der Bezug auf die in den U.S.A. entwickelte und auch darüber hinaus verbreitete *suitability rule* besonders aufschlußreich. Damit wird klargestellt, daß der Intermediär zur Einholung von Kundenangaben nur verpflichtet ist, soweit diese Daten für die Erbringung der Dienstleistung, insbesondere der Anlageberatung, erforderlich („relevant") sind.

---

323 S. z.B. IMRO Rule 4.5 mit Table 4.5(5), PIA Rule Book I:4.5 (July 1994). *Account valuations* von Derivatekonten müssen deutlich zwischen *closed positions* und *open positions* (s. SFA Rule 5-35(9)(a) mit Table 5-35(9)(a), items 2-3), Bewertungen von Optionskonten zwischen dem *trade price* bei Erwerb der Option, dem gegenwärtigen Marktpreis und dem *exercise price* unterscheiden, s. SFA Rule 5-35(9)(b) mit Table 5-35(9)(b), items (b)-(d).

324 IOSCO Technical Committee, Report „International Conduct of Business Principles", Part 2-IV, pp. 8-9.

325 SIB Principles 4 (*information about customers*) und 5 (*information for customers*), *Sabalot* [1304-1305].

326 IOSCO Technical Committee, Report „International Conduct of Business Principles", vgl. Part 2-III, p. 7 und *comment* zu Principle 5, p. 9 („business undertaken for or with the customer").

327 „A firm should seek from its customers information about their financial situation, investment experience and investment objectives relevant to the services to be provided."

IOSCO Principle 5[328] enthält die Informationspflicht des Finanzintermediärs, die über ihr Vorbild in SIB Principle 5[329] insoweit hinausgeht, als auch außerhalb der Anlageberatung eine Risikoaufklärung des Kunden gefordert wird. Diese Ausdehnung steht dem Vorschlag der Arbeitsgruppe unter Leitung von *Brac de La Perrière*[330] nahe, der Grundlage des Berichts[331] der COB auf der XIV. Jahrestagung der IOSCO 1989 in Venedig war. Jedenfalls betont IOSCO Principle 5 die Aufklärung des Kunden sowohl zur Vorbereitung seiner Anlageentscheidung als auch zur nachträglichen Kontrolle seiner Effektengeschäfte.[332]

§ 13 Informations- und Erkundigungspflichten unter dem WpHG

§ 31 Abs. 2 WpHG ist die Grundnorm zur Kommunikation zwischen Finanzintermediär und Effektenkunden im deutschen Wertpapieraufsichtsrecht. Die Aufgabe des Finanzintermediärs, zugunsten der Kapitalanleger möglichst weitgehende Transparenz über die zur Verfügung stehenden Anlagemöglichkeiten zu schaffen, wird durch die Informationspflichten rechtlich ausgestaltet und der Überwachung durch die staatliche Marktaufsicht unterworfen. Die im Gesetz ausgesprochene Verpflichtung des Wertpapierdienstleistungsunternehmens, dem Kunden die „zweckdienlichen Informationen" zur Verfügung zu stellen, hat allgemei-

---

328 „A firm should make adequate diclosure of relevant material information in its dealing with its customers."

329 *Sabalot* [1305]. Dieses Prinzip ist nur auf „customers it advises" anwendbar, während IOSCO Principle 5 die Information allgemein auf „its dealings with its customers" bezieht.

330 Bilan d'application des propositions du Rapport *Brac de La Perrière*, Bull. mensuel COB, n. 228, sept. 1989, Principe no. 2: „L'intermédiaire financier doit assurer une *information adaptée* aux besoins de son client." (Hervorhebung nicht im Original).

331 S. *Annexe* zu „Observations de la Commission des Opérations de Bourse relatives au document de travail présenté par M. David Walker en vue de l'atelier no. 2 de la 14ème conférence annuelle de l'OICV", sept. 1989.

332 Dazu der *comment* der IOSCO: „This principle includes any obligation of the firm: .to acquire and provide information, including information about risks, needed by the customer to make informed investment decisions; .to provide timely and accurate reports to the customers about business undertaken for or with the customer."

ne Bedeutung für unterschiedliche Informationsleistungen. Dabei empfiehlt sich eine praktische Unterscheidung von nichtindividualisierter Aufklärung und individualisierter Beratung des Effektenkunden.[333] § 31 Abs. 2 WpHG enthält nicht ausschließlich Vorgaben für die Aufklärung oder die Gestaltung von Empfehlungen im Rahmen der Anlageberatung, sondern regelt die grundlegenden Anforderungen an beide Arten von Informationsleistungen.[334] Die Informationspflicht ist eine Ausprägung der allgemeinen Verpflichtung zur sorgfältigen und am Kundeninteresse ausgerichteten Durchführung von Wertpapierdienstleistungen.[335] § 31 Abs. 2 WpHG liegt ein „Informationsmodell" zugrunde, nach dem der Kunde nicht stets zwangsweise beraten[336] werden muß, sondern zwischen Aufklärung und Beratung wählen kann, jedenfalls aber mit einem Mindestmaß an Information („Grundaufklärung")[337] über die wichtigsten objektiven Marktdaten und Transaktionsangaben ausgestattet werden muß, die ihm als potentiellem Marktteilnehmer zunächst ohne Rücksicht auf seine persönlichen und wirtschaftlichen Verhältnisse die Entscheidung über die Inanspruchnahme von Wertpapier(neben)dienstleistungen und weiteren Informationsleistungen überhaupt ermöglicht.[338]

I. Reichweite der Informationspflicht nach § 31 Abs. 2 WpHG

Ausgangspunkte der Diskussion über die Reichweite der Informationspflicht nach § 31 Abs. 2 WpHG sind die Grundsätze und die herkömmliche Terminologie des Bankvertragsrechts, in dem die Aufklärungs-, Warn- und Beratungspflichten nicht voneinander abgegrenzt werden, weil der Umfang der erforderlichen Informationsleistungen im wesentlichen vom Einzelfall abhängt.[339] Die fallspezifische Behandlung der Aufklärungs-, Warn- und Beratungspflichten folgt aus dem Auftrag der Zivilgerichte, *ex post* über die Haftung wegen unzureichender Information des Effektenkunden auf vertraglicher oder vorvertraglicher (gesetzlicher) Grundlage zu entscheiden. Im Massengeschäft des Wertpapier-

333 Dazu insbesondere § 13 I 2 a.
334 Dazu unten § 13 I 2.
335 Dazu unten § 13 I 3.
336 Zur Gestaltung der Anlageberatung nach den Vorgaben des § 31 Abs. 2 WpHG näher unten § 13 III.
337 Zur Gestaltung des Mindeststandards näher unten § 13 II.
338 Dazu unten § 13 I 4.
339 Dazu unten § 13 I 1 a.

handels ist die fallweise und sukzessive Herausbildung von konkreten Informationsregeln unbefriedigend. Darüber hinaus wird die Abgrenzung der Beratung zu weniger weitgehenden Formen der Information durch das Aufkommen von Wertpapierdienstleistungsunternehmen, die teilweise die Anlageberatung vertraglich ausschließen (Discount-Broker), besonders virulent. Schon vor Inkrafttreten der Verhaltensregeln des WpHG haben daher einzelne Beiträge im Schrifttum versucht, die Informationspflichten auf der Grundlage der Rechtsprechung zu systematisieren. Dieser Ansatz ist bei der Konkretisierung der eigenständigen aufsichtsrechtlichen Verpflichtungen nach dem WpHG[340] weiterzuverfolgen. Im Rahmen ihrer bankbetrieblichen Umsetzung und bei der *präventiven* Überwachung durch das BAWe (§ 4 Abs. 1 WpHG)[341] besteht auch ein praktisches Bedürfnis an einer stärkeren Typisierung der Informationsleistungen.[342] Denn im Interesse der Rechtssicherheit und eines wirksamen Kapitalanlegerschutzes sollten die nach den Vorgaben des WpHG zu erbringenden bzw. zu erwartenden Informationsleistungen für Intermediäre und Kunden möglichst vorhersehbar sein.

1. *Aufklärung vs. Beratung im Bankvertragsrecht*

Die Entwicklung einer näheren Charakterisierung der Informationsleistungen, die Anlagevermittler und Anlageberater bei Effektengeschäften, in der Bankpraxis auf der Grundlage der AGB-Wp,[343] erbringen, ist im deutschen Bankvertragsrecht noch nicht abgeschlossen. Da es für die zivilrechtliche Haftung des Vermittlers bzw. Beraters[344] auf die (auch standardisierten) Vereinbarungen bzw. konkreten Erklärungen der Bank ankommt, wird die Reichweite der Aufklärungs-, Warn- oder Beratungspflichten[345] von der Rechtsprechung mit Zustimmung der Literatur[346] grundsätzlich im Einzelfall bestimmt. Dazu hat die Rechtsprechung eine

340 Dazu oben § 6 II.

341 Zur Mißstandsaufsicht des BAWe oben § 6 I 2.

342 Zur begrifflichen Typisierung unten § 13 I 2.

343 Die Sonderbedingungen für Wertpapiergeschäfte (AGB-Wp, Stand: 1.1.1995) der Spitzenverbände der Kreditwirtschaft sind abgedruckt in ZBB 1995, 94-97.

344 Dazu *Schäfer*, Haftung, S. 3 ff, 101; referierend *Abegglen*, S. 22.

345 Diese Begriffstrias findet sich bei *Hopt* in Bankrechtstag 1992, S. 1, und FS Gernhuber, S. 169.

346 *Schäfer*, Haftung, S. 6 f.; *Hopt*, FS Gernhuber, S. 169, 170.

Kasuistik entwickelt, aus der wegen der überragenden Bedeutung der Umstände des Einzelfalls kaum allgemeine Schlüsse auf eine terminologische Abgrenzung gezogen werden können.[347]

Auch nach dem epochemachenden „Bond"-Urteil des BGH vom 6. Juli 1993[348] erscheint zwar eine inhaltliche Präzisierung der bankvertraglichen[349] Informationspflichten möglich,[350] die Grenze zwischen Beratung und Aufklärung wird aber nicht einheitlich gezogen. Auf der Grundlage eines in der Praxis konkludent geschlossenen Beratungsvertrages[351] ist die Bank nach der vom BGH geprägten Formel zur „anlegergerechten" und „objektgerechten" Anlageberatung verpflichtet.[352] Dabei geht die Rechtsprechung davon aus, daß die Beratung eine „sachgemäße Aufklärung" über die beabsichtigten Anlagegeschäfte umfaßt.[353] Danach sind Aufklärung und Beratung jedenfalls nicht gleichzusetzen, vielmehr ist die Aufklä-

---

347 *Hopt*, FS Gernhuber, S. 170 („wenig fruchtbar").

348 BGH, Urt. v. 6.7.1993, BGHZ 123, 126 = WM 1993, 1455 = WuB I G 4.-9.93 (*Schwark*); dazu *Heinsius*, ZBB 1994, 47; *Arendts*, ÖBA 1994, 251; *Vortmann*, ÖBA 1994, 579.

349 Zur Begründung von Aufklärungs- und Beratungspflichten aus einem Bankvertrag s. den Überblick bei *Horn*, ZBB 1997, 142 ff.; im übrigen vgl. nur *Hopt* in Schimansky/Bunte/Lwowski, § 1 Rz. 15 ff., 47 ff. m.w.N. (pro), und *Canaris*, Bankvertragsrecht, Rz. 2 ff., 12 ff. (contra).

350 *Kümpel*, Bank- und Kapitalmarktrecht, Rz. 8.253.

351 BGH, Urt. v. 4.3.1987, BGHZ 100, 117, 118 f.; BGH, Urt. v. 6.7.1993, BGHZ 123, 126, 128; BGH, Urt. v. 27.2.1996, WM 1996, 664 = NJW 1996, 1744 und BGH, Beschl. v. 12.3.1996, NJW 1996, 1744 (kein Beratungsvertrag bei gezieltem Kundenauftrag); OLG München, Urt. v. 5.3.1997, WM 1997, 1802, 1804. Zur Abgrenzung *Balzer*, DB 1997, 2311, 2314 f. Kritisch *Hopt*, Kapitalanlegerschutz, S. 410 f.; *Schäfer*, Haftung, S. 8 f. („Fiktion").

352 BGH, Urt. v. 6.7.1993, BGHZ 123, 126, 129; dem folgend OLG Frankfurt am Main, Urt. v. 7.7.1997, EWiR § 276 BGB 4/97, 777 (*Zeller*). S. schon *Hopt*, Kapitalanlegerschutz, S. 437; *Köndgen*, ZBB 1996, 363 f. (Anlegergerechtigkeit der Anlageberatung, nicht des auszuführenden Auftrags); s. auch *Schäfer*, Haftung, S. 84 ff.; *Heinsius*, ZBB 1994, 47, 52.

353 BGH, Urt. v. 27.2.1996, WM 1996, 664 (Beratungspflichten werden bei erfahrenem Anleger u.U. erfüllt durch bloße Aufklärung über Risiken, d.i. „anlegergerechte Beratung"); BGH, Urt. v. 6.7.1993, BGHZ 123, 126, 129; OLG Celle, Urt. v. 25.11.1992 (Vorinstanz), WM 1993, 191 (Grundsatz, den beratungsbedürftigen Kunden darüber aufzuklären, welches Risiko er grundsätzlich eingeht); OLG Köln, Urt. v. 24.2.1988, WM 1989, 402 = WuB I G 1.-1.89 (*Peterhoff*) („[Die Beratung] schließt grundsätzlich auch die Pflicht zur Warnung und Aufklärung des Kunden ein").

rung regelmäßig Bestandteil der Beratung, welche als *maius* gegenüber der Aufklärung zu verstehen ist.[354] Gleichwohl hat sich in der Judikatur des BGH und der Instanzgerichte keine einheitliche Terminologie eingebürgert. Die Gerichte nehmen nach den Umständen des Einzelfalls alternativ oder kumulativ Auskunfts-, Beratungs-, Warn- oder Aufklärungspflichten an, ohne diesen Begriffen eine einheitliche Bedeutung zuzumessen.[355] Anerkannt ist freilich, daß Auskunft und Beratung Gegenstand eigener vertraglicher Primärpflichten sein können, während Warn- und Aufklärungspflichten regelmäßig sekundäre (Neben-)Verpflichtungen darstellen.[356]

Beim Ausschluß der Beratung ist angenommen worden, daß auch keine vorvertraglichen Aufklärungspflichten bestehen,[357] weil der Kunde weder Beratung noch Aufklärung erwarten könne.[358] Die von der Rechtspre-

354 Unklar LG Köln, Urt. v. 12.6.1997, WM 1997, 1478, 1481 („Beratungs- einschließlich der Informationspflicht" beim Haftungsausschluß durch Discount-Broker).

355 Zusammenstellung bei *Vortmann*, Rz. 283 ff. (Anlagevermittlung), 336 ff. (Anlageberatung). Aus der Rechtsprechung s. z.B. OLG Köln, Urt. v. 18.2.1994, WM 1995, 381 („Beim Erwerb von Optionsscheinen [ist] die Bank zu sorgfältiger Beratung und Auskunftserteilung verpflichtet"; aufgrund der Geschäftsverbindung zur Hausbank dürfe ein Kunde „Aufklärung und Beratung erwarten"); OLG Frankfurt am Main, Urt. v. 19.12.1996, AG 1997, 422, 424 („Aufklärungspflicht ... nur im Rahmen eines individuellen Anlageberatungsvertrages"); s. auch OLG Düsseldorf, Urt. v. 10.10.1996, BB 1997, 1550; OLG München, Urt. v. 5.3.1997, WM 1997, 1802, 1804 ff.; LG München I, (rkr.) Urt. v. 14.6.1996, WM 1996, 1907; LG Duisburg, (rkr.) Urt. v. 9.1.1997, WM 1997, 1899, 1900.

356 *Hopt*, FS Gernhuber, S. 169, 179.

357 BGH, Urt. v. 14.5.1996, WM 1996, 1214 (Börsentermingeschäfte); OLG Düsseldorf, Urt. v. 21.7.1995, WM 1995, 1751, dazu BGH, Beschl. v. 12.3.1996, NJW 1996, 1744 (kein Beratungsvertrag, daher auch keine Aufklärungspflichtverletzung); OLG Hamm, Urt. v. 23.10.1996, WM 1997, 568 (ohne Beratungsvertrag keine Aufklärungspflicht über Optionsscheine). Terminologisch fragwürdig ist in dieser Hinsicht das Vorgehen des BGH, in einem Fall, in dem das Bestehen eines Beratungsverhältnisses nicht feststand, das Erfordernis der Anleger- und Objektgemäßheit der Anlageberatung auch auf die (vor-)vertragliche Aufklärung zu übertragen, BGH, Urt. v. 11.6.1996, WM 1996, 1260, 1261 (zur „zusätzlichen" Aufklärungspflicht bei verbindlichen Börsentermingeschäften); ähnlich OLG Köln, Urt. v. 27.10.1995, WM 1996, 18 („anlegergerechte Aufklärung").

358 BGH, Urt. v. 14.5.1996, WM 1996, 1214; OLG München, Urt. v. 5.3.1997, WM 1997, 1802, 1804.

chung entwickelten „anlegerbezogenen“ Beratungspflichten sind dann nicht anwendbar. Diese Unterscheidung wird in der Rechtsprechung allerdings durch die Annahme eines konkludenten Beratungsvertrages praktisch verwischt,[359] an den allerdings keine hohen Anforderungen gestellt werden. Diese Abgrenzung dürfte aber im Hinblick auf die stürmische Entwicklung der Discount-Dienstleister bei Haftungsstreitigkeiten in Zukunft an Bedeutung gewinnen, soweit im Discount-Geschäft die „Beratung“ als Informationsleistung ausgeschlossen wird.[360]

In der Literatur werden Aufklärungs-, Warn- und Beratungspflichten zunächst von der Auskunftspflicht abgeschichtet, die auf einem häufig konkludent geschlossenen Auskunftsvertrag oder auf dem Vertrauensverhältnis im Rahmen einer laufenden Geschäftsverbindung beruhe,[361] daher eine klagbare Primärpflicht darstelle,[362] die sich auf die Mitteilung feststehender historischer Daten oder auch auf Prognosen über die künftige Entwicklung bestimmter Umstände, z.B. der Marktverhältnisse, richtet. Demgegenüber werden Aufklärungs- und Beratungspflichten, die die im Einzelfall unterlassene Mitteilung von Informationen betreffen, als vorvertragliche Nebenpflichten angesehen,[363] deren Verletzung lediglich Schadensersatzansprüche auslöst.

In Anlehnung an die Rechtsprechung wird eine begriffliche Abgrenzung von Aufklärungs- bzw. Beratungspflichten im Schrifttum weder für erforderlich noch zweckmäßig gehalten, weil diese „eng zusammenhängen[den]“[364] Pflichten von dem im Einzelfall vom Intermediär in Anspruch genommenen Vertrauen abhängen.[365] In diesem Zusammenhang wird auch der Unterscheidung zwischen der Anlagevermittlung, die sich auf die Durchführung des Kundengeschäfts beschränkt, und der Anlageberatung nur

---

359 BGH, Urt. v. 27.2.1996, NJW 1996, 1744.

360 Gegen den formularmäßigen Beratungsausschluß LG Köln, Urt. v. 12.6.1997, WM 1997, 1479, 1480 (bisher nicht rkr.).

361 Dazu *v.Heymann* in Assmann/Schütze, § 5 Rz. 5; *Schäfer*, Haftung, S. 6; s. auch *Hopt* in Schimansky/Bunte/Lwowski, § 1 Rz. 26, 55 f. Zur Bankauskunft AGB-pB, Ziffer 2 Abs. 2, abgedr. bei *Fischer/Klanten*, Anhang IIa.

362 *H.Roth* in Assmann/Schütze, § 12 Rz. 15; *ders.*, in MünchKomm z. BGB § 242 Rz. 210 ff.; *Hopt*, FS Gernhuber, S. 170; *Kümpel*, Bank- und Kapitalmarktrecht, Rz. 8.252; s. die Übersicht bei *Fischer/Klanten*, Rz. 4.55 ff.

363 S. nur *Vortmann*, Rz. 15; *Schäfer*, Haftung, S. 6; *Hopt* in Schimansky/Bunte/Lwowki, § 1 Rz. 26.

364 *Hopt*, FS Gernhuber, S. 169.

365 *Hopt*, Kapitalanlegerschutz, S. 414 f.; *ders.* in Bankrechtstag 1992, S. 1, 23 ff.; *Rümker* in Bankrechtstag 1992, S. 29, 38 ff.

geringe Bedeutung beigemessen.[366] Ansätze einer Abgrenzung von Informationspflichten fassen etwa alle Aufklärungs-, Beratungs- und Warnpflichten unter dem Oberbegriff „Aufklärungspflichten" zusammen.[367] Andere grenzen Aufklärungs- und Beratungspflichten zur Warnpflicht ab, die regelmäßig lediglich im Rahmen einer laufenden Geschäftsbeziehung bestehe.[368] Neuere Ansätze definieren die Anlageberatung als individuelle und „aktive Mitwirkung eines Bankiers (oder anderer Fachleute) bei der Planung einer Investition oder bei der Umdisposition von Vermögenswerten" und stellen sie – in Abgrenzung von der „tendenzlosen" Tatsachenmitteilung (Auskunfterteilung) – individueller Raterteilung und Empfehlung gleich.[369]

2. *Übergreifender Informationsbegriff im Wertpapieraufsichtsrecht*

Aufsichts- und Bankpraxis verlangen – wie dargelegt – eine praktikable Typisierung und Identifikation der erforderlichen, im Massengeschäft standardisiert zu erbringenden Informationsleistungen. Die Frage, welche Informationsleistungen in § 31 Abs. 2 WpHG überhaupt angesprochen bzw. geregelt werden, bestimmt maßgeblich die Reichweite der Informationspflicht und damit den informationellen Mindeststandard, der auch im Rahmen des Discount-Brokerage nicht unterschritten werden darf. Die Systematik des WpHG spricht dafür, daß dem Gesetz ein übergreifender Informationsbegriff zugrundeliegt, der im Sinne der bankbetriebswirtschaftlichen Erkenntnisse sowohl individualisierte Informationsleistungen (persönliche Empfehlung, Anlageberatung) als auch nichtindividualisierte Informationsleistungen (Aufklärung) umfaßt.[370] Die Informationspflicht der Wertpapierfirma ist nicht einseitig auf die Anlageberatung zugeschnitten, sondern läßt eine Abstufung von Informationsleistungen zu. Dies entspricht auch den europäischen Vorgaben der Wertpapierdienstlei-

---

366 S. etwa *v.Heymann* in Assmann/Schütze, § 5 Rz. 2; zutreffend aber *Hopt*, Anlage- und Vermögensberatung, S. 44.

367 *Vortmann*, Rz. 2 ff. (s. das Schaubild, im Text zurückhaltender), Rz. 6 mit Hinweis auf *H.Roth* in MünchKomm z. BGB, § 242 Rz. 210.

368 *Schäfer*, Haftung, S. 7; ähnlich *Horn*, ZBB 1997, 141.

369 *Bertschinger*, S. 2 ff.; im Ansatz auch *Heeb*, S. 130; unter dem Eindruck der Richtlinie des BAWe ähnlich *Horn*, ZBB 1997, 141.

370 Dazu sogleich § 13 I 2 a.

stungsrichtlinie und wird durch rechtsvergleichende Erfahrungen bestätigt.[371]

a) Systematik des WpHG

Das WpHG gebraucht neben dem Begriff der „Informationen" (§ 31 Abs. 2 Satz 1 Nr. 2) die Termini „Empfehlung" (§ 32 Abs. 1 Nr. 1 und Nr. 2) und „Anlageberatung" (§ 32 Abs. 2) bzw. „Beratung bei der Anlage in Wertpapieren, Geldmarktinstrumenten und Derivaten" (§ 2 Abs. 3a Nr. 3), ferner „Beratung im Zusammenhang mit einer Wertpapierdienstleistung oder Wertpapiernebendienstleistung" (§ 37a WpHG). Aus dem Wortsinn dieser Begriffe läßt sich kaum eine eindeutige semantische Abgrenzung gewinnen. Nach dem gewöhnlichen Sprachgebrauch hat jedenfalls der Begriff der Information ein offenes Bedeutungsfeld, das u.a. Auskunft, Belehrung, Aufklärung umfaßt. Die terminologische Unterscheidung im Gesetz, insbesondere die Abgrenzung zwischen Information und Beratung in der Verjährungsvorschrift des § 37a WpHG, stellt klar, daß Information und (Anlage-)Beratung bzw. Empfehlung auch sachlich verschieden sind. Die im Schrifttum[372] bisher überwiegend befürwortete Gleichsetzung von Information nach § 31 Abs. 2 WpHG und Beratung widerspricht der Anerkennung der Anlageberatung als eigenständiger Wertpapiernebendienstleistung in Abschnitt C des Anhangs zur Wert-

---

371 Dazu unten § 13 I 2 b.

372 *Eisele* in Schimansky/Bunte/Lwowski, § 109 Rz. 25 ff.; *v.Heymann* in Assmann/Schütze, § 5 Rz. 42. Ebenso auf der Grundlage eines zivil- bzw. vertragsrechtlichen Verständnisses der Informationspflicht (dagegen grundsätzlich oben § 6 II): *H.Roth* in Assmann/Schütze, § 12 Rz. 14; *F.A.Schäfer* in Schwintowski/Schäfer, § 11 Rz. 76 ff.; ähnlich *ders.*, Haftung, S. 68 f.; *Metz*, VuR 1996, 183, 184 f.; *Reich*, WM 1997, 1601, 1606; *Cahn*, ZHR 162 (1998), 35 ff., 38. Ähnlich, aber undeutlich *Koller* in Assmann/Schneider, § 31 Rz. 99-118, 106. Insgesamt wird die Einordnung *Kollers* erschwert durch eine uneinheitliche Terminologie, vgl. z.B. *Koller* in Assmann/Schneider, § 31 Rz. 96, 114 („Beratung" als Empfehlung) mit Rz. 97, 99 ff. („Anlageberatung" als Aufklärung), ferner § 32 Rz. 9 (Informationspflicht ohne Empfehlung). Ähnlich *Balzer*, FS Horn, S. 42 f. (anders unter dem Eindruck der Richtlinie des BAWe vom 26.5.1997 *ders.*, DB 1997, 2311, 2313). Für das österreichische WAG ebenso *Haghofer/Mayer*, ÖBA 1997, 583, 587 ff. A.A. *Kümpel*, WM 1995, 689, 691 ff.; *Balzer*, DB 1997, 2311, 2313; undeutlich *Schwark* in Bankrechtstag 1995, S. 109, 114, 120 ff., vgl. insbesondere S. 126 f. (Berücksichtigung der *objektiven* Interessen des Kunden) mit S. 129 (keine Beratungspflicht für das Discount-Brokerage).

papierdienstleistungsrichtlinie[373] bzw. in dem seit 1. Januar 1998 geltenden[374] § 2 Abs. 3a Nr. 3 WpHG:[375] Denn die Informationspflicht des § 31 Abs. 2 WpHG gilt auch dann, wenn der Kunde die Wertpapiernebendienstleistung der Anlageberatung nicht in Anspruch nimmt. Hielte diese Vorschrift bereits eine umfassende und abschließende Regelung der Anlageberatung bereit, hätte es der Hervorhebung der Anlageberatung als Nebendienstleistung nicht mehr bedurft, weil das Wertpapierdienstleistungsunternehmen nach jener Deutung bei jeder Wertpapierdienstleistung bereits unmittelbar gemäß § 31 Abs. 2 WpHG zur Anlageberatung verpflichtet wäre. Die Ausgestaltung der Anlageberatung als eigener Dienstleistung der Finanzintermediäre legt nahe, daß diese Informationsleistung kein notwendiger Annex von Wertpapierdienstleistungen ist, sondern es dem Kunden freigestellt ist, ob er zusätzlich zu einem Effektengeschäft auch Beratung wünscht. Dies gilt *mutatis mutandis* auch für Empfehlungen, die das Gesetz in der Teilregelung des § 32 WpHG (Empfehlungsverbote)[376] nicht mit den „zweckdienlichen Informationen" (§ 31 Abs. 2 Satz 1 Nr. 2 WpHG) gleichsetzt.

Da Information und Anlageberatung bzw. Empfehlung nicht deckungsgleich sind, ist die Annahme gerechtfertigt, daß § 31 Abs. 2 WpHG jedenfalls solche Informationsleistungen regelt, die im Sinne der oben dargelegten Erkenntnisse der finanzwirtschaftlichen Forschung[377] nicht individualisiert sind. Diese *nichtindividualisierten Informationsleistungen* umfassen u.a. Formen der *Aufklärung*[378] sowie allgemein gehaltene Kauf- oder Verkaufsempfehlungen der Researchabteilung. Es handelt sich um allgemeine, nicht personenbezogene Angaben über einzelne Märkte bzw. Anlageformen oder Prognosen über die Kurs- bzw. Preisentwicklung bestimmter Anlagen, in deren Inhalt die individuellen Verhältnisse des Kunden nicht

---

373 Abschnitt C im Anhang, ABl. EG Nr. L 141/46 vom 11.6.1993.

374 S. das Gesetz zur Umsetzung von EG-Richtlinien zur Harmonisierung bank- und wertpapieraufsichtsrechtlicher Vorschriften (Umsetzungsgesetz) vom 22.10.1997, BGBl. I S. 2518, dazu oben § 2 II 1.

375 Im Ergebnis insoweit ebenso *Kümpel* in Kümpel/Ott, Kz. 065, S. 111 f. (Unterscheidung von Anlageberatung und Information).

376 Da es sich nur um eine Teilregelung (interessewidriger Empfehlungen) handelt, ist auch die Annahme eines strengen Spezialitätsverhältnisses zwischen § 32 Abs. 1 Nr. 1 und § 31 Abs. 2 Satz 1 Nr. 2 WpHG (Inhalt der Empfehlung sei nicht von § 31 Abs. 2 WpHG umfaßt) nicht überzeugend, dafür aber mit Einschränkungen *Koller* in Assmann/Schneider, § 31 Rz. 9.

377 S. § 11 I.

378 Ebenso die Terminologie der Richtlinie des BAWe vom 26.5.1997, Ziffer 3.6, Präambel Abs. 1 und 2.

einfließen.[379] Dagegen wird die Beratung als Problemlösungsverfahren verstanden, das im Regelfall auf die Abgabe und Umsetzung einer mehr oder weniger konkreten persönlichen Empfehlung gerichtet ist. *Anlageberatung* und (individuelle) *Empfehlung* sind daher als *individualisierte Informationsleistungen* zu qualifizieren.[380]

b) Rechtsvergleichende Erfahrungen

Die Unterscheidung zwischen Anlageberatung und Aufklärung entspricht der herkömmlichen Behandlung von Informationsleistungen im U.S.-amerikanischen und britischen Kapitalmarktrecht. Dabei ist grundsätzlich anerkannt, daß die Anlageberatung eine eigenständige Dienstleistung darstellt, die auf Wunsch des Kunden freiwillig und nicht als informationeller Mindeststandard erbracht wird. In den U.S.A. differenzieren die Verhaltensregeln für Wertpapierfirmen (*market professionals*) zwischen *disclosure* („Aufklärung") und *advice* („Beratung") bzw. *recommendations* („Empfehlungen"). Während Aufklärungspflichten über Interessenkonflikte oder besondere Anlagerisiken[381] für die Erbringung aller Dienstleistungen gelten, bei denen diese Konflikte oder Risiken auftreten, sind bestimmte Verhaltenspflichten ausdrücklich an Empfehlungen oder die Anlageberatung geknüpft: Insbesondere der Anwendungsbereich der *suitability rule* ist auf die Anlageberatung bzw. persönliche Empfehlung beschränkt.[382] Soweit Beratung nicht nur sporadisch als Nebenleistung erbracht wird, bedürfen Intermediäre einer speziellen Zulassung durch die SEC als *investment adviser* und unterstehen dann den speziellen Verhaltensregeln des IAA.[383]

Das britische Aufsichtsrecht verzichtet zwar auf eine detaillierte Regelung der Anlageberatung (*investment advice*),[384] beschränkt jedoch die Anwendung einzelner Verhaltenspflichten (z.B. *suitability rules*) ausdrücklich auf individuelle Anlageempfehlungen (*personal recommenda-*

---

379 Insoweit übereinstimmend *Kümpel*, WM 1995, 689, 691 f.; *Balzer*, DB 1997, 2311, 2313.

380 Eine ähnliche, aber weniger trennscharfe Unterscheidung trifft zum Versicherungsrecht („einfache und qualifizierte Informationspflichten") *Winkler v. Mohrenfels* in Basedow/Schwark/Schwintowski, S. 39, 40 f.

381 S. z.B. zu den *penny stock disclosure rules* oben § 12 I 2 e.

382 S. z.B. die NASD Rules of Fair Practice Art. III § 1 bzw. NASD Rule 2310, dazu oben § 12 I 1; zu den Auslegungsschwierigkeiten der NYSE Rule 405 oben § 12 I 1 b.

383 S. oben § 4 I 1 b.

384 S. FSAct Schedule 1, Part II, para. 15 („advice on the merits").

tions)[385] oder nichtindividualisierte Empfehlungen bzw. Researchveröffentlichungen (*published recommendations*).[386] Daneben statuieren die britischen *conduct-of-business rules* allgemein geltende Aufklärungspflichten zur Entschärfung von Interessenkonflikten oder zur Warnung vor Anlagerisiken.[387]

c) Zum Funktionszusammenhang zwischen Kundenangaben und Information

Bei § 31 Abs. 2 WpHG spricht die Erkundigungspflicht des Wertpapierdienstleistungsunternehmens (§ 31 Abs. 2 Satz 1 Nr. 1) dafür, daß der Begriff der Information neben nichtindividualisierten Informationsleistungen auch die Anlageberatung und Empfehlung erfaßt,[388] also eine übergreifende Funktion hat. Denn auf Grund der Erkundigungspflicht hat der Finanzintermediär vom Kunden bestimmte Angaben über seine persönlichen und wirtschaftlichen Verhältnisse einzuholen, die *per definitionem* nur bei individualisierten Informationsleistungen (individuelle Empfehlung bzw. Anlageberatung) sinnvoll sind und verwertet werden. Zwischen der Erkundigungspflicht und der Informationspflicht besteht insofern eine *funktionale Beziehung*, als die Angaben des Kunden in die inhaltliche Gestaltung der Information (persönliche Empfehlung) einfließen. Angesichts dieses Funktionszusammenhangs ist davon auszugehen, daß die erforderliche Information (§ 31 Abs. 2 WpHG) nicht auf die Aufklärung beschränkt ist, sondern *auch* individualisierte Informationsleistungen umfassen kann.

Es dürfte aber verfehlt sein,[389] aus dem funktionalen Zusammenhang von Kundenangaben und Informationen zu schließen, § 31 Abs. 2 WpHG sei überhaupt nur auf individualisierte Informationsleistungen anwendbar.[390] Zum einen sind auch der Erkundigungspflicht durch den Vorbehalt der Erforderlichkeit (§ 31 Abs. 2 Satz 1 WpHG *in fine*) Schranken

---

385 S. z.B. SIB Core Rule 16 (*suitability*), dazu oben § 12 II 1.

386 S. SIB CoB Rules Part 8, PIA Rule Book Part S8, dazu oben § 12 II 1 b.

387 Dazu insgesamt oben § 12 II 4.

388 Für eine Differenzierung zwischen (vertraglicher) Beratungspflicht vs. Informations- bzw. Aufklärungspflicht (des WpHG) *Kümpel*, WM 1995, 689, 691 f.; *ders.*, Bank- und Kapitalmarktrecht, Rz. 8.247 ff., 8.253, 8.263 ff; anders noch *ders.*, WM 1993, 2025, 2028. Gegen diese Abgrenzung *Schwark* in Bankrechtstag 1995, S. 109, 119 f.

389 Insoweit zutreffend *Balzer*, DB 1997, 2311, 2313.

390 So aber *Cahn*, ZHR 162 (1998), 37 f.

gesetzt.[391] Zum andern darf der funktionale Zusammenhang, den die Zusammenstellung von Erkundigungs- und Informationspflicht in § 31 Abs. 2 WpHG nahelegt, im Lichte der Wertpapierdienstleistungsrichtlinie nicht überbewertet werden. Zwar spricht die Gegenüberstellung beider Pflichten (Art. 11 Abs. 1 Satz 4, 4. und 5. Spiegelstrich) zunächst für die Annahme einer funktionalen Verknüpfung von Erkundigungs- und Informationspflicht und für die Verpflichtung zu individualisierten Informationsleistungen (Empfehlungen, Anlageberatung) in der EG-Richtlinie.[392] In der EG-Richtlinie sind die beiden Pflichten aber in einen siebenteiligen Katalog eingereiht.[393] Die Informationspflicht legt danach auch die Anforderungen fest, die an Informationsleistungen zu stellen sind, die nicht mit einer die persönlichen Verhältnisse des Kunden berücksichtigenden Anlageempfehlung verknüpft sind.[394] Auch aus der Entstehungsgeschichte[395] des Art. 11 der EG-Richtlinie ergibt sich, daß den europäischen Erkundigungs- und Informationspflichten das angelsächsische Verständnis von *disclosure* und *suitability* zugrundeliegt. Danach soll die Aufklärungspflicht die – von der Anlageberatung unabhängige – Transparenz (*disclosure*) am Kapitalmarkt fördern, während die *suitability require-*

391 Zum Vorbehalt der Erforderlichkeit und der interessegerechten Abstufung der Informationspflicht s. unten § 13 I 3.

392 So *Knobl*, ÖBA 1995, 741, 744 f. (Informationspflicht als Pflicht zur Anlageberatung).

393 Art. 11 Abs. 1 Satz 4 der Wertpapierdienstleistungsrichtlinie, ABl.EG Nr. 141/27 vom 11.6.1993.

394 S. auch die Richtlinie des BAWe vom 26.5.1997, Ziffer 3, Präambel Abs. 2.

395 Zur Auslegung des (sekundären) Gemeinschaftsrechts sind die den deutschen Auslegungsgrundsätzen ähnelnden Kriterien heranzuziehen, die der EuGH nach Art. 164 EGV als autoritativer Interpret des EG-Rechts in seiner Rechtsprechung entwickelt hat, s. *Bleckmann*, NJW 1982, 1177, 1178; *Oppermann*, Europarecht, Rz. 577 ff.; *Krück* in v.d.Groeben/Thiesing/Ehlermann, Art. 164 Rz. 53 ff. Neben der wörtlichen Auslegung sind auch die Entstehungsgeschichte und die Regelungsabsichten der an der Normsetzung beteiligten EG-Organe heranzuziehen. Da die Verhandlungen des Rates nichtöffentlich und vertraulich und nicht alle Materialien über das Zustandekommen der EG-Richtlinien zugänglich sind, räumt der EuGH der objektiv-teleologischen Auslegung bei Widersprüchen mit der mutmaßlichen Meinung des Richtliniengebers Vorrang ein, s. auch *Oppermann*, Europarecht, Rz. 583 f. Insbesondere sind der „Geist der Verträge" und die Bedeutung der allgemeinen Vertragsziele zu berücksichtigen, s. EuGH, Urt. v. 5.2.1963 (Rs. 26/62 – *Van Gend & Loos*), Slg. 1, 24; EuGH, Urt. v. 23.3.1982 (Rs. 53/81 – *Levin*), Slg. I 1035, 1048; s. auch *Krück* in v.d.Groeben/Thiesing/Ehlermann, Art. 164 Rz. 53.

ments ebenso wie die Erkundigungspflicht (*know-your-customer rule*) Vorgaben für eine sorgfältige Anlageberatung bzw. für Anlageempfehlungen (*advisory business*, *recommendations*) enthalten.[396] Die im Gemeinsamen Standpunkt des Rates vom 21. Dezember 1992[397] festgelegten Erkundigungs- und Informationspflichten folgen nämlich fast wörtlich den IOSCO Principles 4 und 5 und sollten auch nach Sinn und Zweck nicht von diesen abweichen.[398] Diese Prinzipien, die – wie dargelegt[399] – im Rahmen der IOSCO-Jahrestagung 1989 diskutiert wurden, gehen auf eine Empfehlung des *Technical Committee* (1990) zurück, die sich unter dem Eindruck des Vortrags von SIB-Präsident *Walker* auf der Tagung 1989 eng an SIB Principles 4 und 5 anlehnt. Insgesamt bestätigt der Rückgriff auf die IOSCO-Regeln den prägenden Einfluß des U.S.-amerikanischen und britischen Kapitalmarktrechts auf das europäische Wertpapieraufsichtsrecht.[400] In den IOSCO Principles hat die Informationspflicht einen weiten Anwendungsbereich[401] und bezieht sich sowohl auf die Ausführung

---

396 S. nur NASD Rule 2310(b); SIB Principle 4.

397 Art. 11 Abs. 1 des Gemeinsamen Standpunkts des Rates vom 21.12.1992 im Hinblick auf die Annahme einer Richtlinie über Wertpapierdienstleistungen, s. Ratsdokument 10465/92 EF 66, S. 38. Dazu auch die Mitteilung der Kommission an das Europäische Parlament vom 14.1.1993, SEK [93] 95 endg.-SYN 176, S. 3, s. auch *Knobl*, ÖBA 1995, 741, 742. Trotz eines französischen Vorschlags zur europäischen Harmonisierung der Informationspflichten („Observations" der COB zum Working Paper des SIB-Präsidenten *Walker*, XIV. Jahrestagung der IOSCO, 1989, p. 4) fehlten entsprechende Vorschriften sowohl in dem ursprünglichen Richtlinienvorschlag der Kommission (ABl. EG Nr. C 43/7 vom 22.2.1989, insbesondere C 43/14, Ziffer 2.19.5), die noch 1977 in ihrer Empfehlung betreffend europäische Wohlverhaltensregeln für Wertpapiertransaktionen (ABl. EG Nr. L 212/37, 41-43 vom 20.8.1977, dazu oben § 1 I 1) auch im Sekundärhandel die vollständige und korrekte Information der Sparer durch die Finanzmittler gefordert hatte, als auch in dem Geänderten Vorschlag (ABl. EG Nr. C 42/7 vom 22.2.1990), der die Vorschläge des Wirtschafts- und Sozialausschusses zur Aufnahme einer Informationspflicht (ABl. EG Nr. C 298/6 vom 27.11.1989) nicht berücksichtigte.

398 Zutreffend *Metzger*, Sparkasse 1993, 361, 362; *Wymeersch*, Revue (belge) de la Banque 1995, 574, 575; *Knobl*, ÖBA 1995, 741, 742; *Dompé* in Bonneau, p. 206; s. auch *Köndgen*, ZBB 1996, 361, 362.

399 § 12 III.

400 S. *Hertig* in Buxbaum/Hertig/Hirsch/Hopt, pp. 218, 223 et seq. Dieser Einfluß ist auch im Insiderrecht zu bemerken, s. *Claussen*, Insiderhandelsverbot und Ad-hoc-Publizität, Rz. 7.

401 Denn die IOSCO Principles beziehen sich grundsätzlich sowohl auf die Ausführung von Anlagegeschäften als auch auf die Beratung, s. oben § 12 III.

von Effektengeschäften als auch auf die Anlageberatung. Die Beschränkung der *know-your-customer rule* auf die Anlageberatung ergibt sich hingegen aus dem offiziellen Kommentar zu IOSCO Principle 4[402] und entspricht der herkömmlichen Auffassung im anglo-amerikanischen Rechtskreis. Dementsprechend sind Wertpapierfirmen nach der EG-Richtlinie nicht notwendig Anlageberater. Noch klarer hat das belgische Umsetzungsgesetz zur Wertpapierdienstleistungsrichtlinie den Anwendungsbereich der Erkundigungspflicht ausdrücklich auf Beratungskunden beschränkt.[403] Zu eng ist freilich die belgische Regelung, soweit sie die Informationspflicht der EG-Richtlinie schlechthin auf die Anlageberatung beschränkt[404] und damit dem Gebot der Transparenz beim Effektengeschäft nicht gerecht wird.

d) Übergreifender Informationsbegriff

Im Ergebnis besteht zwischen Information einerseits und Aufklärung sowie Anlageberatung bzw. individueller Empfehlung andererseits kein Gegensatz, vielmehr erscheint es aus systematischer Sicht gerechtfertigt anzunehmen, daß dem Gesetz ein übergreifender Begriff der Information zugrundeliegt, der sowohl individualisierte als auch nichtindividualisierte Informationsleistungen umfaßt.[405] Danach enthält § 31 Abs. 2 WpHG die grundsätzlichen Vorgaben für die Gestaltung der Aufklärung, Anlageberatung und Empfehlung. Die Reichweite der Informationspflicht bestimmt

---

402 Die offizielle Kommentierung zu Principle 4 erwähnt die *suitability doctrine* bzw. den Bezug zur Anlageberatung ausdrücklich.

403 Loi du 6 avril 1995 relative aux marchés secondaires, au statut des entreprises d'investissement et à leur contrôle, aux intermédiaires et conseillers en placements, Moniteur belge 3 juin 1995 (15876 et s.). Art. 36, § 1er verpflichtet die Unternehmen

(4) „à recueillir d'une maniere appropriée *auprès des clients qu'ils conseillent*, toute information utile concernant la situation financière de leurs clients, leur expérience en matière d'investissement et leurs objectifs de placement qui raisonnablement sont significatifs pour pouvoir réaliser au mieux leurs engagements vis-à-vis de leurs clients en ce qui concerne les services demandés",

(5) „à faire des démarches nécessaires raisonnables pour fournir, dans un délai raisonnable, *au client qu'ils conseillent*, dans une langue compréhensible, toute information qui lui permet de prendre une décision bien réfléchie et en connaissance de cause." (Hervorhebungen nicht im Original).

404 Ähnlich *Wymeersch*, Revue (belge) de la Banque 1995, 584 mi.Sp., 586 mi.Sp.

405 Im Ergebnis sinngemäß vom übergeifenden Informationsbegriff ausgehend: *Schwark* in Bankrechtstag 1995, S. 109, 129 f.; *Horn*, ZBB 1997, 139, 151.

sich im Einzelfall nach dem Interesse des Kunden sowie nach Art und Umfang der beabsichtigten Geschäfte.[406]

Der übergreifende Charakter des Informationsbegriffs in § 31 Abs. 2 WpHG wird bestätigt durch die richtlinienkonforme Auslegung im Lichte der europäischen Wohlverhaltensregeln, die einen Mindeststandard vorgeben,[407] dessen Vorgaben der deutsche Gesetzgeber – abgesehen von dem ausdrücklichen Erforderlichkeitsvorbehalt[408] – bei der Umsetzung des Art. 11 Abs. 1 Satz 4[409] im wesentlichen gefolgt ist.[410] Nach dieser Bestimmung in der EG-Richtlinie gilt die Informationspflicht bei allen „Verhandlungen mit dem Kunden". Dies spricht ebenfalls dafür, daß sich die Informationspflicht sowohl auf die Anlageberatung[411] als auch auf nichtindividualisierte Informationsleistungen (Aufklärung)[412] bezieht.

Auch die Richtlinie des BAWe vom 26. Mai 1997 steht auf dem Boden eines übergreifenden Informationsbegriffs. Sie nimmt zwar – wie seitens des Präsidiums bei der mündlichen Anhörung im Oktober 1996 in Frankfurt am Main betont wurde – im Hinblick auf die erst seit dem 1. Januar 1998 vom WpHG ausdrücklich erfaßte Anlageberatung[413] zur Reichweite des § 31 Abs. 2 WpHG nicht abschließend Stellung, geht aber angesichts der Anerkennung von Beratungs- und Discount-Geschäften davon aus, daß § 31 Abs. 2 WpHG sowohl individualisierte als auch nichtindividualisierte Informationsleistungen regelt.[414] Die Aufklärung, die von der

406 Dazu näher unten § 13 I 4.

407 Dazu oben § 2 I 2.

408 S. eingehend unten § 13 I 5.

409 Danach müssen Wertpapierdienstleistungsunternehmen „von ihren Kunden Angaben über ihre finanzielle Lage, ihre Erfahrung mit Wertpapiergeschäften und ihre mit den gewünschten Dienstleistungen verfolgten Ziele verlangen" (4. Spiegelstrich) und bei den Verhandlungen mit ihren Kunden alle zweckdienlichen Informationen in geeigneter Form mitteilen" (5. Spiegelstrich).

410 Art. 11 Abs. 1 Satz 4, 5. Spiegelstrich fordert – wie § 31 Abs. 2 WpHG – die Mitteilung „zweckdienlicher Informationen".

411 Empfehlungen werden in der EG-Richtlinie im Unterschied zu § 32 WpHG nicht ausdrücklich erwähnt.

412 Der Wortsinn der EG-Richtlinie rechtfertigt jedenfalls die begriffliche Einengung des Informationsbegriffs auf die Aufklärung des Kunden nicht; a.A. *Koller* in Assmann/Schneider, § 32 Rz. 9.

413 Die Anlageberatung könnte nach einer bei der mündlichen Anhörung zur Richtlinie am 21. Oktober 1996 geäußerten Ansicht des BAWe Gegenstand einer eigenen Richtlinie nach § 35 Abs. 6 WpHG werden.

414 Vgl. Ziffer 3, Präambel Abs. 2 (Verweis auf Ziffer 3.6) mit Ziffer 3.2 Abs. 4 Satz 2; zustimmend *Horn*, ZBB 1997, 139, 141 ff., 151.

„Anlageberatung" bzw. „Anlageempfehlung" abzugrenzen sei,[415] muß das Wertpapierdienstleistungsunternehmen nach Ansicht des BAWe generell sowohl beim Beratungsgeschäft[416] als auch im Rahmen des *execution-only business*[417] erbringen.

3. Markteffizienz und Verbraucherschutz: Das Informationsmodell beim Effektengeschäft

In der Praxis geht es hauptsächlich um die Frage, ob der Kunde vom Wertpapierdienstleistungsunternehmen individualisierte Informationsleistungen (Beratung) oder weniger weitgehende (nichtindividualisierte) Informationsleistungen erhalten soll oder aber ob er insgesamt auf Informationsleistungen verzichten kann. Dahinter steht die Frage, ob § 31 Abs. 2 WpHG das Wertpapierdienstleistungsunternehmen verpflichtet, dem Kunden ein Mindestmaß an Informationen zur Verfügung zu stellen, und welche Informationsleistungen zum informationellen Mindeststandard beim Wertpapierhandel gehören. Diese Fragen können nur im Hinblick auf die Konzeption der Informationspflicht und die Regelungsziele des Gesetzes und der Wertpapierdienstleistungsrichtlinie beantwortet werden.

Die Informationspflichten des Finanzintermediärs dienen der Überwindung der Informationsasymmetrien, die beim Wertpapierhandel zum Nachteil der Kapitalanleger, insbesondere der Gruppe der Kleinanleger, bestehen.[418] Unter dem Gesichtspunkt informationeller Effizienz haben diese Informationspflichten den vom Gesetzgeber anerkannten Zweck, die

---

415 S. Ziffer 3, Präambel Abs. 2 Satz 1, und Ziffer 3.6 Satz 3.

416 *E contrario* zu Ziffer 3.6 der Richtlinie des BAWe ergibt sich, daß sich die Regeln im übrigen (insbesondere Ziffern 3.1 bis 3.4) unmittelbar auf Wertpapierdienstleistungen beziehen, die in Verbindung mit der herkömmlichen Anlageberatung erbracht werden. Da die Richtlinie des BAWe vom 26.5.1997 auch die Anforderungen an die Erkundigungspflicht konkretisiert, ist der Unterschied zwischen Aufklärung und Beratung im Schrifttum bisweilen mißverstanden worden, so etwa von *Köndgen*, ZBB 1996, 362 ff., der in den Hinweisen des BAWe zur Aufklärungspflicht „Beratungsstandards" sieht.

417 Vgl. Ziffer 3, Präambel Abs. 1, und Ziffer 3.6 Satz 2. Ziffer 3.6 enthält insbesondere Einschränkungen der Erkundigungspflicht. Wegen der subsidiären Geltung der sonstigen Vorschriften des 3. Abschnitts der Richtlinie findet auch beim Discount-Brokerage keine Reduzierung der Information „auf Null" statt. Dies wird wohl übersehen von *Köndgen*, ZBB 1996, 361, 365.

418 S. oben § 3 I 2 und II.

effiziente Allokation des Kapitals am Markt und damit seine Funktionsfähigkeit zu begünstigen.[419] Die Funktionsfähigkeit des Kapitalmarkts setzt voraus, daß der Finanzintermediär die optimale Zuordnung und möglichst breite Nutzung der Anlagechancen am Kapitalmarkt fördert. Dabei soll die Transformation und Mitteilung von Informationen über Anlagemöglichkeiten und -bedingungen durch den Intermediär das Vertrauen der Anleger in die Integrität des Marktes und ihre Anlagebereitschaft stärken.[420]

Allerdings ist eine umfassende Information über Eigenschaften, Chancen und Risiken einer Kapitalanlage ausgeschlossen, weil wegen ihres Prognosecharakters keine vollständigen Daten zur Verfügung stehen. Daher geht es lediglich um eine möglichst weitgehende Überwindung der Informationsasymmetrie zwischen dem Kunden einerseits und den Emittenten sowie dem Intermediär andererseits. Die Informationsvermittlung steht dabei unter dem Vorbehalt der operationalen Effizienz des Wertpapierhandels:[421] In dem Maße, in dem die Anforderungen an Informationsleistungen des Intermediärs steigen, erhöhen sich die Transaktionskosten für die Effektengeschäfte aller Kapitalanleger. Kostensteigerungen wirken wiederum hemmend auf die Bereitschaft, sich überhaupt am Kapitalmarkt zu engagieren. Auch im Hinblick auf die *Verteilung* dieser Kosten ist eine möglichst weitgehende Information aller Anleger problematisch. Denn alle Anleger müßten diese Kosten ohne Berücksichtigung eigener Informationsvorsprünge im Wettbewerb um Anlagemöglichkeiten tragen. Insgesamt verlangt das Effizienzziel eine Abwägung zwischen Kosten und Nutzen der Informationsvermittlung im Einzelfall.

Auch unter dem Aspekt des effektiven Verbraucherschutzes ist die Informationspflicht als wichtiges Instrument zur Überwindung von Machtmißbräuchen und Marktversagen zu verstehen. Durch die Information soll die Transparenz des jeweiligen Markts (z.B. für Effekten oder Kredite) verbessert werden, an dem der Verbraucher teilnehmen will. Dem modernen Verbraucherrecht liegt daher nicht mehr das Bild des unmündigen Konsumenten zugrunde.[422] Ziel verbraucherschützender Vorschriften ist nicht die protektive Umverteilung von Ressourcen, sondern vielmehr Stärkung der Eigenverantwortlichkeit des Verbrauchers als Marktteilneh-

---

419 S. oben § 3 III.

420 S. auch EuGH, Urt. v. 11.5.1995 (*Alpine Investments*), Slg. I – 1141 (für Warentermingeschäfte).

421 Zur Kosten-Nutzen-Analyse s. oben § 3 I 2.

422 Dazu oben § 3 II.

mer.[423] Auch der Kleinanleger soll in die Lage versetzt werden, am Kapitalmarkt teilzunehmen.

Es entspricht einem prinzipiell marktwirtschaftlich ausgerichteten Rechtssystem, daß der Gesetzgeber den Umfang der Informationsleistungen nicht selbst festlegt oder durch eine andere Instanz (etwa den Intermediär) objektiv bestimmen läßt, sondern die Abwägung von Kosten und Nutzen der Informationsvermittlung durch Einführung eines Informationsmodells dem Kunden bzw. Verbraucher weitgehend selbst überläßt. Das Informationsmodell[424] ist Grundlage weiterer verbraucherschützender Vorschriften, etwa des § 53 Abs. 2 BörsG[425] und aus dem europäischen Verbraucherrecht insbesondere des § 10a VAG[426] und des § 4 VerbrKrG.[427] Beim Effektengeschäft wird das Informationsmodell nicht nur auf die Anlageentscheidung, sondern zusätzlich bereits auf die Entscheidung über die Inanspruchnahme von Informationsleistungen angewandt. Danach soll der Anleger vom Intermediär zunächst Basisinformationen über die wichtigsten Eigenschaften und Risiken von Effekten(geschäften) sowie über die möglichen Informationsleistungen (insbesondere die Möglichkeit der Anlageberatung) erhalten, die zur Unterstützung seiner Anlageentscheidung angeboten werden. Denn der Kunde kann für sich selbst am besten den Nutzen zusätzlicher Informationsleistungen einschätzen, wenn er durch grundlegende Informationen über die maßgeblichen Umstände der Teilnahme am Effektenhandel *aufgeklärt* ist. Diese grundlegenden Informationen bilden das Mindestniveau der Information („Grundaufklärung"), die der Intermediär dem Kunden bei jedem

---

423 S. auch *Bonino*, WM 1996, 1617.

424 Zum Informationsmodell im EG-Recht *Reich*, WM 1997, 1601, 1603.

425 Zum Informationsmodell für Börsentermingeschäfte s. BT-Drucks. 11/4177, S. 19 f.; *Henssler*, ZHR 153 (1989), 611, 620 ff.; *Wolter*, S. 171 ff.; *Häuser/Welter* in Assmann/ Schütze, § 16 Rz. 224 ff.; *Schwark*, BörsG, § 53 Rz. 11 ff.

426 S. die Richtlinie 92/96/EWG des Rates vom 10.11.1992 zur Koordinierung der Rechts- und Verwaltungsvorschriften für die Direktversicherung (Lebensversicherung) sowie zur Änderung der Richtlinien 79/267/EWG und 90/619/EWG (sog. Dritte Richtlinie zur Lebensversicherung), ABl. EG Nr. L 360/1 vom 9.12.1992. Zum Informationsmodell in der Lebensversicherung *Schwintowski* in Basedow/Schwark/Schwintowski, S. 11 ff.

427 S. die Richtlinie des Rates 87/102/EWG vom 22.12,1986 zur Angleichung der Rechts- und Verwaltungsvorschriften der Mitgliedstaaten über den Verbraucherkredit, ABl. EG Nr. L 42/48 vom 12.2.1987.

Effektengeschäft geben muß,[428] auch wenn keine Beratung nachfolgt.[429] Die Mindestinformation ist nicht individualisiert im Sinne der Anlageberatung und enthält keine konkrete Empfehlung. Dieser Mindeststandard garantiert die Entscheidungsfreiheit des Kunden und darf daher grundsätzlich[430] nicht unterschritten werden.[431] Die wirkungsvolle Umsetzung des Informationsmodells setzt daher voraus, daß die Mindestinformation möglichst unabhängig von Werbemaßnahmen und anderen verlockenden Vertriebsmethoden zum Kunden gelangt.[432] Um solche irreführenden bzw. betrügerischen Praktiken unseriöser Anbieter von Wertpapierdienstleistungen einzudämmen, sieht die Reform des deutschen Finanzaufsichtsrechts eine stärkere Überwachung der Anlagebranche durch das BAKred und das BAWe vor.[433]

Dem Wertpapierdienstleistungsunternehmen ist es damit freigestellt, über den Mindeststandard hinausgehende, ggf. individualisierte Informationsleistungen anzubieten. Wenn es diese Informationsleistungen anbietet, sind die Angaben und Weisungen des Kunden bzw. vertraglichen Vereinbarungen (Beratungsvertrag) als Ausdruck des Kundeninteresses (§ 31 Abs. 2 Satz 1 Nr. 1 WpHG) zu berücksichtigen. Soweit der Kunde sich dafür entscheidet, das Angebot anzunehmen und über den Mindeststandard hinausgehende Informationen zu verlangen, hat der Intermediär diese Informationsleistungen unter Wahrung der erkennbaren Interessen des Kunden zu erbringen. Der aufgeklärte Kapitalanleger kann sich danach im Interesse günstiger Konditionen unter Verzicht auf die Anlageberatung für die Inanspruchnahme eines *execution-only service* beim Discount-Broker entscheiden. Ein darüber hinausgehender gesetzlich angeordneter

---

428 Eine liberalere Position vertritt im Hinblick auf den Discount-Broker die SFA, s. SFA Guidance Notes on Execution-Only Business, Rulebook, vol. 2, Appendix 42, para. 3 (keine Aufklärungspflichten).

429 Daher bedeutet ein „Beratungsverzicht" nicht den Wegfall der Informationspflichten nach § 31 Abs. 2 WpHG, so aber *Koller* in Assmann/Schneider, § 31 Rz. 129; *Cahn*, ZHR 162 (1998), 34.

430 Zur Freistellung bestimmter Anlegergruppen s. unten § 13 I 4 und II 1 e.

431 Im Grundsatz ähnlich *H.Roth* in Assmann/Schütze, § 12 Rz. 69. Abweichend SFA, Guidance Notes on Execution-Only Business, Rulebook, vol. 2, Appendix 42, paras. 3, 5 (keinerlei *risk disclosure* außer der Aufklärung über *contingent liability transactions* im *customer agreement* sowie der *Derivatives* bzw. *Warrants Risk Warning Notice*).

432 Zur Gestaltung der Mindestinformation im einzelnen s. unten § 13 II. Kritisch zur Durchsetzung des Informationsmodells nach § 53 BörsG *Henssler*, ZHR 153 (1989), 611, 622.

433 S. oben § 3 II, § 6 I 2.

Zwang zur Beratung käme einer unverhältnismäßigen Verkürzung der Eigenverantwortlichkeit bzw. einer Bevormundung des Anlegerpublikums gleich,[434] die jedenfalls im neueren europäischen Verbraucherrecht abgelehnt wird.[435] Auch der unerfahrene, aber risikobereite Kleinanleger soll auf der Grundlage hinreichender Basisinformationen bzw. Warnhinweise möglichst unbehindert an allen Segmenten des Kapitalmarkts teilnehmen dürfen. Im Hinblick auf § 31 Abs. 2 WpHG bedeutet dies, daß der Kunde, der sich für eine Durchführung von Wertpapierdienstleistungen ohne Beratung (*execution-only service*) entscheidet, damit seine Interessen eigenverantwortlich bestimmt und zum Ausdruck bringt, daß das Wertpapierdienstleistungsunternehmen keine individualisierten Informationsleistungen erbringen soll. Das Wertpapierdienstleistungsunternehmen ist nicht verpflichtet, das vom Kunden zum Ausdruck gebrachte InformatIONsinteresse zu überprüfen. § 31 Abs. 2 WpHG respektiert insofern das „sacred right to make a fool of oneself“[436] aller Kapitalanleger.

Gleichwohl ist zu beachten, daß das Angebot des *execution-only service* an sich die Anleger insofern nicht benachteiligt, als daneben das herkömmliche Marktsegment des *Full-service*-Geschäfts erhalten bleibt.[437] Die Differenzierung zwischen Discount- und Beratungsgeschäft hat seit 1994 vielmehr die Nachfrage nach Kapitalanlagen belebt und ist auch geeignet, den unterentwickelten Preiswettbewerb[438] und die Transparenz[439] der Konditionen beim Effektengeschäft zu fördern. Aus Sicht der volkswirtschaftlichen Ziele des Kapitalmarktrechts dient die Zulassung des Marktsegments der Discount-Broker schließlich der Förderung des europäischen Binnenmarkts[440] und der Stärkung der Wettbewerbsfähigkeit[441] der deutschen und europäischen Wertpapierfirmen im Verhältnis

434 A.A. *Metz*, VuR 1996, 183.

435 S. nur *Bonino*, WM 1996, 1617.

436 *Loss*, ZHR 129 (1967), 197, 208.

437 Ähnlich *Schwark* in Bankrechtstag 1995, S. 128.

438 Dazu *Köndgen*, ZBB 1996, 362.

439 S. auch 42. Erwägungsgrund der Wertpapierdienstleistungsrichtlinie, ABl. EG Nr. L 141/30 vom 11.6.1993.

440 Nach Art. 3 lit. c bzw. Art. 7a Abs. 2 EGV (in der Fassung der Maastrichter Verträge 1992) gehört es zu den Zielen der Europäischen Union, den „Binnenmarkt, der durch Beseitigung der Hindernisse für den freien Waren-, Personen-, Dienstleistungs- und Kapitalverkehr gekennzeichnet ist“, zu fördern.

441 Art. 3 lit. l EGV erhebt die „Stärkung der Wettbewerbsfähigkeit der Industrie der Gemeinschaft“ zum Vertragsziel.

zu Drittländern, insbesondere der auf den europäischen Markt drängenden U.S.-amerikanischen Konkurrenz.

Diese Deutung des Informationsmodells ist an den Regelungszielen der EG-Richtlinie und des WpHG orientiert. Deshalb geht der Vorwurf fehl, die von einem Mindeststandard ausgehende Abstufung der Informationspflichten sei allein auf die Formulierung des deutschen Umsetzungsgesetzes[442] zurückzuführen, dessen Aussagen einer richtlinienkonformen Korrektur bedürften.[443] Es trifft aber zu, daß dieses Informationsmodell auch dem Verständnis des deutschen Gesetzgebers entspricht. Da die Verhaltensregeln, die zwar in dem ursprünglichen Referentenentwurf des BMF enthalten, aber nicht in die Regierungsvorlage des Zweiten Finanzmarktförderungsgesetzes übernommen worden waren,[444] erst wieder durch den Beschlußentwurf des Finanzausschusses des Deutschen Bundestages in den Gesetzentwurf eingefügt wurden, ist für die genetische Auslegung des § 31 WpHG vor allem auf den Bericht und die Stellungnahme dieses Ausschusses zurückzugreifen,[445] die an die Gründe der „Bond"-

---

442 § 31 Abs. 2 Satz 1 WpHG a.E. stellt die Erkundigungs- und Informationspflicht unter den Vorbehalt der Erforderlichkeit, dazu näher § 13 I 5.

443 So aber *Koller* in Assmann/Schneider, § 31 Rz. 1 f., 87, 96, der angesichts der „Hektik im Gesetzgebungsverfahren" den „Aussagewert der Gesetzesmaterialien und des Wortlauts der Vorschriften [für] gravierend [ge]schwächt" hält. Hervorzuheben ist allerdings, daß die von *Koller* befürwortete richtlinienkonforme Auslegung zur Korrektur des WpHG und der ausdrücklichen Intention des deutschen Gesetzgebers (vor allem die Anerkennung des beratungsfreien Discount-Geschäfts, dazu sogleich im Text) unabhängig vom Aussagewert der EG-Richtlinie methodisch unhaltbar ist, weil durch die richtlinienkonforme Auslegung (dazu oben § 2 III) nicht der Wortsinn des Umsetzungsgesetzes in Verbindung mit dem ausdrücklichen Willen des nationalen Gesetzgebers korrigiert werden darf, sondern ausschließlich Auslegungsspielräume des nationalen Gesetzes im Sinne der EG-Richtlinie genutzt werden können. Selbst wenn *Koller* darin zuzustimmen wäre, daß die Abstufung der Informationspflicht allein mit dem Erforderlichkeitsvorbehalt im deutschen Umsetzungsgesetz zu rechtfertigen sei, könnte sich die richtlinienkonforme Auslegung über den insoweit klaren Wortlaut des WpHG gerade nicht hinwegsetzen.

444 BR-Drucks. 793/93 vom 5.11.1993; s. auch *Hopt*, SZW 1995, 238.

445 Die eingeholten Expertengutachten bezogen sich, soweit ersichtlich, im wesentlichen auf den Regierungsentwurf, in dem die Vorschriften über Verhaltensregeln der Wertpapierdienstleistungsunternehmen fehlten. Veröffentlicht hat seine Stellungnahme z.B. *Hopt*, WM-Festgabe Hellner, WM-Sonderheft 1994, S. 29. Die Berichterstatter des Finanzausschusses weisen allerdings daraufhin, daß sich im Rahmen der Expertenanhörung vor dem Ausschuß die Deutsche Bundesbank für die Einfügung der Verhaltensregeln der EG-

Entscheidung des Bundesgerichtshofs vom 6. Juli 1993 in Inhalt und Wortwahl teilweise angelehnt sind.[446] Der Finanzausschuß hebt in seiner Stellungnahme hervor, der Kunde müsse durch die Information des Wertpapierdienstleistungsunternehmens „in die Lage versetzt werden, die Tragweite und Risiken seiner Anlageentscheidung einzuschätzen".[447] Zu den erforderlichen Informationen gehörten „die für die jeweilige Anlageentscheidung notwendigen Einzelheiten",[448] insbesondere hinsichtlich der mit der Anlage verbundenen Risiken. Die Einholung von Kundenangaben (§ 31 Abs. 2 Satz 1 Nr. 1 WpHG) diene dem Ziel, eine Beratung vorzunehmen bzw. dem Kunden „eine auf seine persönlichen Verhältnisse zugeschnittene Anlage zu empfehlen".[449] Zugleich wird aber die Möglichkeit beratungsfreier Wertpapierdienstleistungen zu „besonders günstigen Provisionssätzen" im Rahmen des Discount-Brokerage anerkannt, soweit das Wertpapierdienstleistungsunternehmen den Kunden über den Ausschluß der Beratung angemessen informiere.[450] Damit billigt der Gesetzgeber die Möglichkeit unterschiedlicher Informationsleistungen auf der Grundlage des § 31 Abs. 2 WpHG. Darin liegt *in nuce* die Anerkennung des übergreifenden Informationsbegriffs unter dem WpHG.

4. *Zum Kriterium der Professionalität des Kapitalanlegers*

Das Informationsmodell gilt aber nicht ohne Einschränkungen. In diesem Zusammenhang hat die Wertpapierdienstleistungsrichtlinie den Mitgliedstaaten aufgegeben, bei der Umsetzung der Informations- und Erkundi-

---

Richtlinie ausgesprochen hatte, s. BT-Drucks. 12/7918 vom 15.6.1994, S. 97 li.Sp.

446 Vgl. BGH, Urt. v. 6. Juli 1993, BGHZ 123, 126, 129 („Bond", dazu schon oben § 13 I 1 a) mit BT-Drucks. 12/7918 vom 15.6.1994, S. 104 („Ziel der Beratung und der Aufklärung muß es sein, daß diese sowohl anlage- als auch anlegergerecht sind").

447 BT-Drucks. 12/7918 vom 15.6.1994, S. 103.

448 Ebda.

449 Ebda. Kritisch zur Übernahme der „Bond"-Formel durch den Finanzausschuß *Schwark* in Bankrechtstag 1995, S. 109, 127 mit Fn. 69 und 70.

450 Diese Einschränkung knüpft nach Ansicht des Finanzausschusses an Art. 11 der EG-Richtlinie an, nach dem der Umfang der erforderlichen Informationen maßgeblich vom „Grad der Professionalität" des Kunden bestimmt wird, dazu unten § 13 I 4.

gungspflichten die unterschiedliche *Professionalität* der Kapitalanleger zu berücksichtigen.

Der Begriff der Professionalität wird in der EG-Richtlinie selbst nicht definiert. Nach dem Wortsinn ist der Umfang der Kundeninformation davon abhängig, ob und inwieweit der Kunde als Fachmann oder berufs- bzw. gewerbsmäßig erfahren („professionell") im Umgang mit Effekten angesehen werden kann. Im Rahmen der richtlinienkonformen Auslegung des § 31 Abs. 2 WpHG ist auf die Professionalität des Anlegers Rücksicht zu nehmen.[451] Im Schrifttum wurde daraus bisweilen gefolgert, daß die Teilnahme am beratungsfreien *execution-only service* nur für erfahrene bzw. institutionelle Anleger zulässig sei, den übrigen Anlegern aber mangels Professionalität nicht zugänglich sei.[452] Dagegen sprechen nicht nur die soeben dargelegte Konzeption des Informationsmodells im WpHG und in der Wertpapierdienstleistungsrichtlinie, sondern auch Entstehung und Ziele dieser EG-Richtlinie.

Das Kriterium der Professionalität ist auf Vorschlag der Kommission eingeführt worden.[453] Nach Art. 9 Abs. 3 ihres ursprünglichen Richtlinienvorschlags sollten die Mitgliedstaaten von der Anwendung bestimmter Verhaltensregeln[454] entbunden sein, „wenn die Dienstleistungen einem Unternehmen oder einem professionellen Anleger erbracht" werden.[455] Abgestufte Sonderregeln für *market counterparties* und andere *sophisticated investors* begegnen bereits im britischen Kapitalmarktrecht,[456] das

---

451 S. die Stellungnahme des Finanzausschusses, BT-Drucks. 12/7918 vom 15.6.1994, S. 104; *Köndgen*, ZBB 1996, 363, der diese Auslegung als „h.M." bezeichnet.

452 *Koller* in Assmann/Schneider, § 31 Rz. 134 ff.; *Schwark* in Bankrechtstag 1995, S. 126 f.

453 Art. 9 Abs. 3 des (ursprünglichen) Kommissionsvorschlags vom 3.1.1989, ABl. EG Nr. C 43/10 vom 22.2.1989, ähnlich Art. 11 Abs. 2 des Geänderten Kommissionsvorschlags vom 8.2.1990, ABl. EG Nr. C 42/13 vom 22.2.1990.

454 Regeln über die unternehmensinterne Segregation der Kundengelder und den Adressenausfallschutz, Art. 9 Abs. 1, 2. und 3. Spiegelstrich.

455 In der Empfehlung der Kommission über „Wohlverhaltensregeln für Wertpapiertransaktionen" von 1977 wird die Informationspflicht zwar dahingehend qualifiziert, daß bei der Unterrichtung des Publikums „keine Personengruppe bevorzugt" werden dürfe, auf die „Professionalität" des Auftraggebers aber nicht Bezug genommen, ABl. EG Nr. L 212/41 vom 20.8.1977.

456 S. oben § 9 II 2.

insoweit offensichtlich Vorbild dieses Kommissionsvorschlags war.[457] Die Berücksichtigung der Professionalität soll eine an die Bedürfnisse der *wholesale market participants* angepaßte Anwendung der Verhaltenspflichten ermöglichen.[458] Die Ausnahmevorschrift im Kommissionsvorschlag wurde bei der Überarbeitung des Richtlinientextes durch den Rat auf sämtliche Wohlverhaltensregeln ausgedehnt. Indem das Kriterium der Professionalität vor die Klammer gezogen wird, bleiben alle Verhaltenspflichten grundsätzlich auch zugunsten „professioneller" Anleger anwendbar, sie sollen lediglich in modifizierter Form entsprechend ihrer Professionalität bzw. „den unterschiedlichen Schutzbedürfnissen" angewendet bzw. durchgesetzt werden.[459] Im Gegensatz zu den Regeln des SIB und der britischen SROs verzichtet die EG-Richtlinie auf die noch im Kommissionsvorschlag enthaltene Konkretisierung der „Unternehmen und professionellen Anleger" als besondere Kundengruppen. Dadurch wird zum einen betont, daß die Erkundigungs- und Informationspflicht unter Berücksichtigung des Einzelfalls anzuwenden sind.[460] Zum andern gewinnt die europäische Regelung insofern mehr Flexibilität im Hinblick auf die Umsetzung ins nationale Recht, als die Definition der im 32. Erwägungsgrund zur EG-Richtlinie ausdrücklich genannten „einzelnen Gruppen von Anlegern" der nationalen Praxis überlassen bleibt.

Das Kriterium der Professionalität ist ein wichtiges Anliegen der EG-Richtlinie, die das Informationsniveau der privaten Kleinanleger erhöhen und so im *Retail*-Bereich den Kapitalanlegerschutz[461] verbessern, zugleich aber auch die Funktionsfähigkeit des europäischen Kapitalmarkts allgemein fördern soll, in dem volumenmäßig das *wholesale business* der institutionellen Anleger bzw. *sophisticated investors* eine erhebliche Rolle spielt.[462] Dabei ist das Zusammenspiel zwischen dem Professionalitätskri-

---

457 Die Vorschläge des Wirtschafts- und Sozialausschusses und der IOSCO sehen keinerlei Einschränkungen der Wohlverhaltensregeln zugunsten professioneller oder institutioneller Anleger vor.

458 S. schon im Jahr 1982 *Gower*, Discussion Document, pp. 84 et seq.

459 32. Erwägungsgrund der EG-Richtlinie, ABl. EG Nr. L 141/29 vom 11.6.1993.

460 Zutreffend *Köndgen*, ZBB 1996, 363.

461 Dazu 29., 32. und 42. Erwägungsgrund der Wertpapierdienstleistungsrichtlinie, ABl. EG Nr. L 141/29-30 v. 11.6.1993; s. auch schon Gemeinsamer Standpunkt des Rates vom 21.12.1992, Ratsdokument 10465/92, S. 12; zur Haltung des Rates auch *Koller* in Assmann/ Schneider, § 31 Rz. 96.

462 *Wymeersch*, Revue (belge) de la Banque 1995, 584 mi.Sp., betont, daß die Offenlegung der finanziellen Verhältnisse und Strategien für institutionelle Anleger ohnehin nicht in Betracht komme.

terium und dem Prinzip der Interessewahrung nach der Systematik der EG-Richtlinie besonders zu beachten, da diese Grundsätze an unterschiedliche Adressaten gerichtet sind: Während das Prinzip der Interessewahrung die Wertpapierfirma nach Umsetzung ins nationale Recht unmittelbar verpflichten soll, richtet sich das Professionalitätskriterium an die Überwachungsorgane der *Mitgliedstaaten.*[463] Im Gegensatz zur interessewahrenden Anwendung der Verhaltenspflichten aus Sicht der Wertpapierfirma, die als Sachwalter des *subjektiven* Kundeninteresses fungiert,[464] sollen die Mitgliedstaaten bzw. ihre Aufsichtsorgane bei der Umsetzung der EG-Richtlinie die *objektive Schutzwürdigkeit* einzelner Anleger(gruppen) berücksichtigen.[465] Zu diesem Zweck können die Verhaltensregeln für professionelle Marktteilnehmer von den nationalen Aufsichtsämtern so modifiziert werden, daß sie den Handel der *wholesale markets* nicht unangemessen behindern.[466] Das Kriterium der Professionalität bezieht sich auf die Normumsetzung, -auslegung und -anwendung durch den nationalen Gesetzgeber bzw. die Aufsichtsorgane, nicht aber auf die Erfüllung der Verhaltenspflichten durch die Rechtsunterworfenen.

Freilich ist die Wertpapierfirma bei der Erbringung ihrer Dienstleistungen verpflichtet, die Interessen ihres Kunden zu wahren und dementsprechend z.B. im Rahmen der Anlageberatung seine Angaben zu persönlichen und wirtschaftlichen Verhältnissen sowie Kenntnissen und Erfahrungen im Wertpapierhandel zu berücksichtigen.[467] Der Grundsatz der Interessewahrung verpflichtet die Wertpapierfirma nicht zur generellen Einteilung

---

463 Die drei ersten Sätze des Art. 11 Abs. 1 sind insgesamt Anweisungen an die Mitgliedstaaten, erst Satz 4 enthält die direkt umsetzbaren Verpflichtungen der Wertpapierdienstleistungsunternehmen. Ähnlich bereits Art. 9 Abs. 1 des Kommissionsvorschlags.

464 Dazu sogleich § 13 I 5.

465 Zutreffend *Hertig* in Buxbaum/Hertig/Hirsch/Hopt, pp. 224. Diese Unterscheidung wird bisweilen im Schrifttum und in der Praxis übersehen, vgl. *Koller* in Assmann/Schneider, § 31 Rz. 127, 124 (das Wertpapierdienstleistungsunternehmen müsse „richtlinienkonform" der Professionalität bzw. objektiven Schutzwürdigkeit des Anlegers im Rahmen der Prüfung der Erforderlichkeit der Information Rechnung tragen); *Metz*, VuR 1996, 183; *Köndgen*, ZBB 1996, 363; von der Bank 24 AG wird berichtet, daß sie zum *discount business* grundsätzlich nur bestimmte „professionelle" Anleger zuläßt.

466 S. auch den 32. Erwägungsgrund der EG-Richtlinie, ABl. EG L 141/30 vom 11.6.1993; im Ansatz auch *Schwark* in Bankrechtstag 1995, S. 112 f. („Differenzierung durch die deutsche Rechtsprechung").

467 S. Art. 11 Abs. 1 Satz 4, 4. Spiegelstrich, der Wertpapierdienstleistungsrichtlinie bzw. § 31 Abs. 2 Satz 1 Nr. 1 WpHG.

des Wertpapiergeschäfts in *Retail-* bzw. *Wholesale*-Sektoren, die in der Praxis üblich ist, aber andere, geschäftspolitische und betriebliche Gründe hat. Während die *Angaben* des Effektenkunden zu relevanten Kenntnissen und Erfahrungen („Professionalität") für individualisierte Informationsleistungen maßgebend sind, wäre die gesetzliche Anordnung einer unterschiedlichen Behandlung bei der Ausführung von Orders zum Nachteil des Kleinanlegers ohnehin kontraproduktiv und zu seinem Vorteil an den internationalen Kapitalmärkten nicht durchzusetzen.[468]

Im Ergebnis dient die Betonung der Professionalität in der EG-Richtlinie eher der Einschränkung der Verhaltenspflichten im Interesse der institutionellen Marktteilnehmer als einer Ausweitung des Schutzes der privaten Kleinanleger. Im Hinblick auf den informationellen Mindeststandard beim Effektengeschäft und insbesondere auf das Discount-Brokerage ist danach zwischen Kleinanlegern und professionellen Anlegern in dem Sinne zu differenzieren, daß professionelle Anleger u.U. auf die Mindestaufklärung verzichten können.[469] Diesen Weg haben auch die SFA und, ihr folgend, das BAWe beschritten, nach deren Regeln gegenüber *sophisticated investors* nach Mitteilung die Informations- und Erkundigungspflichten nicht in demselben Umfang gelten.[470]

5. Interessewahrende Abstufung der Informations- und Erkundigungspflicht

Nach § 31 Abs. 2 WpHG hängt die Reichweite der Informationspflicht maßgeblich davon ab, in welchem Maße die Information des Kunden zur Wahrung seiner Interessen und im Hinblick auf Art und Umfang der beabsichtigten Geschäfte *erforderlich* ist. Der Vorbehalt der Erforderlichkeit in § 31 Abs. 2 Satz 1 WpHG a.E. konkretisiert die Vorgaben für eine interessewahrende Erfüllung der Informations- und Erkundigungspflicht des Wertpapierdienstleistungsunternehmens. Dieser Vorbehalt stellt im Ver-

---

468 S. schon die Ablehnung eines Gleichbehandlungsgebots bei der Orderausführung durch die deutsche Kreditwirtschaft bei der mündlichen Anhörung am 23. Oktober 1996 zur Richtlinie des BAWe vom 26.5.1997, dazu näher oben § 10 II 2-3.

469 S. auch oben § 3 II.

470 Dazu näher unten § 13 III.

gleich zur Wertpapierdienstleistungsrichtlinie[471] und zu anderen europäischen Umsetzungsgesetzen[472] eine Besonderheit der deutschen Umsetzung der Wertpapierdienstleistungsrichtlinie dar. Durch diese Einschränkung betont das WpHG, daß der Umfang der Informationspflicht und damit auch die Auswahl der erforderlichen Informationsleistungen vom Einzelfall abhängig bzw. variabel ist. Damit wird aber lediglich klargestellt, daß die in der Wertpapierdienstleistungsrichtlinie besonders hervorgehobene Interessewahrungspflicht des Finanzintermediärs[473] auch auf die Erkundigungs- und Informationspflicht anzuwenden ist.

Die Verpflichtung zur Wahrung der Kundeninteressen ist die Kardinalpflicht und das Leitprinzip der Verhaltensregeln des WpHG und bestimmt daher auch die Reichweite der Informationspflicht.[474] Maßgeblich ist – wie dargelegt[475] – das *subjektive Interesse* des Kunden, soweit es dem Wertpapierdienstleistungsunternehmen auf Grund von Angaben, Weisungen oder vertraglichen Vereinbarungen erkennbar ist. Durch die Pflicht zu interessewahrendem Geschäftsgebaren ist der Erforderlichkeitsvorbehalt der Sache nach bereits in der Wertpapierdienstleistungsrichtlinie enthalten. Der Vorrang der vom Kunden selbst definierten Bedürfnisse und Interessen bzw. die Autonomie des Kapitalanlegers bei der Anlageent-

---

471 Art. 11 Abs. 1 Satz 4, 7. Spiegelstrich betont die Pflicht zur Wahrung der Kundeninteressen bei der Erfüllung aller Verhaltensnormen. Der Vorbehalt der Erforderlichkeit findet sich in Art. 11 noch nicht.

472 S. z.B. für Frankreich: Loi no. 96-597 du 2 juillet 1996 de modernisation des activités financières, J.O. du 4 juillet 1996 (10063), Art. 58 al. 3 nos. 4-5, dazu *Dompé* in Bonneau, pp. 205 et s., sowie zur Auslegung der Verhaltensregeln COB, Règlement no. 96-03 relatif aux règles de bonne conduite applicables au service de gestion de portefeuille pour le compte de tiers, homologué par arrêté du 6 janvier 1997, J.O. du 22 janvier 1997. Für Italien: Decreto legislativo 23 luglio 1996, n. 415, Gazzetta Ufficiale n. 186, 9 agosto 1996 (suppl.), Art. 17 (1)(b).

473 Art. 11 Abs. Satz 4, 1. und insbesondere 7. Spiegelstrich, ABl. EG Nr. L 141/27 vom 11.6.1993.

474 S. *expressis verbis* Art. 11 Abs. 1 Satz 4, 7. Spiegelstrich: Danach hat die Wertpapierfirma „allen für die Ausübung ihrer Tätigkeit geltenden Vorschriften im bestmöglichen Interesse ihrer Kunden“ nachzukommen. S. auch den Gemeinsamen Standpunkt des Rates vom 14.1.1993 im Hinblick auf die Annahme einer Richtlinie über Wertpapierdienstleistungen, SEK (93) 75, endg.-SYN 177, S. 3.

475 S. oben § 10 I 1 b.

scheidung wird bereits in der EG-Richtlinie unter Hinweis auf die vom Kunden *gewünschten* Dienstleistungen besonders betont.[476]

Soweit sich der Effektenkunde auf der Grundlage der Mindestinformationen für die Inanspruchnahme des beratungsfreien *execution-only service* entscheidet, bringt er zum Ausdruck, daß er weitere Informationen nicht wünscht. Beim herkömmlichen Effektengeschäft mit einer Bank, die auch individualisierte Informationsleistungen (Beratung, persönliche Empfehlungen) anbietet (*full-service provider*), hängt die Reichweite der Informationspflicht davon ab, ob der Kunde im Hinblick auf beabsichtigte Effektengeschäfte eine Beratung und Empfehlung erwartet bzw. wünscht. Ist dies der Fall, hat der Intermediär auf der Grundlage des § 31 Abs. 2 WpHG eine entsprechende Anlageberatung vorzunehmen.[477] Bringt der Kunde hingegen zum Ausdruck, daß er keinerlei Beratung wünscht, ist der Intermediär zur Erbringung solcher umfassenden Informationsleistungen nicht verpflichtet.

Auch aus der Erkundigungspflicht des Finanzintermediärs ergibt sich – wie dargelegt[478] – keine generelle Ausweitung der Informationspflicht im Sinne einer zwingenden Anlageberatung. Denn auch die Erkundigungspflicht des § 31 Abs. 2 Satz 1 Nr. 1 WpHG steht unter dem Vorbehalt der Erforderlichkeit. Informations- und Erkundigungspflichten hängen in ihrer Reichweite wegen dieses funktionalen Zusammenhangs unmittelbar zusammen: Im Rahmen der Anlageberatung bzw. bei der persönlichen Empfehlung einer bestimmten Kapitalanlage gilt die Erkundigungspflicht ohne Einschränkungen, soweit der Kunde kooperiert.[479] Soweit aber im Interesse des Kunden keine Anlageberatung vorgenommen bzw. keine Empfehlung ausgesprochen wird, sondern lediglich allgemeine, nichtindividualisierte Informationsleistungen erbracht werden, ist die Einholung von persönlichen Angaben, die dabei nicht verwertet werden, auch nicht erforderlich.[480] Die Erkundigungspflicht steht insofern im Dienst der

476 Art. 11 Abs. 1 Satz 4, 4. Spiegelstrich. Blasser ist die Formulierung des § 31 Abs. 2 Nr. 2 WpHG („*beabsichtigte* Geschäfte"); s. auch *Köndgen*, ZBB 1996, 361, 365.

477 Zur Gestaltung der Anlageberatung im einzelnen s. unten § 13 III.

478 S. oben § 13 I 2 c, insbesondere zum Stellenwert des funktionalen Zusammenhangs von Kundenangaben und Informationen.

479 Die Angaben sind freiwillig, § 31 Abs. 2 Satz 2 WpHG. Zu den Einzelheiten der Erkundigungspflichten s. unten § 13 III 1 a.

480 Soweit dagegen über den Mindeststandard hinaus individualisierte Informationsleistungen erbracht werden, muß den Angaben des Kunden und seinem vorhandenen Portfolio Rechnung getragen werden, dazu unten § 13 III 1 b.

Informationspflicht, als ihre Reichweite davon abhängt, ob nach § 31 Abs. 2 WpHG individualisierte Informationsleistungen erbracht werden müssen. Ein „Mindeststandard" der Nachforschung und Erkundigung, der auch für das *Execution-only*-Geschäft Gültigkeit hätte, ist daher nicht zu rechtfertigen. Daraus folgt, daß vom Standpunkt des Wertpapieraufsichtsrechts die in der Praxis einiger Discount-Broker übliche Einstufung der Kunden in Risikoklassen[481] im Rahmen des *execution-only service* nicht geboten,[482] allenfalls im Rahmen der standardisierten Anlageberatung zweckmäßig ist.[483] Insbesondere die sich am deutschen Discount-Markt durchsetzenden starren Risikoklassen, die eine zwingende, kaum nachträglich veränderbare Einteilung der Kunden für alle Anlageformen (z.B. Aktien, Fonds, Optionsscheine) vorsehen, führen zu einer mit dem Informationsmodell nicht vereinbaren Bevormundung der Kleinanleger im Massengeschäft.[484]

Die Abstufung der Erkundigungspflicht entsprechend der Reichweite der Informationspflicht ist im Grundsatz auch vom BAWe in seiner Richtlinie vom 26. Mai 1997 anerkannt, die beim *execution-only service* auf die Einholung von Kundenangaben zu Anlagezielen und wirtschaftlichen Verhältnissen in der Regel verzichtet.[485] Dieser Grundsatz wird allerdings nicht ganz konsequent durchgeführt, da das BAWe auch vom Discount-Broker die Einholung von Angaben zu den Kenntnissen und Erfahrungen seines Kunden beim Wertpapierhandel verlangt, obwohl diese Daten nicht verwertet werden, insbesondere nicht zu einem Handelsverbot führen sollen, wenn der Kunde auf einem Auftrag beharrt, der jenseits seines Erfahrungshorizonts liegt.[486]

Schließlich hängt die Reichweite der Informationspflicht nach § 31 Abs. 2 WpHG auch von den Eigenschaften („Art") und dem Volumen („Umfang") der vom Kunden gewünschten Wertpapierdienstleistungen ab.

---

481 S. z.B. die fünf Gruppen der Bank 24 AG, Kundenunterlagen „Brokerage" (Stand: Oktober 1996), S. 29. Näher oben § 11 II.

482 A.A. *Balzer*, DB 1997, 2311, 2316; zurückhaltender *Kümpel*, WM 1995, 689, 694; *Jütten*, Bank 1995, 221, 224.

483 Dazu unten § 13 III 1.

484 Gegen eine Bevormundung des Anlegers grundsätzlich auch *Kümpel* in Kümpel/Ott, Kz. 065, S. 116; *Koller* in Assmann/Schneider, Rz. 15 vor § 31.

485 Ziffer 3.6 Sätze 4 und 5 (Ausnahme bei nachschußpflichtigen und kreditfinanzierten Geschäften).

486 Ziffer 3.6 Satz 6 in Verbindung mit Ziffer 3.2 Abs. 6 der Richtlinie des BAWe vom 26.5.1997. Der Widerspruch wird gesehen von *Balzer*, DB 1997, 2311, 2316, der die Interessewahrungspflicht aber im Sinne einer Pflicht zur Einteilung in Risikoklassen deutet.

Hinter diesen Kriterien zur Bestimmung der erforderlichen Informationsleistungen steht die Erwägung, daß bei bestimmten komplizierten oder riskanten Geschäften, z.B. Finanztermingeschäften, die Sicherheitsleistungen voraussetzen und ggf. mit Nachschußpflichten verbunden sind, die Kapitalanleger stärker zu schützen sind als etwa beim Engagement in Bundesanleihen. Damit fließen *objektive* Gesichtspunkte in die Bestimmung der Informationspflicht ein, die im übrigen den vom Kunden selbst definierten Informationsinteressen verpflichtet ist. Das bedeutet, daß bei bestimmten Geschäften der Mindeststandard der Information ausnahmsweise höher anzusetzen ist als die allgemeine Grundaufklärung über die Eigenschaften und Risiken von Kapitalanlagen.[487] Bei an sich spekulativen Anlageformen (z.B. Optionen) ist wegen des relativ höheren Verlustpotentials eine nachdrückliche Warnung des Kunden neben der Mindestinformation geboten. Beispiele dafür finden sich in den U.S.A. und Großbritannien, wo die Aufsichtsbehörden sogar den Inhalt von Informationsschriften vorgegeben haben, die dem Kapitalanleger vor dem Abschluß von Geschäften in *penny stocks*[488] oder *options*[489] bzw. Derivaten und Optionsscheinen[490] zu übergeben sind.

Darüber hinaus erscheint es auch im Hinblick auf dieses objektive Kriterium zur Bestimmung der Informationspflicht nicht gerechtfertigt, für bestimmte Anlageformen über die erweiterte Mindestaufklärung hinaus die Erbringung individualisierter Informationsleistungen oder zumindest eine Risikoadäquanzprüfung (*account approval*) vorzuschreiben. Der letztere Weg wird zwar im U.S.-amerikanischen Recht beschritten und deutet sich auch in der Aufsichtspraxis des BAWe an,[491] paßt aber nicht zu dem Informationsmodell in der Wertpapierdienstleistungsrichtlinie bzw. im WpHG. In den U.S.A. sind *broker-dealers* im Bereich des Optionshandels zur Einholung persönlichen Angaben – auch im Rahmen des *execution-only service* – verpflichtet, um durch ein *account approval* zu gewährleisten, daß Geschäfte in diesen Anlageformen für den Kunden geeignet

487 Zu den Anforderungen an die Grundaufklärung im einzelnen unten § 13 II.

488 SEA Rules 15g-1 et seq., 17 C.F.R. §§ 240.15g-1 et seq. (1997) mit „Risk Disclosure Document" (SEA Schedule 15G), dazu oben § 12 I 2 e.

489 SEA Rule 9b-1(c), 17 C.F.R. § 240.9b-1(c) („Options Disclosure Document"), s. näher oben § 5 III 1 c ee; SIB CoB Rule 4.15 mit Appendices A und C sowie B (für OTC-Geschäfte), PIA Rule Book S4.15.

490 SFA Rule 5-30(2) mit Appendices 14-15 („Warrants/Derivatives Risk Warning Notices").

491 S. Ziffer 3.6 Satz 5 der Richtlinie des BAWe vom 26. Mai 1997.

sind.[492] Auch wenn § 31 Abs. 2 WpHG die Berücksichtigung bestimmter objektiver Eigenschaften des Effektengeschäfts anordnet, käme die Einführung eines *account approval* für bestimmte Anlageformen einer *objektiven* Interpretation des Interessewahrungsgrundsatzes gleich, die dem Informationsmodell des § 31 Abs. 2 WpHG widerspricht. Danach sind generelle Zulassungsschranken und Handelsverbote für unerfahrene oder leistungsschwache Anleger hinsichtlich bestimmter Anlageformen aufsichtsrechtlich nicht geboten.[493] Ein *account approval* mag freilich praktisch zweckmäßig sein, um – wie in der U.S.-amerikanischen Praxis üblich – die Erfüllung der Informations- und Warnpflichten des *broker-dealer* gegenüber seinem Kunden zu dokumentieren. Im übrigen kommt ein *account approval* eher dem für den Anlegerschutz nicht dominierenden Interesse des Intermediärs entgegen, in seinem Kundenkreis Adressenausfälle bei spekulativen Termingeschäften, bei denen Sicherheiten hinterlegt und ggf. Nachschüsse geleistet werden müssen, oder bei kreditfinanzierten Geschäften zu verhindern, die die finanzielle Position des Kunden über den eingesetzten Kapitalbetrag hinaus gefährden können. Bei ebendiesen Geschäftsarten verlangt das BAWe die umfassende Einholung der Kundenangaben nach § 31 Abs. 2 Satz 1 Nr. 1 WpHG.[494] Dahinter verbirgt sich offensichtlich der Ansatz, daß Kunden von den Risiken dieser Geschäfte ferngehalten werden und dieselben jedenfalls nur im Beratungsgeschäft oder nach einem *account approval* abschließen können sollen. Darin liegt ein Bruch mit dem Informationsmodell, das dieser Richtlinie des BAWe zugrundeliegt, und mit dem modernen Verbraucher- bzw. Anlegerschutz, der die Eigenverantwortlichkeit des Kleinanlegers betont.

Festzuhalten ist, daß der Vorbehalt der Erforderlichkeit im Lichte der Regelungsziele des Gesetzes die Abstufung der Informationspflicht konkretisiert. Um einen effektiven Anlegerschutz zu gewährleisten, ist das Wertpapierdienstleistungsunternehmen in der Regel[495] verpflichtet, dem Kunden eine nichtindividualisierte Mindestinformation zukommen zu lassen. Dies gilt unabhängig davon, ob das Wertpapierdienstleistungsunternehmen auch die Anlageberatung als Wertpapiernebendienstleistung oder nur die Auftragsausführung (*execution only*) anbietet. Eine darüber

---

492 S. z.B. NYSE Rule 721(a), 2 NYSE Guide (CCH) ¶ 2721 (1997). S. auch oben § 5 III 1 a.

493 Zweifelnd *H.Roth* in Assmann/Schütze, § 12 Rz. 69.

494 Ebda.

495 Zu den Ausnahmen für *sophisticated investors* s. unten § 13 II 1 e.

hinausgehende Anlageberatung ist nach § 31 Abs. 2 WpHG nicht obligatorisch.[496]

II. Mindeststandard der Kundeninformation

In der deutschen Bankpraxis wird die herkömmliche, um Vermeidung von Haftungsprozessen bemühte Übung der Kreditinstitute, im Filialgeschäft möglichst allen Effektenkunden eine *nicht eigenständig vergütete* Anlageberatung anzubieten, zunehmend modifiziert.[497] Dabei ist eine Tendenz zur institutionellen Trennung des herkömmlichen mit der Anlageberatung verbundenen Effektengeschäfts der Kreditinstitute (*full-service providers*) vom *Execution-only*-Geschäft der Discount-Broker zu beobachten.[498] Diese Trennung hat zur Folge, daß Discount-Institute die Beratung von vornherein ablehnen, während viele Kreditinstitute im Rahmen der in den Filialen angebotenen Wertpapierdienstleistungen Effektengeschäfte in der Regel oder ausschließlich in Verbindung mit einer Beratung anbieten, die sich auch in der Höhe der Provisionen niederschlägt. Diese den Geboten der betrieblichen Wirtschaftlichkeit entspringende Trennung ist nach § 31 Abs. 2 WpHG unbedenklich, wenn bei Begründung des Kundenkontaktes mit einem Discount-Broker, der keine individualisierte Informationsleistungen anbietet, eindeutig und nachdrücklich auf diese Einschränkung des Angebots hingewiesen wird und der Kunde hinreichend Gelegenheit hat, seinen Informationsbedarf zu bestimmen und sich ggf. mit einem anderen Institut in Verbindung zu setzen.[499] Eine intellektuelle Überforderung oder Überraschung der Kunden ist dabei kaum zu befürchten, wenn Provisionsersparnis und Risiko eines beratungsfreien Discount-Geschäfts in angemessenem Verhältnis dargestellt werden.[500]

---

496 Im Ergebnis ebenso *Horn*, ZBB 1997, 151; *Möllers*, ZGR 1997, 364; zutreffend auch *Kümpel* in Kümpel/Ott, Kz. 065, S. 115; *Kienle* in Schimansky/Bunte/Lwowski, § 110 Rz. 46 ff.

497 *R.E.Breuer*, Die Bank 1994, 447.

498 Dazu oben § 11 II: Eine Ausnahme ist vor der Übernahme der Advance Bank AG (1997) noch die Dresdner Bank AG, die ursprünglich ein integriertes Konzept verfolgte.

499 *H.Roth* in Assmann/Schütze, § 12 Rz. 71.

500 Das BAWe wird im Rahmen der nach § 36b WpHG aufzustellenden Regeln auch die Informationsrisiken des Anlegerpublikums beim *execution-only service* berücksichtigen müssen.

Das Wertpapierdienstleistungsunternehmen ist verpflichtet, dem Kunden vor und nach Ausführung von Kundenaufträgen oder Festpreisgeschäften bestimmte Mindestinformationen zu übermitteln. Es hat *vor* dem Geschäft oder schon bei der Begründung des Kundenkontakts – sei es in der Filiale, schriftlich oder durch elektronische Kommunikationsmittel (z.B. Telephon, Online-Verbindung) – zunächst eine *Grundaufklärung* des Kunden vorzunehmen.[501] *Nach* Abschluß des Geschäfts ist das Wertpapierdienstleistungsunternehmen gemäß § 31 Abs. 2 Satz 1 Nr. 2 WpHG auch verpflichtet, den Kunden über die Einzelheiten des ausgeführten Auftrags oder durchgeführten Festpreisgeschäfts zu unterrichten.[502] Das Wertpapierdienstleistungsunternehmen kann sich auf diese Formen der Information beschränken, wenn der Kunde zu erkennen gibt, daß dies in seinem Interesse liegt. Grundaufklärung und nachträgliche Ausführungsanzeige genügen überhaupt im Discount-Brokerage, wenn dem Kunden zuvor ein ausdrücklicher Hinweis auf die Risiken beratungsloser Effektengeschäfte gegeben worden ist.[503] Bietet das Wertpapierdienstleistungsunternehmen als *full-service provider* eine Anlageberatung an und nimmt sie der Kunde in Anspruch, setzt sich diese Beratung aus der produkt- und kundengerechten Empfehlung[504] eines oder mehrerer Effektengeschäfte sowie aus der besonderen Risikoaufklärung über das beabsichtigte konkrete Geschäft[505] über die Eigenschaften und Risiken der empfohlenen Anlage(n) zusammen.

1. Grundaufklärung vor Ausführung von Kundenaufträgen

Die Grundaufklärung stellt das unverzichtbare Minimum[506] der Information des Kapitalanlegers dar, weil der Kunde durch die Aufklärung Tragweite und Risiken seiner Anlageentscheidung abschätzen können soll.[507]

---

501 Dazu sogleich § 13 II 1.

502 Dazu unten § 13 II 2. Beim Kommissionsgeschäft folgt die Benachrichtigungs- und Rechenschaftspflicht bereits aus § 384 Abs. 2 HGB (Ausführungsanzeige und Rechnungslegung).

503 S. Ziffer 3.6 Satz 1 der Richtlinie des BAWe vom 26.5.1997.

504 Dazu unten § 13 III 1.

505 Dazu unten § 13 III 2.

506 S. auch *Hopt*, Kapitalanlegerschutz, S. 422 ff., 424 (Sozialstaatsprinzip verbietet Schutzverzicht).

507 Beschlußempfehlung und Bericht des Finanzausschusses des Deutschen Bundestags, BT-Drucks. 12/7918 vom 15.6.1994, S. 103.

Die Kundeninformationen des Intermediärs müssen nach seinem besten Wissen zutreffend und vollständig sowie unmißverständlich gestaltet sein.[508] Hinsichtlich der Wahrheit und Vollständigkeit der Informationen ist das Wertpapierdienstleistungsunternehmen zu einer sorgfältigen, laufend aktualisierten Recherche verpflichtet. Dabei sind auch moderne elektronische Informationsquellen (z.B. *vwd*, *Reuters direct*) auszuschöpfen, ohne daß es stets einer Überprüfung dieser Informationen bedarf, wenn jedenfalls die Quelle als zuverlässig anzusehen ist.[509] Über Auslandswerte sind möglichst authentische Informationen heranzuziehen. Die Anforderungen an die Grundaufklärung müssen sich nach der betrieblichen Tragbarkeit[510] richten. Daher braucht sich die Aufklärung nicht auf fundamentale volkswirtschaftliche Zusammenhänge[511] oder wissenschaftliche Anlagestrategien oder Risikomodelle zu erstrecken, sondern darf sich auf die Vermittlung von Kenntnissen über praktisch besonders erhebliche Umstände und Risiken beschränken. Allerdings darf sich das Unternehmen nicht durch einen Hinweis auf mangelnde Informationen über bestimmte Umstände von der Informationspflicht befreien.[512] Ist ein Intermediär zur Grundaufklärung über ein bestimmtes Marktsegment nicht in der Lage, muß er die Durchführung der Wertpapierdienstleistung ablehnen. Dies gilt auch für den Fall, daß der Kunde eine unabhängige Anlageentscheidung getroffen hat und auf der Ausführung des Geschäfts besteht. Selbst wenn ein spezialisiertes Institut[513] hier durch einen Hinweis auf die Lük-

508 Richtlinie des BAWe, Ziffer 3.2 Abs. 4 Satz 1. Zur sog. „Wahrheitspflicht" s. schon *Hopt*, Kapitalanlegerschutz, S. 431 ff.; s. zum WpHG *Kümpel* in Kümpel/Ott, Kz. 065, S. 114; *Koller* in Assmann/Schneider, § 31 Rz. 99 ff., 104 ff.

509 *Koller* in Assmann/Schneider, § 31 Rz. 100 m.w.N. (jedenfalls Überprüfung der Angaben des Emittenten; höherer Sorgfaltsmaßstab bei Auslandswerten); *Eisele* in Schimansky/Bunte/Lwowski, § 109 Rz. 41 (Vergewisserung über Zuverlässigkeit der Informationsquelle).

510 S. *Hopt*, Kapitalanlegerschutz, S. 425 ff.

511 Ähnlich *Kümpel* in Kümpel/Ott, Kz. 065, S. 113 (politische Entwicklung, Börsentrend); OLG Frankfurt am Main, Urt. v. 2.12.1993, WM 1994, 234, 235; OLG München, Urt. v. 16.9.1993, WM 1994, 236, 237. Der ursprüngliche Entwurf der Richtlinie des BAWe, Ziffer 3.2 Präambel Abs. 2, war insofern mißverständlich, als er – der Empfehlung der österreichischen Kreditsektion (in Finanzmarkt Austria 1995, S. 71 f.) folgend – die „allgemeine" Unterrichtung über Konjunktur- und Inflationsrisiken betonte, zur Kritik s. auch Börsen-Zeitung Nr. 152 vom 9.8.1996, S. 1.

512 Zutreffend *Koller* in Assmann/Schneider, § 31 Rz. 110 m.w.N.

513 Zur Zulässigkeit der Spezialisierung unter dem WpHG *Hopt* in Bankrechtstag 1992, S. 1, 6.

kenhaftigkeit seiner Informationen die zivilrechtliche Haftung vermeiden könnte,[514] ist vom Standpunkt des Aufsichtsrechts trotz entsprechender Warnung ein Verzicht auf das erforderliche Mindestmaß an Information nicht zulässig, denn der Kunde soll durch diese Grundaufklärung erst in die Lage versetzt werden, eine informierte Anlageentscheidung zu treffen.[515]

Diese Grundaufklärung muß die wichtigsten Umstände der Bank-Kunde-Beziehung, die grundlegenden Eigenschaften und Risiken der angebotenen *Anlageformen* und den Umfang der angebotenen Informationsleistungen darstellen, soweit sie über die Mindestinformation hinausgehen.

a) Information über das Produkt- und Informationsangebot

Das Wertpapierdienstleistungsunternehmen hat dem Kunden schon bei Begründung der Geschäftsbeziehung zu erläutern, welche Wertpapierdienstleistungen und Wertpapiernebendienstleistungen er erwarten kann.[516] Während die großen Privatbanken generell in allen Bereichen und auf allen Märkten tätig werden, haben insbesondere spezialisierte Institute und Vermittler darauf hinzuweisen, daß sie z.B. nur Inlandsgeschäfte ausführen und darüber hinreichende Grundinformationen zur Verfügung stellen können. Die Information zum Produktangebot darf zwar mit absatzfördernden Werbeaktivitäten verbunden werden, muß aber eindeutig und nicht irreführend sein.[517] Bei der vergleichenden Hervorhebung der Ertragshistorie von Hausprodukten (z.B. Fonds) gegenüber anderen Angeboten sind daher die Berechnungsgrundlagen offenzulegen. Nicht verlangt wird die Hervorhebung der vom Institut nicht angebotenen Finanzprodukte („keine Optionsscheine“).

---

514 BGH, Urt. v. 6.7.1993, BGHZ 123, 126, 130 (Aufklärung über fehlende Informationen genügt); s. auch *Vortmann*, ÖBA 1994, 579, 585.

515 Abweichend *Koller* in Assmann/Schneider, § 31 Rz. 111, s. aber Rz. 126 zum Verzicht auf die Beratungspflicht; *Eisele* in Schimansky/Bunte/Lwowski, § 109 Rz. 29; offen *Kümpel* in Kümpel/Ott, Kz. 065, S. 115. Außerhalb der Grundaufklärung sind allerdings Einschränkungen der Information auch mangels vorliegender Angaben zum Wertpapier zulässig, wenn der Kunde über das Fehlen spezieller Informationen über eine bestimmte Anlage aufgeklärt wird, so wohl auch *Koller* in Assmann/ Schneider, § 31 Rz. 126.

516 Richtlinie des BAWe vom 26.5.1997, Ziffer 2.1.

517 Vor Mißbräuchen bei nicht vereinbarten Telephonanrufen und ähnlichen Werbemaßnahmen (*cold calls*) wird der ahnungslose Kunde im Rahmen der Aufsicht des BAWe gemäß § 36b WpHG geschützt.

Wertpapierdienstleistungsunternehmen müssen im Rahmen eines *execution-only service* den Kunden ausdrücklich und unmißverständlich vor Auftragsannahme unterrichten, daß sie Kommissions- oder Festpreisaufträge grundsätzlich nur ausführen und keinerlei Anlageberatung anbieten.[518] Durch diesen Hinweis soll dem Kunden der Unterschied zwischen der in jedem Fall erforderlichen Grundaufklärung und einer zusätzlichen Anlageberatung verdeutlicht werden. Dies trifft etwa den Fall, daß der Kunde sich an einen *execution-only broker* wendet oder bei dem integrierten „Discount-Schalter" eines Kreditinstituts[519] vorstellig wird und dabei auf den Beratungsausschluß aufmerksam gemacht wird. Gleiches gilt, wenn der Kunde z.B. gegenüber seiner Hausbank durch ausdrückliche oder konkludente Erklärung trotz eines entsprechenden Risikohinweises die ihm angebotene Anlageberatung ablehnt.[520] Häufig wird dies darauf zurückzuführen sein, daß der Kunde annimmt, auf Grund eigener Sachkunde selbst entscheiden zu können. Auf die Gründe des Kunden kommt es nur insoweit an, als die Ablehnung der Beratung widerspruchsfrei zum Ausdruck gebracht wird und nicht Anlaß zu Nachfragen bietet.

b) Aufklärung über allgemeine Risiken

Der Kunde ist grundsätzlich über die Bedingungen des Wertpapierhandels aufzuklären.[521] Aus der Interessewahrungspflicht folgt insbesondere, daß das Wertpapierdienstleistungsunternehmen den Kunden über sein Recht unterrichten muß, auf die Durchführung eines Auftrags durch besondere Weisungen Einfluß zu nehmen. Dazu gehört z.B. die Möglichkeit, bei Börsengeschäften den Börsenplatz abweichend von § 10 BörsG bzw. bei außerbörslichen Geschäften den Ausführungsort abweichend von etwa bestehenden Marktusancen zu bestimmen.[522] Darüber hinaus soll der

518 Richtlinie des BAWe, Ziffer 3.6 Satz 1. S. auch *Kümpel*, WM 1995, 689, 693; *Knobl*, ÖBA 1995, 746; *H.Roth* in Assmann/Schütze, § 12 Rz. 71.

519 Beide Varianten werden in Ziffer 3.6 Satz 1 der Richtlinie erwähnt.

520 Sehr weitgehend LG München I, Urt. v. 14.6.1996, WM 1996, 1907 (keine Verpflichtung zur Empfehlung trotz Nachfrage des Kunden, „weil der [Kunde] damit eigentlich nur seinen bereits gefaßten Kaufentschluß bestätigt wissen wollte" – dies kann aber gerade der Zweck einer Empfehlung sein). Zur Weigerung auch *Koller* in Assmann/Schneider, § 31 Rz. 126, 130; *Horn*, ZBB 1997, 151.

521 S. auch die Begründung des Rates zum Gemeinsamen Standpunkt vom 21.12.1992 im Hinblick auf den Erlaß einer Richtlinie über Wertpapierdienstleistungen, Ratsdokument 10465/1/92 (REV 1 ADD 1) EF 66, S. 7 f.

522 S. Richtlinie des BAWe, Ziffer 3.2 Abs. 2 Satz 1.

Kunde auf die Möglichkeit hingewiesen werden, seine Order nicht nur „bestens" aufzugeben, sondern auch mit einer Preislimitierung zu verbinden.[523] Hinsichtlich der Ordergröße ist der Kunde auf die Praxis der Händler hinzuweisen, daß kleinere Aufträge (*odd-lot orders*) wegen der relativ höheren Transaktionskosten in der Regel zusammengefaßt ausgeführt werden und dadurch die Ausführung verzögert werden kann. Für bestimmte Märkte ist der Kunde darauf aufmerksam zu machen, daß Aufträge unter einem bestimmten Mindestordervolumen nicht ausgeführt werden.

c) Aufklärung über Eigenschaften und Risiken einzelner Anlageformen

Kern der Grundaufklärung ist die Unterrichtung über Eigenschaften und Risiken der einzelnen Anlageformen.[524] Im Interesse der Senkung von Transaktionskosten und der betrieblichen Durchführbarkeit eines *execution-only service* umfaßt der informationelle Mindeststandard keine *besondere* Aufklärung zu dem konkreten, vom Kunden beabsichtigten Effektengeschäft. Zwar erfordert die Information über bestimmte *Anlagen* (z.B. Aktien der Bilfinger + Berger BauAG) einen geringeren Aufwand als die Erstellung einer individualisierten Informationsleistung, weil sie kundenunabhängig und zentral recherchiert und zusammengestellt werden können. Da hauptsächlich größere private Banken über entsprechende eigene Research-Abteilungen verfügen, würden dadurch aber die Marktzutrittschancen für Wertpapierdienstleistungsunternehmen unverhältnismäßig erhöht. Auch stellt diese Form der Information ein wirtschaftliches Gut dar, das über die Medien (Zeitungen, Fernsehsender usf.) auch für private Haushalte – wenn auch mit gewisser Verzögerung – allgemein zugänglich ist und dem (durch Mindeststandards ohnehin verzerrten) Wettbewerb der Kapitalanleger nicht entzogen werden sollte.

Der Kunde ist über Eigenschaften, Chancen und Risiken einzelner Anlageformen aufzuklären. Als Anlageformen kommen alle Finanzinstrumente (Wertpapiere, Geldmarktinstrumente, Derivate) in Betracht, die in den Anwendungsbereich des WpHG fallen.[525] Beabsichtigt der Kunde, lediglich inländische Staatsanleihen zu erwerben, genügen allgemeineHinweise zu Schuldverschreibungen bzw. öffentlichen Anleihen. Wenn auch Handel

---

523 Insbesondere bei Werten mit geringer Marktliquidität (Angebot bzw. Nachfrage), s. auch Richtlinie des BAWe, Ziffer 3.2 Abs. 1 Satz 1.

524 S. auch den Referentenentwurf des BMF zum WpHG vom 29.6.1993, § 24 Abs. 1 WpHG-E.

525 S. § 2 Abs. 1, 1a und 2 WpHG, dazu oben § 2 I 2.

mit Optionsscheinen geplant ist, muß der Kunde zusätzlich über diese Anlageform unterrichtet werden. Im einzelnen müssen die wichtigsten Eigenschaften und Risiken der unterschiedlichen Anlageformen beschrieben werden.[526] Besondere Aufmerksamkeit ist dabei der „Funktionsweise" der Finanzprodukte und den wirtschaftlichen Zusammenhängen zu widmen. Bei Derivaten[527] muß z.B. der Bezug zum Basiswert,[528] der Hebeleffekt der Kursentwicklung, die „amerikanische" oder „europäische" Art der Optionsausübung sowie das System der Sicherheitsleistungen (Einschüsse und Nachschüsse bzw. *margins*)[529] erläutert werden. In die Grundaufklärung sind auch Hinweise auf die Gefahren kreditfinanzierter Geschäfte aufzunehmen.

Bei der Darstellung der Eigenschaften und Risiken sollte die Unterscheidung zwischen einzelnen Anlageformen den Anleger aber nicht darüber hinwegtäuschen, daß das Risiko nicht notwendig von Schuldverschreibungen zu Aktien und Derivaten steigt. Insbesondere ist die Möglichkeit eines Risikoausgleichs (*hedging*) innerhalb eines Portfolios zu erwähnen. Der Kunde ist aber darauf hinzuweisen, daß bestimmte Anleihen (z.B. *junk bonds*) oder Aktien[530] als spekulativ gelten und selbst Anleihen von Schuldnern bester Bonität (Rating von *Standard & Poor's* AAA bzw. *Moody's* Aaa) bei längeren Laufzeiten mit erheblichen Kursrisiken verbunden sind.

d) Information zur Vergütung und Preisgestaltung

Hinsichtlich seiner Vergütung steht das Wertpapierdienstleistungsunternehmen gegenüber dem Kunden in einem Interessenkonflikt, der durch

---

526 Vgl. die Basisbroschüre des ZKA und die Richtlinie des BAWe, Ziffer 3.2.1 (Schuldverschreibungen), 3.2.2 (Aktien), 3.2.3 (Investmentfondsanteile), 3.2.4 (Derivate und Optionsscheine); s. auch die Empfehlungen der (österreichischen) Kreditsektion („Risikohinweise im Veranlagungsgeschäft") in Finanzmarkt Austria 1995, S. 63, 71 f. (allgemeine Risiken), 73 f. (Anleihen), 75 f. (Aktien), 77 f. (Investmentfonds), 79 f. (Optionsscheine).

527 Richtlinie des BAWe vom 26.5.1997, Ziffer 3.2.3 Abs. 1.

528 Die Formulierung in Ziffer 3.2.3 Abs. 1 der Richtlinie des BAWe legt die systemwidrige Annahme nahe, im Rahmen der Grundaufklärung müßten Kenntnisse über den spezifischen Basiswert des in Aussicht genommenen Produkts vermittelt werden.

529 Die Richtlinie enthält insoweit eine doppelte Regelung: vgl. Ziffer 3.2.3 Abs. 2-4 mit Ziffer 2.2 Abs. 1 Satz 1 (Vorabinformation).

530 Die Richtlinie erwähnt dazu *penny stocks*, Ziffer 3.2.2 Abs. 2.

Preistransparenz entschärft werden soll.[531] Nach Ziffer 2.2 Abs. 1 der Richtlinie des BAWe vom 26. Mai 1997 muß der Kunde dementsprechend die Möglichkeit haben, sich über „Berechnung, Höhe und Art" aller Zahlungspflichten im Zusammenhang mit der Wertpapierdienstleistung zu informieren. Diese Regelung geht über die Verpflichtung der Kreditinstitute hinaus, ein Preisverzeichnis auszuhängen.[532] Bei Kommissionsgeschäften sind damit Provisionen und Spesen, ggf. auch Sicherheitsleistungen gemeint. Das Wertpapierdienstleistungsunternehmen hat die aktuellen Mindestsätze für die einzelnen Dienstleistungen – auch für Depot- und Kontoauszüge – bekanntzugeben.[533]

Nach dem Anwendungsbereich des WpHG und der Richtlinie des BAWe vom 26. Mai 1997[534] sollte das Gebot der Preistransparenz auch für Festpreisgeschäfte gelten.[535] Die „Vergütung" des Intermediärs besteht bei Festpreisgeschäften in der Handelsspanne (*spread*),[536] die in den Kurs eingerechnet ist, zu dem eine Anlage angeboten wird. Der *spread* stellt zwar keine formal selbständige Position auf der Geschäftsabrechnung[537] dar. Nach dem Wortsinn der Richtlinie[538] erscheint es daher zweifelhaft, ob sich die Informationspflicht auch darauf erstreckt. Die noch im ursprünglichen Entwurf der Richtlinie enthaltene Klammerdefinition[539] nahm ausdrücklich auf die Handelsspanne Bezug. Da die Gefahr des *overcharging* besonders virulent ist, gehört die Preistransparenz im Bereich der Festpreisgeschäfte zu den klassischen Anliegen des Anlegerschutzes im Kapitalmarktrecht. Daher ist insoweit keine Differenzierung zum Kommissionsgeschäft gerechtfertigt. Die Offenlegung der Berechnung und der geltenden Prozent- bzw. Promillesätze beim *spread* zählt auch zum internationalen Standard des Wertpapieraufsichtsrechts: Für die SEC hat die

---

531 Dazu *Schwark*, Anlegerschutz, S. 111.

532 § 3 PAngV; zutreffend *Köndgen*, ZBB 1996, 362.

533 Der ursprüngliche Richtlinienentwurf vom 7. August 1996, der noch die Mitteilung an den Kunden verlangte (Ziffer 2.2 Abs. 1), wurde dahingehend abgemildert, daß die gängige Praxis der Kreditinstitute (Preisaushang) auch in Zukunft akzeptabel bleibt.

534 S. den Titel der Richtlinie sowie Ziffer 1 Abs. 4 Satz 1.

535 Zur berechtigten Geltung der Verhaltenspflichten für Festpreisgeschäfte allgemein § 10 I 1 a.

536 S. auch Richtlinie des BAWe, Ziffer 3.2.2 Abs. 2.

537 Dazu unten § 13 II 2.

538 Ziffer 2.2 Abs. 1 („Kosten", „Sicherheitsleistungen", „andere Zahlungspflichten").

539 1. Entwurf der Richtlinie des BAWe vom 7. August 1996, Ziffer 2.2 Abs. 1: „Kosten (Entgelt bzw. Gebühren, Auf- und Abschläge)".

Transparenz von *markups* bzw. *markdowns* seit je einen hohen Stellenwert.[540] Auch nach britischem Aufsichtsrecht sind *spreads* offenzulegen.[541]

Darüber hinaus sind auch verdeckte Vergünstigungen des Wertpapierdienstleistungsunternehmens offenzulegen, die es auf der Grundlage von *Order-routing-* oder *Fee-splitting-*Vereinbarungen, in der britischen Terminologie *soft commission agreements*, erhält. Diese Vergünstigungen können entweder in Gestalt von Waren oder Dienstleistungen oder in Form von Barzahlungen (*kick-back*) zurückfließen. Der ursprüngliche Regelungsansatz des BAWe im Hinblick auf *Soft-commission-*Vereinbarungen folgte im Grundsatz dem liberalen Standpunkt der SEC, die diese Marktpraxis lediglich umfassenden *disclosure rules* unterwirft.[542] Die britischen Aufsichtsorgane sind skeptischer hinsichtlich der fairen Auswahl und Bewertung von geldwerten Vorteilen, die sich Brokerhäuser gegenseitig auf Kosten der Kunden gewähren. Daher werden Barzahlungen (*kick-backs*) und Vergünstigungen, die nicht unmittelbar mit der Ausführung von Kundengeschäften verknüpft sind, grundsätzlich nicht als *soft commissions* anerkannt und daher verboten.[543] Der U.S.-amerikanischen Publizitätslösung gebührt der Vorzug, weil der Anleger selbst entscheiden soll, ob er die enge Zusammenarbeit seines *broker* mit bestimmten anderen Instituten billigt und honorieren will. Ob sich sehr weitgehende *soft commissions* im Wettbewerb der Wertpapierhäuser um die Kunden halten lassen, sollte nicht durch die staatliche Aufsicht vorweggenommen werden.

In dem ersten Richtlinienentwurf des BAWe vom 7. August 1996[544] war noch eine eindeutige, im Vergleich zu SFA Rule 5-8 freilich schlanke Regel enthalten, nach der *Soft-commission-*Vereinbarungen zulässig sind, soweit der Kunde über diese Vereinbarungen schriftlich informiert und ggf. über Änderungen unterrichtet wird. Nach Ziffer 2.2 Abs. 3 Satz 2 des zweiten Entwurfs des BAWe vom 23. Oktober 1996 wird die Information über das bloße Bestehen von *Soft-commission-*Vereinbarungen als ausreichend angesehen.[545] Da bei der mündlichen Anhörung zum ersten Richt-

540 Dazu oben § 12 I 2 c.

541 S. dazu oben § 12 II 4 c.

542 Dazu oben § 12 I 2 d (*order routing arrangements, soft dollar practices*).

543 S. oben § 9 II 4 b.

544 Ziffer 2.2 Abs. 3.

545 Die Aufklärung „über das Bestehen von Soft-Commission-Vereinbarungen" darf sich allerdings nicht auf den bloßen Hinweis beschränken, daß solche Vereinbarungen überhaupt bestehen, sondern muß die für die zu erwartenden Kundengeschäfte relevanten Vereinbarungen ausdrücklich nennen.

linienentwurf des BAWe am 21. Oktober 1996 selbst unter den beteiligten Spitzenverbänden Unklarheit über die tatsächliche Verbreitung dieser Vereinbarungen herrschte, erscheint der *Disclosure*-Ansatz des BAWe, auch im Hinblick auf *kick-backs*,[546] für den deutschen Markt angemessen. Die Wertpapierdienstleistungsunternehmen sollten verpflichtet sein, ihre *Soft-commission*-Vereinbarungen in Schriftform zu dokumentieren und der Prüfung durch das BAWe nach § 35 Abs. 1 WpHG zugänglich zu machen.

Auf Grund der Kritik der beteiligten Verbände hat diese Regelung letztlich nicht in die Richtlinie Eingang gefunden. Soweit sich künftig Mißstände herausstellen sollten, kann das BAWe jedoch im Rahmen seiner Aufsichtspraxis (§ 4 Abs. 1 WpHG) darauf reagieren. Für *Kick-back*-Vereinbarungen ordnet die Richtlinie aber an, daß als Gegenleistung für weitergeleitete Orders Teilbeträge der vom Kunden getragenen Kosten wieder an den Intermediär zurückfließen. Der Kunde hat zwar kommissionsrechtlich ohnehin einen Anspruch auf Auskehrung dieses Betrags,[547] soll aber durch diese Informationspflicht eine Handhabe zur Kontrolle erhalten.[548]

e) Ausnahmen für sophisticated investors

Art. 11 Abs. 1 Satz 2 der Wertpapierdienstleistungsrichtlinie verpflichtet nicht die Wertpapierdienstleistungsunternehmen, sondern die Mitgliedstaaten – wie dargelegt[549] – zu einer angemessenen Differenzierung bei der Umsetzung und Anwendung der Verhaltensregeln nach Maßgabe der Professionalität des Kunden. Am weitesten geht das britische Aufsichtsrecht mit einem komplizierten, unübersichtlichen Stufensystem des Anlegerschutzes für *non-customers*, *non-private customers* und *private customers*.[550] Eine ähnliche, weniger trennscharfe Differenzierung wird in der U.S.-amerikanischen *securities regulation* mit der Beschränkung bestimmter Vorschriften auf das *retail business*[551] oder besonderen Verhaltensregeln für *institutional* bzw. *sophisticated investors* angestrebt. Da die EG-Richtlinie die Berücksichtigung der Professionalität der Investoren nahelegt, ist auch für § 31 Abs. 2 WpHG eine interessengerechte Ausnahmeregelung anzustre-

546 Richtlinie des BAWe vom 26.5.1997, Ziffer 2.2 Abs. 2.

547 § 384 Abs. 2 HGB, s. *Koller* in Großkomm z. HGB, § 384 Rz. 36 ff.

548 Richtlinie des BAWe, Ziffer 2.2 Abs. 2.

549 S. oben § 13 I 4.

550 Dazu im einzelnen oben § 9 II 2.

551 S. z.B. NASD Rule of Fair Practice Art. III § 2 (*recommendations*), NASD Manual (CCH) ¶ 2152, im einzelnen dazu oben § 12 I 1 b cc.

ben. Die Richtlinie des BAWe vom 26. Mai 1997 enthält keine generellen Ausnahmen für *sophisticated investors*, sondern sieht nur eine einzelfallspezifische Verzichtsvereinbarung zwischen den Vertragsparteien vor.[552]

Die Ausgestaltung der Kundenkategorien sollte im Interesse der Rechtssicherheit und Transparenz[553] einerseits hinreichend konkret sein, andererseits berücksichtigen, daß der informationelle Mindeststandard grundsätzlich für alle Anleger unverzichtbar ist. Daher ist der Kernbereich von Investoren, die auf Grund ihres *Status* (nicht ihrer Rechtsform) *per se* nicht informationsbedürftig sind, eng zu fassen.[554] Im übrigen ist eine einzelfallspezifische Regelung geboten, die sicherstellt, daß sich das Wertpapierdienstleistungsunternehmen nur gegenüber nachvollziehbar professionellen Anlegern von der Informationspflicht befreien kann.[555]

Zu unterscheiden ist dabei zwischen Anlegergruppen, welche auf Grund ihres *Status* (nicht ihrer Rechtsform) *per se* nicht informationsbedürftig sind, und gewerblichen Großanlegern, die aufgrund ihrer Fachkenntnis und Erfahrung in wirtschaftlich bedeutenden Geschäften im Regelfall keines Schutzes bedürfen und mit der Einstufung als *sophisticated investors* einverstanden sind.

aa) Statusausnahmen

Während § 37 Abs. 1 WpHG „aktive" Ausnahmen von den §§ 31 ff. WpHG für Börsengeschäfte unter Wertpapierdienstleistungsunternehmen macht, stellen „passive" *Statusausnahmen* das Wertpapierdienstleistungsunternehmen gegenüber bestimmten Kunden von der Verpflichtung zur (Grund-)Aufklärung frei. Auszugehen ist von dem in der Praxis anerkannten Begriff des „institutionellen Investors", mit dem die Teilnehmer der *wholesale markets* gemeint sind.[556] Charakteristisch für Statusausnahmen ist, daß sie universal für alle Transaktionen und im Interesse der Rechtssicherheit ohne eine entsprechende Unterrichtung des Kunden hinsichtlich

---

552 Dazu unten § 13 II 1 e bb. Kritisch *Vogt/Waltz*, [October 1997] IFLR 15, 19.

553 Die Steigerung der aufsichtsrechtlichen Transparenz wurde von Bankenvertretern verschiedentlich betont im Rahmen der mündlichen Anhörung zum ersten Entwurf der Richtlinie des BAWe am 21. Oktober 1996.

554 Dazu § 13 II 1 e aa.

555 Dazu § 13 II 1 e bb.

556 Als institutionelle Anleger werden z.B. Großanleger mit eigener Research-Abteilung angesehen, s. dazu FAZ Nr. 160 vom 12. Juli 1996, S. 24; s. auch *Hopt* in Gerke/Steiner, Sp. 67, 73, der als Beispiele für „institutionelle Anleger" Pensionskassen, Versicherungsgesellschaften, Investmentgesellschaften und Banken nennt.

der Behandlung als *sophisticated investor* gelten.[557] Die Eingrenzung dieser Kundenkategorie setzt eine Bewertung des Aufklärungsbedürfnisses der betreffenden Investoren voraus.

Da Effektengeschäfte unter Konzernunternehmen im Sinne des § 15 AktG wegen der Möglichkeiten wirtschaftlicher Einflußnahme als interner Vorgang anzusehen sind, erscheint das Geschäftsgebaren innerhalb des Konzerns im Hinblick auf aufsichtsrechtliche Informationspflichten nicht regelungsbedürftig und kann insgesamt einer gesellschaftsrechtlichen Regelung vorbehalten bleiben.[558] Zweifelhaft ist angesichts jüngerer Zusammenbrüche (z.B. *Orange County*), ob die staatliche Schulden- bzw. Vermögensverwaltung auf Bundes- und Länderebene hinreichende Fachkenntnis und Erfahrung besitzt, so daß es keiner Aufklärung bedarf.[559] Für die Bundesschuldenverwaltung und ihre Sondervermögen sowie etwa auch die Kreditanstalt für Wiederaufbau (KfW) erscheint eine Aufklärung allerdings im Hinblick auf den Umfang ihrer regelmäßigen Aktivitäten an den internationalen Fiannzmärkten nicht angebracht. Auch von den in- und ausländischen Zentralbanken sowie supranationalen staatlichen Banken- und Finanzorganisationen wie z.B. dem Internationalen Währungsfonds (IWF), der Bank für Internationalen Zahlungsausgleich (BIZ) oder dem Europäischen Währungsinstitut (EWI), ist ebenfalls zu erwarten, daß sie hinreichend Fachkenntnisse und Anlageerfahrung besitzen.[560] Schließlich sollten auch in- und ausländische Investmentgesellschaften, die dazu berufen sind, Anlageaktivitäten für ihre Kapitalgeber professionell auszuführen, als genuin professionelle Anleger angesehen und vom Schutz der Informationspflichten generell ausgenommen sein.[561]

Im Rahmen der mündlichen Anhörung zum ersten Entwurf der Richtlinie[562] des BAWe am 21. Oktober 1996 wurde verschiedentlich eine Erweiterung dieser Kerngruppe von *sophisticated investors* gefordert, gegenüber denen aufgrund ihres Status die Erkundigungs- und Informationspflichten des § 31 Abs. 2 WpHG nicht gelten. In Betracht kommt zunächst, entsprechend der britischen Regelung auch Wertpapierdienstlei-

---

557 Davon abweichend die britische Rechtslage, s. SFA Rule 5-4(2) (grundsätzlich schriftliche Anzeige erforderlich).

558 S. auch den zweiten Entwurf der Richtlinie, Ziffer 3.6 Abs. 1 lit. a.

559 Befürwortend der zweite Entwurf der Richtlinie, Ziffer 3.6 Abs. 1 lit. b und c; s. aber *Köndgen*, ZBB 1996, 363.

560 Zweiter Entwurf der Richtlinie, Ziffer 3.6 Abs. 1 lit d.

561 Zweiter Entwurf der Richtlinie, Ziffer 3.6 Abs. 1 lit. e.

562 Der erste und zweite Richtlinienentwurf des BAWe sahen in Ziffer 3.1.2 (1. Entwurf) bzw. Ziffer 3.6 (zweiter Entwurf) ähnliche Statusausnahmen vor.

stungsunternehmen (*firms*) vom Anlegerschutz auszunehmen. Gegen eine solche generelle Ausnahme spricht das durch die Novellierung des WpHG noch erweiterte Spektrum der Marktintermediäre, das von den kleineren Kreditinstituten (insbesondere Volksbanken und Sparkassen)[563] und Finanzdienstleistungsinstituten (z.B. Anlagevermittler)[564] zu mittleren und größeren Privatbanken reicht. Die Heterogenität der Anlegergruppe ist auch ein Argument gegen eine Statusausnahme zugunsten von Versicherungsgesellschaften und Pensionskassen.

Dem ursprünglichen Entwurf der Richtlinie des BAWe lag ein doppelspuriger Ansatz zugrunde, der sowohl Statusausnahmen als auch im Einzelfall Ausnahmen durch Vereinbarung anerkannte.[565] Die noch im zweiten Entwurf[566] enthaltenen Statusausnahmen sind im endgültigen Text der Richtlinie des BAWe vom 26. Mai 1997 zugunsten einer einzelfallspezifischen Regelung aufgegeben worden.

bb) Einzelfallspezifische Ausnahmen

Die Regelung des BAWe,[567] die sich an den Vorschriften der SFA orientiert,[568] läßt Ausnahmen von der Informationspflicht nur zu, wenn der Intermediär dem Kunden den Verzicht auf die Einholung von Angaben und Erbringung von Informationsleistungen mitteilt und dieser der durch die schriftliche Anzeige aufgestellten Vermutung nicht unverzüglich (§ 121 BGB) widerspricht. Daher kann man auch von einer zumindest konkludenten Vereinbarung über den Schutzverzicht sprechen. Das Wertpapierdienstleistungsunternehmen hat die Gründe für den Verzicht schriftlich festzuhalten, damit eine Überprüfung durch das BAWe gewährleistet ist. Diese Regelung beschränkt sich auf „Wertpapierdienstleistungsunternehmen oder sonstig[e] Marktteilnehme[r], die im Zusammenhang mit ihrer gewerblichen Tätigkeit regelmäßig Geschäfte in Wertpapieren und/oder Derivaten in einem Umfang abschließen, der wegen der wirtschaftlichen Bedeutung für die vorgenannten Unternehmen insoweit vertiefte Fachkenntnisse voraussetzt".

Dieser Tatbestand, der dem Wertpapierdienstleistungsunternehmen im Einzelfall eine sorgfältige Würdigung der wirtschaftlichen Bedeutung des

563 Zur S&L-Krise in den U.S.A. oben § 12 I b cc.
564 § 2 Abs. 4 WpHG i.V.m. § 1 Abs. 1a KWG.
565 S. den ersten Entwurf der Richtlinie vom 7. August 1996, Ziffer 3.1.2 (der die Ausnahmen allerdings noch ausschließlich auf die Erkundigungspflicht bezog).
566 Ziffer 3.6.
567 Richtlinie des BAWe vom 26.5.1997, Ziffer 3.8.
568 Dazu im einzelnen oben § 9 II 2.

Geschäftsumfangs für den einzelnen Investor sowie der dafür notwendigen Fachkenntnis abverlangt, ist im Interesse eines effektiven Anlegerschutzes eng auszulegen. Im einzelnen gilt folgendes: Es muß sich um Anleger handeln, die für gewerbliche Zwecke regelmäßig Effektengeschäfte abschließen. In der Regel wird es sich um juristische Personen oder Personengesellschaften handeln. Diese Geschäfte müssen volumenmäßig für den einzelnen Investor eine so hohe wirtschaftliche Bedeutung erreichen, daß nach den Grundsätzen einer ordnungsmäßigen Unternehmensführung innerhalb seiner Organisation die Einrichtung und Überwachung eines professionellen Finanzmanagements („vertiefte Fachkenntnisse") zu erwarten ist. Diese Ausnahme ist zugeschnitten auf die Anlageaktivitäten der großen Privatbanken und großen Industrieunternehmen. In Zweifelsfällen wird diese Regelung aber eine Grundaufklärung notwendig machen, etwa wenn dem Wertpapierdienstleistungsunternehmen Informationen über die Frequenz der Geschäfte und das Finanz- und Compliancewesen des betreffenden Anlegers fehlen.

f) Standardisierung der Aufklärung

aa) Formale Gestaltung

Die Gestaltung der Informationen hat sich am Horizont der Adressaten, insbesondere an den intellektuellen Fähigkeiten von unerfahrenen Kleinanlegern ohne Vorkenntnisse, zu orientieren. Diesem Anliegen kann durch eine allgemeinverständliche Sprache und ansprechende, aber sachliche äußere Aufmachung einer Broschüre oder Internet-Homepage Rechnung getragen werden. Soweit das Wertpapierdienstleistungsunternehmen aufgrund einer Befragung zu Anlageerfahrungen und -kenntnissen[569] oder nach langjährigem, engen Kundenkontakt das Aufklärungsbedürfnis des Kunden kennt,[570] ist zwar die Auslassung der diesem Kunden bekannten Informationen zulässig, aber nicht erforderlich und im Hinblick auf eine Standardisierung durch Informationsschriften auch nicht zweckmäßig. Bei Beratungskunden kann die Aufklärung mit der Anlageberatung zusammengefaßt werden. Aus Zeit- und Rationalisierungsgründen werden die

---

569 Diese Befragung ist nach geltender Aufsichtspraxis des BAWe erforderlich, s. die Richtlinie vom 26.5.1997, Ziffer 3.6 Satz 2 und 4.

570 Hat ein privater oder institutioneller Anleger nach Kenntnis seines Kundenbetreuers seit langem in deutschen Standardaktien investiert, erübrigt sich die ständige Wiederholung der Grundaufklärung hinsichtlich der relevanten Marktverhältnisse. In diesem Fall reicht eine Orientierung über neuere Entwicklungen am deutschen Aktienmarkt aus.

Kreditinstitute aber die standardisierte schriftliche Grundaufklärung auch im massenhaften Beratungsgeschäft bevorzugt einsetzen, um das Beratungshonorar nicht unangemessen zu erhöhen und praktische Umsetzungsfehler bei der mündlichen Aufklärung durch einen Kundenbetreuer zu vermeiden. Die Standardisierung und Schriftlichkeit[571] der Grundaufklärung ist im Interesse der Klarheit, Verläßlichkeit und Wirtschaftlichkeit der Information des Kapitalanlegers unumgänglich.[572]

In der Praxis wird die von den Spitzenverbänden der deutschen Kreditwirtschaft entwickelte Broschüre „Basisinformationen über die Vermögensanlage in Wertpapieren" übergeben, die alle Anlageformen in einer Schrift zusammenfaßt und im wesentlichen den gesetzlichen Anforderungen des WpHG entspricht. Zweifelhaft ist allerdings, ob der Umfang dieser Broschüre den durchschnittlichen Anleger nicht überfordert. Denn Verbraucherinformationen haben einen abnehmenden Grenznutzen: Ein Überangebot an Informationen, das der Anleger nicht aufnehmen und verarbeiten kann, dürfte in seiner Wirkung einem Informationsdefizit gleichkommen.[573] In Anlehnung an die Entwicklung bei der Prospektpublizität (*short form prospectus*) könnte der Broschüre in Zukunft eine Kurzzusammenfassung vorangestellt werden, die unter Bezugnahme auf die Einzelheiten die Grundzüge vermittelt. Jedenfalls ist darauf zu achten, daß die Broschüren ständig aktualisiert werden. Im Rahmen des *execution-only business* ist das Wertpapierdienstleistungsunternehmen verpflichtet, dem Kunden diese Broschüre mit dem ernsthaften Hinweis auszuhändigen, daß darin wichtige Informationen über die Risiken und die Durchführung der Wertpapierdienstleistung enthalten sind. Da der Aus-

571 Bei komplizierteren Finanzinstrumenten kann die schriftliche Erläuterung der wirtschaftlichen Zusammenhänge und Risiken sogar zwingend geboten sein, s. dazu BGH, Beschl. v. 25.10.1994, WiB 1995, 258; OLG Düsseldorf, Urt. v. 15.11.1995, VuR 1996, 114. Skeptisch zur schriftlichen Risikoaufklärung bei Börsentermingeschäften *Henssler*, ZHR 153 (1989), 611, 622.

572 *Eisele* in Schimansky/Bunte/Lwowski, § 109 Rz. 33. Die Richtlinie des BAWe hat die Möglichkeit der Standardisierung – entgegen der anderslautenden Reaktion der Kreditwirtschaft und der z.T. mißverständlichen Berichterstattung in den Medien – bereits im ursprünglichen Entwurf vom 7. August 1996 (Ziffer 3.2 Abs. 4 Satz 3) anerkannt. Die Standardisierung war dennoch ein wesentliches Petitum der Stellungnahmen von *Weisgerber* und *Jütten* für den BdB bei der mündlichen Anhörung am 21. Oktober 1996. Aus den Presseberichten s. Börsen-Zeitung Nr. 152 vom 9.8.1996, S. 3, *Burgmaier*, Wirtschaftswoche Nr. 35 vom 22.8.1996, S.102 f. (ungenau); *Ascarelli*, Wall St. J. Europe (October 22, 1996), p. 4.

573 Dazu *Van den Bergh* in V. Travemünder Symposium, S. 77, 84 f.

schluß der Anlageberatung für die eigene Einschätzung des Informationsbedürfnisses jedes Anlegers von zentraler Bedeutung ist, muß der entsprechende Hinweis auf die Eigenart des *execution-only services* von den übrigen Informationen (schriftlich oder mündlich) abgesetzt und in besonders auffälliger Weise gestaltet sein.[574] Ob der Kunde von den schriftlichen Informationsmaterialien tatsächlich Kenntnis nimmt, bleibt ihm überlassen. Soll der Kunde hingegen beraten werden, hat sich das Wertpapierdienstleistungsunternehmen um das Verständnis der Grundaufklärung besonders zu bemühen, damit der Kunde die individualisierten Entscheidungshilfen (Empfehlungen bzw. besondere Aufklärung zu den empfohlenen Geschäften) überhaupt nutzen kann.

bb) Risikogruppen

Da die Grundaufklärung weder von einer Befragung zu den persönlichen Verhältnissen des Kunden noch der Risikogeneigtheit des einzelnen Kunden abhängt, ist die in der Praxis der Discount-Institute übliche Einstufung des Kunden in Risikokategorien – wie bereits angedeutet – nach § 31 Abs. 2 WpHG nicht erforderlich.[575] Eine solche Einstufung mag zivilrechtlichen Haftungsrisiken vorbeugen, indem sie dem Kunden praktisch vertragliche *trading limits* auferlegt und Verluste („economic suicide") durch *unsuitable transactions* vermeiden hilft.[576]

Die Risikoeinstufung kann aber außerhalb der Anlageberatung, in der die Einholung von Kundenangaben erforderlich ist, nicht auf die Anforderungen nach § 31 Abs. 2 WpHG gestützt werden. Die mit der Risikoeinstufung in der Praxis einhergehende Bevormundung des *execution-only customer* ist mit dem Informationsmodell des WpHG[577] und den Zielen einer interessegerechten Grundaufklärung nicht zu vereinbaren.

Deshalb verlangt auch die Richtlinie des BAWe keine Kategorisierung der Kunden in Risikoklassen, verbietet die Praxis allerdings auch nicht,[578] die von den Kreditinstituten zunächst als Reaktion auf die am 1. Januar

---

574 Der ursprüngliche Richtlinienentwurf, Ziffer 3.5 Abs. 1 Satz 1, verlangt noch eine schriftliche Bestätigung, die von der Kreditwirtschaft im Rahmen der Anhörung wegen der entstehenden Umsetzungskosten kritisiert wurde.

575 Ebenso wohl auch *Eisele* in Schimansky/Bunte/Lwowski, § 109 Rz. 35.

576 S. die ähnliche Praxis in den U.S.A. wegen der Unsicherheiten bei der Auslegung von NYSE Rule 405, dazu oben § 12 I 2 f.

577 S. auch allgemein *Kümpel* in Kümpel/Ott, Kz. 065, S. 116; *Koller* in Assmann/Schneider, Rz. 15 vor § 31 (keine Bevormundung im europäischen Verbraucherrecht).

578 S. Richtlinie des BAWe vom 26.5.1997, Ziffer 3.2 Abs. 5.

1995 in Kraft getretenen aufsichtsrechtlichen Standards entwickelt wurde. Bei der Einteilung in Risikoklassen bestehen zahlreiche Variationsmöglichkeiten. Übliche Risikoklassen unterscheiden z.B. zwischen Anlegern, die aufgrund eines mehr oder weniger konservativen, risikobewußten bzw. spekulativen Profils nur in (1) festverzinslichen Rentenwerten, (2) zusätzlich in anderen Anleihen und inländischen Aktien, (3) zusätzlich in ausländischen Aktien und Optionsscheinen[579] investieren dürfen. Aus Sicht des Aufsichtsrechts ist allerdings die Anordnung des BAWe nicht zwingend, daß die Risikoeinstufung, soweit sie erfolgt ist, vom Wertpapierdienstleistungsunternehmen bei der Ausführung von Orders zu beachten ist. Diese im Grunde vertragsrechtliche Anordnung scheint eher dem Ziel zu dienen, das Wertpapierdienstleistungsunternehmen vor möglichen Haftungsfolgen zu bewahren, als dem Schutz der Anleger, die sich auf eine bestimmte Einstufung verlassen.

g) Zeitpunkt der Aufklärung

Die im Rahmen der Grundaufklärung übermittelten Daten sind Voraussetzung für eine sinnvolle Anlageentscheidung des Kunden und müssen ihm daher *vor* seiner Anlageentscheidung zur Verfügung gestellt werden. Diese Regelung erscheint insbesondere zweckmäßig, um unerfahrene Kleinanleger an den Kapitalmarkt heranzuführen und diese Anlegergruppe vor unliebsamen Überraschungen zu schützen. Die U.S.-amerikanische *securities regulation* legt den Schwerpunkt der Aufklärung auf die Information *nach* Ausführung des Geschäfts. Diese Tradition der *confirmations* nach SEA Rule 10b-10 paßt zu einem Kapitalmarkt, in dem die Investitionsneigung auch privater Verbraucher ungleich weiter entwickelt ist.[580] Nach der Richtlinie des BAWe ist die Grundaufklärung daher vor Erbringung der Wertpapierdienstleistung und „spätestens vor der Annahme" eines Kundenauftrages durchzuführen. Dies gilt sowohl für die Aufklärung über Eigenschaften und Risiken der vom Kunden gewünschten Anlageformen[581] als auch für die Aufklärung über die vom Wertpapierdienstleistungsunternehmen angebotenen Dienstleistungen sowie über Vergütung

---

579 S. z.B. das Formular des DSGV, abgedr. bei *Scharrenberg*, Sparkasse 1995, 110. Zum Angebot der deutschen *discounters* rechtstatsächlich *Lasch/Röder*, ZBB 1995, 342 und oben § 11 II.

580 S. DAI Factbook 1996, 08.6-3: Anteil privater Haushalte am Aktionärsbesitz in den U.S.A. etwa 50% (1991), in Deutschland 15,9% (1994), und Deutsche Bundesbank, Monatsbericht Januar 1997, S. 29: U.S.A. 36,4% gegenüber Deutschland 14,6%, Großbritannien 29,6%.

581 Richtlinie des BAWe vom 26.5.1997, Ziffer 3.2.

und Sicherheitsleistungen.[582] Die Formulierung des BAWe[583] stellt es dem Wertpapierdienstleistungsunternehmen frei, die Grundaufklärung bei Begründung einer ständigen Geschäftsbeziehung, z.B. bei Einrichtung des Depots, vorzunehmen, und deckt zugleich den Fall des Einmalgeschäfts ab.

Während eine einmalige Aufklärung über die Angebotspalette und Vergütung des Wertpapierdienstleistungsunternehmens ausreicht, muß die Aufklärung über Eigenschaften und Risiken je nach Geschäftstätigkeit[584] des Kunden in größeren Abständen wiederholt werden. Bei geringer Geschäftstätigkeit, z.B. bei Einmalgeschäften im Abstand von 3 Jahren,[585] ist die Aufklärung zu wiederholen. Im übrigen erscheint bei Geschäften in Derivaten und Optionsscheinen in jedem Fall eine Wiederholung der Aufklärung nach Ablauf von 3 Jahren angemessen.[586] Soweit die Aufklärung für eine bestimmte Anlageform nicht erfolgen kann, weil der Auftraggeber nicht erreichbar ist,[587] muß das Wertpapierdienstleistungsunternehmen prüfen, ob die Ausführung ohne die erforderliche Risikoinformation interessegerecht ist. Bei Kunden, die jahrelang ausschließlich in Bundesobligationen investiert haben und nunmehr einen OTC-Devisenswap abschließen wollen, wird dieser Auftrag in der Regel nur nach Rücksprache ausgeführt werden dürfen, weil das Wertpapierdienstleistungsunternehmen davon ausgehen muß, daß der Kunde die damit verbundenen Risiken nicht übersieht. Soweit diese Aufklärung aufsichtsrechtlich erforderlich ist, liegt in der Verzögerung der Auftragsausführung auch keine Verletzung der kommissionsrechtlichen Sorgfaltspflicht.[588] Soweit der Kommissionär den Kunden auf seine aufsichtsrechtlichen Aufklärungspflichten hinweist, ist eine zivilrechtliche Haftung ohnehin ausgeschlossen.

---

582 Richtlinie des BAWe vom 26.5.1997, Ziffer 2 („allgemeine Information vor Erbringen der Wertpapierdienstleistung").

583 Ziffer 3.2 Abs. 1 Satz 1.

584 S. Richtlinie des BAWe, Ziffer 3.2 Abs. 3 Satz 3.

585 Dafür war im ursprünglichen Entwurf der Richtlinie des BAWe, Ziffer 3.2 Abs. 4, eine Frist von mindestens 3 Jahren bestimmt.

586 Nach der Richtlinie des BAWe, Ziffer 3.1 Abs. 2 Satz 4, ist, soweit erforderlich, die Befragung nach § 31 Abs. 2 Nr. 1 WpHG nach Ablauf von 3 Jahren zu wiederholen.

587 Auftragsaufgabe per Telefax, elektronischer On-line-Verbindung o.ä.

588 § 384 Abs. 1 HGB.

h) Nachprüfbarkeit

Nach Ziffer 2.3 bzw. 3.4 der Richtlinie des BAWe muß die Aufklärung in nachprüfbarer Form erfolgen, so daß die Einhaltung des § 31 Abs. 2 WpHG im Rahmen der Prüfung des Wertpapierdienstleistungsunternehmens durch das BAWe nach § 35 Abs. 1 bzw. § 36 Abs. 1 WpHG möglich ist. Für die Praxis bedeutet diese Regelung, daß die Kundenbetreuer und -berater im Einzelfall eine schriftliche oder vergleichbare elektronische Aufzeichnung über die erfolgte Aufklärung, z.B. einen Vermerk in den Kundenunterlagen, veranlassen müssen. Bei telephonischem oder elektronischem Kontakt mit dem Kunden kommen auch Tonaufzeichnungen oder elektronische Datenspeicherungen in Betracht. Die Umsetzung dieser Anforderung wird erleichtert durch die Möglichkeit der Standardisierung der Grundaufklärung in Gestalt von Informationsschriften. Die schriftliche Quittierung der Übergabe bzw. Übersendung der Informationsschriften ist nicht erforderlich.[589]

Die Nachvollziehbarkeit der Maßnahmen des Wertpapierdienstleistungsunternehmens ist für die Überwachung der Verhaltensregeln von zentraler Bedeutung. Die Prüfung wird in der Regel im Auftrag des BAWe durch einen vom Wertpapierdienstleistungsunternehmen bestimmten externen Prüfer durchgeführt. Die jährlichen Prüfungsberichte dienen einerseits der Feststellung besonderer Mängel in einzelnen Unternehmen und branchenweiter Entwicklungen, die das BAWe nach § 4 Abs. 1 Satz 2 WpHG zum Anlaß bestimmter Anordnungen nehmen kann.[590] Diese Anordnungen (Verwaltungsakte) können insbesondere auf die Anschaffung von Informationsmaterialien, auf organisatorische und personelle Maßnahmen (§ 33 Abs. 1 Nr. 1 WpHG), auf die Anweisung und Kontrolle bestimmter Mitarbeitergruppen innerhalb des Unternehmens gerichtet sein. Wenn diese Verfügungen nicht hinreichend umgesetzt werden, kommt die Anwendung von Mitteln des Verwaltungszwanges nach § 10 Abs. 1 Satz 1 WpHG i.V.m. § 11 VwVG des Bundes in Betracht.[591] Die

---

589 Die im ursprünglichen Entwurf der Richtlinie geforderte schriftliche Bestätigung verstärkt zwar den Warneffekt für den Kunden, ist aber nicht zwingend erforderlich, wenn der Hinweis auf den Beratungsausschluß – wie dargelegt – besonders auffällig gestaltet wird. Die Vermeidung von Dokumentationsaufwand dient auch der Kostensenkung.

590 Zur Ermächtigung nach § 4 Abs. 1 Satz 2 WpHG im einzelnen oben § 6 I 2.

591 Insbesondere können den Wertpapierdienstleistungsunternehmen nach der Novellierung 1997 Zwangsgelder bis zu DM 100.000 auferlegt werden, vgl. § 10 Satz 3 WpHG mit § 10 Satz 3 WpHG a.F. (DM 50.000); der Referen-

Prüfungsberichte erlauben dem BAWe andererseits eine Übersicht über die verbreiteten Praktiken der Marktintermediäre, die auch Grundlage der Verwaltungspraxis, ggf. einer Modifikation der Richtlinie zu den Anforderungen nach §§ 31 und 32 WpHG, ist.

2. *Information nach Ausführung von Kundenaufträgen*

§ 31 Abs. 2 Satz 1 Nr. 2 WpHG bezieht sich auf „beabsichtigte Geschäfte" und zielt daher hauptsächlich auf die Information des Kunden in der Phase vor der Anlageentscheidung bzw. vor der Orderaufgabe. Aber eine sorgfältige und interessewahrende Ausführung[592] des „beabsichtigten Geschäfts" setzt jedoch voraus, daß die Einzelheiten des Geschäfts für den Kunden transparent sind. Diese Auslegung von § 31 Abs. 1 WpHG entspricht auch dem Anwendungsbereich der Informationspflicht in der Wertpapierdienstleistungsrichtlinie, der sich generell auf den Kontakt („Verhandlungen") zwischen der Wertpapierfirma und dem Kunden erstreckt.

Nach Abschluß eines Effektengeschäfts kann vom Wertpapierdienstleistungsunternehmen, das als Anlageberater, aber nicht zugleich als Vermögensverwalter oder ständiger Vermögensberater agiert, nicht verlangt werden, daß es die Kursentwicklung oder Ad-hoc-Meldungen im Interesse des Kunden beobachtet und dem Kunden von sich aus die Umschichtung seines Portfolios empfiehlt. Eine solche Pflicht ist wegen der Vielzahl von Geschäften nicht praktikabel und im Hinblick auf die daraus resultierende drastische Kostensteigerung für das gesamte Anlagegeschäft jedenfalls unerwünscht.[593]

Die sachgerechte Information des Kunden wird aber *nach* dem Geschäftsabschluß durch Erläuterungen über die Auftragsausführung gefördert. Schon der Rat der EU hat zur Begründung des Gemeinsamen Standpunkts vom 21.12.1992 hervorgehoben, daß die Wertpapierdienstleistungsrichtlinie die Transparenz am Kapitalmarkt auch durch die Möglichkeit gewährleisten soll, die Bedingungen der Geschäftsabwicklung

---

tenentwurf des BMF vom 17. Juni 1996 sah noch eine Anhebung auf DM 1 Mio., der Kabinettsentwurf vom 9. September 1996 auf DM 500.000 vor.

592 S. die Sorgfalts- und Interessewahrungspflicht nach § 31 Abs. 1 WpHG und Art. 11 Abs. 1 Satz 4, 1., 2., 7. Spiegelstrich der EG-Richtlinie.

593 A.A. offenbar *Möllers*, ZGR 1997, 337.

nachträglich zu überprüfen.[594] Die Information des Kunden über die Auftragsausführung fordert bereits das Kommissionsrecht.[595] Die Information nach Auftragsausführung entspricht auch der aufsichtsrechtlichen Tradition in den U.S.A., nach der zahlreiche Informationen überhaupt erst im Rahmen der *confirmation* gegeben werden. Ähnlich verlangt SIB Principle 5 ausdrücklich „a full and fair account" der Auftragsausführung. Da die Dokumentation der Ausführung nicht nur dem Schutz des einzelnen Kunden dient, sondern auch im Interesse einer ordnungsgemäßen Durchführung von Effektengeschäften erforderlich ist, sind entsprechende Dokumentations- bzw. Informationspflichten vor der Errichtung des BAWe bereits aufsichtsrechtlich vom BAKred im Rahmen seiner Solvenzaufsicht über die Kreditinstitute statuiert worden. Die Grundsätze für Auftragsbestätigungen und Geschäftsabrechnungen sind nunmehr in der Handelsgeschäftsverlautbarung[596] niedergelegt. Das BAWe hat sich in seiner Richtlinie zu §§ 31 und 32 WpHG offensichtlich um Konformität mit der Handelsgeschäftsverlautbarung bemüht, um einen Konflikt mit der älteren Schwesterbehörde zu vermeiden und die Praxis nicht mit Auslegungsschwierigkeiten zu konfrontieren. Die Kompetenz hinsichtlich der Aufsicht über Auftragsbestätigungen und Geschäftsbestätigungen bzw. Geschäftsabrechnungen steht aber nunmehr dem BAWe zu. Soweit diese Aufsicht besondere Expertise im Bereich der Organisation der Institute erfordert, ist eine Zusammenarbeit zwischen BAWe und BAKred nach § 6 Abs. 3 WpHG notwendig und ggf. durch Weisungen des BMF sicherzustellen.

Grundsätzlich sind ausgeführte Geschäfte unter Angabe des Zeitpunkts und Orts der Ausführung[597] sowie der Identität und Stückzahl des Wertes, des Kurses und der Vergütung und Spesen der beteiligten Wertpapier-

---

594 Gemeinsamer Standpunkt des Rates vom 21.12.1992 im Hinblick auf den Erlaß einer Richtlinie über Wertpapierdienstleistungen, Begründung des Rates, Ratsdokument 10465/1/92 (REV 1 ADD 1) EF 66, S. 7 („Präzise Transparenzregeln sollen gewährleisten, daß ein Anleger jederzeit die Bedingungen eines von ihm geplanten Geschäfts beurteilen und die Bedingungen seiner Abwicklung anschließend überprüfen kann"); s. auch den 42. Erwägungsgrund der EG-Richtlinie („Transparenz der Geschäfte").

595 § 384 Abs. 2 HGB, dazu *Baumbach/Hopt*, § 384 Rz. 8.

596 BAKred, Verlautbarung über Mindestanforderungen an das Betreiben von Handelsgeschäften der Kreditinstitute vom 23.10.1995.

597 Bei Termingeschäften ist unter der Ausführung die Öffnung und Schließung einer Position zu verstehen, s. Richtlinie des BAWe vom 26.5.1997, Ziffer 4.6.3 Abs. 3.

dienstleistungsunternehmen zu bestätigen.[598] Bei Festpreisgeschäften ist statt der Provision die Handelsspanne anzugeben.[599] Für Aufträge, die noch am selben Tag ausgeführt werden, reicht eine – unverzüglich zu übermittelnde – Geschäftsabrechnung mit entsprechenden Angaben aus.[600] Bei Aufträgen, die nicht nur tagesgültig erteilt sind und auch nicht unverzüglich ausgeführt und spätestens am Folgetag abgerechnet werden, reicht die Übermittlung einer Auftragsbestätigung aus.[601] Die Richtlinie des BAWe läßt im Unterschied zur Handelsgeschäftsverlautbarung die elektronische Übermittlung dieser Dokumente zu.[602]

Nach dem Vorbild U.S.-amerikanischer *broker-dealers* erstellen einige Direktbanken auch in Deutschland periodische Konto- bzw. Depotauszüge mit ausführlichen Informationen zu den abgewickelten Transaktionen, einer Gewinn-Verlust-Rechnung und den Transaktionskosten (Vergütungen, Spesen). Zweifelhaft ist, ob eine entsprechende Information des Kunden zum aufsichtsrechtlichen Mindeststandard gehört.[603] Die SFA verlangt im Rahmen des *investment management* umfängliche periodische Angaben, auch zur relativen und absoluten Bedeutung von *soft commissions* für das einzelne Kundenkonto. Gegen die Ausdehnung dieser Regelung auf das Anlagegeschäft spricht, daß dem Kunden bereits durch die Grundaufklärung und die Geschäftsbestätigung bzw. -abrechnung die einzelnen Konto- bzw. Depotbewegungen und im Jahresdepotauszug der Endstand *per ultimum* hinreichend zur Kenntnis gebracht werden. Auch der „durchschnittliche Kunde“[604] dürfte dadurch im einzelnen in der Lage sein, die Vergütung des Wertpapierdienstleistungsunternehmens zu überblicken, während er aber die Bedeutung der verdeckten Vergütungen (*soft commissions*) nicht einschätzen kann. Insoweit erscheint zumindest die Angabe einer Schätzung des Anteils angebracht, den das Unternehmen im

---

598 S. Richtlinie des BAWe vom 26.5.1997, Ziffer 4.6.3 Abs. 1 Satz 1, Abs. 2.

599 Dazu oben § 13 II 1 d.

600 Richtlinie des BAWe vom 26.5.1997, Ziffer 4.6.3 Abs. 1 Satz 2; Handelsgeschäftsverlautbarung des BAKred, Ziffer 4.2 Abs. 6.

601 Richtlinie des BAWe vo 26.5.1997, Ziffer 4.6.2 Abs. 1; Handelsgeschäftsverlautbarung des BAKred, Ziffer 4.2 Abs. 5 Satz 1.

602 Vgl. Richtlinie des BAWe vom 26.5.1997, Ziffer 4.6.2 Abs. 1 Satz 1 mit Ziffer 4.6.3 Abs. 1 Satz 2.

603 So die ursprüngliche Haltung des BAWe, das eine entsprechende Vorschrift im ersten Entwurf der Richtlinie (Ziffer 4.7.4) aber wieder zurückgezogen hat.

604 S. die Formulierung der Richtlinie des BAWe vom 26.5.1997, Ziffer 4.6.3 Abs. 2 Satz 1.

Hinblick auf *retail accounts*[605] erhält. Da aber die Verbreitung von *soft commission agreements* am deutschen Kapitalmarkt noch nicht hinreichend geklärt ist,[606] bleibt die Aufstellung einer entsprechenden Verpflichtung der künftigen Aufsichtspraxis des BAWe vorbehalten.

III. Informations- und Erkundigungspflichten bei der Anlageberatung

Nach der oben dargelegten begrifflichen Abgrenzung[607] ist die Anlageberatung eine umfassende Entscheidungshilfe, die individuelle *Empfehlungen* und eine über die Grundaufklärung hinausgehende *besondere Aufklärung* über die Eigenschaften und Risiken der konkret beabsichtigten Effektengeschäfte (nicht nur der Anlageformen) umfaßt. Schon vor Inkrafttreten des 5. Abschnitts des WpHG deutete sich die Verselbständigung der Anlageberatung als eigenständige Dienstleistung der Kreditinstitute an.[608] Mit der vollständigen Umsetzung der Wertpapierdienstleitungsrichtlinie wurde die Anlageberatung – wie erwähnt – zur eigenständigen Wertpapier*neben*dienstleistung erhoben.[609]

Auf den Umfang der angebotenen Informationsleistungen muß nicht besonders hingewiesen werden, wenn das Wertpapierdienstleistungsunternehmen eine Anlageberatung anbietet. Liegt die Anlageberatung nicht im Interesse des Kunden, kann er signalisieren, daß er die bloße Ausführung seiner Order wünscht. In der Praxis eines *full-service provider* gilt dies mangels vorliegender aktueller Anlegerinformation gegenüber allen Neukunden. Nur wenn das Wertpapierdienstleistungsunternehmen von sich aus keine Anlageberatung anbietet, hat es über die Beschränkung der Informationsleistung zu informieren.[610] Der Discount-Broker läuft aber Gefahr, gegen die besonderen Pflichten, die für die Gestaltung der Anlageberatung gelten, zu verstoßen, wenn er auf Zusatzfragen des Kunden

---

605 Institutionelle Anleger dürften auf Grund ihrer Marktmacht in der Lage sein, für den Nachfragerwettbewerb relevante, genaue Angaben über die prozentuale Bedeutung der *soft commissions* und die Identität der Broker zu erlangen, mit denen das Wertpapierdienstleistungsunternehmen *soft commission arrangements* unterhält.

606 S. auch oben § 13 II 1 d.

607 Dazu § 13 I 2.

608 *Breuer*, Die Bank 1994, 444, 447; s. auch *Hopt*, ZHR 159 (1995), 135, 140.

609 § 2 Abs. 3a Nr. 3 WpHG.

610 Dazu oben § 13 II.

eingeht und sich zu nicht hinreichend begründeten individuellen Einschätzungen bzw. Empfehlungen verleiten läßt, ohne sich über die persönlichen Verhältnisse erkundigt zu haben. Wenn trotz der Bezeichnung als *execution-only service* Empfehlungen abgegeben werden, gelten die Pflichten über die anleger- und produktgerechte Anlageberatung.[611] Daher ist darauf zu achten und dem Kunden zu erläutern, daß alle über die Grundaufklärung hinausgehenden Informationsleistungen keine Individualisierung aufweisen und als gesonderte, ggf. auch selbständig honorierte Dienstleistungen behandelt werden.[612] Daher sollte der Discount-Broker spezielle Informationsleistungen, die wie etwa Research, Charts oder Finanzanalysen über die Grundaufklärung hinausgehen, nur mit dem Hinweis darauf erbringen, daß es sich um eine zusätzliche, ggf. auch eigens vergütete Dienstleistung handelt, die nicht das individuelle Kundenprofil berücksichtigt und folglich den Status der Kundenbeziehung als *execution-only* nicht antastet.[613]

Im Rahmen der Anlageberatung ist der Kunde zu seinen persönlichen Verhältnissen zu befragen. Die Angaben des Kunden sind Grundlage der Anlageberatung. Die Reichweite der Anlageberatung richtet sich nach dem Interesse des Kunden. Eine Anlageberatung nach § 31 Abs. 2 WpHG setzt daher nicht stets eine umfassende Entscheidungshilfe bei der Vermögensvorsorge des Kunden voraus. Soweit der Kunde bereits vor der Einholung einzelner Angaben ausdrücklich oder konkludent erklärt, daß er nur an bestimmten Anlagen (z.B. Staatsanleihen aus Hartwährungsländern) interessiert ist, wird der Anlageberater sich auch auf diese Anlageform konzentrieren.

1. Empfehlung

Die funktionale Beziehung zwischen der Erkundigungspflicht und der Informationspflicht des Intermediärs bei der Empfehlung einzelner Kapi-

611 So auch SFA, Guidance Notes on Execution-Only Business, Rulebook, vol. 2, Appendix 42, paras. 4, 8.

612 S. Richtlinie des BAWe, Ziffer 3.5 Abs. 1 Satz 2; SFA Guidance Notes on Execution-Only Business, Rulebook, vol. 2, Appendix 42, para. 14.

613 Richtlinie des BAWe, Ziffer 3.6 Satz 3; ähnlich SFA, Guidance Notes on Execution-Only Business, Rulebook, vol. 2, App. 42, para. 9 („add-on"). Zur Praxis s. Charles Schwab & Co., Inc., „Welcome to Schwab" (1993), p. 10 f.; Bank 24 AG, Brokerage, S. 16 f.

talanlagen gehört zu den Kernaussagen der *suitability doctrine*.[614] Die *suitability rule* betrifft nur individuelle Empfehlungen und ist auf allgemeine Wertpapieranalysen bzw. nicht individualisierte Anlageempfehlungen an Kundengruppen oder das Publikum nicht anzuwenden. Für nichtindividualisierte Anlageempfehlungen gelten insbesondere die Empfehlungsverbote des § 32 WpHG.

a) Erkundigungspflicht

§ 31 Abs. 2 Nr. 1 WpHG konkretisiert in bezug auf Empfehlungen die international anerkannte *Know-your-customer*-Formel. Um dem Kunden eine wirksame Entscheidungshilfe zu bieten, ist das Wertpapierdienstleistungsunternehmen verpflichtet, von ihm in geeigneter Weise Angaben zu den wichtigsten Parametern einer wirtschaftlich sinnvollen Anlageentscheidung zu erfragen.

Die Erkundigungspflicht ist nicht auf Kunden anwendbar, die auf Grund ihrer Professionalität (*sophistication*) grundsätzlich keiner Information bedürfen.[615] Im Bereich der *wholesale markets* ist jeder institutionelle Anleger für seine Anlageentscheidungen selbst verantwortlich und kann sich auf Empfehlungen seiner Vertragspartner nur verlassen, wenn eine *Suitability*-Prüfung vereinbart wurde.[616]

Im Massengeschäft ist zur rationellen Erfüllung der Erkundigungspflicht eine Standardisierung unumgänglich.[617] Die Kreditwirtschaft hat daher entsprechende Fragebögen zur Unterstützung von Kundeninterviews oder Formulare zur Einholung schriftlicher Kundenauskünfte (*questionnaires*) entwickelt, die bei der Kundenberatung eingesetzt werden.[618]

Die Reichweite der Nachforschung richtet sich nach den vom Kunden gewünschten Dienstleistungen und ist ggf. auf einzelne Anlageformen zu beschränken.[619] Daher kann das Wertpapierdienstleistungsunternehmen nicht aus geschäftspolitischen Interessen eine umfassende Befragung vornehmen, sondern muß einen flexibel gestalteten Fragebogen bereithalten, wenn Kunden z.B. lediglich in deutschen Standardaktien investieren wol-

---

614 Dazu oben § 12 I 1 b und II 1 sowie § 13 I 3.
615 Zu den Ausnahmen oben § 13 II 1 e.
616 Federal Reserve Bank of New York, *Principles and Practices for Wholesale Financial Market Transactions* (August 17, 1995), ¶ 4.2.2 und Begleitschreiben, S. 3, 7.
617 *Kümpel* in Kümpel/Ott, Kz. 065, S. 116.
618 Dazu die Richtlinie des BAWe vom 26.5.1997, Ziffer 3.4 Satz 2.
619 Richtlinie des BAWe vom 26.5.1997, Ziffer 3.1 Abs. 1 Satz 3.

len.[620] Die Befragung ist zu wiederholen, wenn für den Anlageberater wesentliche Änderungen erkennbar sind.[621] Mittelfristige Veränderungen sind etwa bei Kunden aus Beamtenhaushalten weniger wahrscheinlich als bei Selbständigen.[622] Die Richtlinie des BAWe vom 26. Mai 1997 verpflichtet das Wertpapierdienstleistungsunternehmen, den Kunden bei laufender Anlageberatung darauf hinzuweisen, daß es ihm obliegt, den Anlageberater über wesentliche Änderungen in seinen Verhältnissen zu unterrichten.[623] Für die sog. Altkunden, die bereits vor Inkrafttreten der §§ 31 ff. WpHG beraten wurden, gilt, daß der Wertpapierberater die ihm bekannten Verhältnisse des Kunden nicht nochmals erfragen soll.[624] In jedem Fall hat sich das Wertpapierdienstleistungsunternehmen auch bei Stammkunden um eine Aktualisierung des Datenbestands zu bemühen.[625] Es muß sich ein Gesamtbild verschaffen und darf die Selbsteinschätzung, insbesondere offensichtliche Übertreibungen des Kunden bei den Kenntnissen oder Erfahrungen, nicht blind übernehmen,[626] sondern muß sie mit den übrigen Angaben zu einem stimmigen Bild zusammensetzen.[627] Das Wertpapierdienstleistungsunternehmen ist aber nicht zu unabhängigen Nachforschungen über die Verhältnisse des Kunden verpflichtet. Unver-

---

620 Gegen die Mißstände bei umfassenden Fragebögen *Dreyling* (Vizepräsident des BAWe), Handelsblatt vom 16. April 1996. Nach Ziffer 3.1 Abs. 1 Satz 5 und 6 der Richtlinie ist eine umfassende Erfragung der Kundenverhältnisse aber durchaus zulässig, wenn eine Universalbank ausdrücklich darauf hinweist, daß dies nicht auf Grund der gesetzlichen Vorgaben des § 31 Abs. 2 WpHG, sondern aus geschäftspolitischem Interesse („zur Vereinfachung im Rahmen der Gesamtgeschäftsbeziehung") geschieht. Einige Banken hatten exzessive Fragebögen unter dem irreführenden Titel „Angaben des Kunden nach § 31 Abs. 2 WpHG" erstellt.

621 S. auch SEC, IAA Rel. No. 1406 (March 16, 1994), [1993-1994 Transfer Binder] Fed. Sec. L. Rep. (CCH) ¶ 85,327 at p. 85,187.

622 *Scharrenberg*, Sparkasse 1995, 108, 112; zu neueren Ansätzen in der Investmentpsychologie *Jünemann/Schellenberger*, Die Bank 1997, 562.

623 Richtlinie des BAWe vom 26.5.1997, Ziffer 3.1 Abs. 2 Satz 3.

624 Richtlinie des BAWe vom 26.5.1997, Ziffer 3.1 Abs. 1 Satz 4.

625 Ähnlich *Koller* in Assmann/Schneider, § 31 Rz. 89. Nach Ziffer 3.1 Abs. 2 Satz 4 der Richtlinie des BAWe muß bei Geschäften in Derivaten und Optionsscheinen die Befragung wegen der besonderen Risiken im Abstand von 3 Jahren wiederholt werden.

626 S. auch die Begründung des Gesetzentwurfs der Bundesregierung vom 20.12.1996, BR-Drucks. 963/96 vom 20.12.1996, S. 109 li.Sp.

627 *Hopt* in Dufour/Hirsch, S. 55; *ders.* in Bankrechtstag 1993, S. 1, 26; *Koller* in Assmann/Schneider, § 31 Rz. 90.

meidlich sind daher Verzerrungen, die aus geflissentlich falschen Angaben des Kunden resultieren.

Soweit der Kunde tatsächlich Angaben macht, muß das Unternehmen diese bei der Empfehlung verwerten. Der Kunde ist aber nicht verpflichtet, Angaben zu machen, weil die Wohlverhaltensregeln nur das Wertpapierdienstleistungsunternehmen als vom BAWe überwachten Gewerbebetrieb binden.[628] Auch für die Erfüllung der Erkundigungspflicht gilt die Sorgfaltspflicht des § 31 Abs. 1 Nr. 1 WpHG.[629] Danach darf das Wertpapierdienstleistungsunternehmen seinen gesetzlichen Auftrag zur Einholung von Angaben insbesondere nicht torpedieren, indem es die Bedeutung der Kundenangaben herunterspielt oder den Kunden – etwa durch die Gestaltung eines Formblatts – zur Verweigerung animiert.[630] Um eine effiziente Anlageberatung nicht unnötig zu gefährden, darf dem Kunden, der sich an ein Kreditinstitut oder einen anderen *full-service broker* wendet, die Möglichkeit des Beratungsausschlusses nur auf Nachfrage erläutert werden. Lehnt der Kunde die Anlageberatung überhaupt ab, entfällt ohnehin die Erkundigungspflicht. In jedem Fall muß das Wertpapierdienstleistungsunternehmen die Grundaufklärung gewährleisten.[631]

Verweigert der Kunde einzelne oder sämtliche Angaben, so ist die Verweigerung zum Zweck der Prüfung durch das BAWe zu dokumentieren.[632] Die Beratung muß sich z.B. mangels vollständiger Angaben zu den finanziellen Verhältnissen auf konservative Anlagen beschränken, die selbst bei bescheidenem Vermögen bzw. Einkommen „anlegergerecht“

628 Klarstellend § 31 Abs. 2 Satz 2 WpHG, dazu die Begründung des Gesetzentwurfs der Bundesregierung vom 20.12.1996, BR-Drucks. 963/96 vom 20.12.1996, S. 51 li.Sp., 109 li.Sp.; Richtlinie des BAWe, Ziffer 3.1 Abs. 1 Satz 2. Die Freiwilligkeit der Angaben war schon vor Inkrafttreten des § 31 Abs. 2 Satz 2 WpHG allg.M., s. *Koller* in Assmann/Schneider, § 31 Rz. 92; *Kümpel* in Kümpel/Ott, Kz. 065, S. 116.

629 Vgl. die Richtlinie des BAWe vom 26.5.1997, Ziffer 3.4 (Pflicht zur *ernsthaften* Bemühung), mit dem ersten Entwurf, Ziffer 3.1.3 Abs. 1 Satz 1 (Pflicht zur *nachdrücklichen* Bemühung). S. auch NASD Rule of Fair Practice Art. III § 2 („reasonable efforts“) und NYSE Rule 405 („due diligence“).

630 Richtlinie des BAWe vom 26.5.1997, Ziffer 3.1.2 Abs. 1 Satz 3 (keine „formularmäßige“ Verweigerung); *Kümpel* in Kümpel/Ott, Kz. 065, S. 116.

631 Richtlinie des BAWe vom 26.5.1997, Ziffer 3.4 Satz 4.

632 Richtlinie des BAWe vom 26.5.1997, Ziffer 3.4 Satz 2. Eine besondere schriftliche Bestätigung der Verweigerung des Kunden ist nicht erforderlich, zutreffend *Koller* in Assmann/Schneider, § 31 Rz. 92; *Kümpel* in Kümpel/Ott, Kz. 065, S. 117; anders FIMBRA Rule 29.4.1(2), PIA Rule Book F29.4.1.

(*suitable*) sind.[633] Wünscht der Kunde eine Beratung zu Geschäften in riskanteren Anlageformen, ist dem Wertpapierdienstleistungsunternehmen freigestellt, bei Verweigerung der erforderlichen Angaben die Beratung abzulehnen. Dem Anlageberater ist jedenfalls anzuraten, bei der Empfehlung von Derivaten, die ggf. mit Nachschußpflichten verbunden sind, jedenfalls sicherzustellen, daß der Kunde über hinreichende Kenntnisse, Risikobereitschaft und Liquidität verfügt.[634] § 31 Abs. 2 Nr. 1 WpHG verlangt eine Befragung des Kunden zu seinen Erfahrungen oder Kenntnissen in den von ihm beabsichtigten Anlagegeschäften, seinen Anlagezielen und zu seinen finanziellen Verhältnissen. Diese Trias entspricht im wesentlichen den Vorgaben der Wertpapierdienstleistungsrichtlinie[635] und deren Vorbildern.[636] Die Unterschiede in der Reihenfolge lassen zwar eine bestimmte Schwerpunktsetzung erkennen,[637] sollten aber nicht überbewertet werden. Im Hinblick auf den übergeordneten Grundsatz der Interessewahrung muß das Wertpapierdienstleistungsunternehmen bei der Erstellung einer angemessenen Empfehlung an erster Stelle von den Zielen ausgehen, die der Kunde mit der Kapitalanlage verfolgt. Daneben sind die Kenntnisse und Erfahrungen sowie die Vermögens- und Einkommensverhältnisse zu berücksichtigen.

aa) Anlageziele

Die Analyse der Anlageziele ist im Rahmen der Beratung nicht auf die persönlichen Motive, sondern auf die (im engeren Sinne) finanziellen Ziele bzw. angestrebten Auswirkungen der Investition gerichtet. Es kommt danach nicht darauf an, ob die Anlage der Altersversorgung oder Steueroptimierung dient, die Ausbildung von Kindern sichern oder einen künftigen Immobilienerwerb ermöglichen soll.[638] In der Praxis ist aber eine Trennung zwischen Motiven und Zielen schwer durchführbar und auch nicht erforderlich, wenn sich der Anlageberater und der Kunde über die Bedeutung eines bestimmten Motivs verständigt haben. Dabei ist aber

---

633 Ähnlich SEC, IAA Rel. No. 1406 (March 16, 1994), [1993-1994 Transfer Binder] Fed. Sec. L. Rep. (CCH) ¶ 85,327 at pp. 85,188-189.

634 Erster Entwurf der Richtlinie des BAWe vom 7.8.1996, Ziffer 3.1.2 Abs. 3 (Soll-Vorschrift).

635 Art. 11 Abs. 1 Satz 4, 4. Spiegelstrich.

636 Zu den *know-your-customer rules* der IOSCO und der britischen Aufsichtsorgane s. oben § 12 III bzw. II 2 a.

637 § 31 Abs. 2 Satz 1 Nr. 1 WpHG betont die Prüfung der Expertise des Kunden, die im Gegensatz zur EG-Richtlinie an erster Stelle steht.

638 *Schlotthauer*, Sparkasse 1994, 434, 435.

zu beachten, daß der Anlageberater dem Kunden zwar bei der Formulierung seiner Anlageziele behilflich sein soll, seine Bewertung der Motive und Lebensumstände aber nicht an die Stelle einer eindeutigen Vorgabe des Kunden setzen darf.[639] Daher sind Fragen nach Lebensalter, Beruf, Arbeitgeber, Familienstand und Zahl der abhängigen Familienmitglieder nicht im Regelfall, sondern nur bei bestimmten Anlageformen (z.B. OTC-Optionen) gerechtfertigt.[640]

Bei der Festlegung der Anlageziele ist insbesondere auf die vom Kunden gewünschte Fristigkeit, Rendite und Liquidität der Anlage sowie seine Risikoneigung zu achten.[641] Die angemessene Anlagedauer (kurz-, mittel- oder langfristige Anlagen) kann sich z.B. daraus ergeben, daß der Kunde für Zwecke der Ausbildungsvorsorge seiner minderjährigen Kinder investieren will. Bei der Renditeerwartung ist der Kunde etwa zu befragen, ob er auf regelmäßig wiederkehrende Ausschüttungen angewiesen (*income-oriented*) oder lediglich am Langzeitertrag interessiert (*growth-* bzw. *capital gain-oriented*) ist. Im Einzelfall kann der Kunde aus steuerlichen Gründen einen Verlust anstreben. Der gewünschte Liquiditätsgrad der Anlage wird sich häufig aus der finanziellen Situation des Kunden ergeben. Im Hinblick auf die Risikoneigung des Kunden wird die Selbsteinschätzung durch die Analyse seiner Kenntnisse oder Erfahrungen unterstützt.

bb) Kenntnisse oder Erfahrungen

§ 31 Abs. 2 Satz 1 Nr. 1 WpHG verlangt die Erforschung der Kenntnisse *oder* Erfahrungen des Kunden im Rahmen der Anlageberatung.[642] Im Schrifttum ist die Abweichung von der Wertpapierdienstleistungsrichtlinie, deren deutscher Text nur die „Erfahrung mit Wertpapiergeschäften“ erwähnt, kritisiert worden.[643] Eine richtlinienkonforme Korrektur des eindeutigen Wortsinns kommt aber aus methodischen Gründen nicht in

---

639 Problematisch ist die Betonung der Motive im Formular des DGSV, abgedr. bei *Scharrenberger*, Sparkasse 1995, 110.

640 S. die Vorschriften zu Angaben bei der Beratung zu Optionsgeschäften z.B. in NYSE Rule 721, dazu oben § 12 I 1 b dd.

641 S. *Schlotthauer*, Sparkasse 1994, 435; *Lang*, S. 208 ff.; *Koller* in Assmann/Schneider, § 31 Rz. 84; ähnlich die Richtlinie des BAWe vom 26.5.1997, Ziffer 3.1 lit. a.

642 Da persönliche Umstände nicht in die Grundaufklärung einfließen, sind Angaben zu Kenntnissen oder Erfahrungen im Rahmen des *execution-only business* entbehrlich.

643 *Koller* in Assmann/Schneider, § 31 Rz. 83 mit Hinweis auf den 32. Erwägungsgrund der EG-Richtlinie, der die „fachliche Erfahrung“ betont.

Betracht, weil der Wortlaut des § 31 Abs. 2 WpHG die Grenze der Auslegung bildet.[644] Zudem schwingt z.B. in den französischen und englischen Parallelbegriffen „expérience" und „experience" bzw. „expertise" die Komponente der Fachkompetenz mit, so daß der deutsche Gesetzeswortlaut durchaus sachgerecht erscheint. Im Ergebnis soll auch einem risikogeneigten, transaktionsorientierten Studenten der Betriebswirtschaftslehre nicht deshalb von Optionsscheinen abgeraten werden, weil er noch keinerlei Anlageerfahrung in diesen Instrumenten besitzt.[645]

Im Hinblick auf eine Konkretisierung der Risikoaffinität des Kunden ist es zweckmäßig, den Kunden zunächst nach seinen Kenntnissen oder Erfahrungen in den unterschiedlichen Anlageformen zu fragen.[646] Innerhalb der einzelnen Anlageformen ist insbesondere zu unterscheiden nach dem Kursrisiko und der Bonität (ggf. Rating) der Anlagen, in denen der Kunde bereits selbst praktische Erfahrungen gesammelt hat oder ein fundiertes theoretisches Wissen plausibel macht.[647] Bei der Aufnahme der Anlagehistorie ist der Kunde auch nach dem Volumen und der Frequenz der Geschäfte zu fragen, weil sich daraus die wirtschaftliche Bedeutung seiner Erfahrungen ergibt. Bei der Beratung zu besonders riskanten Anlagen ist es zweckmäßig, auch nach in der Vergangenheit erlittenen Verlusten zu fragen, da sich Verluste in der Regel auf die generelle Risikoneigung des Kunden auswirken.[648]

Bei gesetzlicher oder rechtsgeschäftlicher Vertretung des Kunden ist entsprechend der Regelung des § 166 Abs. 1 BGB auf die Kenntnisse und Erfahrungen des Vertreters abzustellen. Dies gilt auch für rechtsgeschäftliche Vertreter von Investmentclubs oder anderen Gesellschaften bürgerlichen Rechts.[649]

---

644 Dazu oben § 1 III; anders die couragierte, nicht näher begründete Behauptung bei *Koller* in Assmann/Schneider, § 31 Rz. 83, 2.

645 S. auch *Köndgen*, ZBB 1996, 364.

646 Richtlinie des BAWe, Ziffer 3.1 lit. b. Zur praktischen Umsetzung z.B. der Musterfragebogen des DGSV, abgedr. bei *Scharrenberg*, Sparkasse 1995, 110.

647 Die Angaben zur Fachkompetenz sind nicht zu „prüfen", jedoch im Rahmen einer Gesamtbetrachtung des Kunden zu würdigen.

648 Dazu *Schlotthauer*, Sparkasse 1994, 365; Richtlinie des BAWe vom 26.5.1997, Ziffer 3.1 lit. b (Umfang, Häufigkeit, Zeitraum); s. auch die Betonung der aufklärenden Wirkung von Verlusten in der Haftungsrechtsprechung, z.B. OLG Köln, Urt. v. 27.10.1995, WM 1996, 18.

649 Richtlinie des BAWe vom 26.5.1997, Ziffer 3.3. Dagegen spricht auch nicht Art. 11 Abs. 3 der Wertpapierdienstleistungsrichtlinie, der nur für die Auftragsausführung gilt.

cc) Finanzielle Verhältnisse

Die Angaben des Kunden zu seiner finanziellen Situation sollen dem Wertpapierdienstleistungsunternehmen die Einschätzung seiner „Risikofähigkeit“[650] ermöglichen. Die aktuelle Vermögens- und Einkommenslage des Kunden spiegelt seine Fähigkeit wider, wirtschaftliche Verluste zu tragen. Die finanzielle Situation ergibt sich allgemein aus seinem Nettovermögen und Gesamtjahresnettoeinkommen. Bei der Bewertung des Vermögens ist die Liquidität der einzelnen Vermögensgegenstände zu berücksichtigen und ggf. der Wert eines Eigenheims abzuziehen.[651] Schon der Prototyp der *suitability rules*, Art. III § 2 der NASD Rules of Fair Practice (1939),[652] betont die Bedeutung der übrigen Anlagen in Wertpapieren, Derivaten und anderen Finanzinstrumenten. Auch im Hinblick auf eine angemessene Zusammensetzung des Kundenportfolios sind Angaben zu aktuellen Beständen zu verlangen.[653] Bei den Einkommensangaben sind laufende Unterhalts- oder Zinsverpflichtungen in Rechnung zu stellen. Diese Grundsätze sind bei Investmentclubs[654] auf die Mitglieder anzuwenden.

Auch für die Erkundigung nach den finanziellen Verhältnissen des Kunden gilt der Grundsatz der Interessewahrung. Soweit nach den vom Kunden vorgetragenen Zielen oder Erfahrungen ersichtlich nur festverzinsliche Rentenwerte guter Bonität in Betracht kommen, kann auf Angaben zu finanziellen Verhältnissen grundsätzlich verzichtet werden.[655] Dies gilt allerdings nicht, wenn das Wertpapierdienstleistungsunternehmen

---

650 *Schlotthauer*, Sparkasse 1994, 365; *Lang*, S. 207 f.

651 Ähnlich NASD Rule of Fair Practice Art. III § 33(a)(18) mit *Interpretation of the Board of Governors*, NASD Manual (CCH) ¶ 2183 at p. 2165 (für Optionsgeschäfte).

652 NASD Manual (CCH) ¶ 2152, dazu oben § 12 I 1 b.

653 Richtlinie des BAWe vom 26.5.1997, Ziffer 3.1 lit. c Abs. 1 Satz 2.

654 Grundlage der Bewertung der finanziellen Situation sind hier die Mittel, die dem Investmentclub nach der Strategievereinbarung seiner Mitglieder (Vereinbarung der BGB-Gesellschafter) zur Verfügung stehen bzw. künftig zufließen.

655 Richtlinie des BAWe vom 26.5.1997, Ziffer 3.1 lit. c Abs. 2 (Ausnahme für Papiere des Bundes, der Sondervermögen des Bundes oder der Länder sowie der EU- und OECD-Staaten). Mit den höchsten Ratings von *Standard & Poor's* (AAA) oder *Moody's* (Aaa) sind im internationalen Vergleich die deutschen Staatsanleihen ausgezeichnet, gefolgt von Frankreich, Großbritannien, Niederlande, Österreich, s. Bank für Internationalen Zahlungsausgleich (BIZ), Quartalsbericht 2/96, zit. bei *Barbier*, F.A.Z. Nr. 198 v. 26.8.1996, S. 11.

Kredite für den Erwerb der Papiere einräumt.[656] Um eine überflüssige Auskunft des Kunden zu seiner finanziellen Situation zu vermeiden, empfiehlt es sich auch, zunächst die Anlageziele sowie Erfahrungen bzw. Kenntnisse des Kunden zu erfragen. Ausführliche Angaben zur Vermögens- und Einkommenslage sind gleichwohl einzuholen, wenn der Kunde besonders riskante Anlagen, insbesondere Anlagen mit über das eingesetzte Kapital hinausgehenden Verlustrisiken (Kredit-, Nachschußrisiken), plant.[657]

b) Pflicht zur produkt- und kundengerechten Empfehlung

Nach § 31 Abs. 2 Satz 1 Nr. 2 WpHG ist das Wertpapierdienstleistungsunternehmen im Rahmen der Anlageberatung zur Empfehlung und (besonderen) Aufklärung über die empfohlenen Anlagen verpflichtet. Das Wertpapierdienstleistungsunternehmen muß eine „zweckdienliche" und sorgfältige[658] Gestaltung dieser Informationsleistungen gewährleisten. Darüber hinaus untersagt § 32 Abs. 1 Nr. 1 WpHG ausdrücklich interessewidrige Kundenempfehlungen.

Zur Wahrung des *Suitablity*-Standards ist das Wertpapierdienstleistungsunternehmen verpflichtet, unter Verwertung der Angaben des Kunden eine auf seine persönlichen Verhältnisse zugeschnittene produkt- und kundengerechte Anlage zu empfehlen.[659] Die *produktgerechte* Empfehlung setzt eine sorgfältige Recherche der tatsächlichen Grundlagen bzw. der Eigenschaften und Risiken aller in Betracht kommenden Kapitalanlagen voraus. Auf dieser Basis hat der Intermediär eine kundenbezogene Risikoadäquanzprüfung vornehmen, um eine *kundengerechte* Anlage auszuwählen.

Zur Erforschung der tatsächlichen Grundlagen der Empfehlung gelten die zur Erstellung der Grundaufklärung genannten Sorgfaltspflichten (*know your product*).[660] Sofern der Kunde von sich aus eine Beratung über bestimmte Anlagen, z.B. japanische Aktienoptionsscheine, wünscht, kann es vorkommen, daß das Unternehmen dem Kunden zwar die erfor-

---

656 Richtlinie des BAWe, Ziffer 3.1.1 lit. c (nur „aus Guthaben"). Ob das „Guthaben" aus einer nicht offengelegten Drittfinanzierung stammt, ist insoweit unbeachtlich.

657 So auch die Vorschriften der NASD und NYSE, dazu oben § 12 I 1 b.

658 § 31 Abs. 1 Nr. 1 WpHG.

659 S. die Stellungnahme und Beschlußempfehlung des Finanzausschusses, BT-Drucks. 12/7918 vom 15.6.1994, S. 103; *Kümpel* in Kümpel/Ott, Kz. 065, S. 116.

660 S. auch *Koller* in Assmann/Schneider, § 32 Rz. 6.

derliche Grundaufklärung über ausländische Optionsscheine zur Verfügung stellen kann, darüber hinaus jedoch, etwa wegen seiner Spezialisierung, nur lückenhafte Informationen über diese Anlagen besitzt. In diesem Fall kann es entweder die Beratung ablehnen oder aber mit dem Hinweis fortsetzen, daß ihm vollständige Informationen zu diesen Anlagen nicht vorliegen und es zu einer begründeten produktgerechten Empfehlung nicht in der Lage ist.[661] Da die Anlageberatung im Gegensatz zur Grundaufklärung nicht der Mindeststandard der gesetzlichen Informationspflicht ist, kann ihre inhaltliche Reichweite vom Wertpapierdienstleistungsunternehmen eingeschränkt werden, wenn der Kunde hinreichend darüber aufgeklärt wird.[662]

Die Auswahl einer oder mehrerer alternativer *kundengerechter* Anlagen setzt eine uneigennützige Einschätzung der Interessen des Kunden voraus. Sie hat sich an den Anlagezielen sowie an der Bereitschaft und Fähigkeit des Kunden zu orientieren, Anlagerisiken einzugehen. Daher ist die Empfehlung von hauseigenen Produkten nicht statthaft, wenn andere Anlagen aus dem Produktangebot des Intermediärs, über das der Kunde bereits im Rahmen der Grundaufklärung informiert wurde, seinen Bedürfnissen besser entsprechen. Als Ergebnis dieser *Suitability*-Prüfung ist dem Kunden eine oder mehrere konkrete Empfehlungen mitzuteilen. Selbst wenn dem Kunden keine Alternativen aufgezeigt werden, sondern eine einzige Anlage empfohlen wird, darf der Kunde zum Abschluß des Geschäfts nicht gedrängt werden.

Das Auswahlverfahren kann im Massengeschäft standardisiert werden. In der Praxis werden die Kunden anhand ihrer Angaben in Risikokategorien eingestuft, die bestimmte Anlegertypen charakterisieren. Zugleich wird auch das Produktangebot des Wertpapierdienstleistungsunternehmens in Risikoklassen eingeteilt, so daß als Grobraster ein maschineller Dateiabgleich den Anlageberater bei der Auswahl der in Betracht kommenden Anlagen unterstützt.[663] Im Einzelfall ist auf der Grundlage dieser Vorauswahl die vom Kunden gewünschte Anlagedauer, Liquidität und Renditeerwartung zu berücksichtigen. Die Einrichtung von Produktrisikoklassen darf sich nicht ausschließlich an den Anlageformen orientieren, denn selbst festverzinsliche Anleihen von Emittenten mit höchster Bonität

661 Voraussetzung ist aber, daß überhaupt aussagekräftige Informationen verfügbar sind (*reasonable basis*), dazu *Mac Robbins & Co., Inc.*, 41 S.E.C. 116, 128-129 (1962) und oben § 5 III 1 b aa.

662 Insoweit zutreffend *Eisele* in Schimansky/Bunte/Lwowski, § 109 Rz. 29.

663 *Eisele* in Schimansky/Bunte/Lwowski, § 109 Rz. 34 („Kundenrisikoklassen" bzw. „Produktrisikoklassen").

können bei langen Laufzeiten (z.B. 30jährige Bundesobligationen) wegen des Zinsrisikos ein höheres Gesamtrisiko aufweisen als Aktien (z.B. DAX 30-Papiere).

Die Einrichtung von Produktrisikoklassen ignoriert allerdings die Erkenntnis der modernen Portfoliotheorie,[664] nach der hinsichtlich der Risikoadäquanz der einzelnen Anlage das gesamte Portefeuille des Anlegers zu betrachten ist, um eine effiziente Diversifizierung herzustellen. Danach ist anstelle der bestehenden Kundenrisikoklassen die Einrichtung von Portfolio-Risikoklassen anzustreben, die im Einzelfall eine angemessene Ergänzung eines standardisierten Kundenportfolios ermöglichen. Da der Beratungs- und Kontrollaufwand standardisierter *Hedging*-Techniken für *retail customers* vermutlich ungleich höher wäre, wird die Portfoliotheorie nur im Rahmen der Vermögens- und Fondsverwaltung umgesetzt.[665] Das Ziel einer kundengerechten Beratung ist aber, den Portfolio-Ansatz auch bei der Anlageberatung anzuwenden.

2. Risikoaufklärung im Rahmen der Anlageberatung

a) Aufklärung über die Eigenschaften und Risiken des konkreten Geschäfts

Die Anlageberatung umfaßt neben einer Empfehlung zuvor oder anschließend eine besondere Aufklärung über die Eigenschaften und Risiken der konkreten Effektengeschäfte, die Gegenstand der Empfehlung sind.[666] Diese Aufklärung dient auch dazu, dem Kunden die Empfehlung verständlich und nachvollziehbar zu machen. Auch für diese Informationsleistung gilt die Vorschrift des § 31 Abs. 2 Satz 1 Nr. 2 WpHG. Danach ist das Wertpapierdienstleistungsunternehmen verpflichtet, die Parameter der Anlageentscheidung, die im Rahmen der Grundaufklärung in allgemeiner Form angesprochen worden sind, im Hinblick auf vom Kunden vorgeschlagene oder ihm empfohlene Effektengeschäfte zu konkretisieren. Insbesondere hat es auf die Auswirkungen hinzuweisen, welche die empfohlene Anlageentscheidung voraussichtlich auf die finanzielle Lage des Kunden hat.[667] Wenn die Empfehlung offensichtlich von den Erwartungen des

---

664 Dazu oben § 12 I 1 b bb.

665 S. zur jüngeren Entwicklung *Ramm*, ZGesKW 1996, 619 (Fonds); Überblick zu organisatorischen Fragen im Portfoliomanagement institutioneller Anleger bei *Hockmann*, ZGesKW 1995, 768.

666 *Understanding risk*, dazu SIB Core Rule 10; SFA Rule 5-30(1). Diesen Teil der Beratung betont auch *Meier*, S. 5.

667 S. auch *Koller* in Assmann/Schneider, WpHG, § 31 Rz. 123.

Kunden abweicht, sind auch alternative Anlagegeschäfte zu erwähnen. Bei eigenen Anlagevorschlägen des Kunden ist das Wertpapierdienstleistungsunternehmen im Rahmen der Anlageberatung verpflichtet, dem Kunden die Risiken dieser Anlagen zu verdeutlichen und ggf. zu ihrer *suitability* Stellung zu nehmen.[668]

Angesichts der Zusammenbrüche großer institutioneller Anleger (*Orange County*, *Barings*) seit Anfang der neunziger Jahre wurde der Blick der internationalen Aufsichtsgremien verstärkt auf die Adressen- und Abwicklungsrisiken bei grenzüberschreitenden Transaktionen gelenkt.[669] Durch die erhöhten Adressenausfallrisiken und Interdependenzen von Intermediären und Marktorganisationen ist es insbesondere auf ausländischen Märkten von Interesse, über die Solvenz und Überwachung der Vertragspartner in der Abwicklungskette einer Transaktion unterrichtet zu sein. Daher muß das Wertpapierdienstleistungsunternehmen – soweit *ex ante* überhaupt bekannt – die Identität und ggf. ihm bekannte Solvenz- und Abwicklungsrisiken der beteiligten Vermittler, Makler, *market makers*, Depotbanken und Clearing-Organisationen offenlegen.[670] Da diese Faktoren von Geschäft zu Geschäft variieren und nur in bezug auf einzelne Anlagegeschäfte sinnvoll sind, können diese Informationen nicht im Rahmen der Grundaufklärung zusammengestellt, sondern lediglich bei der Beratung zu einem bestimmten Einzelgeschäft gegeben werden.[671] Diese Angaben werden aber regelmäßig nicht bei Geschäften in inländischen Standardwerten erheblich sein, sondern vor allem, wenn auch nicht ausschließlich,[672] Transaktionen an Börsen oder Märkten betreffen, die keiner anerkannten staatlichen Bank- bzw. Kapitalmarktaufsicht unterstehen. Daher ist es dem Kunden zumutbar, diese Angaben nur auf Nachfrage zur Verfügung zu stellen.[673]

---

668 S. den ersten Entwurf der Richtlinie des BAWe vom 7.8.1996, Ziffer 5.1 Abs. 1 Satz 3 (Ausführung eines interessewidrigen Geschäfts nur, wenn der Kunde darauf besteht). Dies gilt nicht im Bereich des *execution-only business*, ebda., Ziffer 5.1 Abs. 1 Satz 4.

669 S. nur Bericht der FIA, Financial Integrity Recommendations, Nos. 47 et seq.

670 S. Richtlinie des BAWe vom 26.5.1997, Ziffer 3.2 Abs. 3.

671 Unklar die Richtlinie des BAWe vom 26.5.1997, Ziffer 3.2 Abs. 3 (Teil der „Aufklärung“ im Sinne von Grundaufklärung).

672 Richtlinie des BAWe, Ziffer 3.2 Abs. 2 Satz 4 („insbesondere bei grenzüberschreitenden Wertpapierdienstleistungen“); s. aber den Zusammenbruch europäischer Fonds von Morgan Grenfell Asset Management, London, dazu F.A.Z. Nr. 299 vom 23.12.1996.

673 S. die Richtlinie des BAWe vom 26.5.1997, Ziffer 3.2 Präambel Abs. 2.

b) Zur Aufklärung über Interessenkonflikte

Da ein Marktintermediär auch als Emissionshelfer,[674] Berater oder Vermittler bei Unternehmensumstrukturierungen, als Kreditgeber oder Fondsverwalter tätig werden kann, sind Interessenkonflikte beim Wertpapierhandel unvermeidlich.[675] Diese Interessenkonflikte sind Gegenstand einer Konfliktsteuerung durch die Verhaltenspflichten des WpHG,[676] insbesondere die unternehmensbezogenen Pflichten des § 33 WpHG. Der Anlageberater braucht daher nicht auf die vom Gesetz hingenommene, abstrakte Tatsache hinzuweisen, daß sein Wertpapierdienstleistungsunternehmen Interessenkonflikten bei der Durchführung des Effektengeschäfts für den Kunden ausgesetzt ist.[677] Auf der Grundlage der Separierung von konfliktträchtigen Funktionsbereichen (*chinese wall*) ist eine Universalbank berechtigt, bei Empfehlungen unabhängig von den unternehmensweit vorhandenen, sensiblen Daten zum Risiko einzelner empfohlener Anlagen ausschließlich die Informationen zugrundezulegen, die der Beratungsabteilung zugänglich sind. Dies bedeutet – wie dargelegt[678] – grundsätzlich keinen Verzicht auf die Maßstäbe einer sorgfältigen Anlageberatung auf der Grundlage aktueller Sach- bzw. Marktkenntnisse. Schließlich hat die Interessenkonfliktsteuerung durch *chinese walls* auch dort ihre Grenze, wo dem Unternehmen insgesamt (etwa in der Kreditabteilung) Informationen über wirtschaftliche Schwierigkeiten eines Emittenten vorliegen, die bekanntermaßen auf erhebliche Rechtsverstöße, Betrug oder Insiderhandel des Managements dieses Emittenten zurückzuführen sind.[679] Insoweit ist das Interesse des anderen Kunden (sc. des Emittenten) nicht als schutzwürdig anzusehen.[680] In diesem Fall sind Empfehlungen zu unterlassen; bei Insidertatsachen folgt dies bereits aus § 14 Abs. 1 Nr. 3 WpHG.[681] Unter besonderen Umständen sind auch Informationen über grobe Mißwirtschaft oder den bevorstehenden Kollaps eines Emittenten nicht mehr vom *Chinese-wall*-Mechanismus gedeckt.[682] Diese Informationen enthalten allerdings in der Praxis häufig eine auch intern nicht unbestrittene Wertung, die möglichst dem Emittenten überlassen bleiben sollte,

---

674 Dazu *Hopt*, FS Heinsius, S. 316 ff.
675 S. oben § 8 I.
676 Dazu oben § 8 II.
677 Ähnlich *H.Roth* in Assmann/Schütze, § 12 Rz. 82.
678 S. oben § 8 II.
679 *Hopt* in Schimansky/Bunte/Lwowski, § 107 Rz. 92.
680 Zur Legitimität des Kundeninteresses allgemein s. oben § 10 I 1 b.
681 Dazu *Hopt* in Schimansky/Bunte/Lwowski, Rz. 42 f.
682 In diesem Sinne *Hopt*, ebda., Rz. 92.

der nach § 15 WpHG zur Ad-hoc-Publizität verpflichtet ist. Kommt es nicht zu einer solchen Meldung oder erreicht der Emittent eine Befreiung durch das BAWe nach § 15 Abs. 1 Satz 2 WpHG, empfiehlt es sich für das Wertpapierdienstleistungsunternehmen, die Abwägung der widerstreitenden Kundeninteressen einer neutralen Stelle (z.B. dem Compliance-Beauftragten) zu übertragen. Ergibt die Abwägung, daß die Gefahren für die Anleger größer sind als für den Emittenten, sollten die Finanztitel dieses Emittenten auf die Sperrliste gesetzt werden, soweit eine solche vorhanden ist.[683] Jedenfalls haben Empfehlungen zu unterbleiben. Die passive Ausführung von Kundenaufträgen (*unsolicited orders*) bleibt weiterhin zulässig.

Soweit die Anlageberater innerhalb eines größeren Wertpapierdienstleistungsunternehmens im Einzelfall trotz Erfüllung der gesetzlichen Anforderungen, insbesondere bei Einrichtung von Vertraulichkeitsbereichen (*chinese wall*) nach § 33 Abs. 1 Nr. 2 WpHG,[684] befugtermaßen oder durch Indiskretion aus anderen Abteilungen über vertrauliche Informationen verfügen, aktualisiert sich insofern ebenfalls ein Interessenkonflikt, als das Unternehmen insgesamt sowohl dem Effektenkunden als auch dem Kunden zur Interessewahrung verpflichtet ist, den die sensible Information betrifft. Nach der Konzeption der Interessenkonfliktsteuerung durch unternehmens- und transaktionsbezogene Verhaltenspflichten im WpHG ist diese Durchbrechung der *chinese wall* der *Ausnahmefall*. Bei Durchbrechungen der *chinese wall* genießt das Wertpapierdienstleistungsunternehmen nicht mehr den Schutz der Separierung in Funktionsbereiche, auf deren Grundlage die Mitarbeiter eines solchen Funktions- bzw. Vertraulichkeitsbereichs lediglich die ihnen dort zur Verfügung stehenden Informationen zur Wahrung der Kundeninteressen berücksichtigen müssen.[685] Da der Interessenkonflikt unternehmensintern nicht neutralisiert worden ist, darf der Anlageberater die sensible Kapitalanlage nicht ausdrücklich empfehlen. Tut er es dennoch, verletzt das Wertpapierdienstleistungsunternehmen dadurch jedenfalls die Pflicht zur Wahrung der Interessen des anderen Kunden (§ 31 Abs. 1 Nr. 2 WpHG), den die sensible Information betrifft. Bei Insidertatsachen machen sich die beteiligten Mitarbeiter zusätzlich nach § 14 Abs. 1 Nr. 3 WpHG strafbar. Die Ausführung von *unsolicited orders* bleibt unberührt.

683 Zur Sperrliste (*restricted list*) oben § 8 II.

684 Dazu oben § 8 II.

685 Zu diesem Mechanismus der Interessenkonfliktsteuerung eingehend oben § 8 II.

Der Anlageberater ist darüber hinaus nach § 31 Abs. 2 WpHG verpflichtet, den Kunden über wesentliche Eigeninteressen seines Unternehmens aufzuklären. Ein wesentliches Eigeninteresse ist insbesondere anzunehmen, wenn das Wertpapierdienstleistungsunternehmen als Emittent oder – hinsichtlich der betreffenden Finanzinstrumente bzw. für den betreffenden Emittenten – als Emissionshelfer, Finanzberater, Vermögensverwalter oder Hauptkreditgeber aufgetreten ist oder noch auftritt.[686] Dadurch soll dem Kunden bewußt werden, daß das Wertpapierdienstleistungsunternehmen, das zwar bei Abgabe einer persönlichen Empfehlung zur Wahrung des Kundeninteresses verpflichtet ist, zugleich auch Eigeninteressen verfolgt.[687] Diese Offenlegung muß beim Kunden nicht stets eine ablehnende Haltung hervorrufen, denn auch er dürfte in vielen Fällen (Beispiel: Hausfonds einer Großbank) berechtigt davon ausgehen, daß das Wertpapierdienstleistungsunternehmen nicht zuletzt unter geschäftspolitischen und Prestigeaspekten an der Wahrung der Anlegerinteressen interessiert ist.

---

686 Ähnlich der erste Richtlinienentwurf des BAWe vom 7.8.1996, Ziffer 3.3 Abs. 2 Satz 2; *Koller* in Assmann/Schneider, § 31 Rz. 38 ff.; zurückhaltender zum Bankvertragsrecht *Canaris*, Bankvertragsrecht (2. Bearb.), Rz. 1890.

687 Als Vermittler, Kommissionäre oder Effektenverkäufer sind Wertpapierdienstleistungsunternehmen privatrechtlich verpflichtet, den Kunden an allen relevanten, unternehmensweit verfügbaren Informationen teilhaben zu lassen oder ihm die im Einzelfall auftretenden Konflikte offenzulegen, s. dazu aus der Rechtsprechung des BGH, Urt. v. 17.12.1979, NJW 1980, 1162; BGH, Urt. v. 6.10.1980, BGHZ 79, 337; BGH, Urt. v. 4.3.1987, NJW 1987, 1815, 1817; BGH, Urt. v. 28.2.1989, BGHZ 107, 104, 109; BGH, Urt. v. 24.4.1990, WM 1990, 920, 922; BGH, Urt. v. 27.11.1990, WM 1991, 85, 86; BGH, Urt. v. 16.4. 1991, WM 1991, 982, 984; BGH, Urt. v. 3.12.1991, WM 1992, 133, 134; BGH, Urt. v. 31.3.1992, WM 1992, 901, 902; s. auch *Hopt*, Anlage- und Vermögensberatung, S. 60 ff.

Zusammenfassung

Das Wertpapierhandelsgesetz statuiert in seinem 5. Abschnitt (§§ 31 bis 37 WpHG) Verhaltenspflichten für den Wertpapierhandel von Banken und anderen Finanzdienstleistern (Wertpapierdienstleistungsunternehmen). Im Mittelpunkt der §§ 31 ff. WpHG stehen die Verhaltensregeln, die unmittelbar bei der Durchführung von Kundengeschäften einzuhalten sind. Zu diesen *transaktionsbezogenen* Pflichten (§§ 31 und 32 WpHG) treten flankierend *unternehmensbezogene* Pflichten, die hauptsächlich die interne Organisation des Finanzmittlers betreffen (§ 33 WpHG). Diese Vorschriften, die auf den Vorgaben der europäischen Wertpapierdienstleistungsrichtlinie vom 10. Mai 1993 beruhen, spiegeln den zwischen den wichtigsten Industrieländern innerhalb der IOSCO abgestimmten internationalen Standard wider und gehen im wesentlichen letztlich auf Erfahrungen im anglo-amerikanischen Kapitalmarktrecht zurück.

Bei den Verhaltensregeln des WpHG handelt es sich um *wertpapieraufsichtsrechtliche* Pflichten, die Teil des in den letzten Jahren neugeordneten deutschen *Finanzaufsichtsrechts* sind. Die neue Konzeption einer umfassenden Finanzaufsicht – als spezieller Bereich der Gewerbeaufsicht – konzentriert bzw. ergänzt bisher im Bankaufsichts- bzw. Gewerberecht verstreute und lückenhafte Regelungen für Intermediäre auf den Finanzmärkten. Die Abgrenzung eines Wertpapieraufsichtsrechts knüpft im internationalen Vergleich an Entwicklungen an, die insbesondere in den U.S.A. weit in die erste Hälfte des 20. Jahrhunderts zurückreichen. Seit dem *New Deal* ist dort auf Bundesebene neben einer speziellen bank- und versicherungsrechtlichen Aufsichtsstruktur auch ein Wertpapieraufsichtsrecht entstanden, dessen Durchsetzung zwei Bundesämtern (SEC und CFTC) übertragen ist. Im Zuge des verstärkten Handelsvolumens auf den internationalen Kapitalmärkten seit den 70er Jahren wuchs das Interesse der Regierungen und der Öffentlichkeit auch in Europa an einer stärkeren Überwachung der Finanzdienstleistungsbranche. In Großbritannien wurde 1986 ein umfassendes modernes Gesetzeswerk zur Finanzaufsicht (*Financial Services Act*) geschaffen, unter dem sich ein der britischen Tradition der *self-regulation* verhaftetes, stark zersplittertes System von Aufsichtsorganen etablierte. Sowohl das U.S.-amerikanische als auch das britische Kapitalmarktrecht entwickelten vom *common law* unabhängige, aufsichtsrechtliche Verhaltensregeln für Markintermediäre (*market conduct rules*). Unter dem Eindruck dieser Erfahrungen wurden auf EG-

Ebene zur Stärkung der Funktionsfähigkeit der Finanzmärkte und zur Verbesserung des Kapitalanlegerschutzes einheitliche Mindeststandards für aufsichtsrechtliche Verhaltensregeln gesetzt, die im Zusammenhang mit einer Reihe von bank- und wertpapieraufsichtsrechtlichen Richtlinien und dem Programm zur Verwirklichung des europäischen Binnenmarkts stehen. Bei der Auslegung der Verhaltenspflichten sind daher neben den ökonomischen Funktionen der Finanzintermediation und verbraucherpolitischen Motiven insbesondere die Zielvorgaben der Wertpapierdienstleistungsrichtlinie (Anleger- und Funktionenschutz), die sich auch der deutsche Gesetzgeber zueigen gemacht hat, zu berücksichtigen.

Für das deutsche Recht bringen diese EG-Richtlinien radikale Veränderungen: Die Bankaufsicht unter dem KWG wird ausgedehnt auf Finanzdienstleistungsinstitute und ergänzt durch eine eigene Aufsicht über die Kapitalmärkte. Während es für den Bereich der Bankgeschäfte bei der umfassenden institutionellen und Marktaufsicht des Bundesaufsichtsamtes für das Kreditwesen (BAKred) verbleibt, teilen sich für das Wertpapierdienstleistungsgewerbe fortan das BAKred und das Bundesaufsichtsamt für den Wertpapierhandel (BAWe) die institutionelle Aufsicht (BAKred) bzw. die Marktaufsicht (BAWe). Durch diese Kompetenzverteilung wird die international verbreitete Unterscheidung zwischen *prudential regulation* und *conduct-of-business regulation* allerdings nur unvollkommen durchgeführt.

Durch die Einführung transaktionsbezogener Verhaltensregeln ist neben das Bankvertragsrecht ein aufsichtsrechtliches Pendant getreten. Die Verhaltensregeln der §§ 31 und 32 WpHG betreffen zwar das Verhältnis zwischen privaten Vertragsparteien beim Effektengeschäft, sind aber als spezifisch aufsichtsrechtliche Konkretisierung eines Überwachungsrechtsverhältnisses zu verstehen, das zwischen der staatlichen Marktaufsichtsbehörde (BAWe) und den ihr unterworfenen Wertpapierdienstleistungsunternehmen besteht. Im Einklang mit der deutschen Regelungstradition (§ 34c GewO, § 10a VAG), den anglo-amerikanischen Vorbildern und dem vom deutschen Gesetzgeber betonten öffentlichen Interesse am Ziel der Funktionsfähigkeit des Markts sind die Verhaltenspflichten als öffentlich-rechtliche Normen zu deuten. Ihre Durchsetzung und Überwachung ist grundsätzlich dem BAWe anvertraut. Im Rahmen seiner Mißstandsaufsicht werden die Geschäfte der – vom BAKred als Kredit- oder Finanzdienstleistungsinstitute zugelassenen – Wertpapierdienstleistungsunternehmen einer jährlichen Regelprüfung und stichprobenweise außerordentlichen Prüfungen unterzogen. Darüber hinaus kann das BAWe im Einzelfall Anordnungen und zur Interpretation der §§ 31 bis 33 WpHG

Verwaltungsvorschriften (sog. Richtlinien gemäß § 35 Abs. 6 WpHG) erlassen. Von ihrer Richtlinienkompetenz hat die Behörde zur Konkretisierung der §§ 31 und 32 WpHG (Richtlinie des BAWe vom 26. Mai 1997) bereits Gebrauch gemacht.

Eine effiziente Durchsetzung der §§ 31 und 32 WpHG zum Schutz der Kapitalanleger spricht auch mit Blick auf die Erfahrungen des *private enforcement* in den U.S.A. dafür, diese Vorschriften im Interesse der Kunden des Wertpapierdienstleistungsunternehmens als Schutzgesetze im Sinne des § 823 Abs. 2 BGB anzuerkennen. Zwar akzentuiert der Gesetzgeber die objektive Zielrichtung der Verhaltenspflichten, die dem Kapitalanleger keinerlei primäre, subjektive geschützte Rechtsposition zur Durchsetzung der Verhaltensregeln des WpHG einräumen. Der für § 823 Abs. 2 BGB maßgebliche haftungsrechtliche Gesamtzweck, dem die Befugnisse des BAWe ungenügend Rechnung tragen, streitet insgesamt für die Anerkennung eines privatrechtlichen Schadensersatzanspruchs.

Die transaktionsbezogenen Verhaltenspflichten des WpHG enthalten Interessewahrungs- und Sorgfaltspflichten sowie Informations- und Erkundigungspflichten. Im Mittelpunkt der aufsichtsrechtlichen Verhaltensordnung steht die Verpflichtung, bei der Durchführung von Kundengeschäften deren Interessen zu wahren. Maßgeblich ist für den Finanzmittler grundsätzlich nicht das typisierte objektive Interesse eines Kapitalanlegers, sondern das vom einzelnen Kunden zum Ausdruck gebrachte bzw. der vertraglichen Beziehung mit dem Intermediär zugrundegelegte Interesse. Im Fall eines Interessenkonflikts zwischen Intermediär und Kunden hat das Interesse des Kunden Vorrang. Daraus leiten sich für einzelne Praktiken Verbote ab, deren Konturen im anglo-amerikanischen Kapitalmarktrecht vorgeprägt sind (*frontrunning*, *scalping*, *churning* u.a.). Bei Interessenkonflikten zwischen einzelnen Kunden wirken nach der Konzeption des WpHG transaktions- und unternehmensbezogene Pflichten im Rahmen einer umfassenden, für multifunktional tätige Wertpapierdienstleistungsunternehmen verbindlichen Konfliktsteuerung zusammen. Die Mehrzahl der auftretenden Interessenkonflikte wird durch die Separierung von Funktionsbereichen innerhalb des Unternehmens neutralisiert, in den übrigen Fällen ist dem Unternehmen eine Interessenabwägung aufgegeben.

Informations- und Erkundigungspflichten stellen eine besondere Ausprägung des Interessewahrungsgrundsatzes dar. Die Individualpublizität zählt zu den wichtigsten Aufgaben des Finanzintermediärs: Der Kunde, insbesondere der private Kleinanleger, ist auf die Informationsleistungen des Wertpapierdienstleistungsunternehmens angewiesen, da ihm regelmäßig die erheblichen Daten fehlen, um eine wirtschaftlich begründete Anlageentscheidung treffen zu können. Der Umfang der wertpapieraufsichtsrechtlichen Informationspflicht hängt von den Interessen des Kunden ab. Bei der Information ist zu unterscheiden zwischen der *Anlageberatung*, die als eigene Wertpapiernebendienstleistung ausgestaltet ist, und einem Mindeststandard der *Aufklärung* über fundamentale Risiken beim Wertpapierhandel. Nur die im Rahmen der Anlageberatung vom Kunden gewünschten *Empfehlungen* haben die von ihm gemachten Angaben über seine persönlichen und wirtschaftlichen Verhältnisse sowie Kenntnisse und Erfahrungen mit Effektengeschäften zu berücksichtigen. Demgegenüber muß der Inhalt der Mindestaufklärung nicht auf die individuellen Bedürfnisse des Kunden abgestimmt werden. Die Mindestinformationen sind dem Kunden aber auch von einem Discount-Broker, der keine Anlageberatung anbietet, zu Verfügung zu stellen.

Sachregister